英国史

从尤利乌斯·恺撒入侵到 1688 年革命

第一卷

〔英〕休谟 著

石小竹 译

商务印书馆
The Commercial Press
创于1897

David Hume

THE HISTORY OF ENGLAND

From the Invasion of Julius Caesar to The Revolution in 1688

VOLUME I

Based on the Edition of 1778, with the Author's Last Corrections and Improvements

London, T. Cadell, 1778

本书根据伦敦 T. 卡德尔出版社 1778 年作者最终修改版本翻译

休　谟

（David Hume，1711—1776）

目　　录

休 谟 自 传

　　一个人长篇大论地自述行迹，难免透出虚荣，因此我会力求简短。或许，这种本身就会被视作虚荣的明证，不过，这篇自传主要介绍我的生平著述——实际上我穷尽一生所致力的，无非是著书立说而已，而我的大部分作品在面世之初都谈不上很成功，不配拿来炫耀。

　　我于旧历 1711 年 4 月 26 日出生在爱丁堡。[①] 我的家世良好，父母均系名门之后：家父出身于霍姆（休谟）[②]伯爵家族的一个分支，家族世代据有领地，到我们这一辈由我哥哥继承。我的母亲是苏格兰司法院院长大卫·福尔科内爵士（Sir David Falconer）之女，其兄则继承了豪克顿勋爵（Lord Halkerton）的封号。

　　不过，我们的家境并不阔绰，我本人作为家中次子，依照我国的习俗，名下自然也没有多少财产。大家都说我父亲是个多才多艺的人，他在我幼年时就过世了，撇下我母亲独自抚养三个孩子，即我和我的一兄一姊。我的母亲懿德出众，她虽年轻貌美，却把

---

　　① 英国原本使用罗马儒略历，称为"旧历"。1751 年乔治二世颁布第二十四号法令，规定从 1752 年起在英格兰和苏格兰统一采用格里高利历（即所谓"新历"），新历的日期较旧历晚十一天。——译者

　　② Home 或 Hume。——译者

全副身心扑在子女的抚养教育上。我以优异成绩完成了常规学业，很早就萌生了对写作的热爱，这将成为我今生今世的激情所系①，并为我提供莫大的乐趣。我天性好学、沉静而勤勉，因此家人都觉得我适合搞法律，可我却只爱哲学和一般的通识，对此外的一切领域都忍不住生厌。别人以为我在埋头钻研乌埃和维尼乌②的时候，实际上我正暗自沉迷于西塞罗和维吉尔的作品。

然而我的家资微薄，并不适于实现这种生活规划，我的健康 XXVIII 也因过度用功而出了问题。故而我有意（或者毋宁说被迫）尝试投身于一种更活跃的生活。1734 年，我带着几封荐函，到布里斯托尔(Bristol)去投靠几位知名的商人，但是没过几个月，我就发现生意场完全不适合我。于是我渡海去了法国，打算在乡下隐居，研读学问。在那里，我定下了今后的生活规划，从此持守不渝。为弥补资产的不足，我决意在生活上尽量克俭，以保持自身的独立；同时摒弃其他一切追求，全心致力于提高自己的写作才能。

我隐居于法国，起初住在兰斯(Reims)，但多数时候住在安茹的拉弗莱什(La Fleche)，在那里我写出了《人性论》(*Treatise of Human Nature*)的书稿。我在法国度过了愉快的三年，于 1737 年重返伦敦。1738 年底，《人性论》付梓，我随即返乡探亲：我哥哥带着母亲住在他的乡间宅邸，审慎而成功地经营着自己的产业，家道日见起色。

---

① ruling passion，或译为"主宰激情"，语出诗人蒲柏(John Pope)的《道德散论》(*Moral Essays*)。该提法在休谟的其他著述中也多次出现。——译者

② 乌埃(Johannes Voet, 1647—1713)和维尼乌(Arnold Vinnius, 1588—1657)是罗马-荷兰法系的两位奠基人。——译者

在古往今来的所有著述中，没有哪本书的境遇能比我的《人性论》更悲惨。它仿佛死产之胎，印行之后完全阒无声息，甚至未能激起来自狂热分子的些微批评。但我是个天性愉快、乐观的人，经此打击后很快就恢复了常态，仍以极大的热情在乡间继续我的研读。1742 年，我在爱丁堡印行了《随笔集》①的第一部分，反响不错，这让我很快就把先前的挫折完全抛诸脑后了。我仍与母亲和兄长住在乡间，在此期间又温习了希腊语，因为自己早年在这方面实在用心不足。

1745 年，我收到阿南代尔侯爵（Marquis of Annandale）的信，邀我去英格兰与他做伴。我还发现，由于这位年轻贵族的身心状况所需，他的亲朋好友也期望我能担负起照顾和指导他的责任。于是乎，我陪伴了他十二个月。这段时间的收入大大充实了我那羞涩的阮囊。后来，我又应圣克莱尔将军（General St. Clair）之邀，在其远征期间担任他的秘书。这次远征本拟针对加拿大，却以侵入法国海岸而告终。第二年，即 1747 年，我又应将军的邀请，随他的军事使团访问维也纳和都灵宫廷，仍然担任秘书一职。此后，我便身着军官制服，与哈里·厄斯金（Harry Erskine）爵士和格兰特（Grant）上校（现已是格兰特将军）一道，以将军副官的身份出入这些宫廷。我的一生当中，差不多只有在这两年里中断过我的研究。那段日子我过得很愉快，既有良朋益友为伴，又因着节俭，能将薪俸存起来，积成一小笔财产，我将这称为我的"独立"——尽管朋友们听闻此话，多半会报以微笑。简言之，此时我

---

① 指《道德与政治随笔集》（*Moral and Political Essays*）。——译者

的积蓄已接近千镑。

　　我一直觉得，《人性论》出版后之所以反响不佳，主要问题不在于书的内容，而是表达方式欠妥。我当时过于仓促地将此书付梓，亦不免失之轻率。所以，我将此书的第一部分重新改写，以《人类理智研究》(*Enquiry concerning Human Understanding*)之名出版，当时我正旅居都灵。然而该书问世之初，命运并不比《人性论》强过分毫。我从意大利归来，发现整个英格兰正为米德尔顿博士的《自由研究》①如痴如狂，而我的作品却寂寂然无人理会，更让我感到颜面无光。我的《道德与政治随笔集》在伦敦发行了新版，反响也好不了多少。

　　所幸我天性恬淡，上述的种种失意并未对我造成什么影响。1749 年，因为母亲去世，我回到乡下，在哥哥家住了两年。在那里，我完成了《随笔》的第二部分，题为《政治论》(*Political Discourses*)，还把《随笔》的另一部分加以改写，定稿为《道德原理研究》(*Enquiry concerning the Principles of Morals*)。这时，我从书商米勒(A. Millar)处得知，我之前的几本著作(只有不幸的《人性论》除外)开始成为公众的谈资，销量渐增，需要发行新版。一年中总有两三篇来自牧师、主教们的驳论公开发表；我发现，得益于沃伯顿博士(Dr. Warburton)②的批驳，我的著作开始在有识 xxx

---

　　①　科尔尼斯·米德尔顿(Conyers Middleton)，《关于据信存留于基督教会内部的诸般神秘力量之自由研究》(*A Free Inquiry into the Miraculous Powers which are Supposed to have Subsisted in the Christian Church*, 1749)。——译者
　　②　威廉·沃伯顿(William Warburton, 1698—1779)，格洛斯特主教，当时名噪一时的评论家。——译者

之士的圈子里得到重视。不过,我抱定一个原则,对任何人的评论概不回应。我的禀性既不易动怒,故而倒也不难避开一切文字口角。声名鹊起的迹象令我精神鼓舞,因为我惯于看到事物乐观的一面,而不是悲观的一面。我以为,人若拥有这样一种性情,要比生来拥有万镑年金更加幸运。

1751年,我从乡间返城,这里才是文人学者的真正舞台。1752年,我住在爱丁堡,在那里出版了《政治论》。在我所有的作品当中,唯独这一部甫一面世便获成功,在国内外都深受好评。同年,我的《道德原理研究》在伦敦出版。依我之见(此事本不该由我来判断的),我所有的历史、哲学和文学作品以此最为出色,余者皆远不能及。但它出版后,却遭遇寂寞,无人理会。

1752年,苏格兰律师公会选聘我做图书馆员,这个职位虽然薪俸微薄,却为我提供了坐拥书城的便利。于是我就拟定了《英国史》的写作计划。但是,要让书中叙事贯穿一千七百年的历史,委实是一项令人生畏的艰巨任务,所以我决定从斯图亚特王朝称制开始写起,在我看来,党派争哗现象即主要发端于这一时期。①我承认,自己当时对于此书的成功不无乐观。我认为自己是唯一一个同时超越了现世权力、利益、权威和一般成见的治史者。鉴于这个题材的接受面广,我期待着博取相应规模的喝彩,结果却大失所望。我遭到各个方面的群起围攻,叱责、非难,甚至恶言詈

---

①　休谟《英国史》最初的出版次序如下:第一卷于1754年出版,从詹姆斯一世写起,讲述斯图亚特王朝早期历史。第二卷从1660年王政复辟写到1688年革命,于1757年出版。第三、四两卷于1759年出版,回头叙述都铎王朝的历史。最后于1762年出版的第五、六两卷包括了从罗马入侵到亨利七世继位这一段时期。——译者

辞不绝于耳,英格兰人、苏格兰人、爱尔兰人,辉格党人、托利党人,英国国教会和分裂教派成员,自由思想家和宗教狂热者,个人权利的捍卫者和王室廷臣,全都同仇敌忾地反对我这个人,因为我竟敢为查理一世和斯特拉福德伯爵(Earl of Stratford)的命运洒一掬同情之泪。最初一波愤怒的狂澜过去之后,更大的羞辱还在后头:这部作品似乎完全湮没无闻,从此被人遗忘了。据米勒先生讲,他在一年里只卖出四十五册。确实,在英格兰、苏格兰和爱尔兰范围内,我极少听说哪个有身份或学术地位的人能够容忍此书。只有英格兰大主教海林博士(Dr. Herring)和苏格兰大主 XXXI 教斯通博士(Dr. Stone)是例外,这两位尊贵的教长曾经分别捎信给我,嘱我不要灰心。

不过,我承认自己确实意气消沉。若不是正逢英法开战,我肯定会退隐到法国外省的某个小城,从此隐姓埋名地生活,永不返回故土。但是这个计划在当时既不可行,而且后面几卷的写作已然颇有进展,所以我决心鼓起勇气,坚持到底。

在此期间,我在伦敦出版了《宗教的自然史》(*Natural History of Religion*)及其他一些短篇作品,反响依然寥寥,只有胡德博士(Dr. Hurd)写了一本小册子来攻击它,其中充斥着沃伯顿那一派评论家特有的褊狭狂躁、傲慢和粗鄙。这本小册子给我带来几分安慰,因为倘若没有它,我的著作就完全无人理会了。

1756 年,继《英国史》第一卷遭遇出版败绩两年之后,我推出了该书的第二卷,记叙从查理一世之死到光荣革命这一阶段的历史。该卷内容在辉格党人眼里不那么讨嫌,所以得到的待遇比第一卷稍强。它不仅本身销量略好,也给其不幸的"兄长"带来了销路。

我已从此前的经验中体会到,这个国家处处都在辉格党人把持之下,从国家大事到文坛成败,概莫能外。但我根本无意屈从于他们愚蠢的叫嚣。经过深入的研究、阅读和思索之后,我将书中涉及斯图亚特王朝前两任君主治下的历史叙事做了一百多处修改,其内容无不有利于托利党人立场。我认为,如果硬要把那个时期之前的英国宪法视为一个争取自由的正规计划,委实太荒谬了。

1759年,我出版了都铎王朝的历史,这一卷所激起的反对声浪几乎和之前两卷不相上下。对伊丽莎白一朝的描写更是引得众议汹汹。但此时的我已对公众的愚蠢见惯不惊,照旧平静地安栖于我在爱丁堡的隐居处,继续撰写更早期的英国历史,于1761年又出版两卷,反响尚可,但也仅限于"尚可"而已。

尽管我的著作命运多舛,但我依然从中收获颇丰。书商支付给我的版税之多,在英格兰是前所未闻的,令我不仅能够独立自主,而且变成了富翁。我返回故乡苏格兰过起退隐生活,决计不再离开一步。我欣然满足于不依附任何大人物的生活,甚至不必与他们结交。此时我已年过半百,打算就这样恬然安度余生了。但在1763年,原本与我素昧平生的赫特福德伯爵(Earl of Hertford)忽然发来邀请,让我随他出使巴黎,先代行使馆秘书的职责,并有望在近期获得该职务的正式任命。这一邀请固然诱人,但起初我还是辞谢了,一则因为我不喜亲近权贵,二则是担心以我这把年纪和性情,难以适应绮丽浮华、讲究虚文缛节的巴黎社交圈。但是伯爵大人再三敦请,我感到盛情难却,便应了下来。我与这位爵爷的交往,以及后来与其弟康威将军(General Conway)

的相处,令我有一切理由感到欣慰愉悦,无论从乐趣或是利益角度而言都是如此。

　　人们若不曾亲眼见过风尚的奇妙影响力,恐怕永远想象不出身处巴黎的我从各个等级、不同行业的男男女女那里获得了怎样的款待。面对那种洋溢的热情,我越是退缩回避,他们就越是加倍地殷勤。不过,生活在巴黎着实令人满足,这个城市充满通情达理、富于见识、彬彬有礼的伙伴,为全世界任何地方所不及。我甚至一度有过终老是乡的念头。

　　我顺利地获得了使馆秘书的任命。到了1765年夏天,赫特福德伯爵调任爱尔兰总督,就此与我分别。他走后,我受命临时接掌使馆工作,直到年底里奇蒙公爵(Duke of Richmond)到任为止。1766年年初,我离开巴黎,继而在夏天回到爱丁堡,仍抱着从前的想法,打算与世无争地安然隐居于此。我归乡之时,虽未变身富 XXXIII 豪,却也积蓄颇丰,而且承蒙赫特福德伯爵的友情关照,收入亦大幅提高。我先前既已试验过自己的能力,现在颇有心尝试这份富足能给我带来什么。但在1767年,康威先生又邀我出任他属下的次官,由于这位先生值得称道的为人,再加上我和赫特福德大人的交情,令我无法拒绝这个邀请。我在1769年重返爱丁堡,手头相当宽裕(我的年俸有一千镑之多),身体健康,虽说上了点儿年纪,却还大有希望长享清福,并且目睹自己声望日增。

　　1775年春,我患上肠胃失调,起初我对这点病痛并未在意,然而现在想来,那正是不治之症的开端。到了今天,我估计自己已经时日无多。我在病中没怎么遭受疼痛的折磨,更奇怪的是,尽管我的身体非常衰弱,却没有片刻精神不济。如此说来,如果让我选择重新享受生命中的某一时期，我大有可能选定末后的这段日子。我的研究热情旺盛如故，与人交际的乐趣亦丝毫不减。而且，我认为一个人若在六十五岁上死去，无非是免去几年的老病之苦而已。虽有许多迹象表明，我的文名终将喷薄而出、光芒万丈，但是我深知自己享受它的时间已不长久。到此时节我对生命算是最无眷恋之心了。

　　总结我平生的性格，我是——或者毋宁说我曾经是（因为我现在须以指称亡人的语气来指称自己了，以便更大胆地吐露心声）——一个性情温和的人，富于自制力，为人坦诚、友善而又开朗，知情重义，不易感染仇恨，所有的感情都极其中庸适度。虽说酷爱文名，在这方面又屡遭挫折，也未曾使我的性格变得尖酸。无论是大大咧咧的年轻人，还是勤学苦读的文人，都和我相交甚洽；我和端庄的女性相处时感到格外愉快，她们待我也非常好。总而言之，尽管大多数人、可以说所有智慧出众的人物，都曾出于这样那样的原因遭受诽谤中伤，但是这妖物的毒牙连碰都没碰到我，更未能将我啮伤。我虽然暴露于各个政党和教派的愤怒攻击之下，可是他们向来的狂暴对于我却似乎失去了杀伤力。我的朋友们从来无须为我的人品和言行挺身辩护；可以想见，某些狂热分子当然乐于捏造和传播不利于我的流言，但是他们根本找不到任何貌似可信的说法。我不敢说，此番自撰吊文不包含任何虚荣心的成分在内，但我希望这点虚荣心没有错置，关于这一点，事实是很容易澄清和确认的。

1776 年 4 月 18 日

法学博士亚当·斯密
致威廉·斯特拉恩先生的信

法夫郡,柯卡尔迪,1776 年 11 月 9 日

亲爱的先生:

我怀着亲切而又沉痛的心情,坐下来给您写这封信,向您报告我们的亡友、杰出的休谟先生在弥留病榻期间的一些情况。

尽管他心知自己的病已成不治,但还是听从朋友们的恳请,尝试作一次长途旅行,以观其效。在临行前几天,他写下一份自传,此稿连同其他一些文稿,已经交由您保管。因此,我就从他自传结束的地方开始讲起。

4 月底,他动身前往伦敦,在莫佩斯(Morpeth)遇到了约翰·霍姆先生[①]和我。我们是专程从伦敦前来,准备赴爱丁堡去和他见面的。霍姆先生随即伴他返回伦敦,并以无上的友爱深情,在他逗留英格兰期间一直关怀照料着他。而我因为之前已经给家母去信,说要返回苏格兰探亲,所以只能继续我的行程。由于活动和换空气,休谟先生的病情似有好转;他们抵达伦敦时,他的健康状况显然比在爱丁堡时好多了。他接受建议,去巴思饮用那里的

---

① John Home,大卫·休谟的哥哥。——译者

矿泉水,有段时间这方法似乎很见效,连他自己也一改原来的悲
观想法,开始觉得康复有望了。但不久之后,旧有症状再次汹汹
发作,自此他便放弃了一切复元的指望,转而以极其开朗旷达的
心情,泰然顺服天命。他回到爱丁堡的时候,身体逾发虚弱,但愉
快的情绪却丝毫不减。他同往常一样,埋头校订自己的著作、准
备发行新版,读些有趣的书,与友人闲谈,偶尔在晚间召聚三五朋
辈,打打他顶喜欢的惠斯特牌戏作为消遣。他是如此开朗、谈笑
风生,与从前毫无二致,以至于很多人虽然眼见他病势沉重,还是
无法相信他即将撒手人寰。有一天,邓达斯医生对他说:"我要告
诉您的朋友埃德蒙斯通上校,这番见您的身体状况好多了,而且
还在顺利恢复中。"他回答道:"医生,我相信您不会说言不由衷的
话,您最好还是告诉他,我不行了。如果我有敌人的话,我会死得
像他们希望的那么快,并且像我的至近亲朋所希望的那样安适而
快乐。"不久之后,埃德蒙斯通上校来看望他,向他道别。在归途
中,上校情不自禁写下一信,向他再致永诀,并引用了几句美丽的
法语诗——就是乔里厄修道院院长自知不久于人世之际与友人
德·拉·法尔侯爵依依惜别的诗句。休谟先生为人豁达坚毅,较
亲密的朋友们都知道,在交谈和书信中无需对他讳言死亡的迫
近,他非但不会因这率直而感到受伤害,反倒觉得称意,将其视为
一种荣幸。他正在展读这封刚刚收到的信,我恰好走进房间,他
当即把信递给我看。我对他说,尽管我看得出他的体力比以前虚
弱多了,在很多方面都透出不良的迹象,但是他的心情十分愉快,
说明内在的生命力依然健旺,所以我不免对前景仍抱有一线希
望。他回答道:"你的希望是没有根据的。无论在多大年龄,持续

一年有余的习惯性腹泻都是一种危险的病症,而对于我这个岁数的人来说,更是致命的。我自己觉得,每晚入睡时都比当天早晨起床时虚弱,第二天起床时又比前一晚入睡时更虚弱。此外我还 XXXVII 感到,体内某些重要部位也已经受到感染。所以,我命不久矣。"

"好吧,"我说,"就算这个结果无可避免,至少您在临去时看到所有的朋友诸事顺遂,尤其是令兄一家境况丰足,也可聊以自慰了。"他说,在这方面他非常知足,以至于前几天阅读琉善(Lucian)的《死者对话录》①时发现,在凡人向冥河船夫卡戎乞请延迟登船的诸多借口当中,竟然没有一条适用于自己:他没有尚未竣工的家宅,没有需要供养的女儿,也没有心心念念要复仇的敌人。"我想不出什么借口,能让卡戎对我宽限一点时间。凡我想做的重要事情都已完成,亲朋好友们的境况也好得无以复加。所以,我尽可心满意足地撒手而去了。"接着,他就开始打趣地编造种种或可对卡戎拖延要赖的借口,并依据后者的性格揣想自己必定得到怎样的答复:"经过进一步考虑,我想我可以这么对他说——'仁慈的卡戎,我正在修订拙著的新版,请再容我一点时间,让我看看公众对此反应如何。'但他会回答:'等你看到他们的反应,又会打算作其他的修改。这种借口没完没了。所以,可敬的朋友,还是请上船吧。'但我仍然坚持道,'仁慈的卡戎,请您耐心听我说,一直以来我都在致力于启蒙公众,假如我能多活几年,就可以欣慰地看到,某些流行于世的迷信思想体系最终垮台。'闻听此言,卡戎必定大为光火,声色俱厉地喝道:'你这个浪荡无赖,这种事拖上

---

① 原文为 Dialogues,经查证即 *Dialogues of the Dead*。——译者

几百年也不可能实现！你以为我会给你那么长时间吗？马上登船，你这懒惰的浪荡鬼！'"

　　话又说回来，尽管休谟先生每每谈到死神的降临总是那么轻松愉快，但是他从不刻意做出旷达之态。只有在交谈中自然触及这个话题时，他才随着说说，而且适可而止，绝不超出情境所需。不过，这个话题的确常常出现，因为来访的朋友们自然总要询问他的健康状况。上面提到的谈话发生在 8 月 8 日（星期四），那是我们之间的倒数第二次交谈。他那时已经非常虚弱，即使最亲密的友人相陪都会使他感到疲劳，因为他依然保持着欢快的情绪，凡有朋友来访，他总是殷勤相待、礼貌周全，不免说话太多、过于耗神，令病弱之躯难以支持。所以，应他自己的要求，我离开爱丁堡（我待在那里的一部分原因就是要守着他），回到柯卡尔迪我母亲那里。但我和他约好，他什么时候想见我，就当即召我过去。另外，最常来给他看病的布莱克医生也答应我，时不时地写信报告他的健康状况。

　　8 月 22 日，布莱克医生给我写来以下一信：

　　"自从上封信发出以后，休谟先生的情况还不错，只是虚弱多了。他睡得很晚，每天下楼一次，以读书自娱，但几乎不见客。他发现，即使和最亲近的朋友交谈，也会带来疲劳和负担。好在他并不需要通过交谈求得慰藉，因为他没有忧虑、焦躁或萎靡不振，只和有趣的书为伴，便能怡然度日。"

　　转天我又收到休谟先生本人的一封信，现将内容摘录如下：

爱丁堡,1776 年 8 月 23 日

"最亲爱的朋友:

　　今天我起不了床,因此只好麻烦我的侄子代笔给你写这封信。

＊　＊　＊

　　我的病情急剧恶化,昨晚又有些发烧,我倒希望它能早些结束这病痛的厮缠,可惜到现在热度又基本上退了。我不忍心让你专程来看我,因为你来的话,一天里我也只能见你一小会儿。布莱克医生能更好地随时告诉你,我还剩下几口气。别了,余不多叙。"

　　三天后,我收到布莱克医生的信,内容如下:　　　　　　XXXIX

爱丁堡,1776 年 8 月 26 日,星期一

"亲爱的先生:

　　昨天下午四点钟左右,休谟先生去世了。星期四到星期五之间的晚上,情形已然大为不妙:他的病势逾发沉重,很快就虚弱到无法起身。他在临终前一直神志清醒,并未经历太多痛楚或悲伤,更没有表现出一丝一毫的焦躁情绪。相反,每当需要和身边的人说话时,他总是那么温柔而亲切。当时我觉得不宜写信叫您过来,尤其是因为我听说,他曾经口授了一封信给您,嘱您不必前来。他的身体极度虚弱,说话十分费力。他能如此愉快安详地辞世,可谓最大的福分了。"

　　我们最杰出的、永远难忘的朋友就这样与世长辞了。对于他的哲学观点,世人无疑各有评说,或因见解一致而赞许,或因意见

相左而加以责难，但若说到他的品格和为人，大约罕有非议。他的性情，如果可以这么说的话，比我平生认识的任何人都更温柔随和。哪怕在他境遇最差、极有必要省吃俭用之时，遇有适当的场合他照样乐善好施。他奉行节俭不是基于贪念，而是缘于热爱独立之故。他的性情虽温和之极，但是他那坚定的头脑和果断的决心却从不因此而有所削弱。他一向的开朗诙谐，是其温厚天性和好脾气的真实流露，并调和了细腻敏锐的情感和谦谦君子风范，其中不曾掺和一丝一毫的恶意，而其他人身上的所谓"风趣"则往往源于这种令人不快的苦毒。他开玩笑从无伤人之心，所以总是让人欣然开怀，即便是被挖苦的对象也同样如此。他时常拿朋友们打趣，而在朋友们看来，在他所有令人倍感亲切的美好品 XL 质当中，此种诙谐最能给他的谈吐平添魅力。一般而言，快乐而善交际者往往兼有浮躁浅薄的性格缺陷，而在他则不然：他在开朗幽默之外，无疑又行为严谨、学而不倦、思想深邃，并在各个方面拥有广泛的能力。总的说来，我始终认为，无论在他生前还是身后，其智慧和品德在人类弱点所限的范围内都可以说是最接近于完美的典范。

亲爱的先生，我永远是

您的最亲爱的

亚当·斯密

第　一　章

不列颠人—罗马人—撒克逊人—七国时代—肯特王国—诺森伯兰王国—东盎格利亚王国—墨西亚王国—埃塞克斯王国—萨塞克斯王国—威塞克斯王国

不列颠人①

　　一切文明民族皆有一种好奇心，渴望探求祖先胼手胝足、拓业兴邦的艰险历程，然而鉴于远古时代史迹微茫，存留至今的说法多有相互矛盾或模糊不确之处，令人不免徒生浩叹。一些有闲的才学之士常将研究边界推至文字史料形成或有所存留的时代以前，但是他们却未必意识到，单凭记忆或口传的历史，对于昔时往事的述说难免会转眼灭失，或将事实扭曲得面目全非，而远古蛮邦的许多功业即使被诉诸文字记载，在文明世代的人们眼中也无甚趣味可言。文明国家的社会动荡往往构成其历史上最具启发性、也最有趣味的部分，而野蛮国家则多有骤起之变，其势狂暴

---

　　① "不列颠"（Britannia）源自凯尔特词汇，乃罗马人对该岛的称呼。由此引申，岛上居民被称为"不列颠人"（Briton），又译为"布立吞人"。——译者

且少经筹谋,事变的走向多取决于当事人的心血来潮,而且大多以血腥的结局收场——如此千篇一律的套路,不免令人心生厌恶。因此从文学角度而言,这些史料的湮没无考真可谓幸事一桩。现代民族如欲迁就这份好奇心,回溯自身的渊源,唯一可靠的方式就是考察本族先民的语言、风俗习惯和礼节,并与邻邦加以比照。至于那些通常取代了信史地位的古代传说,则完全不必理会;倘若允许破例的话,恐怕只有古希腊的神话传说值得我们网开一面,这些作品是如此闻名遐迩、愉悦人心,必将得到人类永恒的关注。出于上述理由,本书将忽略不列颠上古时代的传统或传说,直接启笔于罗马入侵时代本岛居民的状况:首先概述罗马征服时期的历史事件(此段内容更多地属于罗马人的历史,而不属于英国史),继而匆匆掠过模糊而乏味的撒克逊纪年,以便把更多笔墨留给后来的世代——这些时期的史实记载更加真确完整,足以为读者提供乐趣和启迪。

所有古代作家一致认为,不列颠岛上最早的居民是高卢人(Gauls)或凯尔特人(Celtae)的一支,由邻近的大陆上迁居而来。他们的语言、风俗、部落治理方式和迷信都大体相同,彼此间只有少许差异,此乃时间因素的作用或与周边民族的交流所产生的必然结果。高卢人,特别是其中与意大利相毗邻者,通过与南方邻居的贸易而多少受到文雅风气的濡染,此种文明的影响渐渐向北扩散,将一线微光漫射到孤悬海外的不列颠岛。希腊、罗马的水手和商人们(那个时代很少有别的旅行者)纵侃海外奇谈,大肆吹嘘此岛居民如何凶猛强悍,无非是想博得本乡人啧啧称奇而已。其实,早在恺撒(Caesar)征服的时代之前,不列颠东南部的一些地区就已经向着文明社会迈出了最初的重要一步。生活在这些地区的不列颠人已经掌握了农耕技术,人口繁衍众多。[①] 而这座岛屿上的其他居民仍然沿袭着旧有的游牧生活方式:他们以兽皮为衣,在遍布山野的森林草泽中搭建棚屋栖身。他们惯于漂泊,牧养着畜群逐水草而居,也经常出于掳掠的动机或者为了逃避强敌而迁徙到别处。由于完全不知精致生活为何物,所以他们的需求和财产都极为有限。

不列颠人分为众多小邦或部族,民风尚武,武器和畜群就是他们的全部财产。部落民众深知自由的滋味,自不容忍君王或酋长建立专横暴政。他们的政体和凯尔特各邦一样,虽然属于君主制,[②]却以自由为特色。与其祖辈高卢人相比,[③]不列颠部族中的普通人似乎享有更多的自由。[④] 每个小邦又分为众多支派。[⑤] 各部族与邻邦之间因妒嫉和敌意而争斗不休:由于此间人民尚不谙谋求和平的艺术,因此战争就成了他们的主业,一般人的雄心壮志也多寄托于此。

不列颠人的宗教是其政体中举足轻重的一部分。德鲁伊祭司(Druids)拥有极高的权威。他们不仅司掌祭礼、主持一切宗教事务,还掌管青少年的教育。他们享有免于兵役和赋税的特权,手握民事和刑事案件的审判权,无论是邦国纠纷还是私人事务,

---

① Caesar, lib. 4.［为体现作品原貌,作者以脚注形式标注的引文出处皆原样保留,置于卷末的注释亦按原格式译出。——译者］

② Diod. Sic. lib. 4. Mela, lib. 3. cap. 6. Strabo, lib. 4.

③ Dion Casius, lib. 75.

④ Caesar, lib. 6.

⑤ Tacit. Agr.

都由他们负责裁夺。任何人若不服从祭司的裁决,必将招致最严厉的惩罚,被逐出教门——此后该人便不得参与祭祀和公众崇拜,见弃于全体族人,甚至在日常生活中也无人理睬,与他的任何接触均被视为不洁和危险之举,人人对其避之唯恐不及。这样的人亦不再受到法律保护。① 在如此悲惨和耻辱的境遇下,死亡本身便成了一种可资寻求的解脱。我们看到,不列颠人狂野不羁的民风自然会造成政缰松弛的现象,而迷信的恐怖则适当地从旁弥补了这一问题。

古往今来没有任何一种迷信的恐怖比德鲁伊教更甚。德鲁伊祭司们不仅主掌现世的严刑峻法,更借助灵魂永恒转世之说,将自身的威权延伸到胆战心惊的信徒内心。他们的宗教仪式均选择在幽暗的密林深处或其他不为人知的隐秘地点举行,② 为了增加教门的神秘性,所有教义仅以口传方式相授,严禁诉诸文字,以防暴露于不洁的俗人眼目。他们以活人献祭,还经常将掠得的战利品敬献在他们的神祇面前。如果有人胆敢私匿这些神圣的祭品,将会招致最可怕的酷刑加身。献祭的财宝秘藏于林莽之中无人看守,唯靠宗教的敬畏之心予以保护。③宗教力量或能惹动最离奇、最狂暴的人类行为,但是它对人类贪婪的坚定征服却更加耐人寻味。说到对人心的高度支配,没有哪一种偶像崇拜比得上古代高卢人和不列颠人的宗教。罗马人在征服不列颠之后发现,只要德鲁伊教的威权尚存,就休想使被征服的土邦顺从新主人的

---

① Caesar, lib. 6. Strabo, lib. 4.

② Plin. lib. 12. cap. i.

③ Caesar, lib. 6.

法律制度,因此他们最终不得不动用刑法禁绝德鲁伊教。罗马人
作为征服者,一向宽大为怀,在其治下从未针对其他情形采取过
这等暴力手段。①

罗马人

　　长久以来,不列颠人一直保持着上述蛮野而独立的状态,直
到恺撒以一连串辉煌战绩征服高卢全境,并将目光初次投向这个
岛屿。恺撒之所以跨海而来,并非垂涎于此地的财富或贪图虚
名,而是雄心勃勃,意欲率领罗马雄师挺进一个尚不为世人所知
的新世界。他趁着高卢战事的短暂间歇,挥师入侵不列颠。本岛
居民探明其意后,意识到双方实力差距悬殊,便做出顺服姿态,试
图以此平息恺撒的征服欲望,但后者的军事计划并未因此而延迟
实施。在挫败当地人的数番抵抗之后,恺撒成功地踏上了不列颠
海岸,登陆地点据说是在第尔(Deal);此后,恺撒与不列颠人交手
连连获胜,迫使他们交付人质、宣誓效忠。继而由于诸务缠身,加
上寒冬将至,恺撒班师撤回高卢。不列颠人一旦从罗马军团的铁
蹄下解脱出来,立时故态复萌,拒绝遵守效忠的契约。于是,那位
高傲的征服者决定于次年夏天卷土重来,严惩他们的背信。此番
登陆的部队规模更大,尽管不列颠各部落联军在一个小部落头
领卡西维拉努斯(Cassivelaunus)率领下进行了更像样的抵抗,但
是实力终究不逮;恺撒屡战屡胜,大军长驱直入,面对敌师强渡

公元前
55 年

7

---

　　　　① 　Sueton. in Vita Claudii.

泰晤士河,攻陷卡西维拉努斯的都城,将其付之一炬,继而扶植罗马人的盟友曼都不雷提乌斯(Mandubratius)登上特里诺文特(Trinobantes)王位。恺撒迫使本岛居民重新宣誓效忠,随后再度率军撤回高卢,因而这段时期罗马对不列颠的主权在很大程度上是有名无实。

紧接着,罗马内战爆发了,这场战争使罗马由共和国转向帝制,而不列颠人则因此幸免于已经为其打造完毕的奴役之轭。恺撒的继承人奥古斯都(Augustus)满足于成功剥夺了本国人民的自由,并无通过海外战争扬威的雄心壮志。他深知罗马共和国就是被永无止境的对外扩张拖垮的,这种政策如不改变,罗马帝国也难免重蹈覆辙。因此,他告诫后世君主勿再希求扩大帝国的版图。提比略(Tiberius)出于疑惧心理,唯恐诸将凭借开疆拓土而功高震主,一直以奥古斯都的遗训作为借口,对外实行无为政策。[①]卡利古拉(Caligula)曾经出于癫狂的冲动,扬言出兵进犯不列颠,结果只是令他本人及罗马帝国沦为世人的笑柄。这样,在将近百年的时间里,不列颠能够安享闭门自得的日子。直到克劳迪一世(Claudius)在位期间,罗马人才开始认真考虑将此方人民收归治下。就像近代欧洲人征服非洲和美洲一样,罗马大军无须劳神寻找什么站得住脚的理由,便悍然渡海而至,为首的是一位能征善战的大将普劳提乌斯(Plautius)。罗马人连战皆捷,有效地压服了本土居民。克劳迪一世见一切铺垫就绪,便御驾亲临不列颠,接受坎蒂(Cantii)、阿特雷巴特(Atrebates)、雷格尼(Regni)

公元43年

---

① Tacit Agr.

和特里诺文特等几个东南部小邦的投降，这些地方的人民由于濡染了富裕、文明的生活方式，情愿以自由为代价换取和平。其他的不列颠人则团结在卡拉克塔克斯（Caractacus）的旗帜下，顽强抗敌，令侵略者久久难以推进半步，直到罗马方面派斯卡普拉（Ostorius Scapula）接任统帅后，战局才发生改观。这位大将挥师征服不列颠全岛，一举捣毁了塞文（Severn）河畔的好战小邦志留（Silures），又在一场鏖战中大破卡拉克塔克斯，将其俘获，解送到罗马。在罗马，卡拉克塔克斯以其高贵风范博得敌邦赞赏，所获优遇远远高过其他沦为阶下囚的亡国之君。[①]

公元 50 年

　　不列颠人虽屡遭打击，却不肯屈服。在充满征服欲的罗马人眼里，这座岛屿成了一个赢取军事荣誉的战场。尼禄（Nero）皇帝在位期间，大将保利努斯（Suetonius Paulinus）出任不列颠总督，意欲凭借剿灭蛮夷的军功而名垂青史。他了解到莫纳岛（Mona）即现在的安格尔西岛（Anglesey）是德鲁伊教盘踞的大本营，便决意要攻克这个不列颠残兵败卒纷纷投奔的庇护所、德鲁伊教迷信的中心。不列颠人竭尽全力试图阻止敌人在圣地登陆，既以兵戈相抗，又乞灵于宗教的恐怖。妇女和祭司们夹杂在武士们中间，披头散发、手持燃烧的火把在岸上来回狂奔，咆哮、尖叫、发出诅咒，这景象令罗马士兵骇异莫名，其恐怖的感觉远远超出正常军事武力所带来的真实危险。但是保利努斯勉励手下将士藐视这种迷信的恐吓，鼓起勇气，奋力冲杀，罗马军队将不列颠人逐出战场，把德鲁伊祭司们烧死在他们为献祭战俘而生起的火堆里，将

公元 59 年

9

————————

① Tacit. Ann. lib. 12.

德鲁伊教的圣林、祭坛全部夷为平地。保利努斯本以为，经过此战，不列颠人的宗教被泯灭之后，下一步就比较容易使此间人民屈膝于己。但是他的指望很快落空了。不列颠民众趁他暂时离岛的时机，再次揭竿而起，推举曾经遭受罗马军团指挥官凌辱的爱西尼（Iceni）女王布迪卡（Boadicea）为领袖，攻陷了暴虐的征服者盘踞的多个殖民点。保利努斯急忙回师保卫伦敦——这座城市当时已经发展成为一个繁荣的罗马殖民中心。但是他到了伦敦之后才发现，从战略全局考虑，为今之计只能疏散军民，任由这座城市无遮无拦地暴露于敌人的无情怒火中。结果，伦敦城被焚为灰烬。滞留城内的居民惨遭杀戮。凡起义军所过之处，罗马人和一切外邦人一概殒命于刀剑之下，总数达七万之多。不列颠人的血腥行为，似乎表明他们决心斩断与敌方议和或妥协的一切希望。但是保利努斯随即在双方的大决战中对其暴行做出了回敬。据说此战阵亡的不列颠人共有八万。布迪卡本人不愿落入狂暴的敌人之手，战败后服毒自尽。[①]　不久，保利努斯被尼禄皇帝撤职，他在这片土地上播撒了太多血腥暴力，激起当地百姓的愤怒和恐慌，应属施政不当。隔了一段时间，韦帕芗（Vespasian）皇帝任命凯列阿里斯（Cerealis）为不列颠总督。新督勇武，将罗马军团令人胆寒的声威播散到四方。凯列阿里斯的继任者弗朗提努斯（Julius Frontinus）的恐怖名声亦不逊于前任。最终还是大将阿古利可拉（Julius Agricola）巩固了罗马在不列颠的统治，此人历韦帕芗、提图斯（Titus）和图密善（Domitian）三朝一直镇守不列颠，功勋

---

①　Tacit. Ann. lib. 14.

卓著。

这位伟大的统帅拟定了一套平定不列颠的常态战略,让罗马人对此岛的征服变得有利可图。他麾下的常胜之师一路北进,所向披靡,一直杀到加勒多尼亚(Caledonia)①偏远难行的崇山密林之间。随后又调转方向,大军剑指之处,不列颠南部诸邦无不慑服,那些生性悍勇、桀骜,宁可战死沙场也不愿忍受奴役的武士, 10 被他们追得四散奔逃。不列颠人在加尔加克斯(Galgacus)的统率下组成联军,誓与罗马人决一死战,但最后仍然败于阿古利可拉手下。这位总督还在克莱德(Clyde)湾和福斯(Forth)湾之间修筑了一连串的要塞,从而将蛮荒不驯的北部与本岛其他地区隔绝开来,保护了罗马不列颠行省免遭未开化的土著侵犯。②

在谋求军事建树的同时,阿古利可拉也不曾忽略文治。他把法律和文明引入不列颠,教化人民,令其向往和亲近舒适便利的生活,引导他们逐渐适应罗马人的语言和风俗,向他们传授文化和科学知识,竭力将他亲手铸就的奴役枷锁裹上一层柔软的天鹅绒,让当地人轻松顺受。③ 不列颠人在此前的抵抗中已经领教了罗马人的强大实力,这是他们根本无力抗衡的,无奈之下只得默从了罗马人的统治,并且逐渐融合到帝国的强大机体之中。

征服不列颠是罗马帝国最后一次持久性的扩张。这个岛屿一旦臣服之后,就再不曾给征服者制造过麻烦。只有远方穷山恶水、未被罗马人放在眼里的加勒多尼亚还有蛮族存在,并不时兴

---

① 古苏格兰的别称,即罗马帝国不列颠行省以北的地区。——译者
② Tacit. Agr.
③ Ibid.

兵犯边,袭扰较文明的不列颠行省百姓。为了加强边境防卫,哈德良(Adrian)皇帝在巡视不列颠时下令修筑了西起索尔韦(Solway)湾、东至泰恩(Tyne)河口的防御壁垒,称为"哈德良长城"。安敦尼·庇护(Antoninus Pius)在位时,不列颠总督乌尔比库斯(Lollius Urbicus)又在阿古利可拉先前修筑的防线基础上新建了一条边墙,即"安敦尼长城"。塞维鲁(Severus)皇帝曾亲率大军远征不列颠,深入本岛的最北端,并在哈德良长城一线新筑起若干堡垒。在上述几任罗马皇帝治下,不列颠一直太平无事,因此史书中对其鲜有提及。仅有的几次记载,无非是镇守此岛的罗马军团发生叛乱,或者罗马派来的总督图谋自立为王等。至于本土居民,他们已经成为一无武装、二无斗志的驯顺良民,先前对自由独立的渴望已全然泯灭,连此类念头都不再复生。

然而,罗马帝国这个统治疆域如此广袤、在推行奴役和压迫的同时也散播着和平与文明的庞然大物,亦终有面临解体的一天。在意大利及帝国的中心地域,由于升平日久,人民的尚武精神早已消磨殆尽,民性渐趋柔弱,无论对于外来侵略抑或本国君主的暴政都会轻易屈膝。因此,历任罗马皇帝不得不从武风尚存的各边疆行省招募雇佣军团。后者视国家制度法规为无物,自行组建军政府,对君权和民生都构成了巨大威胁。动荡的局势进一步发展,罗马军队开始吸收边境地带的蛮族入伍,这些天性蛮勇的族类一朝拥有军事素养,立即如虎添翼,动辄擅行废立,而孱弱无能的君主们根本无力加以制约。在阿卡迪乌斯(Arcadius)和奥诺留(Honorius)统治时期,北方蛮族意识到自身的强大,对南国的膏腴生出觊觎之心,遂蜂起于帝国四境;他们先是满足于劫掠,后来便起意占据这些被蹂躏的省份。继而,更远地方的蛮族接踵而至,涌入前一批蛮族的旧地,在边境制造出一波又一波的压力,令帝国不堪重负。面对这种局面,几任罗马皇帝并未选择武装国内民众保卫家园,而是决定召回驻防边境的所有军团,因为他们只信得过这些部队。帝国兵力全线龟缩,一力保卫京城和帝国心腹地带。值此生死存亡的危急关头,强权的野心已被求生的需要压倒,昔时的帝国荣誉、赫赫天威不可侵犯的凛然霸气,早已经无从顾及了。

　　不列颠岛孤悬海外,得免于大陆蛮族的疯狂掳掠,又因地处偏远,在罗马人心目中不甚重要,故而,负责驻守此地的罗马军团被尽数撤回,去保卫意大利和高卢。然而,虽说此岛四面以大海为屏障,挡住了来自大陆的大股蛮族部落,岛内之敌却趁着行省防务空虚之机活跃起来。这些散居在安敦尼长城以北的皮克特人(Picts)、苏格兰人(Scots),开始袭扰相邻地区无力自保的和平居民,不仅偶尔跨境劫掠,还组成联军,对整个不列颠行省构成威胁——更令行省居民胆战心惊的,乃是随之而来的劫掠和破坏。皮克特人原本或为不列颠岛上土著族群的一支,后被阿古利可拉逐入北部山区,与当地的古老族群混合而来。苏格兰人与不列颠土著同属凯尔特一脉,最早发轫于爱尔兰,后来迁徙到不列颠岛西北岸;他们素来惯以海、陆两道的劫掠为业,滋扰罗马不列颠行省。① 这些如狼似虎的部族一见南方的富裕邻居现出软弱可欺之态,很快就突破了无兵防守的边关,开始大肆逞凶。他们的战斗

① 参见第一卷卷末注释[A]。

力本不值一提，但是行省居民积性雌弱，竟无人起而御之。后者早已习惯于依赖罗马帝国的保护和治理，这时便乞请罗马发兵救助。于是，帝国派出一个军团，把蛮族队伍杀得落花流水，一直将其逐出旧时边境以外，随后便奏凯而还，继续守卫帝国南部各行省去了。[①] 待罗马军团一走，北方蛮族立即卷土重来。不列颠行省再次向罗马告急求助，罗马军团二度驰援，解救帝国顺民于倒悬。此时罗马帝国已经后院起火、自顾不暇，再也没有余力劳师远征，于是敕命不列颠人，此后必须自行组织防务，休要再指望帝国援军。敕命中指出，不列颠人既已恢复了独立自主的身份，就应该凭借自己的勇气保卫古代先王曾经奋勇捍卫的独立。[②] 作为临别馈赠，罗马军团帮助当地人重新修葺了塞维鲁边墙——此墙完全由石头筑成，不列颠人当时尚未掌握这种建筑技艺。[③] 公元13 448 年左右，在完成最后这桩善举之后，罗马军团永远告别了不列颠。罗马人主宰本岛大部分地区近四个世纪，至此画上了句号。

不列颠人

被抛弃的不列颠人将这份自由视作一种要命的礼物，更无从实践罗马人关于拿起武器保卫家园的明智建议。他们久不习于战争的血腥，亦不谙治国之道，面对蛮族的入侵全然束手无策。此前不久，罗马人格雷西安（Gratian）和康斯坦丁（Constantine）先

---

① Gildas, Bede, lib. 1. cap. 12. Paull Diacon.
② Bede, lib. 1. cap. 12.
③ Ibid.

后在不列颠僭称皇帝之号,把本岛精壮男丁统统带往大陆去打天
下,结果图谋未成、全军覆没,致使不列颠在此危机关头几无可用
之兵。皮克特人和苏格兰人见罗马军团已彻底放弃不列颠岛,遂
将整个行省视为囊中之物,以成倍的兵力冲击北部关防。闻风丧
胆的不列颠守兵发现,区区边墙根本不足以抵挡来势汹汹的敌
人,于是纷纷弃关而逃,整个行省门户洞开,一任蛮族蹂躏。入侵
者一路烧杀劫掠,尽逞其野蛮本性,和平居民的无助景况和顺服
示好丝毫不能打动他们的铁石心肠。① 不幸的不列颠人第三次向
罗马帝国乞援,但是罗马已定意要抛弃这方子民。当时的罗马帝
国已是大厦将倾,唯靠大贵族埃提乌斯(Aetius)以个人的盖世英
勇和恢弘气概独撑危局,在心气日颓的罗马人中间暂时提振了其
祖辈旧有的精神和风纪。不列颠使节向埃提乌斯呈上求救书信,
题为"不列颠人的哀鸣",内中言辞也同样极尽哀恳:"蛮族驱我至
大海边,海波又将吾等逐回蛮族面前;吾等走投无路,若非殒命于   14
锋镝便将葬身于波涛。"②但是埃提乌斯此时正面对阿提拉(Attila)
的虎狼之师——罗马帝国有史以来最凶悍的入侵者,无暇分兵照
应盟友,否则他或许能慷慨施救。③ 不列颠人求告无门,彻底绝
望,只得抛弃村舍田园避入山林,饱受兵祸、饥馁的荼毒。由于行
省遍地尽罹锋燹,入侵的蛮族也无所掠,开始面临饥困。不列颠

---

① Gildas,Bede,lib. 1. Ann Beverl. p. 45.
② Gildas,Bede,lib. 1. Cap. 13. Malmesbury,lib. 1. cap. 1. Ann. Beverl. p. 45.
③ Chron. Sax. p. 11. Edit. 1692.

人虽无胆量结成军阵与敌对抗,零星袭扰却也不断,颇令蛮族头痛。于是,这些入侵者便满载掠得的财货,退回北方去了。①

不列颠人趁着形势稍安重返家园,所幸随后的一年风调雨顺,加之劳作勤勉,他们的生活很快又有了起色,基本能够满足所需,于是人们便把过去的苦难统统丢诸脑后。这些人的生活状态十分粗陋,若无罗马人的帮助,连筑石墙自卫的能力都没有,所以其欲求也很有限,谈不上如何奢侈。然而,后来的修道院编年史作者②每每谈及此段历史,总是谴责当时的不列颠人如何沉迷于奢靡生活,并将其日后的大难临头统统归咎于这一点,却从不责备此邦民性一味懦弱、领袖目光短浅,立论未免失之偏颇。

不列颠人只顾享受眼前的短暂太平,不思加强防卫。北方蛮族既已摸清他们软弱可欺,不久便再次杀上门来。我们无法确知罗马人撤出不列颠后此地的政府形态具体如何,不过各地似乎豪强并起,许多僭主割据一方,乱哄哄你方唱罢我登场,谁的权力也不稳固。③ 群雄割据已属灾难,激烈的教派之争更使得局面雪上加霜:当时不列颠隐修士贝拉基(Pelagius)一派的主张传播很广,教会正统派为之警觉,继而投入全力压制异见,倒把团结御敌的大计置之不顾。④ 境内乱象纷纭、边陲强敌窥伺,当此之际,不列颠人已乱了阵脚,只顾应付迫在眉睫的危险,杜姆诺尼亚(Dumnonium)⑤

---

①　Ann. Beverl. p. 45.

②　Gildas,Bede,fib. 1. cap. 14.

③　Gildas,Usher Ant. Brit. p. 248,347.

④　Gildas,Bede,lib. 1. cap. 17. Constant. in vita Germ.

⑤　位于不列颠西南部。——译者

之王沃蒂根(Vortigern)主张遣使日耳曼,邀请撒克逊人前来协助防务——这位僭主虽说劣迹斑斑,却有实力统领群伦[①],于是事情便如此决定下来。

撒克逊人

　　日耳曼人的习俗和政制在古今所有野蛮民族当中堪称出类拔萃,其勇武和热爱自由的美德也达到了空前的高度——在未开化的人类族群当中,通常并不讲究什么公义人道,唯独崇尚勇敢和自由。日耳曼部落即使建立了君主制(这一制度并未完全普及),君权也相当有限。国王通常从王室成员中选出,但他的一切举动都要遵从国民意愿。每有重大国事待决,全体武士都要携兵戈集会;在会上,最高权威者要力陈自己的主张,争取与会者的赞同,众人以兵戈相击之声表示赞成,如不同意则出声鼓噪。在这种场合下没有必要执行严格的票选计数,群众很容易被强势意见裹挟而倒向此方或彼方,获得普遍拥护的动议迅即被敲定,并全力以赴、毫不迟延地付诸执行。即使在战时,君主们亦主要靠着自身的表率作用而非权威号令来进行指挥。和平时期更谈不上政令统一,部落内部众多小群体各自为政,由次级首领们分别依照本地成例实施辖管。这些首领也是由民众议事会公举的,推选中固然看重高贵的出身,但是未来首领的个人品质、特别是勇气

---

① Gildas,Gul. Malm. p. 8.

乃是服众的主要因素,他们凭借这种品格方能取得这个荣耀而危
16 险的地位。各部落的武士竭诚爱戴并效忠于自己的首领,矢志不
移。他们追随其主,平时充当仪卫、战场上则是护驾亲兵,并陪同
首领审断官司、提供参谋。武士们经常为追求军事荣誉而发生争
竞,但这毫不影响他们对首领和同袍的神圣情谊。为团体荣誉殉
命沙场是武士们至高无上的追求,贪生怕死、弃主君性命于不顾,
则被视为武士之耻。就连妇孺之辈也被带上战场,女性身上濡染
的尚武精神亦不稍逊于男子。如此,在上述种种人类动机的驱策
下,这些部落因勇猛善战而无敌于天下,无论是习俗制度与之相
近的日耳曼邻居,还是在纪律、武器和人数上皆占优势的罗马人,
尽不在他们话下。①

部落中的奴隶和不具战斗力的老弱人等以劳作供养首领及
其随从武士,并仰赖他们的保护。贵族所享的贡赋,无非是生活
必需品;而他们不辞辛苦、临危蹈险,所获报偿也不过是荣誉而
已。日耳曼人对优雅的生活艺术闻所未闻,也根本不把稼穑之事
放在心上,他们甚至似乎有意阻挡农艺的进步。部落首领年年为
村民们重新分配土地,以防他们对特定的占有物滋生眷念,或因
潜心农事而怠于征战,而后者才是部族的主业。②

在众多尚武的日耳曼部落当中,尤以撒克逊人最为勇猛,一
直令周边各邦望而生畏。③ 该族发祥于日耳曼北部及辛布里半岛

---

① Caesar,lib 6. Tacit. de Mor. Germ.

② Caesar,lib. 6. Tacit. Ibid.

③ Amm. Marcell. lib. 28. Orosius.

(Cimbrian Chersonesus)①,向周边扩散,占据了从莱茵河口直到日德兰(Jutland)之间的连片海岸地带。不列颠东部、南部以及高卢北部地区常年受到撒克逊海盗的侵扰,②罗马帝国曾经专设"撒克逊海岸伯爵"(Count of the Saxon shore)以镇之。鉴于海战艺术唯在文明之邦方能昌盛,因此 罗马人得以在海上成功地扼制了 17 撒克逊人,较之同遭撒克逊人侵略的诸蛮邦更胜一筹。如今罗马帝国已天威不再,撒克逊人正欲卷土重来,而不列颠使者恰于此时到来,敦请他们踏足该岛,实乃正中其下怀。③

亨吉斯特(Hengist)和霍萨(Horsa)兄弟孔武高贵,在撒克逊人中间闻名遐迩,享有极高的威信。与大多数撒克逊王公一样,他们据称是大神沃顿的后裔,而且是大神的嫡系曾孙,④这便逾发提升了他们的威望。我们不会继续追溯这些王族和邦国的谱系源流,显然,若想深入那样一个蛮野无文的时代,细细盘点一个族群的历史——其有据可考的第一代首领被奉为传说中神祇(或被愚昧群众予以神化的伟人)的曾孙——必定是一件徒劳无益的工作。一干古代史研究者也曾基于臆想中姓氏的相似性和难以确定的部落传统,试图循此线索,穿透重重迷雾,揭示渺远的古代蛮邦历史,但他们的苦苦求索终归是徒劳无功。

亨吉斯特兄弟已经注意到,一支贫穷且好战的蛮族正涌入罗马帝国的日耳曼诸行省,而富饶的高卢诸省已经被其他日耳曼部

---

① 日德兰半岛的古称。——译者
② Amm. Marcell. lib. 27. cap. 7 lib. 28. cap. 7.
③ Will. Malm. p. 8.
④ Bede,lib. 1. cap. 15. Saxon Chron. p. 13. Nennius,cap. 28.

落征服或蹂躏,如今本部落人心蠢蠢欲动,因而他们无需多费口舌,全族便一致赞成抓住这个独一无二的契机,出师不列颠,扬本族之武威、餍足心中之贪欲。一千六百多名撒克逊武士分乘三艘大船,于公元 449 年或 450 年左右扬帆启航,[①] 在萨尼特岛(Thanet)登陆,随即北上迎击侵入不列颠行省的苏格兰人和皮克特人。岛内北方蛮族抵不住外来者的勇猛,一战即溃。不列颠人以夷制夷的计谋得逞,不禁沾沾自喜,指望依靠这个悍勇族类的强大保护,从此安享太平。

18　　然而亨吉斯特和霍萨两兄弟却另有盘算。他们轻取苏格兰人和皮克特人之后,更看清了不列颠人虚弱不济,连这么无能的对手都无力抵御。于是,他们逾发拿定主意,与其保卫软弱无能的盟邦,不如转而征服此岛,为光大己族而战。他们送信给家乡的族人,向其形容不列颠岛的肥沃和富庶,并陈说此方居民极易征服——他们长期处于罗马帝国的荫庇之下,久疏武事,现在已被罗马帝国抛弃,内部缺乏团结,好似一盘散沙,对于新近获得的自由毫无热情,也全然没有民族意识和自尊。[②] 不列颠人之王沃蒂根多行不义且禀性怯懦,越发助长了撒克逊人的觊觎之意。留守日耳曼的撒克逊人被这令人垂涎的机会吸引,很快又派出十七艘船只,载来五千名战士,增援亨吉斯特兄弟。不列颠人发现撒克逊盟军不断增多,很快明白了他们的意图,却也无计可施,只能被动默从,假作不见。但是这种无奈的做法不久也难以为继了。

---

① Saxon Chronicle, p. 12. Gul. Malm. p. 11. Huntington, lib. 2. p. 309. Ethelwerd Brompton, p. 728.

② Chron. Sax. p. 12. Ann. Beverl. p. 49.

撒克逊人故意寻衅，以饷金微薄、给养不继为由，[1]撕下友好的假面，转而与皮克特人、苏格兰人结盟，公然与不列颠为敌。

不列颠人因盟友的背信而义愤填膺，在此绝境之下只得拿起武器自卫。沃蒂根人品恶劣，原本就为国人所不齿，这番又引狼入室，因此终遭罢黜，他的儿子沃蒂默（Vortimer）被扶上王位。两军几度交手，尽管双方的编年史家对战役结果各执一词，但是从总体战局来看，撒克逊人节节推进，足可说明胜利多在他们一边。不过，在益格斯福德（Eglesford）即今天的阿里斯福德（Ailsford）一役中，撒克逊统帅霍萨阵亡，只剩亨吉斯特独掌部落军权。这位统帅崇尚主动进攻，倚仗着日耳曼生力军源源不断的增援，将毁灭播撒到不列颠行省哪怕是最偏远的角落。为了以恐怖震慑民众，撒克逊军队每攻陷一地，必将当地居民屠戮一空，无论男女老幼尽在不赦，公邸私宅全数被焚为灰烬。基督教神父被拜偶像的劫掠者们杀死在圣坛之上，主教和贵族们与草民百姓陈尸一处。不列颠人纷纷逃向荒山野岭，被截杀者尸骨堆积如山。留得残命的少数人，有的甘愿在征服者手下任由役使，另一些人则抛下家园故土，逃往阿摩里卡（Armorica）[2]避难。当地居民的语言习俗均与不列颠人相同，他们慷慨地接纳了这些流亡者。定居此地的不列颠人为数众多，该地区遂得名为"布列塔尼"（Brittany）。[3]

19

---

① Bede, lib. 1. cap. 15. Nennius, cap. 35. Gildas, § 23.
② 古代高卢地区名，现法国西北部。——译者
③ Bede, lib. 1. cap. 15. Usher, p. 226. Gildas, § 24.

　　撒克逊人轻取不列颠,而一些不列颠史书作者为寻托词,只道是沃蒂根中了敌方的美人计:据说沃蒂根对亨吉斯特之女罗薇娜(Rovena)一见钟情,被爱欲蒙住心窍,遂落入亨吉斯特设下的奸诈圈套。[①] 他们还说,沃蒂根在其子沃蒂默死后重登王位,他受亨吉斯特之邀前往巨石阵(Stonehenge)赴宴,不料中了埋伏,随行的三百名贵族尽数被杀,国王本人则身陷囹圄。[②]不过,这些故事很可能是威尔士史家编造出来的,意在解释撒克逊人何以一路势如破竹、肆虐无忌,从而为己方的御敌不力遮羞。[③]

　　沃蒂默死后,罗马裔不列颠人安布罗修斯(Ambrosius)扛起反侵略的大旗。他努力团结国人,要使他们心中重燃沉睡已久的战斗激情,投入保家卫国之战。在他的领导下,抗敌事业取得了一定的成功。但亨吉斯特仍在不列颠牢牢立定了脚跟,并且又招来另一支撒克逊部落,由其弟奥克塔(Octa)和奥克塔之子埃比萨(Ebissa)率领,以分散不列颠人的兵力,令他们无法专顾。亨吉斯特指令新上岛的撒克逊人进占诺森伯兰(Northumberland)一带,他本人则继续据有南部,由此奠定了肯特(Kent)王国的基业——其版图包括现今肯特、米德尔塞克斯(Middlesex)、埃塞克斯(Essex)[④]三郡及萨里郡(Surrey)的一部分。亨吉斯特定都于坎特伯雷(Canterbury),他在位约四十年,卒于公元 488 年或稍早,将亲手开辟的新邦传诸子孙。

---

①　Nennius. Galfr. lib. 6, cap. 12.

②　Nennius,cap. 47. Galfr.

③　Stillingfleet's Orig. Britt. p. 324,325.

④　分别意为中撒克逊、东撒克逊。——译者

　　亨吉斯特功业赫赫,令欧陆北部的其他日耳曼部落更加欲火上腾。许多蛮酋相继率部众蜂拥登岛,割地称王。这些入侵者主要来自撒克逊、盎格鲁(Angle)和朱特(Jute)三族,[1]有时被统称为撒克逊人,也有时被统称为盎格鲁人。他们在语言和政制上基本相同,更兼利害相通,自然彼此联成一气,攻击岛上的原住民。不列颠人虽然实力不逮,仍在坚持抵抗,怎奈越战越弱,中间也有过几次稍事喘息的机会,但最终还是被赶进康沃尔(Cornwal)和威尔士的偏远山区,仅能依凭险峻的地势自保。

　　继最早的肯特王国之后,撒克逊各部相继在不列颠立国:先是萨塞克斯(Sussex)[2]王国,由撒克逊酋长埃拉(Aella)所创。这位蛮酋于公元477年率部从日耳曼渡海而来,[3]在不列颠南部沿海登陆,并继续进占周边地区。已经武装起来的不列颠人并未拱手献出自己的土地,几经苦战不逮,才被入侵的强梁逐出家园。在史书所载的诸多战役中,最值得纪念的是米尔克里德斯-伯恩(Mearcredes-Burn)一战[4]:此役撒克逊人虽然得胜,却损兵折将、元气大伤,以至稍许放慢了征服的脚步。但是,来自日耳曼的生力军给予埃拉强大的后援,撒克逊人振作精神,击退不列颠人,将其团团围困于安德里德-西斯特城堡(Andred-Ceaster)。城内守 21

---

　　① Bede,lib. 1. cap. 15. Ethelwerd,p. 833. edit. Camdeni. Chron. Sax. p. 12. Ann. Beverl p. 78. 肯特郡和怀特岛由朱特人占据;埃塞克斯、米德尔塞克斯、萨里、萨塞克斯以及直到康沃尔的南方诸郡是撒克逊人的地盘;盎格鲁人据有墨西亚和王国其他地区。

　　② 意为南撒克逊。——译者

　　③ Chron. Sax. p. 14. Ann. Beverl. p. 81.

　　④ Saxon. Chron. A. D. 485. Flor. Wigorn.

军和居民依凭壁垒工事,誓死不降。① 对手抵抗意志如此坚决、加之此番作战分外艰苦,令撒克逊人大为恼怒,他们加倍疯狂地攻城,于城破后将合城军民不分男女老幼屠杀净尽。经过这次决定性的胜利,埃拉的征服大业方才稳固了根基。他自立为王,扩张国土,占据了现今萨塞克斯郡以及萨里郡的大部分地方,东抵肯特王国边界、西接另一个撒克逊部落占据的地盘。

这里提到的后一个部落占领了不列颠西部,因此被称为西撒克逊人。他们于公元 495 年登陆,为首的是酋长策尔迪克(Cerdic)和他的儿子肯里克(Kenric)。② 不列颠人根据以往的经验,早已提高警惕,做好了御敌的万全准备,他们在策尔迪克登陆的当天就予以迎击,尽管未能克捷,却在很长一段时间里坚持捍卫了本族的自由。撒克逊各部落自入寇不列颠以来,从未遭遇过如此激烈的抵抗,在征服过程中所付出的勇力和坚忍亦前所未有。策尔迪克甚至不得不从肯特、萨塞克斯两国以及日耳曼母邦召唤同胞前来助战。于是,蛮酋波特(Porte)及其二子伯勒达(Bleda)、麦格拉(Megla)率领一支生力军赶来与策尔迪克并肩作战。③ 补充了新鲜血液的撒克逊侵略军实力大增,于公元 508 年同纳赞–李奥德(Nazan-Leod)率领的不列颠人展开殊死决战。不列颠军队起初占据上风,突破了策尔迪克自任指挥的一翼,但是肯里克在另一翼获胜,并及时掩杀过来援救其父,使战局发生逆

---

① Hen. Huntin. lib. 2.
② Will. Malm. lib. 1. cap. 1. p. 12. Chron. Sax. p. 15.
③ Chron. Sax. p. 17.

转,以撒克逊人的完胜而告终。① 纳赞–李奥德和他手下的五千将
士战死沙场。经此一役,不列颠人实力大减,然而斗志犹在。战
争仍在持续,但是胜利多在撒克逊人一方。这些进犯者使用短
剑,擅于近战格斗,比使用投掷武器的不列颠人更占优势。策尔
迪克一直武运昌隆,他乘胜扩大战果,将不列颠溃军中最顽强的 22
一队人马围困在巴斯附近的巴顿山(Mount Badon)或巴尼斯唐尼
(Banesdowne)。南不列颠人身临绝境,乞援于志留国王亚瑟
(Arthur)——当此危机关头,这位英雄奋扬武才,力挽国祚,扶大
厦于将倾。② 因此,在塔利辛(Thaliessin)及其他不列颠吟游诗人
的歌谣中,亚瑟王的大名被广为传颂,其赫赫战绩被掺入大量的
神话成分,以致后世竟已弄不清历史上是否确有其人。古时候,
吟游诗人是唯一的历史记录者,他们的记载中常有奇特的自由发
挥,以虚构来歪曲史实,然而哪怕是最不着边际的夸张也通常会
有所依据。在古代不列颠,情况也同样如此。可以确定的是,不
列颠人于公元 520 年解巴顿山之围,撒克逊人在这场大型战役中
被杀得溃不成军。③ 策尔迪克扩张的脚步因为这次惨败而受阻,
但是他保住了之前征服的疆土。策尔迪克死后,由其子肯里克继
承王位。这对父子创建了西撒克逊人的王国,即威塞克斯王国
(Wessex),领地包括现今的汉普郡(Hants)、多塞特郡(Dorset)、
威尔特郡(Wilts)、伯克郡(Berks)和怀特岛。策尔迪克卒于公元

---

① H. Hunting. lib. 2. Ethelwerd,lib. 1. Chron. Sax p. 17.
② Hunting. lib. 2.
③ Gildas,Saxon Chron. H. Hunting. lib. 2.

534 年,肯里克卒于公元 560 年,将新造之邦传诸子孙。

南方的撒克逊人节节胜利,其同胞对不列颠其他地区的征服也未尝稍息。公元 527 年,一个强大的进犯部落在数位首领统率下,踏上不列颠东部海岸。此后的多次交战,在史书上均无特别记载,最终这支蛮族在岛上建立了三个新的王国。公元 575 年,乌发(Uffa)自立为东盎格利亚(East-Angles)之王;585 年,克瑞达(Crida)自立为墨西亚(Mercia)之王;[1]差不多同时(确切年份已不可考),埃尔肯温(Erkenwin)建立东撒克逊国或称埃塞克斯王国,自据王位。埃塞克斯王国实为分裂肯特王国之土而来,其疆域包括现今埃塞克斯、米德尔塞克斯两郡以及赫特福德郡(Hertfordshire)的一部分。东盎格利亚王国据有现今的剑桥郡(Cambridge)、萨福克郡(Suffolk)和诺福克郡(Norfolk)。墨西亚王国囊括中部各郡,从塞文河两岸一直延伸到上述两个王国的边界。

亨吉斯特登陆不列颠之后不久,撒克逊人就开始在诺森伯兰定居。不过,由于当地人的顽强抵抗,外来者的征服进展缓慢,撒克逊首领们的统治基业总不得稳固,故一直不敢在这片土地上称王建制。直到公元 547 年,[2]勇武超群的撒克逊王子伊达(Ida)[3]从日耳曼召来一支增援部队,征服大业才得以有效推进。像其他撒克逊王族一样,伊达也自称是大神沃顿的子孙,他所征服的地域包括今天的诺森伯兰郡全境、达勒姆(Durham)主教领,以及苏

---

①　Math. West. Huntingdon. lib. 2.

②　Chron. Sax p. 19.

③　Will. Malms p. 19.

格兰东南部的几郡。伊达遂自立为伯尼西亚(Bernicia)之王。几乎与此同时,另一位撒克逊王子埃拉在征服兰开夏郡和约克郡大部后,建立德伊勒(Deiri)王国,自立为王。[1]后来,伊达之孙埃瑟弗里德(Ethelfrid)娶埃拉之女阿卡(Acca),驱逐了阿卡的幼弟埃德温,将两个王国合并成诺森伯兰王国,实力足以称雄于撒克逊诸王国;其边境深入现今苏格兰界内多远,已难于确切考证,撒克逊人的入侵过程亦无历史记载,然而毫无疑问,当时整个苏格兰低地,尤其是东部沿海地区大部分由日耳曼移民占据。这些地方的语言纯系撒克逊语,便是一个有力的证据。对此,苏格兰编年史家固然另有说辞,但那些强加于人的说法显系牵强,令人难以置信。

七国时代

　　撒克逊人在不列颠岛的血腥逐鹿历时近一百五十年,七国鼎立的格局初定,史称七国时代(Heptarchy)。除威尔士、康沃尔以外,整个不列颠南部的居民、语言、风俗和政治制度均已完全改观。昔时不列颠人在罗马帝国治下,曾在艺术和文明教化方面取得长足进展,行省范围内颇具规模的城市就有二十八座,大小村庄和乡间宅邸不计其数。[2]暴虐的征服者扫荡过后,这一切又复归原始的野蛮状态。极少数保全性命,仍然留在故土的不列颠子

24

---

① . Ann. Bever. p. 78.

② Gildas. Bede,lib. 1.

黎,统统沦为最卑贱的奴婢。罗马帝国衰微之际,法兰克人、哥特人、汪达尔人、勃艮第人等北方蛮族如同洪水猛兽般侵入帝国南方诸省,大肆蹂躏;但是说到破坏之烈和对当地居民的无情摧残,唯有撒克逊人在不列颠的暴行最为恐怖。撒克逊各部落分批而来,不列颠人起初虽不善征战,却也不乏抗争之机。如此一来,交战旷日持久,给双方造成的破坏更大,被征服的一方受害尤深。最先入侵的日耳曼部族需要不断从母邦寻求后援,因此并不排斥其他入侵部族,还有必要与之分享从当地人手中掠得的战利品。只有灭绝不列颠原住民,方能为新移民提供安身立命之地。故而,撒克逊人入寇不列颠造成的破坏之惨烈为人类历史所罕见;而征服所带来的剧变,其颠覆程度在历史上亦无出其右。

只要当地人的抵抗一日不息,撒克逊诸王之间的战略和利益联盟就能维持下去。一旦不列颠人被赶进康沃尔和威尔士的荒山野岭,对征服者不复构成威胁,撒克逊七国间的联盟便大体上趋于瓦解。旧时盟主虽然表面上权威犹在,但是其正式或曰法定的权柄却极为有限,各国无不自作主张、各行其是。值此局面,这些天性狂暴慓悍的族类之间,战争、变乱和纠纷自是难免。这段时期的历史事件尽管盘根错节、纷纭迷离,却值得我们给予注意。对于现代作者而言,要将这七国的纷杂史事同时呈现给读者,本已颇具难度,更大的问题在于相关史料匮乏,而且多不可靠。当时的编年史均为修士所撰,这些作者避世而居,把教会事务看得高于一切俗务,他们身上不仅有时人愚昧野蛮的通病,而且极度轻信,喜录怪诞无稽之谈,常以妄言欺世——以上种种毛病和他们的职业及生活方式几乎密不可分。他们笔下涉及的人物众多,所载事件却少得可怜，即便有所提及，亦全不顾及事件的背景和前因后果。面对这样的史料，现代作者纵使才高八斗、笔下生花，也难写出悦目娱心、富于教益的历史著作。就连学识渊博、以奔放的想象力独步高标的弥尔顿（Milton）亦难堪其任；这位作者曾经大胆放言，与撒克逊七国错综复杂的合纵连横、征伐大事相比，那些无关紧要的"鸦雀之争"根本不值一提。[①]然而，为了把诸多历史事件大致串连起来，我们仍须简略交代各国的王位传承与重大鼎革。鉴于肯特王国在七国中最早创业垂统，我们的叙述便从这一国开始。

肯特王国

肯特王国的开国君主亨吉斯特死后，由其子埃斯库斯（Escus）继位。但他似乎并未继承乃父一马当先杀入不列颠的那份军事才能。当时，萨塞克斯国王埃拉在征伐不列颠人的战争中节节胜利，为新国开疆拓土、奠定基业，凡是追求勇士荣名、有心在战场上建功立业的撒克逊人纷纷投奔其麾下。相比之下，埃斯库斯则安于守成，做了一辈子太平君主，于公元512年将王位传于其子奥克塔。此时，东撒克逊人建立埃塞克斯王国，将埃塞克斯和米德尔塞克斯两郡由肯特王国割裂出去。奥克塔享国二十二年，于公元534年传位于其子赫曼里克（Hermenric），后者在位三十二年，政绩平平，唯能早早安排王子埃塞尔伯特（Ethelbert）与

---

① Milton in Kennet，p. 50.

自己共理国事，以保王位不致落入旁姓之手，可算是一件明智之举。在那种民心动荡的蛮武之邦，篡权夺位之事并不罕见。

埃塞尔伯特一扫先前几代的沉寂，重新光大家族的赫赫武威。由于连续几任君主皆不喜攻伐，加上肯特王国安处不列颠岛一隅，可以免受本土居民的攻击，国人承平日久，竟把撒克逊人传统的尚武之风丢掉大半。埃塞尔伯特初试锋芒便遭挫折，并未达成其壮国威、展雄风的初衷。[①] 他与威塞克斯国王考林（Ceaulin）两度交手，均告失利，只得拱手让出盟主之位，臣服于那位野心勃勃的君王。后者数战逞志，越发咄咄逼人，顺势将萨塞克斯王国纳为藩属，令其他几个撒克逊王国顿生戒备。于是几国缔盟，共抗强霸。埃塞尔伯特被推举为盟军统帅，他指挥有方，一战锁定胜局。[②] 考林未几去世，埃塞尔伯特在撒克逊诸王中的地位如日中天，霸业所谋无不顺遂。撒克逊七国除诺森伯兰以外，统统俯首称臣，成为其治下藩国。他甚至强行据有撒克逊七国中幅员最广的墨西亚，将该国的王冠戴在自己头上。当他发觉其他几国又在合纵为谋，私下结盟之时，担心自己会遭遇与考林一样的下场，只好采取审慎策略，将墨西亚王位归还其合法继承人——该国开国君主克瑞达之子韦巴（Webba）。然而埃塞尔伯特此举仍是出于图谋霸业，并非受到公义之心的驱使。他还政于韦巴，设置了众多附带条件，其实后者的地位并不比那些受到狡猾宗主操纵的藩王高多少。

---

① Chron. Sax. p. 21.
② H. Hunting. lib. 2.

这位了不起的国君在位期间最值得铭记的事件,乃是基督教开始在占领不列颠的撒克逊人中间传播。日耳曼人、特别是撒克逊部落的迷信信仰,是所有迷信当中最为粗陋和野蛮的一种,它基于辈辈相传的民间传说,完全不成体系,也不像德鲁伊教那样有政治制度作为支撑。因此,这种信仰对人心的影响似乎十分肤浅,很容易让位于新传入的教义。他们把战神沃顿视为本族诸王 27 的祖先,故将其奉为主神,顶礼膜拜。蛮夷之邦唯尚武德,他们深信,如能凭着英勇博得这位神明的青睐,自己死后就能升入武神的殿堂,倚于卧榻,用手刃的敌人头骨盛装麦酒,纵情畅饮。这就是他们心目中的天堂——复仇与纵欲的尽情发泄。在此种认知的驱使下,这些蛮族大多好勇斗狠,在战场上不避凶险、不计生死,其残暴天性受到宗教偏见的助长,对待被征服者更无半点仁慈可言。除此之外,我们对撒克逊人信奉的教义所知甚少,只知道他们是多神论者,崇拜太阳和月亮,礼敬雷神托尔(Thor),在庙宇中供奉偶像、杀牲献祭。他们深信符咒和巫术的力量,有一套普遍接受的信条,然而这些教义虽被他们视为神圣,在外人眼中却无非是荒诞无稽的呓语,和其他所有迷信并无二致。

撒克逊人一直以不列颠人为敌,这种心态自然有碍于他们接受宿敌的传教,难以皈依基督教信仰;而不列颠人一方,或许像当时的史家吉尔达斯(Gildas)和比德(Bede)所猜测的那样,也不太热衷于向残暴的入侵者传讲永生和救赎之道。不过,文明民族即便遭到愚昧蛮族的武力征服,却仍能保持一种精神上的优势。入侵罗马帝国的其他北欧蛮族纷纷皈依基督教,撒克逊人对此不可能一无所知,也必定对这种令自己所有亲族服膺的宗教怀有某种程度的敬意。哪怕他们再没有见识,也看得出南方各国的文明程度高于自己——这些信奉基督教的国度,即使屈服于外敌轭下,其人民仍然表现出较高的文明教化和热忱,给征服者留下鲜明印象,使之自然地趋于同化。

28

不过,倘若没有适当的机缘相助,上述种种因素也未必能很快结出善果,使基督教信仰顺利进入肯特王国。埃塞尔伯特在他父王生前迎娶了大名鼎鼎的高卢征服者克洛维(Clovis)的后代、巴黎国王①卡尔伯特(Carlbert)的独生女伯莎(Bertha)。对方在婚约中提出,务必保障伯莎公主婚后的信仰自由;对于敬拜多种偶像的撒克逊人来讲,做出这种保证自然毫无问题。②公主带着一位法国主教嫁到坎特伯雷宫廷,满怀热忱,一心要传扬她所信奉的宗教。她在事奉方面无比虔诚,加之品行贞淑、懿德完美无瑕,令国人敬重。她煞费苦心、从各个方面潜移默化地劝导夫君,使之归向基督教。王后在宫廷上下深孚众望,对国王埃塞尔伯特很有影响力,从而为这一国皈依基督教信仰铺平了道路。传教时机至此已臻成熟,就连后来成为罗马教皇的大贵格利(Gregory the Great)在登基前也曾有意亲自出马,劝化不列颠岛上的撒克逊人。

一次,时任大主教的贵格利偶然在罗马的奴隶市场上看到几个插标待售的撒克逊少年,他们都是罗马商人从不列颠跨海贩运而来的。贵格利惊异于其鲜妍的容颜,急忙询问他们的来历,有

---

① Greg. of Tours,lib. 9. cap. 26. H. Hunting. lib. 2.

② Bede,lib. 1. cap. 25. Brompton,p. 729.

人答曰,这些少年都是盎格鲁人。贵格利叹道:"盎格鲁——叫他们安琪儿倒更恰当! 如此美质良才竟沦为魔鬼的猎物,着实可惜;这般秀丽的外表之下,怎可缺乏灵魂的美善和公义!"他又问及这些少年家在何处,得到的回答是诺森伯兰的德伊勒。"德伊勒!"大主教答道,"太妙了,他们在呼求神的怜悯啊。那么你们的国王叫什么名字?"人说当地国王叫做埃拉、也称阿拉。大主教闻听此言不禁叫了起来:"哈利路亚! 我们务必全力以赴,让赞美上帝的歌声响遍这一国。"①一连串令人欣喜的谐音巧合打动了这位大主教的心,于是他决心亲赴不列颠传教;在获得教皇的批准之后,他便开始为这一危险的使命做准备。但是由于他在国内深受爱戴,罗马父老不愿他以身涉险,执意劝阻。无奈之下,他只好暂时搁置起自己的传教计划。②

　　值此之际,基督教与异教之间的争斗尚未尘埃落定。大贵格利登基后,比之前的历任教皇更加狂热地打压异教信仰。他将各种珍贵的古代雕塑甚至文卷典籍都视为毒草,大加挞伐。这位教皇本人才智平平,从其传留至今的文稿风格来判断,确无足够的品位和天资赏识这些艺术品。他一心想劝化不列颠的撒克逊人,为本任圣座增光添彩,于是择定罗马修道士奥古斯丁(Augustine),命他率四十人的宣教使团,赴不列颠传播福音。传教士们素闻该岛民性凶顽,畏惧传教事业的艰险,加之语言不通,因此迟迟滞留于法国,并派奥古斯丁返回罗马,向教皇力陈此行的危险和困难,

---

　　①　此处 Angle 与 Angel(天使)谐音;Deiri 与 De ira(平息怒气之意)谐音;而 Aella 及 Alla 与 Alleluiah(赞美上帝)的词首谐音。——译者
　　②　Bede, lib. 2. cap. 1. Spell. Conc. p. 91.

请求圣座收回成命。但是大贵格利劝勉他们拿出坚忍的意志,矢志不渝地完成使命,并建议他们在法兰克人当中聘请翻译——当时海峡两岸的法兰克人和撒克逊人语言是相通的。[①]教皇还建议他们寻求法兰西王后布伦希尔德(Brunehaut)的帮助,这个女人此时僭居国主之位,虽阴险残暴、劣迹斑斑,却表现或伪装出一副虔心奉教的样子。大贵格利深知,有了她的鼎力相助,不列颠传教事业就大有成功的指望。[②]

　　奥古斯丁于公元 597 年抵达肯特王国,[③]结果发现,此行的危险性远远低于之前的料想。国王埃塞尔伯特早已对基督教抱有好感,他把宣教使团安置在萨尼特岛上,并且很快安排了公开接见。不过国王仍不免担心,这些远道而来、奉持未知教义的神职人员会不会施咒作法,不利于他。于是他审慎地选择在露天接见他们,这样即使对方作祟,也较容易驱除。[④] 奥古斯丁通过翻译,向国王宣讲了基督教的基本信条,并向他许诺,一旦皈依,就能得着大赐的无尽喜乐、永享天国之福。埃塞尔伯特沉吟作答:[⑤]"先生传讲和许诺的一切尽皆美好,然而朕虑其全新而并无确据,是以无法倾心相从,弃朕自幼崇信的祖辈信仰于不顾。念先生一心谋添鄙邦福祉,不辞远路而来,欲以善道相传,朕许你安居于此,

---

　　① Bede. lib. 1. cap. 23.

　　② Greg. Epist. lib. 9. epist. 56. Spell. Conc. p. 82.

　　③ Higden,Polychron. lib. 5. Chron. Sax. p. 23.

　　④ Bede,lib. 1. cap. 25. H. Hunting. lib. 3. Brompton, p. 719. Parker Antiq. Brit. Eccl. p. 61.

　　⑤ Bede,lib. 1. cap. 25. Chron. W. Thorn. p. 1759.

一应所需均由朕供给,先生尽可向吾国子民自由布道。"[1]

奥古斯丁受此礼遇,内心大为振奋,他看到了成功的希望,于是更以加倍的热忱在肯特王国的撒克逊人中间传讲福音。他在生活上厉行俭朴、禁欲苦修,以其克己苦身令当地人啧啧称奇。他们对这种看似全然违背人类天性的生活方式深感讶异,因而更容易相信这位传教士为了引人皈依而造作出来的神迹。[2] 在上述种种促动因素的影响下,再加上来自宫廷的明确鼓励,肯特王国的大批臣民纷纷受洗改宗。国王本人也听从规劝而接受了洗礼。此举对民众产生了极大的影响力,但是国王并未采取措施强制百姓皈依新的教义。奥古斯丁自宣教伊始便主张宽仁之道:他告诫埃塞尔伯特,服事基督必须完全出于自愿,如此有益人心的教义,其传扬过程切不可掺杂一丝一毫的暴力。[3]

此番灵性征服的消息传到罗马,激起一片欢腾。世转时移,如今罗马人珍视和平绥徕之功,丝毫不亚于其祖先醉心于血战称雄、奏凯而归的光荣。大贵格利当即致信埃塞尔伯特国王,先警之以末日将近等语,又告诫他须对臣民的归化事工表现出足够的热忱,严加抵制拜偶像的行为。只要能光大圣教,无论劝诫、恫吓、哄诱还是强制,任何手段皆可从权使用。[4] 与奥古斯丁所主张的审慎宽容相比,这封信中倡导的原则倒更符合彼时的时代精神和教皇的一贯作风。教皇在信中还答复了宣教士们提出的一些

①　Bede, lib. 1. cap. 25. H. Hunting. lib. 3. Brompton, p. 729.
②　Bede, lib. 1. cap. 26.
③　Ibid. cap. 26. H. Hunting. lib. 3.
④　Bede, lib. 1. cap. 32. Brompton, p. 732. Spell. Conc. p. 86.

问题,内容涉及新建立的肯特教会的管理,但是多属鸡毛蒜皮之
事。例如,奥古斯丁问道:"是否允许表亲通婚?"大贵格利答曰,
罗马法律从前允许这种做法,但根据经验,此类婚姻向来有花无
果,所以他主张予以禁止。奥古斯丁问:"孕妇可以受洗吗?"大贵
格利回答,他以为无妨。"婴儿出生后多久可以接受洗礼?"对此
问题的答复是"如有必要,出生后可以马上受洗"。"妻子产后多
久,丈夫可与之同房?"——"等到婴儿得乳之后。"大贵格利还劝
诫普天下的妇女,应当亲自乳养儿女。"男子与妻子同房后,须隔
多久方能进入教堂或领受圣餐?"教皇的回答是:"除非他与妻子
交合是本着传宗接代的目的,不受欲望的驱使,否则均属有罪。
但是无论在何种情况下,他在进入教堂及接受圣餐之前,都必须
通过祷告和斋戒洁净自己。即便采取了上述防范措施,也不可在
同房后立即参与圣礼。"①双方问答中比这更荒唐不雅的地方亦不
32 乏其例。② 大体而言,我们如果心存仁厚,可以说大贵格利和他手
下的宣教士们似乎要比那些情趣高雅的人士更适于教化野蛮无
知的撒克逊人。

---

① Bede,lib. 1. cap. 27. Spell. Conc. p. 97,98,99,&c.

② 奥古斯丁问:"Si mulier menstrua consuetudine tenetur,an ecclesiam intrare ei
licet,aut sacrae communionis sacramenta percipere?(妇人在月信期间,可否进入教堂
或领受圣餐?)"大贵格利答曰:"Santae communionis mysterium in eisdem diebus
percipere non debet prohiberi. Si autem ex veneratione magna percipere non
praesumitur,laudanda est.(不应阻止月信期间的妇人领受圣餐。但其本人若出于虔敬
之心欲加回避,则值得嘉许。)"奥古斯丁问:"Si post illusionem,quae per somnum solet
accidere,vel corpus Domini quilibet accipere valeat;vel,si sacerdos sit,sacra mysteria
celebrare?(人做了不当做的梦之后,是否可以领受圣餐? 如果此人身担教职,他是否
可以主持圣事?)"对于这一高深的问题,大贵格利分多种情况给予了颇有见地的答复。

为了进一步促使不列颠人皈依正教,大贵格利吩咐奥古斯丁拆毁异教祭坛的偶像,但不要毁坏祭坛本身,因为当地人惯于在这些地点举行宗教仪式,如果将异教祭坛改为基督教所用,能比较容易地将他们吸引过来。此外,鉴于异教祭祀有献牲的传统,事后祭司们还会与信众同餐共宴、享用祭品,教皇特地嘱咐宣教团成员,每逢基督教节庆时,让群众在教堂附近杀牛宰羊,依照旧例纵情欢宴。[1]从这些极富灵活性的政治手腕来看,这位教皇尽管无知并充满偏见,却绝非不谙驭人之术。奥古斯丁被教皇封为坎特伯雷大主教,统辖不列颠教会的一切事务,并获颁罗马教会所授的荣誉披带。[2]同时,大贵格利还提醒奥古斯丁,不要过分得意于自己施行神迹的天赋。[3]当奥古斯丁因其宣教成就而飘飘然,意欲凌驾于高卢主教之上时,教皇又告诫他,该地区完全不在他的管辖权限之内。[4]

埃塞尔伯特国王与伯莎王后之间的婚姻,特别是他皈依基督教之举,加强了肯特王国与法兰西、意大利及欧陆各国之间的关系,有助于本国人民摆脱撒克逊诸部落自古以来的极度蒙昧和野蛮状态。[5]埃塞尔伯特还在国内元老的支持下,制定并推行了一套成文法典,[6]在北方征服者建立的诸国当中首开先河。这位国王的统治从各方面来讲都足以为自身博得荣名,亦令其子民得益。

① Bede, lib. 1. cap. 30. Spell. Conc. p. 89. Greg. Epist. lib. 9. epist. 71.
② Chron. Sax. p. 23,24.
③ H. Hunting. lib. 3. Spell. Conc. p. 83. Bede, lib. 1. Greg. Epist. lib. 9. epist. 6.
④ Bede, lib. 1. cap. 27.
⑤ Will. Malm. p. 10.
⑥ Wilkins Leges Sax. p. 13.

他统治肯特王国达五十年之久，最终卒于公元616年，传位于其子伊德博尔德（Eadbald）。这位新王出于对岳母的畸恋，一度离弃基督教信仰，因为其教义禁止这种乱伦的婚姻。于是，全体国民立即追随其主，重拾旧日的偶像崇拜。奥古斯丁的继任者、坎特伯雷大主教劳伦修斯（Laurentius）眼见基督教信仰被这一方人民完全抛弃，已经准备返回法兰西，以逃避在异教徒中间布道全无结果的窘境。时任伦敦主教和罗切斯特主教的默利都（Mellitus）和犹士都（Justus）均已先期离开了。[①]劳伦修斯在含辱去职之前，最后一次试图挽回君心。他出现在国王面前，扯开法衣，露出遍体的青肿和鞭伤。伊德博尔德不禁大为惊诧，追问是谁胆敢如此对待尊贵的大主教！劳伦修斯回禀道：这是来自众使徒之首圣彼得的责罚；圣彼得向他显灵，严厉责备他抛弃职守的想法，并在他身上留下清晰可辨的伤痕，以示责惩。[②]伊德博尔德或许是被这奇迹所打动，或许受到其他什么动机的影响，我们不得而知，反正他终止了与岳母的不伦之恋，重归基督教的怀抱。[③]肯特国民亦全体回归正道。伊德博尔德王的声名和权威均不及他父王的高标，他卒于公元640年，享国计二十五年，身后遗有两位王子埃敏弗里德（Erminfrid）和埃康姆伯特（Ercombert）。

埃康姆伯特为法兰西公主埃玛所出，虽齿序居幼，却设法登上了王位。根据比德的记载，他在位期间有两件值得一提的事迹：一是在肯特王国设立了大斋节；二是彻底荡平了异教偶像崇

33

---

① Bede, lib. 2. cap. 5.

② Ibid. cap. 6. Chron. Sax. p. 26. Higden, lib. 5.

③ Brompton, p. 739.

拜。尽管基督教信仰已在肯特人中间蔚然成风,但之前两朝一直对偶像崇拜采取宽容政策。埃康姆伯特享国二十四年,死后传位于其子埃格伯特(Egbert)。埃格伯特一朝历时九年,以敦学重教著称,但是他诛杀了王叔埃敏弗里德的两个儿子、就是他的嫡堂兄弟,名声颇不光彩。教会史家则大力褒扬他把萨尼特岛的部分土地赠予王妹多明诺娜(Domnona),这位公主在岛上兴建了一座修道院。

　　埃格伯特为确保其子埃德里克(Edric)继承王位,不惜戕害宗室,到头来却是枉费心机。在他死后,其兄罗塞尔(Lothaire)夺取了王位,为保王权不被旁系染指,他早早安排儿子理查(Richard) ³⁴与自己共理国事。被逐的先王之子埃德里克投奔萨塞克斯国王埃德尔沃奇(Edilwach),并在后者的援助下,与叔父对战。罗塞尔兵败被杀。理查王子亡命日耳曼,后客死于托斯卡纳的卢卡城(Lucca)。马姆斯伯里的威廉(William of Malmesbury)将罗塞尔的败亡归因于两大罪过:一是参与杀害两位堂兄的阴谋;二是亵渎基督教的圣物。①

　　罗塞尔在位共计十一年。埃德里克夺回王位后,享国仅两年而已。他卒于公元 686 年,由王弟威德里德(Widred)继位。一段时期以来,由于肯特王国篡逆频仍、王纲失序,贵胄们各自结党为谋,内生罅隙,不免招致外人觊觎。威塞克斯国王凯德瓦拉(Cedwalla)及其弟莫罗(Mollo)引兵来犯,肯特国土广罹锋镝。幸

---

① Will. Malm. p. 11.

而莫罗在一次小规模战斗中身亡，①肯特王国才得到喘息之机。
威德里德收拾河山，重新整顿王国事务，享国三十二年而卒，②身
后由其子孙埃德伯特（Eadbert）、埃塞尔伯特和阿尔里克（Alric）
相继为王。阿尔里克卒于公元794年，肯特王室至此绝嗣。贵族
中各派系的领袖对肯特王位各存私心，彼此争竞，国内局势陷入
一片混乱。③先是埃格伯特成功得国，但他在位不过两年，就被墨
西亚王弟库思雷德（Cuthred）赶下台；库思雷德统治六年，又被出
身于肯特宗室远支、原本没有王位继承权的鲍德里德（Baldred）取
而代之，后者僭据大位十八年，其间麻烦不断、王权风雨飘摇，最
终于公元723年被威塞克斯国王埃格伯特驱逐。埃格伯特兼并肯
特，继而打破诸强鼎立之格局，一统撒克逊七国。

诺森伯兰王国

前面提到，伯尼西亚国王埃瑟弗里德迎娶德伊勒王之女阿
卡，驱逐阿卡的幼弟埃德温，将亨伯河（Humber）以北诸国尽数纳
35　入治下，建立诺森伯兰王国，称雄于撒克逊七国之间。他手下的
撒克逊军兵对周边居民大逞虎狼之威，连败苏格兰人、皮克特人
和威尔士人，四面拓展了王国的疆域。围攻切斯特（Chester）一
役，不列颠军队尽数出动，迎战来犯之敌。班格尔修道院的一百

---

① Higden, lib. 5.

② Chron. Sax. p. 52.

③ Will. Malmes. lib. 1. cap. 1. p. 11.

二十五名修士也前来助阵,他们站在距战场不远处,意在鼓舞己
方士气。埃瑟弗里德见此怪异情形,便问其故,有人答曰,这些修
士试图以祷告来抵挡撒克逊人。"那么他们就是我们的敌人,和
用武力抵抗者一样。"[1]他当即派出一彪人马,冲进修士群中,大开
杀戒,仅有五十名修士侥幸逃生。[2] 不列颠人见此情景,惊得目瞪
口呆,此战大败亏输。切斯特人只得开城投降。埃瑟弗里德乘胜
进击,占领班格尔,将修道院夷为平地——据说这座修道院规模
宏大,从一道门到另一道门之间的距离足有一英里,共有两千一
百名修道士,生活完全自给自足。[3]

　　埃瑟弗里德虽说战绩辉煌,但他做下驱逐德伊勒幼主埃德
温、篡夺王位的不义之事,因此内心总是不得安生。埃德温渐已
长大,飘零四方,终日被埃瑟弗里德追杀暗算,时时都有性命之
虞。这位王子最终在东盎格利亚国王雷德瓦尔德(Redwald)的宫
廷中得到了庇护。他英勇豪爽、风度翩翩,深受上下人等的尊敬
和喜爱。然而,诺森伯兰国王一刻也没有停止向雷德瓦尔德施
压,要求他诛杀或驱逐寄居的客人,并放言道:后者如若依从,即
有厚礼相赠;如若拒绝,便以兵戎相见。对此,雷德瓦尔德起初坚
拒不从,但是久而久之,那份仗义情怀不免逐渐让位于贪念——
他把诺森伯兰的最后一位来使留在宫中,因为事关重大,一时决
心难下。埃德温听闻风声,得知自己的朋友和保护人态度游移不
定,但是他决心无论如何也不离开东盎格利亚。他抱定一个念

---

[1]　Brompton, p. 779.

[2]　Trivet. apud Spell. Conc. p. 111.

[3]　Bede, lib. 2. cap. 2. W. Malmes, lib. 1. cap. 3.

头：如果东盎格利亚宫廷撤回对他的保护，他宁求一死，也不再继
续那种流离失所、被强敌追杀的生活。王子对雷德瓦尔德的荣誉
和友谊表现得如此深信不疑，加上他的出众才德，赢得了王后的
支持。她亲自出面，向夫君力陈，万万不可加害这位高贵的客
人——他本是为了躲避敌人的猜忌和残害才投奔至此，东盎格利
亚人若是反而将他出卖，那是何等可耻的行为！[①]雷德瓦尔德接受
了劝告，选择站在道义的一边。他认为，要想抗拒埃瑟弗雷德，就
必须趁他尚未察觉己方意图，抢先出手，攻其不备。于是，他率军
突入诺森伯兰境内，与埃瑟弗雷德决战。埃瑟弗雷德兵败身死，
但是东盎格利亚也付出了惨重的代价：王子雷格纳尔（Regner）殒
命沙场。[②]埃瑟弗雷德的三个幼子伊恩弗里德（Eanfrid）、奥斯瓦
尔德（Oswald）和奥斯韦（Oswy）被携往苏格兰避祸。埃德温登上
了诺森伯兰的王位。

　　埃德温明德有为，是冠乎群伦的一代英主。他在撒克逊七国
当中具有一言九鼎的影响力，[③]对内则恪守公义原则治国。他教
化臣民，弃绝旧时放纵的生活，回归正道。据说在埃德温一朝，诺
森伯兰国泰民安，妇人孺子尽可放心大胆携带重金出行，而无遇
劫之虞。由一件流传至今的史事我们可以明显看出这位国王深
得臣民的喜爱：威塞克斯国王奎切尔默（Cuichelme）与埃德温为
敌，但是他的实力不足以公开挑战这位勇武强大的君主，于是暗
下毒手，雇用了一个叫欧梅尔（Eumer）的人行刺埃德温。杀手扮

①　W. Malmes. lib. 1. cap. 3.　H. Hunting. lib. 3. Bede.

②　Bede. lib. 2. cap. 12.　Brompton，p. 781.

③　Chron Sax. p. 27.

成威塞克斯的信使获准觐见,趁递交信件时突然拔刀行刺。措手
不及之下,埃德温帐下一位名叫利拉(Lilla)的军官一跃上前,生生
用身子挡住了刺客的刀锋。刺客力大,刀尖洞穿利拉的身体,仍
然扎伤了国王。但是他来不及拔刀再刺,便被御前侍卫们拿下。

　　此时,东盎格利亚国内生变,一班臣子谋反,杀死了国王雷德
瓦尔德。因为埃德温当年留跸东盎格利亚宫廷时,其出众的勇气
和能力被那一国人看在眼里,于是那些反叛者欲将王冠献于埃德
温脚下。然而埃德文感念雷德瓦尔德当年的庇佑之恩,拒绝了送 37
上门来的王位,责令东盎格利亚人拥立先王之子埃尔普沃德
(Earpwold)登基。在诺森伯兰国君的卵翼之下,东盎格利亚新君
的统治之途虽步步惊心,却也成功地保住了王权。[①]

　　埃德温登基后,迎娶了肯特国王埃塞尔伯特之女埃瑟尔伯伽
(Ethelburga)。这位公主效法其母伯莎王后劝化夫君及一国臣民
接受基督教的先例,随驾带来了一位博学多识的主教帕乌利努斯
(Paullinus)。[②] 王后轻而易举地获准自由践行其基督教信仰,她
不仅自己事奉甚虔,还千方百计地劝说夫君皈依。出于君王的明
智审慎,埃德温并未急于接受;但是他做出允诺,要认真考察基督
教的基本教义,若发现它果然是好的,即情愿皈依。[③]为此,他多次
与帕乌利努斯主教会面深谈,与身边最有智慧的顾问一起参详宗
教义理,时时退于幽处独自就经文要旨静思默想。经过很长一段

---

① 　Gul. Malmes. lib. 1. cap. 3.
② 　H. Hunting. lib. 3.
③ 　Bede, lib. 2. cap. 9.

时间的严肃探讨,国王终于宣布接纳基督教信仰。[①] 此言一出,国人纷纷景从,投入基督教的怀抱。除了国王的权威和影响力之外,还有一个人的表率作用亦不可不提:此人即大祭司科菲(Coifi)。他与帕乌利努斯当众进行了一番讨论之后,当即改宗,并一马当先率众捣毁了自己长久以来事奉敬拜的偶像,以此来补赎他本人往日拜偶像的罪过。[②]

后来,墨西亚国王潘达(Penda)和不列颠人之王卡德沃龙(Caedwalla)合兵来犯,在一场鏖战中,诺森伯兰国王埃德温和王子奥斯弗里德(Osfrid)双双战死。[③] 这位贤能的君主时年四十八岁,在位十七年。[④] 经此事件,诺森伯兰王朝即走向分裂。这个王朝统一的根基全系于埃德温一身,在他死后,埃瑟弗雷德之子伊恩弗里德率两个弟弟奥斯瓦尔德和奥斯韦自苏格兰返国,占领了他们祖辈据有的伯尼西亚;埃德温的一位堂兄奥斯里克(Osric)自立为德伊勒国王;这一王衔固然得自其家族传承,然而按照王位继承权的正当次序,埃德温的诸子却应排在奥斯里克之前。在幸存的诸王子当中,伊恩弗里德年纪居长,他去国投奔墨西亚国王潘达,惨遭后者谋害。次子乌斯克弗里亚(Vuscfraea)与其兄奥斯弗里德之子、埃德温之孙耶菲(Yffi)投奔肯特国王寻求庇护,但是他们在那里仍然难保周全,于是又出亡法兰西,在达戈贝尔特

---

① Bede, lib. 2. cap. 9. Malmes. lib. 1. cap. 3.
② Bede, lib. 2. cap. 13. Brompton, Higden, lib. 5.
③ Matth. West. p. 114. Chron. Sax. p. 29.
④ W. Malmes. lib. 1. cap. 3.

(Dagobert)国王的翼下过着退隐生活,终老异乡。①

　　奥斯里克和伊恩弗里德分别在德伊勒和伯尼西亚称王,二人此后均恢复了异教信仰,臣民们也追随其主,举国叛教。而先前引领他们皈依基督的牧者、首任约克大主教帕乌利努斯,则选择了跟从寡后埃瑟尔伯伽避居于故国肯特。奥斯里克和伊恩弗里德在位皆不长久,前者在对阵不列颠王卡德沃龙时战死,后者被卡德沃龙设计诛杀。公元634年,伯尼西亚宗室贵族、伊恩弗里德之弟奥斯瓦尔德重新统一了诺森伯兰王国,在其统辖的地域内回归基督教信仰。他在一场血战中击破卡德沃龙,从而声名远播。从此,不列颠人再无实力与撒克逊人抗衡。修道院史家们极力称颂奥斯瓦尔德的圣洁和仁慈,甚至声称连他的骸骨也能行神迹:有一匹病马从他的墓旁经过,竟神奇地不治而愈。②

　　奥斯瓦尔德在对阵墨西亚国王潘达的战斗中身亡,由其弟奥斯韦继位。奥斯韦诛杀了德伊勒王室最后的苗裔、奥斯里克之子奥斯文(Oswin),从而将诺森伯兰全境收入治下。奥斯韦死后,由其子埃格弗里德(Egfrid)继位,这位新君在与皮克特人的战斗中被杀,身后没有子嗣,这是因其在世之时,王后阿黛尔特里德(Adelthrid)执意守贞的缘故。老王埃瑟弗雷德的私生子、王弟阿尔弗雷德(Alfred)接掌王权,统治了十九年,并把王位传给自己的儿子、时年八岁的奥斯里德(Osred)。奥斯里德享国十一年后,被王室宗亲肯里德(Kenred)所弑,后者坐上王位仅一年,便遭到同

①　Bede,lib. 2. cap. 20.
②　Bede,lib. 3. cap. 9.

样的下场。此后，王权先后落入奥斯里克和肯里德之子塞尔武甫(Celwulph)手中，后者又于公元 738 年禅位于其堂兄埃德伯特；埃德伯特后来也效法前任放弃王位，退隐于修道院中。埃德伯特39之子奥斯沃尔夫(Oswolf)继位仅一年，就在一次叛乱中被杀。此次占据王位的是不具王室血统的莫罗。后来，王室子弟埃尔里德(Ailred)阴谋杀害了莫罗，如愿以偿地登上王位，但不久即被臣民驱逐。下一任国王、莫罗之子埃瑟尔雷德(Ethelred)也遭到同样的下场。继任者凯尔武德(Celwold)是埃尔里德之弟，他被国人废黜，而后被杀死；他的侄子奥斯里德继之掌权，短短一年后，被莫罗的另一个儿子埃塞尔伯特赶下台，而后者的命运与其绝大多数前任一样，最终亦不得善终。埃塞尔伯特死后，诺森伯兰大体上沦于无政府状态。由于几经动乱鼎革，民众对原有国君的忠义之情已经泯灭殆尽，情愿接受外来君主的统治。威塞克斯国王埃格伯特的进驻可谓适得其时。

东盎格利亚王国

这一国的历史乏善可陈，值得一提的大事唯有第四任国王、东盎格利亚开国君主乌发的曾孙埃尔普沃德皈依基督教。这主要应归功于诺森伯兰国王埃德温的影响，因为埃尔普沃德的统治全需仰仗后者的权威。然而时隔不久，他又在拜偶像的王后劝诱下转向异教——若论此等诱惑，哪怕圣贤也难以招架，而况他乎！纵观撒克逊诸王，凡未及早归隐于修道院的，大多难逃横死的厄运，埃尔普沃德也不例外。在他死后，其同父异母兄弟西格伯特

(Sigebert)嗣统。新王曾在法兰西接受教育,上台以后便重新归向基督教,并在国内兴办学校。有些不可信的史料记载,说这位国王创建了剑桥大学,至少是在剑桥这个地方创办了一些学校。这几乎是绝无可能的事情。在此,我们没有必要过细地记叙东盎格利亚王国的史事,亦无须历数埃格里克、阿那斯、埃塞尔伯特、埃瑟尔沃德、阿尔杜夫、埃尔夫瓦尔德、贝奥尔纳、埃塞雷德(Ethelred)、埃塞尔伯特等一长串蛮族显贵的姓名,这些人前后相继,以谋杀、放逐或继承等不同方式,走马灯似地轮番据有东盎格利亚的王座——这些内容对于读者既无教益、也无乐趣可言。公元792年,墨西亚国王奥发用奸计谋害了东盎格利亚最后一任君主埃塞尔伯特,吞并其国。这一段史事,我们将在下一节中予以详述。

墨西亚王国

墨西亚在撒克逊七国中实力虽不是最强,国土面积却最为辽阔。其版图囊括现今英格兰中部各郡,边界绵延,与其余六国及威尔士均有接壤,"墨西亚"之名即由此而来。① 开国之君克瑞达之子韦巴是被肯特国王埃塞尔伯特扶上王位的,他虽勉力守住祖业,却常面临岌岌可危的状况。在他死后,其表亲奇奥瑞尔(Ceorl)借助肯特宫廷的势力,排挤了王子潘达,自己登上王位——这位王子性情狂躁,在肯特国王眼中是个危险人物。潘达

---

① Mercia之名源于古英语"Merc"或"Myrce",意为"边境"。——译者

直等到年过半百，才得以承继大统，然而他那轻率暴躁的禀性丝毫也不曾因时间、经验和反思而有所改变。他对内残暴寡义，对外则不断地与周边各国寻衅生事，深为臣民和邻邦所憎。东盎格利亚先后有三位国王西格伯特、埃格里克和阿那斯在与他对阵中丧生，诺森伯兰历史上两位最伟大的国君埃德温和奥斯瓦尔德也遭遇同样的命运。最终，奥斯瓦尔德之弟奥斯韦在一场关键战役中击败并诛杀了潘达，将万民从嗜血的暴君铁蹄下解救出来。公元 655 年，潘达之子皮亚达（Peada）登上墨西亚王位，他迎娶了奥斯韦之女，并在岳丈的保护下维持统治。这位王后自幼成长于基督教环境，她成功地运用自己的影响力，劝化夫君和举国臣民皈依基督教。由此看来，基督教在撒克逊七国的传播，女性功莫大

41　焉。皮亚达后来未得善终，①由其子沃尔夫黑尔（Wolfhere）继位。沃尔夫黑尔在位期间，征服埃塞克斯和东盎格利亚两国，将其降为藩属，后来将王位传于其弟埃塞雷德。这位新君虽然爱好和平，却也不乏英武表现：他先是率军远征肯特告捷，又击退了诺森伯兰国王埃格弗里德的进犯，在战斗中斩杀埃格弗里德之弟埃尔夫温。然而，为了消除两国之间的积怨，化干戈为玉帛，他主动向埃格弗里德支付了一笔赔偿金，以慰其痛失手足之情。安享三十年太平盛世之后，他禅位于沃尔夫黑尔之子肯里德（Kendred），自己遁入巴尔德尼（Bardney）修道院。② 肯里德后来又将王位归还给埃塞雷德之子凯奥里德（Ceolred），自己前往罗马朝圣，并在那

---

① 据说谋害他的正是那位劝化他皈依基督教的王后，参见 Hugo Candidus，p. 4。不过，这种说法别无旁证，似不足采信。

② Bede，lib. 5。

里虔心苦修，直至终老。凯奥里德的王位由埃瑟尔巴德
(Ethelbald)继承，后者出自潘达之弟阿尔韦(Alwy)一支，系潘达
的侄孙辈。这位国王在一次暴乱中丧生，继之登上王位的奥发
(Offa)出身于更远的宗室支系，是潘达的另一个弟弟埃尔瓦
(Eawa)的后嗣。

　　奥发于公元755年登基，[①]这位君主颇具雄才大略，且骁勇好
战。他在达伦河上的奥特弗德(Otford upon the Darent)以血战
力克肯特国王罗塞尔，将肯特王国降为藩属；又于牛津的本辛顿
(Bensington)一役击败威塞克斯国王肯伍尔夫(Kenwulph)，征服
了与墨西亚相邻的牛津、格洛斯特二郡。然而，这一切功业均因
他谋害东盎格利亚国王埃塞尔伯特并强占其国的恶行而蒙上了
瑕垢。据说那位年轻的国君才德出众，他属意于奥发之女艾尔弗
拉达（Elfrada），于是奥发请他带着全体随从驾临赫里福德
(Hereford)，在那里举办隆重的婚礼。正当喜庆欢宴之际，奥发突
然派兵将新郎捉住，并秘密斩首。尽管艾尔弗拉达公主憎恶其父
的阴险，及时向东盎格利亚贵族们告变，令他们得以脱身返国，但
是奥发还是成功地灭绝了该国的王室宗嗣，继而征服其国土，狼
子野心终告得逞。[②]奥发做下此等背信弃义之事，却仍然企图挽
回自己的名声，抑或是想缓和良心的责备，故而对宗教事奉大发
热心，各项布施极尽慷慨之所能。在那个蒙昧迷信的时代，他的 42
这些举动赢得了世人极高的评价。他把财产的十分之一捐给教

---

① Chron. Sax. p. 59.
② Brompton, p. 750,751,752.

会，[1]奉献巨资营建赫里福德大教堂，甚至亲赴罗马朝圣——在那里，凭着他雄厚的权势和财帛，取得教皇的一纸赦罪书自然不在话下。为了讨好教廷，他承诺岁岁捐金，为罗马的英国学院提供资助。[2] 为了筹集这笔款项，他规定加征赋税：凡年收入在三十便士以上的家庭，每户加征一便士。该税后来遍及英国各地，俗称"彼得捐"。[3] 这份钱起初属于自愿的捐献，久而久之就被罗马教廷视为理当收取的贡赋。更见虚伪的是，奥发还诡称自己得到天降异象的指引，在维鲁兰（Verulam）地方发现了殉道者圣阿尔班（St. Alban）的遗骨，并在此地捐资修建了一座宏伟的修道院。[4]杰出的古代英国史家马姆斯伯里亦有感于上述虔诚之举，声称实难权衡这位君主的功绩和罪孽孰轻孰重。[5] 奥发生前享国三十九年，于公元 794 年驾崩。[6]

　　这位君主在撒克逊七国中声威赫赫，就连查理曼（Charlemagne）也与之结为盟友；对于奥发而言，这不啻为一种殊荣，因为在那个时代，相隔遥远的君主之间罕有往来。查理曼热衷于学问，礼敬饱学之士，在当时有学识的人可谓寥若晨星，奥发应查理曼的要求，派遣以博学著称的僧侣阿尔昆（Alcuin）前往后者的宫廷。在那里，阿尔昆受到格外礼遇，甚至担任了查理曼本人的学术导师。查理曼延请阿尔昆的初衷，主要是想借助他的学

---

① Spell. Conc. p. 308. Brompton, p. 776.

② Spell. Conc. p. 230, 310, 312.

③ Higden, lib. 5.

④ Ingulph. p. 5. W. Malmes. lib. 1. cap. 4.

⑤ Lib. 1. cap. 4.

⑥ Chron. Sax. p. 65.

识来对抗加泰罗尼亚乌赫尔(Urgel)主教菲利克斯(Felix)的异端主张。菲利克斯声称,鉴于耶稣基督身上具有人性,那么我们可以更恰当地称其为神的养子,而非神的亲生儿子。[①] 公元794年,在有三百名主教参加的法兰克福宗教会议上,这一理论被判定为异端。此类问题在那个时代激惹着全社会的神经,关注它们的不 43 仅是象牙塔里的学究,那些最为睿智和伟大的君主也未置身事外。[②]

　　奥发去世后,传位于其子埃格弗里特(Egfrith),但是这位新君仅比他的父王多活了五个月。[③] 于是宗室亲贵肯努尔夫(Kenulph)有机会登上大位。肯努尔夫向肯特王国发动战争,俘获肯特国王埃格伯特,剁其手、剜其眼,然后安排自己的亲弟弟库思雷德坐上肯特国王的宝座。后来,东盎格利亚发生暴乱,肯努尔夫身死,墨西亚王位被奥发[④]篡夺。奥发把王冠传给尚未成年的儿子肯纳尔姆(Kenelm),但是幼主登基不到一年,即被他的姐姐昆德雷德(Quendrade)谋害。昆德雷德固然有觊觎国器之心,[⑤] 无奈被其叔父凯奥鲁夫(Ceolulf)排挤,无缘践位。凯奥鲁夫在位两年,又被彼奥尔努夫(Beornulf)赶下台。这个僭主并非王族,其统治如昙花一现,最终下场可悯:他在两军阵前被威塞克斯人打

---

① Dupin, cent. 8. chap. 4.

② 奥发在位时,为抵御威尔士人犯境,修筑了一条由土坝和壕沟组成的壁垒(后世称为"奥发土堤"),起自弗林特郡(Flintshire)的贝森韦尔克(Basinwerke),直抵布里斯托尔附近的南海之滨,全长一百英里。参见 *Speed's Description of Wales*。

③ Ingulph. p. 6.

④ 撒克逊君主当中同名者甚多。——译者

⑤ Ingulph. p. 7. Brompton, p. 776.

败,丧命于所部之东益格利亚人之手。① 下一位君主卢迪肯(Ludican)遭到同样的命运。② 接下来,威格拉夫(Wiglaff)登上风雨飘摇的宝座。新君面临着极度混乱的局面,已然无力抗拒威塞克斯国王埃格伯特扫平六国的咄咄气焰,最终失国于那位承运之主。

埃塞克斯王国

埃塞克斯王国在撒克逊七国间默默无闻,留下的史料也欠完备。开国君主埃尔肯温(Erkinwin)故去后,传位于其子斯勒达(Sleda),斯勒达又传位于自己的儿子塞伯特(Sebert)。塞伯特与肯特国王埃塞尔伯特是甥舅关系,在后者的劝导下,他皈依了基督教。③ 他死后,由他的两个儿子塞克斯泰德(Sexted)和塞沃德(Seward)共掌王权,二人带领埃塞克斯回归异教崇拜。不久之后,两兄弟在与威塞克斯的交战中双双被杀。比德在他的书中写道,④默利都主教在圣餐仪式上分发白面包时,两位国王表示很想尝一尝,⑤但是主教表示不可,除非他们接受洗礼才能领圣餐。于是他们便将主教驱逐出境。从这段掌故中我们可以看出,当时人们的生活何其粗陋。后续的几位埃塞克斯国王分别是:小西格伯

44

---

① Ingulph. p. 7.
② Ann. Beverl. p. 87.
③ Chron. Sax. p. 24.
④ Lib. 2. cap. 5.
⑤ H. Hunting. lib. 3. Brompton, p. 738,743. Bede.

特(Sigebert the little)、善人西格伯特(Sigebert the good,他在埃塞克斯恢复了基督教信仰)、斯维瑟尔姆(Swithelm)、西格赫里(Sigheri)以及奥发。最后提到的这位奥发王迎娶了墨西亚王潘达之女肯尼斯维莎(Keneswitha)公主,但他置王后于不顾,发愿守贞,并亲往罗马朝圣,终身隐居于修道院。继位的塞尔里德(Selred)享国三十八年,无嗣而终。王室血脉断绝,国内局面为之大乱。墨西亚趁虚而入,将埃塞克斯降为藩属。[①]此后登上王位的斯维瑟尔德(Switherd)已是形同傀偏,他身后由西格里克(Sigeric)继位,后者死于赴罗马朝圣途中。继任国王西格里德(Sigered)无力守卫疆土,将埃塞克斯拱手献于无往而不胜的威塞克斯国王埃格伯特。

萨塞克斯王国

　　萨塞克斯是撒克逊七国中最小的一国,其史料比埃塞克斯更少。开国之君埃拉将王位传于其子西撒(Cissa),后者享国长达七十六年,以此闻名于世。西撒在位期间,萨塞克斯几乎完全降服于威塞克斯,其后的历任国王皆有名无实,其姓名多不可考。末代君主阿德尔瓦茨(Adelwalch)在与威塞克斯王凯德瓦拉(Ceadwalla)对阵时兵败身死,两个幼子落入征服者之手,面临杀身之祸。雷德福德(Redford)修道院院长出面为之求情,结果凯德瓦拉只准予缓刑,待这两位王子接受洗礼后再行处决。两位声望

---

① 　Malmes, lib. 1. cap. 6.

甚高的萨塞克斯贵族柏克瑟恩（Bercthun）和奥德胡恩（Audhun）
⁴⁵ 起兵抵御暴虐的威塞克斯侵略军，他们虽然坚持了一段时间，然
而这抵抗只不过是延长了本邦的丧亡之痛而已。对萨塞克斯的
征服，是威塞克斯称雄天下、统一英格兰迈出的第一步。[①]

威塞克斯王国

在撒克逊七国当中，最终鲸吞其他六国、一统天下的威塞克
斯，在其初奠国本之时遭遇的抵抗最为猛烈。盖因这一撒克逊部
落踏足此岛之际，剑指之处的不列颠人已经久历刀兵，他们不再
驯顺地将自己的家园拱手献予入侵者。开国君主策尔迪克和他
的儿子肯里克与当地人作战多尝胜果，但也屡遭挫折。撒克逊人
原本善战，在此番对抗当中，该部落军民的这一本性越发得以伸
张，其尚武精神更在其他撒克逊部落之上。肯里克之子考林于公
元 560 年继承王位，与乃祖乃父相比，新君的勃勃雄心可谓青出于
蓝而胜于蓝，他频频征讨不列颠人，将现今德文和索默塞特二郡
的大部分土地纳入版图。随后，他又乘胜侵犯撒克逊诸邻邦，不
免惹动众怒，招致多国结盟相抗。盟军在肯特国王埃塞尔伯特的
统帅之下，节节获胜。考林性情暴虐，在国内早已失却民心，如今
兵败蒙羞，国人对他的畏惧转眼化为轻蔑。考林被赶下王位，[②]于
放逐途中凄凄而亡。此后，他的两个儿子奎切尔默和库特温

---

① Brompton，p. 800.
② Chron. Sax. p. 22.

(Cuthwin)共同理国,直到公元 591 年,库特温亦遭放逐;两年后的 593 年,奎切尔默去世,凯尔里克(Cealric)接掌王权,但于同年亡故,由凯奥巴德(Ceobald)继承大统。凯奥巴德于公元 611 年去世,把王位传给肯奈吉尔斯(Kynegils)。这位君主在其女婿、威震撒克逊七国的诺森伯兰国王奥斯瓦尔德劝导之下,决定皈依基督教。[①]威塞克斯的下一任国君肯瓦尔奇(Kenwalch)卒于公元 672 年,关于继位人选一事,朝野争议不绝,于是乎由魄力超群的寡后塞克斯伯迦(Sexburga)[②]临朝理政,直到两年后她去世为止。埃斯克温(Escwin)波澜不惊地继承了王位,他主政不过两年,便撒手人寰,肯特温(Kentwin)继而登基,享国九载。凯德瓦拉接掌大权,引起若干非议,但是他以一系列功业证明了自己:依当时的观念而言,凡是积极进取、英武善战,且战之能胜的国君,便可视为一代英主。他彻底征服和吞并了萨塞克斯王国,随即挥师入侵肯特;肯特国王威德里德顽强抵抗,在一次接触战中击败并杀死了威塞克斯王弟莫罗。凯德瓦拉本人最终厌倦了战争的血腥,沉浸于宗教热情而不能自拔。他多次向教会慷慨奉献,又启程赴罗马朝圣,并接受了洗礼,于公元 689 年客死于彼地。继位新君伊拿(Ina)承袭了凯德瓦拉的武德,更兼具公正、策略和深谋远虑等诸多美德。他率军征讨索默塞特的不列颠人,攻取其地之后采取怀柔政策,对被征服者宽仁相待,这在撒克逊征服史上是前所未见的。他容许不列颠人保留原有的土地房产,鼓励撒克逊人和不列

---

①　Higden,lib. 5. Chron. Sax. p. 15. Ann. Beverl. p. 94.
②　Bede,lib. 4. cap. 12. Chron. Sax. p. 41.

颠人结交、联姻,并在法律上对新旧臣民一视同仁。他亲自增补、确定了上述的一系列法律条文。其统治长达三十七年,其间国内虽然发生过几次叛乱,然而这一朝仍被视为七国时代最为兴盛昌隆的时期之一。他在年迈之际动身赴罗马朝圣,归国后闭门清修,终老于修道院内。

威塞克斯的历代君主固然都是开国君主策尔迪克的后代,但是王位继承次序却没有严格的制度,一些远亲支脉往往寻机排挤掉宗室近支的继承人而得享大位。伊拿无子,对王后埃瑟尔伯伽言听计从,因此他在遗嘱中安排王后之兄阿德拉德(Adelard)继承大统。阿德拉德身为王室远亲,继位之事远非一帆风顺。出身于宗室近支的奥斯瓦尔德起兵争夺王位,兵败身死。此后无人再敢对阿德拉德的继位资格说三道四。公元 741 年,阿德拉德传位于其表亲库德里德(Cudred)。这位国君当朝,以一次大捷而名垂史册:他手下的大将埃德尔霍恩(Edelhun)率军击败墨西亚国王埃瑟尔巴德,扬威于天下。阿德拉德去世后,由他的亲族西格伯特继位,此人昏庸无道,以致百姓揭竿而起,将其废黜,另立塞努尔夫(Cenulph)以代之。流亡的废君仓皇投奔汉普郡(Hampshire)总督昆伯兰公爵(duke Cumbran),后者向他提出许多善意的规劝,对其往日的荒唐行为亦有所责备,望他自新图强。岂料忠言逆耳,废君竟然放出蛇蝎手段,谋害了自己的保护人。这桩恶行发生之后,忘恩负义之徒为天下所共弃,只得流窜于林莽,东躲西藏。后来,昆伯兰公爵的一个仆从发现了他,立即替主人追偿了这笔血债。①

　　塞努尔夫因西格伯特被逐而戴上王冠,他在位期间,多次清剿康沃尔地区的不列颠人并屡尝胜果。后来,他又与墨西亚国王奥发交战,然而此番却出师不利,挫辱而归。② 此外,废君西格伯特的兄弟肯尼哈特(Kynehard)也兴兵作乱,虽被驱逐出境,却仍在边境逡巡,欲伺机而动。于此期间,塞努尔夫国王和萨里郡默顿城(Merton,Surrey)的一位少妇私通,常常避人耳目与之幽会;某日夜半,约会地点突然被肯尼哈特及其党羽包围,国王及其侍卫力战不逮,统统丧命于刀剑之下。翌日,附近的贵族和平民纷纷拿起武器,杀死了肯尼哈特及其手下所有参与此次谋逆行动的人,为国王报了仇。此事发生于公元784年。

　　下一个戴上王冠者是布瑞特里克(Brithric),他出身于宗室远支,虽然也算是皇亲,但身踞王位心里却颇不踏实。伊拿的弟弟英格尔德(Ingild)英年早逝,其子名埃奥帕(Eoppa),埃奥帕生埃塔(Eata)、埃塔生阿尔奇芒(Alchmond)、阿尔奇芒生埃格伯特③——这位年轻人出身显赫,被视为皇亲贵胄中的明日之花,令现任国王无比妒恨的,不仅是埃格伯特就血裔而论更具有继承王位的资格,更因为他一向深孚众望。埃格伯特发觉了布瑞特里克的疑忌,心知处境不妙,于是悄然去国,避居于法兰西。④埃格伯特投奔到那位以雄才伟略著称于欧洲历史的旷世英主查理曼门下,

48

---

① Higden. lib. 5. W. Malmes. lib. 1. cap. 2.
② W. Malmes. lib. 1. cap. 2.
③ Chron. Sax. p. 16.
④ H. Hunting. lib. 4.

并深得后者的器重,获准出入宫廷陪王伴驾,并得以在法兰西军中效力,取得了斐然不俗的成就,为其日后成为一代名君奠定了基础。此外,这个年轻人还深受法兰西文化的熏陶——马姆斯伯里曾有评论云,[①]法兰西人的勇武风雅皆佼然出众于当时西方的所有民族。埃格伯特久居法兰西,濡染了此邦的风度礼俗,逐渐洗却了撒克逊人蛮野无文的习性。早年的坎坷遭际,反倒成就了他绝无仅有的优势。

埃格伯特很快便等到了机会,得以大展自身天赋和后天习得的才干。威塞克斯国王布瑞特里克迎娶了墨西亚国王奥发的私生女伊德伯伽(Eadburga)为后,这是一个放浪无忌的女人,出了名地凶狠、出了名地淫荡。国王对她的话多有听信,于是她就经常挑唆丈夫,除掉一些被她视为眼中钉的贵族。当这种手段不能奏效时,她也不惮于亲自出马,阴谋加害对手。有位年轻贵族深得国王宠信,惹得王后无比妒恨,于是她亲手调制了一杯毒酒,意欲鸩杀此人。不幸的是,不明就里的国王竟与那宠臣共饮此杯,喝下不久便一命呜呼。[②]这一悲剧事件发生后,举国为之哗然,王后本已多行不义,此番再涉重罪,更沦为千夫所指,只得仓皇出逃,流亡法兰西。与此同时,身在法兰西的埃格伯特接到国内贵族的敦请,预备返国继承先祖留下的基业。[③] 公元 8 世纪的最末一年,埃格伯特荣登大位。

纵览撒克逊七国,关于王位传承一事或无明确定例可循,或

---

①   Lib. 2. cap. 11.

②   Higden, lib. 5. M. West. p. 152. Asser. in vita Alfredi, p. 3. ex edit. Camdeni.

③   Chron. Sax. A. D. 800. Brompton, p. 801.

未严格遵守律例。所以,在位的君主对于宗室亲贵总存着几分猜 49
忌防备,将他们视为争夺王权的对手,必欲加以翦灭而后心安,以
保其王座免遭觊觎。再加之时人普遍崇尚隐修、守贞,即使已婚
者亦把禁欲奉为美德,以致王族人丁稀少,到这一时期,除了威塞
克斯以外,撒克逊七国王室竟已绝嗣。以往围绕王位继承权的争
竞、猜忌和阴谋,大体上不出宗室范围,而此际竟已扩散遍及整个
贵族阶层。威塞克斯国王埃格伯特血统高贵:最初征服不列颠的
撒克逊王族号称是大神沃顿的后裔,而今只剩下他一个直系后
代,因此他大有资格凭此身份一统诸国。但是他在一段时间里与
周边各国相安无扰,只出兵征讨康沃尔地区的不列颠人,数战克
捷。①这方战事未已,忽报墨西亚国王彼奥尔努夫率军犯境,埃格
伯特急忙回师御敌。

　　在埃格伯特登上威塞克斯王位以前,墨西亚几乎已经成了撒
克逊七国中的绝对霸主:东盎格利亚被其直接吞并,肯特和埃塞
克斯两国对它臣服纳贡,而诺森伯兰则因君位空虚,国内一片混
乱。在各国当中,实力值得一提的唯有威塞克斯而已,然而该国
的国土面积比墨西亚小得多,端赖国君英明有德而自强于世。埃
格伯特率军迎战入侵之敌,在现今威尔特郡的艾兰顿(Ellandun)
获得大胜,继而挥师追亡逐北,杀得血流成河,令墨西亚人大伤元
气。埃格伯特乘胜进军,从牛津郡攻入墨西亚境内,威胁该国腹
地。他又派出一支部队,在王长子埃塞尔伍夫(Ethelwolph)率领

---

　　① Chron. Sax p. 69.

下攻入肯特,①驱逐了已经臣服于墨西亚的国王鲍德里德,不久之后便将这一国正式据为己有。对埃塞克斯王国的征服也同样易如反掌。东盎格利亚人久已痛恨墨西亚人运用诡计强加于他们的暴虐统治,一见局势有变,立刻闻风而起,向埃格伯特请求保护。②墨西亚国王彼奥尔努夫率军前去平叛,结果兵败身死;继任国王卢迪肯也在两年后遭遇同样命运。墨西亚国内丧乱祸患踵继,大大有助于埃格伯特统一天下的大业。他挥戈直捣墨西亚腹地,剑指之处,墨西亚军民有如一盘散沙、全无斗志,一任来师轻取。为了收服民心,埃格伯特扶植墨西亚本国人威格莱夫(Wiglef)名义上称王,他自己则隐于幕后执掌实权。③接下来,他的目光被长期陷于无政府状态的诺森伯兰吸引,欲遣胜利之师再下一国。诺森伯兰人既无力抗拒他的大军,同时也希望有一个稳定的政府,于是派出代表在第一时间迎候这位强主,向其臣服效忠。但埃格伯特无意自践诺森伯兰王位,乃令该国百姓效仿墨西亚和东盎格利亚之例,选出自己的王,附庸纳贡于威塞克斯。

至此,撒克逊七国终告一统,距撒克逊部落初登不列颠岛,堪堪已近四百个年头。埃格伯特凭借麾下的幸运之师以及明智审慎的策略,最终实现了之前多少位君王苦苦追求而未得实现的夙愿。④肯特、诺森伯兰和墨西亚相继放弃自治,归入宗主国治下;其他几个属国似乎也乐于效仿。统一后的王国,疆域与现今英格

---

① Ethelwerd,lib. 3. cap. 2.

② Ibid,lib. 3. cap. 3.

③ Ingulph. p. 7,8, 10.

④ Chron. Sax. p. 71.

兰相差无几。一幅美好的前景展开在盎格鲁-撒克逊人面前,一个国泰民安、四海宁靖的文明之邦造就有望。这桩大事发生在公元 827 年。①

　　撒克逊人虽在不列颠定居已久,但是在艺术、礼法、知识、人道、公义、遵守法度诸方面,似乎并不比他们的日耳曼祖先进步多少。尽管皈依基督教使他们与文明程度更高的欧陆国家建立了关系纽带,然而说到开启蒙昧、教化礼俗,一直以来却未见多少成效。由于他们接受的教义来自罗马这个已见隳坏的渠道,所以羼杂了大量盲从和迷信的成分,对于人的判断力和道德都极为有害。对圣徒和圣髑的崇拜几乎取代了对至高神的爱;对避世隐修的推崇使人怠慢了凡世的德行;时人普遍笃信神力干预和神裁,以致轻忽了对自然因果律的认知;各种为害社会的暴行都能通过向教会大笔献金而获抵赎;凡行凶作歹、残害人命、阴谋算计、诋毁中伤,以及诸般粗野过犯之后,人的内心若有自责,似乎均不必在现实境况下改过补赎,只消苦行忏修、俯首下心地事奉僧侣、表现出一份卑屈而狭隘的虔诚就能换取心安。②民众对神职人员崇敬到无以复加,一见身穿教士衣袍者出现,哪怕正行走在大路上,也会群起簇拥,以各种方式表达深挚的敬意,将其吐出的每一个

51

————————

①　Chron. Sax. p. 71
②　这些弊端是欧洲所有教会的通病。但意大利、西班牙和高卢的教士们尚能发挥自身所长,对社会有所贡献,可以说功过相抵。在上述地区,教会神职历来由罗马人充当,从而在一定意义上使罗马的语言和教规制度得以保存延续。然而在撒克逊七国,除最早一批传教士来自罗马,而后的神职人员均为撒克逊人,他们几乎和普通百姓一样野蛮无知,因此对提高社会的知识或艺术水平完全没有助益。

字都视为最神圣的天启。①就连撒克逊部落血脉相传的尚武精神也开始受到冷落：贵族们偏爱修道院中的安全怠惰，而不喜战争的喧嚣和光荣。他们自我评价的首要标准，是对所辖地方修道院的布施慷慨与否。②又有多位国王因不断向教会大笔捐资而陷入困顿，令国力不堪负累，以致军费无所出、战功无所赏，就连政府的日常运作都已窘迫到了捉襟见肘的地步。③

　　这一败坏的基督教信仰分支还带来另一大麻烦，就是对罗马教廷迷信式的依附，致使整个王国逐渐屈从于外来的辖制。以往，不列颠人从未承认过罗马教皇的管辖权，教会事务概由本土的宗教议事会和宗教大会负责管理。④而撒克逊人从罗马传教士那里接受教义的同时，也被灌输了对教廷的深刻敬畏，因而自然而然地把罗马视为自己的宗教首都。在他们心目中，赴罗马朝圣乃是最值得称道的虔诚之举。在这条乏味的朝圣路上，不仅贵族男女络绎不绝，⑤也不乏君王们的身影——他们情愿舍弃王冠而匍匐于罗马教皇脚前，求取一张通往天堂的安全通行证。基于这个迷信的源头，新的圣髑在修道院里源源不断地被炮制出来，经虚假的奇迹宣扬而扩大着影响，在惊诧莫名的大众头脑中打下烙印。在这一时代，所有的史家都是修道士，每一位君主生前身后的名声臧否，无不出自他们的笔下；而他们评判君王功过是非的

---

① Bede, lib. 3 cap. 26.

② Ibid. lib. 5. cap. 23. Epistola Bedae ad Egbert.

③ Bedae Epist. ad Egbert.

④ Append. to Bede, numb. 10. ex edit. 1722. Spelm. Conc. p. 108, 109.

⑤ Bede, lib. 5. cap. 7.

标准，并不论其文治武功，只看其虔诚遵奉教规、对罗马教廷迷信崇拜的程度。

此方人民的盲目顺服鼓励着罗马教廷日益变本加厉地侵蚀英格兰①教会的独立性。8 世纪时，诺森伯兰王国唯一的高阶教士、林迪斯方恩（Lindisferne）主教威尔弗里德（Wilfrid）进一步强化了英伦教会的臣服之态——由于本国宗教议事会决定新增若干主教教区，令其所辖教区相应缩小，于是他愤而向罗马教廷提起申诉。② 时任教皇的圣阿加道（Agatho）欣然为他开启先例，受理了这一申诉。威尔弗里德是当时教职人员中性情最高傲、生活最奢华者，③但是在国人心目中素有圣洁虔诚的名声，他就这样为罗马教廷在英格兰的权力主张奠定了基础。

威尔弗里德令国人迷惑顺服的主要论调是：圣彼得受命掌管天堂之门的钥匙，任何人若对他的继任者有欠尊敬，死后肯定进不了天堂。此种想象与大众的浅陋认知极尽相符，深刻地影响着此后许多世代的人们。甚至直到今天，在众多天主教国家中仍余印尚存。

倘若这种卑屈的迷信能够带来普世的和平与安宁，也算对它所造成的种种恶果有所弥赎。但是，除了滋生常见的钱权之欲以外，它还挑起诸多琐屑的教义纷争，而后者的破坏性更为致命，因为没有哪个既有权威机构的最终裁断能够得到争论各方的认可。当时扰嚷于英伦的种种神学争论十足荒谬无稽，与那个蒙昧野蛮的时代极其相衬。譬如，各地基督教会每年都要庆祝复活节，而

---

①　"英格兰（England）"一词原写作"Engla-lond"，意为"盎格鲁人之地"。——译者
②　参见 Bede，numb. 19 附录；Higden，lib. 5。
③　Eddius vita Vilfr § 24，60.

这一节日的具体日期,须依照天文学上太阳和月亮的运行周期而定,计算方法十分复杂。当初,大约在奥古斯丁劝化撒克逊人的同时,另一个布道使团也在向苏格兰人和不列颠人传教,他们遵行的是一套与罗马历法大不相同的计算方法。此外,凡基督教会的教士均有削发的习俗,然而在发型问题上,不同派系却各持一词。苏格兰人和不列颠人声称自己的传统更为悠久,罗马教会及得其衣钵亲传的撒克逊教会则以己方做法的普世性来与之争胜。当然,各派教会都同意,关于复活节期的规定必须兼顾阳历日期和月相两方面而予以统一;教士们也务必削发,否则便是大大的不虔诚,这些都是毫无疑义的——但是,罗马教会及撒克逊基督徒却给异见者贴上"分裂派"(schismatics)的标签,只因后者坚持每年三月逢满月的星期天庆祝复活节,而不是等到满月后的下一个星期天;而且其削发以左、右耳之间的连线为界,剃去前半部分的头发,而不是像罗马教士那样,将头顶剃光,仅保留周围一圈头发。为了诋毁对手,罗马派宣称,"分裂派"教徒每七年一次与犹太人同庆佳节;[1]他们还声辩,环状发型是为了模仿和纪念基督受难时所戴的荆冠,而另一派支持的发型乃是行邪术的西门(Simon Magus)所创,完全不具有此种象征意义。[2] 这些争论自开启之日起,便在不列颠派和罗马派神职人员之间激起了莫大的敌对情绪,他们不再协力劝化拜偶像的撒克逊人,彼此间拒绝任何形式的团契,把对方看得如同异教徒一般。[3]这场争执持续了一个多世

54

---

① 　Bede,lib. 2. cap. 19.

② 　Bede,lib. 5. cap 21. Eddius, § 24.

③ 　Bede,lib. 2. cap. 9,4,20. Eddius, § 12.

纪才告平息,并不是由于当事者发现了此举的愚蠢——就人类理性而言,这种要求实在是太高了——而是因为罗马派的仪式最终完全进占了苏格兰人和不列颠人的地域。①前面提到的那位林迪斯方恩主教威尔弗里德之所以在罗马教廷和整个南撒克逊地区得享极高的声望,就是因为他把所谓的"十四日分裂派分子"逐出了诺森伯兰王国,这些人原本来自相邻的苏格兰地区,迫于压力只能撤回老家。②

公元 680 年,坎特伯雷大主教西奥多(Theodore)在哈特菲尔德(Hatfield)召集由不列颠岛全体主教参加的宗教会议。③与会者接受并签字认可教皇马丁一世在拉特兰大公会议(Lateran council)上颁布的教令,弃绝基督单志论(Monothelites)的异端。这两次会议宣称,基督虽兼有神性和人性,二者共同构成一个位格,但是这两方面属性各有其倾向、意志、行为和情感,位格的一致并不代表它们在意识层次的合一。④以上观点看起来有些晦涩难懂,不熟悉那一时期宗教史的人无论如何也想象不出,它在当时激起了何其汹汹的狂热和暴力。拉特兰大公会议颁布的教令中,把基督单志论者斥为不虔、可咒诅、邪恶、可憎、恶魔附体,对其施以永世的诅咒、革出教门。⑤

撒克逊人在皈依基督教之初,便已接纳了圣像。如果没有这

---

① Bede,lib. 5. cap. 16,22.
② Bede,lib. 3 cap. 25. Eddius, § 12.
③ Spell. Conc. vol. 1 p. 168.
④ Ibid. p. 171.
⑤ Spell. Conc. vol. 1. p. 172,173,174.

些外在装饰,恐怕基督教也未必能在这个拜偶像的族类当中传播得如此之快。不过,撒克逊人从未以任何方式崇拜或供奉圣像。直到第二次尼西亚大公会议(second council of Nice)批准礼敬圣像之前,圣像崇拜的陋习从未在此间信众中间流行过。

第 二 章

埃格伯特—埃塞伍尔夫—埃瑟尔巴德与埃塞尔伯特—埃塞
雷德—阿尔弗雷德—长爱德华—阿瑟尔斯坦—埃德蒙—埃德里
德—埃德威—埃德伽—殉道者爱德华

埃格伯特

埃格伯特统一撒克逊七国虽为时未久,却举国归心,王权稳
固。各省臣民毫无反叛之心,不再有匡复故国之念。七国的语
言、习俗、法律、民政和宗教体系原本就相当接近,而且,被征服诸
国旧有的王室均已绝嗣,百姓很自然地转而拥戴这位天纵神勇、
精明强干、出身高贵的新君。而今七国归于一统,太平盛景似已
近在眼前,更有望以大国雄威睥睨周遭,从此免遭外敌的侵犯和
掳掠。然而,时隔不久丹麦海盗的出现,令这一美好前景化为泡
影,使得盎格鲁-撒克逊人在此后数百年间一直苦无宁日,饱受野
蛮蹂躏,最终凄惨地沦于被奴役的地位。

查理曼虽然禀性慷慨仁慈,却囿于偏见,在被征服的日耳曼
地区以铁血手腕镇压信仰异教的撒克逊人。王军经常深入撒克
逊人的领地大肆烧杀,查理曼还下令对全体撒克逊人执行残酷的

公元
827 年

56

十一抽杀令,以惩罚他们的造反行动。他以严刑峻法逼迫这一族人在表面上顺服基督教义。曾几何时,基督教凭借潜移默化的影响劝化人心,轻松吸引了不列颠岛上的撒克逊人,而查理曼以暴力手段强推改宗,却在日耳曼的撒克逊人中间造成了极大的抵触。这些异教徒当中,一部分勇猛善战者逃往北方的日德兰,以逃避查理曼的残酷迫害。那方居民本与撒克逊人手足相通,如今敞开怀抱接纳了他们。这批新来者很快便说服了朱特人与其联手出兵,一道寇略基督教国家,既是向骄矜的征服者复仇,也可借此缓解北方诸地少人多的压力。[①] 查理曼的诸子皆不成器,兄弟间纷争不断,致使法兰西诸省门户大开,无力抵挡北欧海盗的侵袭。这些来自北方的劫掠者被当地居民统称为"诺曼人(Normans)"。他们成了所有沿海国家的梦魇,就连内陆居民也为之闻风丧胆。北欧海盗频繁出动,亦多次窥伺英格兰。而此时的英国没有任何海上防御力量,武备废弛,人民崇信丹麦人和古撒克逊人所憎恶的基督教,因此海盗们对英、法两国给予同等的仇视,并无分别。他们屡次突袭英国,均大有斩获。北欧海盗最早踏足此岛,是在公元787年布瑞特里克统治威塞克斯期间。[②]当时一小队海盗在威塞克斯海岸登陆,意在侦察当地的情况。当地治安官盘查他们的身份,准备押送他们面见国王,令其申明来意。海盗们见势不妙,杀死了治安官,逃回船上,扬帆而去。公元794年,诺森伯兰又传匪讯,[③]一伙海盗洗劫了当地一座修道院。但他

---

① Ypod Neustria, p. 414.

② Chron. Sax. p. 64.

③ Chron. Sax. p. 66. Alur. Beverl. p. 108.

们的海船在风暴中损毁,海盗首领在一场小型遭遇战中被杀,整个团伙最终被当地人歼灭,被俘海盗尽遭处死。埃格伯特统一英格兰五年后,又有一队丹麦海盗在谢佩岛(Isle of Shepey)登陆,在洗劫了该岛之后,毫发无损地逃之天天。[①]然而他们第二年再度光临时,就没有这等运气了。海盗们乘坐三十五艘海船驶抵英国海岸,埃格伯特亲率王师在多塞特郡(Dorsetshire)的查茅斯(Charmouth)迎战。战况极其惨烈。丹麦人虽然损失惨重,却依然顽强坚守阵地,保证了主力有序地撤退登船。[②]经此一战,丹麦人认识到,下一步进犯英格兰,势必遭到这位英勇善战的君王强力抗击,于是他们设法与康沃尔的不列颠人结盟。两年以后,丹麦海盗再度登陆,会同盟军,共同侵入德文郡(Devon)。埃格伯特率军在亨吉斯唐(Hengesdown)迎战,完胜来犯之敌。[③]这一时期,北欧海盗频频作乱,令英格兰不堪其扰,国家缺乏常规、系统的御敌方略,多半是临时组织征讨。唯有国王埃格伯特有能力带领国人有效抵御这股新的威胁,但是在此紧要关头他却不幸驾崩,把承担社稷安危的重任托付给王子埃塞伍尔夫(Ethelwolf)。

公元832年

公元838年

埃塞伍尔夫

　　这位新君无论才干、勇气都逊于他的父王,要他管理一所女

---

①　Chron. Sax p. 72.

②　Chron. Sax. Ethelward. lib. 3. cap. 2.

③　Chron. Sax. p. 71.

修道院倒还合适,担当一国之君则是勉为其难了。[①] 他初登大位,便把王国一分为二,命王长子阿瑟尔斯坦(Athelstan)分治新征服的埃塞克斯、肯特和萨塞克斯等几郡。不过,这一分割似乎并未带来什么麻烦,这大抵是因为丹麦海盗入侵的持续威胁令他们无暇内讧吧。这一年,入侵者分乘三十三艘海船进犯南安普顿(Southampton),遭到邻郡郡长沃尔夫黑尔的迎击,损兵折将而退。[②]同年,多塞特郡郡长伊瑟尔海姆(Aethelhelm)率军击溃了另一股在朴次茅斯(Portsmouth)登陆的海盗,这是一场血战,胜利来得殊为不易,伊瑟尔海姆本人也为之付出了生命的代价。[③] 第二年,丹麦人分几路侵入英格兰,东盎格利亚、林赛(Lindesey)、肯特各郡狼烟四起,战斗规模虽然不大,入侵者也往往被击退或被打败,但是他们总能如愿以偿地满载而归。海盗们故意避开大规模决战,因为这不符合他们的行动策略。他们驾驶轻捷的小舟,可以轻易地溯溪河而上,在适当的地点把舟船拖上岸扎营,在周围挖掘壕堑,派一部分兵力驻守,余者便四出劫掠,掳获俘虏、牲畜和财货后即刻撤回,登船而去。如果遇有本地民兵集结抗敌(因为官军驻地遥远,来不及长途奔袭),海盗们要么选择击溃民兵,继续肆意掳掠,要么登舟扬帆而去,转而突袭远方那些没有防备的地区。英格兰全境警报频传,百姓们随时提心吊胆,闻听邻郡遇袭,都不敢施以援手,唯恐自己离家时,亲人、财产被凶横的海

---

① Wm. Malmes. lib. 2. Cap. 2.

② Chron. Sax. p. 73. Ethelward, lib. 3. cap. 3.

③ Chron. Sax. p. 73. H. Hunting. lib. 5.

盗所掳。①所有社会等级，不分高低贵贱，都逃不脱灾难的影响；神
职人员和修士们在此前七国纷争的战乱中，一般都能保全身家，
现在却成了拜偶像的丹麦海盗们发泄胸中怒火和仇恨的首要目
标。一年到头，没有哪个季节是安全的，即使暂时未出现敌情，人
们也没有一刻能够安枕而眠。

　　渐渐地，海盗的入侵已成常年不断之势。丹麦海盗在英、法
两国屡屡得手(两邦难兄难弟，同遭此劫)，贼胆逾张，开始大批登　59
陆，似有全面征服之势。但是此时英国人的勇武气概终究强于几
百年前饱受外敌凌虐的不列颠人，大敌当前，他们血脉中的勇气再
度勃发。德文郡郡长克尔(Ceorle)率部在威根堡(Wiganburgh)与
一支敌军血战，②海盗大溃，死伤无数。阿瑟尔斯坦王在桑威奇
(Sandwich)③近海袭击另一支海盗部队，击沉敌船九艘，余敌仓皇
逃窜。④　但是，另一股海盗却成功地首次在英格兰扎下越冬营地，
第二年开春时节，自丹麦本土出发的援军乘坐三百五十艘海船浩
浩荡荡而来，他们从萨尼特岛的大本营出发，一路焚毁了伦敦和
坎特伯雷，把墨西亚藩王布里奇瑞克(Brichtric)打得落荒而逃，继
而直捣萨里郡腹地，大军所过之处均化为一片焦土。危急关头，
国王埃塞伍尔夫携次子埃瑟尔巴德亲临战阵，一马当先，率领威
塞克斯人在奥克莱(Okely)一役血战得胜。然而这次胜利只给英
国人赢得了短暂的喘息之机。丹麦人仍然盘踞在萨尼特岛的老

　　① Alured Beverl. p. 108.
　　② H. Hunt. lib. 5. Ethelward, lib. 3. cap. 3. Simeon Dunelm. p. 120.
　　③ 英格兰东南部港口城市。——译者
　　④ Chron. Sax. p. 74. Asserius, p. 2.

巢,肯特和萨里二郡的郡长伊尔勒(Ealher)和哈达(Huda)率军前去攻打,起初略尝胜果,但终被丹麦人击退,两位郡长也殒命沙场。此后,海盗们移师谢佩岛,在那里扎下冬季营盘,准备发动更大规模的蹂躏和劫掠。 公元853 年

尽管国内局势动荡不安,却并未挡住国王埃塞伍尔夫赴罗马朝圣的脚步。随行的还有他最心爱的四王子阿尔弗雷德,当时年仅六岁。[①] 他们在罗马停留了整整一年,以示虔敬,当然国王也未忽略最重要的虔敬之举——向罗马教会慷慨捐输。国王不仅对那些位分尊贵的神职人员多有馈赠,还做出一个无限期的承诺,应允年年向教廷进贡三百枚曼客斯(mancus)金币,[②]其中供奉圣彼得、圣保罗和教皇本人的灯油钱各占三分之一。[③]在归国途中,他迎娶了西法兰克国王秃头查理(Charles the Bald)之女朱迪思(Judith)。然而,他一踏上英格兰的土地,就遇上了一个始料未及的冤家对头。

王长子阿瑟尔斯坦此时已经故去,次子埃瑟尔巴德僭取国政大权,与一班贵族共谋,称其父王孱弱迷信,不配执掌王权,应予废黜。国内臣民也分成两派,各拥一主。已是饱尝祸患的英格兰,似乎已经无可避免一次血腥的内战。不过,埃塞伍尔夫禀性柔顺,他依从了儿子的大部分要求,将王国一分为二,自己治理当

60

---

①　Asserius, p. 2. Chron. Sax. 76. Hunt. lib. 5.

②　一曼客斯金币大致与现今的半克朗等重。参见 Spelman, *Glossary*, "Mancus" 词条。

③　W. Malmes. lib. 2. cap 2.

时较为贫瘠而且暴露于强敌威胁之下的东部地区，①而将西部划归埃瑟尔巴德治下。紧接着，他便动员整个王国之力，开始以同样的驯顺之态没完没了地向教廷缴纳大笔贡金。

在那个蒙昧的时代，教会为自身谋取权力和尊荣的行动进展极快。他们全然着眼于私利，向民众灌输一些无比荒谬的信条，虽说偶尔也会因为触犯俗众的利益而遭到后者的反对，但只要假以时日、拿出一定的手腕，总归能说服他们。教会不满足于撒克逊王公贵族捐赠的地产和虔诚百姓的临时供奉，又以贪婪的目光盯上了一份更为丰厚的收益——他们宣称，此乃教会神圣而不可剥夺的权利。尽管《圣经》中对此着墨不多，但他们还是找到相关依据，说明按犹太律法的规定，百姓须以所有土地出产的十分之一来供奉神职人员，称为"什一税"。他们忘记了，自己曾经口口声声地教诲民众，对于基督徒来说，犹太律法只能起到一种道德约束的作用。然而现在他们却坚称，享受"什一"奉献是神赐予服侍其讲坛的仆人的一项永久权利。数百年来，教会发表的布道和训诫尽皆指向这一目标，如果按着这些言论的思路推演开来，人们或许会以为，基督徒在世间当尽的主要义务，莫过于按时、足额地向教会缴纳"什一税"。② 教会既已成功地向民众灌输了上述信条，进而贪欲逾炽，试图把《旧约·利未记》中律法规定的"什一税"推而广之，无论何种产业、商贩的营业收入，打工者的薪水，士

61

---

① Asserius, p. 3. W Malm. lib. 2 cap. 2. Matth. West p. 1, 8.
② Padre Paolo, sopra beneficii ecclesiastici. p. 51, 52. edit. Colon. 1675.

兵的饷银，概莫能外。[1]不仅如此，有些教律学家甚至声称，就连高
等娼妓的卖笑收入也须向教会缴纳"什一税"。[2]英格兰的教区制
度是在坎特伯雷大主教洪诺留（Honorius）主持下建立起来的，迄
至那时已近两百年，[3]但是在"什一税"的问题上始终未能如愿以
偿。时值当朝之主禀性懦弱、迷信，而且由于丹麦海盗的搅扰，百
姓蒙受严重损失，情绪低迷、胆战心惊，对于任何披着宗教外衣的
诱导都极易接受，于是教会便借此良机，正式将"什一税"收入囊
中。[4]英格兰举国上下都认为缴纳"什一税"是功德无量之事，定能
获得上天的褒奖，因此一味倚靠超自然的庇佑，却忽视了通常意
义上的防御措施。即使在国运危殆的紧要关头，他们仍然同意教
会收入豁免捐税，连国防安保方面的摊派也不例外。[5]

埃瑟尔巴德与埃塞尔伯特

批准"什一税"两年之后，埃塞伍尔夫便去世了。临终前遗命 公元
857 年
两位年龄居长的王子埃瑟尔巴德与埃塞尔伯特平分英格兰：西部
归埃瑟尔巴德，东部归埃塞尔伯特。埃瑟尔巴德私德不检，迎娶
继母朱迪思，举国为之震怒。但在温切斯特主教斯威辛
（Swithun）的规劝之下，他最终还是下决心与她离了婚。

---

① Spell. Conc. vol. 1. p. 268.

② Padre Paolo, p. 132.

③ Parker, p. 77.

④ Ingulf. p. 862. Selden's Hist. of tythes, c. 8.

⑤ Asserius, p. 2. Chron. Sax. p. 76. W. Malmes. lib. 2. cap. 2. Ethelward, lib. 3.
cap 3. M. West. p. 158. Ingulf. p. 17. Ann. Beverl. p. 95.

埃瑟尔巴德在位时间不长,他死后,埃塞尔伯特继承了他的 62

公元
860年
王国。埃塞尔伯特临朝五年,行止端方,丝毫无愧于其高贵出身和君王之尊。然而,在此期间英格兰始终饱受丹麦海盗的侵扰。贼寇一度突袭得手,将温切斯特洗劫一空,后被击退。盘踞在萨尼特岛的另一股海盗假意与英国人签订和约,随后趁其不备攻入肯特郡,恣意逞凶,犯下了骇人听闻的暴行。

埃塞雷德

公元
866年
埃塞雷德(Ethered)继兄长埃塞尔伯特之后登上王位。他在位期间虽然英勇自卫,却始终苦于丹麦海盗的骚扰,无一刻得享安枕。王弟阿尔弗雷德全力以赴襄理国事,而且为国家利益慷慨放弃私怨,对于埃塞雷德挤占了先王留给自己的巨额遗产一事不予计较。埃塞尔德当政期间,东盎格利亚人鼠目寸光,只贪图暂时安宁,竟不顾大局利益单独与敌媾和,并为其提供马匹,使丹麦人在他们的地盘上取得了立足点,从而得以取道陆路突入诺森伯兰。海盗们占据了约克(York),继而依凭此城抵御诺森伯兰藩王奥斯布里赫特(Osbricht)和埃拉的进攻,结果两位藩王双双殒命沙场。[①]敌寇被上述胜利和已取得的军事优势所鼓舞,开始从滨海地带向内地挺进:他们在亨古阿(Hinguar)和哈巴(Hubba)的率领下,直捣墨西亚腹地,在诺丁汉(Nottingham)建起了越冬营地,大有一举征服墨西亚全境之势。值此危急关头,墨西亚人恳请埃

---

① Asser p. 6. Chron. Sax. p. 79.

塞雷德施以援手。于是,埃塞雷德及王弟阿尔弗雷德亲率雄师驰

奔诺丁汉,将敌军逐出据点,赶回诺森伯兰。然而,海盗们躁动成 公元
870 年

性、贪掠财货,怎肯老老实实地长期踞守一地? 他们阑入东盎格

利亚,打败并俘获了该国藩王埃德蒙德(Edmund),随后将其杀

害。他们无比野蛮地蹂躏东盎格利亚人民,对待各处修道院更是

极尽残暴之能事。于是,东盎格利亚人开始懊悔,意识到先前不

该为求偏安而与全体英格兰人的公敌沆瀣一气。

　　里丁(Reading)是丹麦人占领的又一据点。他们经常从该处 公元
871 年

四出劫掠,为祸周边各郡。当时墨西亚人亟欲摆脱对埃塞雷德的

依附,拒绝与他合兵进剿。埃塞雷德与王弟阿尔弗雷德只得率领

世袭领地上的威塞克斯部众出征。丹麦人初战不利,盘踞营寨坚

守不出,很快就等来了援军;他们的增援部队迂回攻击威塞克斯

人,迫使其撤除了包围。不久,双方在现今伯克郡(Berkshire)的

阿斯顿(Aston)进行了一场会战。当天一早,英军深陷险境,大有

全军覆灭之虞。阿尔弗雷德所率一部被敌军团团围困,形势极为

不利;此时埃塞雷德正在听弥撒,他却一定要等到祈祷仪式结束

才肯动身驰援。[①] 然而在此役获胜之后,教会史家绝口不提阿尔

弗雷德履危蹈险的功劳,只道是埃塞雷德王的虔诚赢得了神助。

阿斯顿战役并未终结这场战争,时隔不久,两军又在贝辛(Basing)

交战,这一仗丹麦人占得了上风,此后他们又从母国得到增援,对

英国人的威胁一日重似一日。在这一片动荡之中,埃塞雷德不幸

---

　　① 　Asser. p. 7. W. Malm. lib. 2. cap. 3. Simeon Dunelm. p. a25. Anglia Sacra,
vol. i. p. 205.

在战斗中负伤,辗转不愈而亡,把个忧患重重、雄威不振的乱局传给了年方二十二岁的王弟阿尔弗雷德。

阿尔弗雷德

公元
871 年
　　这位君主自幼便已显露出卓越的美德与出众禀赋,在日后国家危难关头,他正是凭着此等美德与才干,拯救了英格兰免遭彻底的毁灭与奴役。他很小的时候,曾随父王埃塞伍尔夫赴罗马朝圣,归来后的第二年,又在大批扈从的簇拥下,被送往罗马。当时曾一度传言英王驾崩,教皇利奥三世即为阿尔弗雷德施行了膏礼,[①]教皇要么是慧眼识得此子天赋异禀,以此预言他将来的伟大,要么是有意宣示阿尔弗雷德年齿虽幼,却已堪当社稷大任。阿尔弗雷德归国后,父王对他的宠爱日深。但他终日沉溺于少年的嬉游,在学习方面全不用心,以致到了十二岁对最基本的学问仍是一窍不通。是母后喜爱的撒克逊谣曲最初激发了他的天才——这门学问有时候在蛮野无文的族群中也能取得长足发展。阿尔弗雷德天赋中的高贵情操在这些谣曲的滋养下茁壮成长。[②]由于母后的鼓励,加之他自己热心向学,阿尔弗雷德很快就学会阅读这些作品,又进一步掌握了拉丁语,得以博览群贤典籍,养成磊磊英雄胆略、浩浩恢弘气度。他醉心于高雅的追求,倒觉得登上王座乃憾事一件,不值得为之欢喜。[③]然而时势逼人,他的继承

64

---

① Asser. p. 2. W. Malm. lib. 2. cap. 2. Ingulf, p. 869. Simeon Dunelm. pp. 120,139.
② Asser. p. 5. M. West. p. 167.
③ Asser. p. 7.

顺位排在兄长的子女之前,其父王埃塞伍尔夫在遗嘱中亦如此安排,这在盎格鲁–撒克逊人心目中是极具分量的。[①] 阿尔弗雷德既被举为君主,社稷的托付、国家危在旦夕的局面,令他不得不放下向学之心,开始为保国卫民而殚精竭虑。刚刚埋葬了王兄,他就不得不走上沙场,因为此刻丹麦人再度来犯,已经攻占了威尔顿(Wilton),又逞其惯技,正在周边地区大肆破坏掳掠。仓促之下,阿尔弗雷德只能召集起少数军队,出征应战。在交战中王军起初虽占得上风,但是由于求胜心切,盲目冒进,结果敌方凭借优势兵力反转了战局。不过,丹麦人因伤亡惨重,又唯恐阿尔弗雷德及时获得臣民的增援,便满足于已经取得的战果,在得到安全撤军的保证后开始撤退,并承诺要一直退出英格兰国境。有鉴于此,英国方面准许他们退往伦敦,并在那里安营过冬。但是海盗们根本无意遵守协定,他们一旦站定脚跟,立刻故态复萌,又开始在邻近地区大事掳掠。伦敦位于墨西亚境内,该藩国之主布尔海德(Burrhed)再次与丹麦人缔约,甘愿奉上钱财,以换取他们迁往林肯郡的林塞,该地区早前已遭丹麦人蹂躏而化为一片废墟了。海盗们到了林塞,发现此地荒芜不堪,野无所掠,便突然杀了个回马枪,择一防守空虚之处回师墨西亚,在德比郡(Derbyshire)的雷普顿(Repton)扎下营盘,用火与剑将周围整片地区化为荒场。眼见敌人如此凶悍难挡,且背信弃义、不受任何协议的约束,布尔海德陷入绝望,于是弃国而去,逃往罗马,在一所修道院中隐居终老。[②]

---

① Ibid. p. 22. Simeon Dunelm. p. 121.

② Asser. p. 8. Chron. Sax. p. 82. Ethelward, lib. 4. cap. 4.

布尔海德是阿尔弗雷德的姐夫,也是最末一任墨西亚王。

　　现在,威塞克斯是整个英格兰硕果仅存的抵抗力量。尽管阿尔弗雷德以卓越的勇气和才干独撑危局,仍然抵不住劫掠者的四面围攻。公元 875 年,又一波丹麦侵略者在古瑟鲁姆(Guthrum)、奥西特尔(Oscitel)和阿姆德(Amund)三位酋首的率领下,踏上了英格兰海岸;他们首先在雷普顿与族人会师,随后不久便发觉有必要分兵,以免给养不继。贼酋哈尔登(Haldene)[①]率一支人马深入诺森伯兰,在那里安营扎寨;另一支人马在剑桥驻扎,又于第二年夏天拔营而起,攻占了多塞特郡的维尔汉姆(Wereham),此地恰处于阿尔弗雷德统治地盘的中心。在阿尔弗雷德的持续打击下,丹麦人被迫接受和谈,在协议中保证撤出这一国。阿尔弗雷德太了解对方一贯背信恶德,因此要求他们指着圣物发誓必遵守协议。[②] 之所以如此,并非指望他们有多么尊重基督教的圣物,而是寄希望于对方一旦违背誓约,定会因亵渎神明而招致上天的惩罚。然而丹麦人并不了解遭天罚的危险,他们并不找寻任何借口,便直接突袭并击溃了阿尔弗雷德的军队,随后调头西进,占领了埃克塞特(Exeter)。阿尔弗雷德国王重新召聚人马,奋勇作战,一年间与丹麦人恶战八场,[③]把他们的势力压制到最小区域。尽管如此,他依然愿意接受新的和平邀约,欣然与对手签订协议,允许他们在英格兰和平定居,[④]唯不得再引新寇来犯。国王正指望

---

① Chron Sax. p. 83.

② Asser. p. 8.

③ Asser. p. 8.《撒克逊编年史》第 82 页则记载共有九场战役。

④ Asser. p. 9. Alur Beverl. p. 104.

着协议付诸实施——这对丹麦人自己似乎也不无好处——忽闻又一支敌军已经登陆,并且召聚了散布于各地的本族兵马,合力突袭当时的重镇奇彭纳姆(Chippenham),此时他们已经得手,正在该城周边地区逞凶肆虐。

情势的突变极大地瓦解了撒克逊人的斗志,使之陷于绝望。他们发现,自己的生命财产经历了无比惨重的浩劫,虽然己方已经竭尽全力奋勇抗争,来犯之敌却源源不断,剿除一茬旧的,又来一茬新的,而且新来者和先前的强盗们一样贪婪残暴。撒克逊人相信自己已被上天抛弃,注定要毁灭在一茬茬从广阔的北方蜂拥而至的强盗们手里。他们当中有些人选择了背井离乡,逃到威尔士或海外去避乱;另一些人选择投降,希望以卑躬屈膝换得征服者稍假宽和。[①] 人人都只顾保全自身,尽管国王阿尔弗雷德大声疾呼,号召臣民团结在他的麾下,为捍卫君主、国家和自由勉力再战,结果却只是徒然。阿尔弗雷德本人也被迫放弃王家旌盖,遣散仆从,微服潜奔,逃避敌军的狂怒与追杀。他一度藏身于农舍,与牧牛人同住,这人以前负责看管国王的牛群。[②] 下面这桩轶事,在所有史家的笔下都有记载,在民间也流传已久;若论事件本身并不值得一提,唯其反映的情境令人关注,让我们看到如此尊贵的人物当时陷入了何等困厄的境地。据说,牧牛人的妻子不知道来客的真实身份,一天,她见他正在炉边修整弓箭,就随口吩咐他照看一下炉子上烘着的糕饼,她自己转身去忙别的家务事了。但

① Chron. Sax. p. 84. Alured Beverl. p. 105.
② Asser. p. 9.

是阿尔弗雷德的心思都在别处,把这个差事忘到了脑后。那个好女人回来的时候,发现她的糕饼全都烤煳了,就把国王狠狠地训斥了一顿。她叱责道,这家伙看样子很喜欢吃她做好的热糕饼,咋就不能用心照看一下炉子?![1]

　　一段时间之后,阿尔弗雷德见风声稍缓,便召集起一批跟从者,藏身于索默塞特郡索恩河(Thone)与柏瑞河(Parret)潴潦积成的沼泽中央。他发现了一块方圆两英亩的坚实地面,就在那儿筑起营地,建造多处防御工事,以保安全。而那些通往营地的隐秘难行的小道、营地周围环绕的森林和泥沼,则构成了更好的保障。他把这个地方叫作"埃斯林格"(Aethelingay),意为"贵族之岛"。[2]该地今名为埃瑟莱(Athelhey)。他的人马以此为据点,时常对丹麦人发动奇袭,丹麦人被打得晕头转向,却不知袭击者从何而来。他从敌人手中夺取物资,作为自身的给养。他以复仇来慰藉战士们的心灵,又不断以小规模的胜果唤起他们的希望,使之相信,尽管目前形势恶劣,但只要艰苦卓绝、英勇奋战,终将迎来伟大的胜利。

　　整整一年里,阿尔弗雷德都潜伏于此,但并非无所作为。这一天,他听到一个重大信息,立即应声而动,重返战场。原来,敌酋哈巴用火与剑把威尔士化为废墟之后,又指挥二十三艘舰船在德文郡登陆,包围了陶河(Tau)河口附近的肯沃斯(Kinwith)城堡。领有德文郡的奥杜恩(Oddune)伯爵与其手下军兵据城而守,

① Asser. p. 9. M. West. p. 170.
② Chron. Sax. p. 85. W. Malm lib 2. cap. 4. Ethelward. lib. 4. cap. 4. Ingulf, p. 26.

68　部队给养匮乏，连喝水都有困难。阿尔弗雷德决定发动猛攻，以免城内守军被迫选择投降。他在日出之前突袭丹麦人，猝不及防的丹麦军队被击溃，英军追亡逐北，直杀得血流成河，哈巴本人也被杀，他那个著名的渡鸦护身符也被英军夺去。[①] 此符由亨古阿和哈巴的三个姊妹亲手织成，上面绣有一只渡鸦及许多神秘的符咒，丹麦人深信它的魔力，认为此符的不同动态能够预示诸事的成败。[②]

　　阿尔弗雷德看到臣民的抵抗精神已经有恢复的迹象，便从暗处转到明处，准备与敌正面作战。但他并不打算立刻召聚人马、轻举妄动，因为当前国人普遍意气消沉，如果再有任何闪失，必定满盘皆输。他决定亲自去侦察敌情，以判断成功的把握。为此，他乔装改扮，以流浪琴师的身份混进敌营，所到之处从未引起怀疑。他凭着动听的琴声和诙谐的谈吐在丹麦人中间广受欢迎，甚至被引见给丹麦君主古瑟鲁姆，在其御帐内停留了多日。[③] 他观察到丹麦人骄狂自大，疏于防务，丝毫不把英国人放在眼里；外出搜寻粮秣和抢劫时行动随意，不知谨慎；对于凭暴力掠得的赃物一味地胡乱糟蹋。这些有利的发现令他深受鼓舞，他暗中派人联络实力最强的一部分臣属，命他们各带精兵，在舍伍德森林（Selwood forest）边缘的布里克斯顿（Brixton）集结。[④]那些原指望苟且求生的英国人到此时已经发现，征服者的傲慢和掠夺实在令人难以忍受，与其逆来顺受还不如像从前那样去战斗，过那种充

---

①　Asset. p. 10. Chron. Sax. p. 84. Abbas Rieval. p. 395. Alured Beverl. p. 105.

②　Asser. p. 10.

③　W. Malm. lib. 2. cap. 4.

④　Chron. Sax. p. 85.

满劳乏和艰险的日子。于是,他们准时来到约定之地,欢欣鼓舞地迎候自己的主上;一见他出现,人群顿时爆发出热烈的欢呼,臣民们的目光贪婪地追随着这位受人爱戴的君王,看也看不够。[1]他们曾经以为他早已不在人世,现在又能亲睹他那充满必胜信心的面容,亲耳聆听他战斗的召唤,心中油然升起要为自由和复仇而战的豪情。阿尔弗雷德立即率众奔袭丹麦人的大营爱丁顿(Eddington)。凭着先前侦察掌握的情报,他指挥英军从敌人防守最薄弱之处插入,直捣腹心。丹麦人原以为英国人已被彻底降服,突见这支天降神兵,已是自乱了阵脚,又闻领军者是阿尔弗雷德大王,更惊得目瞪口呆。他们虽然兵力占优,却只有微弱的抵抗,很快即作鸟兽散,在英军的追杀下死伤无数,血流成渠。丹麦王带领部分残兵溃卒逃进一座有防御工事的营寨,被阿尔弗雷德麾下的英军团团围困起来。丹麦人一无军火二无口粮,已经到了穷途末路,只得无条件投降,惟求胜利者能对其仁慈开恩。阿尔弗雷德王的宽宏大量并不稍逊于其勇武气概,他不仅慷慨赦宥了降虏们的死罪,还计划将他们从曾经的死敌改造成忠诚的臣民和盟友。他知道,东盎格利亚和诺森伯兰在丹麦人的反复蹂躏下已经几近焦土,于是盘算着让古瑟鲁姆及其手下到那里定居垦殖,恢复该地的生机。国王希望看到,丹麦降虏们被实力强大的英军震慑,不敢肆意妄为,而他们定居的地带又荒凉残破,无法凭掳掠谋生,这样他们到最后或能学会勤劳营生,日后还可构成一道屏

<hr>

[1] Asser. p. 10. Chron. Sax. p. 85. Simeon Dunelm. p. 128. Alured. Beverl p. 105. Abbas Rieval. p. 354.

障,抵挡北方海盗新的入侵。不过,在批准上述宽仁的赦免条件之前,他要求丹麦人必须公开宣布皈依基督教,以示其归顺效忠、从此与英国人同心同德之诚意。① 古瑟鲁姆及其手下军兵对此并不抵触,无须多少训诲,也未经什么争议或讨论,他们就全部接受了洗礼。阿尔弗雷德国王在古瑟鲁姆的受洗仪式上亲自担任引荐人,为他取教名阿瑟尔斯坦,并将其收为养子。②

以上策略的成功实施,结果似与阿尔弗雷德的期望相符:原来的丹麦海盗大部分在新垦殖地和平定居,散布于墨西亚境内的几支小股海盗,分别占据达比(Darby)、莱斯特(Leicester)、斯坦福(Stanford)、林肯(Lincoln)和诺丁汉(Nottingham)五城,当时人称"五部"或"五堡"。还有一部分不肯安分守己、劫掠成性者,在头领黑斯廷斯(Hastings)的率领下,出征法兰西。③ 而在阿尔弗雷德治下的英国,丹麦海盗只有过一次短暂的来犯:当时海盗们乘船溯泰晤士河而上,在富勒姆(Fulham)登陆后,发现这个国家防备甚严,便突然撤回到船上,掉头而去。除此之外,英格兰在很多年里再未遭受这些蛮族的侵扰。④

阿尔弗雷德国王趁着和平的良机,致力于修复多年战乱带来的创伤、恢复国家秩序。他着手建立各种民政和军事规制,教化民众崇尚勤劳、公正,防止匪患再起。与其祖父埃格伯特相比,阿尔弗雷德可以更加名副其实地号称一统英伦的君主("英格兰人"

公元
880 年

70

① Chron. Sax. p. 85.
② Asser, p. 10. Chron Sax. p. 90.
③ W. Malm. lib. 2. cap. 4. Ingulf, p. 26.
④ Asser. p. 11.

此时已演变成对撒克逊人的通称),因为墨西亚王国终于正式并入英国版图,由国王的内弟埃塞尔伯特伯爵负责治理。至于屯垦东盎格利亚和诺森伯兰的丹麦人,他们在一段时期内由自己的君王直接统治,但是这些君王都向阿尔弗雷德称臣,服从他的至高权威。鉴于臣属之间的平等关系是和睦相处的重要根源,阿尔弗雷德在立法上对丹麦人和英格兰人一视同仁,无论在民事还是刑事司法中,都给予他们完全平等的待遇。例如,杀死一个丹麦人和杀死一个英格兰人须缴的罚金数额并无差别,这在那个时代可被视作平等的重要标志。

国王重建了多座被毁的城市,特别是在埃塞伍尔夫统治时期被丹麦人化为一片废墟的伦敦。[①]他还组建了一支常备的民兵,充实国家防务。国王谕令,全体臣民都要武装起来,成为登记在册的兵员,按规定日期轮值服役。他在适当地点修筑城堡和要塞,拨调部分民兵戍守。[②]另一部分民兵须闻警而动,在约定地点集结,作为野战部队抗击入侵之敌。还有很大一部分民兵留守后方耕种田园,作为预备役力量等待轮值。[③]如此全民皆兵,整个王国防务严密得如同铁桶一般,只要丹麦海盗在一地出现,很快就有大批民兵集结迎战,其他地区也不会暴露出防卫漏洞。[④]

然而,阿尔弗雷德认识到,抵御来自海上之敌,最佳策略还是

71

---

①　Asser. p. 15. Chron. Sax. p. 88. M. West. p. 171. Simeon Dunelm. p. 131. Brompton, p. 819. Alured Beverl. ex echt. Hearne, p. 106.

②　Asser. p. 18. Ingulf, p 27.

③　Chron. Sax. pp. 92,93.

④　Spelman's life of Alfred, p. 147. edit. 1709.

以其人之道还治其人之身。他决心打造自己的海军。① 其实就岛屿防务而言,这本是最自然不过的一种御敌手段,然而在此之前,英国人完全忽视了这个方面。国王不断扩充英国战船的数量和战斗力,同时训练臣民学习航海和海上作战的技能。他布置战船控制环岛各个战略要地,只要丹麦人乘船来犯,防御力量总能及时赶到,要么在海盗部队登陆之前予以堵截,要么在其登陆后跟踪劫掠部队的去向;丹麦人虽有可能乘守军不备突袭登陆,但是其登陆之处往往因屡遭蹂躏而野无所掠,在撤退时又会受到英国舰队的攻击,他们再也不能像从前那样扔下战利品仓皇逃脱,而必须付出全军覆没的代价。正所谓"自作孽,不可活"是也。

阿尔弗雷德以这种方式击退了丹麦海盗的数次进犯,在很多年里保障了王国的安宁。由一百二十艘战船组成的英国舰队严密驻防于海岸线上的各处港口,船上配备的军械精良,水手们经验老到,其中有弗里斯兰人(Frisians)②,也有英国人(阿尔弗雷德从国外招募擅长海战的兵员,以弥补本国臣民短缺的技能)。由于来犯的多半是小股海盗,所以英国海军在实力上始终保持优势。③ 但是及至后来,当大名鼎鼎的丹麦海盗头子黑斯廷斯率领三百艘舰船出现在肯特近海之时,形势便陡然严峻起来:这股悍匪先前沿法国海岸线前进,并溯卢瓦尔河(Loire)、塞纳河(Seine)而上,已然蹂躏了法兰西全境;他们撤离法兰西,更多地是由于其

公元
893 年

---

① Asser. p. 9. M. West. p. 179.

② 古代日耳曼人的一支,居住地包括现今的尼德兰、德国和丹麦紧邻北海的地区。——译者

③ Asser,p. 11. Chron. Sax. p. 86,87. M. West. p. 176.

自身的疯狂劫掠使那片土地太过荒凉,而不是迫于当地居民的抵抗。海盗主力部队在罗瑟(Rother)登陆,攻占了阿普多尔(Apuldore)要塞。黑斯廷斯本人则率领八十艘战船进入泰晤士河口,在肯特的米尔顿(Milton)构筑营寨,以此为据点,纵兵四处劫掠,肆虐凶狂到无以复加的程度。国王阿尔弗雷德闻听敌军来袭的警报,即刻率领一支贴身的精锐部队驰援前线,[①]沿途召集各地的武装民兵,当他出现在战场之时,兵力已然占据优势。凡远离大营的丹麦人队伍,无论是出于必要还是被贪欲驱使而远出劫掠的,都被英军分割截断:[②]海盗们发现自己偷鸡不成蚀把米,非但没能掳到更多财货,反而被困于营寨,只能靠着从法国那边掠夺并随身带来的给养活命。眼看这样下去难以为继,被围困在阿普多尔的海盗们急红了眼,突然展开突围,意图向泰晤士河方向进军,渡河进入埃塞克斯。然而高度警觉的阿尔弗雷德国王在法纳姆(Farnham)截击海盗,一举将其击溃,[③]夺取了敌人的全部马匹辎重,并一直追杀到岸边,最终只有部分残匪逃回船上,向科恩河(Colne)上游仓皇逃遁,来到埃塞克斯的墨西(Mersey),在该地扎营盘踞。与此同时,黑斯廷斯所部或许是出于战略配合的考虑,也放弃了米尔顿的营寨倾巢出动,攻占了位于肯特郡坎维岛(Canvey)附近的巴姆弗利特(Bamflete),[④]在那里匆匆搭建防御工事,准备抗拒阿尔弗雷德的大军。

---

① Asser. p. 19.
② Chron. Sax. p. 92.
③ Chron. Sax. p. 93. Flor. Wigorn, p. 595.
④ Chron. Sax. p. 93.

也是英国人时运乖舛,当时屯垦东盎格利亚的丹麦人之王古瑟鲁姆已经亡故,国王任命的诺森伯兰总督古瑟里德(Guthred)也去世了。失去约束的丹麦人,一见本族大军兵临此岛,躁动狂野的本性复炽,于是群起叛乱,背弃了对阿尔弗雷德的效忠,又恢复了向来好战、流窜劫掠的痼习。① 叛军分乘二百四十艘船只,出现在英格兰西部埃克塞特以外的海面。阿尔弗雷德毫不迟疑,立即部署迎战新的敌人。他留下一部分兵力守卫伦敦,有效遏制黑斯廷斯所部及其他丹麦部队,然后亲率大军遽然西进,②将猝不及防的叛军打得落花流水,狼狈逃窜。乘船逃遁的叛军又转袭萨塞克斯,开始在奇切斯特(Chichester)一带烧杀抢掠。然而阿尔弗雷德在全国各地建立的民防体系在此时发挥了强大的作用,无须国王御驾亲征,本地军民就让叛军又尝到一场败绩,他们毙敌累累,并俘获部分敌船。③ 叛军被迫远遁大海之上,从此再不敢来犯。

同时,盘踞在埃塞克斯的丹麦入侵者在黑斯廷斯的统率下重新集结兵力,向内陆进军,沿途大肆劫掠破坏。但是他们很快就要为自己的冒进而后悔了。留驻伦敦的英军在一队市民的协助下,袭击了巴姆弗利特的敌军大营,他们夺取了丹麦人的营寨,大杀大砍,还俘获了黑斯廷斯的妻子和两个儿子。④阿尔弗雷德慷慨地释放了这些俘虏,甚至把他们送还给黑斯廷斯,⑤条件是后者必

① Chron. Sax. p. 92.
② Chron. Sax. p. 93.
③ Chron. Sax. p. 96. Flor. Wigorn p. 596.
④ Chron Sax. p. 94. M. West. p. 178.
⑤ M. West. p. 179.

须率部撤离英国。

　　尽管阿尔弗雷德国王以上述的体面方式摆脱了黑斯廷斯这一危险劲敌，但并未完全制服或驱逐全部入侵之敌。丹麦人劫掠成性，只要某个强大的首领给他们带来掠夺致富的希望，就乐于群起而从之。要他们接受教化、放弃旧业，或者两手空空地认输还乡，真可谓难上加难。在黑斯廷斯撤军之后，有大股丹麦人占据了泰晤士河口的索伯里（Shobury），在那里构筑工事、扎下营盘，留下一支人马戍守，主力则沿河而上，直抵格洛斯特郡（Glocester）的博丁顿（Boddington）。他们得到一部分威尔士人的支援，就在当地筑起工事，据以顽抗。阿尔弗雷德王以举国之师将他们团团包围，[①]既已胜券在握，便决定采取最稳妥的方式，把敌人困死、饿死，而不主动进攻。城内敌军陷于绝境，连战马都吃光了，人员大批饿死；[②]绝望之下，他们只有拼死突围，尽管大多数战死，但也有相当一部分人逃出生天。[③] 这些残兵败将在英格兰四处流窜，阿尔弗雷德的王师紧随其踵，穷追狠打。丹麦人先是袭击莱斯特得手，又在哈特福德（Harttord）打了一场防御战，随后逃奔夸特福德（Quatford），最终在那里被击败。少数侥幸脱身者 [74] 有的藏匿在诺森伯兰和东盎格利亚的同族人中间，[④]有的逃回海上，在诺森伯兰人西格弗特（Sigefert）带领下继续海盗生涯。这个强盗头子熟知阿尔弗雷德的海军战略部署，建造出新型战船，比

---

① Chron. Sax p. 94.
② Ibid. M. West. p. 179. Flor. Wigorn p. 596.
③ Chron. Sax. p. 95.
④ Ibid. p. 97.

英国战船更高、更长，航速更快。但英王很快就探得了敌方的先进技术，造出了比诺森伯兰人更高、更长、更快的船只，趁海盗们在西部地区施行劫掠时，突袭得手，俘获敌船二十艘。国王在温切斯特（Winchester）开庭审判俘虏，指控其犯有海盗罪，将他们全部作为人类公敌施以绞刑。

这一严厉判决的时机拿捏得恰到好处，加之王国各地防卫严密，从而使英格兰得以重享太平，也给未来的统治奠定了安全的基石。定居在东益格利亚和诺森伯兰的丹麦人一见阿尔弗雷德的大军临到，立刻重新换上一副最卑顺的态度。国王出于审慎，决定将这些地区纳入直接管辖范围，不再封授丹麦人做总督。[①]威尔士人也顺服于国王的权威。至此，这位伟大的君主凭借其深谋远略、公正勇武，在从英吉利海峡直到苏格兰边界的整个不列颠岛南部确立了自己的统治。阿尔弗雷德国王在位二十九年半，政绩辉煌，却在正值年富力强时遽尔崩殂。[②] 他被后世尊为"阿尔弗雷德大王""英国君主制的奠基人"，可谓实至名归。

这位君王的优秀品质，无论是私德还是在公共生活中的表现，较之任何时代、任何国度历史上的无论哪一位君主或公民，都更加光彩照人。他确乎堪称完美人格之典范，哲学家们将这种人称作圣贤或智者，更多地是在想象中满怀钟爱地加以描绘，却几乎不抱希望能在现实中一睹其真容。各种美德在他身上调和相济，搭配得如此恰到好处、相得益彰！它们彼此相互作用，有效地

公元
901 年

---

① Flor. Wigorn. p. 598.

② Asser. p. 21. Chron. Sax. p. 99.

防止了其中任何一方面突兀逾矩。他知道如何以最冷静的节制 ⁷⁵
来缓和最活跃的雄心,如何以最柔韧的变通去协调最顽固的坚
持,如何以最宽厚的仁慈对最严峻的刑典加以调剂,如何令最和
蔼可亲的态度无损于指挥的雷厉风行,①如何使最卓越的治学能
力和爱好相谐于最杰出的行动能力。他的治国能力和军事才干
在我们心中激起的敬佩几乎不分高下,只是前者历来在为君者身
上较为少见,而且更加有用,因而在此理应得到更多称颂。大自
然创造了如此高超的杰作,似乎仍然意犹未尽,还想进一步将这
位人物置于最佳烘托背景之下,于是又使他的体魄完美到一无所
缺,赐予他强健的四肢,高贵的姿态和风度,愉快、迷人而又开朗
的面容。②命运安排他降生于那个野蛮的时代,使之无缘得遇巨笔
如椽的史家,不能凭借他们的记述而将其英名伟绩传诸后世。然
而我们多么希望看到,这位君王在史书中得到更加生动、细致的
描绘,至少能让我们了解他身上的某些细微瑕疵和缺点,因为金
无足赤、人无完人,十全十美的光辉形象反而会给人一种失真的
感觉。

　　如果我们在此仅限于记叙阿尔弗雷德的军事成就,而忽略了
他营建司法体系的勋劳和鼓励科学、艺术发展的极大热忱,那么
我们对这位伟大君主千秋功业的评价就不免失之偏颇。

　　阿尔弗雷德王威加英伦,丹麦海盗要么被降服,听从发配、安
做良民,要么被逐出此岛。战事停歇之后,国王发现,整个王国已

①　Asser. p. 13.
②　Asser. p. 5.

被蛮族强盗蹂躏得满目疮痍、一团混乱,这样的局面势必令苦难持续绵延。丹麦人的大股部队虽已瓦解,但王国境内遍地溃兵流寇,这些人素来以打家劫舍为业,完全不谙生产,加上其生性嗜暴,动辄恣意掳掠,甚至超出自身所需,仍不餍足。英国人民由于持续遭受掠夺而陷入极端贫困,人心涣散、不从政令,很多人或许今天还是劫掠暴行的受害者,明天便转而投身于无法无天的生76 活,在绝望的驱使下加入强盗行列,祸害自己的乡党同胞。国家祸乱丛生,全需仰赖阿尔弗雷德以机敏的目光和有力的双手予以匡正愈疗。

为确立严格规范的司法体系,阿尔弗雷德把整个英格兰划分成若干郡,郡以下分为百户邑,百户邑以下设十户区。每个家庭的户主都须为其家人、奴仆甚至宾客的行为负责——只要访客在主人家里居住超过三天者,一旦犯事,主人就难辞其咎。邻里每十家结成一个联保单位,称为十户区、十户联保组或十户组,相互之间负有行为连带责任,其中一人被指定为负责人,称为十户长、十户区区长或十户联保组组长。凡未在任何十户区登记者,一律被视为不法之徒而遭到惩罚。任何人变更住所,必须持有之前所在十户区的区长出具的担保书或证明信。

任何一个十户区若有人犯了案,该区区长即十户长必须保证他出庭受审。假如十户长不愿作保,以确定此人将会到庭自证清白,那么该人将被收监拘禁,直到审判之日。如果犯案者在具保之前或之后逃逸,十户长就得接受质询,并有可能受到法律惩处。法律限其在三十一天之内将逃犯捉拿归案,若逾期未能捉获,十户长与区内另外两名成员必须到庭,此外还须从邻近的三个十户区各请三名主要成员到庭（合计十二人），共同发誓证明罪犯所在十户区内其他人员与罪案无涉，也未暗中协助罪犯逃亡。假如这位区长找不到足够多的人来担保本区人员的清白，那么该区就须依照罪案的严重程度，强制性地缴纳国王规定的罚款，以弥补其罪责。[1] 在此制度下，每个人为维护自身利益起见，都要对邻里的行为保持监视，并在某种意义上为自己所在联保组内其他成员的行为提供担保。因此，十户区也被称为"誓证区"。

当国内民众确能安分守法时，实在无须如此严控人口的分布、实行居住地管制，在文明之邦，此举很可能被视为对自由和商贸的破坏。然而对待戾悍之民，上述措施却堪称设计周密，可将民众纳入法律和政府的有益约束之下。尽管如此，阿尔弗雷德还特别留心采取其他一些有利于公民自由的制度，以期收到恩威并施之效。他设计的司法制度可谓自由到了极点，也极为符合民意。在十户区内部，居民之间的小纠纷由十户长召集本区全体成员协助其共同裁断。如果事关重大，或当争议牵涉到多个十户区的成员，则需将事由上呈到百户邑层面，一个百户邑包括十个十户区，或一百户自由民，每百户邑按律每四星期集议一次，裁断争讼。[2] 他们的裁决方式在此有必要记述一笔，因为后世的陪审团制度即起源于此。这一制度本身已经非常值得称道，并以其精心设计最大限度地维护自由、保障司法，为有史以来人类智慧创造之最完善者。按规定，须选出十二名自由土地保有人，这些人经

---

① Leges St. Edw. cap 20. apud Wilkins, p. 202.
② Leg. Edw. cap. 2.

宣誓后,会同百户长或本地区的首席治安官一起审核呈报至百户邑的案件,并做出公正判决。[①]除了每月开庭一次的百户邑法庭之外,各地区还会举行年度集议,在更广泛的层面上督察本区治安,追究犯罪、匡正执法中的错谬,并责成每个人出示在所属十户区的登记。出席集议者仿效其古代日耳曼祖先,各携武器前来,因此百户邑有时也被称作"wapen-take"[②]。百户邑法庭兼有军事训练和民事司法的目的。[③]

比百户邑法庭更高一级的是郡法庭,每年开庭两次,时间分别设在米迦勒节后和复活节后。郡法庭的成员均为本郡的自由土地保有人,在案件裁决中各人享有同等的投票权。郡法庭的主持者是主教和郡长,受理百户邑和十户区呈递上来的上诉案件,并裁决不同百户邑成员之间的争讼。过去,郡长集民政和军事大权于一身,但阿尔弗雷德意识到,这种权力交集会使贵族阶层变得危险而独立,故而又在各郡委任了一名司法长官,协同郡长料理司法事务。[④]郡级司法长官还负责监护王室在各郡的权益,征收罚款,这在当时的公共收入中占据着相当重要的部分。

那些在各级法庭都无法得到公正审判的诉讼请求,可以继续上诉至国王本人会同王室顾问会审理。由于民众无比信任阿尔弗雷德王的公正和英明,来自全国各地的诉状如雪片般飞来,很

---

① Faedus Alfred, and Gothurn, apud Wilkins, cap 3. p. 47. Leg. Ethelstani, cap. 2. apud Wilkins, p. 58. LL. Ethelr. § 4. Wilkins, p. 117.

② 小邑,在撒克逊语中意为"手持武器"。——译者

③ Spellman in voce Wapentake.

④ Ingulf. p. 870.

快就多到令他难以招架。他不知疲倦地处理这些案件，[①]但是发现自己的时间几乎完全被这部分职责占据了，于是决定从源头治起，纠正各级法院的无知和腐败，以减轻自己的负担。[②]他煞费苦心引导贵族们学习文化和法律知识，[③]选拔以廉正博学而闻名的人担任各郡郡长和司法长官，对一切营私舞弊的渎职行为严加惩处。[④] 一旦发现哪个郡长不能胜任，当即予以撤职，[⑤]却也允许个别年迈者保留职位，由其他人代行职责，直至其终老，再委派更有资格的人继任。

为了更好地指导地方治安官的司法实践，阿尔弗雷德王还制定了一部法典。这部法典现今虽已失传，但是长久以来都是英国法律体系的基石，通常认为后世所称之"普通法"即以此为源头。国王下令定期在伦敦召开全国大会，一年两次。[⑥]在他的亲自主持下，伦敦城已经修葺美化一新，成为王国的首都。上面提到的各项制度，与古代日耳曼人的习俗、其他北方征服者素来的做法，以及七国时代的撒克逊法律等，均不无相似之处，因此，我们不能把阿尔弗雷德视为这套治国体制的唯一发明人。相反，身为一位智者，他满足于改造、扩充和落实前代既有的各项制度。但是总体说来，他的立法实践取得了极大的成功，令英格兰的各方面事务为之面貌一新：抢劫及其他各种不法行为均得到了抑制，一方面

---

① Asser. p. 20.

② Ibid. p. 18,21. Flor. Wigorn. p. 594. Abbas Rieval. p. 355.

③ Flor. Wigorn. p. 594. Brompton,p. 814.

④ Le Miroir de Justice,chap. 2.

⑤ Asser. p. 20.

⑥ Le Miroir de Justice.

是由于惩治得力，另一方面因为很多罪犯已经改过自新。①一般治安状况好到无以复加，据说阿尔弗雷德王为了显示天下大治，曾命人将多条金链悬挂在大路旁，结果无一人敢取这不义之财。②然而，在法度严明的同时，这位伟大的君王对于臣民的自由依然心怀最神圣的尊重。这份令人难忘的情感在他的遗嘱中留存下来，其中说道，英国人民理应永远像他们的思想一样自由。③

　　无论在哪个时代，良好的道德水准和较高的知识水平几乎总是密不可分，尽管不一定体现在每个人身上。阿尔弗雷德尽心尽力鼓励臣民求知务学，也是其治国法度中的一个重点，有助于改变英国民众放纵狂暴的积习。然而，阿尔弗雷德王在这方面的努力，更多地是出于他个人对诗文的天生爱好，政治考量倒在其次。在他初登大位之时，即发现整个国家由于连年战乱、政府失序，加上丹麦海盗的蹂躏，已经沦入最严重的愚昧和野蛮状态。各地修道院被捣毁，修士们或横遭屠戮，或被驱散，藏书尽皆付诸一炬。如此，那个时代研究学问的唯一据点已经遭到彻底颠覆。阿尔弗雷德本人曾经抱怨道，他即位之日，整个泰晤士河以南地区竟然找不到一个能解读拉丁语圣歌的人，在北方能达到这种教育程度者也为数寥寥。于是，阿尔弗雷德王从欧洲各地请来最知名的学者，遍地兴学，教化百姓。他创办了（至少是修复了）牛津大学，并给予其众多特权、进项和豁免权的恩赏。他还颁布法令，责成所

---

① Ingulf, p. 27.
② W. Malmes. lib. 2. cap. 4.
③ Asser. p. 24.

有自由土地保有人,凡田产数量在两海德①及以上者,都必须送子
女入学受教育。无论是教会和政府的人才选拔,都以学识优长者 80
为先。凡此种种努力,获得了丰硕的成果。阿尔弗雷德王在去世
前得以欣慰地看到,国家诸事振新,已非昔日可比。国王在一部
流传至今的著作中,恭喜英格兰学术在自己的庇翼下大有进展。

　　然而,阿尔弗雷德在弘扬学术方面最有效的举动,乃是他本
人率先垂范的行为,尽管国务繁忙,他仍然持之以恒地勤勉向学。
他通常把自己的时间划为三等份:一份用于睡眠、进餐和锻炼身
体,一份用于处理公务,一份用于学习和宗教灵修。他采用等长
的细蜡烛固定于提灯内,用以精确计时,②这在那个尚未发现刻度
几何学和钟表机械原理的蒙昧时代,可算是一种创举。按照如此
有规律的时间表,阿尔弗雷德经常在身体严重不适的状态下坚持
苦读。③要知道,这位英武的王者频历战阵,亲身参加过五十六场
陆战、海战,④但是他却能在不算太长的一生当中,汲取了大量的
知识,其学问涉猎之广、著述之丰,甚至超过大多数勤奋的学者,
尽管后一群体中的许多人有幸生于太平盛世,拥有足够的闲暇和
钻研条件,可以不受干扰地埋头治学,但是所获成就仍然无法与
阿尔弗雷德国王比肩。

　　阿尔弗雷德深知,任何时代的民众都不太容易接受偏重抽象

---

　　①　一海德相当于一张犁所能耕作的面积。参见 H. Hunt. lib. 6. in A. D. 1008。
Annal. Waverl. in A. D. 1083。据 Gervase of Tilbury 称,一海德土地通常为一百英亩
左右。

　　②　Asser. p. 20. W. Malm. lib. 2. cap. 4. Ingulf, p. 870.

　　③　Asser. pp. 4, 12, 13, 17.

　　④　W. Malm. lib. 4. cap. 4.

推理的教化手段,特别是当普遍的愚昧和恶劣的教育令民智阻塞之时。于是他努力将寓言、比喻、故事、格言等糅入诗歌,寓教于乐地传递道德信息。他不仅发掘和传播符合上述宗旨的传统撒克逊歌谣,[①]还大展其才,自创了大量此类作品,[②]并且将优美的希腊语作品《伊索寓言》翻译介绍给国人。此外,他还将奥罗修斯(Orosius)和比德的历史著作以及波爱修(Boethius)的《哲学的慰藉》迻译为撒克逊语。[③]他认为,引导臣民从事文学追求丝毫不会辱没他作为伟大君主、立法者、武士和政治家的身份。

81　　　与此同时,这位君主也未尝忽视对通俗艺术和手工艺制作的鼓励。这一方面的进步与社会利益的关系虽不是特别密切,却能明显地被感知。他从四面八方招募聪明能干的异邦人,吸引他们徙居到本国,填充被丹麦海盗蹂躏得四野荒凉的地区。[④]他引进并鼓励各种制造活动,凡有工艺发明或改良者,无不受到嘉奖。[⑤]他鼓励有能力的人投身于航海事业,促进商业伸展到最偏远的地区,在国人当中兴办实业、积聚财富。他拨出王室岁入的七分之一,供养一批能工巧匠,常年雇佣他们重建那些被毁的城市、城堡、宫室和修道院。[⑥]他甚至从地中海地区和印度舶来各种精雅的生活用品,[⑦]让英伦民众得见这些和平的艺术产物,在大开眼界

---

① Asser. p. 13.

② Spelman,p. 124. Abas Rieval. p. 355.

③ W. Malm. lib. 2. cap. 4-Brompton,p. 814.

④ Asser. p. 13. Flor. Wigorn p. 588.

⑤ Asser. p. 20.

⑥ Ibid. W. Malm lib. 2. cap. 4.

⑦ W. Malmes. lib. 9. cap 4.

之余,亦学会了尊重公正和勤劳的美德,因为唯靠公正勤劳才能结出如此美轮美奂的果实。阿尔弗雷德国王无论在其生前身后,无论在本国人民或异邦人眼里,都被视为继查理曼之后欧洲几个世纪以来出现的最伟大的一位英主,也是世界历史上最有智慧、最为仁慈的君王之一。

阿尔弗雷德国王迎娶墨西亚伯爵之女埃塞尔斯维莎(Ethelswitha)为后,育有三子三女。长子埃德蒙先于其父去世,没有留下子嗣;三子埃塞尔沃德(Ethelward)继承了父王对文学的热爱,过着与世无争的生活。阿尔弗雷德驾崩后,由次子爱德华(Edward)继承大统,后世称他"长爱德华",因为他是英国历史上众多同名君主当中最早的一位。

长爱德华

公元
901 年

与其父王相比,即位新君虽在学识造诣上稍逊风骚,却同样富于军事天才。[①] 他初登大位,就经历了一番动乱 ——在那个时代,人们较少受到法律或公义的约束,也较少将心思放在经营产业上,内心的躁动无以为遣,惯常诉诸于战争、暴乱、骚动、劫掠和破坏,因此,无论王侯亲贵、平民百姓,人人都难免饱尝动乱之苦。爱德华的堂兄,即先王阿尔弗雷德的兄长埃塞尔伯特国王之子埃塞尔瓦德(Ethelwald),坚称自己的王位继承次序应在爱德华之前,[②]于是率部起兵,占据了温伯恩(Winburne),摆出一副坚拒到

82

---

① 　W. Malmes. lib. 9 cap. 5.　Hoveden, p. 421.

② 　Chron. Sax. pp. 99, 100.

底的态势,且待最后的说法。① 然而,当爱德华国王统率的大军压境之际,埃塞尔瓦德见势不妙,抢先一步逃走了,他先到诺曼底,又转赴诺森伯兰。诺森伯兰地区不久之前才被阿尔弗雷德征服,人心不稳,埃塞尔瓦德指望着先王驾崩的消息传到此地,即能挑动当地人蠢蠢欲动的反叛之心。他的希望没有落空,诺森伯兰人果然闻声而反,宣布拥他为王。② 如此一来,埃塞尔瓦德便与丹麦部落形成了利益勾连,他亲赴海外,招募了一支由丹麦海盗组成的人马,用贪婪的指望来激励这些惯以寇掠施暴为生的强徒。③ 东盎格利亚的丹麦人也加入了叛乱。盘踞在墨西亚腹地的五堡人也趁机行动起来。英国人发现,阿尔弗雷德王凭借勇气和策略刚刚谋得的举国初定局面,此时又面临着被动乱颠覆的危险。叛军在埃塞尔瓦德的指挥下,进犯格洛斯特郡、牛津郡和威尔特郡,在上述地区大肆劫掠,趁王师集结赶到之前,便已满载赃物而归。但是爱德华国王既已出师,决计不肯无功而返,他挥师进军东盎格利亚,在那里施展报复行动以泄烈怒,于是大军所过之处尽遭兵燹。国王在快意复仇之后,满载着战利品传令撤军。然而,在古时候,君主的权威在和平时期本不甚巩固,到了战场上也未见得更加强大。王军中的肯特部队贪恋财货,掳掠未足,不顾王命再三,迟迟不肯移动,待主力部队撤离后他们又在伯里(Bury)地方扎营,意图继续蹂躏当地。不过,此番他们的抗命之举反倒幸

83

---

① Ibid. p. 100. H. Hunting. lib. 5, p. 352.

② Chron. Sax. p. 100. H. Hunt. lib. 5, p. 352.

③ Chron. Sax. p. 100. Chron. Abb. St. Petri de Burgo, p. 24.

运地成全了爱德华国王。丹麦人袭击肯特营地，遇到顽强抵抗，结果丹麦人虽赢得此役，却失去了多位最英勇的首领，埃塞尔瓦德本人也遗尸沙场。[①]爱德华国王摆脱了最危险的竞争者，以胜利者的姿态与东盎格利亚人签订和约。[②]

　　以当时局势而论，要恢复英格兰往日的太平，已是成功在望，只差绥服诺森伯兰。反叛的诺森伯兰人与分散在墨西亚的几支丹麦盗匪遥相呼应，不断骚扰王国腹地。爱德华国王出于牵制敌军的考虑，派出舰队由海路攻击诺森伯兰，希望敌军在这支舰队的威胁下，会留守老巢，至少不敢再恣意外出。但是，诺森伯兰人的兴趣多半放在劫掠财货上，并不那么在乎固守家园。他们认为英军主力从海路来袭，倒是个趁虚而入的好机会，于是倾巢而出，杀入英王统治的区域。爱德华国王早有防备，却始终引而不发，直待贼兵撤退时，才在斯塔福德郡（Stafford）的特腾霍尔（Tetenhall）发动突袭，一举击溃了敌军，夺回全部战利品，进而追亡逐北，只杀得天昏地暗。

　　此后，爱德华在位期间一直战事不断且每战必胜，其对手包括诺森伯兰人、东盎格利亚人、五堡人，以及从诺曼底和布列塔尼进犯的丹麦海盗。他不仅狠狠打击了来犯之敌，也有足够的先见之明，为国家做好防御措施。他在切斯特、埃德斯伯里（Eddesbury）、沃里克（Warwic）、舍伯里（Cherbury）、白金汉（Buckingham）、托斯特（Towcester）、莫尔登（Maldon）、亨廷顿（Huntingdon）和科尔切斯特（Colchester）等城镇加筑了防御工事。他在坦姆斯福德

---

① Chron. Sax. p. 101. Brompton, p. 832.

② Chron. Sax. p. 102. Brompton, p. 832. Math. West. p. 181.

(Temsford)和莫尔登赢得了两场重要战役。[1]他击败了丹麦强酋
索克蒂尔(Thurketill)，迫使其率部撤回法兰西，另寻劫掠、征服的
对象。他征服了东盎格利亚人，使之不得不向他发誓效忠。他驱
逐了争夺诺森伯兰王位的雷金纳德(Reginald)和锡德洛克
(Sidroc)，暂时将诺森伯兰纳入治下。他还绥服了若干不列颠部
落，就连苏格兰人也迫于情势，在形式上向他表示臣服，尽管他们
早在埃格伯特一朝，已在本族国王肯尼思(Kenneth)领导下势力
大张，彻底征服了皮克特人。[2]这一切成就，多亏了御妹埃瑟尔弗
莱达(Ethelfleda)以其积极而谨慎的作风从旁襄助。这位公主是
墨西亚伯爵埃塞尔伯特的未亡人，她在丧夫之后，一直独力统治
着墨西亚。她曾在生育时险些丧命，此后便拒绝与丈夫同床。这
并非出于那个时代常见的软弱迷信，而是因为公主素有男子雄
风，志向高远，不屑羁縻于家务琐事。[3]她先于爱德华国王去世，在
她死后，爱德华一直亲理墨西亚政事，而不再委派总督，直到本朝
终结。[4]据《撒克逊编年史》记载，爱德华国王于公元925年驾崩。[5]
他的私生子阿瑟尔斯坦接掌了王权。

阿瑟尔斯坦

在那个时代，王室私生子的血统污点并不能绝对排除其王位

---

① Chron. Sax. p. 108. Flor. Wigorn. p. 601.

② Chron. Sax. p. 110. Hoveden, p. 421.

③ W. Malmes. lib. 2. cap. 5. Math. West. p. 182. Ingulf, p. 28. Higden, p. 261.

④ Chron. Sax. p. 110. Brompton, p. 831.

⑤ P. 110.

公元
925 年

继承资格。阿瑟尔斯坦论年龄、论能力都比先王爱德华藉正式婚姻所生的几个幼子更适合担负社稷之责。那几位虽系正牌王子，可惜年纪尚幼，根本无从统御这样一个外有强敌窥伺、内部隐患丛生的国家。不过，阿瑟尔斯坦的继位仍然引起了不少非议，从而助长了个别人的不臣之心。权倾朝野的贵族阿尔弗雷德（Alfred）趁机勾结朋党，图谋不轨。查考众多史家对此事的记载，[85]读者尽可根据自己判定的可信程度，或将其斥为修道士史家的胡编乱造，抑或是迷真逐假、矫饰欺人之说。据载，阿尔弗雷德身负极重的嫌疑，但是未被抓到任何确凿的证据，他本人则坚决否认参与阴谋，称其为强加之罪。为申明自己无罪，他主动提出愿在教皇驾前发誓自证清白。在时人心目中，罗马教皇神圣不可亵渎，任何人若敢在圣座前发假誓，必定立遭天谴。国王应允了这一要求，派人把阿尔弗雷德送到罗马。在罗马，阿尔弗雷德即按要求在教皇若望十世驾前发下毒誓——他既敢这么做，要么是出于对自身清白的信心，要么是根本不相信自己所吁求的迷信裁决。孰料誓词甫一出口，他便跌倒在地，全身抽搐，三天后便一命呜呼。国王将这视为谋逆罪名成立的确据，下诏罚没阿尔弗雷德的领地，转手捐赠给马姆斯伯里修道院，[①]以免有人对此举心生质疑。

　　一旦奠定了对本族臣民的统治威权，阿瑟尔斯坦旋即着手应对丹麦人的叛乱，以保王座稳固。多少年来，这些异邦人给他之前的历任君主造成了无穷的麻烦。他率军挺进诺森伯兰，发现当

---

①　W. Malmes. lib. 2. cap. 6. Spell. Conc. p. 407.

地居民已不甘于英王的统治,颇有蠢蠢欲动之势。为谨慎起见,他采取安抚策略,封丹麦贵族西瑟瑞克(Sithric)为藩王,并将御妹伊迪莎(Editha)许配给他,两家结为姻亲。不料天不遂人愿,不过一年西瑟瑞克就不幸身亡,自此风波再起,国王的和亲策略反而成了危险的肇因:西瑟瑞克前妻所生的两个儿子安莱夫(Anlaf)和哥德弗雷德(Godfrid)视其父所遗尊位为势在必得,不待国王御旨批复即擅自称王,旋被阿瑟尔斯坦驱逐出境。安莱夫跑到爱尔兰,哥德弗雷德投奔了苏格兰,一度受到当时的苏格兰国王康斯坦丁保护。但是在阿瑟尔斯坦不断的追讨和威胁之下,康斯坦丁最终不情愿地答应交人。虽然已经应允,但是苏格兰王发自内心地厌恶这种不义之举,因此向哥德弗雷德透露了风声,助其脱身而去。①那个流亡者四处漂泊,当了数年海盗之后,不幸殒命,英王从此了却一桩心事。阿瑟尔斯坦对康斯坦丁的行为甚是恼火,亲率大军攻进苏格兰境内,纵兵烧杀,肆意蹂躏。② 苏格兰人无力自卫,凄惨万状,康斯坦丁只好向敌军俯首称降,以保王位。英国史家宣称,③康斯坦丁曾代表苏格兰向英王宣誓效忠,他们又说,当时廷臣们怂恿阿瑟尔斯坦趁眼下的大好时机,一举吞并苏格兰,而英王答曰,向人封授王国远比征服他人的王国更为荣耀。④ 然而这些历史记载本身既不确切也不完整,并且掺杂着民族偏见和民族仇恨,完全谈不上可信。有鉴于此,苏格兰史家并未提供更

---

① W. Malmes. lib. 2. cap. 6.
② Chron. Sax. p. 111. Hoveden, p. 422. H. Hunting. lib. 5. p. 354.
③ Hoveden, p. 422.
④ W. Malmes. lib. 2. cap. 6. Anglia Sacra, vol. I. p. 212.

多史料，只是一力否认发生过此事，其说法似乎更可信赖。

　　康斯坦丁保住了头上的王冠，有人认为这是因为阿瑟尔斯坦拥有宽仁克制的君子襟怀，对落败之敌不予穷追猛打，也有人认为此乃英王施展的政治手腕，盖因他认为羞辱对手强似直接统治一群心怀怨望、桀骜不驯的臣民。无论如何，康斯坦丁并不感激英王的做法，反而满腔仇恨。此时，流亡的安莱夫已经纠集起一大股丹麦海盗，出没于爱尔兰海域。而阿瑟尔斯坦的势力大张，也在威尔士人心中唤起了恐惧。于是，康斯坦丁联合安莱夫和几位威尔士君王，组成一支大军，协力进攻英格兰。阿瑟尔斯坦集结王军前往迎敌，在诺森伯兰的布伦斯伯里（Brunsbury）附近一战克捷。此役得胜，勇武过人的英国御前大臣图克托尔（Turketul）当记首功。在那个动荡的年代，民事官员即便政务再繁忙也不可能完全脱离军事。① ^87

　　在关于此战的记载中，有件轶事值得一提：据说两军对阵之际，安莱夫决心不惜一切代价确保此役的胜利，于是他效法阿尔弗雷德当年对付丹麦人的招法，化装成流浪琴师混入国王部队的营盘。一开始，这个计策同样很成功，王军将士被他的演唱迷住，纷纷围聚在他身边，还把他带到国王的御帐。他在国王和贵族们的宴席上献艺，国王慷慨打赏，吩咐他退下。因为害怕暴露身份，他只能接下赏赐，但是骨子里的自尊又让他耻于带着赏赐离开。于是他在离开英军大营时，把赏金偷偷埋了起来，自以为做得神

---

　　① 盎格鲁-撒克逊时代的"Chancellor"一职与现今不同，其职责更接近于现在的国务秘书，而非大法官。参见 Spelman, *voce Cancellarius* 词条。

不知鬼不觉。殊不知阿瑟尔斯坦帐下有个士兵从前在安莱夫手下效过力,他第一眼看见这个流浪琴师就起了疑心,便一直尾随其后,盯着此人的一举一动。最后这个埋金之举让他完全看破了安莱夫的伪装,遂向阿瑟尔斯坦报告。国王责备他为何不早点儿来报,倒把敌酋放跑了。这位士兵回答,自己先前曾经宣誓效忠于安莱夫,今天如果告密出卖旧主,必将因这一龌龊行为永远受到良心的谴责,而国王本人在事后也同样有理由因此而怀疑他的忠心。阿瑟尔斯坦点头称是,大大夸奖了这个士兵的高贵节操,回头又仔细思量,料定此事必有非同一般的下文。他当即下令将御帐迁离原址。刚巧那晚有位主教率领一队援兵赶来(当时神职人员的尚武精神也不亚于文职官员),他带着一干随从,在御帐挪走后腾出的空地上支起了帐篷。事实证明,阿瑟尔斯坦采取的预防措施极其英明:夜幕刚刚降临,安莱夫的人马就杀进英军的营盘,直捣御帐原来的所在,可怜那主教根本来不及自卫就一命呜呼了。[①] 布伦斯伯里一役,有多位丹麦首领和威尔士君王殒命沙场,[②]康斯坦丁和安莱夫丢弃了手下大部分军队,好不容易才逃出生天。此番大胜之后,阿瑟尔斯坦得以安享太平盛世,后人将其誉为那段历史上最有才干、最积极有为的君主之一。他颁布了一部令人赞叹的旨在鼓励商贸的法律——在那个时代,要制定这样一部法律,必得头脑足够开明才行。法律条文规定:经商者只要依靠自己的力量,成功进行远途海路贸易达到三次,便可获得授

---

① W. Malmes. lib. 2. cap. 6. Higden,p. 263.
② Brompton,p. 859. Ingulf,p. 29.

封,晋身于领主或大乡绅阶层。阿瑟尔斯坦在位十六年,于公元941年驾崩于格洛斯特,[①]身后由其父王的婚生儿子、他的同父异母弟弟埃德蒙承续大统。

埃德蒙

公元
941年 　　埃德蒙初登王位,就面临着诺森伯兰人的叛乱,该地区的民众向来桀骜难驯,随时随地伺机作乱。而当新君率领王师疾速突入诺森伯兰,当地叛民大为震慑,只得百般卑伏,乞求国王息怒。[②]他们还发愿从此信奉基督教,以表其忠顺之心。这些徙居英国的丹麦人,总是在处境不利时伪称皈依基督,以此作为护身法宝;但也正因为如此,基督教在他们眼中已变成了奴役的象征,一有机会他们就迫不及待地想要摆脱这条锁链。埃德蒙并不相信用兵临城下换得的顺服有多少诚意可言,因此采取了防范措施,令五堡军民迁出他们原先获准居住的几个墨西亚城镇。因为过去每逢发生骚乱,五堡人准会闻风而动,策应叛军或外来的丹麦人深入王国腹地。此外,新王还从不列颠人手中征服了坎伯兰(Cumberland),并将该地赐予苏格兰国王马尔科姆(Malcolm),前89提是苏格兰王应为此邑向英王宣誓效忠,并承诺保卫英格兰北疆免受丹麦人的侵犯。

　　埃德蒙继位时年纪尚轻,但突遭横死,所以享国时间很短。

―――――――――――――

① Chron. Sax. p. 114.
② W. Malmes. lib. 2. cap. 7. Brompton, p. 857.

有一天，国王亲莅格洛斯特郡参加一个庆典活动，在宴席上，国王发现他曾亲自判令驱逐的大盗莱奥尔夫（Leolf）竟然大摇大摆地步入大厅，与王室侍从们共坐一桌。国王被这一狂悖举动激怒，喝令莱奥尔夫滚出去。后者拒不服从，国王原本性如烈火，此时再也按捺不住，纵身扑向莱奥尔夫，揪住他的头发。那狂徒狗急跳墙，拔出随身携带的匕首，捅向国王，致其当场身亡。此事发生在公元 946 年，埃德蒙国王在位的第六个年头。埃德蒙身后虽有男性后嗣，但是几位王子幼弱，均无力承担宗庙大任，因此由御弟埃德里德（Edred）继承王位。

埃德里德

埃德里德在位时期，与之前几朝一样，经常被诺森伯兰丹麦人的叛乱和入寇所扰。该地的暴乱此起彼伏，从未完全平息过，这些民众也从未真心实意地效忠英王。君位更迭之际，诺森伯兰人似乎又看到了摆脱奴役的机会，而当埃德里德亲率大军前来平叛，他们又使出惯伎，卑伏求饶。国王用火与剑把诺森伯兰全境化为荒场，以惩罚他们的叛乱，并勒令他们重新宣誓效忠，随后便迅速撤军。迫在眉睫的威胁一旦解除，丹麦人的顺服也就到了头。他们被王军的肆虐所激怒，也因生计无着，欲以劫掠图存，于是又掀起一场暴乱，但旋即又被镇压。国王吸取了以往的经验教训，从此对该地区加强戒备，严防生乱。他在诺森伯兰各主要城镇都部署了英军要塞，并在该地设置了英国总督，监视当地人的一举一动，以熄灭一切动乱苗头。他还责令苏格兰国王马尔科姆

公元
946 年

90

重新为其拥有的英国领地向英王宣誓效忠。

　　埃德里德虽然不无骁勇，也并非不适应积极进取的生活，然而他却甘为最无稽的迷信所左右，盲目听命于一个名叫邓斯坦(Dunstan)的僧侣，将其奉为精神导师。此人通常被呼作圣邓斯坦，是格拉斯腾伯里修道院的院长，他深得埃德里德国王的宠信，被拔擢到无比崇高的地位，然而在他那虔敬圣洁的外表之下，却掩藏着一颗最狂热、最无耻的野心。这个僧侣利用国王对他毫无保留的信任，将一套新的教阶制度引入英格兰，此举大大改变了教会事务的现状，自其施行的那一天起，就在英国激起了一系列剧烈的内乱。

　　自从撒克逊人接受基督教信仰以来，修道院在英格兰就一直存在着，并且得益于王室和贵族的慷慨输捐，数目飞速增长。这些贵人们由于愚昧无知和充满旦夕祸福的生活而陷入迷信，更因犯下重重罪孽难逃良心的自责，除了大手笔地捐钱给教会，不知道用什么办法来平息上苍的烈怒。然而迄至此时，修道院的僧侣们虽说必须遵守各项清规戒律，却并未与世俗生活全然隔绝，还在一定程度上努力服务于这个世界。他们经常接受延聘，负责年轻人的教育，[1]可以自主安排自己的时间和从事的工作，也不受刻板的教阶制度束缚，不必明确立誓服从地位更高的神职人员。[2]此外，他们仍然可以选择独身或婚娶，已婚者亦不必退出修道

---

[1]　Osberne in Anglia Sacra, tom. 2. p. 92.

[2]　Osberne, p. 91.

院。[①]然而这一时期在意大利，由于错误的敬虔理念，产生了一个叫作"本笃会（Benedictines）"的新派别。该派僧侣把看似合理的克己禁欲信条推向极致，让自己完全隔绝于世，放弃一切自由主张，推崇无玷守贞。这种源于迷信的做法和信条，得到罗马教廷的热烈欢迎，并在政策上予以大力扶植。罗马教皇当时正在着手强化自身对教会的绝对统治权，并且日益取得突飞猛进的成效，他看出，仅仅借助圣职者独身制便可完全切断神职人员与世俗权力之间的关联，剥夺他们在其他领域的雄心，使之倾注全副身心、孜孜不倦地致力于光大教会。他内心深知，只要允许僧侣们结婚养家，他们就永远不可能接受严格的纪律约束，难以完全卑伏于教阶制度、俯首贴耳、满腔热忱地听命于罗马教廷委任的高阶神职人员。因此，罗马教廷极力鼓吹圣职者独身制，把它说成担任圣职者无可推脱的责任，教皇谕令整个西方世界的神职人员立即弃绝婚姻的权利。这个政策虽是应运而生，但是推行中亦困难重重，因为它有违于人类本性中最强烈的自然倾向；此外，教皇还发现，此前一直对教会事业构成莫大支持的广大女性，现在成了他实现目标的阻力。难怪这一堪称绝妙的策略会遭遇激烈抵制，无论是高阶教士的既得利益还是广大神职人员的普遍立场都与之背道而驰，虽经罗马教廷的不懈努力，这项大胆的计划还是延宕了将近三个世纪才最终实施到位。

由于各级主教和教区牧师们都携家带口分散在各地，与世俗

---

① 参见 Wharton 在 *Anglia Sacra*, tom. 3. p. 91 中的注释。Gervase, p. 1645. Chron. Wint. MS apud Spell. Conc. p. 434.

社会的联系也相对密切,如果以这部分人作为突破口,成功的希望显然比较渺茫,要求他们弃绝婚姻更是说不通。于是教皇把目光投向修道士,在他心目中,这群人才是自身统治权的基础。他决心把僧侣们纳入森严的戒律约束之下,要求他们绝对顺服,以最严格的禁欲生活换取圣洁的美誉,斩断他们心中妨碍教廷精神统治的一切尘世牵挂。于是,他打着革除教会弊端的旗号(在古代教会机构中,这些弊端在某种程度上是难以避免的),使其严格戒律在欧洲南部各国的修道院中成功推行开来,并试图将类似的革新引入英格兰。当此之际,在位英王埃德里德心灵孱弱、耽于迷信,而大权在握的邓斯坦禀性狂躁鲁莽,恰为罗马教廷提供了一个大好时机(后者亦贪婪地抓住了这个机遇)。

邓斯坦出身于英格兰西部的一个贵族家庭,由其叔父、时任 92 坎特伯雷大主教的阿尔德海姆(Aldhelm)教养长大,自愿投身于教会,并在先王埃德蒙的宫廷中取得了一定地位。只可惜先王对他的印象不佳,认为此人放肆无忌,不堪重用。[1] 他发觉自己的前途因国王的怀疑而趋于缥缈,于是试图弥补先前的轻率之失,在万丈雄心的驱使之下走向了另一极端。他使自己完全隔绝于世,隐居在一个极小的斗室里,那地方狭小到站立时直不起腰,躺下时伸不开腿脚。他整日在屋内祷告或从事手工劳动,不眠不休。[2] 在日复一日的独处中,他的头脑很可能逐渐变得疯狂,充满了离奇诞妄的鬼怪魔影,他自己和他那些愚蠢的崇拜者对这些都信以

---

[1] Osberne,p. 95. Matth. West. p. 187.

[2] Osberne,p. 96.

为真,从而令他博得了圣徒的名声。他想象魔鬼时常前来骚扰自己,有一天那诱惑者格外纠缠不休,把邓斯坦惹恼了,他趁着魔鬼把脑袋挤进小屋,拿起烧得通红的火钳,死死夹住它的鼻子。那恶灵又痛又恼,巨大的咆哮声在四野久久回荡。这一令人瞩目的事迹在民众中间广为传颂,还被载入史册,传诸后世——考虑到他所生活的时代,记录者足可被视为一位颇具雅范的作家。[1]邓斯坦就是凭借这样的事迹,在民间赢得了巨大的声望——一个人凭着真实无伪的虔诚和高尚品德,哪怕在最开明的时代都不可能获得如此之高的美誉。

邓斯坦靠避世隐居来沽名钓誉,之后便复出江湖。刚刚继位的埃德里德对他膺服到五体投地,不仅奉其为心灵导师,凡国家大事都对他言听计从,还把王国财政大权完全交给他掌管。[2]邓斯坦身居高位、把持朝纲,且声名赫赫,深得民众信赖,拥有呼风唤雨的能力。他心里清楚,自己的青云直上大大得益于苦修带来的人望,因此逾发力主加强修道院的清规戒律。他将改革措施引入格拉斯腾伯里修道院和阿宾顿(Abingdon)修道院,又竭力将革新运动推广至全国。

时人的头脑对于接受革新已经做好充分准备。早在基督教刚刚传入撒克逊部落的时代,一些传道人就把无玷的贞洁颂扬到无以复加的地步。他们认定,男欢女爱与"基督徒的完全"断不相容。绝对禁欲、弃绝任何形式的性接触,被视为一种值得嘉许的

---

[1] Osberne, p. 97.
[2] Osberne, p. 102. Wallingford, p. 541.

功德,足以补赎最严重的罪过。接下来的结论就显得顺理成章了:服侍圣坛的神职人员至少应该洁净身心,避免欲望的沾染。此时,圣餐变体论也开始逐渐流行起来,[①]当这一理论完全站稳了脚跟,人们对于圣餐礼上基督圣体的崇敬,给教士守贞的理念提供了格外有力的支持和影响。僧侣们很懂得如何巧妙利用公众流行话题来树立自身的形象。他们刻意造作出一副清心寡欲、克己苦修的生活方式和态度,竭力表现最极端的虔诚。他们无情抨击那个时代的种种恶习和虚荣奢靡之风,针对其对手——在俗牧师们的放荡生活,口角更是刻毒凌厉。任何个人的不检行为都被说成整个阶层普遍败坏的表现。如果找不到其他的中伤题目,那么在俗牧师的婚姻就毫无例外地成为他们谩骂的靶子。在俗牧师的妻子被骂作"姘头",或者其他比这更难听的名号。另一方面,在俗牧师的阵营庞大,加之广有资财,向来深受敬重,所以面对敌方攻击也毫不示弱,极力给予回敬。整个王国的民众都被卷入了激辩的漩涡。如此激烈的论战可谓史无前例,它的起因与其说是实质性的宗教分歧,倒不如说是一些琐碎小节而已。有人说,越是渊源相近的神学派别,彼此间的敌意就越是常见。信哉!

　　正当僧侣阵营逐渐占到上风,一路高歌猛进之时,他们的后台埃德里德国王不幸驾崩,这在一定程度上延缓了此项事业的进展。埃德里德享国九年,[②]身后虽遗有子女,但是诸王子尚在襁褓

---

①　Spell. Conc. vol. I. p. 452.
②　Chron. Sax. p. 115.

之中,于是其侄子——前朝国王埃德蒙之子埃德威(Edwy)被拥立为王。

埃德威

埃德威登上王位时,不过十六七岁的光景,年少英俊,风度翩翩,另据可靠记载,新君的品行也非常出众。[1] 不幸的是,埃德威登基伊始就跟僧侣们结下了矛盾,否则他大有可能深受国民爱戴。僧侣们的愤怒可不是良材美质所能安抚得了的,在这位君王短暂而不幸的在位年月里,他们始终恶毒诋毁他的形象和尊严,即便在他去世以后,仍然不依不饶。有位美丽的王室公主,芳名埃尔吉娃(Elgiva),年轻的埃德威对她一见倾心。但二人属于近亲,按教会法的规定是不可以结婚的。[2] 然而少年国王正值情窦初开、为爱不顾一切的年纪,执意要娶她为妻,无论是朝中老臣的谆谆告诫,还是德高望重的神职人员的劝谏,都被他当作耳旁风。[3] 僧众们热衷于禁欲主张,对此事的攻击格外猛烈,因此埃德威对他们的印象极坏,并且似乎决意驳回他们关于将在俗修士逐出修道院并霸占其产业的提案。国王和僧侣阵营之间的战争就这样爆发了。前者很快就发现,激怒如此危险的敌人是一件令人懊悔的举动。就在国王加冕当日,贵族们济济一堂,依照日耳曼祖先的

公元
955 年

---

① H. Hunting. lib. 5. p. 356.

② W. Malmes. lib. 2. cap. 7.

③ Ibid.

旧俗和英人向来的成例，纵情喧闹，正在一片混乱之际，[①]埃德威
国王惦记着情意绵绵的温柔乡，悄然退席，回到王后房中。夫妇 95
俩在自己的小天地里卿卿我我，只有王后的母亲陪伴在侧，算是
个体面的幌子。邓斯坦猜到国王退席的原因，即带领其忠实党
羽、坎特伯雷大主教奥多(Odo)径直闯入内宫，当面斥责埃德威荒
淫无度，并且很可能对王后出言不逊，使用了对女性最具侮辱性
的词语。邓斯坦把国王拽离王后的怀抱，推搡着他回到贵族们的
宴席之上，态度极其粗暴无礼。[②] 埃德威虽然年轻，又被国人的偏
见所排斥，但是他仍然找到机会来报复这次公然的侮辱。他召见
邓斯坦，查问他担任前朝财政大臣期间的账目管理，[③]后者断然拒
绝交代账目，只道一切开支都谨遵先王之命。于是埃德威指控他
犯有贪污渎职之罪，将他逐出王国。邓斯坦人在海外，然而他的
党羽却从未消停过。他们在民间大肆散播对这位圣人的颂扬，强
烈斥责国王和王后亵渎神明。他们用这套夸夸其谈的宣传俘获
了民心，进而实施了更加令人发指的冒犯王权的暴力行动。大主
教奥多派一队军兵闯入宫禁，将王后捉住，先用烧红的烙铁毁了
她用来诱惑主上的倾国之貌，然后将她强行带到爱尔兰，永远流
放于此。[④]埃德威发现抗拒是徒劳的，被迫同意离婚，由大主教奥
多向全民宣布。[⑤]然而对于不幸的埃尔吉娃而言，更大、更凄惨的

---

① Wallingford, p. 542.
② W. Malmes. lib. 2. cap. 7. Osberne, p. 83, 105. M. West. pp. 195, 196.
③ Wallingford, p. 542. Alur. Beverl. p. 112.
④ Osberne, p. 84. Gervase, p. 1644.
⑤ Hoveden, p. 425.

灾祸还在后头。这位可爱的王后治好了脸伤,就连疤痕都已平复——那是奥多刻意制造出来毁坏她美丽容颜的——她回到英格兰,急欲投入国王的怀抱,在她心目中,那仍是她的夫君。然而,半路上她又落入大主教专门派来拦截她的一队鹰犬之手。对于奥多及其僧侣阵营的爪牙来说,王后一日不死,他们就一日没有安全感;只有用最残忍的方法治死她,方能解自己心头之恨。他们割断了王后的腿筋,她在极度痛苦中辗转数日,最后死于格洛斯特。①

96 　　英国民众被迷信蒙蔽了双眼,面对如此暴行不仅不感到震惊,反而宣称埃德威和王后的悲惨下场是他们荒淫无耻、藐视教会圣法应得的报应。他们继而发动叛乱,拥立埃德威之弟、年仅13 岁的埃德伽为主,要推翻现任国王。叛军很快占领了墨西亚、诺森伯兰和东盎格利亚,把埃德威逐至王国南部。挑动这次叛乱的幕后人物就是邓斯坦,这时他明目张胆地回到英格兰,辅佐埃德伽及其支持者。他先担任伍斯特(Worcester)主教,又转任伦敦主教,②在奥多死后,其继任者布里瑟尔姆(Brithelm)被暴力驱逐,由邓斯坦接任坎特伯雷大主教,③此后长期踞有此职。在僧侣们的笔下,奥多被描绘成一个虔诚的人,邓斯坦更是受到大肆褒扬,跻身于众多与他同属一丘之貉的、令天主教的历史为之蒙羞的圣徒之列。在此期间,不幸的埃德威被逐出教门,④遭到毫不留情的

---

① Osberne, p. 84. Gervase, pp. 1645, 1646.
② Chron. Sax. p. 117. Flor. Wigorn. p. 605. Wallingford, p. 544.
③ Hoveden, p. 425. Osberne, p. 109.
④ Brompton, p. 863.

追杀,不久便黯然辞世。不过他的死让仇敌们放下心来,新王埃德伽的统治也从此得享安生。[①]

埃德伽

　　新君少年临国,很快便显露出极强的治国才干。他这一朝是英国古代史上颇为难得的昌平时期。他并不畏惧战争,并采取了极明智的措施,防御外来侵略。年轻的国王凭着一腔血气和深谋远虑,开创了一个稳定的环境,从而致力于谋求和平,维持和改进王国内政。他供养了一支训练有素的军队,令其镇守王国北部,用以慑服桀骜不驯的诺森伯兰人,并抵御苏格兰人犯境。他创建并装备了一支强大的海军。[②] 为确保武备不懈,随时发挥强大的对敌威慑力,他在近海部署了三个舰队,时时巡航,守卫海疆。[③]如此严密的防范,令海外的丹麦贼寇心生畏惧,打消了觊觎之心。国内的丹麦人屡次作乱生事,结果无一例外地遭到铁拳镇压,也领教了其中的苦头。王国兵强马壮,苏格兰、威尔士、马恩岛、奥克尼群岛乃至爱尔兰等周边小国和地区的君主们莫不宾服。[④]英格兰王国威加四邻,其余各邦按理应当合纵以抵之,只是这位霸主的实力太过强悍,令对手们不敢存任何非分之想。据说,国王有一次驻跸切斯特,打算走水路赴圣施洗约翰修道院,于是颁旨

----

①　见第 I 卷卷末注释[B]。
②　Higden, p. 265.
③　参见第 I 卷卷末注释[C]。
④　Spell, Conc. p. 432.

命八位纳贡藩王亲自为御船操桨，沿着迪河（Dee）划向目的地。[①]
英格兰史家总是不无得意地提起，当时苏格兰国王肯尼思三世也
在其列；而苏格兰史家要么对此矢口否认，要么声称肯尼思三世
就算屈尊给埃德伽当过一回扈从，也只是因为他在英国境内拥有
一块封邑而已，并非以苏格兰国王的身份来服侍英王。

　　不过，埃德伽国王维护自身权威、保持天下太平的主要秘诀
是大拍邓斯坦和僧侣们的马屁。是他们当初把他扶上了王位，又
凭着装腔作势的虔敬圣洁，为他聚拢了天下人心。国王投桃报
李，支持他们把在俗修士逐出所有修道院的计划，[②]并且一味偏宠
修道士一党。埃德伽恩准邓斯坦辞去伍斯特主教一职，并把这个
职位转给其追随者奥斯瓦尔德；[③]又默许邓斯坦的另一亲信埃瑟
尔沃德（Ethelwold）担任温切斯特主教。[④]在所有宗教事务乃至许
多凡俗事务上，他都对这些高阶教士言听计从。尽管国王本人英
明天纵，不至于沦为他人的傀儡，但是国王和教会高层都明眼看
出，双方合作的好处多多，因此凡事协同步调，合力保障王国的稳
定和安宁。

　　在举国的修道院推行新秩序，是一项浩大的工程。为此，埃
德伽国王召集了全体高阶教士和教会首脑的大会。在会上，国王
痛斥在俗牧师们的放荡生活，说他们削发的样式与耶稣基督的荆

98

---

　　①　W. Malmes. lib. 2. cap. 8. Hoveden，p. 406. H. Hunting. lib. 5. p. 356.

　　②　Chron. Sax. p. 117，118. W. Malmes. lib. 2. cap. 8. Hoveden，p. 425，426.
Osberne，p. 112.

　　③　W. Malmes. lib. 2. cap. 8. Hoveden，p. 425.

　　④　Gervase，p. 1616. Brompton，p. 864. Flor. Wigorn. p. 606. Chron. Abb. St.
Petri de Burgo，pp. 27，28.

冠已经毫无相似之处，又抨击他们怠慢身负的神圣职责，将自己混同于俗人，赌博、打猎、歌舞作乐，并且公然与姬妾同居（一般认为，此语是指这些牧师的妻子）。继而，他转向邓斯坦大主教，以先王埃德里德之名对他发话——称其在天之灵俯瞰世间乱象，备感愤慨。他说道：

"邓斯坦，朕应爱卿恳请，大力兴建修院、营造教堂，不吝财帛为圣教所用。朕之百样事工，端赖爱卿顾问辅弼，朕以卿为心灵导师，凡事谨遵教诲。卿之一应需索，朕岂有稍拒乎？济寒赈贫，朕岂有懈怠乎？供应教会、布施僧侣，又岂有悭吝乎？朕尝倾耳聆听爱卿劝勉，言曰诸般博爱布施，皆为感戴神恩之美善，亦为圣教广传奠定永续之基。然前者虔心奉教之事工，尽毁于无良教牧之放浪僻行，不亦惜哉！朕非苛责于卿，知卿亦曾多方规劝、哀恳、训诲、谴诘，然收效甚微。今番卿当责无旁贷，痛施猛剂，挟圣教雷霆之威，并王家霹雳手段，清除窃蠹、擅侵之异类，洁净吾神圣殿。"[1]

不难想见，这篇慷慨陈词获得了期望中的效果。当国王、教会高层与大众的偏见取得认同之后，苦修派僧侣不久便完全占据上风，新的戒律在国内几乎所有的修道院全面推行开来。

我们可以注意到，此类针对在俗牧师的檄文，无论是这一篇还是历史记载中的其他篇章，言辞都相当笼统；再者，神职人员一般说来还是人品正派、行事有所节制的，若说对于其荒淫放诞如此大面积的指控均如所声称的那样证据确凿，恐怕令人难以置

---

[1]　Abbas Rieval. pp. 360,361. Spell. Conc. pp. 476,477,478.

信。更有可能的情况是：修道士一党假作苦行禁欲来迎合民心，把其他教士们单纯无害的自由生活方式斥为十恶不赦的罪行，从而营造出一种声势，旨在扩张自身的权势和影响力。而埃德伽国王则像一位真正的政治家那样，选择站在胜者的立场。他甚至迁就了他们的种种主张，在自己当朝期间换得了僧侣派对王权的支持；然而事实证明，这种政策给他的继任者们带来了危险，给后世的王国政权平添了许多动荡。他附和罗马教廷的政策，准许一些修道院豁免于主教裁判权；他批准各个修道院（甚至于王家修道院）自行选举院长；他还认可了僧侣们伪造的古代特许状，诡称从历任先王那里获颁了多项特权和豁免权。①

埃德伽的这些行动为他赢得了修道士一党的极力颂赞。在他们笔下，这位国王不仅是完美的政治家、勤勉的君主（以上的称号他似乎当之无愧），而且是一位伟大的圣徒和品德高尚的正人君子。然而，他一方面享受着手下的谀词颂语，以无比圣洁虔诚的形象示人，严厉抨击在俗牧师们生活放荡；另一方面却过着荒淫无道的生活，犯下了违背一切世俗和宗教法律的罪行，于是他的虚伪本质和偏私立场便昭然若揭了。但是，正如古代史家因古尔夫（Ingulf）②所言，那些僧侣们崇尚的只有守贞和顺服，除此之外，任何世俗和宗教意义上的美德懿范在他们心目中都不存在。

---

① Chron. Sax. p. 118. W. Malmes. lib. 2. cap. 8. Seldeni Spicileg. ad Eadm. pp. 149,157.

② 11 世纪英国本笃派修士，克洛兰修道院（Crowland Abbey）院长，在若干世纪里一直被视作《克洛兰修道院编年史》（*Historia Monasterii Croylandensis*）的作者。休谟在本书中也大量引用了其中的内容。但现代考证已经确认，这部编年史成书于 13 或 14 世纪，实系伪托之作。——译者

他们不仅对国王的罪行假作不见,还罗列了无数虚假的溢美之辞,为他涂脂抹粉。不过这位君王的佚淫行径,仍有雪泥鸿爪零星存留于史料当中,我们自可觑其一斑而知全豹。

　　埃德伽曾经强闯修道院,掳走修女伊迪莎,进而施以强暴。[①]他因这一渎神之举遭到邓斯坦的谴责;为了缓和与教会的关系,他被迫摘下王冠,在七年时间里舍弃这种虚荣的装饰[②]——但是不必离弃他的情妇。与不幸的埃德威相比,他得到的惩罚显然轻得有失公平:前者已经正式结了婚,即便从最严苛的意义上讲,其婚姻也只不过是不合规而已,然而却被逐下王位,眼看着自己的王后惨遭暴虐,并且饱受詈诟诋毁,贻羞青史。有些人凭借虚伪和阴谋,竟然如此将人的命运玩弄于股掌之间!

　　埃德伽还有另一个情妇,应该说是他碰巧"拣"来的。有一天,国王的御驾经过安多弗(Andover),驻跸于当地的一位贵族家里。那家的小姐品貌出众、举止娴雅,国王一见之下,心头就燃起了邪念,决心不惜任何代价也要把她弄到手。他无暇展开正当的追求,不向小姐本人示爱,而是直接找到她的母亲,把炽热的情欲袒露于外,要求小姐当晚就来伴驾。那位母亲是个品行端方的妇人,决意不肯屈从于国王之命,败坏女儿和家族的清誉;但是她太清楚国王的暴躁性情,与其直接拒绝莫如虚与委蛇,这样似乎比较好应付,也相对安全。于是她假意服从国王的旨意,却在暗地里吩咐一个姿容出色的侍女,要她当晚趁御前人等都睡下之后,

---

　　① W. Malmes. lib. 2. cap. 8. Osberne, p. 3. Diceto, p. 457. Higden, pp. 265, 267, 268. Spell. Conc. p. 481.

　　② Osberne, p. 111.

悄悄溜上国王的卧榻。第二天凌晨,侍女按照女主人的指示,想在天亮之前离开;但是一向贪欢无餍的国王哪肯放她,软硬兼施地将她留住。而这个名叫埃尔弗勒达(Elfleda)的侍女一方面自信魅力无穷,同时也相信自己已在国王心中激起了强烈的爱欲,因此便半推半就地留了下来。等到天光大亮,国王发现自己上了当,但是他昨夜过得如此尽兴,就没有责罚老夫人的欺君之罪。他的情欲已经转到了埃尔弗勒达身上,这个侍女成了国王最得宠的情妇,并在两人关系上始终居于高调支配地位,直到埃德伽迎娶王后埃尔弗丽达(Elfrida)为止。[①]

　　国王大婚的经过说来比前段风流韵事更加出奇,并且带有更多的犯罪色彩。埃尔弗丽达是德文郡伯爵奥尔伽(Olgar)的掌上明珠和女继承人。她自幼在乡下被教养长大,从未涉足宫廷,但是其美艳之名不胫而走,早已传遍英格兰。以埃德伽的本性,对于这类信息不可能无动于衷,人们对埃尔弗丽达的称颂不时灌进他的耳朵,越发激起了他的好奇心。考虑到这位美女出身于显赫门庭,他决定,只要确认她的魅力名不虚传,就把她迎娶回来,给她体面的名分。他向心腹宠臣阿瑟尔伍德(Athelwold)伯爵透露了这个想法,出于审慎起见,他在向埃尔弗丽达的父母提出议婚之前,私下吩咐阿瑟尔伍德伯爵找借口前往奥尔伽伯爵府上造访,探看伯爵小姐究竟美不美,回来之后向他禀报。阿瑟尔伍德得遇伯爵小姐埃尔弗丽达,一见之下,惊为天人。她的美丽无与伦比,坊间传言竟不能道之于万一。在炽烈的爱欲驱使下,阿瑟

---

① 　W. Malmes. lib. 2. cap. 8. Higden,p. 268.

尔伍德决意背弃君臣之义和主上的托付。他回朝复命,告诉埃德伽说,这位埃尔弗丽达只是由于身份显赫、富可敌国,才赢得倾国倾城之名,然而她本人并没有那么美,倘若是个小家碧玉,恐怕不会有人多看她一眼。他以这篇谎话转移了国王的注意力,之后隔了一段时间又找机会进言,把话题扯到埃尔弗丽达身上:他有意无意地说起,尽管这位伯爵小姐的高贵身份和财产无法蒙蔽他的双眼,让他像别人一样觉得她美若天仙,但是他也忍不住琢磨,自己如果娶了她,总体说来也算一门相当有利的亲事,她的门第和财富大抵足以弥补她本人姿色平平的缺憾。因此,倘若国王恩准,他有意为自己向德文郡伯爵提亲,而且他笃定伯爵和他的女儿都会同意。埃德伽很乐意为自己的宠臣行个方便,他不仅鼓励阿瑟尔伍德前去提亲,还亲自向埃尔弗丽达的父母美言,推荐这位求婚者。于是,阿瑟尔伍德不久便如愿以偿地抱得美人归。不过,由于害怕自己先前玩弄的伎俩被国王看破,他想尽一切理由把埃尔弗丽达留在乡下,企图躲过埃德伽的眼睛。

阿瑟尔伍德被狂热的爱欲蒙住了心窍,看不到此事的必然后果。他的无数政敌都在觊觎其宠臣地位,处心积虑地想要构陷他,这一回可抓住了他的把柄。埃德伽很快就得知了事情的真相。但是他决定在报复阿瑟尔伍德的背逆行为之前,先要亲眼一睹美人芳容,以确定那位宠臣的罪行及其严重程度。国王颁旨,准备御驾亲临阿瑟伍尔德伯爵的城堡,接见其新婚妻子。阿瑟尔伍德无法拒绝这一殊荣,只能请求先行一步,提前几个时辰到家,为迎接御驾做好准备。他一到家,就向埃尔弗丽达坦白了一切,并乞求她如果还念惜自己的荣誉和丈夫的性命,就请务必在穿衣打扮、举手投足等各个方面,尽力掩藏自己的倾国之色——正是这种危险的美,诱使他迷醉其间,背叛了对朋友的忠诚,编造出重重谎言。埃尔弗丽达口头上答应配合他演这出戏,但心里却另有主意。她觉得自己没有义务对阿瑟尔伍德的爱感恩戴德——正是这样的一份爱,剥夺了她可能到手的后冠! 她也深知自己的魅力蕴含着多么巨大的能量,因此哪怕处在现今的境地她也并不灰心,仍然祈望着那份被她丈夫运用诡计夺走的尊荣。当她盛妆华服、仪态万方地出现在埃德伽面前,顿时令这位国王心头饥焰中烧,同时对那位丈夫充满了沸腾的复仇欲念。不过,他还是强抑心火,装出一副若无其事的样子。过后他以打猎为由,把阿瑟尔伍德骗到树林深处,亲手将其刺死。不久,埃德伽国王便公开迎娶了埃尔弗丽达。①

103　　关于这一朝的历史,还有两件事不能不提及,前代史家们对此均有记述。其一,埃德伽国王荣名远播,吸引了众多外邦人访问他的宫廷。国王鼓励他们在英格兰定居下来。② 据称,这些外邦人带来了本国的诸般恶习,败坏了英格兰的淳朴民风。③ 不过,上述的淳朴民风虽被有欠考虑地大加褒扬,却并未拯救此国之民脱离野蛮和背叛这两样世间最大、且最常见于未开化蛮族的恶行。有鉴于此,我们或许应把外邦人的到来视为好事一桩,因为这能拓宽本地人的视野,疗治岛民常有的孤陋褊狭和粗鲁无文的

---

① 　W. Malmes. lib. 2. cap. 8. Hoveden, p. 426. Brompton, p. 865,866. Flor. Wigorn. p. 606. Higden,p. 268.

② 　Chron. Sax. p. 116. H. Hunting. lib. 5. p. 356. Brompton,p. 865.

③ 　W. Malmes. lib. 2. cap. 8.

毛病。

　　埃德伽当朝期间第二件值得一提的事情,就是狼群在整个英格兰境内绝迹。多年以来,埃德伽在这方面坚持不懈,成绩斐然。他不辞辛劳,大肆捕猎、追杀这种贪婪的野兽,残存的狼群在人烟稠密地区无法立足,只得遁入威尔士的荒山密林。于是,国王颁旨修改先王阿瑟尔斯坦定下的纳贡政策,[1]命威尔士王公们今后无需进贡财帛,每年只要向朝廷缴纳三百只狼头即可。在这项政策激励下,猎狼活动越发如火如荼,以致该物种最终在全岛绝迹。埃德伽临朝十六年而逝,卒年三十三岁。王子爱德华继位,这位王子为先王第一次婚姻所出,其母乃欧德默尔(Ordmer)伯爵之女。

殉道者爱德华

公元
957 年

　　先王驾崩时,爱德华年仅十五岁,这位王子继承父位的过程绝非一帆风顺,而是充满了困难和阻碍。他的继母埃尔弗丽达育有一子埃塞雷德(Ethelred),时年七岁,她极力为自己的儿子谋取王位,坚称先王与爱德华之母的婚姻存在不可逾越的障碍,应属无效。由于王后素得先王宠信,得以招聚起一批党羽,鼎力支持其一切图谋。然而,爱德华的继位主张拥有大量有利依据:他的父王在遗嘱中明确指定他为继承人;[2]他已接近成年,很快就能亲自掌政;大贵族们因忌惮埃尔弗丽达嚣张跋扈,反对其子继位,因

104

---

①　W. Malmes. lib. 2. cap. 6. Brompton, p. 838.

②　Hoveden, p. 427. Eadmer, p. 3.

为这必将助长她的权势，说不定还会造成太后摄政的局面；最重要的是，素以圣人之名而深孚众望的邓斯坦站在爱德华一边，而且在后者心目中享有崇高的威望；[1]邓斯坦已然下定决心，要将这份于己有利的先王遗嘱化为现实。为了打消对立面的期望，邓斯坦快刀斩乱麻，果断地在金斯顿（Kingston）为年轻的爱德华行了涂油礼和加冕礼。自此，整个王国一致拥戴新君，再无异议之声。[2]

对于以邓斯坦为首的僧侣阵营而言，扶植一位于己方有利的君主事关重大：因为在俗牧师一派在英格兰依然有一些追随者，支持他们保有其修道院产业和神职权力。先王埃德伽驾崩时，墨西亚公爵阿尔费莱（Alfere）闻讯即动，在其领地内的所有修道院废除新规、驱逐新近得势的苦修派僧众。[3]东盎格利亚公爵埃尔夫温（Elfwin）和西撒克逊公爵布里斯诺特（Brithnot）则为这些被驱逐者提供庇护，坚决主张贯彻先王偏袒苦修派僧侣的律令。为了解决上述纷争，先后召开了几次宗教会议，按照当时的惯例，与会者一部分是神职人员，另一部分是身为平信徒的贵族。僧侣们占据了会议的主导权，然而有迹象显示，国内当权的一些大贵族虽未明言，但内心里并不希望看到这种情形。[4] 僧侣们更擅使手段伪造奇迹，用以支持己方的主张；也可以说，他们凭借做作的苦行有幸博得虔诚之名，从而令民众对其制造的奇迹深信不疑。

---

[1] Eadmer, ex edit. Seldem, p. 3.

[2] W. Malm. lib. 2. cap. 9. Hoveden, p. 427. Osberne, p. 113.

[3] Chron. Sax. p. 123. W Malmes. lib. 2. cap. 9. Hoveden, p. 427. Brompton, p. 870. Flor. Wigorn, p. 607.

[4] W. Malmes. lib. 2. cap. 9.

在一次宗教会议上,邓斯坦发现大多数与会者都投票反对他,于是起身宣告:就在此时此刻,有神谕降临于他,支持僧侣一派。与会者备感惊诧,又或许是惮于民意汹汹,所以未经深入审议便通过了僧侣派的提案。在另一次会议上,会场上的十字架忽然发声,宣称修道院新规是遵行上天意旨,所有反对者一律难逃渎神之罪。[①]不惟如此,第三次会议上所显的神迹更加令人惊骇:会议厅内的地板突然坍陷,与会者纷纷坠伤,摔死的也不少。据说国王当天本来也打算参会,却被邓斯坦拦下;而且,事故发生时,整个会议厅里唯有邓斯坦的座椅所在的那一块地板安然无恙。[②]可是这种情况非但未招致有人暗中搞鬼的怀疑,反被当作神意直接干预、佑护圣徒的确证。

爱德华继位四年后去世,其政绩平平,无甚足道,但是他的死却令人难忘,极具悲剧色彩。[③]年轻的国王天性温厚单纯,自己从无害人之心,也不怀疑别人居心叵测。尽管他的继母当初极力阻止他登基,并纠结党羽扶植自己的儿子争位,但是他却对这位母后恭敬有加,处处关怀爱护幼弟。这日,国王在多塞特郡行猎,在追逐猎物时不觉来到埃尔弗丽达居住的科尔斯城堡(Corse-castle)附近,遂顺道去拜访母后,身边连一个扈从也没带。这正是埃尔弗丽达盼望已久的可乘之机——爱德华在告别时,已经上了

---

① W. Malmes. lib. 2. cap. 9. Osberne, p. 112. Gervase, p. 1647. Brompton, p. 870. Higden, p. 269.

② Chron. Sax p. 124. W. Malmes. lib 2. cap 9. Hoveden, p. 427. H Hunting. lib. 5. p. 357. Gervase, p. 1647. Brompton, p. 870. Flor. Wigorn. p. 607. Higden, p. 269. Chron. Abb St. Petri de Burgo, p. 29.

③ Chron. Sax. p. 124.

马，又要了一杯酒喝。趁他举杯欲饮时，埃尔弗丽达的一个仆人凑近他身后，拔刀行刺。国王负伤，以马刺策马飞奔；由于失血过多，他从马背上昏迷跌落，一只脚还卡在马镫里，被狂奔的坐骑拖拽而死。国王的仆人们顺着血迹找到他的尸体，并将他秘密埋葬在韦勒姆城（Wareham）。

这位年轻、纯洁的国王所遭遇的悲剧性下场，在民众心中激起无限怜悯之情，他们相信他的陵墓会出现神迹，还把他称作"殉道者"，尽管他的罹难无关乎任何宗教教义或信条。埃尔弗丽达为了赎罪，大力捐建修道院，多行苦修、告解，然而她这一切虚伪表演或真心懊悔均无法挽回大众对她的好感，尽管在过去的蒙昧时代，迷惑人心并非一件难事。

第 三 章

埃塞雷德—诺曼人①的徙殖—刚勇王埃德蒙—克努特—捷足
哈罗德—哈迪克努特—信士爱德华—哈罗德

埃塞雷德

　　自从前番遭受丹麦人的蹂躏之后,英格兰业已承平日久,究
其缘由,一则是因为那个寇掠成性的民族已在法兰西北部扎下了
据点,将其过剩的人口用于垦殖和保卫该地;二则要归功于历代
英王勇武善战,海陆疆域守备森严,令敌望而生畏,所有胆敢叩关
犯境者统统被强力击退。然而,随着时光荏苒,新一代蛮族又成
长起来,不仅北地无法承载,就连诺曼底也容纳不下了。英国人
大有理由担忧丹麦人会卷土重来——这些海盗的后代对于往昔
的胜利自是念念不忘,而且,他们还指望得到不列颠岛上同胞的
支援,这部分丹麦人尽管在英国定居已久,却并未被完全同化,他
们的血液中依然残存着好战嗜掠的本性。当时在位的英王乃一

---

①　即扩张南侵的古代斯堪的纳维亚人。他们来自北方,故被称作"诺曼人"。在
修道士史家的手稿中,这些入侵者也被称作"维京人(Vikings)"。——译者

黄口稚子,即便在他长大成人之后,也未尝表现出足够的勇气和能力来统驭臣民,更不消说抵御强敌了。英格兰即将大难临头,国人不免满怀忧惧。

丹麦人在大举进犯英格兰之前,先发动了几次试探性的袭击。他们起初派出七艘战船,在南安普顿附近登陆,大肆劫掠后,毫发无损地满载而归。六年后,他们又在英格兰西部如法炮制,也同样取得满意战果。侵略者们发现,此岛形势已经大大不同于以往,遂怂恿本族人集结更多兵力犯境,谋求更大的战绩。两位丹麦首领率大军在埃塞克斯境内登陆,埃塞克斯公爵布里斯诺特率小股部队迎敌,结果在莫尔登兵败身死。侵略者继而阑入周边各郡,肆意践踏蹂躏。值此危急关头,那位史称“无准备者”(the Unready)的国王埃塞尔里德非但没有召唤臣民奋起保家卫国,反而听从坎特伯雷大主教西里修(Siricius)及一伙软骨头的贵族之议,以万镑巨资贿敌使退。这一可耻的权宜之计所导致的结果,自然可想而知。第二年,丹麦人的舟师又出现在英格兰东海岸,意欲征服这个怯懦的国度——这国人不敢拿起武器抗击外侮,一味地试图献金自保,反而招来更多的虎视眈眈。然而英人已经认识到自己的失策,他们趁着前段战事稍歇,召开了一次大谘议会,①决定召集舰队齐聚伦敦,与敌一决胜负②。只可惜由于墨西亚公爵阿尔弗里克(Alfric)的变节,这一明智举动最后仍以失败而告终。这位公爵以其一而再、再而三的背信弃义之举,令

公元
981 年

公元
991 年

---

① 大谘议会(magnum concilium/great council/general council),王国全体贵族集会。——译者

② Chron Sax. p. 126.

自己的家邦惨遭荼毒,因此在那个时代的编年史中臭名昭著。他出身于贵族之家,于公元 983 年承袭其父阿尔费莱名下广大地产的领有权,但是两年后便被削去爵位,驱逐出境。从此,他为了回归故土,光复原有的显赫地位而处心积虑,将自己的影响力发挥到了极致——作为人臣,他这份影响力已经大到了僭越的地步。几经缠斗,他在领教了对手的权势和狠辣手段之后,不再指望凭借为国尽忠而博取本国人民的拥戴,而是寄希望于手下家臣的忠心和天下大乱的局面,认为一旦风云际会出现鼎革之机,自己必将成为各方势力争相拉拢的重要棋子。抱定了如此主张,他决心破坏一切巩固王室权威的事业,亦绝不允许自己处于依附他人或危乎殆哉的地位。当时英军制订了将丹麦舰队围歼于港内的计划,阿尔弗里克公爵却暗地里向敌人通风报信,使丹麦舰队闻讯逃出港口,驶向外海;就在决战前夜,他带领手下一支小舰队叛变投敌,从而使英方的一切精心部署前功尽弃。[1] 埃塞尔里德被公爵的背叛所激怒,捉住公爵之子阿弗伽(Alfgar),下令剜去他的双目。[2] 然而,阿尔弗里克公爵的势力已经庞然坐大,国王也只能对其退让三分:尽管事实已经证明了他的为人不可靠,而且明知先前痛下辣手已经对他构成严重挑衅,但是及至最后还是不得不把治理墨西亚的大权交还给他。朝廷在所有情况下行事都如此野蛮、懦弱而又鲁莽,最终大难临头应当说毫不足奇,而且这些作为也正是后来的祸乱之兆。

---

① Chron. Sax. p. 127. W. Malm. p. 62. Higden, p. 270.
② Chron. Sax. p. 128. W. Malm. p. 62.

来自北方的寇略者已经探明整个英格兰防务空虚,于是在丹麦王斯温(Sweyn)和挪威王奥拉夫(Olave)的率领下大举入侵,乘船溯亨伯河而上,一路烧杀抢掠,亨伯河两岸生灵涂炭。林赛城被夷为废墟;班伯里(Banbury)化为一片焦土;诺森伯兰的居民虽然多为丹麦人后裔,也只能在加入匪军和家破人亡之间选择其一。英国方面集结起一支大军前往迎敌,大规模的战斗随即展开。然而,就在两军对阵的关键时刻,英军的三位丹麦裔主帅弗雷纳(Frena)、弗里茨吉斯特(Frithegist)和戈德温(Godwin)不知是出于畏怯还是早已变节通敌,竟然抛下自己的部队仓皇而逃,为手下将士树立了临阵脱逃的可耻榜样,造成兵败如山倒的局面。

此役得胜,海盗们越发气焰嚣张,全不把对手放在眼里。此后,他们不惮犯难涉险,开始深入王国腹地。北欧人分乘 94 艘战船,浩浩荡荡溯泰晤士河而上,包围了伦敦,扬言要将此城化为焦土。伦敦市民闻警,立即紧密团结起来,坚守城池,其英勇顽强足以令侵略者望而生畏,也让表现懦弱的贵族士绅们为之汗颜。围城部队久攻不克,付出了巨大的代价,最终灰心而去。为了泄愤,他们把埃塞克斯、萨塞克斯和汉普郡夷为一片荒场。在上述地区他们又抢得了马匹,自此驰骋纵横于内陆各郡,劫掠破坏的范围更见扩大。值此危难关头,埃塞雷德及其手下的贵族们又乞灵于先前的权宜之计,派出使节觐见两位北欧国王,表示只要对方停止劫掠并承诺很快撤出英格兰,英方情愿为之提供一应所需,并缴纳贡赋。斯温和奥拉夫同意了上述条件,于是北欧军队在南安普顿和平驻扎下来,并在该地接纳了英方为数一万六千镑的贡金。奥拉夫甚至访问了埃塞雷德驻跸的安多弗，并在英国主教主持下接受了坚振礼，又蒙英王馈赠了丰厚的礼物。他在此地做出允诺，保证从今往后永不侵犯英国疆土，并且终其一生恪守不渝。罗马教廷后来将这位国王封为圣徒，称作圣奥拉夫。尽管今人普遍揣想，在那个蒙昧的时代，即便头顶圣徒荣衔者，其理性和德行也未见得有多么高超，不过这位圣奥拉夫似乎的确品行出众。丹麦王斯温虽不像奥拉夫那样仗义，但是挪威人一旦撤走，他在英国也难以立足，只好率部撤出了不列颠岛。

　　这次议和，只不过为英格兰人在绵绵苦难中赢得了一个短暂的喘息之机。此后不久，丹麦海盗再次出现在塞文河上，他们在威尔士、康沃尔和德文郡大肆掳掠之后，又绕到南部沿海地区，溯泰马河（Tamar）而上，蹂躏沿岸两郡；随后，他们回师布里斯托尔海峡，①取道埃文河深入内地，致使沿途大片地区匪患蔓延，就连多塞特郡亦遭兵燹之灾。接下来，海盗们又转换了战场。他们先是劫掠了怀特岛，随即进入泰晤士和麦德威（Medway）两河，围攻罗切斯特城（Rochester），在一场力量对比悬殊的战役中打败了肯特郡的地方武装。此役之后，整个肯特郡沦为屠场，在血与火中化作一片焦土。值此兵荒马乱、国运危殆之际，英国方面只得举国动员，共商如何从海陆两方面共同御敌。但是，由于国王孱弱无能，贵族们各立山头、多有龃龉，阵营内通敌者和怯战者不乏其人，再加上缺乏统一的协调部署，以致每一次努力都付诸东流：他们的舰队和大军要么行动迟缓、贻误战机，要么作战不力、溃败蒙

111

---

　　①　英国威尔士南部和英格兰西南部之间的大西洋海湾。——译者

羞。英人无论是战是降，都同样难逃覆灭的命运。英方的布画运筹严重缺乏审慎，步调不一，将士临战畏怯、毫无军人操守，打不了胜仗，因此他们只得故伎重施，硬着头皮搬出先前已被证明是徒劳无益的办法，以巨额赎金为代价向丹麦人乞和。而侵略者则得寸进尺，不断提高赎金价码，最后达到两万四千镑之多，英方竟也卑屈而轻率地表示顺从。[①] 丹麦人撤退后，英国得到短暂的喘息之机，于是乎举国歌舞升平，仿佛外患永绝一般，将国防大计完全抛诸脑后，没有针对敌人再度来犯做出任何有效的防御准备。

　　说到丹麦人撤兵的原因，一来是看在大笔赎金的份上，暂时放了这个毫无还手之力的国家，二来是因为当时诺曼底正面临法兰西国王罗贝尔(Robert)大兵压境，形势危急，于是向海峡对岸的同族部队求援。在北欧人眼里，位于诺曼底的殖民据点对于他们自身的利害和民族荣誉都关系重大。丹麦各部族尽管制度、国情各异，彼此间却保持着唇齿相依的密切关系，或许英王埃塞雷德正是看到这一点，才会产生与这个强悍民族缔结姻亲的心思。鳏居的英王向诺曼底公爵理查二世(Richard II)之妹埃玛(Emma)求婚，双方很快就议婚成功，埃玛于同年渡海来到英国，与埃塞雷德成婚。[②]　　　　　公元
1001 年

112　　在历史上，有众多的族群——或者更确切地说是众多的邦国——相继发源于北欧地区，到了九、十世纪之交，这个势头依然

---

①　Hoveden, p. 429. Chron. Mailr. p. 153.

②　H. Hunt. p. 359. Higden, p. 271.

诺曼人
的徙殖

持续未衰。此时,这片土地上又出现了一个新的族群,他们不再像前人那样以征服为业,而是一群海盗和劫掠者,不断滋扰着其好战的兄弟族群先前在欧洲各地征服和占领的国家。他们的首领罗洛(Rollo)原是丹麦地区一个小邦之主,凭着他的勇气和才干很快赢得了所有同胞的瞩目。他在年轻时,曾经遭到丹麦王的忌恨,后者数番攻打他的独立小邦,但每次都被击退,最后借助阴谋诡计才达到了先前用武力没能达到的目的:[①]丹麦王先是假意与罗洛讲和,趁其受骗放松了警惕,发动突然袭击,杀害了罗洛的兄弟和他手下几员最勇猛的大将,罗洛本人则被迫逃亡到斯堪的纳维亚。他的许多臣民因怀念旧主、不堪忍受丹麦王的压迫,纷纷前来投奔,甘愿追随他去做任何事。罗洛没有尝试兴兵复国、与丹麦人硬碰硬,而是选择了一条难度较小、但是更重要的路径:他效仿部分北欧同胞的先例,干起了海盗的营生,以较为富裕的南方沿海地区为目标,靠着烧杀掳掠来积聚财富。他召聚起一支大军,和所有海盗团伙一样,这支部队也是鱼龙混杂,其中有挪威人、瑞典人、弗里斯兰人、丹麦人,以及来自各族各地的亡命之徒,都是一些习于飘泊动荡、擅长争战掳掠的家伙。这些人仰慕罗洛的赫赫威名,从四面八方会集到他的旗下。此外,罗洛还声称曾在梦中见到异象,按照他自己的解释,这预示着他的事业必将大获成功。事实证明,这套说辞的确大大激励了他那群蒙昧而又迷信的追随者。[②]

---

① 　Dudo,ex edit. Duchesne,p. 70,71. Gul. Gemeticenis,lib. 2. cap. 2,3.

② 　Dudo,p. 71. Gul. Gem. in epist,ad Gul. Conq.

罗洛最先瞄准的目标是英格兰。当时正值阿尔弗雷德大王在位的最后几年,这位伟大的国君已经击败大股犯境的丹麦海盗,把古瑟鲁姆及其手下安置到东盎格利亚从事屯垦,将另一部分投降的海盗发配到诺森伯兰,令饱经战乱的英格兰重现太平,并建立起一套至为出色的军事和民政制度。精明的丹麦酋首发现,面对这样一位伟大君主统治下的强盛国家,自己无法占到任何便宜,便迅速将攻击矛头转向更容易得手的法兰西。[①] 在篡位者厄德(Eudes)和懦弱无能的"糊涂王"查理(Charles the Simple)[②]统治期间,法国的内陆和沿海各省份饱受丹麦海盗的劫掠,变得满目疮痍。这位海盗首领既能将同胞的勇猛聚成一股锐不可当的合力,又借鉴了文明国家的治军方略,打得法国人毫无招架之力。无奈之下,法国人只得效法阿尔弗雷德大王的做法,在那些已被强虏踩蹋成荒场的省份为入侵者提供一块定居地,指望他们能就此安顿下来。[③]

丹麦人长期以来所采取的行动策略,与历史上由北方南侵的蛮族如哥特人、汪达尔人、法兰克人、勃艮第人、伦巴第人大不相同,究其原因,主要在于他们作战的方式不同,这也是各个族群当

113

---

① Gul. Gemet. lib. 2. cap. 6.

② 厄德:巴黎伯爵、法兰西公爵,属于罗贝尔家族,即卡佩家族。公元 888 年,加洛林王朝四分五裂之际,颇有作为的厄德被选举为西法兰克国王,后于 898 年去世。他兄弟罗贝尔一世之孙雨果·卡佩开创了后来的卡佩王朝。"糊涂王"查理:即查理三世,法王路易二世的遗腹子,加洛林王朝的正统继承人。于公元 893 年加冕为西法兰克国王,开始与厄德一派相争。923 年被叛军俘获,6 年后死于幽禁地。——译者

③ Dudo,p. 82.

时的生活境况差异所导致的必然结果。上面提到的日耳曼诸蛮族原本生活在内陆地区,他们由陆路涌入罗马帝国疆域,待到深入其腹地之后,就只有选择携带妻儿老小同行,否则由于路途遥远,他们不可能很快返乡和家人相聚,也无法与之分享攫获的战利品。在这种情况下,这些蛮族很快就开始考虑在足迹所到之处建立定居点;而且,在其势力扩张到帝国全境的过程中,他们也发现,保护被征服的当地人的财产和实业亦有利于他们自己。反观丹麦人和挪威人,由于他们生活在荒瘠的北欧海滨地带,农耕不兴,只能以捕鱼为业,从而积累了一定的航海经验;他们在军事策略上效法较早时候撒克逊部族侵扰罗马帝国所用的法子:以小股部队分乘小舟,自海上侵犯南方沿海地区,烧杀抢掠之后即满载而归,与家人团聚。因为此种勾当风险极大,自然不便携家带口同往。而当他们的军力大增,得以进犯内陆,并且发现这里的敌人实力虚弱,即便长驻于此也很安全,遂养成了船载家眷而来的习惯,他们很高兴有机会定居在气候温暖的南国,开垦这里肥沃的土地,从此乐不思返。

114

罗洛及其追随者们就属于这样一种情况。当时查理三世提出,把旧称"纽斯特里亚"(Neustria)省的一部分交给他们,以土地赎买和平。协议的所有条款均已敲定,只有一个细节让那位高傲的丹麦酋首震惊不已:他必须为获得的封邑向查理三世效忠,并按照封建法的仪规,以封臣应尽之礼折腰事主。对于这种有伤尊严的要求,他抗拒了很长时间,可是又不想因为讲究虚文缛节而丢掉送到嘴边的大块肥肉,最后他还是决定为了利益暂且牺牲自己的骄傲,在表面上向法王称臣。[1]　查理三世把自己的女儿吉斯拉(Gisla)许配给罗洛,还在协议规定的封邑之外,再追加赏赐给他很大一片土地,以便把他更紧地拴在自己的利益战车上。一些法国贵族提醒罗洛,主上洪恩浩荡,他理当俯伏于国王脚前,以适当的礼节[2]感谢国王的恩赏。闻听此言,罗洛答道,他宁可拒绝这份恩赏。贵族们费尽口舌才劝得他同意,派他手下的一名军官代行吻足礼。行礼当日,奉命执行此项任务的丹麦军官自是愤愤难抑,对那位孱弱无勇的国王满心鄙视,于是故意抓起查理三世的一只脚,假意举到嘴边去吻,却顺势一掀,当着满朝廷臣的面把国王摔翻在地。法国人心知眼下自己的实力太弱,只得忍气吞声、假作无事,以求苟安。[3]

　　此时罗洛已经步入暮年,他厌倦了征战掳掠的生涯,遂以其成熟的心智,潜心经营新领地的垦殖。这片地区自此便得名为"诺曼底"(Normandy)。他把整个封邑细划分封给手下的军官和追随者,其分封过程遵循了封建法的惯例——该制度在欧洲南部各国已经得到普遍推行,也符合当时的特定情况。罗洛以宽仁、公平之道治理降服的法国臣民;悉心驯化改造自己的旧部,使之脱离凶悍野蛮的心性;他在自己统治的整个地域内奠定了法律和秩序。罗洛毕生大部分时间喧嚣闯荡、为患无穷,最后却得享高寿善终,将手中封邑的统治权安稳地传诸子孙。[4]

---

① Ypod. Neust. p. 417.
② 暗示行吻足礼。——译者
③ Gul. Gemet. lib. 2. cap. 17.
④ Gul. Gemet. lib. 2. cap. 19,20,21.

　　他的继承者威廉一世（William I）在位二十五年。在此期间，诺曼人已经充分融合于法兰西民族，接受了后者的语言，并模仿他们的习俗，文明程度大幅提升。威廉一世去世之际，他的幼子理查能够顺利继位，[①]便无可置疑地证实了诺曼人的文明进境，他们的政府已经稳固地建立在法律和国家制度的基础之上，而不是完全仰赖最高统治者的个人能力。理查一世统治五十四年后，于公元 996 年传位于其子理查二世，[②]此时距诺曼人最初在法兰西取得立足之地已有整整八十五年。正是这位诺曼底公爵把自己的妹妹埃玛嫁给了英王埃塞雷德，与那个岛国结为姻亲；而在不久之后，这位公爵的后人注定会成为那片土地的征服者。

　　丹麦人在英国落地生根的历史要比在法国更长久。他们和撒克逊人原本语言相近，能够较快地与当地人融合。但是他们在英国人当中并未受到多少文明的濡染，因此生蛮习性不改，只凭着好勇斗狠的民族性格，把作战勇猛与否当作评判一个人的唯一标准。其同胞最近（以及更早些时候）所取得的累累战绩，也说明了这一点。历任英王，特别是阿瑟尔斯坦和埃德伽，看到他们的这一优长，于是经常性地豢养着丹麦雇佣军。这些军队驻扎在全国各地，屡屡以暴力滋扰当地居民。据古代史家记载，[③]雇佣兵们生活奢侈，竟然日日梳头、每周洗澡、勤换衣裳。这般调理打扮出的俊美形象，再加上军人的孔武风度，极讨女性的欢心；他们勾引了许多英国人的妻女，让众多家庭为之蒙羞。更让英国人怒不可

116

---

① Order. Vitalis，p. 459. Gul. Gemet. lib. 4. cap. 1.

② Order. Vitalis，p. 459.

③ Wallingford，p. 547.

遏的是，这些雇佣军非但不能帮他们抵御外患，反而随时随地与入侵的丹麦人狼狈为奸，跟国内的各种分裂势力眉来眼去。英国人和丹麦人之间摩擦不断，民族仇视日积月累，不断高涨。此时，国王埃塞雷德做出了一个残酷的决定，要将王国境内的丹麦人屠杀净尽——正所谓"屠主易行虐道"是也。[①] 国王的密旨下达全国，选定圣布莱斯节（day of St. Brice）这天，各地同时动手——当日正逢礼拜天，也是丹麦人通常沐浴的日子。这场大屠杀的残酷细节已见诸史载，此处无需复述：双方积怨日久，民间早已怒火鼎沸，现经官方认可并在榜样刺激下，群众情绪为之亢奋，他们对于所有丹麦人，无论有罪无罪、不管男女老幼，统统格杀勿论。不幸的受难者惨遭虐刑、辗转丧生，这也并不能止息嗜血的狂热。就连丹麦国王之妹、珀灵伯爵（Earl Paling）之妻古妮尔达（Gunilda）也未能逃过此劫：这位公主虽然早已皈依基督教，但在威尔特伯爵（earl of Wilts）埃德里克的提议下，仍被埃塞雷德逮捕处死，她在临死前亲眼目睹了丈夫和儿女惨遭杀害。罹难的公主于绝望的痛苦中发出厉声诅咒，预言英国不久便会因这场谋杀而遭到彻底毁灭的报应。

公元1002年11月13日

预言中的报应来得分毫不爽；暴虐的政策必将反噬施暴者，自古以来，恐怕再也没有比这更鲜明的例证了。丹麦王斯温及其手下军兵正愁找不到借口进攻英格兰，闻讯立即出现在英格兰西部近海，扬言要替被害同胞展开无情的报复。埃克塞特最先沦入敌手。负责镇守该城的郡长休伯爵（earl Hugh）本是诺曼人，他原

公元1003年

---

① 　参见第 I 卷卷末注释[D]。

是凭借王后埃玛的关系获封此职的,埃克塞特的陷落也许是由于他玩忽职守,或者竟是他通敌献城也未可知。丹麦大军如野火蔓延,把毁灭散布到英格兰全境。英国人心知此番激怒了野蛮的对手,可能会面临什么样的报复,此前早早召集了数量空前庞大的部队,摆出严阵以待的架式。但是这一切战略准备都被阿尔弗里克公爵的变节行为破坏殆尽——作为英军总指挥,他称病不出,不肯率军与敌人交战,由于他的严重失职,导致军心涣散、最终全然丧失了战斗力。阿尔弗里克不久去世,接替他的埃德里克却是一个更大的叛徒——此人是国王的女婿,国王对他言听计从;阿尔弗里克一死,他就接掌了墨西亚郡守和英军统帅之权位。战乱之下,英国百姓已然饱经祸患,一场雪上加霜的严重饥馑又在此时降临,这一方面是因为天时不调,另一方面,也是农事凋敝所致。四方乡野被丹麦军队的铁蹄践踏,此后本国军队劳而无功的讨伐又带来新一轮骚扰,只落得满目疮痍、一片焦土。最后,英国人只得选择屈服,付出三万镑的代价贿敌求和,才换得一份靠不住的平安。

公元
1007 年

　　英国政府力图趁此喘息之机加强战备,以防丹麦人再度来袭——他们有理由相信,此事已经近在眼前。政府颁布法令,所有业主凡名下地产达到八海德者,必须提供骑士一名并全套甲胄;名下地产达到三百一十海德者,则须装备战船一艘,用于戍卫海疆。这支海军集结完毕之时,其舰船总数肯定接近八百艘之多。[1]

---

　　① 英格兰的田亩总数计二十三万四千六百海德。如此算来,装备的船只数量应为七百八十五艘,骑兵三万零四百五十人。

然而,所有取胜的希望全都毁于贵族阶层内部的拉帮结派、相互仇视和纷争倾轧。埃德里克指使自己的兄弟布莱特雷克(Brightric)指控萨塞克斯郡守、就是后来大名鼎鼎的戈德温伯爵之父伍尔夫诺斯(Wolfnoth)叛国通敌,那位贵族深知对手心狠手辣且权倾朝野,无奈之下只得带着属下二十艘战船逃走,投奔丹麦阵营,以求自保。布莱特雷克指挥八十艘战船紧追不舍,但是途中遇到暴风雨,舰队被吹散,搁浅于岸边,又遭伍尔夫诺斯突袭,所有舰船都被付之一炬。由于国王愚钝无能,英方经此重大损失之后,再也未能恢复元气。所有加强海上防卫的计划都毁于暗藏二心的埃德里克之手,英国海军仓皇失措、斗志涣散,最后分散龟缩在几个港口内,不敢与敌接战。

要想一一历陈英国此后历经的所有劫难,几乎不太可能,也将无比冗长乏味。其中的内容无非是多少城镇惨遭劫掠焚毁、多少地方的乡野化为赤地荒芜。敌军横行于王国境内的每一寸土地,以残酷无情的孜孜不懈,搜寻每一处先前逃过了暴力洗劫的角落。古代史家对此支离破碎的叙述,与这场战争的性质非常相符。丹麦人发动的突袭是如此迅猛,哪怕是举国齐心、治理有方的王国也难以招架,对于这个弥漫着惊慌失措的情绪、充满猜忌和纷争的国家而言,更是致命的打击。各郡的郡守拒绝彼此支援,最后甚至不敢集结手下军队来保卫自己的郡望。其间也曾数度召开大谘议会,但是其结果要么是拿不出决议,要么是有决议也无法落实。唯一获得一致赞成的权宜之计,仍然是卑屈而轻率地献金求和。这次向丹麦人支付的款额为四万八千英镑。

他们原指望用这笔钱换得短暂的喘息之机,却不料连这点微末的愿望也落空了。丹麦人无视协议约定，继续纵兵劫掠破坏，仅从肯特郡一地追加勒索的赎金就高达八千镑之多，并且杀害了反对支付这笔赎金的坎特伯雷大主教。各地的英国贵族别无他法，只得向丹麦王屈膝称臣，在宣誓效忠之余，还须献上人质，以示忠心。英王埃塞雷德既畏惧敌人的残暴，又害怕自己臣民的背叛，仓皇出逃诺曼底；此前，他已将王后埃玛和两个王子阿尔弗雷德和爱德华先期送到那里避难。理查二世慷慨地接纳了不幸的流亡者，因而博得了后世的赞誉。

公元
1013年

英王抵达诺曼底不到六个星期，就传来了丹麦王斯温去世的消息。后者还来不及在新近占据的国土上正式登基，便死在了根兹伯罗（Gainsborough）。英国教会高层人士和贵族们趁机派出代表团前往诺曼底，邀请埃塞雷德回国主政，言明恢复本族君主的统治是民心所向；他们同时又婉转地表示，希望国王能汲取前番教训，勿再重蹈覆辙，给自己和臣民带来深重的灾难。然而，埃塞雷德的问题已经不可救药。一朝复辟，他表现得一如既往地无能、怠惰、怯懦和轻信，从前他便因这些弱点而一再招致外侮。他的女婿埃德里克虽然多有通敌行迹，却仍在朝堂呼风唤雨。西格弗特和莫卡（Morcar）本是墨西亚贵族圈中之翘楚，在埃德里克的蛊惑下，国王对这二人心生猜忌；后来，埃德里克将他们诱至自己家中，乘机戕害。国王埃塞雷德也参与了这场不光彩的行动，他将上述两位贵族的家产尽数查抄充公，并将西格弗特的遗孀强行送进修道院。这位遭受迫害的夫人拥有非凡的美貌和品德，在她被幽禁期间，国王的长子埃德蒙前去探望，当即狂热地爱上了她，并将她从修道院解救出来，也不请示父王，便自作主张地与她

公元
1014年

119

成婚。

与此同时，英国人发现，丹麦王斯温刚被死神带走，却又来了一个同样可怕的劲敌，那就是斯温的儿子和继任者克努特(Canute)。他的军队狂暴无忌地肆虐于英格兰东部沿海地区；在桑威奇，他把英国人质全部斩手割鼻，弃于岸边。他曾一度因事返回丹麦，然而不久便再次来袭，沿英格兰南部海岸一路烧杀抢掠。丹麦军队甚至突入了多塞特、威尔特和索默塞特几郡，英军在这里集结力量，在埃德蒙王子和埃德里克公爵的指挥下，准备迎敌。埃德里克两面三刀的行径依然不改，他百般拉拢埃德蒙王子不成，便想方设法分散英方的兵力，随后公然率领四十艘军舰倒戈，投奔了克努特阵营。

公元1015 年

尽管遭此打击，埃德蒙却并未丧胆。他集结英格兰举国兵力，做好与敌决战的准备。国王由于多次亲历臣下的背叛，早对他们失去了信任；他一直称病龟缩在伦敦，实际上是怕被卖主乞和的部下交到敌人手上。军队群情汹涌，吁求国王御驾亲征，率领他们冲锋陷阵。但是国王始终拒不出战，以致全军士气消沉，之前的种种防御准备全部形同虚设，王国门户洞开。埃德蒙的部队无法从常规途径获得给养，只得像丹麦人一样，在民间掠食。

公元1016 年

此时英格兰北部已经完全落入克努特之手，埃德蒙数度挥师北伐无果，便退回伦敦，决心捍卫英格兰残存的一星自由火种，不惜为之战斗到最后一息。进得城来，他发现国王埃塞雷德已经去世，局面一片混乱。埃塞雷德临朝三十五年，其间祸乱丛生，充满丧权辱国的情节。他的第一次婚姻留下两位王子，长子埃德蒙继承了王位，次子埃德威后来被克努特所杀；他的第二次婚姻也留下两位王子,就是前面提到的阿尔弗雷德和爱德华,埃塞雷德一死,埃玛王后就把他们送到诺曼底去了。

刚勇王埃德蒙

新君埃德蒙为人坚毅勇敢而有"刚勇王"之称,他凭借一己的勇气和能力,或许能够暂缓英格兰走向沦亡的脚步,却无法彻底拯救这一国脱离苦难的深渊。在重重逆境当中,英国的贵族和教会高层早已人心涣散,相互间不满和背叛的阴影潜滋暗长。埃德蒙没有更好的办法阻遏这一致命的弊害进一步恶化,唯有立即把军队拉上战场,以铸同仇敌忾之势。继吉灵厄姆(Gillingham)①一战小胜之后,埃德蒙又紧锣密鼓地筹备一场大规模战役,意图与敌一决雌雄。英军在格洛斯特郡的斯科斯顿(Scoerston)向克努特和埃德里克指挥的敌军发起挑战。当天一早的战局,幸运之神站在埃德蒙一边;但是,在交战中,埃德里克将奥斯默(Osmer)家族的一人斩首,此人的面貌酷似埃德蒙,于是埃德里克将其首级挑于矛尖,传诸三军夸胜,并向英军高喊:"尔等还不快逃——看哪! 你们国王的首级在此!"埃德蒙一见己方军心动摇,便摘下头盔,现身于阵前,竭力试图挽回局面。但他的勇气和出色表现也只能使胜负的天平在双方营垒之间摇摆不定而已。接着,埃德里克又祭出另一着更为灵验的诡计,他假意叛离敌营,回归英王麾下;埃德蒙深知此人的势力不可小觑,或许也因为他在追随左右

---

① 位于肯特郡。——译者

121　的大贵族当中实在找不出一个更值得信任的人,所以他明知埃德
里克多有背信弃义之举,却仍然对其委以重要兵权。此后不久,
两军会战于埃塞克斯郡的阿辛顿(Assington)。开战当天的清晨,
埃德里克便弃阵而逃,以致英军全线崩溃,大批英国贵族随即惨
遭屠戮。然而,不屈不挠的埃德蒙仍有余力反击。他在格洛斯特
招募了一支新军,亟欲再战。这时,两国的贵族们均已厌倦了无
尽的动乱,于是敦促各自的君主议和,以一纸协约瓜分英格兰。
克努特保有他原先征服的北方各郡,包括墨西亚、东盎格利亚和
诺森伯兰;剩下的南部各郡归埃德蒙所有。和约签订不过一个
月,埃德蒙便遇刺身亡,行刺的两个宫廷内侍是埃德里克的同谋。
埃德里克通过此举,为丹麦人克努特登上英国王位扫清了道路。

克努特

　　在埃德蒙这样一位刚勇有为的英主手下,英格兰人尚且无力
捍卫自己的国土和独立,国王一死,他们就更无指望了,唯有彻底
臣服于克努特。丹麦王克努特本人慓勇强能,统领着所向披靡的
大军,早对英国王位虎视眈眈,根本不把埃德蒙那两个年幼势孤
的儿子埃德温(Edwin)和爱德华放在眼里。然而,这位平常肆无
忌惮的征服者此时却又顾虑起来,想为自己的不义之举披上一层
冠冕堂皇的外衣:在正式夺取两位英国王子的统治权之前,他召
集了一次全国大会,议定君统问题。会上,他唆使一班贵族出具
伪证,谎称两国君主先前在格洛斯特和会上曾有口头约定,埃德
蒙身后当由克努特继承王位,或者由他担任两位王子的监护人

公元
1017 年

（关于这一点史家说法各异）。有了上述假证，加上克努特在背后的强势操纵，大会当即做出决定：推举丹麦王坐上英王宝位。克努特将两位王子视作眼中钉，但他终究是个明白人，知道自己倘若下令在英国除掉他们，势必招来天下侧目。于是，他把两个少年送往国外，托付给他的盟友瑞典国王，希望他们一到瑞典宫廷，那位老朋友就能替他除去心头之患。瑞典国王不齿于这种卑劣行径，并未答应他的要求，但他又害怕触怒克努特，不敢庇护两位年轻的王子，便把他们送到匈牙利国王所罗门（Solomon）的宫廷接受教育。后来，二子当中年龄居长的埃德温娶了匈牙利国王之妹，无嗣而终；所罗门又将自己的妻妹、亨利二世皇帝①之女阿加莎（Agatha）嫁给爱德华王子，诞下埃德伽－阿塞林（Edgar Atheling②）、玛格丽特（Margaret）和克里斯蒂娜（Christina）。玛格丽特后来成为苏格兰王后；克里斯蒂娜则遁入修道院。

尽管克努特终遂其志，戴上了英国的王冠，但在开国之初，他必须为此付出巨额代价：他以高爵显位大手笔地封赏贵族中的头面人物，以酬谢他们的支持。他封索基尔（Thurkill）为东益格利亚伯爵或公爵（这两个头衔在当时大体是一回事），封约里克（Yric）为诺森伯兰伯爵或公爵，封埃德里克为墨西亚伯爵或公爵，而他自己只保留了对威塞克斯的管辖权。不过，后来他又抓住一个可趁之机，削夺了索基尔和约里克的爵位，将这二人逐出英国；

122

---

①　亨利二世（972—1024 年），德意志巴伐利亚公爵，撒克逊王朝的最后一位德意志国王（1002—1024 年在位），1014 年加冕为神圣罗马帝国皇帝。1146 年被罗马教廷追谥为圣徒。——译者

②　Atheling 有"王子"之意。——译者

他处死了大批英国贵族,因为他不信任这些人的效忠,憎恶他们出卖本国国君的行径。就连埃德里克这位贰臣中的翘楚也难逃此劫——他厚颜无耻地当庭招认谋害先主,称自己为克努特除去劲敌,居功至伟,不该受此待遇。但是克努特当即以弑君之罪将其判处死刑,弃尸泰晤士河。此人一生不忠不义、劣迹斑斑,落得这般下场,自是罪有应得。

此外,登基伊始的克努特还发现,他必须向人民课以重税,聚敛资财,用以犒赏追随自己打天下的丹麦武士。他一次就从全国攫取税金七万两千镑,此外还单独向伦敦城课税一万一千磅。他格外严苛地以重税盘剥此城,很可能是出于政治动机,以此惩罚伦敦人民对埃德蒙的拥戴,以及他们在丹麦大军先后两次围城时顽强抵抗的行为。① 不过,上述严厉手段都打着情势所迫的幌子。克努特以明君之智,断定英国人此时已是群氓无首,大可用公正无偏的统治手腕,使之成为丹麦人轭下的顺民。他在保证王座安全的前提下,尽可能地将丹麦武士们遣返回国。他在一次全国大会上恢复了撒克逊人的习惯法。他讲求公平,一视同仁地对待丹麦人和英格兰人;他严明执法,特别注意保护所有臣民的生命和财产安全。就这样,丹麦人与原住此岛的新子民渐渐融合,双方都乐于走出连年战乱,稍得舒缓气息。在那些征伐逐鹿、兵凶战危的日子里,无论哪一方都难以安适生存。

埃德蒙的两个儿子被远远地放逐到匈牙利,在克努特眼里,

① W. Malm. p. 72. 在其中一次攻城作战时,克努特下令掘泰晤士河使之改道,让丹麦舰队绕过伦敦桥,去攻击上游的英军。

此乃维持自家江山永固的最大保障,仅次于他们的死亡。此时唯
一叫他不放心的就是阿尔弗雷德和爱德华王子,他们拥有舅父诺
曼底公爵理查二世的庇护和支持。理查二世甚至装备了一支大
军,试图把两位英国王子重新扶上父辈失去的宝座。尽管这支舰
队在渡海时被风暴吹散,但是克努特看到了自己面临的风险,和
勇武善战的诺曼底人作对毕竟令人胆寒。为了博取诺曼底公爵
的友谊,克努特向公爵之妹埃玛王后求婚,并且许诺,将来会把英
国王位传给这次婚姻所生之子。理查二世应允了他的请求,并将
埃玛送到英国,不久即与克努特成婚。① 英格兰人尽管不喜欢她
嫁给亡夫及其家族的死敌,却也不无欣慰地看到宫廷里有这么一
位自己熟悉的、业已同本国人民形成千丝万缕关联的女主。克努
特通过这场联姻,既达到了同诺曼底结盟的目的,也逐渐赢得了
英格兰臣民的信任。②埃玛再婚后不久,诺曼底公爵就过世了,由
其同名长子承袭爵位,但是新任公爵一年后也不幸去世,因其无
嗣,爵衔递传予其弟罗贝尔,一位孔武有能的人物。

　　克努特在英国的统治已是稳固无虞,于是他启程返回丹麦,124
去应对瑞典国王的进犯。这次随驾的有大批英国军队,统归戈德
温伯爵指挥。后者由此得到尽忠效力的机会,既为英格兰赢得了
君心,也为自己博取到国王的友谊,为本家族的飞黄腾达奠定了
根基。当时,他的营地紧挨着瑞典大营,他忽然窥到敌方的一个
破绽,当即抓住这个稍纵即逝的机会,连夜发动进攻:敌军被逐出

---

① Chron. Sax. p. 151. W. Malmes. p. 73.
② W. Malmes. p. 73. Higden, p. 275.

战壕,懵头转向,戈德温伯爵趁热打铁、乘胜追击,赢得了一场决定性的胜利。第二天清晨,克努特国王发现英军营地空空荡荡,还以为英军心怀异志,已经投向敌方了。但他转而惊喜地发现,这支军队正在追击溃逃的瑞典人。克努特对于这场胜利连同戈德温的用兵之道都大为满意,赞赏之余,他把自己的女儿嫁给了戈德温,从此待之以完全的信任和尊重。

后来,克努特又一次渡海回到丹麦,向挪威发动攻击,驱逐了公正有余、勇武不足的挪威王奥拉斯(Olaus),将其国土据为己有,直到后者去世。至此,他凭借一身骁勇和不断的征服,已经登上荣耀的极顶。繁重的戎务与筹谋策划的担子稍卸之后,他得以体会到,人世间的一切赏心乐事在本质上终不完满,从而厌倦于此生的荣耀和喧嚣,开始把眼光投向来世,寻求身心的寄托。此乃人类心灵的自然倾向,无论是享尽荣华富贵者还是饱经忧患沧桑者概莫能外。令人遗憾的是,那个时代通行的观念将他的虔诚导向了歧途。他不去补偿昔日自己暴行的受害者,而是全心致力于被僧侣们奉为功德无量的种种虔行:他到处修建教堂,布施修道院,向教会慷慨输捐,还拨出国库岁入,在阿辛顿等地举办专场法事,为那些因抵抗他而战死者的亡魂祷告。他甚至亲赴罗马朝圣,并在那里滞留了很长一段时间。除了为罗马的英国学院向教宗争取到多项特权之外,他还与朝圣必经之路上的各国君主签约,免除了对英国朝圣者征收的种种苛捐杂税。他的虔诚赢得了臣民的衷心爱戴,毫不亚于他们对其公正明智的治国之道的深深服膺。

克努特身为那个世代最伟大、最有实力的君主,同时统辖着丹麦、挪威和英格兰这三个王国,耳边当然不乏廷臣们的阿谀奉

公元
1028 年

125

承,其实每个君王的耳朵里都会灌满这类颂词,哪怕最卑劣无能者也不会例外。一天,几个精于溜须拍马的家伙开口颂扬他何等伟大,声称国王无所不能。据说,国王闻听此言,即命人在涨潮时把他的御座搬到海边,他面对着不断上涨的海潮,以海洋之主的身份命令潮水应声止息。随后,他装模作样地在那里坐等潮水遵旨退却,然而海潮依然汹涌而至,浪头开始扑打到国王身上。这时,他转过身来,对众臣发话:世间造物莫不卑微软弱,唯神的大能掌管万有。只有祂才能向海洋下令:"到此止步,不得逾越半分。"只要祂一点头,人类凭骄傲和野心筑就的一切辉煌,即刻便化为乌有。

公元
1031 年

　　克努特自罗马朝圣回国后,唯一的重大举动就是讨伐苏格兰国王马尔科姆。在埃塞雷德当朝期间,开始按每海德一先令的标准向全英征收田亩税,俗称"丹麦金"(Danegelt),这是因为,其税金用途或是向丹麦人赎买和平,或是为抵御丹麦人而扩充军备。埃塞雷德要求苏格兰国王治下的英属坎伯兰郡也照此规定纳税,然而骁勇好战的马尔科姆答复道,他一向有能力凭一己之力击退丹麦人,而不必低三下四地贿敌求和,或者花钱雇佣旁人来帮助自己退敌。埃塞雷德闻言大怒,他听出此话分明是对他暗含讥诮贬讽。于是,他挥师远征坎伯兰,虽对该地区造成了严重破坏,却始终未能让马尔科姆变得稍微恭顺一点。克努特登基之后,诏令苏格兰国王为其名下的坎伯兰封邑向英王宣誓效忠,但是马尔科姆却拒不服从,借口他只向凭嫡裔血统继位的英格兰之主称臣。以克努特的性格,此等侮辱是绝对不能容忍的。苏格兰国王很快就发现,现在执掌英格兰权杖者,断乎不同于原先那个软弱无能、优柔寡断的埃塞雷德。当克努特亲率大军气势汹汹地出现在边境线上,马尔科姆随即服软,承诺由他的孙子和继承人、也是坎伯兰郡之主邓肯(Duncan)按规矩向英王行效忠礼,而且,今后苏格兰国王世世代代都要为此封邑向英王称臣。①

　　这件大事过后,又平静地过了四年,克努特在沙夫茨伯里(Shaftsbury)去世。②他身后留下三子:斯温、哈罗德(Harold)和哈迪克努特(Hardicanute)。斯温是克努特的第一个王后、汉普郡伯爵之女艾尔芙温(Alfwen)所生,已被加冕为挪威国王;哈迪克努特为埃玛所生,继承了丹麦王位;与斯温同母所生的哈罗德当时正在英格兰。

捷足哈罗德

　　尽管克努特与诺曼底公爵理查二世有约在先,要将英格兰王位传给埃玛所出之子女,但是他后来并未践诺。他或许是认为理查二世已死,此约便告失效;又或许是觉得哈迪克努德年纪尚幼,出于安全考虑,不宜将这个局面不稳的新绥之国交付于他。所以,他在遗嘱中指定哈罗德继承英国王位。这位王子当时恰在英伦,得享近水楼台之便;他还深得全体丹麦人的拥戴;父王去世后,他立即接手了国家府库,这非常有助于他将来顺利承继大统——无论是采用文、武哪种手段。另一方面,哈迪克努特深得英

公元
1035 年

127

---

　　① W. Malm. p. 74.
　　② Chron. Sax. p. 154. W. Malm. p. 76.

国民众的支持，因为他是埃玛王后所生，是在这片土地上呱呱落地的，所以英人视他为同胞；先王与诺曼底公爵签订的条约上，也明确规定了他对英国王位的继承权；最重要的是，他这一派还拥有戈德温伯爵这一强大后盾，这位大贵族的实力在国内首屈一指，在古老英格兰之首善要郡威塞克斯，其势力更是根深叶茂。兄弟相争不下，几成内战之势，后来在两方面贵族的调停下，最终达成妥协。哈罗德拥有连同伦敦在内的泰晤士河以北各郡；而南方各郡归哈迪克努特所有。在哈迪克努特归国掌权之前，他名下的那部分国土由长驻温切斯特的太后埃玛摄行管辖权。

在此期间，诺曼底公爵罗贝尔在朝圣途中去世，由其幼子继位。依附于诺曼底宫廷的英国王子阿尔弗雷德和爱德华在那边失去了支助和庇护，又见他们的母亲埃玛在温切斯特势位煊赫，便找了个机会，带着大批扈从兴冲冲地前来投奔。然而，事态不久便露出了凶险的一面。哈罗德巧言笼络戈德温伯爵，答应娶伯爵之女为后，从而成功地将戈德温拉到自己一边。这两个残暴之徒密议已定，便设计要篡除两位英国血统的王子。哈罗德假惺惺地盛情邀请阿尔弗雷德赴伦敦一聚，后者如约前往，刚走到吉尔福德(Guilford)，便中了戈德温手下的埋伏，随行扈从六百人被杀，场面残忍至极；王子本人被俘，双目被剜，囚居于伊利(Ely)修道院，不久便命丧于此。[1]爱德华和埃玛闻知大祸临头，即由海路

---

① H. Hunt. p. 365. Ypod. Neustr. p. 434. Hoveden. p. 438. Chron. Mailr. p. 156. Higden，p. 277. Chron. St. Petri di Burgo，p. 39. Sim. Dun. p. 179. Abbas Rieval. pp. 366，374. Brompton，p. 935. Gul. Gem. lib. 7. cap. 11. Matth. West. p. 209. Flor. Wigorn. p. 622. Alur. Beverl. p. 118.

128　出逃,爱德华逃到诺曼底,埃玛落脚于佛兰德斯(Flanders)①。而哈罗德凭此血腥手段得遂所愿,尽占其弟名下的国土,未遇任何抵抗。

　　这位品质恶劣的君王在位四年,其行迹除上述血案之外,余者概不足述。后世只能由他的绰号"捷足"知其身体矫健,奔走如飞。哈罗德死于 1039 年 4 月 14 日,国丧之际,举国漠然,并无一丝痛惜敬挽之意。至此,英格兰王位空虚,专待先王之弟哈迪克努特的到来。

哈迪克努特

　　哈迪克努特,亦称 Canute the Hardy,意为"强健者克努特",^{公元}因为这位国王也以身体矫健著称。他此前久居丹麦,以致其在英格兰的份内之地尽遭他人侵吞,然而他从未声言放弃自己的权利,并且在哈罗德死前就已下定决心,要以武力夺回失去的一切,无论当初这份损失是缘于他自己的疏失,还是因情势所迫、逼不得已。他打着赴佛兰德斯拜见太后的旗号,集结起六十艘战船,准备突袭英格兰。恰于此时,其兄哈罗德的死讯传来,他便即刻扬帆赶赴伦敦,以胜利者的姿态接受臣民的欢迎,并且毫无争议地被拥戴为王。

　　哈迪克努特上台后的第一个举动,就让他的英国臣民看到了不祥之兆。他痛恨哈罗德侵夺自己份内国土、无情戕害手足,其

---

　　①　位于欧洲西北部北海沿岸的一个伯爵领。包括现今法国西北部部分地区,比利时的东佛兰德省、西佛兰德省以及尼德兰西南部的泽兰省。——译者

人既已祸害不存,然而新君出于向死人报复的无能心态,竟然命人挖坟掘墓,把哈罗德的尸首扔进泰晤士河。尸首被渔夫捞起,葬于伦敦;国王再次下令将其掘出,重新抛于河中。过后,尸首复被捞起,秘密下葬。戈德温伯爵为这次变态暴行充当马前卒,尽显其卑躬屈膝与无耻本色。

戈德温伯爵心里明白,国人都将他视作残害阿尔弗雷德王子 129 的帮凶,哈迪克努特国王也因此对他颇为厌憎。他在挖坟事件中如此卖力表现,大有对哈罗德恨入骨髓之态,可能是希望借此洗脱自己在先朝助纣为虐的罪名。但是爱德华王子已应新君之邀归国,他一现身朝堂,立即指控戈德温参与谋杀阿尔弗雷德王子的罪行,要求为受害者伸张正义。为了平息国王的怒气,戈德温特地敬献了一艘帆桨并用的大船,舻部镀金,八十名桨手人人臂缠重达十六盎司的金镯,衣甲鲜丽,富丽堂皇。哈迪克努特见此盛大场面心中欢喜,转眼便把兄弟被害之事抛诸脑后。戈德温赌咒发誓说自己在此事上清白无辜,国王便顺势放过了他。

哈迪克努特是应全体英国人的宣誓效忠而登基的,尽管如此,他的种种倒行逆施不久便失去了民心。最令民众难以容忍的,莫过于他下令重征丹麦金,从英格兰敛取重税,犒赏护送他归国的丹麦舰队。各地民怨沸腾,在伍斯特①城,百姓揭竿而起,杀死两名税吏。国王闻变大怒,发誓报复,即命威塞克斯公爵戈德温、诺森伯兰公爵西沃德(Siward)和墨西亚公爵利奥夫里克(Leofric)这三位贵族开赴该城,以铁血政策无情镇压反抗民众。

---

① 英格兰城市,位于塞文河畔,现西米德兰兹郡境内(West Midlands)。——译者

他们奉命放火焚城,纵兵肆意劫掠,但是没有屠杀城内百姓,而是把他们囚禁在塞文河上一座名叫贝弗利(Beverey)的小岛上。后经这几位贵族出面求情,国王才息止雷霆之怒,赦免了全城百姓。

这一朝的暴政为时并不长久。哈迪克努特在位两年即崩:他御驾光临一位丹麦贵族的婚礼,暴亡于喜宴之上。他虽然体质强健,但是生活放纵无忌,这一点早就尽人皆知,故而臣民们对其暴亡的结局并不吃惊,也未表现出哀恸。

信士爱德华

哈迪克努特去世之际,英格兰人似乎看到了摆脱丹麦人的长期奴役、重获自由的大好机会。克努特的长子、挪威国王斯温远在北方,哈罗德和哈迪克努特相继无嗣而终,克努特家族无人提出主张,丹麦人也找不到一个可拥戴的继位人选。哈迪克努特驾崩时,其同母异父的兄长爱德华王子恰巧正在宫廷。尽管只有刚勇王埃德蒙的后裔才是撒克逊王室的正统嗣子,但是他们此时远在匈牙利,对于一向不太在意恪守王位传承次序的英格兰人来说,就有了充足的理由把他们排除在外。形势严峻,事不宜迟,英格兰人必须抓紧眼下这个稍纵即逝的机会;丹麦人那边则是人心不齐,群龙无首,因事起突然而惊惶无措,只顾担心个人安危,并不敢反对英人举国一致的呼声。

然而,尽管各方面形势均对爱德华有利,他的继位大事还须通过戈德温这一关。这位权贵势倾天下、党友遍地,兼以才干过人,在朝堂上向来是一言九鼎,尤其逢到时局突变、改朝换代的紧

公元
1041 年

要关头,他的作用就更显突出了。对于戈德温将何去何从,公众的判断分为截然对立的两派,期待和担忧各有依据。一方面,戈德温的根基主要在威塞克斯,此地居民几乎完全是英格兰人。有理由推测,他会支持英人的愿望,复兴撒克逊王室遗脉,压制丹麦人的势力,因为他本人与其广大同胞一样,已经体会到异族统治所带来的深重压迫,对此心怀忧惧。另一方面,爱德华与戈德温之间存在着赤裸裸的敌意,起因就是阿尔弗雷德遇害一事。爱德华王子曾经公开指控戈德温为凶手,后者恐怕也深知,今后无论自己立下多大的功劳,也难以真正消弭这样的深仇大恨。不过,[131]双方共同的朋友此时出面调停,向他们摆明和衷共济的必要性,敦促他们搁置敌意和猜忌,为家邦重获自由而同心协力。对此,戈德温只提出一项要求:爱德华必须答应娶他的女儿伊迪莎为妻,作为诚心和解的保证。伯爵通过上述婚约确保自身地位稳固无虞之后,随即在吉灵厄姆召开了大谘议会,做好一切安排,力保爱德华登上王位。会上,英格兰人同心同德、坚定积极地争取自己的目标,而丹麦人则好似一盘散沙,垂头丧气。任何一点微不足道的异议都被恫吓压熄;爱德华王子顺利登基加冕,俨然一位重任在肩、深受万民爱戴之君。

英格兰人一举占到先机,这是他们标志性和决定性的胜利;起初,伴随这一胜利也发生了一些针对丹麦人的欺凌和暴力攻击事件,但是国王凭借其仁柔禀性,很快便让丹麦人绥服归化,以至于两个民族之间的差异逐渐变得模糊乃至消失了。在大多数地区,丹麦人都散居在英格兰人中间,彼此语言相近,习俗和法律也无甚差别。由于这段时期丹麦国内局势不太平,所以英国有好些年都未遭到丹麦海盗的大举进犯,岛内不同种族间的宿怨不再被挑动激化,彼此渐趋融合;此外,不久后发生的"诺曼征服"令两个民族齐齐降为臣虏,所以他们之间的差异嗣后不复见诸于史册。然而,英国人对于当下获得的解脱欣喜万分,特为这一伟大事件创设了一个节日,年年欢庆;直到斯皮尔曼(Spellman)生活的年代,有一些郡仍然庆祝这个节日。①

爱德华即位时深得民众拥戴。他上任后的第一项重大举措,就是撤销先王批准的所有补助金,一般说来,这种举动往往带来极危险的后果,然而这次却不同,爱德华的人望并未因此而受损。王室财政拮据,国人因之深信采取这一激烈手段乃绝对必要。再说,这个政策下蒙受损失的主要是丹麦人,此前的几任丹麦裔国王赐予他们大笔补助金,以奖掖他们征服此岛的功绩。现在这些丹麦人的生活重陷困窘,英格兰人看了普遍拍手称快。新君的严苛还及于其母,即现任太后埃玛,此事虽在朝野招来一定非议,但是并未形成普遍谴责。一直以来,爱德华与其母后的关系就很冷淡,责怪她在他们兄弟二人时运背晦时疏于关照;②他声称,和自己的父亲埃塞雷德相比,克努特人品更为优秀,待埃玛也更好,所以她的心里早已没有亡夫的位置;她更偏爱第二次婚姻所生的孩子,对哈迪克努特尤其宠爱有加。或许正是出于同样的原因,埃

132

---

①　Spellm. *Glossary*, "Hocday" 词条。斯皮尔曼(Sir Henry Spellman/Spelman,1562—1641),出身于诺福克贵族世家,以古文物收藏、研究及英国古代法律研究而闻名,著有 *Concilia Ecclesiastica Orbis Britannici* 和 *Glossarium Archaiologicum*(即本注中提到的 "*Glossary*",乃史上第一部盎格鲁-撒克逊词典)。——译者

②　Anglia Sacra, vol. I, p. 237.

玛在国内并不怎么得人心，尽管她对僧侣慷慨布施，赢得了这一阶层的爱戴，但是从总体而言，国内民众见到她积聚的巨额资财被爱德华剥夺，并未感到义愤填膺。她被送进温切斯特的一家修道院，在那里度过余生。不过爱德华国王并没有进一步迫害她。传说国王指控她参与谋害亲生儿子阿尔弗雷德，又与温切斯特主教勾结谋逆，太后为自证清白，赤脚踏过九道烧炽的犁头，毫发无伤；然而这些都是修道院史家编造出来的，为后世那些醉心于奇迹的愚夫愚妇所传扬和笃信。①

　　爱德华登上王位，英国人自诩永远摆脱了异族的统治，然而他们很快就发现，这种威胁并未完全消失。国王自幼在诺曼底接受教育，在当地结交了许多知心好友，对他们的习俗满腔热爱。②英国宫廷里很快就充满了诺曼底人，他们深得国王宠信，文化教养也比当时的英格兰人高出一截，自然处处占尽风头，于是乎他们的语言、习俗和习惯法很快就在这一国内流行开来。当时英国人学习法语蔚然成风，廷臣们都喜欢模仿诺曼底人的装束、车马样式和娱乐消遣。就连律师们也在诉讼和文件中用起了法语。③不过，对这些外来人的影响和支配感受最深的，莫过于英国教会：诺曼底人乌尔夫(Ulf)和威廉(William)原来是国王的私人牧师，现在分别被任命为多切斯特(Dorchester)和伦敦的主教。另一位诺曼底人罗贝尔则被提拔为坎特伯雷大主教，④最受主上恩遇，而

133

---

① Higden, p. 277.
② Ingulf, p. 62.
③ Ibid.
④ Chron. Sax. p. 161.

就其能力来看,国王的这番厚爱也并没有虚掷。其实,国王出于审慎,或是由于权力有限,把绝大部分行政和军事职位授予了本国人,而教会神职则多授予诺曼底人。由于后一部分人深受爱德华的宠信,他们在暗中对公共事务施加了极大的影响,让英国人不由得心生忌恨,其中尤以戈德温伯爵为甚。[①]

这个位高权重的大贵族,不仅享有威塞克斯公爵或伯爵的尊荣,还把肯特和萨塞克斯并入自己的辖地。他的长子斯温领有牛津、伯克夏、格洛斯特及赫里福德几郡;他的次子哈罗德为东盎格利亚公爵,兼领埃塞克斯。戈德温家族内仗其巨额财富,外有盘根错节的强大同盟,一时权势熏天;加上戈德温伯爵本人能力超群、野心勃勃,使王国局势更增添了一重危险因素。在此种情形之下,即便是换了另一位比爱德华更有本领、有魄力的君主,恐怕也难以撑足帝王的威严。而戈德温伯爵素性骄矜,事君常不尽礼,言行多涉轻慢。爱德华对他的反感除了基于政治理由之外,也有个人冲突的因素,新仇夹杂旧怨,挥之不去。国王践行前诺,真的娶了戈德温之女伊迪莎。[②] 然而这次联姻反成了双方结怨的又一个由头。爱德华仇视戈德温伯爵,以致殃及其女,尽管伊迪莎本人的才艺风度多有令人称道之处,但是她始终没能取得丈夫的信任和欢心。甚至有人声称,国王一直对她敬而远之,王后终其一生与丈夫都没有鱼水之欢。由于那个时代对所谓"贞洁无玷"的荒谬崇尚,国王的这一举动在修道院史家笔下被大加颂扬,他

公元
1048 年

① W. Malm. p. 80.

② Chron. Sax. p. 157.

之所以被冠以"圣徒"和"信士"的美名,在很大程度上即缘出于此。[1]

戈德温发泄对国王及其治国举措的不满,最能蛊惑人心的借₁₃₄口就是抱怨诺曼底人在政府中势力太大。这样,他与国王的宠臣们便形成了公开的对立。不久,双方的敌意便告升级,爆发了敌对行动。时值博洛涅(Bologne)伯爵尤斯塔斯(Eustace)来访,在拜会国王之后,经多佛尔(Dover)回国。一行人来到城内指派给他们的驻地,不料房主却不肯接待他们,伯爵的一个侍从试图强行闯入,在争斗中打伤了房主。当地居民出于报复,杀死了这个外国人。伯爵和他的随行人员拿起武器,杀了受伤的房主。在接下来的骚乱中,双方各有近二十人被害。尤斯塔斯见寡不敌众,只得仓皇逃跑,以免丧命于愤怒的暴民之手。他匆匆赶到国王的宫廷,控诉自己遭受的凌辱。国王大为不悦,积极插手此事:对方是应邀访问他宫廷的外邦贵宾,竟然毫无正当理由地遭到攻击、暴露于自己治下国民的粗暴和敌意,简直岂有此理!他命令管辖多佛尔的戈德温立即亲赴事发地点,采取补救措施,严惩肇事居民。但是,戈德温更希望煽动而非压制民众的排外情绪,他不仅抗旨不遵,还极力把挑起骚乱的责任全部推到博洛涅伯爵及其扈从身上。[2] 爱德华在此敏感问题上被触怒,看到重振朝纲的必要性,于是向戈德温发出威胁:他若敢执意违抗君命,就要尝到天威震怒的严重后果。

---

[1]　W. Malm. p. 80. Higden, p. 277. Abbas Rieval. pp. 366, 377. Matth. West. p. 221. Chron. Thom. Wykes, p. 21. Anglia Sacra, vol. I. p. 241.

[2]　Chron. Sax. p. 163. W. Malm. p. 81. Higden, p. 279.

戈德温伯爵看到决裂已在所难免,所幸自己抓住了一个有可能赢得国人支持的理由,于是他开始整顿军备,以图自卫——其实毋宁说是准备主动攻击爱德华。他以镇压威尔士边境骚乱为名,秘密集结大军,潜踪暗行,直捣国王驻跸的格洛斯特。此时的爱德华国王全无防备,身边也无护驾之兵。[①]国王急召诺森伯兰公爵西沃德和墨西亚公爵利奥夫里克前来救驾。这两位都是颇有实力的大贵族,他们忌妒戈德温权倾朝野,也是出于对王室的忠诚,故而在此危急时刻毅然发兵勤王。由于事出紧急,他们只带了仓促召聚的少数兵丁匆匆赶来,结果发现面临的危险远远超出最初的预计,于是,两位爵爷再向所辖各地发出号令:务必倾尽所有兵力,火速前来勤王救驾,不可耽延! 与此同时,爱德华尽可能地借议和来争取时间。戈德温满心以为国王已被自己攥在手心,也不愿意与其彻底撕破脸皮,因而中了国王的缓兵之计。他本该想到,自己已经在这条不归路上走得太远,此时不宜再优柔寡断,务须当机立断、一举夺取政权方为上策。然而他并未把握住面前的良机。

英格兰人虽然认为爱德华国王似乎刚勇才干不足,却深爱这位君主的仁慈、公正和虔诚,加之他是本族正统王室一脉相传的嫡系,所以更能博得他们的拥戴。勤王之师从王国各个角落赶来保卫主上。现在王军声势浩大,爱德华于是挥戈上阵,向伦敦挺进。他颁旨在伦敦召开大谘议会,审判戈德温父子的谋逆之罪。叛逆者起初假称愿意接受裁断;在煽动其追随者继续造反不成的

---

① Chron. Sax p. 163. W. Malm. p. 81.

情况下，又提出国王须以人质作保，他们才能前往伦敦。这个要求被断然拒绝。他们只得解散残余的部队，逃往海外。佛兰德斯伯爵鲍德温（Baldwin）为戈德温及其三个儿子戈尔斯（Gurth）、斯温和托斯蒂（Tosti）提供了庇护，因为他本是托斯蒂的岳父。戈德温的另外两个儿子哈罗德和利奥夫温（Leofwin）避难于爱尔兰。戈德温父子的领地均被褫夺充公；他们的官职被授予他人；伊迪莎王后也被关进瓦尔维尔（Warewel）的一家修道院。这个曾经盛极一时的家族，现在似乎已经被连根拔起，彻底败落了。

　　戈德温虽已倒台，但是他多年经营的基础却非常扎实，他还拥有海内外众多盟友的强力支持，足以卷土重来，制造新的麻烦。佛兰德斯伯爵允许他在其境内海港购置和租借船舶，于是戈德温召聚余党，并从各国招募海盗，配齐了舰上人手，扬帆出海，欲对桑威奇发动袭击。英王闻知戈德温备战的消息，预先武装起一支强大的舰队，实力远胜于敌军。戈德温不敢在海上与王师对战，不等英国舰队露面，就仓皇撤回佛兰德斯沿岸海港，龟缩不出。[1] 英格兰朝野自以为已经安全无虞，于是懈怠下来，再无进一步的谋算，任由海军人员四散，舰船朽坏。[2] 然而，戈德温伯爵却一直令手下保持着枕戈待旦的状态，等的就是这一天：时机一到，他立即率众出海，驶抵怀特岛，与哈罗德从爱尔兰募集的一支军队会合。现在，戈德温掌握着制海权，他的舰队攻入英格兰南部沿海各个港口，掳走港内停泊的所有船只；[3]戈德温号召昔年追随他的

136

公元
1052 年

---

① Sim. Dun. p. 186.
② Chron. Sax. p. 166.
③ Ibid.

老部下在各郡群起响应，支持他为自己、为家族、为英格兰力争公道，反对异族高高在上的暴政。伯爵登高一呼，各地蜂起景从，由是叛军势力大张，溯泰晤士河而上，进逼伦敦。国内局势一片大乱。国王本人似乎决心战斗到底，但是英国贵族们多有同情戈德温的，他们居间调停，劝说爱德华听取对方开出的和谈条件。戈德温伯爵放低姿态，声称只想通过公正、公开的审判为自己求个公道，绝无暴力犯上之意。这个声明为他的入城铺平了道路。双方约定，戈德温伯爵应先行提供人质，以保证其日后行为良好；另一方面，国王须将以大主教为首的外国人统统驱逐出境。通过一纸和约，英国避免了一场迫在眉睫的内战，然而王权的威势却大为削弱，或者说天威扫地也不为过。爱德华心知自己的实力薄弱，在英伦本土肯定保不住戈德温送来的人质，于是把他们送到海峡对岸，让自己的亲戚、年轻的诺曼底公爵帮忙看管。

此后不久，戈德温伯爵在陪同国王饮宴时一命呜呼，因而无从进一步巩固已经取得的权威、打压爱德华的势力。[①] 他死后，其子哈罗德接掌了威塞克斯、萨塞克斯、肯特和埃塞克斯的管辖权，以及大权在握的王家事务总管一职；哈罗德其人，野心不在乃父之下，若论圆滑世故、阿谀逢迎之道以及人品风度，则更胜戈德温一筹。他以谦恭温和的态度赢得了爱德华的好感，至少令国王对戈德温家族的凤怨大为缓解。[②] 同时，他那慷慨好施、平易近人的处世风格，日日都为他赢得新的同党。他的威望以一种潜移默

137

---

① 参见卷末注释[E]。
② Brompton, p. 948.

化、也更加危险的方式持续提升。国王没有力量和勇气直接对抗其节节进逼的势头，只得采取一种不无危险的权宜策略，扶植墨西亚公爵利奥夫里克家族，与哈罗德抗衡：他把东盎格利亚交给墨西亚公爵之子阿尔伽（Algar）管辖，希望制造二虎相争的局面，因为前番戈德温父子被逐之前，这里原是哈罗德的封地。只是，爱德华并没有足够的膂力来驾驭这两只相争之虎，因此在这些权倾朝野又不受羁縻的贵族之间，不可避免地产生了派系纷争乃至内乱。在哈罗德的强势逼迫和阴谋排挤之下，阿尔伽不久便被驱逐，但是得到他的女婿、威尔士国君格里菲斯（Griffith）的庇护，又仰仗其父利奥夫里克公爵这个靠山，终于迫使哈罗德与之达成妥协，恢复了他对东盎格利亚的管辖权。这个和平局面并没有维持多久，利奥夫里克很快便亡故了，哈罗德趁机再次将阿尔伽逐出王国。后者随即率领一支挪威军队侵入东盎格利亚，肆意逞威于该地，但是他不久也去世了，哈罗德就此摆脱了一个危险的对手，如释重负。尽管朝廷此后将东盎格利亚的管辖权授予了阿尔伽的长子爱德华，但是国王希望看到的几大家族势均力敌的局面已成泡影，哈罗德一家独大，居于压倒性优势地位。

公元
1055年　　　诺森伯兰公爵西沃德之死，为哈罗德实现其野心进一步扫清了障碍。西沃德在世时多有功绩，更在爱德华一朝唯一的一次对外战争中取得辉煌战绩，为英格兰扬了威。苏格兰王邓肯禀性仁厚，但其才干并不足以统治这个动荡不安、高层统治圈内弥漫着阴谋和仇恨的国度。王室近亲麦克白（Macbeth）是一位实力雄厚的大贵族，本已权势齐天，却仍不餍足，终于将其致命的野心推向极端：他谋杀国君，将储君马尔科姆·肯摩尔太子驱逐到英格兰，自己篡夺了王位。西沃德身为邓肯的岳父,奉英王爱德华之命庇护这个不幸的家族。他率军挺进苏格兰,打败并诛杀了麦克白,将马尔科姆重新扶上其家族世代相袭的王位。[①]西沃德原为苏格兰王室姻亲,此番又立新功,在北方地区的影响力为之大增。不过,他的长子奥斯本(Osbern)也在讨伐麦克白的战斗中丧生,对其家族是一个致命的损失。西沃德去世之际,他的次子沃特奥尔夫(Walthoef)年纪尚幼,无法承担管理诺森伯兰的重任。哈罗德凭借权势,把这一公爵领授给了自己的弟弟托斯蒂。

关于西沃德,有以下两则掌故,足以说明此公具有极高的荣誉感和军人气概:当接到儿子奥斯本的死讯时,老公爵悲痛欲绝;又闻听奥斯本在战场上表现得无比英勇,最后前胸受创而死,他便止住悲伤,反有欣慰之色。他自己在临终之时,要求仆人帮他穿起全副铠甲;他手持长矛,端坐于卧榻之上,宣称唯有这个姿态才配得上武士之名,他要以此姿态耐心等待生命的终结。

此时,国王由于操劳过度加之体弱多病,以致英年早衰,已经感觉到大限将至。他本人没有子嗣,因此开始考虑指定王位继承人的问题。他遣使到匈牙利,邀请侄儿爱德华归来——爱德华是其长兄刚勇王埃德蒙之子,撒克逊王室最后的余脉,由他来继承大统应是顺理成章,毫无异议的。爱德华王子携带三个子女埃德伽(人称"阿塞林",即"王子"之意)、玛格丽特和克里斯蒂娜回到英国。然而爱德华王子抵达英国未及数日便去世了,国王又面临着新的难题。他看得很清楚,哈罗德大权在握、虎视眈眈,王位一

139

① W. Malm. p. 79. Hoveden, p. 443. Chron. Mailr, p. 158. Buchanan, p. 115. edit. 1715.

旦空虚,他会立即将其据为己有;年轻而缺乏历练的埃德伽根本敌不过这位人脉深厚、咄咄逼人的枭雄。国王内心对戈德温伯爵积怨已久,自然不肯将王位传给冤家对头的儿子。要知道,戈德温家族走向昌盛,一路将衰落的王权踏在脚下,而他们参与谋害现任国王的胞兄阿尔弗雷德王子,更是极大地削弱了撒克逊王族的世脉,以国王的角度,如何甘心看到这个家族攀上荣耀之巅!在此举棋不定之际,他悄悄把眼光转向自己的亲戚,诺曼底公爵威廉——唯有此公才拥有足够的实力、声望和才干,能帮助他阻挡自己深恶痛绝的哈罗德及其家族染指王位。[1]

　　这位大名鼎鼎的诺曼底爵爷,乃是前任诺曼底公爵罗贝尔的私生子,其母为法莱斯(Falaise)地方的一个硝皮匠之女,名叫哈洛塔(Harlotta)。[2] 尽管母家出身卑微,但是他年纪轻轻便已牢固确立了自己的尊荣地位。他年方九岁时,他的父亲决心赴耶路撒冷朝圣。当时耶路撒冷已经取代罗马,成为最流行的朝圣目的地。由于这条路途更为艰险,而且通向基督教最初的发源地,所以此举在虔诚的冒险家心目中更加功德无量。老公爵在启程前,召集领地内各邦贵族,把自己的意图告知他们,又命他们宣誓效忠于他的私生子威廉;因为公爵没有合法嗣子,所以他嘱咐在先,万一自己在朝圣途中发生不测,要把诺曼底公爵领传给威廉。[3] 作为一个审慎的王公,他不可能看不到前路的艰难险阻,以及这一继承安排落实的难度:上层圈子永无宁息的矛盾纠葛,本家族旁系

---

[1]　Ingulf, p. 68.

[2]　Brompton, p. 910.

[3]　W. Malm. p. 95.

支脉的争权要求,来自法兰西王室的威胁,都不可小觑。然而所有这一切顾虑都被朝圣的热忱所压倒;[①]或许,这些问题越是关系重大,罗贝尔为尽自己心目中的宗教义务而抛开这一切时,就越能感到无上的喜乐。罗贝尔公爵死在了朝圣路上,正如他自己预料的那样。他那未成年的儿子面对着这种情况下几乎不可避免的一片混乱。贵族们摆脱了对宗主权威的敬畏,变得肆无忌惮,彼此间为私怨缠斗得一塌糊涂,使整个公国陷入战乱和荒凉。[②]托尼伯爵罗歇(Roger)和布列塔尼伯爵阿莱恩(Alain)都对诺曼底公爵之位提出权利主张,法兰西国王亨利一世(Henry I)也想趁此大好时机削夺强藩势力,这块领地本来就是诺曼人凭借暴力、以令人不快的方式取得的,一向被法国王室视作一大威胁。[③] 在这重重危险之下,罗贝尔公爵当初组建的摄政团面临着极大的困难,只能勉力支撑;年轻的爵位继承人在长大成人后,发现自己处在一个极低的地位。然而,他很快在军事和政治两方面展现出过人的才干,令朋友们为之鼓舞、敌人为之胆寒。威廉公爵四面出击,内镇反叛的臣僚,外抗入侵之敌,凭借着超群的勇武和指挥才能所向披靡。他迫使法王以合理的条件与之媾和;他驱逐了所有觊觎其爵位的贵族;他降服了手下那帮无法无天的男爵,使之听从号令,搁置彼此间的恩怨。他天生性情严厉,故执法严明,毫不容情;他满意地发现,这一执政方略收效甚佳,在那个时代,执政者若无铁腕,法律就成了一纸空文。故而,他认定这样一条金科玉

---

① Ypod. Neust. p. 452.

② W. Malm. p. 95. Gul. Germet. lib. 7. cap. 1.

③ W. Malm. p. 97.

律:君主的首要职责,就是充当坚定的指挥者。

　　安定厥邦之后,威廉公爵才有余暇前来拜访英格兰国王,当时恰在戈德温伯爵被逐期间。英王爱德华对他的接待极尽隆重,完全配得上公爵的赫赫声名、配得上他与英王之间的姻亲关系,以及英王对其家族的感戴之情。[①]后来,戈德温伯爵重返英伦,在朝中来自诺曼底的宠臣尽数被逐之际,坎特伯雷大主教罗贝尔曾在离境前密劝爱德华,应当考虑选威廉做王位继承人。这个建议与国王的想法一拍即合,因为他憎恶戈德温、偏爱诺曼底人,对威廉公爵非常钦佩。大主教奉旨向威廉转达英国国王的美意,从而首次拨动了公爵对英国王位的觊觎之心。[②]但是,爱德华向来优柔寡断、心思懦弱,他发现英国民众更倾向于认同撒克逊王室复辟,便在私下接触诺曼底公爵的同时,将其兄长的后裔从匈牙利请回,有心立其为王位继承人。后来,他见侄子已死,年轻的埃德伽缺乏经验且不成器,便又把眼光转回到诺曼底公爵身上;不过,由于害怕引发动荡,他迟迟都未实施这个计划,甚至对所有的大臣都秘而不宣。

　　与此同时,哈罗德却一直在大张旗鼓地提升自己的人望,巩固手上的权势,加紧铺垫,只待王位出现空缺,他好当仁不让地荣登御座。如今国王年迈体衰,这个前景看来已是指日可待了。只是,他的前进道路上还有一层障碍,必得事先克服:当初戈德温伯爵为了恢复其权力和财产,曾经以人质作抵,以保证其行为良好,

141

---

① Hoveden, p. 442. Ingulf, p. 65. Chron. Mailr. p. 157. Higden, p. 279.
② Ingulf, p. 68. Gul. Gemet. lib. 7. cap. 31. Order. Vitalis, p. 492.

这批人质当中包括他的一儿一孙。爱德华出于安全考虑,已将人质转交给诺曼底公爵代为看管。哈罗德虽然不知道这位公爵是他的竞争对手,但是每想到自己的近亲被扣在外国,仍然感到不安。他担心威廉会站在埃德伽一边,以手中人质作为筹码,对付有心篡位者。于是,哈罗德向国王力陈,自己一向赤胆忠心、绝对服从王家权威,竭诚效力于主上,久经考验而始终如一,有鉴于此,早年内乱时期交付的人质已无继续羁押之必要。凭借上述理由,再加上他的强势胁迫,国王只得同意释放人质。哈罗德立即带上大批扈从,动身前往诺曼底,去执行这个任务。他们在海上遭遇暴风雨,漂流到蓬蒂约伯爵居伊(Guy,count of Ponthieu)的领地。居伊一听说来者的身份,立刻将其扣留,索取天价赎金。哈罗德设法将自己的境遇告知诺曼底公爵,说他奉了英王旨意,前往公爵驾前办差,不幸落到唯利是图的蓬蒂约伯爵手上,遭到苛刻的对待。

威廉公爵立即意识到此事关系重大。他看出,如果能把哈罗德争取过来(无论通过笼络还是胁迫的手段),那么自己取得英格兰王位的道路就将畅通无碍,爱德华国王就可以顺利地实施有利于自己的传位计划。因此,他遣使去见居伊,命他释放被囚者。居伊慑于公爵的实力,乖乖地把哈罗德交给诺曼底来使,于是一行人来至鲁昂(Roüen)。威廉以极为尊重友好的态度接待了哈罗德,他首先表示乐于满足客人的要求,释放人质,随后又找机会向其透露了那个重大秘密,说明自己有志于英国王位,爱德华国王有意立下遗嘱传位于他。他希望得到哈罗德的帮助,以期完善整个策划。公爵声称,对于哈罗德的大恩,日后必当涌泉以报:戈德温家族虽然声势显赫,但在现任国王的猜忌和仇视之下,处境不无艰难;将来自己若能得其襄佐登上王位,自当给予大力提携,使之荣耀倍增。哈罗德闻听公爵之意惊诧不已,但他心知,眼下如果拒绝公爵的要求,自己就永远无法恢复自由,更别说救出兄弟和侄儿了。于是他假意应承威廉的要求,宣称自己对英国王位绝无觊觎之心,只想全心全意按爱德华的遗嘱办事,支持诺曼底公爵的继位要求。威廉公爵为了把哈罗德紧紧绑在自己的利益战车上,把一个女儿许配给他,并且要求他立下誓约,一定践行承诺。他还要了个花招,以增加誓约的效力,其方式完全符合那个时代愚昧迷信的特色。他将时人最为崇敬的圣髑暗暗置于哈罗德起誓的祭台下,待哈罗德宣誓后,将圣髑指给他看,告诫他务必以敬虔之心谨守在神前许下的这一庄严誓约。[①] 这位英国贵族不免大吃一惊,但是他并未流露半点不安之色,当即重申了誓言。于是,在一片至诚互信、和乐融融的气氛中,诺曼底公爵送他踏上了归途。

　　哈罗德一旦重获自由,蓬勃的野心自能为他找到毁弃前誓的充分理由:一来此誓乃是受人胁迫而立下的;再者,履行誓约就等于将自己的家邦置于异族轭下。他继续无所不用其极地收买人心,扩充党羽,让国人的头脑逐渐顺应了由他来承继大统的观念,同时设法勾起他们对诺曼底人的旧恨;他大肆炫耀实力,威慑怯懦的爱德华,使之不敢提出传位于威廉的方案。恰在此时,由于

---

　　① Wace, pp. 459, 460. MS. penes Carte, p. 354. W. Malm. p. 93. H. Hunt. p. 366. Hoveden, p. 449. Brompton, p. 947.

命运之神的眷顾,英国国内发生了两件大事,让哈罗德趁机赢得国人更广泛的爱戴,越发成就了他德能兼备的完美形象。

威尔士人虽然不及丹麦海盗可怕,但是他们久已为患英格兰西部边境,每次在平原地带掳掠得手之后,便迅速撤回山区,以躲避追击,伺机再次出动。时任威尔士王的格里菲斯特别擅长此道,令英格兰百姓闻之胆寒。哈罗德见此情形,认定此时出兵荡平这一危险的强敌,乃是赚取民心、为自己赢得荣名的最佳机会。他亲自制订了讨伐威尔士的战略计划:派遣轻装备的步兵深入山地追击威尔士人,以一部分骑兵扫荡开阔地带,并组织一支舰队袭击沿海地区。如此三管齐下,其势锐不可当,不给敌人留下任 144 何喘息之机。最后威尔士人被逼到绝路,为免于全军覆灭,只好砍下格里菲斯的头献给哈罗德,表示愿意投降,接受爱德华指定的两名威尔士贵族来治理他们。

还有另外一件大事,也同样使哈罗德荣名远播。先前被封为诺森伯兰公爵的托斯蒂乃哈罗德之弟,此人生性暴虐专横,在当地胡作非为、恣行不义,以致激起民变,被逐出诺森伯兰。原墨西亚公爵利奥夫里克之孙莫卡和埃德温兄弟俩在该地区势力颇大,他们对暴动起到了推波助澜的作用。莫卡被推举为诺森伯兰公爵,率领义军迎击奉旨平叛的哈罗德。两军对阵之时,莫卡深谙王师主帅的宽宏大度,在开战前力陈诸般理由,为己方辩护。他向哈罗德诉说托斯蒂的统治残暴无道,根本不配为民父母。无论是谁——哪怕身为他的兄弟,如果支持这样的一个暴君,也难免身染助纣为虐的骂名。诺森伯兰人世代习于法治,将其视为自己与生俱来的权利;他们愿意服从国王,但是要求地方长官尊重当地人的权利和特权；不自由，毋宁死，此乃诺森伯兰人代代相传的信念，他们宁可全地化为荒场，也不肯继续忍受恶政强加于他们头上的侮辱。他们相信，哈罗德扪心自问之下，绝不会维护那样粗暴的统治，因为在他自己治下从来都将此等恶行视为大忌。此番谏言掷地有声，其中提供的证据翔实、说理充分，哈罗德出于审慎起见，最终决定放弃对兄弟的支持；他返回伦敦觐见爱德华国王，说服他赦免了诺森伯兰人，批准莫卡担任诺森伯兰公爵。他甚至迎娶了莫卡的妹妹，[①]还力荐莫卡之弟埃德温掌政墨西亚。托斯蒂为此大发雷霆，弃国而去，投奔到佛兰德斯他的岳父鲍德温伯爵荫庇之下。 145

　　哈罗德的这次联姻之举，彻底突破了诺曼底公爵忍耐的底线。威廉清楚地看到，自己逼迫哈罗德立下的誓言和许诺，已经不足凭信了。然而这位英国贵族此时羽翼已丰，认为再无必要遮掩其野心。他对诺森伯兰叛乱的处理，充分展现了其仁和稳健的特点，赢得国人的一致爱戴。几乎整个英格兰都站在他一边：他本人坐镇威塞克斯郡，莫卡执掌着诺森伯兰，埃德温领有墨西亚。在这种局面之下，他现在公然提出了对王位的要求，态度坚决地指出：鉴于现任王室唯一活着的继承人埃德伽愚钝低能，所有人一致公认，王统之禅让已经势在必然。至于继位人选，又舍我其谁？本爵出身显贵、大权在握、年富力强、经验丰富，勇气和才能为众人一致认可，加之拥有纯粹的英格兰血统，必能有效地保卫这片国土抵御异族的支配和暴政。爱德华国王年迈体衰，已然是

---

①　Order. Vitalis, p. 492.

朝不保夕,自知无力抗拒这等强梁。尽管他出于内心根深蒂固的偏见,没有明确支持哈罗德的要求,但是也不曾采取强硬果断的措施,以确保诺曼底公爵的王位继承权。[①] 国王在这个问题上始终态度含混,后因急病遽发,于 1066 年 1 月 5 日晏驾,终年六十五岁,享国二十五年。

爱德华国王被修道院史家奉为圣徒,有"信士爱德华"之名。他是英格兰撒克逊世系的末代统治者。他这一朝尽管安享太平,主要原因却与他本人的才干无甚关联,仅仅是因缘时运的巧合而已。当其时也,丹麦人因耽于旁骛而无暇来犯,遂使其得以免于之前历任英王所遭的困厄乃至颠覆之乱。他天性随和,面对戈德温及其子哈罗德的强势挟制能够逆来顺受,而后者凭借手握的重权,以一己的才干和实力,足以维持国内太平无事的局面。爱德华在位期间最可圈可点的事迹,莫过于他对司法的重视,为此,他曾亲自辑录埃塞尔伯特、伊拿和阿尔弗雷德几朝的法律条文,编撰成一部法典(以爱德华国王本人名义发布的法律条文后来才编订成集[②])。这部法典现在虽已佚失,但长久以来在英格兰深得人心。

君王以触摸方式医治淋巴结核病的做法,由信士爱德华首开先河;时人普遍认为,他因品性虔诚而拥有此项异能。而其后继者们也维护这个传统,以此彰显王权的尊荣,一直延续到我们生活的时代。当今王室[③]认识到,此举即使对下层民众亦早已失

---

① 参见第 I 卷卷末注释[F]。
② Spelm. *Bellliva* 词条。
③ 指汉诺威王室。——译者

去震撼力，更招致有识者的普遍嗤笑，因而率先取消了这种做法。

哈罗德

爱德华国王驾崩前，哈罗德早已做好充分准备；王位一朝空虚，他即刻捷足而登，未激起任何反对声浪和骚动，仿佛他拥有无可辩驳的继承权一般。伦敦市民都是他的热情拥趸，教会上下也都站在他一边，有势力的贵族世家均与他沾亲带故，因此无不欣然支持他的主张。几乎无人提起埃德伽-阿塞林的继承权，更不消说诺曼底公爵的继位要求了。哈罗德不待全国大会自由谘议，也未按常规将继位人选问题交由后者裁定，便匆匆纠集党羽，为自己加冕。[①] 当时的英国政坛一派万马齐喑的局面，即便有人持反对意见，也迫于压力而隐忍不言。哈罗德将这种普遍的沉默视为赞同，认定自己的即位是基于国民的一致拥护，遂于先王驾崩次日，在约克大主教阿德莱德（Aldred）的主持之下，接受了加冕礼和涂油礼，正式称王。对于他的登基，举国上下似乎都欣然给以默许。

新君即位之后接到的第一个危险讯号来自海外，而且，挑衅者竟是他的亲兄弟，就是那个先前弃国逃往佛兰德斯的托斯蒂。

147

---

① G. Pict p. 196. Ypod. Neust p. 436. Order. Vitalis, p. 492. M. West. p. 221. W. Malm. p. 93. Ingulf, p. 68. Brompton, p. 957. Knyghton, p. 2339. H. Hunt. p. 210. 许多史家称哈罗德是按正规程序经全国推选而登上王位的；还有的史家称，爱德华在遗嘱中指定了哈罗德继位。

他认定哈罗德是把他作为垫脚石,才如愿以偿地登上了英格兰的王位,于是在佛兰德斯宫廷大发怨言,诉说自己遭受的不公。最后,他取得了鲍德温家族的支持,反对其兄。他设法勾结英国国内一些心怀不满的贵族,又向挪威遣使,招引那一国的劫掠之师,鼓动其贪欲,称英格兰僭主立足未稳,正是趁火打劫的好时机。为了加强联盟的实力,他还亲赴诺曼底去游说威廉公爵,因为威廉公爵娶鲍德温公爵的另一个女儿玛蒂尔达(Matilda)为妻,与他也是姻亲。他指望施展软硬兼施的手段,说服后者同意出兵英格兰的计划,既为公爵本人争个公道、也为他托斯蒂洗雪冤屈。[①]

诺曼底公爵最初闻知哈罗德的诸般阴谋手段及加冕称王之事,简直气炸了心肺。不过,为了让自己的主张显得更加冠冕堂皇,他先派出特使来到英国,谴责哈罗德毁誓弃约,要求他立即退位让国。哈罗德答复来使:有充分依据表明,该誓约是在暴力恐吓之下被迫做出的,因此毫无约束力可言。废立大计,唯遵先王遗嘱或英格兰全国大会的授权,但是无论先王还是全国大会均未命他让国于诺曼底公爵。即便他以个人身份擅自作主,甚至心甘情愿地许下了诺言,支持公爵对英国王位的企图,这一誓约亦属违法,他有义务抓住第一个可能的机会毁弃此诺。他自己登上王位,是凭着英国臣民的一致拥护;身为人君,今番若不坚决捍卫国家自由,就等于完全辜负了人民的重托和期望。假如公爵试图以武力相逼,他所挑战的将是一位深谙王者的守土之责、誓与家邦共存亡的君王,全英上下在这样一位君主的统率之下,众志成城

---

① Order. Vitalis, p. 492.

保家卫国,必使来犯的公爵尝到他们的武威。①

　　上述答复完全不出威廉所料。其实他早已下定决心,要以武力征服英格兰。这位公爵单凭着一身勇气、满腔不平和勃勃雄心,毫不顾忌以一成一旅之师攻打强邦必定遇到的重重困难,他只看到于己有利的条件。他认为,自从克努特登上英格兰王位以后,那一国臣民安享太平几近五十载;在和平环境下养尊处优的军队已经失去虎狼之气,士兵们不可能在短期内习得纪律性,将领们也无从迅速积累实战经验。他知道,整个英格兰没有一座设防的城镇,英人无法据险拖长战争进程,所以只有选择迎敌锋芒,攒集全力,试图一战决胜;而他本人则久经沙场、用兵如神,大有一举踏平英国全境之势。他还看到,哈罗德尽管显示出了胆识和勇气,但是毕竟初登大位,而且他是借助派系倾轧,排挤了古老的王室嫡系,方能坐上宝座;如此名不正、言不顺的统治,本身就根基不稳,一旦遇到某种外力的猛烈冲击,更容易动摇倾覆。他希望自己毅然破釜沉舟、跨海亲征的姿态足以震慑对手,同时能够激励自家将士背水一战,为诺曼武士的荣誉而放手一搏。

　　长期以来,诺曼人一直以勇武雄冠欧洲,当此之际,他们的军事造诣已经达到辉煌的巅峰。他们在法兰西强取了偌大一块领地,抵挡住了法国国王和周边强邻无休无止的侵扰,又在现任公爵的指挥下南征北战,建功无数;不惟如此,几乎就在同一时期,在欧洲大陆的另一端,他们的族人还以极大的冒险和最高标的建

149

―――――――――――――――

　　①　W. Malm. p. 99. Higden,p. 285. Matth. West. p. 222. De Gest. Angel. incerto auctore,p. 331.

树，重振了祖先的赫赫威名。这批为数不多的诺曼冒险家称雄于意大利，不仅征服了意大利人、希腊人，而且战胜并驱逐了先期到达该地区的日耳曼人和撒拉逊人，尽据其华屋广厦，为富甲一方的西西里和那不勒斯王国奠定了根基。[①] 这些人均为诺曼底公爵手下的封臣，其中不少人是因派系争斗或叛乱失败而流亡在外的，他们成就大业的事迹，更令素来心高气傲的威廉雄心澎湃。看到他们凭借幸运和勇武而广开基宇，相比之下，公爵倚仗整个爵领之力攻打毗邻之国，倘若铩羽而归，他恐怕要无地自容了。

环顾欧洲局势，也让威廉心生希望，相信除了自己麾下勇敢的诺曼军队以外，他还可以借力于周边各个邻邦的精兵强将，一举征服英格兰。当时的法兰西、日耳曼及低地诸国，封建制度渐已确立，土地经层层分封，形成了众多大大小小的封邑。领主们在各自领地内揽有民事和军事管辖权，在许多方面形同独立国家的君主。他们所保有的财产和特权，与其说是仰仗法律的权威，其实更多地是靠着他们自身的实力和勇武而得以维系。整个欧洲都弥漫着一股尚武精神。这些公侯当中的若干领军人物，因地位显赫而萌生了更大的雄心，他们贪婪地拥抱最为履危蹈险的事业。这些人自幼熟闻的，无非是些歌颂攻伐创业、胜利荣耀的故事，所以自然而然地对这类无比夸张的历险事迹心驰神往，亟欲模仿那些被人大肆传颂、又因那个时代特有的轻信而被信为实事的榜样。作为封臣，他们共同效忠于最高宗主（尽管这是一种松散的联结），此外，他们置身于庞大的社会群体之中，彼此之间也

---

① Gul. Gemet. lib. 7. cap. 30.

存在千丝万缕的关系,因此总欲在自身领地以外扬名立威;于是,凡有聚会场合,无论是民事审裁、军事行动,还是单纯的演出、娱乐,都成了他们较量身手、炫耀武威的好机会。他们的骑士精神¹⁵⁰对太平无事的日子感到不宁不耐的心态,以及毫不顾忌成败、随时准备投入任何冒险行动的急迫心情,均来源于此。

威廉公爵凭借其实力、勇气和才干,在这些高傲的领主中间久已享有冠乎群伦的地位。每一个想在军事演习中表现自己的指挥才能,或者急欲在实战中一展勇士风采的人,无不梦想着在诺曼底宫廷和军队里博得功名。公爵以那个时代特有的慷慨豪侠之道,对他们殷勤相待,于是乎身边拥戴者云集。他们热切企盼着公爵许诺的荣耀烜赫的前景——只要他们助其征服英格兰,就将获得这样的回报。描绘的蓝图越是壮丽,就越投合他们的罗曼蒂克脾性。拟议入侵英格兰的消息不胫而走,早已传遍各地:无数领主携其家臣、仆从蜂拥而至,踊跃要求追随公爵,上阵效力。^①威廉根本不用担心征募的兵员不足,让他伤脑筋的是,如何遴选最能征惯战的将士,如何回绝众多迫不及待地想在这位大名鼎鼎的爵爷麾下博取功名的普通应征者。

上述诸般优势,端赖威廉公爵个人武才矫猛、指挥有方;除此之外,公爵亦颇得命运之神的垂青,为他移除了前进路上的许多障碍——这样一桩招来所有邻国深深关切的事业,遇到此等障碍本是合乎常情的。布列塔尼伯爵柯南(Conan)是威廉公爵的死敌,他为了阻挠公爵攻打英国的大计,故意选择这一关键时刻重

---

① Gul. Pictavensls, p. 198.

提他对诺曼底的领土主张,要求威廉一旦成功征服英国,便须将诺曼底移交给他。[①] 不过,柯南在提出上述要求之后未几暴卒;继任伯爵赫尔(Hoel)并未继承老伯爵的敌意,或者更确切地说,没有继承其审慎作风,转而狂热地支持威廉公爵的意图,并派其长子阿莱恩·费尔冈(Alain Fergant)率五千布列塔尼兵丁投在公爵麾下效力。安茹伯爵和佛兰德斯伯爵也鼓励臣属参加这次征伐;按说法国宫廷应该害怕诺曼底这一强藩势力坐大,然而此番却一反常态,对自身利益的主张既缺乏力度也没有决心,现出一付软弱姿态。在位法王腓力一世(Philip I)时年冲幼;威廉公爵将其计划告知王室顾问团,希望获得法国宫廷的支助,并且主动提出,此去若能得胜,愿以英格兰之主的身份向法王宣誓效忠。顾问团虽然做出了公开回应,命他放弃征服英国之想,但是他的岳父佛兰德斯伯爵当时主持摄政,却在暗地里支持他招兵买马,并私下鼓动好战的贵族加入诺曼底公爵的大军。

神圣罗马帝国皇帝亨利四世(Henry IV)非但公然批准其臣僚参加这次全欧瞩目的远征,还许诺在威廉去国期间保障诺曼底的安全,如此公爵就能免去后顾之忧,全力以赴地投入对英作战。[②] 不过,威廉公爵通过反复交涉争取到的最重要的盟友,乃是教皇本人。对于那些古老的贵族世家,教皇拥有莫大的影响力,这些人对教义的虔诚绝不稍逊于他们在战场上的勇武豪迈。在此前几个黑暗蒙昧的世纪里,罗马教廷于潜移默化当中不断对世

---

① 　Gul. Gemet. lib. 7. cap. 33.

② 　Gul. Pict. p. 198.

俗权力加强渗透,此时的教皇已经开始昂然凌驾于欧洲各国王室之上,调停大国君主之间的争端,甚至扮演仲裁者的角色,介入一切世俗事务,每每将教皇谕令强加于唯唯诺诺的崇奉者头上,形同至高无上的法律。威廉公爵单方面将他本人与哈罗德之争提请教皇仲裁,对于当时的教皇亚历山大二世(Alexander II)而言,这就有了足够的理由插手此事。此外,教皇还预见到,诺曼大军征服英格兰,势必带来其他一些好处。那一国尽管最初是因罗马传教士的事工而皈依圣教,自那以后也一步步地趋于顺服罗马教廷,然而迄今为止,其教会机构却仍保有相当的独立性,自成一体,兀自孤立于欧洲其他地区的教会之外,而且事实证明,教廷为炫耀自身权威而提出的种种非分要求,在那个岛国仍是无人理会。因此,亚历山大二世指望法兰西和诺曼贵族此番若能征服英格兰,能将对圣座的深深虔敬带到那个国家,从而使英国教会与欧陆教会更紧密地融为一体。他当即裁定威廉公爵的要求正当合理,宣布哈罗德为发假誓的僭主,将哈罗德及其追随者革除教籍。为鼓励诺曼底公爵征讨英格兰,教皇赠他一面经过祝圣的旗帜,以及藏有圣彼得发缕的戒指一枚。[①] 如此这般,这次侵略行动所包藏的野心和暴力便统统被安然遮掩在宽大的宗教罩袍之下。

　　威廉在备战过程中遇到的最大困难来自其诺曼底臣民。他在莱尔博讷(Lislebonne)召开了公国议事大会,会上提出,为了这场将给本国带来莫大荣耀和实利的战争,需要征集战备物资;然而许多与会代表却表现得极不情愿,一则那个数额庞大的征税计

152

---

① 　Baker, p. 22. edit. 1684.

划远远超出当时通常的赋税标准,二则他们也不想开创远离本土驰驱征伐的先例。公爵发现,这些代表抱成一团太难争取,于是采取各个击破的战术,先单独接触领地内几位最富有的人士,从与自己交情至笃的人开始,逐渐扩大范围,直到所有的人都应承了预付所要求的税额。在磋商过程中,朗维尔伯爵(count of Longueville)、蒙田伯爵(count of Mortaigne)、巴约(Baïeux)主教奥多都站在威廉公爵一边,特别是身为公国骑士统帅的布勒特伊伯爵(count of Breteüil)威廉·菲茨-奥斯本(William Fitz-Osborne)更为他助力不小。他们每个人在自己被说服之后,便转而去争取更多的人,最后,全体与会代表通过自主投票,决定在下不为例的前提下,全力支持主上的征伐大计。[①]

威廉公爵集结起一支舰队,大小船只凡三千艘,[②]又从云集到他旗下的大批应征者当中选出六万精锐,组成一支响当当的陆军。公爵的营盘军容鼎盛而又气象森然:将士们军纪整饬,马匹俊伟雄健,刀剑武器明光熠熠,人马装备无不精良。然而最为这支大军增光添彩的,乃是诺曼底公爵麾下聚集的这些名门望族的俊杰。其中名声最响亮的有:博洛涅伯爵尤斯塔斯、艾默里·德·图阿尔(Aimeri de Thouars)、休·德·埃斯塔普雷(Hugh d'Estaples)、威廉·德·埃夫勒(William d'Evreux)、杰弗里·德·罗特鲁(Geoffrey de Rotrou)、罗歇·德·博蒙(Roger de Beaumont)、威廉·德·瓦伦纳(William de Warenne)、罗歇·德·蒙哥马利

---

① Camden. introd. ad Britann. p. 212. 2d edit. Gibs. Verstegan, p. 173.
② Gul. Gemet. lib. 7. cap. 34.

（Roger de Montgomery）、休·德·格兰梅斯尼尔（Hugh de Grantmesnil）、夏尔·马特尔（Charles Martel）以及杰弗里·吉法尔（Geoffrey Giffard）。[①]威廉召集这些悍勇的首领，宣布将以英格兰的战利品作为对各人勇气的奖赏，他遥指对岸，对他们高声喊道——就是那片土地，在那里，他们即将为自己的名字树立丰碑，开疆拓土、建功立业。

公爵一方面开展大规模的战备活动，同时也在不遗余力地为哈罗德树敌，他挑拨托斯蒂对其兄长的宿怨，鼓动他与挪威国王哈拉尔三世（Harold Halfager）联手侵扰英格兰沿海地区。托斯蒂在佛兰德斯沿海诸港聚集船只约六十艘，向英国进发；这支舰队先在不列颠南部和东部海岸进行了几次劫掠，然后由海路绕到诺森伯兰，在那里与哈拉尔三世率领的三百舟师会合。联合舰队驶进亨伯河口，部队登陆，开始四出掳掠。诺森伯兰伯爵莫卡和墨西亚伯爵、哈罗德国王的内兄埃德温仓促召聚起部分兵力，匆匆赶来应战，结果首战不利，两伯爵落荒而逃。

哈罗德闻听败绩，立刻亲率全部兵马驰援诺森伯兰，以保护他的子民；国王对此表现出无比的热忱，以示无愧于自己头上的王冠。哈罗德此时尚不了解整个局势的凶险，不知道有那么多股强大的势力联合起来向他发难，但是他已经使出了浑身解数来博取民众的欢心，并且在许多事情上证明了自己公正而又明智的为君之道，因此，英国人民并没有理由后悔选择了这样一位君王。

---

　　① Ordericus Vitalis，p. 501.

勤王的兵力从四面八方赶到，王师在斯坦福（Standford）①与敌相
遇时，已经有了决战的实力。此役战况惨烈之极，但胜利不容置 _{9月25日}
疑地属于哈罗德：挪威军队被彻底击溃，托斯蒂及哈拉尔三世殒
命沙场。就连挪威舰队也被哈罗德俘获。英王宽宏大量，释放了
哈拉尔三世之子奥拉夫，准他带领二十艘船只离开英国。然而，
他几乎没来得及欢庆胜利，就接到新的警讯：诺曼底公爵已经率
领大军在英格兰南部登陆。

154

　　诺曼海陆大军早在这年初夏便在迪沃（Dive）河口集结完毕，
所有部队均已登船，怎奈逆风频吹，大军一直被困于港内动弹不
得。不过，由于公爵本人素孚威望，水手和士兵们军纪严整，加上
统帅部特别注意保障军需给养的充分供应，所以营中没闹出任何
乱子。最后，风向终于转好，舰队始能沿法国海岸前进，驶抵圣瓦
洛里（St. Valori）。可是，就在这段短短的航程中，竟有数艘军舰
莫名失踪；而且风向又变得不利，军中人心惶惶，唯恐这是苍天不
佑之兆，怕的是虽有教皇的祝福作保，最终注定在劫难逃。这些
悍勇的武士尽管藐视真实的危险，却对想象中的凶兆怕得要命。
许多人动摇了，开始酝酿哗变，有的甚至开了小差。公爵为了稳
定军心，下令奉请圣瓦洛里的圣髑，举行盛大的宗教游行，②伏惟
祷告，求赐好天气。真是天遂人愿，风向当即转变。此事恰好发
生在圣米迦勒节前夜，而圣米迦勒是诺曼底的主保圣徒，于是军
兵们深信，眼前这一切巧合都是天恩顾畀，士气顿时为之大振。

---

①　位于约克郡。此战史称"斯坦福桥战役"。——译注
②　Higden, p. 285. Order. Vitalis, p. 500. Matth. Paris, edit. Parisis anno 1644, p. 2.

舰队精神饱满地出发,一路未遇任何阻碍;此前,哈罗德曾经召集了一支庞大的舰队,整个夏天都在怀特岛外海巡弋,但是后来因为接到错误的情报,说威廉舰队被逆风所阻,又遇到其他一些不利状况,已经搁置了攻英计划,于是他便将舰队解散了。诺曼大军井然而行,一路未遭任何损失,直抵萨塞克斯郡的佩文西(Pevensey),全军悄然登陆。公爵本人跃上岸时,脚下一绊,扑倒在地;但是据说他方寸不乱,随机应变地高声宣布,他已奉天承运领受了这片土地,遂将恶兆化为吉谶。一个士兵跑向近旁的茅屋,从屋顶薅来一把苦草,敬献给他的将军,仿佛这是本岛法定所有权的象征。威廉及全军上下欢欣鼓舞,因此即便哈罗德大胜挪威人的消息传来,他们也毫不泄气。将士们摩拳擦掌,似乎急不可待地盼着速速与敌接战。

事实证明,哈罗德对挪威人的那场胜利尽管战绩辉煌,但从全局而言却于他极为不利,或可视作其王朝覆灭的直接原因。在那一战中,他手下最勇敢的将士折损了一大批,而他又拒绝将从挪威人那里夺得的战利品分给部下,把其余的将士都得罪了。此举与他平素慷慨大方的为人颇不相符,不过,他或许是考虑到与诺曼底公爵的交战迫在眉睫,打算届时再用这些钱来犒赏三军吧。英军急行军南下,迎击新的入侵者,尽管在伦敦等几个地方补充了新的兵源,但是疲惫而不满的老兵多有悄悄离队的,结果国王发现,部队的兵力已经大幅削弱。王弟戈尔斯为人勇敢而正直,他开始对局势感到忧虑,于是向国王进谏,采取持久战的策略似乎更为有利,至少请国王不要亲临战阵。他力劝王兄:诺曼底公爵如今是背水一战,因此务求孤注一掷、速战速决;反观陛下是在自己的国土上作战,深受臣民拥戴,粮秣供应充足,自有许多稳健而风险较小的方法来确保获胜。他说,诺曼入侵者眼下被贪欲所鼓舞,斗志正旺,而且心知万一落败则无路可退,因此势必拼死一决;况且他们都是欧陆武士当中的精英,从英国人的角度来看,攻击力绝对可怕。他又分析道,英国军队如能避开对方最初的锋芒,令其锐气消解于无形,此后再持续对敌展开小规模的袭扰,敌军必定疲惫不堪;再加上彼等粮秣不继,入冬后天气恶劣、道路泥泞(当时已近冬季),对方被拖得战斗力全无,到那时王师便可兵不血刃轻取对手。此外,如果推迟决战,让英国民众意识到自己的财产和自由均已危在旦夕,即将落入侵略者贪婪的虎口,那时他们就会从四面八方迅速汇集到国王麾下,形成一只无敌的劲旅。退一万步而言,即便陛下认定必须当即决战,至少不要以王驾临阵蹈险,万望陛下以社稷的长远福祉为念,万一战事不利,也可保全国家自由独立的火种。再说,陛下曾在迫不得已之下,面对圣髑立誓迎诺曼底公爵为王,那么为了稳妥起见,最好是将指挥权交付给某个不受此誓约束的人代理,以期增添己方将士必胜的信心。

哈罗德对上述所有劝谏充耳不闻。先前的胜绩令他志骄气盈,加上他本人天生悍勇,执意要亲临战阵。此时,诺曼海陆大军已经转至黑斯廷斯(Hastings)[①]扎下营盘,哈罗德率部进逼该地,以求决战。他信心满满,自以为必胜无疑,遂遣使告知诺曼底公爵,后者若肯就此罢兵离境,双方免于喋血,英王愿以礼金相赠。

---

① 位于萨塞克斯东部沿海。——译者

156

但是这个提议只换来对方轻蔑的拒绝。威廉公爵的傲慢气焰亦不稍低，他派出几名僧侣向英王传信，提出几种解决方案，要对方择选其一：要么交出王位，要么向诺曼底公爵称藩，或者将此争议提请教皇圣裁，否则就放马过来，与威廉公爵单独决斗。哈罗德答复道，万军之耶和华不久即会对你我之间的一切争议做出裁决。[①]

10月11日　　大战在即，英国人和诺曼底人各自筹备。然而决战前夜，两军大营的景象却截然不同：英军上下纵情宴饮作乐，一片喧嚣狼藉；而诺曼军中人人虔心祷告，营中鸦雀不闻。[②] 次日一早，公爵召集重要将领，临阵慷慨陈词。他宣告：他本人和全军上下期待已久的时刻，已经近在眼前。此役胜败，完全取决于诸位将士手上之剑，一战定乾坤。从古至今，再没有哪支军队如此迫切地需要鼓足勇气，因为向前则有丰硕的胜果，后退则是万劫不复的败亡：诺曼大军此战若能以久经沙场、英勇善战之师，横扫缺乏作战经验、贸然前来挑战的对手，便可一举征服英国，名正言顺地将此邦财富尽数收入囊中，作为将士们勇气的报偿；反之，军士们临阵若有丝毫畏怯，敌人就会如狼似虎地掩杀而至，到那时前有大海，后有追兵，上天无路、入地无门，他们将为自己不理智的懦弱付出惨重代价，接受可耻的灭亡。公爵说，他召聚了这样一支庞大而慓勇的劲旅，已经为保证战争的胜利竭尽人力之所能；而敌酋之罪恶行径，令他有足够的理由深信，上帝是站在自己一边的——

157

　　① Higden, p. 286.
　　② W. Malm. p. 101. De Gest. Angl. p. 332.

一切战事,成败荣辱全掌握在神大能的手中。那个已被现任教皇革出教门的、起假誓的僭主,因背信弃义而做贼心虚,在两军阵前必失魄丧胆,自知多行不义罪有攸归,难逃覆灭的下场。[①] 接着,公爵将诺曼大军分作三路:第一路是弓箭手和轻装步兵,由蒙哥马利统帅;第二路以最勇猛的重装步兵密集列阵,由马特尔指挥;第三路是由公爵亲掌的骑兵部队,他们拉开阵形,护定步兵的侧翼。[②]公爵发出开战信号,全军齐齐向前推进,阵型严整、步伐矫捷,口中高唱着歌颂查理曼时代著名勇士的"罗兰之歌"[③]。

哈罗德抢占了有利地形,在一片山坡上居高临下摆开战阵,并在侧翼挖掘了防护壕。他决定采取守势,尽可能避免与对方的优势骑兵直接对抗。来自肯特的部队被部署在前列,这是肯特人一向号称非其莫属的位置;伦敦兵团担当护旗重任;国王本人则由两位骁勇的王弟戈尔斯和利奥夫温陪同,下马站在步兵阵营的最前列,以示其誓死争胜的坚强决心。诺曼人的第一轮进攻来势锐猛,但英国人的回击也同样英勇;两军阵前搏斗异常激烈,久久难分胜负;诺曼人仰攻不利,迫于英军的强大压制,斗志稍见松懈,即而出现溃退迹象,惊慌失措的情绪开始在队伍中扩散开来。威廉见情势危急,连忙亲率一队精兵冲到阵前,以稳定军心。他的现身挽回了战局,英军受到一定损失,只得停止攻击。接着,公爵传令第二路部队前进,新一拨生力军以加倍的斗志发动了新一

---

①　H. Hunt. p. 363. Brompton, p. 959. Gul. Pict. p. 201.

②　Gul Pict. 201. Order. Vital. p. 501.

③　W. Malm. p. 101. Higden, p. 286. Matth. West. p. 223. Du Gange's Glossary, *Cantilena Rolandi* 词条。

轮猛攻。英军在国王的榜样激励下，凭借地势之利，抵抗依然勇猛顽强。威廉公爵见此情形，遂使出诈败之计——在瞬息万变的战场上，这一着虽然极难把握分寸，但是值此殊死关头（因为此役若不能取得决定性胜利，他必将一败涂地），倒也不失为可取之策。他命令部队匆忙回撤，佯作奔逃状，引诱敌军离开先前固守的阵地。缺乏经验的英军果然上了当：一部分人鏖战正酣，求胜心切，贸然追逐对手，被引到平原地带。威廉一声令下，狂奔的步兵立即返身直面追击者，骑兵则从两翼包抄进攻，几路合击之下，英国人顿时被打得晕头转向，被敌军一路赶杀，伤亡惨重。溃逃回山的残部在勇敢的哈罗德激励之下，重整旗鼓，坚守阵地，继续顽强厮杀。公爵故伎重施，竟然再度得手。诺曼人虽然两次占得先机，但是仍有大量英军结成密集阵型，似已下定决心，拼死一搏。公爵乃令重装步兵再度发动攻势，同时命弓箭手埋伏于进攻队列之后，箭如飞蝗，专射那些暴露于山坡高处、只顾抵挡面前刀剑长矛的英格兰人。凭借这一战斗部署，公爵终于锁定了胜局：哈罗德身先士卒，在与敌人英勇搏斗时中箭身亡。他的两个兄弟也同遭此命。英军见主上已死，斗志尽失，于是四散溃逃，诺曼大军乘胜追击，杀得英人落花流水，尸横遍野。不过，少数败退下来的英军仍有勇气转身迎战追兵，在泥泞的低洼地带伏击敌人，为当天的惨败和耻辱略报了一箭之仇。不过，公爵不久即率大队人马赶来，伏击者只好望风而逃，幸而有夜幕的掩护，诺曼人没有继续追杀。

就这样，诺曼底公爵威廉在黑斯廷斯战役中夺得了辉煌的、决定性的胜利。两军自清晨战至日落，双方将士和统帅均表现出大无畏的英雄气概,从这一点上讲,此战作为决定一个伟大王国命运的关键之战,亦无愧于其名。在这一天当中,威廉胯下的坐骑先后战死三匹,命丧沙场的诺曼军兵近一千五百人。战败的一方损失更大,英王及其两个兄弟也包括在内。哈罗德的尸体被送到威廉面前,公爵慨然答应将他送还其母,不收赎金。诺曼大军以最郑重的方式为此次胜利拜谢上苍,随后才撤出战场。威廉公爵踌躇满志,重整兵马之后,亟欲乘胜进击,一举征服此际仓皇沮丧、溃乱无主、形同一盘散沙的英国人民。

附录一　盎格鲁-撒克逊人的政制和习俗

最初的撒克逊政制—王位承袭—贤人会议—贵族—社会等级—法庭—刑法—证据规则—军队—公共收入—币值—习俗

日耳曼人及所有北方蛮族肇造于罗马帝国废墟之上的诸邦，其政治制度往往以极端自由为特色：这些蛮族民风剽悍、素好独立，且惯用武器，他们听命于君王，更多地是服膺其劝导而非屈从于强权。在蛮族大规模入侵之前，罗马帝国的军事独裁制度压抑了人的精神、践踏了学术和道德的一切高贵源泉，故而面对自由蛮族的强大攻势，全无抵挡之力。欧洲自此摆脱了长期背负的专横意志和威权之轭，重燃古老的精神，开启了一个新纪元。自由政体的基础由是得以奠定，无论此后如何遭到历代君主的不断侵害，独立和法治的精神却蔚然常青。欧洲各国正是凭着这种精神，翘然秀出于世界民族之林。如果说地球这一部分的居民较之其人类同侪更多地保持着自由、荣誉、公平、勇敢的情操，这般成就主要应归功于慷慨恢弘的野蛮人播下的自由之种。

最初的撒克逊政制　征服不列颠的撒克逊人，在其故土向来过着自由不羁的生活，他们迁至新的家园，也将这份宝贵财富顽强地保存下来，并把祖辈传承的独立信念带到了这个岛国。在军事征服中充任指挥的各部落首领（这个称号比"国王"或"君主"来得更恰当）所享权威仍然很有限；随着撒克逊人诛灭（而非降服）了此岛旧有的土著，这些部族实际上是整体搬迁到了一个新的地域，其原有的民事和军事制度也完好无损地保持下来。他们说的是纯粹的撒克逊语，就连地名也几乎统统打上了征服者的印记——通常情况下，尽管语言发生巨变，地名却能历劫犹存；他们的风俗习惯是纯日耳曼式的，塔西佗曾以神来之笔描摹了日耳曼蛮族奔放、悍勇的自由精神，同样的描述亦完全适用于这些英国政制的奠基者。他们的王者并未被授予独裁专断的权柄，其身份只是公民首领而已。王者的权威更多地建立在个人品质的基础上，而不是拜其地位所赐。就连王者的头颅也有标定的价码，为王的若被杀害，凶手也须按价缴纳罚金——尽管罚金水平与其地位成正比，高于普通百姓的身价，但是执法的基本规则是相同的，它显明了君王从属于部落群体的身份。

　　不难想见，一个独立奔放的族群，几乎不受法律的羁束，亦无科学的教化，不可能严格保持井然有序的王位承袭制度。尽管他们对王室尊重有加，赋予其无可争议的崇高地位，但是当王位出现空缺，他们在新君选拔过程中不是无章可循，就是有章不循；情急之下，人们往往更多地着眼于一时的权宜而牺牲一般规则。但也不要以为，他们的王都是选举出来的，而且是按习俗形成律例，前一位王死了，便由人民投票来填补王位空缺。事实是，假如先王有子，其年龄和能力足以担负社稷之重，那么这位王子便会自然而然地承继大统；如果王子年幼，那么他的叔父或血缘最近的

王位
承袭

宗室成员便可被推举为王，并将王位传诸子孙。任何一位君主都可以事先与部落长老做好安排，从而在指定继承人问题上拥有相当大的权力。这一切变动，以及政府的日常行政，实际上都需要民众的赞同，至少是心照不宣的默许。不过，据有王权者（不管是通过何种手段获得的）要想让百姓顺服，实在是一件轻而易举的事；而任何一种权力主张，一旦遭到摒弃，就会变得气息奄奄、缺陷毕露。这种情况见诸于一切野蛮民族的君主制度，在盎格鲁-撒克逊人的历史上也屡屡呈现，所以，从逻辑上的一致性出发，对于他们的政制，我们无法得出其他的印象。权力世袭在人们头脑中已成为一种极其自然的观念，又因私人财产继承的一般规则而得到强化，因而在任何社会中都势必葆有极大的影响力，即使共和宪章的改良也无法将其去除。但是，鉴于政权大大不同于私人财产，并不是人人都有本事像享受私人财产权那样轻松执掌国家大权，因此，倘若一国民众认识不到遵守既定规则在总体上的益处，就很容易在王位继承问题上发生大跨度的跳跃，常会越过原本有资格登上王位、只是年龄或能力不太符合要求的继承人。这样产生的君主，在严格意义上既非民选之主，也不是继承之君。虽说以这种方式取得王权的君主日后常可指定自己的继任者，但是他这一脉仍然极少被视为完全正统的宗庙之主。有时，某些国家会以投票方式确定君主人选，然而更多见的情况是用投票来认可既成事实。由少数大人物充当主导，普通民众慑服于其权威和影响力，便默认了既定人物的统治。只要在位者出身于王室，就能毫无争议地成为合法君主。

贤人会议　　坦白地说，我们对盎格鲁-撒克逊时期的历史和风俗习惯所

知甚少,因此无法确知当时君主的特权和平民权利究竟如何,也不能确切描述其政制。此外,撒克逊七国的政体很可能各有不
163 同,自撒克逊人入侵之初到诺曼征服的六百年间,他们的政治制度也可能发生了较大的变化。① 然而我们对于这些差异和变化及其前因后果却不甚了了。我们只知道,一直以来,撒克逊七国均有各自的全国性议事会,称为"贤人会议"(Wittenagemot),凡颁行法律、启动重大的公共行政措施,都需要取得与会者的首肯。举凡埃塞尔伯特、伊拿、阿尔弗雷德、长爱德华、阿瑟尔斯坦、埃德蒙、埃德伽、埃塞雷德、信士爱德华,乃至克努特这位某种意义上的外来征服者,他们所颁行的法律均开宗明义、明确无误地指出了这一点,并且提供了俯拾皆是的证据,表明他们治下的政府乃是法治的有限政府。至于贤人会议究竟包括哪些人等,考古学者们迄今没能给出一个确切的答案。大家一致认为,主教和修道院院长②是其中不可或缺的重要成员。另外,从上述古代法律的誊本中可以明显看出,贤人会议制定、颁布各种法规,兼顾宗教和世俗两方面的治理,而当时的盎格鲁-撒克逊人对那种政教完全隔绝的危险政策还闻所未闻。③ 还能看到,各郡的郡长(自丹麦时代

---

①　据我们所知,撒克逊人的政制发生过一次重大变化。《撒克逊编年史》(p.49)中记载道,早期国王有权任命公爵、伯爵、各郡的郡长和司法长官。同时代史家阿塞尔主教告诉我们,阿尔弗雷德王曾将愚昧无知的郡长统统罢免,换上了一批更有才干的人。然而信士爱德华一朝的法律(§35)明确规定,凡公爵(撒克逊语称为"heretogh")和各郡司法长官须在郡法庭上由本郡的自由土地保有人推举产生,郡法庭每年开庭一次,所有自由土地保有人都要当庭向国王宣誓效忠。

②　女修道院的院长有时也能获得一席之地,至少,在国王的特许状或拨款状上常有她们的签字。见 Spellm. Gloss. "*parhamentum*"词条。

③　Wilkins 多处。

以来,他们常被称为"伯爵"①)也跻身于贤人会议,参与公共立法。上述资料中还提到,贤人会议的成员除了高级神职人员和各郡郡长之外,还包括"贤人"或"智者"——但他们又是谁? 这一时期的法律和历史记载中均无明确定义。对这个问题的探讨,即使参与者都能保持不偏不倚,恐怕也颇为艰难,而现代人囿于党派歧见,对此更是争得焦头烂额,由于预设立场的缘故,辩论双方都变得越来越强词夺理,故意歪曲事实。保王派人士认定,这些贤人或智者是指法官或精通法律的人;而平民派则坚称,这些人就是自治市镇的代表,即现今所谓平民阶层的代言人。

　　但是,所有古代史籍中对贤人会议的记载,似乎都与后一种推测相悖。贤人会议的成员常被称作"principes(头领)""satrapae(郡伯)""optimates(贵人)""magnates(显达)""proceres(高流)"等等,上述称谓似都意指贵族,并不包括平民。彼时商业不兴,各自治市镇的规模和财力都微不足道,市民极度依附于有权有势的大人物,②谅不可能在国家议事会中占据一席之地。众所周知,在法兰克人、勃艮第人及其他北欧蛮族建立的邦国中,平民对国家管理无从置喙。而撒克逊人较上述诸蛮族更久地驻足于野蛮时代,开化较迟,因此我们或可得出结论,他们可能连想都不曾想到,将这样一份额外的特权授予工商业者。这些征服者的族群芥视百业,唯尊行武,武士们靠其据有的领地维生,对手下家臣、仆

---

① 参见第 I 卷卷末注释[G]。

② Brady's treatise of English boroughs, pp. 3,4,5,&c.

从、佃户和奴隶拥有莫大的支配权,因而势力显赫。如果设想他们肯于接纳卑贱的市民阶层,允许后者与自己共掌立法大权,必须拿出强有力的证据才能服人。不错,塔西佗的确说过,古代日耳曼部落中一切重要议项都须取得全体部落成员的一致赞同,但他讲的并不是代表制;这位罗马时代史家记述的自古相沿的做法,只适合在小部落中实行,遇有紧急情况,只有小部落可以方便地召集全体成员。而当王国地域变得更加广阔,财产多寡带来的地位殊异已经超乎个人凭着力量和勇气造成的差别,我们可以断定,此时的全国性议事会成员数目肯定比以前少得多,而且参会者必定统统是社会显达。

165　　话又说回来,尽管我们必须把普通市民或平民从撒克逊贤人会议中排除,但是仍有一定必要假设,与会者除了高级教士、修道院院长、郡长、法官或王家谘议会成员之外,还包括另外一些人。其理由是,除了部分神职人员以外,以上所有人等均是国王任命的,[①]倘若此外别无其他立法权威,那么势必形成王权独大的局面,然而,所有史籍的记载及北欧诸蛮邦的实际情况都与此截然相反。我们或可由此推断,当时一些势力较大的土地保有人可不经选举,在全国议事会中占有一席之地。有理由认为,获得这一荣誉特权的门槛是拥有四十海德(合四千到五千英亩)土地。一

---

①　有一定理由认为,那一时代的主教有时由贤人会议选出,经国王批准任职(参见 Eddius,cap.2)。古代王室修道院的院长均由国王指定。埃德伽国王曾经授权僧侣们自主选举修道院院长,他自己只保留了核准权。但是据诺曼征服时代的史家因古尔夫称,这一授权此后经常遭到侵犯,结果后世的主教和修道院院长统统需经国王任命。

位古代作家曾经写道,①一个人拥有的土地如果达不到以上标准,即使出身极为高贵如王室姻亲者,也没有资格称为"头领"(古代史家在笔涉贤人会议时,经常使用这个词)。不必担心当时的公共议事会因此而门庭若市、杂乱无章,因为撒克逊时代全英格兰的土地很可能集中在少数几个大领主手里——至少在撒克逊时代末期是这样一种情形。再说,人们对参与公共议事也没有什么强烈的欲望,所以,前来出席贤人会议、为各地呈送的诸般杂事而操心的人,绝无数目过多之虞。

贵族　　益格鲁-撒克逊时代国家的立法权把持在国王和贤人会议手中,无论我们对后者的人员构成得出怎样的结论,可以肯定的是,在诺曼征服之前的一段时间里,益格鲁-撒克逊人的政府已经趋于高度贵族化。王权受到较大限制,平民阶层就算能参加议事会,也是人微言轻。一些史籍中暗示了个别贵族拥有巨大的权力和财富。这种情况只可能发生在七国时代终结之后,国王远居都城,对各地鞭长莫及,而大领主们常驻于各自的领地,他们对下属封臣、仆从和当地所有居民的影响力倒是越发强盛。正是由于这个原因,哈罗德、戈德温、利奥夫里克、西沃德、莫卡、埃德温、埃德里克、阿尔弗里克等一干大贵族才能权倾朝野,对王权形成制衡,成为政府中不可或缺的中坚人物。后两者因勾结外敌而被国人唾骂,却仍能保持其权力和影响,故而我们或可推断,他们的权力植根于家族的权势和财富之上,而非其本人深孚民望的结果。据史书记载,国王阿瑟尔斯坦在位之时,他本人尽管堪称英武能干,

166

---

① Hist. Eliensis.lib. 2. cap. 40.

但朝中却还有个与他同名的贵族豪臣,权势熏天,人称全英格兰的总督、半个国王。[①] 我们还发现,到了撒克逊时代晚期(也只有在这一时期),朝廷要职往往父子相承,在某种程度上成了家族世袭的财产。[②]

丹麦人入侵之际的局势,也大大有利于大贵族扩张自身势力。丹麦海盗突袭劫掠全英各地,各郡只得在本郡贵族和治安官的指挥下各自为战、起而抗敌。正如一场全面战争要求整个国家协同作战,结果通常会增进王权,这些零星的战斗和袭扰则增进了郡长和贵族们的实力。

盎格鲁-撒克逊人天性好斗狂野,不喜商贸和艺术,也不习于勤勉劳作,国家行政管理通常混乱不堪,严重的压迫和暴力盛行于全社会。贵族的权力放恣无忌,必然加剧动荡,反过来,社会无序又逾发助长了贵族的势力。普通人不能指望法律的保护,只得投效于某些大人物门下,唯命是从,甚至不惜扰乱治安、伤害其他百姓,以此换来主子的荫庇,免受外来的欺凌和不公。由布莱迪博士摘自末日审判书中的内容来看,几乎所有平民都选择依附于某个贵族,年年付费,换取后者的庇护——连城镇居民也不例外;成为别人的附庸意味着必须唯主子之命是从,超过服从国王,甚

---

① Hist. Rames. § 3. p. 387.

② 豪登(Roger Hoveden,或 Roger of Hoveden)在解释征服者威廉之所以任命科斯帕特里克(Cospatric)做诺森伯兰伯爵的原因时说,"*Nam ex materno sanguine attinebat ad eum honor illius comitatus. Erat enim ex matre Algitha, filia Uthredi comitis.*(意为:他的这一爵衔承自母系,因为其母 Algitha 乃 Uthredi 伯爵之女。)"另参见 Sire. Dun. p. 205. 可以从这些例子中看到,欧陆国家在更早些时候也有过官职世袭的倾向,并已产生了全面的效应。

至超过遵从法律。[1]这些附庸虽然仍是自由民身份,却在很大程度上属于其保护人,甚至当他们被杀害时,行凶者须依法向其保护人支付罚金,以赔偿后者的损失,与杀死奴隶后向奴隶主偿付罚金如出一辙。[2] 有一定社会地位但势力又不够强大、不足以自保者,彼此结成正式的同盟,形成某种令挑衅者望而生畏的独立共同体。希克斯博士(Dr. Hickes)曾记载过这样一个奇特的撒克逊社团,他称之为"Sodalitium"(兄弟会),颇能反映当时风俗习惯的典型细节。[3]据说,该团体的成员都是剑桥郡的绅士,他们在入会时,要当着圣髑发誓谨守会规、彼此忠诚;他们承诺,会中的每个人死后,兄弟们都会将其安葬在他自己指定的任何地点,捐资筹办葬礼,并亲自出席,如果有谁未能尽到这最后的义务,事后必须献上颂词,作为补赎。他们承诺:当任何一位会员陷于险境,向兄弟们求援时,其他会员务必火速赶去相救,并向本郡治安官报告;明知兄弟有难而袖手旁观者,按律罚银一镑;倘若会长本人有上述行为,须自罚一镑,除非能拿出令人信服的理由——诸如有病在身,或是当时正在为主效力、分身无术。任何一位会员被人杀害,兄弟们要替他向杀人者索取八镑的赔偿金,如果后者拒不支付此款,他们就要共同出资控告此人,要求法庭判罚其赔偿命价。如果是会员杀人,又因家贫无力向被害人赔偿命价的,兄弟会将

168

---

① Brady's treatise of boroughs,3,4,5,&c. 城镇居民的情形与乡下自由民相同,参见同一作者所著 History(《英格兰全史》)序言部分 p. 8,9,10,&c。

② LL. Edw. Conf. § 8. apud Ingulf.

③ Dissert. Epist. p. 21.

代其偿付一定的比例。假设罚金为七百先令，代付一马克①银币一枚；如果死者是个农夫或下层自由民②，金额酌减；如果死者为威尔士人，则在此基础上再减半。不过，倘有会员在未受到挑衅的情况下故意杀人，这份命价必须由他自偿。如果哪个会员在未受挑衅的情况下故意杀害会中兄弟，那么杀人者除了要向死者亲属偿付常规的命价，还必须向兄弟会另行缴纳八镑罚款，否则将被驱逐出会——自此之后，除了有国王、主教或郡长在场的场合，其他会员绝不与他同桌进餐或共饮，违者罚款一镑。除此之外，兄弟会还有许多其他的规则，以保护会员及其仆人免遭形形色色的伤害，对发生的伤害采取报复措施，还有制止会员们相互谩骂的——凡违反此规者，须以颂词向对方赔罪。

在那种敌人、盗匪、压迫者时时环伺的环境中，人们唯靠个人勇气和周边朋友、保护人的援助方能图存，那么毋庸置疑，上述这种同盟关系必定成为人与人之间友谊和忠诚的丰富源泉。当时的普遍倾向是亲者愈亲、仇者更仇——无论这种关系是出于自主选择还是承自血脉：再远的亲缘都得到重视，受人点水之恩亦铭记不忘；受到侵害时则出重手以牙还牙，这既是维护荣誉所需，同时也是保障未来安全的最佳手段。鉴于治安组织软弱无力，人们依靠法律和自身的清白品行无法确保安宁，取代前者功用的私人结社便大量涌现，为民众提供安全保障。

总体而言，盎格鲁-撒克逊人虽然看似自由，或者更确切地说

① 马克(mark)，一种古代银币，一马克相当于十三先令四便士。——译者
② 盎格鲁-撒克逊时代的普通自由民，一般拥有一——五海德的土地。——译者

是豪纵不羁，但是在那个时代，即便自由民中的绝大多数人所能
享到的真正自由，也远不及那些法治森严国度中生活的人民，即
使后者必得完全服从并仰赖民事法官的裁断。究其原因，恰恰在 169
于这种自由的泛滥：人们必须不惜一切代价自卫，设法抵御形形
色色的侮辱和伤害，既然得不到法律和地方治安官员的保护，他
们只好投奔到豪强的羽翼之下，或者聚结私党，在某个强有力的
首领指挥下统一行动。所以说，一切无政府状态乃是专治暴政的
直接导因——即使专制的范围尚未遍及全国，起码会使众多百姓
身受其害。

　　撒克逊法律保障贤人会议所有成员在往返途中的安全，"只
要他们不是臭名昭著的贼寇"，尽可畅行无阻。

社会
等级　　古代日耳曼的撒克逊部族与其他欧陆族群一样，内部划分为
贵族、自由民和奴隶三个等级，①他们也把这种等级划分带到了不
列颠。

　　贵族被称作"塞恩(thane)"，分为国王的塞恩和普通塞恩。后
者似乎依附于前者，从前者手中获封土地，以租金、劳役、平时事
奉、战时扈从作为交换。②除了出身贵族和拥有地产这两项以外，
我们不知道还有什么能让人晋身于塞恩阶层。所有日耳曼部族
都非常重视前一条，即使在蛮野无文的时代也同样如此。由于没
有信贷制度，撒克逊贵族仅凭地产无法承受大笔负债，普通人也
没有什么靠工商业经营积聚财富的途径，因此，贵族和平民之间

---

① Nithard. hist. lib. 4.
② Spelm. Feus and Tenures, p. 40.

在法律上虽无明确的分隔，却能长久地保持泾渭分明，二者之间不存在中间阶层，贵族门第世代过着富裕显赫的生活，没有人能够潜移默化地获得荣誉和身份，逐渐融入较高的社会阶层。假如出身寒微者忽然鸿运当头而一夜发迹，这种奇遇必定给他招来世人的瞩目和议论，以及所有贵族的嫉妒和义愤。他将很难保住自己得到的一切，除非投靠在某个显贵门下，以高昂的代价换取安全保障，否则遭受各种压榨是不可避免的。

撒克逊法律中有两个条文，似乎意在模糊上述两个阶层之间170 的界限。一条是阿瑟尔斯坦国王的法律：经商者若能凭一己之力完成三次远洋贸易，便有资格获得塞恩身份；[①]自由民或农夫如有能力购置五海德土地，名下拥有一座小礼拜堂、一个厨房、一个大厅和一座钟，也可跻身于塞恩阶层。[②]然而，商人或自由民凭借这等机会飞上枝头的可能性简直少得可怜，因此，法律的力量永远无法克服主流偏见，基于出身的贵贱之分始终难以磨灭，天生高贵的塞恩们对凭借法律和后天努力爬上高位的暴发户总是报以最大的轻蔑。尽管以上情形从未见诸史书记载，但是根据事物的本性，我们必须承认，这个王国彼时的局面必然而且确定无疑会造成此种结果。

我们从末日审判书中得知，在诺曼征服之际，城市中的景况并不比乡下好多少。[③] 即以约克城为例，它向来是全英格兰第二

---

① Wilkins，p. 71.

② Selden，Titles of honour，p. 515. Wilkins，p. 70.

③ 温切斯特乃威塞克斯王国故都，古代大城。Gul. Pict. p. 210.

大城市,最不济也能排到第三位,①而且身为大郡首府(它所在的
郡②从未真正与英格兰其他地区融为一体),但是城中居民当时只
有一千四百一十八户。③马姆斯伯里告诉我们,④盎格鲁-撒克逊贵
族与法国人或称诺曼人有一个很大的区别:后者建造雄伟壮观的
城堡,而前者住在简陋的房舍中,将巨额资产消耗于狂欢宴乐中。
由此可以推测,当时英格兰的艺术水平大体上远逊于法兰西。豪
门望族豢养着大批游手好闲的家臣、附庸,此种情形足以形成干
扰执法的庞大势力——即便在法国也同样如此。我们由此可以
约略估计英国贵族据有多大的权势。想当初戈德温伯爵曾将信
士爱德华国王困于伦敦城中,并从各地召集了大批家族侍卫
(huscarle 或 houseceorle)和附庸,仗着人多势众,将城下之盟强加
给他的主君。

　　盎格鲁-撒克逊人把下等自由民称为"刻尔"(ceorles),这些
人勤劳耐苦,主要以务农为生,因此"刻尔"这个词在一定意义上
就成了"农夫"的同义词。他们耕种贵族(塞恩)的土地,向其缴纳

①　当时诺里奇(Norwich)有七百三十八户居民,埃克塞特三百一十五户,伊普斯
威奇(Ipswich)五百三十八户,北安普顿六十户,赫特福德一百四十六户,坎特伯雷
(Canterbury)二百六十二户,巴斯(Bath)六十四户,南安普顿(Southampton)八十四户,
沃里克(Warwick)二百二十五户。参见 Brady of Boroughs, p. 3, 4, 5, 6 &c. 以上是他
书中提及的几个最大城市,具体描述均引自末日审判书。

②　指约克郡,位于英格兰东北部。——译者

③　Brady's treatise of boroughs, p. 10. 除了大主教宫之外,该城共有六个城区,其
中五个城区的居民户数在书中均有提到,按每户五人估算,人口总计七千人。剩下的
那个城区当时已经荒废。

④　P. 102. 另参见 de Gest. Angl. P. 333。

租赋,似乎有权随意迁移。盎格鲁-撒克逊人之间的租契鲜见于史籍,大抵是因为贵族们心高气傲,而普通人多不识字的缘故,这种情形也必定将农夫拘于依附者的地位。当时的田租主要以实物形式缴纳。[①]

然而,盎格鲁-撒克逊社会人数最多的阶层似乎是佃奴,或称"维兰"(villains)。他们身为领主的财产,因而自己无权拥有任何财产。布莱迪博士通过对末日审判书的研究,[②]极其肯定地指出,在英格兰所有郡县,绝大部分土地都是由维兰租种的,相形之下,刻尔租种的土地要少得多,而不得随意迁移的佃农"索克曼"(socmen)[③]则为数更少。这就有别于塔西佗所述的日耳曼各部族的情况。撒克逊七国间频繁的战争和丹麦人的寇略,大约是造成上述巨变的原因。根据战争法则,战场上的俘虏和被强盗掠走的人口即被降为奴隶身份,[④]完全听凭主人发落。贵族们广据产业,再加上司法无序,自然会助长豪门强势,而蓄奴行为一旦得到认可并成为普遍现象,贵族阶层的势力就更见膨胀了。他们不但坐拥财富带来的影响力,还对手下的奴隶、维兰握有法律赋予的诸多权力。在这种情况下,个人保持全然的独立和自由难度极大,或者说几近不可能。

172　　　盎格鲁-撒克逊人的奴隶分两种:一种是沿袭古制的家奴,另

---

① LL. Inae.§70.其中的法条规定了每海德土地的租金标准,但是很难用现代度量标准加以换算。

② 参见其《历史》一书,p.7,8,9等处。

③ 农役租佃制度(socage)下的佃户,主要分布于实行丹麦法的地区,他们属于自由民,享有的权利较为广泛。——译者

④ LL. Edg. §14. apud Spellm. Conc. vol. i. p. 471.

一种是日耳曼传统中的农奴。[①]后者类似于现今波兰、丹麦及德国部分地区尚可见到的农奴(serf)。在盎格鲁-撒克逊社会里,主人对奴隶的权力是有限制的,这一点与其先祖的制度有所不同。主人若打爆奴隶的眼睛或打落其牙齿,奴隶可恢复自由;[②]主人杀害奴隶的,如果奴隶是在受伤或被打后一天之内死去,主人须向国王赔付罚金,倘若一天内未死,主人可免于受罚。[③] 日耳曼各部落历来有自卖为奴或将儿女鬻为奴隶的做法,[④]盎格鲁-撒克逊人也秉承了这个传统。[⑤]

　　盎格鲁-撒克逊社会中的大领主和修道院院长在各自领地范围内拥有刑事管辖权,对本地捉获的盗贼可以不经起诉而直接施行惩戒。[⑥]这个制度实际起到的作用,必定与其原旨背道而驰,让强徒贼子们在那些并无诚意打击犯罪和暴力行为的贵族领地上寻到了保护伞。

法庭　　　尽管盎格鲁-撒克逊国家政治制度的主流趋于贵族主导,但是古代民主制仍在相当程度上有所遗存——如果没有大贵族的庇护,这并不足以切实保护最底层的民众,然而却能保障绅士或下层贵族的安全乃至一定程度的尊严。特别值得一提的是,这个由十户区法庭、百户邑法庭和郡法庭构成的司法体系,在设计上

---

① Spellm. Gloss. *Servus* 词条。

② LL. Aelf. § 20.

③ Ibid. § 17.

④ Tacit. de morib. Germ.

⑤ LL. Inae, § 11. LL. Aelf. § 12.

⑥ Higden, lib. 1. cap. 50. LL. Edw. Conf. § 26. Spellm. Conc. vol. i. p. 415. Gloss. *Hahgemot et Infangenthefe* 词条。

十分注重维护总体的自由，约束贵族的权力。郡法庭每年开庭两次，受理下级法庭呈递的上诉案件，本郡全体自由土地保有人均须出席。法庭裁决一切宗教和民事案件，由本地的主教会同郡长（或称郡伯、伯爵）共同主持审理。① 案件审决形式简率，没有多少诉答和例行规程，也不耽延，庭上获多数支持者即判胜诉。

　　主教和郡长除了在自由土地保有人当中维持秩序和居间调停之外，并无更多权柄。②如果当事人对百户邑法庭的三次判决均表不服，可上诉到郡法庭，对郡法庭的判决三次不服，可向国王的法庭上诉。③不过，若非大案要案是得不到上述待遇的。法庭判处的罚金，有三分之一归郡长所得④——鉴于当时的处罚以罚金为主，郡长一职的收益大半来源于此；另外的三分之二归国王所有，也占了公共收入的很大一部分。任何一位自由土地保有人三次缺席法庭集议者，也要被判罚款。⑤

　　在那个蒙昧无知的时代，契约和文书极为少见，因此大多数重要的民事交易都通过郡法庭或百户邑法庭完成，以便存底，防止日后再起纠纷。人们在此发布遗嘱、释放奴隶、达成交易协定；为了进一步确保无虞，有时还把一些最重大的事项记载到教区《圣经》的空白页上，形成一种带有神圣意义的、不容篡改的登记，此外，在文约中附加一条针对篡改契约行为的诅咒，也是司空见

---

① LL. Edg. § 5. Wilkins, p. 78. LL. Canut. § 17. Wilkins, p. 136.
② Hickes Dissert. Epist. p. 2,3,4,5,6,7,8.
③ LL. Edg. § 2. Wilkins, p. 77. LL. Canut. § 18. apud Wilkins, p. 136.
④ LL. Edw. Conf § 31.
⑤ LL. Ethelst. § 20.

惯的做法。①

益格鲁-撒克逊人的生活方式非常简单,在此类社会群体中,司法权总是比立法权更为重要。政府征收的税项极少甚至没有,颁行的法律也为数寥寥,国家的管理并不完全依靠法律,而在更大程度上有赖于习俗的约束,其中包纳了巨大的阐释空间。因此,尽管贤人会议基本上由大贵族组成,但是有全体自由土地保有人出席、管理日常生活中一切事务的郡法庭却是国家统治机构的广泛基础,对贵族权力形成了不小的制约。然而,还有一种比司法权或立法权更为强悍的力量:那就是直接以强力伤害或服务于人的权力,其后果很难在法庭上得到救济。在所有粗放型的治理环境中,执法力量薄弱,这种权力便自然地落入大贵族之手。这种情况泛滥的程度并不取决于公共立法,而更多地取决于历史上的某些小事件、特定的风俗习惯,有时还依事务的情理和性质而定。比如,法律早已规定苏格兰高地人享有英国臣民的一切权利,然而直到不久之前,那里的普通人才真正享受到这些权利。

关于益格鲁-撒克逊政制各组成部分的权力分配,在历史界和考古界多有争议。尽管相关的讨论从未涉及宗派之争,但是由于问题本身极度难解,产生上述分歧也属自然。不过,可以看到领主对奴隶和佃户拥有极大的支配权,市民依附于贵族,中间等级缺如,君权边界受限,国家法度松弛,社会局势持续混乱、动荡。这一切都清楚地表明,益格鲁-撒克逊人的政制到后来已高度趋于贵族化,而诺曼征服前夕发生的诸多事件,均为这一推断或猜

174

---

① Hickes Dissert. Epist.

想提供了佐证。

　　盎格鲁-撒克逊法庭的判罚措施和各种案件的举证方法均可　刑法
谓独树一帜,不同于现今所有文明国家的常例。

　　我们必须理解,古代日耳曼人混沌未凿,人与人之间的社会
纽带更多地带有军事性质而非民事性质。他们主要关注对族群
公敌的进攻或防御,而不注重防护同胞之间的侵害。他们拥有的
财物极少,亦无甚贫富差别,所以遭到侵犯的危险并不大;加之民
性悍勇,人人都靠着自己和一干私交的力量进行自卫或报仇雪
恨。由于欠缺政治结盟的纽带,遂令私人关系纽带愈发牢固:对
一个人的损害,将被其所有亲朋视作对他们全体的损害,他们出
于荣誉感和共同利益的感召,定会起来为他的死亡或受到的暴力
伤害而复仇。复仇举动奉行"以眼还眼、以牙还牙"的原则,如果
肇事者处于其亲族的保护之下(这种情形很自然而且相当常见),
争斗的范围即随之扩大,因此在族群内部蕴育了不尽的混乱和
骚动。

175　　弗里斯兰人是日耳曼人的一支,他们的社会始终未能超越上
述不成熟的野蛮形态,私人复仇的权利至今仍是无限的,不受任
何控制。[①]而其他日耳曼部族早在塔西佗时代便已向着政治或曰
民事结盟迈出了前进的一步。虽然对于每个氏族来说,为被杀或
者受侵害的族人复仇仍然是件荣辱攸关的大事,但是法官已经有
了介入权,可以调停双方的争执。他可以要求被侵犯而受伤者、

---

　　① 　LL. Fris. tit. 2. apud Lindenbrog. p. 491.

致残者或死者的亲属接受肇事者及其亲属的礼物,[1]算作对伤害的赔偿,[2]并放弃继续复仇。为了防止一次调解牵扯出更多纠纷,按照死者或伤者的社会地位明确规定了礼物的数额,赔付品通常是牲畜,这也是那些未开化的蛮族最主要的财产。这样一份礼物以肇事方的经济损失安抚了受害者家族的复仇欲望,后者的虚荣心也因肇事方认罪赔礼的姿态而得到满足,同时,新获得的财产也冲抵了他们看到亲人遇害或受伤时的悲伤之情,于是乎双方的争斗就此平息,社会暂时恢复了大体上的安宁。[3]

随着日耳曼蛮族在先前罗马帝国的各个行省定居日久,他们又向着文明生活迈进了一步,其刑事审判也逐渐趋于进步和完善。法官从维护公共安宁、抑制私斗的职责出发,将治下每个子民遭受的任何侵害都视同于对其自身的侵害,因此,肇事者除了应对受害人及其家族给予赔偿,还应向法官缴纳罚金,称为"Fridwit",以补赎自己破坏社会安宁的行为,也是对法官调停争端所付辛苦的一种酬谢。这个想法是如此自然,一经提出便为君主和臣民双方所乐从。形形色色的罚金增加了王室府库的收入;民众也认识到,官员能从调停争端的行动中直接获益,就会更加积极主动地履行职守,而肇事者除了赔付受害者之外,还要承担此种额外的处罚,这便降低了侵害案件的发生率。[4]

176

---

① LL. Aethelb. § 23. LL. Aelf. § 27.

② 撒克逊人称之为"*maegbota*"。

③ Tacit de morib. Germ. 作者言道,礼物的价值是固定的,想必有法律规定,或是由法官从中干预的结果。

④ 杀人者不但要向死者亲属和国王缴付赔偿金,还须向奴隶或附庸的主人支付一笔钱,以赔偿其损失,称为"*Manbote*"。参见 Spell. Gloss. ,*Fredum*、*Manbot* 词条。

以上简要概述了北方蛮族的刑事审判制度在几百年间的发展史。而具体说到英格兰在盎格鲁-撒克逊时代的司法状况，则可由兰巴德（Lambard）和威尔金斯（Wilkins）编纂的古代法律汇编中略见其貌。[①] 这些法律的主旨并不在于防止或完全杜绝私斗，因为立法者也知其不可为，只是要加以控制、调和。例如，阿尔弗雷德法典规定，倘若有人得知其敌人或给其造成伤害的人在肇事之后决定躲避在自己家中及*自家土地范围之内*，[②]必须先行提出赔偿要求，否则不得与之决斗。如果他有实力包围肇事者的家宅，应该先包围七天再发动攻击，在此期间，如果肇事者愿意放下武器投降，受害方可以羁押他三十天，但此期限过后，须将被拘者安全交还给其亲属，并接受赔偿，放弃更多要求。如果凶手逃入教堂避难，追击者不得亵渎圣地。假如受害方没有足够的力量包围凶手的家宅，则须向郡长请求协助；如果郡长拒绝协助，受害方须向国王提出申诉。直到握有最高审裁权的国王也拒绝给予协助，他才被允许发动攻击。受害方如果在外遇见肇事者，且不清楚对方是否打算居家躲避，他必须在发动攻击之前要求对方放下武器、束手就缚；对于投降者，他有权羁押三十天，如果对方拒不放下武器，那么他就有权动用武力。主人与人争斗，奴隶可以参战；儿子与人争斗，父亲可以参战，但与其主人争斗的情形除外。[③]

---

① 伊丽莎白时代的英国学者兰巴德编纂了一部撒克逊法律汇编，名为"*Archaionomia*"，有撒克逊语和拉丁语两个版本。后经威尔金斯博士扩充，更名为"*Leges Anglo Saxonicae*"出版，囊括了所有存世的撒克逊法律。——译者

② 从该条法律后面的内容来看，此句末所补充的斜体字部分实有必要。

③ LL. Aelfr. § 28. Wilkins, p. 43.

　　国王伊拿颁布的法律规定,受害者须先行向肇事者提出赔偿要求,如果遭到拒绝,才有权实施报复。[1] 埃德蒙国王在其法典的 ¹⁷⁷ 前言中指出,大大小小的私斗盛行令全社会苦患不已,并针对此种情况提出了多项补偏救弊之策。这位国王在法典中规定:凡杀人者,可在其家族帮助下,于十二个月内偿清命案罚金;杀人者如果被家族驱逐,便须独自面对被害人家族发起的殊死决斗。在后一种情况下,凶手的家族可免受牵连,但前提是必须与凶手断绝往来,不可为其供应肉类或其他生活必需品;如果家族中的任何人在家中收留凶手或给予其帮助,该家族须向国王缴纳罚金,并被视同介入私斗。杀人者被其家族驱逐后,如果被害人家族的报复行为延及凶手本人以外的家族其他成员,被害人家族将被罚没全部资产,并被宣布为国王及其所有朋友的敌人。[2] 法典还规定,国王不得免除杀人凶手的罚金;[3]不得杀死逃进教堂或国王的城镇寻求保护的犯人。[4]国王本人宣称,王宫不向杀人凶手提供庇护,除非杀人者经忏悔获得教会宽恕,并通过支付赔偿金取得了被害人家族的谅解。[5]同一法令中还明文规定了赔偿金的支付方式。[6]

　　埃德蒙国王的上述举措,意在约束和减少私斗,其宗旨与北方蛮族自古相沿的精神背道而驰,向着司法的规范化迈出了新的

---

[1]　LL. Inae, § 9.

[2]　LL. Edm. § 1. Wilkins, p. 73.

[3]　LL. Edm. § 3.

[4]　LL. Edm. § 2.

[5]　LL. Edm. § 4.

[6]　LL. Edm. § 7.

一步。萨利法典(Salic law)①规定,任何人均可公开宣告退出家族私斗,但与此同时,他在法律上即被视为脱离该家族,他在家族内的一切继承权将被剥夺,以惩其怯懦。②

　　按法律规定,国王的命价③(当时称作 weregild)为三万特里姆斯,④折合今日币值接近一千三百镑。王子的命价为一万五千特里姆斯;主教或郡长的命价为八千特里姆斯;郡治安官,四千特里姆斯;塞恩或牧师,两千特里姆斯;刻尔,二百六十六特里姆斯。以上价码均为盎格鲁时代法律明文标定。墨西亚法律中规定,刻尔之命价值二百先令;塞恩之命六倍于此;国王之命又六倍于后者。⑤肯特法律规定,大主教的命价高于国王。⑥时人对神职人员的敬重,一竟至此! 必须了解的是,如果肇事者不能或不愿支付罚金,那么他就不受相关法律的保护,死者的家族可以随心所欲地惩治他。

　　一些考古学者⑦认为,上述的赔偿金标准只适用于过失杀人,蓄意谋杀不在其例。但是上述区别并未见诸法律条文;而且,根据古代日耳曼人的法典,⑧以及前文提到的希克斯博士那部考据

---

①　古代西欧法兰克人萨利部落的习惯法汇编,编撰于五世纪末六世纪初。——译者

②　Tit. 63.

③　字面意义为"人钱"。——译者

④　盎格鲁–撒克逊时代币名。最早为法兰西墨洛温王朝所铸金币,自七世纪起在英格兰广泛流通,据称也有在英格兰本地铸造的。到十世纪左右,人们又以此名来称呼一种大小与之相近的银币。——译者

⑤　Wilkins, p. 71, 72.

⑥　LL. Elthredi, apud Wilkins, p. 110.

⑦　Tyrrel introduct. vol. i. p. 126. Carte, vol. i. p. 366.

⑧　Tac. de mor. Germ.

严谨的巨著中关于撒克逊人古代习俗的记载,这种说法与日耳曼诸蛮邦的做法均不相符[①]。阿尔弗雷德法典中诚然有"蓄意杀人为死罪"这一条,[②]不过,这似乎只是那位伟大立法者意欲改善国内治安的一种尝试而已,很可能并未实施。我们看到,同一法典中还规定,蓄谋杀害君王的罪行也可用支付罚金的方式来补赎。[③]

同样,撒克逊法律对各种伤害的赔偿金也有明码标价:发际线内伤口达一英寸者,罚金一先令;同样长度的伤口位于面部者,罚金两先令;削掉一只耳朵,罚金三十先令,依此类推。[④]在这个方面,似乎并没有按受害者的身份地位加以区别的规定。埃塞尔伯特法典中规定,与邻居之妻通奸者,须赔偿罚金,并为受害者再买一个妻子。[⑤]

上述种种规定并非古代日耳曼人所独有。这似乎是每个不惟王命是从的自由族群刑事审判制度所必经的发展阶段。伊洛伊战争时期的古希腊人便是如此:在《伊利亚特》第九卷当中,内斯特(Nestor)对阿喀琉斯(Achilles)的一番话中曾经提到谋杀的赔偿调解,称之为"αποιναι"。爱尔兰人与日耳曼各部族素无联系,他们也有同样的做法,并一直延续至晚近,我们由约翰·戴维斯爵士(Sir John Davis)笔下得知,爱尔兰人把杀人命价称作"eric"。

179

---

① Lindenbrogius,passim.

② LL. Aelf. §12. Wilkins,p. 29. 其中,"蓄意杀人"的罪名可能指不经宣战就动手杀人的背信弃义之举。

③ LL. Aelf. §4. Wilkins,p. 35.

④ LL. Aelf §40. 另参见 LL. Ethelb. §34,&c.。

⑤ LL. Ethelb. §32.

犹太人似乎也曾有同样的习俗。①

　　盗窃和抢劫在盎格鲁-撒克逊人当中是很常见的。为了在一定程度上遏制这些罪行,法律规定,凡价值超过二十便士的物品均不得在公开市场以外交易,②而且,一切买卖议价都必须当着证人进行。③强盗团伙的活动极大地扰乱了国内安宁。法律规定,凡人数在七到三十五人之间的团伙称为一个"匪帮(*turma* 或 *troop*)",超过此数目的则称作一支"匪军(*army*)"。④对此类犯罪的惩罚形式不一,但是均不构成死罪。⑤如果一个人追踪被盗的牲畜,发现它们进入了别人的地界,那么后者就有义务指明牲畜离开自己土地时留下的踪迹,否则必须按价赔偿。⑥

　　至于反叛滋事的罪名,无论严重到什么程度都不构成死罪,可以用大笔罚金来补赎。⑦立法者心知不可能杜绝所有的骚乱,因此只对在国王的法庭上起哄闹事、在郡长或主教面前咆哮公堂者课以高额罚金。此外,酒馆似乎也是个格外受重视的地方,与别处相比,凡是发生在酒馆的争斗都会受到重罚。⑧

　　如果说盎格鲁-撒克逊人的犯罪处罚形式显得比较奇特,那么他们的举证方式在这方面可谓毫不逊色,这也是此邦民情所造 证据规则

---

　　①　Exod. cap. xxi. 29,30.

　　②　LL. Aethelst. § 12.

　　③　LL. Aethelst. § 10,12. LL. Edg. apud Wilkins,p. 80. LL. Ethelredi,§ 4. apud Wilkins,p. 103. Hloth. & Eadm. § 16. LL. Canut. § 22.

　　④　LL. Inae,§ 12.

　　⑤　LL. Inae,§ 37.

　　⑥　LL. Aethelst. § 2. Wilkins,p. 63.

　　⑦　LL Ethelredi,apud Wilkins,p. 110. LL. Aelf. § 4. Wilkins,p. 35.

　　⑧　LL. Hloth. & Eadm. § 12,13. LL. Ethelr. apud Wilkins,p. 117.

成的自然结果。无论我们把这些生活于蒙昧状态的村野百姓想得多么淳朴率真,实际上他们当中的虚伪甚至背信弃义较文明族群有过之而无不及。德行无非是经过扩展和精心培育的理性,除非整个社会普及了良好的教育,民众接受了教化,认清恶行、背信和道德败坏所带来的有害后果,否则德行之花绝不可能旺盛生长,也不会植根于荣誉原则的坚实基础之上。即便盛行于未开化族群中的迷信思想可以或多或少地发挥一点替代功用,但也难以真正弥补知识和教育的匮乏。我们欧洲人的祖先虽然动不动就拿十字架和圣髑赌咒发誓,但是在一切事情上却远不如其后世子孙那么正直体面,尽管后者从经验出发,省去了那些无效的设誓觅保环节。当时的法官通常缺乏洞察力,没有辨析复杂证据的能力,只靠着清点证人数目而不是衡量证据的分量来断案,这就使得证人出具假证的普遍倾向愈演愈烈,①以致产生了在庭审中引入"无罪证人"这种荒唐做法——他们并不了解具体案情,只是发誓担保被告清白无辜;在有些案件的审理中,这样的证人竟可多达三百人。②大多数欧陆国家曾经引入一对一决斗,以期匡正作假证之风;③由于教会的反对,此法屡次遭到废除,但是审判实务中的伪证之弊实在严重,这种做法又一再被恢复,④最终形成了"决

---

①　有时候,相关法律在衡量证人证言的可靠性方面采用了一些简单化的通用规则。例如,假设某个证人的命价为 120 先令,而一个刻尔的命价仅为 20 先令,因为前者的命价是后者的 6 倍,那么前者所出具的证言份量即为后者的 6 倍。参见 Wilkins, p. 72。

②　Praef. Nicol. ad Wilkins, p. 11.

③　LL. Burgund. cap. 45.　LL. Lomb. lib. 2. tit. 55. cap. 34.

④　LL. Longob. lib. 2. tit. 55. cap. 23. apud Lindenb, p. 661.

斗式审判"这样一个审判门类：法庭依法断案，诉讼人可向对手、证人或法官本人提出决斗挑战。[1]　这种习俗尽管荒唐可笑，却可以说是审判方式的一个进步。这种审判方式过去曾为欧陆蛮族所沿用，直至此时仍然盛行于盎格鲁-撒克逊人当中。

当诉讼双方各执一词，案情复杂到令那些无知的法官难以辨析事实真相时，他们便求助于所谓"神裁法"，也就是碰运气。求取神谕的方式不一而足，其中一种是"十架裁决法"，具体方式如下：当一个人被控有罪时，他先要起誓申明自己清白无辜，并由十一名无罪证人出庭见证。接下来，他要亲自取两块木头（其中一块上带有十字标记），将它们用羊毛裹住，置于圣坛或某一著名的圣物之上。经过一番郑重祷告，祈求此次神裁成功，再由一位牧师或未经世事的少年拿取一块木头，如果拿到的是有十字标记的那一块，即宣布被告无罪；反之则判其有罪。[2]这种做法源自迷信，所以在法国已被取缔。法王"虔诚者"路易（Lewis the Debonnaire）宣布废除这种裁判方式，理由并不是其结果靠不住，而是认为神圣十架不应被滥用于处理琐屑的日常争端。[3]

另一种流行于盎格鲁-撒克逊人中间的审判方式称为"神判法"。以沸水或烧红的烙铁作为工具，前者用于平民，后者用于贵族；所用的水或烙铁事先都经多番祷告、弥撒、禁食及驱邪仪式进

---

[1]　参见 Desfontaines and Beaumanoir。

[2]　LL. Frison. tit. 14. apud Lindenbrogium, p. 496.

[3]　Du Gange, "Crux"词条。

行过祝圣。[1] 审判开始时,要求被告人伸手从一定深度的沸水中[2]
取出石头,或者手持烧红的烙铁按规定行走一段距离,之后将他
的手包裹起来,三日后开封查验:若无烫伤痕迹,即宣布被告无
罪;反之则判其有罪。[3]冷水神判法则与此不同:将被告人扔进经
过祝圣的水中,他若有游泳动作,即为有罪,若安静下沉即为无
罪。[4] 我们难以想象,在前一种方式下无辜者如何得以脱罪;而在
后一种方式下又如何对有罪者定罪。除此之外,还有另一种形式
的神判法,其设计堪称绝妙,似乎存心为每个罪犯都开脱罪责,只
要他有信心尝试——具体方法是制作一块经过驱邪祝圣的糕饼
(称为"corsned"),只要被告人能顺利吞食并消化此饼,便被宣告
无罪。[5]

军队　　盎格鲁–撒克逊人究竟有没有采用封建法,对此我们姑且存
疑,即便是已经采用,其范围也肯定未能遍及全国所有地产,也不
曾像欧陆各国那样,产生了效忠义务、领地继承贡金、[6]领主监护
权、指婚权[7]等负担,在欧陆国家,这一切都是与封建采邑制密不
可分的伴随结果。鉴于撒克逊人几乎将古代不列颠人赶杀净尽,

182

---

① Spellm. "Ordeal"词条。Parker,p. 155. Lindenbrog,p. 1299.
② LL. Inae,§ 77.
③ 有时被告人要赤脚在烧红的烙铁上行走。
④ Spellman,"Ordealium"词条。
⑤ Spellm,"Corsned"词条。Parker,p. 156. Text. Roffens. p. 33.
⑥ 郡长或大小塞恩离世之际,须将自己最好的一套武器进贡给国王,称作"临终
贡物"(heriot),但其性质还不属于领地继承贡金。参见 Spellm. of tenures,p. 9. 克努
特法典§ 69 中确定了领地继承贡金的数额。
⑦ 领主有权为尚未成年的封地保有人选择配偶,如果后者拒绝,则须缴纳一笔
罚金。——译者

因此他们在移居此岛时，可以完整保持其祖先在日耳曼时的社会关系，没有必要采用封建制度^①——该制度究其根本，就是要维持某种形式的常备军，随时准备镇压被征服者的反抗。在英格兰，保卫国家的劳苦和费用是按全国田亩平摊的，一般说来，每五海德土地须提供一名全副装备的武士。以下"三重义务"（*trinoda necessitas*），即从主出征的义务、修补道路的义务和建筑并维护桥梁的义务，是与土地保有权不可分割的，即使土地保有人是教会或修道院，未经特许免除，也概莫能外。^②刻尔或农夫由领主发放武器，按律轮流服军事徭役。^③ 据估算，英格兰土地总数为二十四万三千六百海德，^④因此王国的常规部队共有四万八千七百二十人，如遇非常事变，无疑还能动员更多武力。国王和贵族手下还有一些为其服兵役的佃户，称为"Sithcun-men"。^⑤ 郡长及其他官员可获得一些职务封地，但是其面积可能并不大，仅能供游乐使用，和其他欧洲国家封建制初立的时候并无二致。

　　国王的收入似乎主要来自他名下广大的私邑，以及对其私邑内各个自治市镇和海港酌情征收的通行费和关税。不经全国大会批准，国王无权将王室土地的任何部分让渡与人，哪怕是转作宗教用途。^⑥丹麦金是地产税的一种，按每海德一先令的标准征

公共收入

---

① 　Bracton de Acqu. rer. domin. lib. 2. cap. 16. 更多介绍参见 Spellman of feuds and tenures，以及 Cralgius de jure feud. lib. 1. dieg 7。

② 　Spellm. Conc. vol. i. p. 256.

③ 　Inae, § 51.

④ 　Spellm. of feuds and tenures, p. 17.

⑤ 　Spellm. Conc. vol. i. p. 195.

⑥ 　Spellm. Conc. vol i. p. 340.

收,纳入国库,①用于应对丹麦人的勒索,或者扩充军备、防御外寇 183
入侵。②

币值　　　撒克逊时代以及诺曼征服后数百年间所铸的英镑,重量接近
现代英镑的三倍,一镑相当于四十八先令,一先令等于五便士;③
如此算来,撒克逊时代的一个先令约略比我们所用的先令重将近
五分之一,当时一便士的份量则三倍于目前所用的便士。④至于当
时货币参照商品的币值,也有一些计算方法,不过结果不尽精确。
据阿瑟尔斯坦法典规定,一头羊价值一先令,相当于现在的十五
便士。羊毛的价值等于整头羊的五分之二,⑤大大高于现今的估
值。这大概是因为,撒克逊人和远古时代的人一样,除了羊毛制
品以外,并不知道有其他的御寒蔽体之物。丝绸和棉布对于他们
是闻所未闻,亚麻布也极少使用。一头公牛的价值是羊的六倍,
母牛是羊的四倍。⑥ 如果我们假定当时农牧业水平不高,饲养的
牲畜不如今日英格兰牧场上的牲畜肥壮,那么依此估算下来,当
时的币值大概比现在高十倍。一匹公马价值今天的三十六先令,
相当于三十撒克逊先令。⑦如果是母马,则要便宜三分之一。一个
人的身价为三镑。⑧一个小童第一年的膳宿工资,加上一头母牛夏

---

① Chron. Sax. p. 128.
② LL. Edw. Con. § 12.
③ LL. Aelf. § 40.
④ Fleetwood's Chron. Pretiosum, p. 27, 28, & c.
⑤ LL. Inae, § 69.
⑥ Wilkins, p. 66.
⑦ Ibid. p. 126.
⑧ Ibid.

天一季的草料和一头公牛的过冬草料,总计八先令。[①]据马姆斯伯里的威廉记载,红发威廉(William Rufus)花十五马克买过一匹马,相当于现在的三十镑左右,这在当时算是惊人的高价了。[②]在公元 900 年到 1000 年之间的某个时候,埃德诺斯(Ednoth)购入一海德土地,所付价款大致相当于现在的一百一十八先令。[③]折算下来,一英亩地价是一先令出头,对照其他的历史记录,可以看出当时的一般价格水平就是如此。[④]大约在公元 966 年前后,一匹乘骑用马的售价为十二先令。[⑤] 埃塞雷德国王在位时期,一头公牛的价格在七到八先令之间;一头母牛约值六先令。[⑥] 蒂尔伯里的热尔韦(Gervas of Tilbury)[⑦]曾经写道,在亨利一世时代,可供一百人吃一天的面包价值三先令,即从前的一先令,因为据说诺曼征服后不久,英镑与先令的比价发生了变化,一英镑折合二十先令。[⑧]一头羊估值为一先令,其他商品可按此比例估值。阿瑟尔斯坦国王在位时期,一头公羊价值一先令或四个撒克逊便士。[⑨]有个姓谢尔本(Shireburn)的领主要求手下佃户自己选择交纳六便士

184

---

① LL. Inae,§ 38.

② P. 121.

③ Hist Rames. p. 415.

④ Hist Eliens. p. 473.

⑤ Hist. Eliens. p. 471.

⑥ Wilkins,p. 126.

⑦ 生活年代约为公元 1150—1228 年,贵族,国务活动家,著有 *Otia Imperialia*。
——译者

⑧ 之前一英镑折合四十八先令。——译者

⑨ Wilkins,p. 56.

或四只母鸡。①大约在 1232 年,圣阿尔班修道院的院长外出旅行,雇用了七匹健壮的骏马,并与马主达成协议,途中马儿若有死亡的,每匹赔偿金为现在的三十先令。②应当指出的是,在整个古代历史上,种植谷物、特别是小麦,都属于一种技术性生产活动,因此这类产品相对于畜产品的价格总是比今天高出一些。③据《撒克逊编年史》记载,④信士爱德华国王在位时,发生过一场空前严重的大饥荒,当时小麦价格飙升至每夸脱⑤六十便士,折合现在的币值就是十五先令,相当于今天七镑十先令的天价。这个价格水平远远高于伊丽莎白时代末期那场大饥荒时的情形,那时一夸脱小麦售价为四镑,而币值水平与现代几近等同。如此严重的饥荒十足证明了那个时代的农艺水平极差。

总体说来,每当涉及一笔钱款在古代的估值时,我们应当考虑到以下三点:首先是同面额钱币的变化,现在的一英镑银币,分量只是古代的三分之一。第二,由于货币供应量加大,币值也发生了变化。以货币与商品的比价来衡量,同样分量的白银在古代的价值十倍于今日。综合以上两条,其结果就是,今天一英镑的实际价值只相当于古代的三十分之一。第三,那个时代欧洲各国都是人口稀少,产业不兴。在这种情况下,即便是所提数额的三十分之一,也很难募得;而且无论在英国还是其他国家,一笔钱款

① Monast. Anglic. vol. 11. p. 528.

② Mat. Paris.

③ Fleetwood, p. 83,94,96,98.

④ P. 157.

⑤ 小麦容量单位,约等于八蒲式耳。——译者

的价值和影响力均超出今天同等数量钱款的三十倍不止。打个比方说,就好像如今在某个小邦(譬如巴伐利亚)募集十万英镑比在英国困难,而且这十万镑在那个小群体中所能造成的影响也远185 远超出对英国社会的影响力。最后这种差异是很难计算清楚的。不过,如果假定英格兰当今的产业规模较诺曼征服时代及之后几朝增长了六倍,人口增长了三倍,那么在此基础上综合其他情况分析,可以得出如下结论:古代史家提到的每一笔钱款,都相当于今天同样数额的百倍以上。

撒克逊时代有土地均分制的传统,一个人死后,其名下土地由他的儿子们均分。限定不动产继承的做法当时还未出现。[①] 土地主要有两种:一种叫"书田"(bookland),即依据公簿记录或特许状持有的土地,被视为完整产权产业,可传诸业主的继承人。第二种叫"民田"(folkland),由刻尔和平民租种,他们实际上只是领主的佃户,领主可随意命其迁移。

埃德伽一朝颁行的法律,在英国历史上首度尝试将宗教事务裁断和民事诉讼分开,规定教士之间的争讼一律提交主教处理。[②] 当时的处罚措施相当严厉,不过当事人可以用钱或其他形式抵罚,对于富人来说,逃避惩处不是一件难事。[③]

对于盎格鲁-撒克逊人的习俗,我们所知甚少,只知道他们笼 习俗统而言是一群未开化的粗人,既无学问,也不谙各种手艺,不喜服从法律和政府的约束,放纵骚乱,不讲秩序。他们身上最可贵的

---

① LL. Aelf. § 37. apud Wilkins, p. 43.

② Wilkins, p. 83.

③ Ibid. p. 96, 97. Spell. Conc. p. 473.

品质就是英勇善战，但是疏于纪律和指挥。他们在忠、义两方面
均乏善可陈（这在撒克逊时代晚期体现得更为明显），而且一贯地
没有人道精神。虽说诺曼人本身的文明水准也不高，但是诺曼史
家在提及诺曼底公爵对英伦的征服时，对益格鲁-撒克逊人总以
"野蛮人"相称。[①]诺曼征服将他们置于一种被动接受的地位，慢慢
地从外族那里获得基本的科学和文明陶冶，逐渐矫正自身粗野放
纵的行为习惯。

---

① 　Gul. Pict. p. 202.

第四章　征服者威廉

黑斯廷斯之战的后果—英人臣服—建立政府—国王还驾诺曼底—英人不满—叛乱—诺曼人的铁腕统治—叛乱再起—新一轮镇压—引入封建法—革新教会管理体制—诺曼男爵叛乱—叙任权之争—罗贝尔王子叛乱—末日审判书—新森林—对法战争—征服者威廉驾崩—征服者威廉的性格

英军在黑斯廷斯大败,英王殒命,一大批领袖群伦的贵族和武士菁英惨遭屠戮,余者四散溃亡。消息一经传出,举国震骇,惊慌失措到无以复加的地步。不过,尽管此战损失惨重,但是对英格兰这样一个大国而言,此时尚有挽回的余地:这是一个全民皆兵的国家,大部分人都能上阵打仗,众多实力强大的贵族散居于各郡,他们完全可以召集自己的属下,各竖抗敌御侮的战旗,迫使诺曼底公爵分兵四顾,随后通过各种小规模战斗和遭遇战消耗和拖垮入侵者。过去多少年来,无论罗马人、撒克逊人还是丹麦人入侵此岛,无不遭到本地人的长期抵抗,入侵者经过持久不断的努力,才逐渐将其降服;想必威廉在发动这一大胆而危险的行动之前,也料想到了同样的困难。然而,当时盎格鲁-撒克逊人的心性存在若干缺陷,以致国运危殆之际,也难以奋起捍卫自己的自

公元
1066年
黑斯廷斯之战的后果

由：首先，此前不久他们还长期臣服于丹麦人，民族自豪感和民族
精神在很大程度上被消磨殆尽；其次，克努特统治英伦时，着意淡
化征服的严酷性，他沿用英人法律，公平对待当地人，因此英国民
众并不怎么畏惧屈身于外邦人轭下的耻辱，觉得投降虽有诸多为
难之处，但是与流血抗战相比反倒不那么令人生畏。再者，由于
习惯于接受丹麦君主的统治，后来又推举或默认了哈罗德僭居王
位，国人对古代撒克逊嫡系王统的忠诚已经大为削弱。而撒克逊
世系的唯一传人埃德伽-阿塞林早被民众视作无能之辈，即使在
承平年代也不配执掌大统，此时更不能指望他来力挽危局、抵挡
乘胜进军的诺曼底公爵。

形势危殆，英国人也不想束手就范，他们采取了一些措施，设
法重整混乱脱节的国家治理体系，团结起来抗击共同的敌人。埃
德温和莫卡这两位实力强大的伯爵随败兵逃到伦敦之后，便担负
起了组织御敌的领导责任。坎特伯雷大主教斯蒂甘德（Stigand）
在国人心目中享有崇高的威望，并掌握有大笔钱财，他与两位伯
爵同心协力，拥戴埃德伽为王，极力发动民众，营造抗敌态势，鼓
舞国人抵抗诺曼侵略军。[1] 然而新近惨败的创痛犹在，英国民众
不免丧胆，加之入侵者本是与英伦隔海相望的近邻，更让他们犹
疑不定，难以坚决抗敌；在历史上，每逢重大鼎革之际，都必然伴
有这种民心混乱的局面。因此，英方的每一项措施都是匆促、摇
摆、毫无章法，因恐惧或内讧而混乱失措，计划得差劲，执行得
更糟。

---

[1] Gul. Pictav. p. 205. Order. Vitalis, p. 502. Hoveden, p. 449. Knyghton, p. 2343.

威廉公爵一战克捷,立即乘胜进军,绝不容对手从惊慌中缓过神来,积聚起反抗之力。他决心拿出猛虎扑食般的迅疾和勇力来成就攻英大业,唯其如此,才能一举定乾坤。他先拿罗姆尼城(Romney)开刀,以报复当地人残酷对待因恶劣天气或迷路到此的诺曼水手和士兵。①接下来,因为预见到征服英格兰可能伴随着重重困难和英人的反抗,公爵认为有必要在深入英伦腹地之前先拿下多佛尔;将来万一战事不利,可以据此作为退路;反之,如果胜局持续,大军推进所需的粮秣供应,也需要这样一个安全的登陆点。诺曼大军挟黑斯廷斯大胜的余威逼近多佛尔要塞,此地的英国守军虽兵多粮足,却已闻风丧胆,即刻表示有条件投降。诺曼部队冲进城,在混乱中放火烧毁了部分民房;威廉亟欲以仁慈公正的姿态安抚英国民心,随即下令赔偿市民的损失。②

由于诺曼军中痢疾肆虐,他们只得在多佛尔休整八天。情况一见好转,威廉公爵立刻挥师疾进,直指伦敦。敌军兵临城下,原本便立场纷淆的英方高层越发乱作一团。特别是在民众中间影响极大的教会人士开始倒向威廉一边:当时的主教和高阶教士大多是法国人或诺曼人,他们公开以教皇支持和圣化威廉征服事业的敕令作为依据,力主全面投降。当初信士爱德华国王在位期间,这些教会长老凭借出众的学识,力压愚鲁无文的撒克逊人而占据了极高的地位,国内百姓对他们尊崇有加,几近盲从。埃德伽王子年纪轻轻,能力不足以服人,无法抗衡教会人士对民意的

---

① 　Gul. Pictav. p. 204.

② 　Ibid.

影响。一队伦敦守军被五百诺曼骑兵击退，唤醒了黑斯廷斯惨败 189
在英国人心头刻下的恐惧；当此之际，又传来肯特全郡拱手降敌的
消息，伦敦军民更见意气消沉。坚持抵抗的萨瑟克（Southwark）就
在伦敦人的眼前被入侵者焚为灰烬，令他们害怕同样的命运会降
临到自己头上。这时候，他们除了眼下的安全已顾不上别的，唯
求自保而已。就连埃德温和莫卡伯爵也不再指望进行有效的抵
抗，灰心地率部撤回自己的领地。于是，伦敦人一致同意向胜利
英人臣服者屈膝。威廉公爵刚由沃灵福德（Wallingford）渡过泰晤士河，抵
达伯克姆斯特德（Berkhamstead），斯蒂甘德大主教便向他送上了
降表；还没等伦敦城进入他的视线，英方所有的贵族首脑——包
括新当选的国王埃德伽-阿塞林本人在内，都来到他的营寨，声明
愿意降服于他。[1]他们宣称现在英国王位空缺，请求威廉公爵登上
宝座，并向公爵表态曰：英国人民向来尊崇王权，今朝唯愿效法祖
先，奉江山社稷与有德者居之。[2]

　　威廉公爵此番跨海远征，所图者正是英国大位，但他还要假
意矜持，想让自己秉政之事显得合乎法统，所以他先是表示希望
通过更加正式、明确的途径征得英国人民的赞同。[3]不过，他手下
一位有勇有谋、深受器重的武士阿基坦的艾马尔（Aimar of
Aquitain）提出谏言，指出此乃紧要关头，必须抓住时机，当断不
断，恐受其乱。于是公爵便抛开一切顾虑，接受了这顶送上门的
王冠，并立即下令筹备加冕礼。然而，他对于人数众多、勇武好战

---

① Hoveden，p. 450. Flor. Wigorn. p. 634.
② Gul. Pict. p. 205. Ord. Vital. p. 503.
③ Gul. Pictav. p. 205.

的伦敦人仍然心存忌惮,故而与此同时又下令修筑多处要塞,以衔勒本地居民,确保自己和手下政府安全无虞。①

斯蒂甘德并未获得公爵的青睐,一方面因为,当初他是继诺曼人罗贝尔被逐后才登上主教之位的,另一方面的原因是,他在英国民众中间享有极高的威望和影响力,②可能对新君构成潜在的威胁。于是,威廉借口斯蒂甘德的大主教职位是由僭位教皇本笃九世(Benedict IX)授封的,不够名正言顺,拒绝由他主持加冕礼,而将这一荣耀转给了约克大主教阿德莱德。新王加冕的盛大典礼定于威斯敏斯特大教堂举行,英格兰和诺曼贵族中的所有头面人物都来伴驾、观礼。阿德莱德在简短的演说中向英格兰贵族发问:是否接受威廉做他们的国王?库唐斯(Coutance)③主教则向诺曼贵族提出同一个问题。人群均以欢呼作答。④在阿德莱德的主持下,威廉公爵按常规宣读了加冕誓词,发誓要保护教会、秉行公义、遏制强暴。接着,大主教为公爵行涂油礼,将王冠戴在他头上。⑤观礼者一片欢腾雀跃。然而,就在此时此刻,一个突发事件无比强烈地凸显了两个族群之间普遍存在的猜忌和敌意——终威廉一朝,这道罅隙一直在持续扩大。当时,教堂内的呼声传到门外,负责守卫的诺曼士兵以为英国人要对公爵图谋不轨,立即对百姓发动攻击,并纵火焚烧周边的房舍。正在教堂内陪王伴

190

12 月 26 日

---

 ① Gul. Pictav. p. 205.

 ② Eadmer, p. 6.

 ③ 地名,位于下诺曼底。——译者

 ④ Order. Vital. p. 503.

 ⑤ 据马姆斯伯里记述(p. 271),威廉在誓词中还承诺,以平等的法律统治诺曼人和英格兰人。考虑到当时的形势,在常规的誓词中加上这样一段内容也并非不可能。

驾的英格兰和诺曼贵族们闻听此讯,皆疑惧万分,急忙冲出门外,寻找安全之处避难;最后,由威廉本人出面,好不容易才平息了这场骚乱。①

公元
1067 年
建立政府

　　就这样,威廉假借爱德华国王的遗嘱和有欠正规的国民选举,实际上更多地是凭借武力,登上了英国王位;随后,御驾离开伦敦,来到埃塞克斯的柏京(Berking),在此接受所有未能出席加冕礼的贵族的臣服。这当中包括绰号"林中野人(Forester)"的埃德里克——就是埃塞雷德和埃德蒙两朝以三二其德而闻名的那位埃德里克的侄孙,还有以勇武著称的柯克索(Coxo)伯爵,就连墨西亚伯爵埃德温和诺森伯兰公爵莫卡以及其他一些英格兰名门望胄也都赶来向新君宣誓效忠。威廉亲切和悦地接待了贵族们,并许诺保持他们原有的领地和封号。②一切都显得无比祥和,威廉此时手头并无他务,只须打赏那些追随他打天下的诺曼人,还有甘心归顺的新臣民。

191

　　现在,哈罗德一朝丰实的府库已尽归威廉所有,他又从急于博取新主欢心的英格兰各地豪绅那里收到大量贡礼,因此有能力大手笔地犒赏手下军队,其慷慨姿态让后者对未来获得更永久的产业充满期待——这本是他们跟从威廉跨海出征时便抱有的梦想。③ 国内外的教会人士也为威廉的成功助力不小,他并没忘记投桃报李,用最适当的方式向他们表达了自己的感戴和虔诚:他将哈罗德的旗帜连同大量贵重礼品呈送给教皇。法国各大修道

---

① Gul. Pict. p. 206. Order Vitalis,p. 503.
② Gul. Pictav. p. 208. Order. Vital. p. 506.
③ Gul. Pict. 206.

院和教堂都曾为他祈祷胜利,现在亦得到了他的慷慨馈赠。[1]英国僧侣们也发现,新君对修道院十分乐善好施。威廉还在黑斯廷斯附近新建了一座修道院,赐名"巴特尔修道院(Battle-Abbey[2])",表面上是请修士们为他和哈罗德的灵魂祷告,实则要永久纪念自己的胜利。[3]

　　他把在诺曼底就已远近闻名的严苛执法风格带到了英格兰,即便处于改朝换代的剧变环境中,一切骚乱和压迫良民的行为仍然受到严厉的惩处。[4]特别值得一提的是,诺曼军队纪律严明,虽说倚胜而骄,但是非常注意约束将士,尽量避免触动被征服者的戒备之心。国王表现得极其和蔼可亲,热情撮合诺曼人和英格兰人彼此结盟、联姻,希望双方能够和睦友好。凡是前来觐见的新臣民,他都给予亲切有礼的款待,不流露丝毫猜忌,甚至对旧日撒克逊王室的继承人埃德伽-阿塞林也同样安抚有加。他承认了后者得自哈罗德的牛津公爵之衔,并假惺惺地摆出最友爱的姿态,称阿塞林是其好友与恩人信士爱德华的侄子,自当厚待。尽管他给哈罗德扣上了僭主的帽子,对后者以及黑斯廷斯战役中追随其作战的贵族们处以没收封地的惩罚,但是他似乎愿意宽谅那些从前抵制他觊觎英国王位的人,只要他们能给出合适的借口便可过关;许多曾经拿起武器反对他的人如今都获得了他的青睐。他确

----

① Gul. Pict. 206.

② "战役"之意。——译者

③ Gul. Gemet. p. 288. Chron. Sax. p. 189. M. West. p. 226. M. Paris, p. 9. Diceto, p. 482. 国王下令该修道院不受任何主教裁判权的统辖。Monast. Ang. tom. a. p. 311,312.

④ Gul. Pict. p. 208. Order. Vital. p. 506.

认了伦敦和其他英格兰市镇的自由和豁免权,在一切事情上都似乎十分热切地期望恢复古代建制。他在位期间,始终都摆出一副合法君主的架势,而不以外来征服者自居。英格兰人开始暗自称庆,认为这一国的政治制度依然如故,所变者唯君统而已,而他们对此并不在乎。为了促使新臣民宾服自己的统治,威廉还巡游了英格兰的部分地区,御驾出巡,排场盛大、仪仗辉煌,各地百姓先前被其军威震慑,而今又目睹这般堂皇的帝王气派,大感敬畏。他所表现出的仁慈和公正,令那些密切关注新君初步举措的社会贤达额首称道。

不过,威廉一方面对英格兰人做出种种信任和友好的姿态,另一方面却处心积虑地将所有实权托付在诺曼人手里,并紧紧握住军权不放,他心里清楚,自己之所以能够登上王位,靠的就是这一法宝。伦敦和其他一些城市人口众多、民性好战,被他颁旨解除了武装,他还下令在伦敦、温切斯特、赫里福德等军事要地修筑城堡,驻扎诺曼军队,荡平一切足以抵抗他的势力。他把抄没的地产分给手下最出色的军官,还设立了基金,专供犒赏士兵。如此,他在民政管理上虽然颇有依法治国之风,但其军事组织却以家长制和暴君制为特色,至少是给他留了后手,让他能够随时随地翻脸,以暴君的面目出现。

国王还驾
诺曼底

3月

至此,威廉凭着软硬兼施的手腕收服了此邦民心,认为自己可以安心返回故土,高奏凯歌,去接受旧臣民的恭贺了。他临行前,安排自己同母异父的兄弟、巴约主教奥多和威廉·菲茨·奥斯本二人监掌英格兰国务。为了减轻政权受到的威胁,他把英格兰贵族当中的头面人物几乎统统带到了诺曼底:这些人簇拥王驾迤逦而行，更显其场面豪华、仪从煊赫，这固然起到了为王廷增辉之效，但实质上他们不过是确保英人不反的一群人质而已。埃德伽-阿塞林、大主教斯蒂甘德、埃德温和莫卡两位伯爵、以勇敢著称的西沃德公爵之子沃尔特奥夫（Waltheof），以及其他豪门望族、教俗两界的尊贵人物，均在扈从王驾之列。国王驻跸菲茨坎普（Fescamp）修道院期间，法兰西国王的叔父鲁道夫（Rodulph）和众多有权有势的王侯、贵族纷纷前来觐见，他们为威廉的跨海远征事业出过力，此时都渴望着分享这份成功的喜悦和利益。他的英国廷臣们为了讨好新主子，在车马装备和娱乐上花样翻新、炫异争奇，尽情展示各种宝贝，把外宾们都惊呆了。当时在场的一位诺曼史家普瓦捷的威廉（William of Poictiers）[1]不无羡叹地提到那些形容俊美的人物，那些精工巧錾的硕大银盘，精美奢华的刺绣——当时英格兰在这两方面的工艺独占鳌头。他的溢美之辞大幅提升了我们对英格兰人的富裕和文明程度的印象。[2] 尽管一切都显得喜气洋洋，威廉对待这些新臣子也是优遇有加，但是，诺曼人根本无法掩藏那股趾高气扬的傲慢。这些娱乐活动对于英国贵族们实无乐趣可言，他们置身其中，感觉自己就像被招摇夸胜的征服者牵行的降虏一般。

　　在銮驾离岛期间，英格兰的局势趋于恶化。不满情绪和怨言四起，人们结党密谋，反对当局；在许多地方，已经爆发了敌对行

英人不满

---

[1]　P. 211, 212.

[2]　这位史家一力称道英国银盘，但他对英式奢丽场面滔滔不绝的赞美只表明了他自己在这方面实在缺乏鉴赏力。当时的银价十倍于现在，更是不下二十倍地稀罕，因此，在各类奢侈品当中，银器自然最为珍贵。

动。又一场动荡似乎迫在眼前，其势迅疾，丝毫不亚于把威廉推上王位的那次剧变。前文提到的那位史家站在护卫主君的立场，认为此事应完全归咎于英国人反复无常、狂野不驯的性格，并高度赞扬奥多和菲茨·奥斯本公正仁慈、治国有方。[①]但是另一些史家则把主要责任归诸于诺曼人——相比之下，此说更具可信度。后一派史家认为，诺曼人根本瞧不起这个轻易屈膝的民族，垂涎于本地人的财富，又碍于军纪不便直接抢掠，就想逼出一场叛乱，以便趁机染指被没收的土地和罚金，满足内心旺盛的贪欲——自从他们加入远征，这团心火便一直腾腾燃烧至今。[②]

　　显然，英格兰人情绪逆转的主要原因就是威廉的离去，只有他才有能力约束手下军人的暴行，并慑服此间的桀骜百姓。最令人感到奇怪的是，这位君王刚刚征服了一个民性凶悍暴烈的大国才不过仨月，就匆匆离开，重返故土，而那边正值太平无事，也未受到邻国的滋扰。他把心怀疑惧的英国子民长期置于骄横跋扈的诺曼军队淫威之下，实实不知何意。假如我们并不确知他那过人的才干和良好的头脑（这都明明白白地体现在其他一切事务当中），或许会觉得，他之所以这么做是出于虚荣心的驱使，急欲衣锦还乡，在旧臣民面前炫耀胜果。但是，凭我们对威廉的了解，想来他总不至于如此。所以，我们更自然地倾向于认为，他这种不寻常的举动，暗含着某种秘不告人的心机。他起初审时度势，明智地以法治的假象诱使英人降顺，但是到了后来，他发现如不进

①　P. 212.
②　Order. Vital. p. 507.

一步伸张征服者的权利、剥夺英国人的财产,既难以满足手下诺
曼军人的贪欲,也无法确保政权稳固。为了找到掠夺的口实,他
隐藏自己的真实意图,处心积虑地刺激和挑动英人叛乱,同时心
里早有把握,叛乱者掀不起什么大的浪头,因为所有的英国大贵
族都被他扣在诺曼底,又有所向无敌的诺曼大军镇守该岛,他本
人与英伦只有一水之隔,随时可以扑灭任何动乱和反叛。不过,
鉴于没有任何一位古代史家将这种暴虐的动机加诸威廉头上,我
们自是不宜仅凭推测就以此罪名对他横加指责。

195　　　无论我们将这种情况归咎于国王的虚荣抑或是他使出的计
谋,这毕竟是英国人民在本朝及后续的几位君主治下诸多苦痛遭 叛乱
际的直接原因,它在英国人和诺曼人之间造成的猜忌和敌意,自
此之后再也未曾泯灭,直至漫长的岁月使两个民族逐渐混合,最
终融为一体。挑头造反的是最早向征服者投降的肯特人,他们与
诺曼人的老对头博洛涅伯爵尤斯塔斯结盟,试图拿下多佛尔要
塞,但未能成功。[①]绰号"林中野人"的埃德里克,苦于其塞文河两
岸的领地频遭附近的诺曼驻军劫掠,在恼怒之余,同布莱辛
(Blethyn)和罗瓦兰(Rowallan)这两位威尔士亲王结成同盟,试图
在他们的帮助下,以牙还牙地回击诺曼人。[②]　这些公开的敌对行
动尽管规模不大,但是英格兰人的不满情绪已经普遍蔓延开来,
他们意识到自己陷于人为刀俎、我为鱼肉的境地(可惜为时已
晚),并且开始真切地感受到一个自甘卑伏的民族向来无法摆脱

---

① 　Gul. Gemet. p. 289. Order Vital. p. 508. Anglia Sacra,vol. i. p. 245.
② 　Hoveden,p. 450. M. West. p. 226. Sim Dunelm. p. 197.

的侮辱和伤害。人们开始密谋,要效仿当初针对丹麦人的大屠杀,约期举事,各地同时动手,杀光诺曼人。两族间的不睦已遍及全民,一个例子是:柯克索伯爵的家仆原指望伯爵能率众揭竿而起,后来发现他决意效忠于威廉,便以叛国罪将其处死。

12月6日　　国王闻警,火速返回英格兰。他亲自坐镇,采取一系列有力措施,迅速挫败了叛乱者的一切阴谋。一批最激烈的反叛分子畏罪逃亡或藏匿起来,其产业被罚没。此举虽然使心怀不满者越发增多,威廉却可借此进一步满足手下诺曼将士的贪欲,并让他们巴望着分得更多的罚没资产。国王开始把所有英国臣民视作积 196 怨过深、无可救药的敌人;自此以后,他便开始盘算——或是最终拿定了主意——剥夺他们的财产,使其沦为最卑下的奴隶。尽管威廉生性粗暴严苛,绝不会为上述暴虐举措感到一丝懊悔,但是他毕竟很有手腕,懂得深藏自己的意图,在施行压迫的同时还维持着某种公正的表象。他颁旨晓谕全国,凡在他出行期间被诺曼人无理驱离家园的英国人,均可收回产业。[①] 但他同时又开始向全体英格兰人加征丹麦金,这个税项一向为英国人深恶痛绝,曾被信士爱德华国王宣布废止。[②]

公元
1068年　　威廉的机警震慑住了心怀怨望的英国人。他们的叛乱更多地是因英国人性格中固有的急躁所致,而不是什么正经的阴谋活动,因而无法合理地指望借此推翻诺曼人已然建立的政权。埃克塞特人在哈罗德国王之母吉莎(Githa)的煽动下,拒绝诺曼人在城

---

① Chron. Sax. p. 173. 这一事实可充分证明诺曼人此前的倒行逆施,这才是英格兰人叛乱的真正原因。

② Hoveden, p. 450. Sire. Dunelm. p. 197. Alur. Beverl. p. 127.

内修筑要塞,并拿起武器反抗,邻近的德文和康沃尔两郡也有民众赶来增援。[1]国王火速带兵前去平叛。王师节节逼近,城内一些明智审慎的人士见敌我力量悬殊,力劝市民们向王师投降,并交付了人质,作为今后安分守己的担保。然而一次突发的平民暴动打破了双方的协议。威廉立马城下,正告叛乱者,如继续反抗,必严惩不贷,他下令剜去一名人质的眼睛,以示镇压的决心。市民们再度惊怵丧胆,随即无条件投降,匍匐于国王脚前,乞求他的仁慈和宽恕。威廉在策略所需或情绪激动之时,有他心如铁石的一面,但是平常并不缺乏宽宏雅量。他接受劝告,赦免了叛乱者,并下令在各城门设岗,以防手下士兵劫掠作乱。[2]吉莎携私财逃往佛兰德斯避难。康沃尔的不满分子效法埃克塞特人举事,也落得同样的下场。国王在埃克塞特城建起了一座要塞,命吉尔伯特(Gilbert)伯爵之子鲍德温镇守,之后便还驾温切斯特,讨伐大军各归各营。公爵夫人玛蒂尔达此前从未踏足英格兰,现在也来到温切斯特,威廉命阿德莱德大主教为她加冕为王后。不久,王后为他诞下第四个儿子,取名亨利。他们的前三个儿子罗贝尔、理查和威廉此时仍然留在诺曼底。

尽管国王在公共事务和家庭生活两方面都颇为得志,但其英国子民内心的不满却在与日俱增。英格兰人与诺曼人彼此伤害和被伤害,双方的矛盾已经激化到无可救药的地步。获胜的一方以主人身份耀武扬威进驻全国各地,其骄横令当地人忍无可忍。

---

[1]　Order. Vital. p. 510.

[2]　Ibid.

他们一旦发现有诺曼人零星落单，就会暗地里动手将其杀掉，以满足内心的复仇欲望。然而引起普遍关注的还是发生在北方的叛乱，它似乎蕴蓄着更为严重的后果。为首举事的是埃德温和莫卡，这两位势力强大的贵族在起兵之前，先期谋求外援，联络了他们的侄子、北威尔士亲王布莱辛，苏格兰国王马尔科姆和丹麦国王斯温。两位伯爵此番揭竿而起的原因，除了国人普遍的不满情绪之外，还缘于他们个人受到的伤害。威廉在登上王位之时，为了确保他们支持自己，曾经许诺把女儿嫁给埃德温。不过，或许他当初许婚就不是发自真心，又或许是在治国方针由安抚转向铁腕镇压之后，认为既已闹得举国民怨沸腾，再借联姻去拉拢一个家族也就失去了意义。所以，当埃德温再次提亲时，遭到国王的断然拒绝。[①]这次失望的打击，再加上诸多新仇旧恨，致使埃德温伯爵兄弟与愤怒的同胞们站到了一起，意欲同心戮力恢复古老的自由。威廉深知兵贵神速的道理，像这样有势力的大人物掀起的叛乱，可谓登高一呼，众山响应，必须尽快扑灭。由于诺曼大军随时处于待命状态，他即刻便率军北上。在进军途中，他下令加固沃里克地方的城堡，命亨利·德·博蒙（Henry de Beaumont）坐镇该地；又加固诺丁汉城堡，委派另一位诺曼军官威廉·佩弗利尔（William Peverell）驻守此处。[②]王师神速抵达约克，叛军完全猝不及防，除了一小队威尔士人以外，期望中的外国援军也未及赶

198

---

① Order. Vital. p. 511.
② Ibid.

到。^① 两位伯爵见势不妙，只得向胜利者屈膝求饶，以图自保。当地另一位大贵族阿尔奇尔（Archil）也效法他们，交出儿子做人质，以示忠心。^② 此时此际，被首领遗弃的百姓亦无力继续抵抗。不过，威廉对叛乱追随者的处理，与他给予叛乱首领的待遇大不相同。对于后者，他一丝不苟地遵守自己承诺的优待条件，允许他们暂且保全自己的领地；但是对于前者，他却毫不留情地抄没其家产，拿他们的土地打赏手下的外国冒险家。这些外国人在全英格兰落地生根，又掌握着军权，埃德温和莫卡虽说表面上获得宽宥，其实已经全无依托，地位摇摇欲坠，只剩下任人宰割的份儿。威廉又与马尔科姆议和，后者为了领有坎伯兰郡而向英王宣誓效忠，两伯爵争取外援的指望就此化为泡影。

英格兰人此时意识到，他们最终覆灭的命运是出于一种蓄意安排。他们全无抵抗，温顺乞降，原指望以顺服的姿态迎来一位明主，结果却得到一位暴君和征服者。起初，新君下令罚没哈罗德党羽的家产，似乎极不公正，因为被罚者根本不曾宣誓效忠于诺曼底公爵，也不知其觊觎王位之心，他们只是保卫自己的人民在本国领土上建立的政权而已；然而，上述雷霆手段尽管违背自古以来的撒克逊法律，毕竟可以用紧急状态下的必要措施来解释，那些未遭此劫者尚能抱有希望，以为今后或可安然保有自己的产业和尊严。但是，接下来他们目睹更多同胞被逼得家破人亡，于是确信，这位国王打算完全倚靠外来者的支持和拥戴，也预

诺曼人的
铁腕统治

---

① Order. Vital. p. 511.

② Ibid.

见到了这一破坏性的执政纲领必将带来新一轮抄没产业、剥夺公权和暴力迫害的浪潮。他们观察到,没有一个英国人能得到国王的信任,被授予有权柄和威望的职位。对于那些外来者,国王本当用严格的纪律加以羁勒,但是却约束不力,纵得他们越发骄横跋扈,肆无忌惮地欺凌本土人。由于这个国家轻易屈服于外侮,致使其人民备受轻蔑;后来他们表现出的敌对和憎恶,又使自己成为征服者仇视的对象。如今,他们已经陷入无可转圜的绝境,无法指望获得君主的尊重和爱护。眼看前景惨淡,许多英国人逃亡海外,希望以自由之身终老于彼,或者等待适当时机返回故土,协助志同道合的同胞光复祖国的自由。[①]埃德伽-阿塞林也畏惧威廉那笑里藏刀的恩宠,听从诺森伯兰大贵族科斯帕特里克(Cospatric)的劝告,与其一起逃亡到苏格兰。他的两个姐妹玛格丽特和克里斯蒂娜也一同前往。苏格兰国王马尔科姆亲切接待了他们,不久又迎娶了两姐妹中年龄居长的玛格丽特。这位国王对英国流亡者一概礼遇有加,其用意一方面是想大批收容流亡者来增强国力,另一方面也希望借助这些人的力量,与势力不断扩张的威廉抗衡。许多英国流亡者从此定居该国,日后逐渐发展成了苏格兰的众多名门望族。

不光是备受压迫的英格兰人,就连外来征服者的日子也过得不轻松。他们发现自己被愤怒的仇敌四面包围,须时时提防当地人伺机偷袭,以及千夫所指之下更为血腥的威胁,于是,他们开始怀念故乡的宁静和安全。休·德·格兰梅斯尼尔和汉弗莱·德·

---

① Order. Vital. p. 508. M. West. p. 225. M Paris, p. 4. Sim. Dun. p. 197.

泰利奥尔（Humphry de Teliol）二人虽已执掌重兵，却不惜抛弃荣
华富贵，向国王请辞，还有一些人也效仿他们的做法。国王深恨
200 这种背弃行为，没收了这些人在英国的全部资产，以示惩戒。[①]不
过，以威廉对其追随者的赏赐之慷慨，不愁招徕不到更多新的冒
险家。被征服的英国人所表现的愤怒，只能令国王和他手下那些
孔武好战的军官越发提高警惕，时刻准备扼杀国内叛乱或外来侵
略的每一个萌芽。

　　不久，他们的勇猛和军事指挥方略就有了用武之地。哈罗德
的三个儿子戈德温、埃德蒙德和马格努斯（Magnus）在黑斯廷斯战
役之后，马不停蹄地逃到爱尔兰，在那里受到德莫特（Dermot）等
王公的热情款待。他们策划进攻英格兰，纠集丹麦、苏格兰、威尔
士等地方的英国流亡者，在这几国的援助之下，立即兴兵，唤起全
体英格兰人对狂妄征服者的义愤。他们在德文郡登陆，迎头只见
布列塔尼公爵之子布赖恩（Brian）正率领一支诺曼军队严阵以待。
几番交战不利，他们只得撤回船上，打点残兵败将返回爱尔兰。[②]
此时，诺曼人把用兵的重点转向王国北部，那里的局面已经乱成
一团。急不可耐的诺森伯兰人向达勒姆总督罗贝尔·德·康明
（Robert de Comyn）发动进攻，趁其不备夺得胜利，在达勒姆城将
德·康明及其属下七百官兵一同处决。[③]在这场胜利的鼓舞之下，

公元
1069 年
叛乱再起

---

① Order. Vitalis，p. 512.
② Gul. Gemet. p. 290. Order. Vital p. 513. Anglia Sacra，vol. i. p. 246.
③ Order. Vital p. 512. Chron. de Mailr. p. 116. Hoveden，p. 450. M. Paris，p. 5.
Sim. Dun. p. 198.

约克市民也发起暴动,杀死总督罗贝尔·菲茨-理查(Robert Fitz-Richard),[1]又将接掌其指挥权的威廉·马莱(William Mallet)团团围困于要塞中。继而,丹麦军队乘三百战船而来,于英国海岸登陆,丹麦国王斯温命御弟奥斯本担任指挥,更有哈罗德和克努特两位王子从旁协助。埃德伽-阿塞林也从苏格兰赶来,随行者包括科斯帕特里克、沃尔特奥夫、西沃德、贝尔纳(Bearne)、梅勒思韦恩(Merleswain)、阿德林(Adelin)等贵族首领,他们用获得苏格兰援助的希望鼓动人心,又凭借自己在当地的威望,不费吹灰之力便说服了悍勇好战且心怀不满的诺森伯兰人加入叛乱。为了加强约克要塞的防御,马莱下令烧毁几座毗邻的房屋,不料此举却直接导致了他自己的败亡。大火蔓延到周边街区,最终将整个城市化为灰烬。愤怒的市民在丹麦人的援助下趁乱冲击要塞,一举将其攻克。戍守要塞的三千兵丁被毫不留情地尽数斩杀。[2]

这场胜利的消息传开,多个地方的英格兰人闻风而起,趁机向诺曼人泄愤。素以勇武著称的东盎格利亚贵族赫里沃德(Hereward)聚众起事,以伊利岛为据点,四出袭击邻近地区。[3]索默塞特和多塞特两郡的英格兰人拿起武器,向诺曼总督蒙塔古(Montacute)发动攻击。与此同时,康沃尔和德文郡的造反民众围攻埃克塞特,这座城市因感念威廉的宽大,一直忠诚于他。"林

---

① Order. Vital. p. 512.

② Order. Vital. p. 513. Hoveden,p. 451.

③ Ingulf. p. 71. Chron Abb. St. Petri de Burgo,p. 47.

中野人"埃德里克借得威尔士人的援军,包围了什鲁斯伯里(Shrewsbury),痛击诺曼指挥官布里安(Brient)和菲茨-奥斯本。[1]各地的英格兰人都为当日轻易降敌而追悔莫及,此番他们似乎决心协力作战,一举驱逐压迫者,恢复昔日的自由。

面对乱局,威廉毫不畏惧,他集结大军,以新一轮查抄英人财产的前景激励诺曼将士,率部向北方挺进。在他看来,北方叛军势力最强,只要将其击败,便足以震慑各地的反叛者。

他拿出软硬兼施的手段,要在大军抵达战场之前离间叛乱者与他们的丹麦援军,从而削弱敌方的力量。他以厚礼拉拢奥斯本,还允其肆意劫掠沿海地区,只要没有进一步的敌对行动,便可从容返回故国。[2]科斯帕特里克也对胜利失去了信心,他与国王议和,并支付一笔罚金以抵赎自己参与叛乱的罪过,此后他重获国王的恩宠,甚至被封为诺森伯兰伯爵。沃尔特奥夫长时间坚守约克城,表现出极大的勇气,后来也被这种表面的宽仁所诱惑,由于威廉很懂得赏识哪怕是对手身上的英勇,这位贵族并没有理由为他给予国王的信任而后悔。[3]甚至埃德里克也因形势所迫,向征服者威廉投降,并取得了后者的宽恕,不久又在一定程度上重获信任和恩宠。苏格兰王马尔科姆的援兵姗姗来迟,见此局面只得无奈退回本国。至此,除了赫里沃德仍在据险抵抗之外,全国其他地方的叛乱武装均告溃散,于是诺曼人成了无可争议的英格兰之主。埃德伽-阿塞林及其追随者在对手追杀之下,再度退回

---

[1]　Order. Vital. p. 514.

[2]　Hoveden, p. 451. Chron. Abb. St. Petri di Burgo, p. 47. Sim. Dun. p. 199.

[3]　Malmes. p. 104. H. Hunt. p. 369.

苏格兰避难。

公元
1070 年
新一轮
镇压

　　然而,威廉对英格兰人的领袖所表现出的宽仁,只不过是假意惺惺而已,也有时候是出于个人层面上的赏识。他的内心却对英格兰人毫不容情,只要是维护其专横统治所需,采取任何残暴苛刻的手段他都在所不惜。他深知诺森伯兰人躁动不羁的性情,决心一劳永逸地消除他们作乱的能力,于是颁旨在亨伯河与蒂斯河(Tees)之间的肥沃乡野制造一条宽达六十英里的不毛地带。① 当地人的房屋被无情的诺曼人烧成灰烬,牲畜被逮住、驱离,农具被毁,居民要么跑到苏格兰南部寻求生路,要么因为不舍旧日家园而流连在英格兰,藏身森林之中,最终凄惨地冻馁而死。据统计,总共有十万百姓沦为这一野蛮政策的牺牲品。② 该政策只为解决一时的问题,不惜让国家实力和人口蒙受持久难愈的伤害。

　　威廉既已坐稳了主子之位,又清楚看出此邦民众无奈的愤怒和敌意,遂决心进一步采取极端措施,彻底制服全体英格兰人,使之再无能力与他的政权作对。前述的叛乱和谋反活动广泛发生于王国各地,国内的土地所有者大部分卷入其中,或多或少地涉嫌反叛的罪名。国王便利用这一点,以极尽严厉的褫夺财产和私权之律来迫害他们。这些人通常能保全性命,但是名下的产业却被罚没,有的被并入王室领地,有的被慷慨赏赐给诺曼人或其他

203

---

① Chron. Sax. p. 174. Ingulf, p. 79. Malmes. p. 103. Hoveden, p. 451. Chron. Abb. St. Petri de Burgo, p. 47. M. Paris, p. 5. Sim. Dun. p. 199. Brompton, p. 966. Knyghton, p. 2344. Anglia Sacra, vol. i. p. 702.

② Order. Vital. p. 515.

外国人。①既然国王已经明确宣示了压制或者说连根拔除英格兰贵族阶层的意图,②那么可以想见,以上暴力行径恐怕连形式上的公正也难做到了。③只要一星半点的怀疑,便可作为确凿无疑的罪证,让这些注定遭祸的人倾家荡产。对于英格兰人来说,但凡是家道富裕、出身贵族,或者拥有一定势力,就足已被划入罪人之列。国王的政策加上外国冒险家贪婪的巧取豪夺,几乎使王国的土地拥有状况彻底改观。古老的尊贵世家沦落到形同乞丐,昔时的贵族处处遭人羞辱、蔑视;他们满怀屈辱,眼睁睁看着自家的城堡和庄园被出身卑贱的诺曼人占据,④而遥望前程,他们通往财富和仕途的所有进身之阶均被精心封堵,休想再有出头之日。

　　既然权力源自财产,这场财产大转移本身已经给外国冒险家们带来极大的安全保障。然而威廉还要借助他建立的新体制,刻意让军权永远把持在助他征服此邦的那些人手中。威廉将封建法引入英格兰,这种制度在法兰西和诺曼底已经确立——在当时欧洲的大多数君主制国家,它既是社会稳定的基础,也是引发混乱的肇因。他把除王室领地以外的土地划分为众多男爵领,基本上囊括全国所有土地,罕有例外。这些男爵领被分封给国王手下最得力的干将,同时明确规定了他们为此必尽的效忠义务和须缴的赋税。这些国王的直接封臣或曰总佃户又把手上的大部分土地再分封给自己的骑士或家臣,这些人也要在平时和战时效忠其

引入
封建法

204

---

① Malmes. p. 104.
② H. Hunt. p. 370.
③ 参见第 I 卷卷末注释[H]。
④ Order. Vitalis, p. 521. M. West, p. 229. 参见第 I 卷卷末注释[I]。

主,尽服从的义务,正如他们的领主对国王效忠一样。整个王国内共有大约七百个男爵领,六万零二百一十五个骑士采邑。[①]鉴于本土英格兰人根本没有资格进入最高等级,所以那些侥幸保住地产的人若能被纳入第二等级便觉得谢天谢地了,他们仰赖某些诺曼权贵的庇护,无论自身或其子孙后代都为这份封地而背上了悲惨的负担,然而在此之前,这些土地都是他们祖先的遗产,本该由他们无偿地继承。[②]被纳入国家民事或军事治理体系(因为它兼有两方面作用)的少数英格兰人完全屈居于外国人之下,如今诺曼人在英国的主宰地位似乎已经巩固到无以复加,足可无视敌人的一切破坏,永远坚立不倒。

为了更好地将政府各部分捏合成一个相互连结的整体,一个足以抵御外侮、绥靖海内的治国体系,威廉在上述的封建法体制下削减了对教会的供应。尽管他在征服此岛和登上王位的过程中,曾经极力讨好教会,但是到了此时却要令其受制于政府。教会人士认为这是一种严重的奴役,与其职业地位完全不相称。法律规定,各地主教和修道院院长在战时有义务按要求为国王装备一定数量的骑士或武装佃户,具体人数与每个教区或修道院名下的产业规模成正比。如果他们不按要求行事,则会面临与俗众同等的制裁。[③]教皇与神职人员都愤愤谴责这一规定,称之为暴政,然而此时国王通过操控赏金牢牢控制着军权,在一切事情上都说

---

① Order. Vital. p. 523. Secretum Abbatis, apud Selden, Titles of Honour, p. 573. Spellm. Gloss. *Feodum* 词条。Sir Robert Cotton.

② M. West. p. 225. M. Paris, p. 4. Bracton, lib. 1. cap. 11. num. 1. Fleta, lib. 1. cap. 8. n. 2.

③ M. Paris, p. 5. Anglia Sacra, vol. i. p. 248.

一不二,即使在那个迷信盛行的时代,教会的迷信势力仍然不得不在国王的威压之下低头。

不过,当时神职人员的主体还是英格兰人,国王大有理由担心他们的不满会产生不良后果。于是,他采取防范措施,不让英格兰人占据任何尊位,提拔外国人取而代之。当初信士爱德华极偏爱诺曼人,许多诺曼教士凭着出众的学识,当上了英格兰多个教区的主教。即便在诺曼征服前夕,全英国的高阶教士当中,本土人也不过六七个而已。但是坎特伯雷大主教斯蒂甘德作为其中的佼佼者,却以其个人的老练和气魄、显赫的家世和人脉、雄厚的财力、尊贵的职位,以及在英国人民中间享有的威望而令国王心生猜忌。[①] 威廉登基之际,曾经故意侮慢这位长老,让约克大主教来主持加冕礼。但在其他场合,他对斯蒂甘德一直给予亲切的礼遇,小心避免进一步忤犯他,直到最终毁灭对手的机会出现。[②] 威廉成功地镇压了前次叛乱之后,见英格兰人已经完全屈服于他的轭下,便打算趁机搬倒斯蒂甘德,他指望自己的伟大胜利能遮掩这番小动作(无论其性质多么过激),希望对这一国人民的财产和自由发生深刻影响的多项重大变革会湮没这一事件的影响。尽管局势对他极为有利,但是威廉仍然觉得,直接冒渎大主教的尊威有欠稳妥,他要假手于自己大力引入英国的新的迷信体系,达到借刀杀人的目的。

教皇的权柄高于世间一切权力的信条,源自罗马城和罗马教 ^{革新教会管理体制}

---

① 　Parker,p.161.

② 　Ibid. p.164.

廷，并从那里逐渐散播开来，及至诺曼征服时代，这信条在南欧各
国比在北欧更为盛行。教皇亚历山大二世曾经大力协助威廉的
征服事业，自然期望法兰西人和诺曼人能够将其在故土接受的熏
陶带到英格兰，让那一地的人民伏惟敬拜教皇的神圣，从而打破
撒克逊人在宗教和世俗两方面的独立性。迄今为止，撒克逊教会
一直实行自治，虽然承认罗马教皇为教会之首，却不太认同教廷
的实际统治权。因而，教皇一见那位诺曼国王似已稳坐江山，便
赶紧派遣锡安主教艾尔曼夫罗伊（Ermenfroy）出使英国，这是有 206
史以来教皇特使首次驾临不列颠群岛。国王对罗马教廷极尽谦
恭，虽有可能是出于遵从教义的虔敬之心，但他同时也一如既往
地将此事服务于自己的政治目的，利用这个机会打压那些越来越
招他讨厌的英国本土教士。教皇特使也甘心配合，充当暴政的工
具。他认为，施政手段越是严厉，就越能为教廷立威。因此，他在
温切斯特召集全体主教和修道院主持大会，在彼得和约翰这两位
枢机主教的协助下，传讯坎特伯雷大主教斯蒂甘德，谴责其行为
不端之罪。斯蒂甘德被控三项罪名：违背教规，一身两任，兼管温
切斯特和坎特伯雷两个教区；擅用前任坎特伯雷大主教罗贝尔的
法衣；接受伪教皇本笃九世的授封——本笃九世后因买卖圣职和
僭居教皇之位而被废黜。[①]以上种种罪名，纯属毫无根据的罗织构
陷。因为第一条所指的情形，在英格兰本是司空见惯，对此行为
的处罚向来不重，最多是责令当事人放弃兼任的教职而已。第二

---

① Hoveden，p. 453. Diceto，p. 482. Knyghton，p. 2345. Anglia Sacra，vol. i. pp.
5，6．Ypod. Neust. p. 438.

条无非是礼仪不当。至于第三条,本笃九世乃当时在位的唯一教皇,其封授从未被宣告无效,教会中的所有高阶神职人员——特别是那些偏远地方的主教们,向他申请圣职自是情有可原。然而,斯蒂甘德是在劫难逃,因为当权者已决计如此,所以对他的惩处也分外严酷。他被教皇特使罢黜圣职,被国王没收家产,投入图圄,在贫穷困苦中终老狱中。其他英国本土长老也受到类似的苛待:塞尔西(Selesey)主教阿格里克(Agelric)和埃尔曼(Elmham)主教阿格玛尔(Agelmare)都被教皇特使罢黜圣职,又被国王监禁。许多有名望的修道院院长也同遭此难。达勒姆主教埃格温(Egelwin)则逃亡海外。在本土高阶教士当中,唯有性情温和的伍斯特主教乌尔斯坦(Wulstan)在这场大规模的排挤运动中得以幸免,[①]保住了原来的职位。曾经亲手为威廉加冕的约克大主教阿德莱德此前不久在忧愤懊恼中死去,临终前诅咒国王,因他背弃加冕誓言,决意以极端残暴的手段对待其英国臣民。[②]

终威廉一朝,以及其后的几任君主治下,都奉行一条压制英格兰本土人的原则:无论在教会、政界还是军界,都不允许任何英国人升上尊位。[③]因此,斯蒂甘德去职后,威廉便提拔以博学和虔诚著称的米兰修士兰费朗克(Lanfranc),填补了坎特伯雷大主教

① 据 Brompton 记载,乌尔斯坦也被宗教大会罢黜圣职,但他拒不交出主教权杖和戒指,除非交还到当初授予他这两样物件的人手上。随后,他即刻赶往爱德华国王的墓前,将权杖深深插入墓石,除了他自己,谁也无法拔出。有鉴于此,他的主教职位才被允许保留。这大约可以作为修道士史家笔下为数不多的奇迹故事的一个范例。另参见 Annals of Burton,p. 284。

② Malmes. degest. Pont. p. 154.

③ Ingulf,p. 70,71.

的空缺。这位长老极其执着地捍卫其圣职的特权,他向罗马教皇
力争,经过漫长的裁定程序,终于迫使之前获约克大主教任命的
诺曼修士多马(Thomas)承认坎特伯雷圣座为全英格兰主教长。
当野心能够为其执着追求巧妙地披上一件"原则"的外衣,甚至连
野心家本人都认定如此的时候,它就成了人类一切激情当中最顽
固而且不可救药的一种。兰费朗克正是这样,他以不懈的热忱,
积极扩充罗马教廷的利益,并借以增进自己的权威,而这份努力
也收获了相应的成绩。英格兰对罗马教廷的虔依与日俱增,既有
诺曼征服者情感上的支持,又有先王埃德里德和埃德伽引入的修
道院制度为依凭,很快就达到了法兰西和意大利曾经有过的水
平,[①]到后来这种依附程度越发加深。此岛早前曾因其孤悬海外
的地理位置而得以抵挡罗马势力的渗透,到此时由于地处偏远,
缺乏知识和人文教育的制约,又助长了迷信的蔓延——直到今
天,南欧各国的人文教育普及程度仍然相对较高。

　　迷信之风盛行,令后来几朝的大多数君主颇感掣肘,更给其
中几位造成了危险。然而就威廉而言,他对英国人民实行专制统
治,在外国人中间亦广有权威,因此暂时还不觉得有什么不便。[208]
他牢牢驾驭着教俗两界的臣民,不论何方神圣,都不得违逆他作
为君主的意志和愿望。不经他本人认可,英国百姓不得接受任何
人为罗马教皇。他还要求,任何宗教会议投票通过任何教规,事
先必须呈送御览,经国王批准方可颁行。即使罗马教皇的训令或

---

　　① M. West. p. 228. 兰费朗克曾撰文力驳贝伦格里厄斯(Berengarius),维护基督
圣体真在论。在那个愚昧无知大行其道的时代,他的这番表现广受好评。

书信,在未取得国王的认可之前,也不算合法有效。他手下的大臣或男爵无论犯下任何应受教会责罚的过错,也必须经过国王同意方能被开除教籍。[1]这些规定对于君王来说是相宜的,其作用是维持政教权力的合一,然而他亲自引入的那套信仰原则却直接倾向于政教分离。

而英国百姓怀着痛苦的屈辱,发现这位国王的权力无论如何取得、如何扩展,永远都以压迫他们为目的;而那处处伴随着侮辱和轻蔑的、[2]旨在制服他们的行动方案,正是由国王蓄意拟定,并由其追随者肆无忌惮地推行。[3]威廉甚至有意实施一项难度极大的工程:即,彻底废弃英格兰人的语言。为此,他通令全国,所有学校必须采用法语来教育年轻人。直到爱德华三世时代,这一做法仍是英国学校的通例,此后也从未完全绝迹。最高法院的诉状是用法语撰写的,[4]各种文契也往往用法语写成,法律条文亦同样如此。[5]法语是宫廷中使用的唯一语言,也成了时尚交际圈中独尊的语言;英格兰人鄙薄自己的母邦,也竞相追随潮流,以说一口流利法语为荣。由于威廉的刻意倡导,又因外国人的势力长期附丽于王权、在英国社会普遍居于主宰地位,于是形成了当今英语里英法语汇融合的现象,也成就了我们国家语言中最伟大、最出色的部分。然而,国王在采取各种措施打压英格兰人的同时,也被一

209

---

① Eadmer, p. 6.

② Order. Vital. p. 523. H. Hunt. p. 370.

③ Ingulf, p. 71.

④ 36 Ed. III. cap. 15. Selden Spicileg. ad Eadmer, p. 189. Fortescue de laud. leg. Angl. cap. 48.

⑤ Chron. Rothom. A. D. 1066.

些主教的劝谏和人民的热切祈望所打动,恢复了爱德华国王一朝的若干法律。①这虽然对维护普遍的自由意义不大,却让英格兰人备感快慰,将其引为对本民族古代政制的纪念,同时也是飞扬跋扈的征服者罕有的怀柔表现。②

公元
1071 年

　　此时此际,莫卡和埃德温这两大本土伯爵的处境也变得相当尴尬。尽管他们始终对国王保持效忠,不曾卷进举国大面积的叛乱,却仍然无法赢得国王的信任。他们发现自己在宫廷中四面受敌,廷臣们嫉妒其财富和显赫地位,同时又把对英国人总体上的蔑视加诸他们身上。他们认识到,自己已经完全失去了尊严,甚至无法指望长远的平安,于是决心与同胞共命运(虽说为时已晚)。埃德温返回自己在北方的领地,意欲在那里发动叛乱。与此同时,莫卡出逃至伊利岛,投奔勇敢的赫利沃德——后者凭踞易守难攻的地利,仍在顽强抗击诺曼军队。但是此举的结果,只是加速了极少数在此前的动荡中硕果仅存、得以保全地位或家产的英国人的灭亡。威廉不遗余力地猛攻伊利岛,他派出大批平底船将该岛严密包围,又修筑了一条穿越沼泽的堤道,长达两英里。国王敦促叛军无条件投降。赫利沃德手持宝剑,单枪匹马杀出敌阵,在海上继续与诺曼人作战。最后,威廉赏识他的英勇,将其招降并恩渥有加,重新发还了他的领地。莫卡伯爵、埃德温伯爵和加入叛军的达勒姆主教则被投入监狱,后者不久便瘐死狱中。埃德温试图逃往苏格兰,但被部下出卖,死在一队诺曼人手里。英 210

---

① Ingulf, p. 88. Brompton, p. 982. Knyghton, p. 2355. Hoveden, p. 600.

② 见第 I 卷卷末注释[J]。

格兰人为之深深哀恸，就连威廉也慨然为这个豪侠英俊的年轻人一掬惋惜之泪。苏格兰国王先前指望趁乱坐收渔利，率军侵入北方各郡，但一见威廉的大军逼近，他便退回本国境内；待到英军突入苏格兰边境，他又心甘情愿地与威廉议和，像往常一样向英王俯首称臣。埃德伽–阿塞林的降顺更为威廉一朝的鼎盛气象锦上添花：他感到胜利无望，又厌倦了流亡生活，便向其政敌投降，并接受了一笔体面的津贴，获准在英格兰安然栖身。不过，威廉对叛乱首领表现出的宽宏大量，一如既往地因其对普通叛乱者的严酷镇压而失去光彩。攻克伊利岛后，他下令将许多俘虏断手剜眼，遣送至全国各地，用其惨状昭示王法森严，以儆效尤。

　　早在威廉征服英格兰的前几年，法兰西的马恩省（Maine）已根据末代伯爵赫伯特（Hebert）的遗嘱，并入威廉的属地。但是当地人不满诺曼政府的统治，在觊觎该领地的安茹（Anjou）伯爵富尔克（Fulk）的挑唆下，于此际发动叛乱，驱逐了威廉任命的地方官。由于英格兰已告绥定，国王可以腾出手来惩罚这厢对他威权的挑战。但他不打算撤出镇守英格兰的诺曼军队，便亲率一支几乎完全由英格兰人组成的大军，加上一部分在诺曼底召集的部队，兵临叛乱的马恩省。英国将士斗志昂扬，亟欲利用这个机会一展身手，重振祖先的勇武精神——这份悍勇本来在这个民族血脉里辈辈相沿，直到最近，只因他们轻易降服于诺曼人，乃令其英名蒙垢。他们或许还指望，自己在战场上赤胆忠心、奋力拼杀，或许能够博取君王的信任，扭转他心中对诺曼人根深蒂固的偏爱，正如他们的祖辈曾以同样的方式赢得克努特的恩宠一样。国王指挥有方、将士奋勇争先，马恩省的叛乱不久即被彻底平定。当地人被迫臣服，安茹伯爵也不得不打消了觊觎之心。

公元
1073年

法兰西事态未平,英格兰的政局又陷入严重动荡。挑起事端 211
的不是旁人,正是那批厚食君禄、独得威廉青睐的外国人。这些

襄助其主征服英格兰的诺曼男爵都是一副自由不羁的禀性,他们
虽然在战场上服从将令,但是要让他们在日常行政制度下唯唯诺
诺地屈膝于某一个人的专制意志,任凭你用再丰厚的犒赏来交
换,他们也不屑一顾。然而,国王威廉性情专横,手握对英格兰人
的绝对支配权,越发盛气凌人;而且时常出于政务之必要,以君王
之威强加于诺曼人,让这些胜利者渴念自由的心灵感到不堪忍
受。不满情绪在这些高傲的贵族当中广泛蔓延,就连国王面前第
一等红人菲茨-奥斯本之子暨继承人、赫里福德伯爵罗歇,也深受
他们的影响。这位伯爵有心将妹子嫁与诺福克伯爵拉尔夫·
德·加德尔(Ralph de Guader),自认有义务向国王禀告,征得御
旨准婚,不料国王竟然不予批准。罗歇不服,自顾操办婚礼,遍邀
两家的亲朋好友都来参加庆典。两位伯爵记恨国王不准他们结
亲,又害怕自己违抗王命惹恼威廉,便暗地筹谋叛乱。当婚礼达
到高潮,宾客们把酒尽欢之际,他们当众宣布了自己的计划。二
人猛烈抨击国王的专横行为,并做出一副同情本土民众的样子,
谴责威廉对英格兰人的暴政;还抱怨他颐指气使地对待出身高贵
的男爵们,显然意欲将他们这些胜利者贬斥到与被征服者同样卑
微的被奴役地位。在发泄怨愤之时,他们也没忘记诉说接受一个
私生子统治的羞辱之情。[①]同时,他们一再强调,在丹麦人和心怀

---

　　① 威廉并不以自己的出身为耻,他还把"Bastard(私生子)"的称号堂而皇之地签署
在信件和特许状上。参见 Spellm. Gloss. *Bastardus* 词条,Camden in *Richmondshire*。

怨望的英格兰人支持下，这次叛乱一定能够成功。一席话说到了
全体宾客的心坎上，在座者群情激愤，趁着酒酣耳热，郑重签下了
背主谋逆的盟约。就连当时在场的沃尔特奥夫伯爵也轻率地表
示支持叛乱，并允诺将大力助其成功。

　　沃尔特奥夫伯爵是英格兰旧日名门望族当中硕果仅存的一
位，当年他在约克城降顺征服者威廉之后，深蒙圣宠，国王甚至把
自己的侄女茱迪丝许配给他，还晋封他为亨廷顿和北安普顿
（Northampton）伯爵。①诺森伯兰伯爵科斯帕特里克此前因为与威
廉再生嫌隙，逃往苏格兰避难，在那里接受了苏格兰国王马尔科
姆的授封，被封为邓巴（Dunbar）伯爵。于是，沃尔特奥夫便被指
定继承了诺森伯兰这一位居冲要的伯爵领，并且似乎依然享有君
王的信任和友谊。②然而这位伯爵为人气宇轩昂、义字当先，是一
位爱国者，眼看英格兰同胞深受暴政之苦，他的内心可能久已深
感压抑，足以抵消一己的荣华富贵所带来的一切满足。因此，匡
复自由的机会一旦出现，他便急切地将其抓住。由于酒后冲动，
又被群情鼎沸的气氛所感染，他顾不得深思熟虑，去琢磨这一鲁
莽举动的后果。待事后冷静下来，他便预见到，这伙心怀不满的
男爵密谋举事，未必能成功推翻威廉已见巩固的王权；退一步讲，
就算叛乱成功，英格兰人遭受的奴役非但不能减轻，反会加倍沉
重，因为如果这群野心勃勃、惯于拉帮结派的外国首领上了台，无
论他们彼此间是团结还是争斗，对于此邦民众都同样为患无穷。

---

①　Order. Vital. p. 522. Hoveden, p. 454.
②　Sim. Dun. p. 205.

忧虑重重的伯爵向夫人茱迪丝倾吐了内心的秘密,他毫不怀疑妻子的忠诚,不料她的心里另有所爱,决意抓住这个机会毁掉她那忠厚而轻信的丈夫。她向国王告密,并且添油加醋、刻意挑拨,使国王对沃尔特奥夫的怒火难以平息。[①] 这时候,伯爵本人仍在犹疑不定,他借忏悔之机把心事向大主教兰费朗克和盘托出,他对后者的正直和明察一向深为信赖。大主教劝导他说,他是在毫无防备之下被那伙谋反的男爵强拉下水的,因此并没有对他们保持忠诚的义务,他的首要责任是忠于他的国君和恩主,其次是忠于他自己及其家庭。如果他不抓住这个赎罪的机会,赶紧向国王告发他们的阴谋,以那伙人的鲁莽性格来看,他们必然行事不秘,让其他人发现并抢先揭发。沃尔特奥夫听从此言,赶去诺曼底告发此事,国王虽然热情接待了他,并感谢他的忠心,然而茱迪丝先前那番密告已经在国王心头打下极深的烙印,把她丈夫将功补过的那点成效抹杀得一干二净。

　　谋反团伙听说沃尔特奥夫离去,当即意识到阴谋即将败露。于是,他们不等计划酝酿成熟便匆忙举事,此时他们最主要的倚恃——丹麦援军也还未及赶到。赫里福德伯爵的部队受到沃尔特·德·莱西(Walter de Lacy)男爵的阻截,后者是当地一位颇有实力的贵族,他在伍斯特主教和伊夫舍姆(Evesham)修道院院长的支持下招募起一支武装,把赫里福德伯爵挡在塞文河左岸,使其无法渡河进军王国心腹要地。当时摄行国内政务的奥多则在两位司法官理查·德·比安费特(Richard de Bienfaite)和威

---

① Order Vital. p. 536.

廉·德·瓦伦纳(William de Warrenne)的援助下,于剑桥附近一个叫作法加顿(Fagadun)的地方击溃了诺福克伯爵拉尔夫·德·加德尔率领的叛军。此役中被俘的叛军均被斩去右脚,作为其犯上作乱的惩罚。伯爵本人逃奔诺福克,后流亡丹麦。在那里,试图登陆英格兰未成[①]的丹麦舰队不久返航,给他带来了同党均被镇压的消息,他们有的被杀、有的被逐、有的银铛入狱。[②]灰心丧气的拉尔夫此后避居布列塔尼,他在当地拥有大片领地和相当大的司法管辖权。

国王火速还驾英格兰镇压叛乱,结果发现,除了惩治落败者以外,他已无事可做。他拿出极严厉的手段,绞死了一大批人,对另外一些人处以剜眼或断手之刑。不过,对于叛乱首领,威廉还是一如既往地法外开恩。赫里福德伯爵仅被没收领地,投入监牢,刑期可酌情宽减。国王甚至似乎有意完全赦免他的牢狱之灾,但是罗歇不知好歹地再次触犯王威,遂被判处终身监禁。而身为英格兰人的沃尔特奥夫就无缘享受这等仁慈的待遇了。虽说他的罪过从一开始就比其他谋反者轻得多,又能及早悔过自新,重新效忠于国王驾前,按理当予从轻发落,但是威廉被他侄女的谗言所惑,他身边一干贪婪的廷臣也垂涎于沃尔特奥夫的丰厚家产,煽动国王痛下杀手,于是国王颁布诏令,伯爵被审判、定罪,处以极刑。英格兰人将这位贵族视作本民族最后的希望所寄,无不为他的命运痛哭流涕,他们幻想他的遗骨能产生奇迹,足可证

公元
1075 年

4 月 29 日

---

① Chron. Sax. p. 183. M. Paris,p. 7.

② 据称不少诺曼反叛者逃到苏格兰,和英格兰流亡者一样得到马尔科姆的庇护。苏格兰至今还有众多法兰西和诺曼家族,均来源于此。

明他的清白和圣洁。声名狼藉的茱迪丝很快失去了国王的宠爱，落得人所共弃的下场，在悔恨、痛苦和世人的蔑视中度过余生。

如今，威廉离称心如意只差最后一步，那就是让拉尔夫·德·加德尔得到应有的惩罚。他匆匆渡海来到诺曼底，意欲擒拿那个罪魁，一逞心中复仇之愿。尽管堂堂英格兰之君与一个贵族之间的对峙似乎强弱立判，但是拉尔夫背后有布列塔尼伯爵和法兰西国王的鼎力支持，以致威廉在多尔（Dol）包围他多日苦无进展，最后不得不放弃进攻，与上述几位强大的王公（包括拉尔夫在内）握手言和。国王离岛期间，英格兰局势风平浪静，除了在伦敦和温切斯特召开过两次教牧代表会议之外，没发生什么值得一提的事情。在伦敦会议上，排定了各主教堂区的次序，并将一些主教的座堂由小村移至本教区内最大的城镇。温切斯特会议的议题则更为重要。

公元
1076 年
叙任权
之争

在漫长的蒙昧时代里，历任教皇一直在攫取和积累各种权力和权力主张，那股不辞辛劳、坚持不懈的干劲实在令人惊叹。每一位教皇都会殚精竭虑、用尽各种手腕，推动想象中的虔诚事业，紧紧抓住任何可能对其继任者有利的权益，哪怕他本人根本无望从中获得半点好处。如今，这份经多年累积而来的庞大的精神与世俗权力遗产传到了教皇格列高利七世手上。这位教皇俗名为希尔德布兰德（Hildebrand），此人比他的所有前任都更有进取心、胆大包天，并不太顾及体面而稍有节制。以往历任教皇均由神圣罗马帝国皇帝指定，至少要经后者批准而上位，但是格列高利七世打破了这个成规。做到这一步他还意犹未尽，又瞄准了更艰巨的目标，要将教会从世俗权柄的制约下彻底剥离出来，夺回被俗人僭取的权力,取消他们授封主教、修道院院长和其他圣职的资格(即所谓"叙任权")。[①]但是各国君主行使这项权力已非一日,而且,该权力原属于人民,乃由人民手中转移到君主手中,并非来自对教会的侵夺。[②]罗马教廷的这一要求遭到各国君主的强烈反对,当时在位的神圣罗马帝国皇帝亨利四世不遗余力地坚决捍卫自己作为君王的这一特权,他所表现出的力度和决心与该问题的重要性完全相配。由于封建制度的确立,保留在国王手中的民事和军事授职权已然不多,这就使得向主教们颁授戒指和权杖的特权显得尤为重要,好似王冠上最珍贵的宝石一般。特别是,在那个普遍蒙昧的时代,教会圣职的影响力甚至远远超出它本身拥有的权势和财富所能达到的边界。迷信作为无知的产物,赋予神职人员近乎神圣的权威;又因他们独占了那个时代里仅有的一点点知识,所以几乎所有的民政事务都少不得需要他们的介入,从而使他们在灵性的神圣特质之外,又增添了一重日常生活中的实用价值。

　　教会通过不断攫取和积累权力,羽翼日渐丰满,开始壮起胆子和现世当权者争夺主教授职权了,这件事将整个欧洲——特别是意大利和德意志——抛入最激烈的动荡之中,教皇和神圣罗马帝国皇帝展开了不可调和的争斗。格列高利七世大胆宣布,革除亨利四世及其追随者的教籍,正式废黜这个皇帝,解除其臣民对他的效忠义务。结果,他发现愚民们非但没有对这一粗暴侵犯俗世统治权的行为深感震惊,反倒乐于支持他最逾矩的权利主张。

216

[①]　L'Abbe Conc tom. 10. p. 371,372 com. 2.

[②]　Padre Paolo sopra benef eccles,p. 30.

那位皇帝手下的所有大臣、仆从和封臣，但凡对他有一点点不满的，纷纷以服从教义为借口，对主子倒戈相向。就连他的母亲也在他人挑唆下，置母子天伦于不顾，站到了他的敌人一边。列邦君主并没有意识到教皇上述要求的可怕后果，只顾利用它来服务于一己目的。争执蔓延到意大利每一个城镇，从而引发了归尔甫派（Guelf）和吉伯林派（Ghibbelin）^①之争，这是野心和宗教狂热相羼之下酿出的史上最为旷日弥久、痼弊难消的一场宗派缠斗。它引发了无数场暗杀、骚乱和人间灾难。另据统计，仅亨利四世在位期间，因此而导致的战役就不下六十次，在继任皇帝亨利五世一朝为十八次，并终于以教皇的胜利而告终。^②

然而格列高利七世凭着他那胆大妄为的劲头，并不因神圣罗马帝国皇帝的强烈反对而灰心退却，反而将他的僭越主张推向全欧各地。他深谙人类的本性，知道人们在盲目的震惊之下往往会向最放肆的要求让步，因而似乎决意把自己已然着手树立的精神独裁——或者毋宁说是现世的独裁权力扩展至无限大。他宣布革除东罗马帝国皇帝尼基弗鲁斯三世（Nicephorus）的教籍；那位占据了那不勒斯的诺曼冒险家罗贝尔·吉斯卡尔（Robert Guiscard）也被这一杀伤力极强的武器所攻击。教皇又下旨褫夺波兰国王波列斯瓦夫（Boleslas）的王号，甚至取消了波兰作为一个王国的资格。他还试图以惩治神圣罗马帝国皇帝的严厉手段来对付法兰西国王腓力。^③他自命据有西班牙的全部领土和财富，并

---

① 前者又名"教皇党"，后者又名"国王党"。——译者
② Padre Paolo sopra benef. eccles, p. 113.
③ Epist. Greg. VII. epist. 32, 35. lib. 2. epist. 5.

将其分封给那些从撒拉逊人手中夺回这片土地的冒险家，以圣座之尊充当他们的宗主。①就连佐助这位教皇压倒世俗君主权力的基督教长老们也看出，他决心借着主张完全的教会立法权和审判权，将一切权力聚拢到至高无上的教皇本人手里，把世俗君主降到卑服地位。②

217　　遍观欧洲王侯，最强大、高傲、虎威凛凛者，首推征服者威廉。他虽功业彪炳，也躲不开这位雄心勃勃的教皇的进攻。格列高利七世致信威廉，要求后者践行承诺，为领有英格兰向罗马教皇效忠，并依历任先王成例，向基督在世上的代理人缴纳贡赋。此处提到的贡赋是指彼得捐，它起初不过是撒克逊列王对教会的慷慨捐助，但是罗马教廷以其一贯的作风，将之诠释为这一王国宣示服从的标志。威廉回复道，钱款可以照常奉上，但是他既未做出过向罗马效忠的承诺，也完全无意将这种奴役地位强加于自己的国家。③为了进一步宣示独立，他不顾教皇的一再抗议，胆大包天地阻止英国主教们前去参加教皇为打击政敌而召集的宗教大会。

　　威廉虽在维护世俗王权方面做出了如此强有力的姿态，但也不免感染那个时代普遍的迷信，他也看不清罗马教廷在教义清规的幌子下推行或倡导的制度，究竟包藏着多大的野心。格列高利七世以咄咄逼人的僭越把整个欧洲投入混乱和骚动，同时又对涤净世风表现出满含忧虑的关切之情，在他眼中，就连纯洁正派的婚内闺房之乐都与神职人员的圣洁相抵触。他颁布敕令，禁止教

①　Epist. Greg. VII. lib. 1. epist. 7.
②　Greg. Epist. lib. 2. epist. 55.
③　Spicileg. Seldeni ad Eadmer, p. 4.

士结婚,凡拒绝离婚的神职人员均被开除教籍,宣布其非法婚姻等同于通奸,平民参加这些不洁的神父所主持的圣礼,也被视为犯罪。[①] 这一目标是此后历任罗马教皇政治活动中的一大重点,他们为之付出了极大的努力,远远超过历来为推销其他荒谬假说所下的工夫。此项戒律得以确立之前,分别在欧洲不同地方召开过多次宗教大会。在会上,通常是年轻一代神职人员表示心甘情愿遵从教皇敕命,而阻力主要来自年龄较大的神父们。此教规与人类天性如此背道而驰,即使在那个蒙昧、迷信的时代里,也难免遇到敷衍塞责的情况。威廉让教皇特使趁他不在时召集温切斯特宗教大会,旨在确立牧师独身制度;但英格兰教会的实际情形还无法完全达到教廷的期望。这次宗教大会颁布的教令只要求今后主教在任命神父或执事之前,必须命其发下单身誓愿。但是其中又规定,除了学院或主教座堂的圣职人员以外,其他人不必强制离婚。

罗贝尔王子叛乱　　威廉国王在诺曼底一住数年,但他长期滞留于彼,并不完全像其宣称的那样,是缘于对故乡的眷恋。他坐镇那里,也是出于弹压骚乱的需要,而这片热土上的乱子,最早发端于他的家庭内部。国王的长子罗贝尔王子(此人腿短身矬,外号"Gambaron"或"Courthose"[②])继承了诺曼人特别是其家族特有的勇武,却没有继承其父过人的谋略和老奸巨猾——威廉之所以能成就大业,其原因不仅在乎有勇,同样在乎有谋。这位王子过于贪名好胜,容

[①]　Hoveden, p. 455, 457. Flor. Wigorn. p. 638. Spell. Concil. fol. 13. A. D. 1076.

[②]　"Gambaron"意为"肥腿","Courthose"意为"小短靴"。——译者

不得异见，对友毫无保留，对敌则绝不掩饰；即便是来自君父的约束也让他不堪忍受，因此明目张胆地渴望独立——无论他本人的性情还是他所处环境下的一些特定情况，都强烈地推动着他走出反叛的一步。[①]当初威廉曾在马恩省的受降仪式上向当地人许诺，将来立罗贝尔为他们的君主；在出征英格兰之前，他又应法国宫廷的要求，宣布自己身后由罗贝尔继承诺曼底，并要求诺曼底公爵领的贵族们向未来的领主宣誓效忠。威廉用上述手段抚平了邻邦的猜忌，让他们以为，日后他在欧陆的领地将会与英格兰分治。但是，当罗贝尔要求他践行诺言时，他却断然回绝，并且正告儿子，正如俗话所说，未到上床的时候，他可不想脱衣裳。[②]罗贝尔对此公开表示不满；他还涉嫌秘密煽动法兰西国王和布列塔尼伯爵与威廉作对，前次正是由于这两位王公的干涉，才使威廉在多尔城下功亏一篑。父子间的争执不断升级，罗贝尔对两个在世的弟弟威廉和亨利（另一位王子理查在狩猎中被雄鹿抵死）也产生了强烈的妒意，因为他们更为恭顺殷勤，博得了父王的欢心。父子俩的态度既是如此针锋相对，哪怕最小的摩擦也足以导致最后的决裂。

　　三位王子陪伴父王住在诺曼底的鹰堡（castle of l'Aigle）。一日，兄弟共聚消遣，宴乐过后，罗贝尔离开两位弟弟的住处，穿过庭院时，威廉和亨利恶作剧地从楼上用水泼他。[③]这本该被视作无伤大雅的玩笑，但是偏有小人进谗言，此人名叫阿尔贝里

---

①　Order. Vital. p. 545. Hoveden, p. 457. Flor. Wigorn. p. 639.

②　Chron. de Mailr. p. 160.

③　Order. Vital. p. 545.

克·德·格兰梅斯尼尔（Alberic de Grentmesnil），他父亲休·德·格兰梅斯尼尔男爵先前曾于英格兰局面动荡的危急关头弃主而去，被威廉褫夺了财产。这个年轻人怀恨在心，就挑唆罗贝尔王子，说他的两个弟弟当众侮慢兄长，王子出于维护个人荣誉的需要，理当还之以颜色。暴躁的罗贝尔当即拔出宝剑，冲上楼去，要找两个弟弟算账。① 城堡内登时大乱，国王闻讯从自己的歇处赶来，好不容易才平息了事端。但他无论如何都难以平息长子的怨恨，罗贝尔指责父王偏心，认为自己所受的侮辱没有得到适当的补偿，当天傍晚便负气离开，匆匆赶往鲁昂，意图控制该处要塞。② 不过，当地总督罗歇·德·艾维利（Roger de Ivery）警惕性颇强，他没能得手。于是他跑去投奔一位有实力的诺曼男爵休·德·纽沙特尔（Hugh de Neufchatel），后者把他收留在自己的城堡里。随后，罗贝尔公开向自己的父王宣战。③ 罗贝尔王子平素颇得人心，结交了很多意气相投的朋友，此时登高一呼，吸引了诺曼底、马恩省、安茹和布列塔尼的贵族青年纷纷前来投效。一向最宠爱他的母后玛蒂尔达也涉嫌支持叛乱，暗中向他提供资助，给他的党徒打气撑腰。

　　此后数年间，威廉名下的所有世袭领及其整个家族都被这场战争卷入动荡的漩涡。最后，威廉只得借力于英格兰——与诺曼底实行的旧式封建制度相比，他在英国建立的军事统治模式赋予他更大的权力，尽在他的掌控。他调来其旧部指挥下的一支英格

---

① 　Ibid.
② 　Ibid.
③ 　Order Vital. p. 545. Hoveden, p. 457. Sim. Dun. p. 210. Diceto, p. 487.

兰部队,很快便将罗贝尔及其追随者逐出据点,收复了他名下的所有领地。年轻的王子被迫逃奔博韦(Beauvoisis),暂栖于热尔伯鲁瓦(Gerberoy)城堡,那是一直躲在背后煽风点火的法王为他提供的。他被父王的大军团团围困于这座城堡内,仍然凭借坚固的工事顽强抵抗。双方在城下多次交手,多半像是一对一的骑士比武,而不是大部队作战。其中一次交战的情节和结果尤其不同寻常:当天罗贝尔在阵前巧遇他的父王,后者顶盔贯甲,让人看不出真实身份。父子俩均骁勇过人,展开了一场激战,最后年轻的王子击伤父王手臂,将其打落马下。威廉喊人救驾,罗贝尔听出了父亲的声音,震惊万分。他懊悔以往的过犯,又想到今番险些酿成更可怕的大错,惊惧之下,当即扑倒在父亲脚前乞求饶恕,情愿付出任何代价换得原谅。①但威廉内心积恨难平,对儿子孝心苏醒之下的顺服表示并未立即报以殷殷父爱,反而厉声斥骂。同时,罗贝尔让出自己的坐骑,将父亲扶上马背。威廉遂打马回营。威廉不久便下旨撤围,率部返回诺曼底,随后,在王后和双方共同的朋友调解之下,父子俩握手言和。这当中,王子在前次事件中表现出的高贵气度和痛悔前非的诚意,想必起到了不小的作用。国王似已完全不计前嫌,他甚至把罗贝尔带到英国,还交给他一支军队,抗击入侵的苏格兰国王马尔科姆,并且以牙还牙地攻入苏格兰境内。与此同时,威尔士人抵不过威廉的强大武力,只得乖乖服输,为他们的侵略行为付出赔偿。整个不列颠岛归于宁靖。

① Malmes. p. 106. H. Hunt. p. 369. Hoveden, p. 457. Flor. Wig. p. 639. Sim. Dun. p. 210. Diceto, p. 287. Knyghton, p. 2351. Alur. Beverl. p. 135.

　　局面稍定,威廉方能腾出手来,发起并完成了一桩了不起的大工程:这项工作证明他具有多方面的才干,并且令其深得后世的感念。他对王国全境的土地进行了一次全面普查,包括各地区土地的面积大小、所有者和佃户是谁、价值几何,其中草地、牧场、林地和耕地的分布,在部分郡县还登记了每块土地上生活的佃户、田舍农和各种类型农奴的数量。他指派专员,将所有细节造册登记,由当地法官予以核定。经过六年孜孜不倦的努力,整个王国地产的精确记录最终呈现于威廉眼前。[①]这部丰碑式的文献,史称"末日审判书"(Domesday-book),至今仍保存在英国财政部,是全世界最有价值的古代史料珍品。迄今为止,这部文献中仅有部分内容被摘录发表,但也足以让我们从中一窥古代英格兰社会生活状况的诸多细节。此前,阿尔弗雷德大王也进行过一次类似的普查,其卷册长期保存在温切斯特,有可能为威廉的普查工作提供了借鉴。[②]

　　国王自是一位理财高手。尽管他对手下军官和仆从不吝赏赐,比史上任何一位君主都慷慨大方,那也只是因为他把英格兰的产业统统据为己有,以整个王国的财产作为后盾罢了。他使王室保有丰厚的进项,一方面将大量土地分封给追随他打天下的功臣,另一方面也在英格兰各地为自己保留了不下一千四百二十二处私邑,[③]每

---

　　① Chron. Sax. p. 190. Ingulf, p. 79. Chron. T. Tykes, p. 23. H. Hunt. p. 370. Hoveden, p. 460. M. West. p. 229. Flor. Wigorn. p. 641. Chron. Abb. St. Petri de Burgo, p. 51. M. Paris, p. 8. 这次普查并未涵盖北方几郡,据我揣测,可能是因为那里属于尚未开垦的蛮荒地区。

　　② Ingulf, p. 8.

　　③ West 关于贵族阶层形成过程的研究,p. 24.

222 年以金钱、谷物、牲畜和其他农产品的形式向王室缴纳租赋。据一位古代史家计算，王室岁入除了没收充公的资财、罚金和领地继承贡金等大量临时性收入以外，仅固定收入便接近四十万镑之多。①如果考虑到所有相关情况，这个数目显得相当令人难以置信。前文已经提到，当时一英镑的含银量三倍于今；根据十分可靠的算法，同样分量的白银在当时的购买力比现在高出将近十倍——这是以购买生活必需品的数量而言，至于更精细的加工品则另当别论。如此看来，威廉的收入水平至少相当于如今的九百万或一千万英镑。此外，这位君主无须供养海、陆常备军，海军属于非经常性开支，陆军则由军事封臣们提供，国王不必出资。因此，我们可以得出结论：征服者威廉的财富足可傲视古今任何一个国家的君主。综上所述，尽管威廉素有贪得无厌的恶名，而且，在他以刀剑夺取了英格兰所有土地之后，当然会在分肥时给自己留一大份，然而我们仍有理由怀疑前面那位古代史家的计算存在严重错误。不过，可以有把握地断言，英格兰历史上没有一位国王能比威廉更富裕，可以像他那样，以丰厚的岁入来维持奢华气派的宫廷，为了自己的爱好消遣豪掷千金，或者无比慷慨地打赏手下仆从和宠臣。②

　　威廉以及所有诺曼人及古代撒克逊人都有一个非常着迷的_{新森林}嗜好，那就是行猎。不过，他的这一乐趣大多不是由自己来掏腰包，而是由其不幸的臣民来替他支付开销。他不满足于历代先王

---

① Order. Vital. p. 593. 他说，王室日均收入为一千零六十镑零若干先令若干便士。
② Fortescue, de Dom. reg. & politic, cap. 111.

在英格兰各地占据的大片王家森林，又决定在自己常住的温切斯
特附近再造一片森林。为此，他下令撂荒了汉普郡境内一片方圆
三十英里的乡村地带，将居民驱离家园，强占了他们的产业，甚至
拆毁其上的教堂和修道院，未给受害者任何补偿。^①同时，他还颁 223
行新的法令，严禁百姓进入王家森林打猎，对偷猎者的惩罚措施
空前严厉：偷猎者杀死一头鹿或野猪，甚至一只野兔，就要面临剜
眼之刑；要知道，在那个时代，就连杀人害命都可以通过支付适量
罚款来抵赎罪过。

　　古代史书中关于威廉一朝后续史实的记载，多半算是这位国
王的家事，与英格兰国家事务关系不大。巴约主教奥多乃国王的
同母异父兄弟，被封为肯特伯爵，于威廉生前一直深受宠信、位高
权重，而且积聚了巨额财富。人类的欲望总是永无止境，奥多也
不例外——他开始觉得，现有的一切不过是通向荣耀巅峰的一级
台阶而已。他构筑了一个梦想中的计划，打算通过贿买坐上教皇
的宝座。虽说现任教皇格列高利七世年事并不算高，但是奥多听
信了一个占星术士的预言，认定格列高利大限将至，而他自己凭
借阴谋手段和金钱的力量，定能爬上那个令人妒羡的尊位。因
此，他决定把所有财产都转移到意大利，还说服不少有钱有势的
男爵也这么做，切斯特伯爵休（Hugh）也在其中，他们都指望奥多
有朝一日当上教皇，能在其手上获得高官厚禄的封赏。他们一直
公元
1082 年小心翼翼地对国王隐瞒以上计划，但还是走漏了风声。国王下令
逮捕奥多，但是军官们慑于神职人员享有的豁免权，不敢执行命

---

　　① Malmes. p. 3. H. Hunt. p. 731. Anglia Sacra, vol. i. p. 258.

令，最后国王只得亲自出马。奥多坚称自己身为神父，有权免受世俗的审判。威廉答道：他所逮捕的不是巴约主教，而是肯特伯爵。奥多被解往诺曼底羁押；终威廉一朝，尽管教皇格列高利七世一再抗议、威胁，他始终未能获释。

另外一件家事更让国王牵心：王后玛蒂尔达过世了。威廉深爱这位王后，夫妻俩一直相敬如宾。三年后，御驾前往诺曼底，埃德伽-阿塞林获准随行；国王还欣然准许他赴圣地朝拜。此时，一些法国男爵骚扰诺曼底边境，在威廉和法兰西国王之间引发了一点误会，致使威廉在欧陆滞留了一段时间。在那个时代，国王的势力并不足以羁束手下嚣张的贵族们，但是威廉仍不免猜疑，男爵们若非得到法王腓力的纵容和庇护，绝不敢挑衅他的虎威。此外，法王对他的一些嘲弄之语也传到他的耳朵里，更加触怒了他。威廉由于身体过于肥胖，有段时间卧病在床，腓力便拿他开玩笑说，真奇怪，他的英国兄弟临盆日久，肚子怎么还没有动静呢。威廉当即派人传话，自己一旦能够爬起来，就会到巴黎圣母院点上一大堆蜡烛，到那时法王恐怕未必高兴呢（按当时的风俗，妇女产后通常会去圣母面前秉烛祷告）。威廉康复之后，立即领兵侵入法兰西岛（L'Isle de France），[①]用剑与火蹂躏四野。他攻占芒特（Mante），将整个市镇焚为焦土。然而，一次意外终结了战争进程，并在其后不久终结了威廉的生命。由于坐骑受惊突然横跳，

公元
1083 年

公元
1087 年
对法战争

224

---

① 所谓"法兰西岛"并非地理意义上的岛屿，而是当时法王所能有效控制的实际范围，位于巴黎盆地中部，包括塞纳河和卢瓦尔河中游的狭长地带。——译者

国王在马鞍桥上擦伤了腹部；他的身体状况本来不佳，加之年事已高，受伤后心知不妙，遂命人用担架把他抬到圣热尔韦修道院（St. Gervas）。在那里，国王的病势日见沉重，他自感大限将至，终于在人生的尽头发现世间万般荣华不过是烟云过眼，痛悔他为了夺取英格兰并捍卫自己对此岛的统治而犯下的种种苛酷暴行。他要尽己所能弥赎他的罪愆，向教堂和修道院捐赠财物，还下令释放了被囚的莫卡伯爵、西沃德、贝尔纳等英格兰首领，甚至接受劝谏，同意在他死后释放那个令他恨之入骨的御弟奥多，尽管内心仍不太情愿。他让长子罗贝尔继承诺曼底和马恩省，又写信给兰费朗克，嘱他为威廉加冕为英格兰之主；亨利王子只得到母后玛蒂尔达名下的财产，此外并无其他，但威廉在遗嘱中预言，有朝一日他的权力和财富会超过两个兄长。征服者威廉终年六十三岁，君临英格兰二十一载，秉政诺曼底计五十四年。

225

9月9日
征服者威
廉驾崩

征服者威
廉的性格

　　这位伟大的君主天生英才过人、元气充沛，一举一动虎虎生威，他比古今绝大多数帝王都更幸运，也更有资格获得荣耀与成功。他的性情沉鸷果敢、勇于进取、深谋远虑；为逞青云之志，并不在意公义的羁束，对于仁爱之道更是漠然，向来只服从于明智的策略需要。他生于一个民性桀骜不驯的时代，却能引导万众聚力于自己的目标，既凭借自身激情四射的人格魅力来支配他人，又善用手腕和伪装来树立个人的无限权威。他不乏慷慨大度，却练就了一副铁石心肠，没有同情心。他喜欢高调炫示自己的仁慈和严厉，似乎半是出于虚荣招摇，半是出于实现其野心的需要。他以铁腕作为施政准则，如果仅从维持既有统治秩序的角度出发,这种手法可能颇有实效,①但它不适于缓解与征服俱来的苛政——凡是征服必有苛政,无论管理手段怎样怀柔,仍然在所难免。七百年来,欧洲人曾经多次尝试征服英格兰,他是最后一位大获全胜者。他以天纵英才突破了基督教国家中已成定例的封建制度的限制,以及各国君主巧妙的策略牵制。他本人虽然令英国臣民无比憎恨,却能将王权安全传诸子孙,余脉流传,绵绵至今;这证明了他所奠定的统治根基极其稳固。而且,这位君王虽惯用暴力,表面看来似乎仅仅是为了逞一时之气,然而实际上却不乏长远眼光。

有些史家不愿在一般意义上给这位君主冠以"征服者"(Conqueror)的称谓;他们借口该词在古籍中有时意指不择手段地侵占土地,否认上述称谓,即不愿承认威廉是凭借武力强取此岛而成为英格兰之主的。我们没必要在此汲汲于此类辩论,因为它们总是不可避免地堕入词义之争。其实只消指出一点:诺曼底公爵初次带兵侵入这个岛屿时,的确发动了一场敌对战争;他随后的统治也全凭武力为后盾,其法律的主纲就是区别对待诺曼人和英格兰人,一切向前者的利益倾斜。② 在一切事务上他都以绝对主宰的态度凌驾于英格兰本土人之上,毫不顾及后者的利益和感情。的确,他曾有一段时间做出依法治国的姿态,但为时极短,其实那只不过是出于一时政策之需,不得不暂时克制自己的意愿罢

---

① West, p. 230. Anglia Sacra, vol. i, p. 258.

② Hoveden, p. 600.

了,历史上的外来征服者多半有过此类举动。无论在历史上还是一般语言中所称的征服事件,若论鼎革之惨烈,相伴的权力和财富易手之突然,鲜有堪与诺曼征服比肩者。罗马人征服的足迹遍及欧洲,然而在他们统治下,个人权利在很大程度上未受触动;这些文明的征服者把自己的国家推上帝国的王座,但他们同时发现,如果在被征服的各行省任由土著保持自己的法律和私人财产,则可从中获取更大的利益。后来征服罗马帝国的蛮族虽在被征服地区定居,但他们习于那种未开化的粗砺生活方式,发现只要占据一部分土地便可满足自己的所有需要,他们也无意夺取太多财产,因为心知自己既不会经营,也不知道怎么享用这些财富。然而威廉旗下的诺曼人和其他外国征服者在旧王国的废墟之上建立起自己的统治之时,已经足够文明开化,深谙巨额财富的好处。本岛土著既已彻底降顺,外来者便肆无忌惮地压迫他们,把征服者的权力推向极致(虽然从理据出发,这种权力的空间极为有限,但若站在贪婪和野心的角度,其边际却是无限广大)。纵观整个人类历史,除了撒克逊人征服英格兰的那一场巨变(在特定 227 情况下导致土著完全灭绝),再难找到哪一次政权革鼎比诺曼征服更具毁灭性,也见不到前朝遗民如此彻底臣服于征服者的情形。土著居民不惟身受压迫,更被恣意侮辱。[①]他们普遍沦入极端卑微贫困的境地,以致英国姓氏本身已经成为一种耻辱的标志;此后历经几代,都不见一个撒克逊血统的家族跻身于显贵之列,

---

　　① 　H. Hunt. p. 370. Brompton, p. 980.

就连获得爵衔的都告阙如。①以上事实在整个英国史册中如此一目了然，任何人绝无可能予以否认或回避，除非是从激进的宗派立场出发，一派人**荒谬地**害怕另一派人有可能借此引申出某种**荒谬**的结论。然而事实明明白白地摆在我们眼前：时至今日，彼时的英格兰人和诺曼人已经融为一体，当今英国人民所享有的权利和特权绝不会因七百年前的旧事而受到什么影响。鉴于所有古代史家②都众口一词地把诺曼占领描述为凭借战争和刀剑完成的征服，凡有识之士均应考虑到这些史料提供者生活的年代距彼时较近，对那一时期英格兰的状况应当较为知情，所以我们不该由于害怕臆想中的结论而拒绝以上内容一致而又确凿无疑的证词。

威廉国王身后除了留下三个儿子之外，还有五个女儿，她们分别是：长女西西莉（Cicily），在菲尚（Feschamp）修道院出家做修女，后来担任卡昂（Caen）圣三一女修道院院长，1127 年亡故于任上。次女康斯坦莎（Constantia），嫁给布列塔尼伯爵阿莱恩·费尔冈（Alan Fergant）为妻，无嗣而终。三女爱丽丝（Alice），与哈罗德订有婚约。四女阿黛拉（Adela），嫁给布卢瓦（Blois）伯爵斯蒂芬，育有威廉、提奥巴尔德（Theobald）、亨利和斯蒂芬四子，其中长子威廉因智力迟钝而不受重视。五女阿加莎以处女之身夭折，她生前被许给加里西亚（Gallicia）国王，于赴婚途中未及见到新郎便亡故了。

---

① 迄至斯蒂芬国王在位期间，那场著名的"旗帜之战"（battle of the Standard）开始前，阿尔伯马尔伯爵还在临阵演说中把手下军官称为 *Proceres Angliae clarissime，& genere Normanni，& c.*"（Brompton, p. 1026. 另参见 Abbas Rieval, p. 339, &c.）。当时英格兰的所有男爵和军人仍然自称为诺曼人。

② 参见第 I 卷卷末注释[K]。

第五章　红发威廉

红发威廉继位—推翻国王的阴谋—入侵诺曼底—十字军—
吞并诺曼底—与安瑟姆大主教之争—红发威廉驾崩—红发威廉
的性格

　　威廉王子天生一头红发,因此人称"红发威廉"(William the
Rufus)。他在父王临终时争取到那封写给兰费朗克大主教的推荐
信,随即抓紧采取行动,以确保自己对英格兰的统治。他心知这
种安排有欠正规而且事出突然,侵犯了罗贝尔的长子继承权,很
可能招致强烈反对,当此之际唯靠自己行动敏捷方能成事。他在
父王弥留之际便离开圣热尔韦修道院,赶在国王驾崩的消息传回
国内之前,踏上了英格兰的土地。[1]他假传圣旨,占据了多佛尔、佩
文西及黑斯廷斯要塞等最关键的战略要冲,又接管了位于温切斯
特的王室金库,其中存蓄的钱款多达六万镑,他指望以这笔财富
来勖励和扩充党羽。[2]兰费朗克大主教在国内威望极高,大有权
势;他曾任威廉王子的导师,还为其主持过骑士授勋礼,[3]两人关

---

① 　W. Malmes. p. 120.　M. Paris, p. 10.

② 　Chron. Sax. p. 192.　Brompton, p. 983.

③ 　W. Malmes. p. 120.　M. Paris, p. 10. Thom. Rudborne, p. 263.

系非常密切。或许是出于这层私交，又或许是认为威廉王子的继位主张正当合法，大主教当下宣布乐于遵从自己的朋友和恩主征服者威廉的遗愿。他召集起一批主教和部分贵族领袖，立即启动新君加冕仪式；[1]在他的安排调度之下，诸事皆办得利落顺遂，绕开了一切党争纠葛和阻力。与此同时，早被认可为诺曼底继任公爵的罗贝尔也和平接管了该公国。

这次分治在表面上虽未引发任何暴力冲突或对抗，然而英格兰国内局势却是暗流涌动，诸多原因造成的不满情绪激荡，大有遽然生变之势。诺曼男爵们多半在英格兰和诺曼底均拥有大片领地，如今分邦而治，令他们感到很不舒服；他们同时也预见到，自己目前这种一身事奉二主的状况不可能维持太久，到头来免不了面临两难抉择：要么放弃诺曼底祖业，要么放弃在英格兰新获的封地。[2]在男爵们心目中，罗贝尔王子对诺曼底拥有无可争议的继承权，他对英国王位的权利主张也言之成理，唯独他才有资格统两邦为一国，因此他们都希望这位王子兼有英格兰与诺曼底。另外，对比两兄弟的个人品质，更令他们倒向王长子一边。罗贝尔公爵生性勇敢、坦诚，更兼慷慨大度，即便他身上最大的缺点——极度懒散、随和就便，在这帮骄矜的男爵们看来也并不讨厌，因为他们喜好独立，颇不情愿忍受君主的强力羁束。现已登上王位的威廉王子虽然同样勇武，但是性情狂暴、傲慢而专横，似乎更倾向于在臣民心中增添畏惧而非爱戴之情，并且要将这种畏

推翻国王的阴谋

---

[1]　Hoveden, p. 461.

[2]　Order Vitalis, p. 666.

惧感作为其统治的基础。大主教兰费朗克声望卓著，近来更因为
拥立新王而权势烜赫，这让征服者威廉的两位同母异父兄弟——
巴约主教奥多、蒙泰恩伯爵罗贝尔眼红不已；于是，他们二人假托
以上种种理由，纠集党羽，正式结盟，图谋废黜现任国王。他们与 ²³⁰
博洛涅伯爵尤斯塔斯、什鲁斯伯里及阿伦德尔伯爵罗歇、罗歇的
长子贝莱姆的罗贝尔（Robert Belesme）、达勒姆主教威廉，以及罗
贝尔·德·穆布雷（Robert de Moubray）、罗歇·比戈德（Roger
Bigod）、休·德·格兰梅斯尼尔等大贵族暗通声气，毫不费力地取
得了这些强势人物的支持。共谋者们各自返回自己的城堡，抓紧
备战；他们认定很快就能获得诺曼底大军的增援，因此迫不及待
地在多地点燃了战火。

　　国王见局势岌岌可危，极力寻求英格兰本土民众的支持。英
格兰人此时已经完全降服，不再希求匡复往昔的自由，只要诺曼
君主的暴政能够有所缓和，他们便已心满意足。威廉许诺要善待
本土臣民，还承诺颁给他们进入王家森林打猎的许可，从而博得
了英格兰人的热忱拥护。备战工作很快完成，国王深知贻误战机
的危险性，于是蓦然挥师奔袭肯特。这里的佩文西和罗切斯特两
处要塞均已被他的叔父们抢先占据。王师将两处要塞团团围困，
以饥饿迫使守军投降。国王虽然听从拥王派切斯特伯爵威廉·
德·瓦伦纳和罗贝尔·菲茨·哈蒙（Robert Fitz Hammon）的劝
说，赦免了反叛者的死罪，但是依然将他们驱逐出境，罚没其名下
全部领地。①凭借此役的胜利，国王在对什鲁斯伯里伯爵罗歇的谈

---

① Chron Sax. p. 195. Order. Vital. p. 668.

判中占尽优势,将这位贵族从谋反阵营中离间出来。在海上,国王握有强大的海军,而罗贝尔公爵指挥不力,导致诺曼底援军迟迟不至,英格兰各地的叛军面临绝境,只能选择逃亡或者投降。有些投降者得到赦免,但是大部分被褫夺私权、没收财产,国王把他们的领地封赏给始终忠于自己的诺曼男爵们。

一旦摆脱了叛乱造成的险境,威廉国王就把对英格兰人的种种许诺抛诸脑后。英国人民发现,自己身受的压迫与当初在征服者威廉治下并无差异,而且由于今上暴烈鲁莽的性格而越发雪上加霜。兰费朗克在世时,对国王拥有极大的影响力,而当他去世之后,国王的暴君本色很快便尽显无遗。社会各阶层怨声载道,纷纷指责他霸道专横、目无法度。就连当时被视为神圣的教会也无力自保,特权屡遭侵夺。凡有职位空缺的主教辖区和修道院,其教产均被国王把持;他又阻挠新主教和修道院院长的任命,以便长久侵吞这些教产的出息;他把一部分教会地产赏赐给自己手下的军官和宠臣,还公开出售一批他认为应当出手的主教辖区和修道院。教会人士深感不公,他们的抱怨声很快在全国传播开来,影响极大。但是,此时威廉国王的权势因为近来平叛的胜利而越发得到巩固,国人对他的专横做法敢怒而不敢言,只能默默承受。英格兰国内万马齐喑,倒也未生波澜。

红发威廉气焰益张,甚至自以为能动摇其兄罗贝尔在诺曼底的统治。后者在公国治理上纲纪松懈、疏忽疲沓,纵得手下那帮诺曼男爵无法无天、各行其是,彼此间纠纷、战乱不断;整个公国四野凋敝、民不聊生。沃尔特和奥多这两位男爵受了威廉的贿赂,把圣瓦洛里和阿尔比马尔两地的城堡转让给他;更多男爵群

公元
1089 年

231

公元
1090 年
入侵
诺曼底

起效尤,加入叛乱。法王腓力按理说对其封臣的领地负有保护义务,但是他只稍做动作,便被威廉用厚礼买通,从此袖手旁观。此外,罗贝尔公爵还有理由担心另一位弟弟亨利,提防他从背后捅刀子。这位年轻的亨利王子从父亲的巨额遗产中只分得了数目有限的钱帛而已。在罗贝尔公爵为抵御英军备战期间,他为哥哥出资三千马克;公爵为回报这笔微薄的资助,把偌大的科唐坦(Cotentin)采邑封赏给他,面积近乎诺曼底公爵领的三分之一。后来,公爵对亨利产生怀疑,将其投入监狱。及至英王入侵之际,罗贝尔公爵害怕两位弟弟联手对付自己,又把亨利释放,甚至委以重任,借他之力镇压叛乱的臣民。鲁昂的富裕平民柯南(Conan)参与反叛阴谋,企图向威廉献城;亨利察觉到这一罪行, 232遂将叛徒带上一座高塔,亲手将他从雉堞抛下。

英王率军出现在诺曼底。两兄弟之间似已形同水火,然而双方阵营中的贵族们却多有利益和姻亲关系,靠着他们居中调停,兄弟双方达成和解。英王威廉从和约中获益最多:他取得了尤城(Eu)、奥马勒(Aumale)、菲茨坎普等多个城镇或地方的控制权,同时他也应承协助其兄平定马恩省的叛乱,并归还支持罗贝尔的诺曼男爵在英格兰的领地。两人还约定,如果一方无嗣而终,其名下所有领地将由另一方继承。双方各出十二名最强大的男爵,共同发誓全力担保此约得到完整、有效的执行。[①] 在那个时代,贵族独立性之强、势力之大,由此可见一斑!

---

① Chron. Sax. p. 197. W. Malm. p. 121. Hoveden, p. 462. M. Paris, p. 11. Annal. Waverl. p. 137. W. Heming. p. 463. Sim. Dunelm. p. 216. Brompton, p. 986.

亨利王子见此和约全未照顾到自己的利益，便负气而走，引兵退踞诺曼底沿海一处坚固要塞，名为圣米嘉勒山（St. Michael's Mount），并时时袭扰周边地区。罗贝尔和威廉的联军包围了要塞，断其水源，守军焦渴万分，堪堪陷入绝境；身为长兄的罗贝尔感到于心不忍，遂同意供给亨利一人所需之水，又送去几桶葡萄酒供其独享。威廉责备罗贝尔不察时势，乱施妇人之仁，后者答道："怎么，难道竟要眼看自己的兄弟渴死吗？他若死了，我们到哪儿再找个兄弟呢？"围城期间，英王本人也有过一次与其一贯性格不太相符的宽宏表现。有一天，他巡查工事，独骑出行，路上遭遇两名敌兵袭击，被打落马下。一名士兵拔剑要杀他，国王喊道："且慢！我是英国国王。"士兵闻声收住了举到半空的剑，把国王扶起，态度甚为恭敬。国王为此大大地奖赏他，并将其收入麾下。不久，亨利王子被迫投降，他所继承的遗产被尽数剥夺。此后很长时间，他过着漂泊不定的生活，身边只有零星几个仆从，经常一贫如洗。

在那个时代，封建贵族之间无止无休的争斗本身就颇具破坏力。公开战争通常为时甚短，对抗性不强，流血冲突也很少，没有多少值得载入史册的大事件。诺曼战争很快便告终结，继而苏格兰又爆发了战事，但是持续时间也不长。罗贝尔代弟出征，指挥英军节节获胜，迫使马尔科姆接受议和，并向英王俯首称臣。然而和平并不长久，两年后马尔科姆再度兴兵犯境，先是大肆劫掠诺森伯兰，又率军围攻阿尼克（Alnwic）要塞，遭到穆布雷伯爵麾下一支人马的突袭，马尔科姆在激战中被杀死。这一事件打乱了苏格兰正常的王位承袭，多年未能恢复。马尔科姆身后虽有合法

公元
1091 年

公元
1093 年

嗣子，但是均未成年，因此御弟唐纳德（Donald）被推举为新君，不过他的统治并不长久。马尔科姆的私生子邓肯纠集同党来争夺王位，威廉派出一小股部队相助，顺利将其送上宝座。此时诺曼底烽烟又起。罗贝尔为人豪爽坦率、性情疏懒，和工于心计且贪婪成性的威廉相比，根本不是对手。后者如今实力大增，一直在暗中谋算着兄长继承的产业，煽动蠢蠢欲动的诺曼男爵们兴兵作乱。

公元
1094 年
此番威廉国王亲赴诺曼底，为党羽们打气，又下令在英格兰征召一支两万人的军队，陈兵于沿海一带，大有即刻发兵诺曼底之势。国王御前大臣、也是他搜刮民脂民膏的得力干将拉尔夫·弗朗巴尔（Ralph Flambard）向这些士兵每人征收了十先令代役金，然后将其遣散回各郡。这笔钱经威廉的巧妙运用，收效已超过那支军队所能造成的影响：他又向法兰西国王赠送了许多礼物，换得后者收回对罗贝尔的庇护，他还经常贿赂诺曼男爵们，利诱他们背弃罗贝尔。不过，他还没来得及进一步有所举动，忽闻威尔士人兴兵犯境，只好匆匆赶回英格兰。他轻而易举地击退了敌军，但是由于威尔士境内山高路险，英军难以乘胜追击，狠狠教训 234

公元
1095 年
威尔士人。这时候，他探听到国内的男爵们又在策划叛乱，相比之下，这是一件更加致命的事情，他必须全力以赴予以应对，也就顾不上讨伐威尔士了。叛乱团伙以诺森伯兰伯爵罗贝尔·穆布雷为首，他纠集了尤城伯爵、理查·德·坦布里奇（Richard de Tunbridge）、罗歇·德·莱西（Roger de Lacey）等一众贵族，密谋推翻国王，改立征服者威廉的侄子奥马勒公爵斯蒂芬为王。威廉迅速出手，粉碎了他们的叛乱阴谋，密谋者们各自仓皇逃窜。穆布雷稍作抵抗后即受缚，被褫夺私权，投入监牢，大约三十年后死于狱中。尤城伯爵否认参与谋反,要求当着整个温莎宫廷与控告他的杰弗里·白纳德(Geoffrey Bainard)一对一决斗,以自证清白。但是他在决斗中落败,于是被判处阉刑,剜去双目。另一个参与密谋者威廉·德·阿尔德利(William de Alderi)据称受到更严厉的处罚,被判处绞刑。

公元 1096 年

　　然而,这些小规模的战争和骚乱很快就被十字军东征的喧嚣所淹没,那是一场令当时整个欧洲为之瞩目的运动,就如同一座空前绝后的纪念碑,无比醒目、永难磨灭地铭刻着人类的愚蠢,吸引着此后世代无穷的好奇心。先知穆罕默德凭借所谓的天启教义,将零散游荡于大漠之中的阿拉伯人(也称撒拉逊人)团结在他个人的统治之下,他们的大军自不毛之地蜂拥而出,在新的伊斯兰宗教热忱激励下,借着新兴政权蓬勃健旺的发展势头,给文治武功均已走向衰颓的东罗马帝国带来了极大的震撼。地处东方的圣城耶路撒冷成了阿拉伯人最早获取的战利品之一。基督徒们满怀屈辱、眼睁睁地看到耶稣基督的圣墓和其他圣迹显现之地落入异教徒手中。阿拉伯人在初步成势之后,根本无暇顾及神学争论,而将大部分心思都用于军事征服,短短数年间,从恒河两岸到直布罗陀海峡的广大地域,尽数被纳入其帝国版图;尽管被他们奉为信仰真经的《古兰经》当中似乎也包含着一些严苛的戒命,但是他们并不像希腊人那么执着于宗教偏见、大力迫害异己,而后者则生性懒惰、囿于思辨,一味致力于完善自身教义体系中的若干信条。虔诚的基督教朝圣者日日成群结队涌入圣城,阿拉伯人并没怎么骚扰他们。只要交纳少量税金,任何人都能获准朝谒圣墓,在尽过自己的宗教义务之后,安然返乡。但是后来情况就

十字军

235

变了：土库曼人（或曰土耳其人）是鞑靼人的一支，他们接受了伊斯兰教信仰，在发展壮大的过程中，先是从撒拉逊人手中夺取了叙利亚，又在 1065 年成为耶路撒冷的主人。在他们占领圣城之后，基督徒的朝圣之路即变得格外艰难和危险。土库曼人习性蛮鲁，加之立国未稳、当地治安混乱，基督徒朝圣者时常遭受种种侮辱、劫掠和盘剥。这些热忱的信徒历经万般疲惫苦楚，完成其功德无量的朝圣使命回到家乡后，纷纷传讲沿途的遭遇，煽起了整个基督教世界的义愤：高天在上，岂容异教徒的足迹玷污圣城，甚至在神迹发生之地当面嘲笑基督教义的神圣奥秘！时任教皇的格列高利七世本是个好大喜功的人，他酝酿了一个构想，要团结整个西方基督教世界来抗击伊斯兰教势力。不过，由于这位教皇一直以来谋求僭取世俗君主的权力，态度强横，树敌颇多，各方对他提出的计划疑忌重重，以致他的神圣大业始终难以推进。于是这项事工只有留待一个更卑微的工具来完成，后者在生活中不享尊位，也就免遭世人的妒嫉；同时，他的愚蠢亦恰到好处地与那个时代的主流信念相契。

此君人称隐士彼得（Peter the Hermit），出身于庇卡底（Picardy）①地方的亚眠（Amiens），曾经亲赴耶路撒冷朝圣。他深刻体验到朝圣者在这敬虔之旅中遭遇的千难万险，也为东方基督徒身受的压迫而痛心不已，于是他提出了一个大胆的、从各方面来看都不切实际的计划：从西方地极招募一支大军，东征亚洲，击

---

　① 位于法兰西西北部。——译者

败那些现今占据圣城的强大而好战的民族。①他向继任教皇马丁
二世(Martin II)陈述了自己的计划,后者虽然心知宗教战争必能
给基督教首脑带来种种好处,而且看出自己大可利用隐士彼得的
盲目热忱来达到上述目的,②但他还是决定少安毋躁,且待成功的
把握更大时,再凭教皇的权威号令天下。教皇在帕辰察(Placentia)
地方召集了一次会议,与会的神职人员有四千人,平信徒多达三
万人。由于人数太多,找不到一座足够宽敞的厅堂来开会,所以
会议只得选在一块平原上召开。教皇发表了慷慨激昂的演说;隐
士彼得痛陈亲身经历,描述了东方基督徒兄弟的悲惨处境,并表
达了身为基督徒、坐视圣城沦于异教徒之手的满腔义愤。这些话
语激起与会者的极大共鸣,顷刻间全场群情鼎沸,同仇敌忾,当即
宣布要向异教徒宣战,人人庄严发誓,甘愿献身于这项他们深信
将得到上帝和教会嘉许的神圣事业。

尽管意大利对东征计划表现出如此之高的热忱,但马丁二世
深知,要想确保马到功成,必须拉拢更多强大善战的邦国。他先
是敦促隐士彼得遍访欧洲主要城市,游说各基督教国家的君主,
此后又在奥弗涅的克肋蒙(Clermont in Auvergne)③再次召集宗
教会议。④此时,虔诚而伟大的东征计划已经广为人知,因此众多
宗教首脑、王公贵族乃至各国君主纷纷踊跃参加。会上,教皇和
隐士彼得再度慷慨陈词,话音甫落,全体与会者如蒙圣灵感动,而

---

① Gul. Tyrius, lib. i. cap. 11. M. Paris, p. 17.

② Gul. Tyrius, lib. i. cap. 13.

③ 位于法兰西中部。——译者

④ Concil. tom. x. Concil. Clarom. Matth Paris, p. 16. M. West. p. 233.

非出自方才的人为影响,异口同声地呼喊道:"神的旨意! 神的旨意!"这呼声令人过耳难忘,又被认为是神的启示,后来就成了所有十字军将士的集结口令和冲锋陷阵的口号。① 无论等级高低,人们都满怀热忱,争相拿起武器。在这次会议上,虔诚的武士们还选定了这次行动的徽记和重大时刻的标志——十架符号,这个符号一直以来在基督徒中间被奉为神圣,来自异教世界的羞辱越重,就越被基督徒热烈地宝爱,被视作基督徒团结的象征。所有报名参加圣战的基督徒,都把十架标志佩戴在自己的右肩。②

　　此时此际的欧洲正深陷于蒙昧和迷信而不能自拔:教会高度支配着人的心灵。时人几乎不受荣誉感的约束,更无遵从法律的意识,他们放纵于最有害的罪行和劣迹,除了按要求在神父引领下举行忏悔仪式,并不知道别的赎罪之道。故而,教会方面轻而易举地把这场圣战粉饰成一切赎罪方式的加总替代物,③能够抵偿所有违背公义和反人道的罪愆。不过,在充满奴性的迷信泛滥于世之际,可以看到尚武精神亦有广泛播扬,后者虽然尚未形成精湛的规制,但在封建制度下的欧洲诸国已经蔚然成风。所有大领主均掌握着战争与和平的权力,彼此之间征伐不断。广大的乡野饱受蹂躏,当时的城镇则又小又穷,既无高墙护峙,也不享有豁免权,面对各种侵犯毫无抵御之力。个人只得依靠一己的武力来自保,或靠私下结盟、彼此守望相助。在世人眼里,勇武是唯一值得尊重的美德,能让一个人显得出类拔萃。如此,当形形色色的

237

---

①　Historia Bell. Sacri, tom. i. Musaei Ital.

②　Hist. Bell. Sacri, tom. i. Mus. Ital. Order. Vital. p. 721.

③　Order. Vital. p. 720.

迷信都联为一体,而军事征伐的热忱也指向了同一方向,整个欧洲在这两股主导激情催动下,仿佛猛然脱离了固有的根基,一头冲向东方。

各个等级的成员都把加入十字军看作通向天堂的唯一路径,踊跃投身于神圣的旗帜之下,跃跃欲试地要用刀剑杀开通向圣城之路。贵族、工匠、农民,甚至教士①都纷纷报名,倘若拒绝这份功德,就会被指责为不虔诚,或许更加耻辱的是,被人视作瞻前顾后的胆小鬼。②病弱者、年迈者慷慨解囊,为东征捐钱捐物,其中许多人不满足于这份赎罪的事奉,非得亲自从军不可,他们决心咬牙支撑到底,只盼着在咽气时能望上一眼救世主为他们献身的圣城。不少妇女以甲胄掩藏性别,乔装进入兵营,结果往往忘记了女性的本分,放浪形骸,沦为军妓。③ 那些江洋大盗也被鼓励加入十字军,把这看作赦免一切罪行的挽回祭。在远征过程中,人们或者由于受到邪恶的诱惑,或者是效法了坏的榜样,加之受到迫不得已的情势所逼,留下累累劣迹,难以尽数。出征者越聚越多,一些比较有远见的首领开始感到担心——其中包括法王御弟、韦芒杜瓦(Vermandois)伯爵休(Hugh),图卢兹(Toulouse)伯爵雷蒙德(Raymond),布拉班特(Brabant)公国之主、布永(Boüillon)的戈弗雷(Godfrey),布卢瓦伯爵斯蒂芬等人;④他们害怕队伍过于庞大反而有碍于实现既定目标。于是,他们批准隐士彼得和号

①　Order. Vital. p. 720.

②　W. Malm. p. 133.

③　Vertot Hist. de Chev. de Malte, vol. i. p. 46.

④　Sim. Dunelm. p. 222.

称"贫穷者"的沃尔特(Walter the Moneyless)率领一支为数三十万人的乌合之军先期出发。①这批人取道匈牙利和保加利亚进军君士坦丁堡,出征前并未准备粮秣,相信上帝会以超自然的力量满足他们一切所需。他们很快就发现,自己之前徒劳地指望奇迹,结果造成了物资匮乏,此时不得不依赖打家劫舍来弥补。沿途各国的百姓被激怒,纷纷武装起来,群起攻击这些乱糟糟的"军队",轻而易举地将他们大批剿杀。之后,大股正规部队也沿同一路线东进,他们在君士坦丁堡渡过海峡,集结于亚细亚平原地带,兵员总数达七十万。②

这股狂热浪潮如同传染病一般席卷整个欧洲、尤其是德、法两国,然而身处大潮之中的人们并未完全忘却现世利益。无论是出征者还是留守家园的,都揣着各自的小算盘,想从这次东征中捞取些好处,以满足自己的贪欲或野心。报名出征的贵族们受着那个时代罗曼蒂克精神的感召,企望征服东方——当时世界上艺术和商业最发达的地区,从而建功立业,赢取丰实的收获。为了追逐梦想中的功业,他们不惜廉价出售古老的城堡和祖产,这些在他们眼里已经全无价值可言了。而那些留守后方的王侯,一方面将臣民中躁动不安的好战分子打发到海外作战,从而保障了本土治安宁靖;另一方面又不失时机地吞并了大片采邑,有的是通过赎买的途径,还有的是因为一些采邑的继承人战死,所遗无主封地便自动归入王室名下。教皇经常利用十字军来对抗异教徒

239

的宗教热忱,转而打击他本人的对手——据他所称,这些对手和
敌基督一样罪大恶极。修道院和其他宗教机构大手笔地买下十
字军冒险家的产业;虔诚者们奉献的钱财通常都交托给这些机构
管理,原本说是用于抗击异教徒的,却往往被转而用于上述交
易。[①] 不过,在这场举世汹汹的热狂症泛滥之际,最大的直接获益
者还是英国国王,他始终与那些狂热而浪漫的武士保持距离,却
为自己捞足了好处。

　　诺曼底公爵罗贝尔禀性勇敢而且极度慷慨仗义,早早便报名
加入十字军东征的行列,他手下的无数封臣和子民也在普遍的狂
热情绪感召下,决心跟随主上出师亚洲;然而,向来囊中羞涩的罗
贝尔在出征前发现,自己作为这支赫赫雄师的统帅,竟然穷到根
本无法支撑与自身等级相称的排场。于是,他决定把这份自己没
有能力治理好的领地抵押或者莫不如说是廉价出售给弟弟威廉,
作价仅一万马克。[②] 交易很快就做讫。英王威廉为了筹齐此款,
以严厉手段强榨各阶层脂膏,连修道院也不放过。修道士们只好
把收藏的盘子都熔化了,[③]以缴齐国王所要求的定额。[④] 于是,威
廉将诺曼底和马恩省收入囊中,而罗贝尔则仪仗光鲜地率部出
发,开赴圣地去寻求光荣,一路信心满满,以为定能获得永恒的
救赎。

吞并诺
曼底

---

　　① Padre Paolo Hist. delle benef,ecclesiast,p. 128.

　　② W. Malm. p. 123. Chron. T. Wykes, p. 24. Annal. Waverl. p. 139. W.
Heming. p. 467. Flor. Wig. p. 648. Sim. Dunelm. p. 222. Knyghton,p. 2364.

　　③ 当时许多修道院收藏有珍宝级的金银器皿;来自上流阶层的修道士和修女们
也常把贵重的私人器皿带入修道院。——译者

　　④ Eadmer,p. 35. W. Malm. p. 123. W. Heming. p. 467.

上述价款为数如此微薄，而红发威廉仍须大费周章方能将钱敛齐，这个事实本身便足以说明，一些史家称征服者威廉收入极丰的说法有欠考虑。试想，倘若此说为真，罗贝尔怎会为了这区区小数而将大片领地交付其弟贪婪的手中？这点钱还比不上他父亲统治英国时候一星期的收入呢！如果真是那样，这一任英王也不至于必得大肆压榨其臣民，才能付清这笔钱吧？征服者威廉素性节俭而贪婪，这是众所公认的；然而其临终时的财产总数不过六万镑之数，还不到他在世时两个月的收入，这种情况似不可能。由此也可确凿无疑地驳倒那些史家的夸张说辞。

在这段时期，十字军热潮对英国的影响较各个邻国为轻，这或许是因为诺曼征服者自觉在岛国立足未稳，所以心存顾虑，不敢贸然离家去远方历险。此外，英王本人出于自私自利的禀性，难以被当时的普遍激情所感染，由此也遏制了这股热情在英国臣民中蔓延的势头。鉴于他曾经被指责公然渎神，[1]加之他天生机锋伶俐，[2]所以传说他经常把罗曼蒂克的十字军骑士精神当作嘲弄对象，是大有可能接近事实真相的。据说曾经有这么一件事，可以作为威廉漠视宗教的明例：有一次，国王从一个犹太人那里收受了六十马克礼金，允诺帮助后者劝说他那改信基督教的儿子重归犹太教的怀抱。威廉连劝带吓，怎奈那年轻人对新皈依的信仰坚定不移；于是国王召来那位父亲，告之此事没有办成，先前那笔礼金自是不该留下，可是鉴于自己已经尽了最大努力，必须收

---

① G. Newbr. p. 358. W. Gemet. p. 292.

② W. Malm. p. 121.

点辛苦费才算公平,所以,那笔钱他会退回一半,只留下三十马克。①还有一次,他下旨召来几位博学的基督教神学家和几位犹太教拉比,让这两拨人在御前就宗教问题展开公平辩论:他自己则全然保持中立,对双方提出的理由和可信服的论据都洗耳恭听;两相比较之下,哪一方的论证最有力,他就接受哪一方的教义。②假如这个故事是真的,他的用意很可能无非是让辩论双方出丑,他自己借此取乐而已。但是我们也必须慎重,不可全盘采信修道院史家对国王不利的记载。因为威廉国王很不幸地与神职人员多有争执,特别是和人称"圣安瑟姆"的坎特伯雷大主教安瑟姆结怨很深。无怪乎教会门下的史书作者要在其身后给他抹黑了。

在兰费朗克大主教去世后的数年间,坎特伯雷教区也像其他不少圣职空缺的主教辖区一样,收入尽被国王所占。不过,国王后来生了一场重病,垂危之际不免心生忏悔,加之有教士从旁开导:倘若他在生前未能补赎自己犯下的诸多冒渎不虔之罪,死后难逃沦入永劫的危险。③ 于是他决定,立即填补坎特伯雷大主教的职缺。为此,他将安瑟姆召至驾前。安瑟姆是皮埃蒙特人,时任诺曼底贝克(Bec)修道院院长,以博学和虔诚闻名于世。这位教长诚恳地表示拒绝这个荣衔,甚至双膝跪倒,泣请国王收回成命。④ 当国王执意要把主教权杖塞进他手中,他就死死攥住双拳,坚辞不受;周围的人只好用尽全力把他的手掰开,强迫他接受了

与安瑟姆大主教之争

---

①　Eadmer,p. 47.
②　W. Malm. p. 123.
③　Eadmer,p. 16. Chron. Sax. p. 198.
④　Eadmer,p. 17. Diceto,p. 494.

这一圣职的标志。①不久之后，威廉御体康复，旧时的贪欲复炽，便又露出了横行霸道、强取豪夺的本色。他在病中改悔期间本已下诏释放了几个囚犯，如今又出尔反尔，继续将这些人羁押在狱；他一如既往地侵吞教会收益，公然买卖圣职；坎特伯雷大主教辖区的大部分收入都被他充入私囊。②然而，他的种种倒行逆施遭到了安瑟姆的顽强抵制，其实，从这位教长当初坚拒提拔所表现出的那份令人瞩目的谦卑，国王早该猜到必有这样的结果。

　　安瑟姆来到英国不久，便激烈反对此间流行的种种时弊，特别是大力谴责人们服饰着装的种种不妥，越发成就了其虔诚的名声；他与国王之间的对立，因此就显得更具危险性。当时全欧洲的男男女女都流行穿一种长鞋，鞋头尖翘，带有鸟喙状或其他形制的装饰物，常系以金银链条，挂在膝盖处。③ 教会人士对此种装束提出异议，他们指出，这样打扮与《圣经》的教导相悖，因为经文里明明写着"没有人能使自己的身量多加一肘"；④他们猛烈抨击这种鞋子，甚至为此召开了几次宗教会议，予以彻底谴责。然而，人类的本性当中竟然蕴含着种种如此奇异的自相矛盾之处！在那个时代，教会虽有能力颠覆王权，也有足够的权威支使上百万人深入亚细亚沙漠为其利益而奔走，却始终无法战胜这些尖头鞋子！相反，这种古怪样式的生命力倒比其他样式都更加顽强，足

---

　　① Eadmer, p. 18.

　　② Eadmer, p. 19, 43. Chron. Sax p. 199.

　　③ Order Vital. p. 682. W. Malmes. p. 123. Knyghton, p. 2369.

　　④ 语出《马太福音 6:28》："你们哪一个能用思虑使身量多加一肘呢?"肘(cubit)又叫腕尺，一种古代长度单位，旧约时代一肘约等于 44.5 公分，新约时代的一肘约等于 55.5 公分。——译者

足流行了好几个世纪；假如僧侣们不曾停止对它的迫害，说不定它现在依然风靡欧洲呢。

不过，安瑟姆对另一时尚潮流发起的攻势，结果却幸运得多，大抵是因为后者尚不如尖头鞋那样深入人心吧。他在布道中激烈抨击当时在廷臣中间盛行的长发和卷发，在圣灰星期三拒绝为蓄此发型者行涂灰礼。他的威望和滔滔雄辩极富影响力，结果社会上的年轻人普遍弃绝了那种装饰，改剪大主教在布道中推荐的平头。为大主教记传的那位著名史家（也是他的伙伴和秘书）高度称颂了他的热忱和虔诚。[1]

红发威廉身体复元之后，不敬神明的故态复萌，很快便与操行上一丝不苟的大主教起了冲突。当时，教会内部因乌尔班（Urban）和克莱门特（Clement）争夺教皇之位[2]而分为对立的两派，[3]安瑟姆在贝克修道院院长任上便已承认了前者。此时，他未经国王批准，擅自决定英国教会服从这位教皇的权威。[4] 而威廉原本效法其先君，规定英国臣民未经国王的认可，不得接受任何教皇的权威。国王被安瑟姆的企图所触怒，便在罗金厄姆（Rockingham）召开宗教大会，意欲罢黜安瑟姆。然而大主教的几

---

① Eadmer，p. 23.

② 欧洲中世纪的政教斗争极其激烈。1084 年，神圣罗马帝国皇帝亨利四世占领罗马，驱逐教皇格列高利七世，另立克莱门特三世，史称"敌对教皇"。于是这段时期出现了两个教皇并立的局面。格列高里一系的乌尔班二世上台时，克莱门特三世仍然占据着罗马。——译者

③ Hoveden，p. 463.

④ Eadmer，p. 25. M. Paris，p. 13. Diceto，p. 494. Spelm. Conc. vol. ii. p. 16.

位副手宣称,没有教皇的授权,他们不能对大主教私行废立。[1] 最后,国王出于其他一些考虑而选择接受了乌尔班教皇;安瑟姆蒙荣获这位教皇亲授大主教披肩,作为教廷对其正式任命的标志。至此,国王与大主教之间的纷争似已平息。[2] 谁知一波方平,一波又起:威廉要出征威尔士,要求大主教按规定额度遣丁充役;安瑟姆将这视为对教会的压迫,他虽不敢公然抗命,但是派出的兵丁装备奇差,国王见了大为气恼,威胁要把大主教送上法庭。[3] 安瑟姆毫不示弱,进而提出国王应当把坎特伯雷教区的收入全数归还给他,并向罗马教廷控告国王不公。[4] 事态发展到极端,大主教发现继续留在英国已难保人身安全,遂心生去意,并获得了国王御准,卸职渡海而去。他在教会的所有收入均被查封。[5] 但是教皇乌尔班二世给予安瑟姆极高的礼遇,将其看作为宗教事业遭受迫害的英雄。教皇甚至向英王发出威胁:鉴于他迫害大主教和教会的行为,拟对其处以革除教籍的惩罚。安瑟姆后来出席了巴里(Bari)会议,此次会议除了致力于调停希腊教会和拉丁教会之间关于圣灵作工的教义之争,[6]还宣布圣职的任命权仅仅属于教会,并在灵里公开谴责所有为自身担任的圣职或者所取得的圣俸向在俗者宣誓效忠的神职人员,同样谴责所有强令神职人员效忠的

---

① Eadmer, p. 30.

② Diceto, p. 495.

③ Eadmer, p. 37,43.

④ Ibid. p. 40.

⑤ M. Paris, p. 13. Parker, p 178.

⑥ Eadmer, p. 49. M. Paris, p. 13. Sim. Dun. p. 224.

在俗者。[1] 按照封建礼俗,行效忠礼时,受封之臣应双膝跪倒在宗主面前,合掌置于宗主的双手之间,以这个姿势向后者发誓效忠。[2] 但是此次会议宣称,上述仪式是该咒诅的:因为圣体的变化是在神职人员的手中完成的,[3]他们又用双手献上圣体为祭,替世人赎罪,然而该效忠仪式竟要求神职人员以如此令人羞辱的方式,把圣洁的双手放在俗人惯于劫掠和杀戮、日夜行不洁之事、接触污秽之物的双手之间![4] 此即那个时代流行的论证方式——如此这般的论证,在发表的当时几乎不可能维持必要的体面和庄重外观,然而我们却无法默然无视它们而不至于忽略人类历史上某些最为稀奇古怪、然而或许并非毫无教益的部分。

罗贝尔公爵将诺曼底和马恩省让与其弟,英王的领土因而得以扩充,但是其实力却未见大幅增长,这是因为上述地区的局势动荡不安,当地贵族们素性桀骜不驯,作为近邻的法国国王则不断煽风点火,对于一切叛乱行为都给予支持。就连安茹小镇拉弗莱舍的领主埃利(Helie)都能制造出足够的麻烦,让英王心神不宁。这位大国之君几番劳师动众跨海征讨,却奈何不了那个深得马恩省居民信任和爱戴的小贵族。后来,他终于幸运地在一次遭遇战中俘获了埃利,但是在法国国王和安茹公爵的干预下,又不得不将其释放,只能眼睁睁地看着马恩省继续遭受此人的算计和

公元 1097 年

---

①　M. Paris,p. 14.

②　Spellman,Du Cange,*Hominium* 词条。

③　天主教认为,圣餐礼上的饼和酒在祝谢后化为耶稣基督的圣体,称为"化质说"。——译者

④　W. Heming. p. 467. Flor. Wigorn. p. 649. Sim. Dunelm. p. 224. Brompton,p. 994.

侵凌。这年,埃利应勒芒(Mans)市民的邀请,围攻该城要塞兵营,正在新森林行猎的威廉闻听这一挑衅举动,气得火冒三丈,立即拨转马头,直奔达特茅斯(Dartmouth)海港,宣称立时三刻就要施展报复行动,绝不稍作耽搁。这时天空乌云密布,暴风雨眼看就要来临,水手们都说此刻出海太危险,可是国王却急步登船,下令立刻启航。他对船员们说,普天之下没有谁听说过国王被淹死的事情![1] 凭着这样一股刚猛迅捷的气势,威廉一举解了勒芒之围,并一鼓作气追击埃利,直捣其领地,包围了一个名为梅杰(Majol)的小城堡。但是,他却在此处城下负了伤,不得不撤围返回英格兰。

公元
1100 年

在那个时代,大国君主们在征伐近邻的军事行动中竟然显得 245 如此软弱,实在令人惊诧;相形之下,就连名不见经传的小贵族亦能响应民众的热忱,召聚起大批人马,冒着千难万险奔赴遥远的东方。普瓦图伯爵兼吉耶纳公爵威廉在荣誉的感召下激情澎湃,先期登程的十字军冒险家所经历的万般艰险都不能令他气馁;他自告奋勇,要率领一支大军东进,开赴圣地与异教徒作战:据一些史家统计,他麾下的骑兵共有六万,步兵更不计其数。[2] 他要为这次远征置办必要的装备,手头吃紧,因此提出把自己的全部领地抵押给英王威廉,丝毫没有顾虑到这份财产即将落入何其贪婪不义的一双手中。[3] 英王接受了这个提议,派遣海陆两军一路押运钱款,并接管富庶的吉耶纳和普瓦图两省。就在此际,一次意外

8月3日

---

① W. Malm. p. 124. H. Hunt. p. 378. M. Paris, p. 36. Ypod. Neust p. 442.

② W. Malm. p. 149. Order. Vital. p. 789 称其所部共有三十万人。

③ W Malmes. p. 127.

夺去了红发威廉的性命,也终结了他全部野心勃勃的计划。事情发生在国王狩猎途中——在未开化的时代,社会风尚犷悍,孔武少文,在艺术领域并没有多少引人关注的东西,打猎是王族们唯一的娱乐,事实上也是他们最主要的消遣。有个名叫沃尔特·泰瑞尔(Walter Tyrrel)的法国绅士,箭术极为出色,此次他陪伴王驾来到新森林打猎消遣。国王策马逐猎,跑了一程之后下马歇息,突然一头雄鹿从面前疾奔而过;此时泰瑞尔急于展示自己高超的箭术,朝着雄鹿射出一箭,不料那支箭擦着一棵树干飞过,不偏不倚射中国王的胸口,国王立时命丧当场。① 泰瑞尔一见出了大事,不敢惊动任何人,急急策马飞奔,跑到海边,跳上一艘开往法国的船,一到彼岸就报名参加了去攻打耶路撒冷的十字军,为自己无心犯下的大错而自罚其身。红发威廉的尸体在森林中被村民发现,后于温切斯特草草下葬,没有任何的仪式或排场。他的廷臣们忽视了为不得人心的旧主尽最后的义务——人人都在忙着奉迎新君,哪里顾得上参加先王的葬礼呢。

红发威廉
驾崩

　　关于这位君主的历史记载均出自被他得罪过的教会史家笔下,内中几乎全无褒奖之辞;尽管我们可以笼统地怀疑,他们对红发威廉的种种劣迹多少有所夸张,然而这位君王本人的行为并没有理由让人认为其性格与教会史家的描述相悖,或者为他的形象增添任何值得嘉许的亮色。他似乎就是一个暴虐专横的君主,一个背信弃义、蚕食邻邦疆土的危险恶邻,一个刻薄寡情、悭吝成性的亲戚。说到对钱财的管理,他不光恣意挥霍,又极尽贪婪,善于

红发威廉
的性格

① W. Malm. p. 125. H. Hunt. p. 378. M. Paris, p. 37. Petr. Bles. p. 110.

巧取豪夺。即使他真有什么才干，也因为他性情的冲动鲁莽而被埋没殆尽，并没有在安邦治国的活动中得到体现。他的执政风格专横跋扈到肆无忌惮的地步，与其性情完全相符——在动荡的时代里，这种行事作风如若辅以勇气和充沛的精力（正如红发威廉所具备的），往往能比深邃的远见和高妙的谋略赢得更大成功。

　　这位国王留给英格兰的纪念物包括伦敦塔、威斯敏斯特宫和伦敦桥，这些都是由他下令修建的。他在外交上最值得称道的一桩建树，是在其去世前三年，派遣埃德伽-阿塞林率一支小股部队进军苏格兰，扶植该国王位的嫡系继承人——马尔科姆国王与玛格丽特王后（埃德伽-阿塞林之妹）所生的埃德伽王子夺回王位，结果马到成功。此前，红发威廉之兄理查在新森林意外丧生，他的侄子、罗贝尔公爵的私生子理查也在同一地点、以同样的方式丢了性命，坊间对此一直颇有议论，此番国王本人竟然也在那里出了事！人人都感叹道，征服者威廉当年犯下了极度暴力的大罪，强行驱逐那一大片土地上的居民，为自己开辟游乐之所；如今其子孙相继死在同一地点，岂非上天的公义显现，报应不爽？！威廉在位凡十三年，驾崩时年约四十。他从未结婚，没有留下合法子嗣。

　　本朝第十一年，挪威国王马格努斯曾兴兵进犯安格尔西岛（Anglesea），被什鲁斯伯里伯爵休（Hugh）击退。此乃北方诸邦最后一次试图入侵英格兰的军事行动。这一历史时期，北欧那些躁动不安的族群似乎已经习得农耕之术，便过起了羁守乡土的日子，也使得欧洲其他国家从此免遭海盗的蹂躏之苦。事实证明，此后南方各国民生安定、社会发展，很大一部分原因即在于此。
247

第六章　亨利一世

十字军—亨利登基—国王大婚—罗贝尔公爵入侵—与罗贝尔和解—攻打诺曼底—征服诺曼底—与安瑟姆大主教之争继续—政教和解—海外战争—威廉太子之死—国王再婚—国王驾崩—亨利一世的性格

　　圣战冒险家们在正对君士坦丁堡的博斯普鲁斯海峡岸边集结完毕，随即发动攻势。但是，一直以来因为盲目热忱而被他们完全忽视的种种困难，此刻却开始显现出来；像这样的困难，就算之前能够预见得到，他们恐怕也无计可施。当初东罗马帝国皇帝阿历克塞·科穆宁（Alexis Comnenus）向西方诸国求援，请求基督徒兄弟出兵抗击土耳其人，不过是抱着渺茫的希望，只盼得到一支有限的援军，在他本人的指挥下或有可能打败敌军。然而事到如今，他大吃一惊地发现，自己的国土上忽然涌来这么多放肆无忌的野蛮人，这些人虽然表面友好，内心却很鄙视本土居民，认为他们缺乏勇武精神，并且将其信仰指为异端。皇帝使尽一切手腕，试图分流这股汹涌的祸水，他对十字军领袖们指天划日表白诚意，对他们悉心安抚、假意殷勤，做足了各种表面工夫，内心里却把这些骄横的盟友看得比入侵其国土的公开敌人更加危险。

公元
1100年
十字军
东征

他费尽九牛二虎之力,总算把这些武士妥帖地运达亚细亚;随后,他转而与土耳其苏丹苏莱曼(Soliman)暗通款曲,在自身的才干、权力和所处形势许可的范围内,竭尽所能地施展阴谋诡计,破坏十字军事业,以阻挠拉丁人继续大规模涌入他的地盘。由于十字军队伍庞大,缺乏统一提调,各部首领都是些桀骜不羁、不谙军纪的莽汉,他们一贯坚决地与政府权威作对,绝不服从调遣,从而不可避免地造成了混乱,遂令皇帝的阴险策划事半功倍。十字军各部行动不协,面对的又是凶悍无比的敌军,再加上粮秣不继、过度劳累、水土不服,致使大批将士伤亡;倘无坚定的信念支撑,恐怕这支队伍真得偃旗息鼓、铩羽而归了。然而,凭着内心燃烧的热忱、勇敢的精神和一股难以抗拒的力量,十字军不停地前进、前进,一直抵达伟大的终点。经过一番顽强的围攻,十字军攻陷土耳其都城尼西亚(Nice);又在此后的两次重大战役中击败苏莱曼,占领安条克(Antioch),随即彻底打垮了长期以来控制该地区的土耳其军队。此前一直与十字军结盟的埃及苏丹趁着土耳其势力崩溃之机,抢先收复了耶路撒冷,并遣使告知十字军:现在他们只要放下武器,便可进城履行其宗教誓约;从今往后,凡是前来朝拜圣墓的基督教朝圣者都可以像从前一样,获得良好的款待。十字军方面拒绝了这个建议,他们要求全面接管圣城。苏丹不肯献城,于是十架战士们便起而围攻耶路撒冷,并将这场战事视为其护教事业功德圆满的极点。由于此前一再分兵,又历经磨难,十字军部队此时只剩下两万步兵、一千五百骑兵。即便如此,他们依然具备强大的战斗力,因为这是一支勇猛善战、经验丰富,并且通过以往的无数惨败学会了服从命令听指挥的铁血战队。围城

250

五个星期后，他们以短兵相接的肉搏战强行攻取了耶路撒冷。军事和宗教双重意义上的愤怒相互羼杂，驱使入城部队不分青红皂白地对全城守军和无数居民大开杀戒。城中人员不分男女老幼，一律被斩尽杀绝，不管是勇敢抗争者的刀剑还是怯懦求饶者的屈从，都救不了自己的性命；就连尚在母怀的乳婴，也是一刀下去，连同哀哀求告的母亲一道被残忍劈死。更有甚者，有近万名本已得到活命允诺的降顺者，最终还是未能逃过残暴征服者的冷血屠戮。[①] 耶路撒冷城尸横满路。[②] 胜利的武士们在征服和杀尽全部敌人之后，立即带着满腔的谦卑痛悔之情，来到圣墓跟前。他们抛下尚在滴血的武器，脱帽跣足，俯身趋前，倒头敬拜那神圣的遗迹。他们向救世主唱起颂歌，赞颂那位以自己的死亡和痛苦解救人类脱离苦难的救世主。亲眼见到主耶稣的受难地，他们的虔诚之灵被唤醒，压倒了内心的狂暴，让他们感动得泪流满面，表现出无比温柔的情怀。人性的自我矛盾竟至于此！人心深处最柔弱的迷信，竟可以这般轻易地与至为崇高的勇气相融，也同样容易和极端残暴的野蛮合为一体！

　　这件大事发生在 11 世纪最末一年的 7 月 5 日。十字军中的基督徒王侯贵族们推举布永的戈弗雷为耶路撒冷之王，随后各自在新征服的土地上安顿下来。其中一部分人决定返回欧洲，载誉荣归故土，这份荣耀是他们在这场广受颂扬、功德无量的事业中凭着满腔英勇所赢得的。诺曼底公爵罗贝尔也在归乡者之列。

---

① Vertot，vol. 1，p. 57.

② M. Paris，p. 34. Order. Vital. p. 756. Diceto，p. 498.

在参加十字军东征的所有王侯当中,他抛家舍业、付出的代价最大,而且在征战当中,他始终以大无畏的勇气、和蔼可亲的性情和无尽的慷慨而名动四方,深得将士们爱戴,处处显露出一位王者在军旅生活中应有的卓越风范。在归程中,当他途经意大利时,邂逅了孔韦尔萨诺(Conversana)伯爵之女西比拉(Sibylla),一位美貌超群、才德出众的年轻贵族小姐。二人彼此钟情,结为伉俪。新婚燕尔的公爵沉湎于温柔乡,加之他此前身经百战、鞍马劳顿,好不容易享受到这等旖旎闲适的时光,自是流连忘返,在温暖怡人的南国足足逗留了一年;他在北方的朋友们皆翘首以盼,却没有人知道他的确切归期。正是由于这一耽搁,却让他生生丢掉了英格兰的大好江山。倘若威廉驾崩时罗贝尔身在国内,凭着他在十字军中赢得的崇高名望,以及无可置疑的继承权——一方面是作为征服者威廉长子的高贵出身,另一方面,他和已故的弟弟之间还签有一份相互继承王国的协议——他取得英国王位本应是十拿九稳之事。

251

亨利登基　　　红发威廉在新森林发生意外之时,伴驾出猎的亨利亲王甫一听到国王驾崩的消息,立即意识到这一非常事件给他带来的大好机遇。他火速赶回温切斯特,以便控制王家金库,因为他心里清楚,自己图谋王位的行动断然少不了金钱的支持。他刚刚抵达金库重地,负责掌管国库的大臣威廉·德·布勒特伊(William de Breteuil)亦随后赶到,挺身制止亨利的企图。这位贵族本来也在猎场伴驾,闻听主君晏驾便连忙赶回,以尽其保护金库的职分。他正告亨利亲王,王家金库连同英格兰王位都属于亨利的长兄,现在也是他的主上;而他自己已经下定决心,务必效忠真正的国王,抗拒其他一切觊觎者。但是亨利拔出佩剑相威胁,扬言有敢不从者,必命丧当场!这时,先王的随从们也陆续赶回温切斯特,他们纷纷加入到亨利亲王一派,布勒特伊迫于淫威只得屈服,勉强顺从了对方的要求。①

亨利一刻也不耽搁,带着钱款匆匆奔赴伦敦。他纠集起一批贵族和高阶神职人员,凭借其雄辩、才干或厚礼馈赠将这些人争取到自己一边;众人突然袭击式地推举他为国王——或者毋宁说,是在一片呼声中哄立他为王。新王立即开始行使王权。先王驾崩不过三天,伦敦主教莫里斯(Maurice)便接受说服,主持了新王的加冕礼。②就这样,亨利凭借胆量和敏捷的身手,抢先一步僭夺了空缺的王位。谁也没有足够的勇气和担当,挺身替那位不在场的王位继承人仗义执言。所有的人不是被利诱,就是由于受到恫吓而噤口。亨利的王位继承资格虽有明显瑕疵,说到底就是赤裸裸的僭越,但此时木已成舟,现实据有权便弥补了资格的不足。国内贵族和民众只得默认了亨利对王位的主张,尽管这一主张既不公道也不能服人,便若要推翻既成事实,唯有冒着掀起内战和叛乱的风险,时人即便心有不甘,也只能徒唤奈何而已。

不过,亨利预见到自己用不义手段抢来的这顶王冠未必戴得安稳,他拿定主意,至少要以漂亮的承诺来取悦于全体臣民。除了在例行的加冕誓词中宣誓要维护法律、伸张正义之外,他还发布了一份宪章,旨在攘除其父兄当政期间国人为之怨声载道的诸

---

① 　Order Vital. p. 782.

② 　Chron. Sax. p. 208. Order. Vital. p. 783.

多苛政。① 首先,他对教会做出让步,因为后者的青眼对于他有着格外重大的意义。他在这份宪章中承诺,今后凡遇有主教或修道院院长去世的情况,国王绝不侵夺圣职空缺期间教会或修道院的收益,而是全部留待该圣职的继任者去收取;他还承诺,永不租赁或贩卖圣职为自己谋利。接着,他又在宪章中历数民间苦情,欲以匡正。他承诺,凡有爵位之大小贵族或军事封臣去世之时,其继承人只要支付一笔公道、合法的领地继承贡金,即可获准继承死者的领地,而不再像前朝司空见惯的那样遭受严酷盘剥。他放弃了国王对封臣未成年继承人的监管权,允许各领主自行指定子女的监护人,由后者承担受托责任。他承诺,未经全体贵族协商,不再自作主张处置各领地女继承人的婚事;任何贵族打算嫁出女儿、姊妹、侄女或其他亲戚,只需征求国王的同意即可,国王承诺不会为批准婚事而收取费用,也不会加以否决,除非其未来的夫家是国王的敌人。他授权给贵族和军事封臣,可以通过订立遗嘱将名下的财产和封地传予自己选定的继承人,如果死者未立遗嘱,他保证让其子嗣承受遗产。他宣布放弃征收铸币税的权利,②　253同时放弃对贵族自有田庄随意征税的权利。③ 他慷慨许诺减收多项罚金,诏令大赦天下,还豁免了国民欠王室的所有债务。他要求获得这些优待的封臣们也将同样的优待赐予自己的下级封臣。他还做出承诺,全面恢复和执行信士爱德华时代的法律。这部著

---

① Chron. Sax. p. 208. Sim. Dunelm. p. 225.

② 《诺曼法》规定,每座造币熔炉每三年须缴纳一先令税金。见 Sir Matthew Hale,《英国普通法的历史》(*History of the Common Law of England*,1713)。——译者

③ 见附录 II。

名宪章中的主要条款大致如此。①

　　为了使这些让步承诺显得更加真实可信,亨利颁下旨令,让各郡的修道院都保存一份宪章抄本,似乎愿意让全体臣民都来监督宪章的执行,使之成为本朝永久的限制尺度和施政方针。但可以肯定的是,在达成眼前目的之后,这位国王终其一朝再也没想过遵守其中的哪一个条款。整部宪章都被忽视而湮没无闻,以致到了下个世纪,那些向约翰王争取权利的贵族们风闻有过这样一种历史传承,想要以此作为制定大宪章的范式,结果他们搜遍全国,好不容易才找到一份抄本。而这份宪章所针对的诸多惹动民怨的弊政,当时仍在肆虐为患,绝无稍减。王室的权威在一切细节上均未受到任何限制。关于领地继承贡金的条款虽然貌似如此重要,然而直到《大宪章》签署之前,这些条款都从未真正得到落实。② 显然,其中关于让领地继承贡金制度更加公平合法的泛泛承诺,本应予以细化,方可保证落到实处。对于封臣未成年继承人和子女婚姻的压迫性监管也从未放松过,直到理查二世时代依然如故。据亨利二世时代那位闻名遐迩的大法官格兰维尔(Glanville)记述,③在他生活的时代,任何人如果未立遗嘱而死

---

　　①　Matth. Paris, p. 38. Hoveden, p. 468. Brompton, p. 1021. Hagulstad, p. 310.

　　②　Glanv. lib. 2 cap. 36. 在因古尔夫所记载的征服者威廉的法律中,"relief"一词似乎是指租地继承税(即"heriot",当时佃户死后其继承人献给领主的贡物,通常是死者家中最好的牲畜。——译者),须知上述法律源于信士爱德华的法律,而领地继承贡金(即严格意义上的"relief",封臣后裔在继承领地时向领主缴纳的贡金。——译者)及封建法规定的其他一些税赋在信士爱德华时代还闻所未闻。

　　③　Lib. 7. cap. 16. 这种做法违背了征服者威廉亲自恢复颁行的信士爱德华的法律(关于征服者威廉恢复爱德华法律一事,参见 Ingulf, p. 91。)。然而在那个时代,法律的影响力只能说聊胜于无,一切都受制于强权和暴力的淫威。

（当时会书写的人很少，这种情形必定极其常见），国王或上级领主就会以扣押一切动产为借口，驱逐所有继承人，甚至包括死者 ²⁵⁴ 的孩子：这无疑是专制暴政的明确表现。

　　这一时期主宰英格兰的诺曼人实在是一个放肆无忌的族群。可以说，他们没有能力承受任何规范意义上的真自由，这种自由需要国民知识和道德水平的极大提升，只能是长期反思和经验的结果，不经过若干世代稳定而有序的治理，便不可能臻于完善。这个族群对于自己君主的权利都如此麻木不仁，竟能毫无必要地打乱王位承袭顺序，听任弟僭兄位的事情发生，而那被僭越者一直深受他们爱戴，并未犯下任何过失，只不过当时没在场而已——民众素质若此，又焉能指望那位僭得大位的君主会多么尊重他们的权利，抑或以诺言约束自身的权力，从而妨碍他攫取可观的利益或便宜行事的自由呢？的确，他们手中握有武器，这防止了绝对独裁扎牢根基，也能为子孙后代留下足够的余地，一旦其理性发展到相应水平，便可获取真正的自由。但是他们的狂暴性情常常驱使其滥用武器，非但不能抵制暴力和压迫，反而有碍于行使公义。国王发现，他若是循规执法，往往比破坏法律招来更强烈的反抗，于是便倾向于全凭个人意志和愿望来统治国家，临事每每更多地考虑被得罪的一方势力大小，而不顾忌受伤害者所拥有的权利。亨利颁布的这份宪章，单从其外在形式便足以证明，诺曼贵族（因为其中涉及的主要是他们而非英国普通民众）对于有限君主制的性质一无所知，也不够资格与君主协力操控国家机器。这份宪章出自王权的独力主张，是君主自愿施恩的结果，其中的一些条款既约束他人也对君主自身形成约束，因此颁行者若非掌握完整的立法权，不能随心所欲地收回先前做出的一切让步承诺，则不宜于做出此种举动。

亨利为了进一步收买人心，下令贬黜并逮捕其兄威廉在位时压迫国人的重要干将、达勒姆主教拉尔夫·弗朗巴尔。[①] 然而国王接下来的举动却直接违反了他亲自制定的宪章，兆示着他未必有诚意遵守宪章。他让达勒姆主教的职位空缺了五年，在此期间该教区的收入被他尽数纳入囊中。国王意识到，安瑟姆由于品性虔诚，而且在红发威廉治下备遭迫害，而今在世人心中享有卓著声望，于是乎他再三捎信给长住里昂（Lyons）的安瑟姆，邀请后者重返英伦，恢复圣职。[②] 大主教甫一抵达，国王就提出要他重行效忠礼——安瑟姆此前对先王威廉行过此礼，而且，没有任何一位英国主教拒绝过这种要求。然而，安瑟姆前番赴罗马之时已经接受了另外一种观念，所以他断然拒绝了国王的要求。大主教禀着他曾亲自与会的巴里会议颁布的教皇敕令，宣称出于自己灵性的尊严，他不再与那些向俗人行效忠礼或者接受俗人授职的神职人员同领圣餐。在当时那种微妙的形势下，亨利指望着借助安瑟姆的权威和民望捞取巨大的好处，因此不敢坚持自己的要求。[③] 他只希望能搁置眼前的争议，然后遣使罗马，与教皇搞好关系，并取得教皇对英国法律和习俗的认可。

眼下即有一桩大事，让国王不得不求助于安瑟姆大主教的权威。此事关乎苏格兰国王马尔科姆三世之女、埃德伽-阿塞林的

国王大婚

---

① Chron. Sax. p. 208. W. Malm. p. 156. Matth. Paris, p. 39. Alur. Beverl. p. 144.

② Chron. Sax. p. 208. Order. Vital. p. 783. Matth. Paris, p. 39. T. Rudborne, p. 273.

③ W. Malm. p. 225.

侄女玛蒂尔达,她父王去世后,苏格兰发生剧变,江山易主,小公主被带到英格兰,栖身于拉姆齐(Rumsey)女修道院,在姑母克里斯蒂娜的教养下长大。亨利有意迎娶这位公主,但她虽然尚未发愿正式成为修女,却已戴起了修女面纱,此种情形有可能招来人们对这桩婚姻合法性的质疑,因而亨利有必要小心行事,以避免在任何具体事宜上触犯国人的宗教成见。为此,安瑟姆召集高级神职人员和贵族在兰贝斯宫(Lambeth)[1]开会,对此事加以查考:玛蒂尔达在会上作证说,她之所以戴上面纱,并非有意投身于修道生活,只不过是仿照当时英国贵族女性常见的做法,借以保护自己的贞洁,免遭诺曼人的野蛮侵犯而已。[2] 在那个无法无天的狂乱时代,修女的面纱尚能博得普遍尊重。与会者均表示理解,即便贵为公主,也难有其他办法来维护自己的清白之身,因而判定她陈述的理由成立。会议宣布:玛蒂尔达仍有结婚的自由。[3] 她与亨利在安瑟姆的主持下举行了隆重而庄严的婚礼。[4] 这次婚姻是亨利在位期间最得民心的举动,有利于他稳固王权。按理说,只要玛蒂尔达的叔父和兄弟们在世,她就没有资格列为撒克逊世系的继承人,然而,她与撒克逊世系的亲缘关系让英格兰人倍感亲切。此邦人民在诺曼征服前对本土古老王室的情感已趋淡漠,如今经历过诺曼暴政的切肤之痛,才无比懊悔地追念起往昔的自由,乐于看到本土王族余绪与新当权者的血脉融合,希望这能使

256

---

① 坎特伯雷大主教官邸,位于伦敦。——译者
② Eadmer, p. 57.
③ Ibid.
④ Hoveden, p. 468.

当权者未来的统治变得较为平等、温和。①

　　以亨利的机略和审慎，如果假以时日，任其充分施展长才，足可确保王位稳固，然而，罗贝尔公爵的突然现身打乱了他的如意算盘，令他的宝座面临动摇。罗贝尔公爵在弟弟威廉死后一个月即返回诺曼底，毫无障碍地接管了公国，并立即着手准备夺回英格兰——这一国的君位本应归他所有，而亨利趁他不在，以阴谋手段不公不义地将这片大好河山窃为己有。他在东方赢得的赫赫威名，对其王位主张构成了强有力的支持。诺曼男爵们觉察到此举的影响，于是像先前红发威廉登基时一样，纷纷站出来表达对诺曼底公国与英格兰王国分治的不满。包括什鲁斯伯里与阿伦代尔（Arundel）伯爵罗贝尔·德·贝莱姆（Robert de Belesme）、萨里伯爵威廉·德·拉·瓦伦纳、阿努尔夫·德·蒙哥马利（Arnulf de Montgomery）、沃尔特·吉法尔（Walter Giffard）、罗贝尔·德·庞蒂弗拉克特（Robert de Pontefract）、罗贝尔·德·马莱（Robert de Mallet）、依沃·德·格兰梅斯尼尔（Yvo de Grentmesnil）在内的众多大贵族②都力邀罗贝尔公爵出兵英格兰，并承诺只要公爵一登陆，他们就率所辖全部兵力投效公爵麾下。就连水手们也被公爵的盛名所感召，英王为抵御公爵渡海而装备了一支舰队，然而其中大部船只都被投诚的水手带到了公爵一边。亨利的处境岌岌可危，他开始为自己的性命和王位而忧虑，唯有乞灵于人民的迷信，希图以此抵消他们的正义感。

罗贝尔
公爵入侵

公元
1101 年

257

----

　　①　M. Paris，p. 40.
　　②　Order. Vital. p. 785.

他不遗余力地讨好安瑟姆，假装敬畏他的圣洁和智慧，凡有棘手的紧急事务，都来求教于大主教，似乎处处对后者言听计从。他承诺绝对尊重教会权利，声言从此听命于罗马教廷，决心毫无保留地遵从各次宗教会议所颁布的敕令和教皇的法旨。凭借这一套谄媚奉承外加公开表态，国王完全博取了大主教的信任，在当前的危急形势之下，后者以其对民众的影响力和在贵族中的权威，为国王提供了莫大的帮助。安瑟姆放言向贵族们保证，国王关于革除其父兄两朝暴虐弊政的承诺有着十足的诚意。他甚至骑马穿行于行伍队列中间，号召士兵们保卫自己的国王，提醒他们恪守效忠誓言，并预言他们在如此智慧公正的明君治下，必将安享最大的福分。国王凭此权宜之计，再加上依然忠于现任君主的沃里克伯爵、默朗（Mellent）伯爵、罗歇·比戈德、理查·德·雷德弗斯（Richard de Redvers）、罗贝尔·菲茨哈蒙（Robert Fitz-Hamon）等大贵族的号召力，保证了军队站在自己一边，以看似坚定团结的姿态，前往迎击已经率部在朴次茅斯登陆的罗贝尔公爵。

与罗贝尔和解　　　　两军遥遥对峙数日却未开战。两位君主深知此役的后果将是决定性的，因此均露出逡巡不前之意，颇愿倾听安瑟姆和其他要人的调停游说。经过一番谈判，双方商定：罗贝尔放弃他对英国王位的主张，接受一笔为数三百马克的年金作为补偿；两位君主无论是谁无嗣而终，其治下领地由对方继承；赦免彼此的追随者，返还他们被罚没的所有财产，无论在诺曼底还是在英格兰；从

258

此以后,罗贝尔和亨利皆不得鼓励、收留或保护对方的敌人。^①

和约虽然这般祖护亨利的利益,但是率先违约的恰恰是他。^{公元 1102年}他的确返还了罗贝尔所有党羽的产业,却暗暗下了决心:这些贵族势力如此强大、又如此难以笼络,不仅对他怀有二心,还有颠覆其统治的实力,因此绝不能让他们长期安享富贵尊荣。他首先从什鲁斯伯里伯爵下手,在派出暗探侦察一番后,对其提出了指控,共罗列了四十五条罪名。这位性情暴躁的贵族深知自己罪行确凿,也明白法官们不会秉公裁断,而迫害者的势力又如此强大,伯爵被逼红了眼,索性拿起武器欲拼个鱼死网破。不过,亨利凭借优势兵力和老练的手腕很快镇压了他的反抗,伯爵被驱逐出境,其名下的巨大产业被充公,他的两个兄弟阿努尔夫·德·蒙哥马利和兰开斯特伯爵罗杰也遭到株连。未几,罗贝尔公爵一党中的^{公元 1103年}两个顶尖人物罗贝尔·德·庞蒂弗拉克特和罗贝尔·德·马莱亦被检举和定罪。接下来遭殃的是威廉·德·瓦伦纳。就连国王的叔叔蒙田(Mortaigne)伯爵之子康沃尔伯爵威廉也蒙受嫌疑,丧失了其家族在英据有的广大产业。尽管这些诺曼贵族素日里残暴骄横,为以上种种指控提供了充分合理的口实,对这些贵族的判罚大约也没有哪一宗是绝对枉断,然而明眼人却一望而知,他们的主要罪过并不在于那些不讲道义的或者违法的行为。罗贝尔公爵因朋友们的遭遇而怒发冲冠,他鲁莽地闯到英国,向他的兄弟抗议,严厉指责他这种破坏和约的行径。不过,他受到极恶劣的招待,形势严峻,令他感到自己的自由面临威胁,最终他只

---

① Chron. Sax. p. 209. W. Malmes. p. 156.

好选择了放弃年金，才侥幸得以脱身。

　　罗贝尔的轻率很快给他招来更致命的伤害。这位爵爷身在远方时，凭着英勇、坦率赢得了国人的敬重，然而一朝大权在握、²⁵⁹安享承平，其精神随即懈怠下来，让近之者和治下臣民心生轻视。他交替沉迷于放纵淫乐和愚妇式的迷信，疏于理财、怠惰政务，他的仆从们上下其手，窃取他的钱财、偷走他的衣裳而不受责罚，进而千方百计压榨勒索那些无力自卫的百姓。至于那些唯有用铁腕方能羁勒的大贵族，如今则肆无忌惮地劫掠其臣属、相互厮侵仇杀。在这位温和的爵爷统治下，整个诺曼底呈现出一派野蛮劫掠的乱象。诺曼底人最终发现，亨利得国虽然名不正、言不顺，却在英格兰建立了井然有序的统治，于是他们便请求亨利运用其权威平靖诺曼底，从而为其提供了染指诺曼底事务的借口。亨利并未以调停手段来增进兄长的统治权威，也不设法平息诺曼底的民怨，只是一门心思地经营自己的私党，通过贿赂、诡计和各种含沙射影的迂回手段，竭力壮大其党羽的阵容。他趁着一次造访之机，摸清了诺曼底贵族更愿意归顺于他而不是效忠其合法主君，于是他在回到英格兰之后，便通过横征暴敛募集到一支庞大的军队和大笔军费，于次年跨海重来，大有软硬兼施、志在必得之势。经过锲而不舍的围城，英军最终以突袭拿下巴约城；继而，卡昂居民自愿降顺，亨利再下一城。不过，英军随后攻打法莱斯城受挫，加之冬季降临，亨利只得撤围，返回英格兰。临去之时亨利向追随者们保证，将会始终不渝地支持和保护他们。

　　转年，亨利重启战端，率军围攻坦什布赖（Tenchebray）。从他的备战情形和战事进展来看，他显然意在夺取整个诺曼底。罗

攻打诺曼底

公元1105年

公元1106年征服诺曼底

贝尔终于从怠惰中惊醒,在亨利的宿敌蒙田伯爵和罗贝尔·德·贝莱姆的支持下集结起一支大军,逼近其弟的营寨,试图以一场决战终结二人的手足纷争。公爵现在进入了自己能够大展雄风的唯一情境,他身先士卒,鼓舞将士,把英军杀得大乱,胜利已经在望,[1]然而恰在此时,贝莱姆转身逃离战场,以致诺曼大军惊溃,兵败如山倒。亨利在尽情斩杀敌军之余,还捉获了近万名俘虏,其中包括罗贝尔公爵本人,以及追随他的所有大贵族们。[2]此役之后,整个诺曼底即彻底降服。鲁昂当即降顺;经过一番交涉,法莱斯城也向亨利敞开了城门——亨利夺得此城,不仅是拿下了一个重要的要塞,还控制了罗贝尔唯一的儿子威廉王子。亨利召集诺曼底公国大会,接受境内所有封臣的宣誓效忠,安顿好政府事宜,撤销了其长兄给出的各种捐赠,拆除了新近建起的多处城堡,然后便带着被俘的公爵返驾英格兰。那位不幸的爵爷终其一生身系缧绁,为时至少 28 年,最终殁于格拉摩根郡(Glamorganshire)[3]的卡迪芬(Cardiffin)城堡。对他来说,若不是失去了自由,放弃那份他无力保有和行使的权力倒也不失为一种幸福。威廉王子被托付给埃利·德·圣桑(Helie de St. Saen)监管,这位圣桑娶了罗贝尔的私生女,为人正直有节,于那个时代可谓举世难得。他以极大的爱和忠诚完成了自己的受托义务。另一位著名的俘虏就是埃德伽-阿塞林,他曾追随罗贝尔公爵远征耶路撒冷,归来后便

---

[1] H. Hunt. p. 379. M. Paris, p. 43. Brompton, p. 1002.

[2] Eadmer, p. 90. Chron. Sax. p. 214. Order. Vital. p. 821.

[3] 位于威尔士南部。——译者

一直随公爵住在诺曼底，后来也在坦什布赖战役中被俘。[①]亨利给
了他自由，还拨给他一小笔津贴，供他隐居终老于英格兰，完全被
世人遗忘。这位王子以个人的勇气著称，但是在其他各方面才质
平庸，一个最好的证据就是：尽管他深受英格兰人爱戴，而且身为
唯一合法的王位继承人，却依然能在多位暴虐而猜忌的僭主治下
平安度日，得享天年，寿终正寝。

261

公元
1107 年
与安瑟姆
大主教之
争继续

　　亨利成功征服诺曼底、并在那里确立统治秩序之后，不久又
解决了与教皇之间长期悬而未决的一项争端，即对圣职的叙任权
之争。他虽被迫放弃了王室自古以来拥有的某些权力，却也轻松
绕开了当时大多数君主与罗马教廷之间那种恼人的摩擦。国王
登基之初，出于形势所迫，必须竭力讨好安瑟姆。他由大主教的
诚挚友情当中获益匪浅，这让他意识到，其子民的心灵是多么容
易受到迷信的影响，而那些神职人员又在多大程度上支配着他
们。他之前已经看到，他的哥哥红发威廉成功继位，虽说侵犯了
长子继承权，并遭到几乎所有贵族的反对，但是倚仗着兰费朗克
大主教的权威，就得以克服一切阻碍。他自己登基时的处境更为
不利，却也成功扭转了局面，神职人员的影响力和权威在此过程
中表现得分外鲜明。以上近鉴使得亨利分外小心谨慎，不敢触犯
势力强大的僧侣们，同时也令他确信，在事关重大的圣职任命上，
保住王室既有的特权、抑制教会的独立（教会方面显然对此心向
往之），将对自己极为有利。其兄威廉因一时的悔过冲动而选择
了安瑟姆担任大主教，而今这个人的存在对亨利的企图构成了很

---

① Chron. Sax p. 214. Ann Waverl. p. 144.

大阻碍：这位教长以虔诚、热忱、一丝不苟而闻名，但他那僧侣式的虔诚和狭隘的原则性并不表明其拥有洞明世事的睿智或者纯熟练达的政治手腕，而这一点恰恰有可能令他成为政治家手中更加危险的工具，对盲从的民众拥有更大的支配力。国王对此微妙问题的处理手法，无比鲜明地体现了其审慎和不温不火的行事风格。他始终明白，要想保住王冠上那颗最珍贵的珠宝，就必须甘冒失去整个王冠的风险。①

262　　安瑟姆结束流亡、重返英伦之初，就因拒绝向国王行效忠礼，掀起了一波争议；值此紧要关头，亨利巧妙地提出化解之道，答应遣使与新继位的教皇帕斯卡利斯二世（Pascal II）磋商此事。派去的使者带回了教皇的断然拒绝，此种结果想必也不出各方所料，②而且，这个答复有着众多的支持性理由，足以对时人的认知发生影响。帕斯卡利斯援引《圣经》，指出基督就是门，③又从而引出推论——所有神职人员必须单单借着耶稣进入教会，而非通过世俗官员或任何不洁的俗人作为晋身之径。④教皇又补充道："儿子妄称生了父亲，凡人妄称创造了神，实乃骇人听闻。神父身为神的祭司，在《圣经》中被称为神。而你怎敢以你那可憎的僭越为他们

---

①　Eadmer, p. 56.

②　W. Malm p. 225.

③　所以耶稣又对他们说："我实实在在地告诉你们，我就是羊的门。""我就是门，凡从我进来的，必得得救，并且出入得草吃。"（《圣经·约翰福音》10：7，10：9）——译者

④　Eadmer, p. 60. 该书第 73、74 页又进一步阐述了这一话题。另参见 W. Malta p. 163。

授职,假作有权创造他们?"①

　　然而,无论教皇的论证多么有力,仍然无法说服亨利放弃如
此重要的一项特权。或许,由于他学识广博、见解深刻,故而认为
凡人造神的观念、乃至将神父们视同于神的想法极其荒谬,即使
罗马教皇苦口婆心的敦劝也无济于事。然而在当时的形势之下,
他还是希望避免——至少是延迟——这场政教之争走向危险的
极端,于是他便安抚安瑟姆说,他认为通过进一步的磋商,应该可
以与帕斯卡利斯二世达成某种妥协。为此,他派了三位主教前往
罗马,同时安瑟姆也派出了两名自己的信使,以便充分确证教皇
的意旨传达无误。②帕斯卡利斯给英王和大主教各写了一封回
信,语气同样明确而傲慢:他态度坚决地对亨利表示,擅行叙任权
无异于在灵里与教会犯下通奸罪,因为教会是基督的配偶,绝不
允许与其他任何人发生此类关系。③对安瑟姆大主教,教皇则强调
指出,世俗国王对教会叙任权的权利主张,乃是一切买卖圣职罪
的源头。在那个时代,此说具有极其广泛的立论基础。④

　　亨利至此已经无计可施,只好压下教皇的来信秘不示人,又
说服三位奉使的主教为他支吾搪塞,三人凭着自己作为主教的信
仰发誓,帕斯卡利斯曾经私下向他们保证,他对亨利心存好感,决
意不再反对亨利行使叙任权,只是对于在自己任上表明这种立场

263

---

①　Eadmer, p. 61. 我严重怀疑这节经文是教皇陛下伪造的,因为我在《圣经》中始
终找不到。然而在那个时代,这段话却广为流传,经常被神职人员引为自身权力的基
础。参见 Epist. St. Thorn. p. 169。

②　Eadmer, p. 62. W. Malm p. 225.

③　Eadmer, p. 63.

④　Eadmer, p. 64, 66.

有所顾虑，担心其他世俗君主效仿此例，也来要求同样的特权。①
安瑟姆派出的两名信使均为修道士，他们坚称上面的说法纯属无
稽之谈。不过他们的证词不及三位主教的话语有分量。而国王
这时仿佛终于理直气壮了，开始着手任命赫里福德和索尔兹伯里
教区的主教，并循旧例为新主教们行授职礼。② 然而，安瑟姆基于
充分的理由，不相信国王信使的起誓作证，他不仅拒绝给两位新
主教行祝圣礼，甚至不肯与他们同领圣餐。两位新主教发现自己
行将陷入广遭鄙弃的处境，便向亨利提出辞去圣职。国王与大主
教之间的争执日益白热化：国王一反其素日审慎温和的性情，向
那些胆敢试图妨碍他行使古老王室特权的人发出威胁。安瑟姆
感到自身处境堪危，便提出要离开英国，赴罗马拜见教皇，将此事
提交教皇圣裁。亨利很高兴无须动用武力便可摆脱一个如此死
硬的对手，因此十分痛快地准其成行。大主教前往港口时，沿途
的送行者摩肩接踵，其中不仅有僧侣和神职人员，还包括各行各
业的普通民众。他们毫无顾忌地用这种方式表示拥护自己的大
主教，反对国王；并把大主教的离去视为这一国已无宗教和真虔
诚的象征。③ 而国王则趁此机会将大主教辖区的一应收入据为己
有，又派出威廉·德·瓦尔瓦斯特（William de Warelwast）赴罗马与
帕斯卡利斯二世协商，寻求某种通融之道来处理这宗微妙事务。

264　　　 这位英国使臣对帕斯卡利斯言道，其主君宁可失去王位也不
愿放弃叙任权。帕斯卡利斯回答："我宁可丢掉自己的脑袋，也不

---

①　Eadmer, p. 65. W. Malm. p. 225.

②　Eadmer, p. 66. W. Malm. p. 225. Hoveden, p. 469. Sim. Dunelm. p. 228.

③　Eadmer, p. 71.

容他保留这种权利。"①亨利密令禁止安瑟姆返英,除非他决定遵守英格兰王国的法度和惯例。于是,大主教便在里昂居留下来,期待国王最终迫于压力,不得不在双方当前争议的问题上做出退让。不久,他便获准重返诺曼底的贝克修道院,亨利归还了他教区的收入,待之以毕恭毕敬的态度,还几番与他晤谈,意在软化其对立态度,劝他顺服。② 英国民众以为双方的所有分歧均已调和,他们越来越倾向于责备大主教在外稽留过久,荒废了职守。大主教日日收到党徒的来信,都在向他力陈速归的必要性。他们告诉他,少了他慈父般的看顾,英格兰很可能面临宗教和基督精神的彻底湮灭;各种最令人触目惊心的风俗又在国内泛滥开来。人们不再忌惮大主教的严厉监管,鸡奸和蓄长发之风又在各阶层盛行,这些无法无天的罪过随时随地都在公开上演,人们毫无廉耻可言,也不怕遭受惩罚。③

　　罗马教廷的策略通常备受赞誉。世人以成败论英雄,不遗余力地褒扬教廷的精明审慎:就是靠着这样的策略,起初如此微弱的一股势力,并不借助于任何武力,便得以发展壮大、遍及全欧,几乎成为统治欧洲的绝对权威。然而教皇之位递传至今,历代教皇的年龄、性情和利益存在着很大差异,此种智慧却能一脉相承、绵延不绝,令人颇觉不可思议,似乎绝非自然现象。事实上,他们精心打造的工具——民众的蒙昧和迷信——实在是功效强大、影响广泛,几乎不受偶然事件或动乱的干扰,即便是把持在最笨拙

---

① Eadmer,p. 73. W. Malm. p. 226. M. Paris,p. 40.
② Hoveden,p. 471.
③ Eadmer,p. 81.

的手里也照样能取得成功,任何有欠妥当之举都不至于破坏它的
265 运行。当罗马教廷陷入有目共睹的混乱,甚至当它因派系斗争而
内讧、分裂之时,教会的势力在整个欧洲仍然在日复一日地明显
增长,无论是格列高里的鲁莽,还是帕斯卡利斯的审慎,都对这一
增长起到了同等的促进作用。牧师们深感有必要寻求保护,以对
抗君主的横暴和法律的威压,他们非常乐于依附一位居处国外、
不惧世俗权威的首脑,当教会自古沿袭或者后来夺取的产业和特
权在特定的国家受到侵渔时,这位首脑可以自由调度整个教会的
力量来予以捍卫。修道士们盼望在自己的地盘上取得独立地位,
他们对罗马教皇的三重冕表现得更加忠诚。愚昧的民众则全然
不知科学和理性为何物,也就无法凭之抗拒那些毫无节制的狂妄
主张。荒谬的胡言乱语被认作确凿的证据,最卑下的犯罪手段也
因了虔诚的目的而被奉为圣洁。在关乎上帝的利益时,已签订的
契约也不必恪守;古老的法律和各邦国的习俗面对圣教的权利亦
权威尽失;无耻的伪造被当作真实的古代遗存而被接纳。凡是挺
身捍卫神圣教会者,如能得胜便成为众人拥戴的英雄;如果不幸
失败,则化身为殉道者而赢得尊崇。无论发生什么,其结果都同
样有利于教会的鲸吞虎噬。在这场叙任权之争当中,现任教皇帕斯
卡利斯二世被卷进了一种复杂的境况,他在不得已之下采取了一
种权宜之策,倘若换成任何一位世俗君主,都会因此而身败名裂。
当时他被神圣罗马帝国皇帝亨利五世(Henry V)扣押,只得签下
一份正式条约,将双方争夺已久的圣职叙任权授予亨利五世。①为

---

① W. Malm. p. 167.

了增添缔约的庄严性，皇帝和教皇同领圣餐：一个圣餐面包被分为两半，一半分给皇帝，另一半由教皇吃下。二人当众发下最可怕的毒咒，任何一方如若违背此约，将按此咒遭受天谴。然而，帕斯卡利斯一朝恢复自由，就立即全盘推翻自己做出的让步，宣布将亨利五世逐出教门。最终，后者不得不接受教廷提出的所有条件，放弃了自己的全部权利主张，此后再也未能恢复。①

　　英王也险些陷入同样危险的处境：帕斯卡利斯已将支持亨利主张的马隆（Mallont）伯爵及另外几位大臣开除教籍，这些人都是亨利的得力干将。② 他日日威胁对国王本人施以同样的处罚，之所以迟迟引而不发，只是想容他一个及时降服的机会而不致招祸。国内的怨望分子急不可耐，只盼着时机到来，便要以阴谋叛乱颠覆亨利的统治。③ 国王的亲信们预见到未来必有大事发生，将导致其政教两方面的义务背道而驰，因而忧心忡忡。国王之妹布卢瓦伯爵夫人素性虔诚，对国王颇有影响力，她也被恐吓说，她哥哥的灵魂将会遭到永恒的诅咒。④ 另一方面，亨利似乎铁了心甘冒一切风险，绝不放弃历代君王传统上享有的这项如此重要的特权。以眼下的形势看来，亨利凭借其高度审慎和超群才干，似乎有可能保住自己的权利，最终在这场角力中取胜。帕斯卡利斯和亨利两相对峙，彼此心存敬畏，这样就比较容易达成妥协，也易

　　① Padre Paolo sopra benef, eccles, p. 112. W. Malmes p. 170. Chron. Abb. St. Petri de Burgo, p. 63. Sim. Dunelm p. 233.

　　② Eadmer, p. 79.

　　③ Ibid. p. 80.

　　④ Ibid. p. 79.

于找到双方都能接受的中间媒介。

按照惯例，主教接受圣职须经过两个仪式：先从世俗君主手政教和解中接受象征圣职权威的牧杖与戒指，称为"叙任礼"；此外还须按照封建法统的要求，以封臣身份向君主宣誓效忠，称为"效忠礼"。世俗君主可以拒绝行使叙任权，同时拒绝接受效忠；尽管按照中世纪的教规，推选主教之权归牧师会所有，但实际上这一权柄始终控制在世俗君主手中。乌尔班二世一口否决了平信徒对主教行叙任礼和接纳其效忠的权力，[①]此后世俗君主们无论通过战争还是和平谈判的手段，均未能争取到将两者区别对待。俗人插手圣职委任事务，无论具体情形如何，始终被说成是不虔敬和可憎的。教会公然表示渴望完全独立于国家。不过，亨利同时据有英格兰和诺曼底，这给他在谈判桌上增添了底气。帕斯卡利斯二世目前满足于亨利放弃据信是授封尊贵灵性地位的圣职叙任权；他允许主教们为了此世享有的产业和特权向世俗君主行效忠礼。[②]教皇为此收获而深感满意，并希望在未来适当的时候能够做到功德圆满。亨利国王急于摆脱目前的危险处境，也满足于能在推选主教一事上保留部分权力，尽管这种权力相对说来并不够确定。

双方在最主要的矛盾上既已达成妥协，其他分歧就不难解决了。教皇批准安瑟姆与已经接受了国王授职的主教们同领圣餐，只要这些人就自己过去的不当行为认错便可。[③]他还充分授权给

---

①　Eadmer, p. 91. W. Malm. p. 163. Sim. Dunelm. p. 230.

②　Eadmer, p. 91. W. Malm. p. 164, 227. Hoveden, p. 471. M. Paris, p. 43. T. Rudb. p. 274. Brompton, p. 1000. Wilkins, p. 303. Chron. Dunst. p. 21.

③　Eadmer, p. 87.

安瑟姆,对于因这个国家的野蛮而派生出的其他一切不端现象,均可放手予以匡正。[①] 当时教皇对英国人的印象就是如此！这再有力不过地证明了,这个民族在彼时遭受到何等可悲的漠视:就连一个高踞于教皇宝座、依靠谬论和胡说八道为生的人,都自以为有资格将他们视作野蛮人。

　　上述争议期间,曾经召开过一次威斯敏斯特宗教会议。国王只着眼于大事,因此在会上放行了一批较为次要的教会法规,其结果有利于教会攫取更大的权力。这些法规中包括在实践中始终难以推行的责成牧师谨守独身的规定;以及就连平信徒也须遵守七代以内血亲不得通婚的禁令。[②]借助这一巧妙设计,教皇一只手签发豁免状敛财,另一只手又从谋求离婚者那里收取好处,因而收入大增。由于那个时代会写字的人极少,教区登记簿保管又欠规范,即使在等级较高的人群中间也不太容易确定血缘亲疏,所以,任何人只要钱袋丰满,就可以买通教会,伪称发妻与自己是七代以内的血亲,婚姻有违教规,从而达到离婚的目的。这次宗教会议还投票通过了一项禁止民众蓄长发的决议。[③]神职人员对这种发式的深恶痛绝不仅限于英格兰一国,在亨利尚未征服诺曼底的时候,一次他驾临那个地区,斯姿(Seeze)主教就曾在一篇正式布道文中郑重规劝他,应当整顿其治下的诸般不端,强制人民把头发剪成得体的式样。亨利虽然不愿放弃对教会的特权,却欣然同意割舍自己的头发。他不仅把自己的头发剪成了教士们

268

---

①　Eadmer, p. 91.

②　Ibid, p. 67, 68. Spelm. Conc. vol. II p. 22.

③　Eadmer, p. 68.

要求的式样,还谕令全体廷臣都效仿他的榜样。^①

　　占据诺曼底是亨利实现野心的重要一步。诺曼底是其家族　海外战争
的祖产,只有占据了这片领地,他在欧洲大陆才有影响力和重要
地位。然而,他当初的王位来得名不正、言不顺,这一点始终是制
造不宁的源泉,使他经常性地卷入战争,这就迫使他将形形色色
的沉重税赋强加给英国人民,当时的史家对此无不口出怨言。^②
亨利将侄儿威廉托付给埃利·德·圣桑照管时,小王子年仅六
岁;他之所以把这一重任交给那位品行白璧无瑕的人,大概是有
意避嫌,万一小王子生发什么不测,可以搪塞居心不良者的说三
道四。但是国王很快就后悔了,他想要回威廉,但是埃利悄悄带　公元
1110 年
着他的被监护人逃往安茹伯爵富尔克的宫廷,在那里得到了庇
护。^③ 小王子渐渐长大成人,养成了与其高贵出身相配的诸般美
德。师徒俩周游于欧洲各国宫廷,赢得了众多君王的友爱和同
情,人们对于他那个以卑鄙手段篡夺侄儿继承权的叔父也普遍充
满义愤。此时当朝的法兰西国王是腓力之子"胖子路易"(Lewis
the Gross),他为人勇敢而慷慨,当其父王在位时,他为了躲避继
母伯特露德(Bertrude)的迫害,曾一度流亡英格兰,受到亨利的庇
护,此后二人一直私谊甚笃。不过,路易登基之后,这份友谊很快
便淡薄了,因为路易发现,自己的利益在方方面面都与英王的利
益形同水火,他也看出诺曼底与英格兰并为一家给法兰西带来的

269

---

　　① 　Order. Vital. p. 816.

　　② 　Eadmer,p. 83. Chron. Sax. p. 211,212,213,219,220,228. H. Hunt p. 380.
Hoveden,p. 470. Ann. Waverl. p. 143.

　　③ 　Order. Vital. p. 837.

威胁。所以,他便与安茹伯爵和佛兰德斯伯爵联手让亨利不得安生。亨利为了保卫其海外领土,不得不渡海驻扎在诺曼底,一驻就是两年。这几位王公之间的战事并没有什么值得一提的大场面,不过是一些发生在前线的小规模冲突而已;当时各国君主均实力较弱,并不愿穷兵黩武,若无重大而紧急的变故,百姓的生活不会受到大的惊扰。亨利安排太子威廉与富尔克之女订婚,成功地将那位伯爵从敌方阵营中离间出来,迫使另两位对手与自己达成了妥协。但是和平并不长久。亨利的侄子威廉来到佛兰德斯伯爵鲍德温的宫廷落脚,伯爵支持他对英国王位的主张。不久之后,法国国王基于其他一些原因也加入了这个阵营,诺曼底战火复燃,但与上轮战事一样,也未发生什么重大事件。最后,鲍德温在尤城附近战死,亨利这才获得喘息之机,得以在战争中占据更大的优势。

公元
1118年

　　路易发现难以用武力从英王手中夺取诺曼底,便祭出一个危险的招法,诉诸于精神权威,给予教会插手世俗君国事务的口实。他把年轻的威廉王子带到教皇加里斯都二世(Calixtus II)在兰斯召集的宗教大会上,把王子介绍给与会者,控诉亨利明目张胆的僭越和不义,恳求教会帮助恢复英王室真正继承人的合法权力。他们向大会揭露亨利罪恶滔天,竟然囚禁罗贝尔这位英勇豪侠的王者、鼎鼎有名的十架捍卫者——单凭这一点,后者理应被纳入罗马圣座的直接庇护之下。亨利深谙如何兼用强力和灵活手腕来捍卫自己的王权。他也派出几名英国主教参加这次大会,但同时警告他们,如果教皇本人或教会提出任何得寸进尺的要求,他就将坚持英格兰的古老法律和习俗,绝不放弃英国君主代代相传至今的王室特权。"去吧,"他对主教们说,"以朕的名义向教皇致敬,聆听教皇陛下的训示,但是要当心,他的任何新发明一概不许带进我的王国。"但他发现,硬碰硬地和加里斯都对抗不如巧避其锋芒来得更容易,于是吩咐使者们,用厚礼和许诺博取教皇及其宠臣们的欢心。自此之后,威廉王子的申诉便遭到与会者的冷遇。加里斯都二世在同年夏季与亨利举行了一次会晤,后者很可能趁此机会再度以厚礼相赠。教皇后来坦承道,亨利是他认识的所有人当中口才最好、最有说服力的一个,这份能力简直无与伦比。

事实证明,法王路易的军事措施也和他的阴谋手段一样归于无效。他定计奇袭努瓦永(Noyon),然而亨利预先得知情报,率领援军来救,在博纳维尔(Brenneville)设下埋伏,突然截击进抵该城的法军。接下来是一场激战,威廉王子表现得无比勇猛,亨利国王的处境一度堪危。他被一直追随威廉王子的诺曼勇将克里斯平(Crispin)击中头部,[1]然而这一击非但没有将国王吓倒,反倒激起了他的勇气,他当即还击,把对手打倒在地。亨利手下的将士们见状,军心大振,他们奋勇作战,将法军彻底击溃。就连法王本人也险些成了英军的俘虏。这次交锋中参战者的尊贵身份令其成为整场战争中最可圈可点的一役。因为从其他方面讲,此战均无足轻重。双方参战的骑兵共有九百名,战死者只有两个,余者得益于厚重铠甲的保护(那个时代的骑兵都身披重甲),均无大碍。[2]此

---

[1]　H. Hunt. p. 381. M. Paris, p. 47. Diceto, p. 503.

[2]　Order. Vital. p. 854.

后不久，英法两国君王达成和解，年轻王子威廉的利益完全被抛在一边，无人理会。

亨利在公共事务上亨通顺遂，然而其家室却大难临头。他的 [271] 独子威廉此时刚满十八岁，国王因自己耍手腕僭取了王位，时时担忧别人会如法炮制，推翻自己家族的统治，于是格外用心地安排国内所有郡望公认威廉为王位继承人，又带他渡海至诺曼底，接受当地贵族的效忠。回程时，国王的御船自巴夫勒尔(Barfleur)港扬帆出发，在和风吹送下很快就消失在视野之中。太子临时有事耽搁，他那艘船上的水手连同船长托马斯·菲茨-斯蒂芬斯(Thomas Fitz-Stephens)都偷闲饮起酒来。开船的号令下达后，他们仓促起锚，试图追赶国王的御船，结果在手忙脚乱中出了差错，大船撞上一块礁石，立即沉入海中。太子威廉被护送上救生舢板，划离了大船。这时，他听见其同父异母姐妹佩舍(Perche)女伯爵的哭喊，即命水手把舢板划回去救她。众多落水者一见来船，争相往上爬，小小舢板不堪负载，很快就沉没了。太子及其随行人员全部葬身大海。在这场海难中，共有一百四十多名年轻贵族丧生，全是英格兰和诺曼底名门望族的菁英。船上唯一的幸存者是个来自鲁昂的屠夫。[①] 这人落水后抱住一根桅杆，第二天早晨被渔夫们救起。船长菲茨-斯蒂芬斯也抱住了那根桅杆，但是听屠夫说威廉太子已死，便表示不愿再苟活于世，说罢一头扎进了海里。[②]整整三天，亨利一直抱着希望，也许他的儿子幸

公元
1120 年
威廉太
子之死

①　Sim. Dunelm. p. 242. Alured Beverl. p. 148.
②　Order. Vital. p. 868.

运逃生,已在英格兰沿岸的某个偏僻海港登陆了。当确切的不幸消息传来,他当即昏倒在地。据说,此后国王脸上再也没有露出过笑容,也再未恢复其惯常的和悦之色。[1]

从一方面讲,威廉之死自是英格兰人的不幸,因为此事直接导致国王驾崩后内战频仍,王国陷于极大的混乱。然而值得注意的是,这位年轻的太子生前无比憎恶英格兰土著,有人曾听他亲口威胁说,有朝一日自己临朝执政,定要把这些人变成拉犁、负重的畜生。他的这种偏见完全承自乃父——尽管后者在有利于达成其目的之时,惯常表示自己以降生于英格兰为荣,[2]然而在他当国期间,却对土著人显示出极端的歧视。终其一朝,无论在教会还是政府当中,英格兰人都休想攀上高爵显位。外来者无论多么无知、多么不成器,在与本土人氏的竞争中总是能够稳操胜券。[3]鉴于英格兰人五十年来一直安分守己、从未生乱,这位性格温和又颇有分辨力的太子竟会对他们抱有如此根深蒂固的反感,此事不由得令人揣测:那个时代的英格兰人恐怕真的依然是愚鲁粗野,连诺曼人都不如。这样想来,我们对所谓的"盎格鲁-撒克逊风俗"也就难有多少好感了。

太子威廉身后没有留下子女,当今英王再无合法子嗣,只剩下一个女儿,名叫玛蒂尔达。1100 年,这位公主年仅八岁时便与神圣罗马帝国皇帝亨利五世(Henry V)订婚,[4]后被送往德意志接

---

① Hoveden, p. 476. Order Vital. p. 869.

② Gul. Neub. lib. 1. cap. 3.

③ Eadmer, p. 110.

④ Chron. Sax. p. 215. W Malm. p. 166. Order. Vital. p. 83.

受教育。[①]　鉴于玛蒂尔达不在国内，又已嫁入外国王室，有可能给

公元
1121 年
国王再婚

王位传承带来变数，已成鳏夫的亨利国王便有意再娶，希望再添
男嗣。他续娶了鲁汶（Lovaine）公爵戈弗雷之女、教皇加里斯都的
侄女阿德莱（Adelais），一位性情和顺的年轻公主。[②]　但是阿德莱
并未给国王生下一男半女，这就使得那位最有可能对王位继承提
起异议、甚至有权立即夺取王位的王子（罗贝尔公爵之子威廉）重
新燃起了希望，指望着有朝一日能够取代那个一步步僭夺了自己
份内所有世袭领地的对手，登上英国王位。威廉此时仍在法兰西
宫廷避难；亨利与安茹宫廷的联姻关系因威廉太子之死而破裂，
富尔克转而支持罗贝尔之子威廉，把自己的女儿许配给他，并帮
助他在诺曼底起事。不过亨利自有办法离间安茹伯爵与他的盟
友，他提出缔结一门新的婚约，比原来的关系更近，而且对安茹家

公元
1127 年

族来说更加有利可图。亨利国王的女婿亨利五世皇帝无嗣而终，273
于是英王让自己的女儿玛蒂尔达改嫁给富尔克的长子杰弗里
（Geoffrey），又立她为自己名下所有领地的继承人，要求诺曼底和
英格兰的全体贵族向她宣誓效忠，极力保障其继位权。他希望这
次为玛蒂尔达公主选择的丈夫比前一位更合英国臣民的心意，因
为这次联姻不至于让他们落入远方的强势君主之手，成为后者治

公元
1128 年

下的子民，也不致使整个王国降格为外邦的藩省。不过英国贵族
们却心生不满，因为国王根本未征求他们的意见，就擅自采取了

---

① 参见第 I 卷末注释[L]。
② Chron. Sax. p. 223. W. Malta. p. 165.

这样一个将对国家利益产生实质性影响的步骤。①亨利早已领教过手下贵族们狂躁不羁的性情，对于触怒他们的后果不会毫无忌惮。如果朝野怨望见长，很可能加添他侄子一党的势力。此后不久，威廉王子的实力进一步加增，他对英国王位的主张更显得咄咄逼人了——佛兰德斯伯爵查理在一次宗教庆典中遇刺身亡，法王路易立即让威廉继承了佛兰德斯伯爵领，后者的继承权源自其祖母、征服者威廉之妻玛蒂尔达。威廉得此爵领，更美好的前景似已向他敞开大门，然而这份好运他并未享受多久：未几他就在一次小规模冲突中，丧生于和他竞争佛兰德斯继承权的阿尔萨斯（Alsace）伯爵之手。他的死终于让满心戒备不安的亨利暂时松了一口气。

　　亨利秉政期间最大的功绩是，由于其励精图治，本朝绝大部分时间王国各地都建立并维持着安定的局面。桀骜不驯的男爵们受到羁束而保持臣服，邻国每每图谋犯境，都因英格兰武备周密而偃旗息鼓。为了抵御威尔士人的入侵，国王于1111年从欧陆迁来一批佛兰德斯人，令其定居于彭布罗克郡（Pembrokeshire），他们长期保持着自己的语言、风俗习惯和生活方式，迥异于周边居民。亨利在英格兰的统治尽管看似专横，但仍不失为明智审慎，其压迫程度也在足以成事的必要限度内尽可能地减轻。他倾向于不事张扬地救济民间苦情，一些史家还特地提到他努力减轻和节制王室低价征用民间物资、人力和车马的善举。那时候，王

---

①　W. Malm. p. 175. 但据威弗利（Waverly）所著编年史（p. 150）记载，国王曾经征求全体贵族的意见并取得了他们的同意。

室领地的佃户有义务在王驾巡游各郡期间无偿供给宫廷所需的一应给养，并无偿为其装备车马，而这种巡游是极频繁的。其盘剥之重、勒索之狠，直如虎狼一般，以致佃农们闻听王驾将至的风声，动辄弃田舍而逃，竟似遇到外敌入寇一般。[①] 他们举家藏身于密林之中，以躲避王室扈从的侵害。亨利严令禁止手下无法无天的行为，有敢犯者即处以斩手刖足乃至断肢之刑。[②]然而特权终究是永恒的，亨利的匡正措施效果只在一时。而且这种旨在匡正弊端的律令本身即严酷无比，非但不能保障民众的安全，反倒证明了政府的残暴，并昭示着此类虐行将很快出现反弹。

　　国王行事审慎，一个主要且艰难的目的就是防备罗马教廷僭权，维护英格兰教会的自由。罗马教皇曾在1101年派遣维也纳大主教居伊以教皇特使的身份造访英伦；这是教皇特使多年来首次大驾莅临此岛，上述任命也引起了普遍的惊讶，[③]而亨利国王当时刚刚登基，面临诸多棘手的状况，因此不得不容忍教会侵越其王权。但是及至1116年，教皇又委任圣撒巴（St. Sabas）修道院院长安瑟姆（Anselm）作为教皇特使渡海而来，则被国王拒于国门之外。[④]此番身陷困境的是教皇加里斯都，因为有伪教皇格列高利与他争位，焦头烂额的他只好向亨利承诺，今后若无英王本人的邀请，绝不再派任何特使前往英格兰。[⑤] 尽管有此约定，然而教皇一

---

①　Eadmer，p. 94. Chron. Sax. p. 212.

②　Eadmer，p. 94.

③　Ibid. p. 58.

④　Hoveden，p. 474.

⑤　Eadmer，p. 125，137，138.

旦镇压了他的对手,就立刻委派德·克雷马(de Crema)枢机主教作为教皇特使驾临英国。而亨利国王此时由于其侄子的图谋和军事骚扰而饱受困扰,处境相当危险,所以不得不顺从特使的权威。[1] 教皇特使在伦敦召集了一次宗教大会,发布了若干教规,并决议严惩教牧人员结婚的行为。[2] 这位枢机主教在长篇累牍的训辞中公然斥责有家室的牧师,说这种人刚从娼妓(这是他对牧师太太"合乎体统"的称呼)身边爬起来,就胆敢履行圣职、触摸耶稣基督的圣体,实在罪不可恕。可巧就在第二天夜晚,治安执勤人员在强行搜查一家妓院时,竟然在某位高级妓女的床上捉到了枢机主教大人。[3] 此事令他尴尬万分,当即灰溜溜地悄然离开了英国。开到一半的宗教大会无疾而终,禁止牧师结婚的教规此后亦执行得无比糟糕。[4]

　　为了制止这种让步与侵越的交替轮回继续上演,亨利委派当时的坎特伯雷大主教威廉前往罗马教廷抗议其僭越行为,明确宣示英格兰教会的自由。历任教皇都遵循这样一条行为准则:每当发现某种僭越主张无法得逞之时,就顺水推舟地将世俗君主或国家一直都在践行的这种权力授予他们,以便己方遇有适当的机会再度提出此时似已放弃的权力主张,同时制造一种假象,似乎世

---

[1]　Chron. Sax. p. 229.

[2]　Spelm. Conc. vol. Ii. p. 34.

[3]　Hoveden, p. 478. M. Paris, p. 48. Matth. West. ad ann 1125. H. Huntingdon, p. 382. 值得一提的是,最后这位作者虽然和其他几位一样也是神职人员,他一方面为自己语涉教会长老时迹近无礼而致歉,但同时又说,事实就是如此臭不可闻,治史者不应予以隐瞒。

[4]　Chron. Sax. p. 234.

俗当局所拥有的权力仅仅来自罗马教皇的特别豁免而已。当教皇发现法兰西拒绝交出圣职叙任权时,他便颁布一份敕令,将上述权力授予法国国王。如今他又如法炮制,以逃避英王的抱怨。教皇任命坎特伯雷大主教为自己的特使,时时更新其委任状,假装这位大主教一直以来在其教区内行使的所有职权都来自罗马圣座的格外恩准。历任英格兰君主(尤其是亨利国王)乐于避免与教廷发生危险的直接对抗,通常会默许罗马教廷的这种虚张声势。①

276

公元
1131 年

此时英格兰太平无事,亨利便趁机前往诺曼底,这既是出于他对那片土地的挚爱,也是为了探望他所钟爱的女儿玛蒂尔达皇后。过了一段时间,玛蒂尔达皇后诞下一子,取名为亨利。国王

公元
1132 年

为了确保女儿的继承权,再次责成英格兰和诺曼底的全体贵族重新向她宣誓效忠。②这件喜事所带来的欢乐,以及与爱女做伴的满足感(玛蒂尔达此后又接连生下二子)令他在诺曼底的生活其乐

公元
1135 年

融融。③ 他似乎决定了要在那里度过余生。然而这时威尔士人兴兵犯边,他不得不考虑返回英格兰。就在准备启程时,他因为吃了太多的七鳃鳗,突然病倒在圣·丹尼·勒-弗曼(St. Dennis le Forment)修道院,这种食物总是更合其口舌之欲而不宜于他的身

12 月 1 日
国王驾崩

体。④亨利国王卒年六十七岁,享国三十五年,临终遗命女儿玛蒂尔达继承其名下全部国土,但只字未提她的丈夫杰弗里,因为后

---

① 参见第 I 卷卷末注释[M]。
② W. Malm. p. 177.
③ H. Hunt. p. 315.
④ H. Hunt. p. 385. M. Pans, p. 50.

者在若干方面令他感到不满。[1]

亨利一世是英国历史上最有修养的君王之一，在身体和头脑 亨利一世
的性格
两方面具备天赋及后天养成的一切优秀品质，与他所取得的高贵
地位完全相称。他的外表极有男子气概，神态富于吸引力，目光
明澈、安详而又敏锐。他的谈吐和蔼可亲，足以鼓励那些可能被
其威严和智慧慑服而不敢近前的人。尽管他经常放任自己天性
中幽默诙谐的一面，但也知道如何谨慎节制，从不与廷臣们轻浮
亲近。他拥有超凡的口才和判断力，假使出身于平凡人家，也定
能出人头地；就算没有权谋和策略相辅，凭着个人的勇武亦足以
277　赢得众人的钦敬。他的学养颇深，素有"大学问家"之称。然而他
投身于这种需要长时间静栖的追求，却丝毫不曾影响到他在治国
方面表现出的活力与机警。尽管那个时代的学问与其说是助人
增进理解力倒不如说教人糊涂，但是他凭着与生俱来的明智见
识，得以免于沾染当时泛滥于学界的迂腐和迷信。他的心绪易受
各种情感的影响，对友情和仇恨都同样敏感。[2] 他的野心自然是
大的，倘若不是他无情对待自己的兄长和侄子，彰显出他为实现
野心而不惜牺牲一切正义和公平原则的一面，这种抱负倒也可以
说不失中庸和理性。然而，罗贝尔完全不具治国才干的事实，为
他的弟弟篡夺英格兰和诺曼底的王权提供了某种理由和借口。
而暴力和篡夺一旦开始，身为君主的他迫于情势便只能沿着罪恶
的轨道不由自主地向前滑行，采取了某些他原本会在内心的良知

---

[1]　W. Malm. p. 178.

[2]　Order. Vital. p. 805.

和正念引导下、秉着一腔热情和义愤予以拒绝的行动。

亨利国王是个好色之人。据史家记载,他至少生有七个私生子和六个私生女。[①]打猎是他的另一大爱好。王家森林的数目和占地面积原已不少,但是在他当朝期间又有所增加。他对侵犯王家森林的人施以严酷刑罚,[②]杀死一头公鹿的入罪量刑与杀人无异。他还下令,王家森林周边人家所养的犬只一律要砍断四肢。有时候,他还剥夺民众在自己的土地上打猎或者砍伐自家林木的自由。在另外一些方面,他以严刑峻法来伸张正义,这是那个时代的君主所能遵循的最佳行为准则。在亨利一朝之初,盗窃曾被定为死罪。[③] 私铸假币在当时极为常见,致使币值大跌,亨利国王对这种罪行也严罚不贷。[④]有一次,他把将近五十名私铸假币犯集体绞死或处以断肢之刑。尽管这样的刑罚似有暴虐之嫌,却受到民众的欢迎,因为他们更在意当前的好处,而无心维护一般的法律原则。有一部据称是亨利一世颁行的法典,但是已被最优秀的古文物研究者一致鉴定为假。不过,这是一部年代极为久远的法律汇编,或许有助于揭示那个时代的风貌和习俗。我们从中看到,当时英格兰人和诺曼人的待遇差别极大,后者占尽上风。[⑤] 在撒克逊法律中视为无罪的家族复仇和私斗寻仇直到此时仍然存在,不属于严格意义上的非法行为。[⑥]

278

---

① Gul. Gemet. lib. 8. cap. 29.
② W. Malm. p. 179.
③ Sim. Dunelm. p. 231. Brompton, p. 1000. Flor. Wigorn. p. 653. Hoveden, p. 471.
④ Ibid. Hoveden, p. 471. Annal. Waverl. p. 149.
⑤ LL. Hen. 1. § 18,75.
⑥ Ibid. § 82.

　　值得注意的是,亨利一世登基时发布的法令中规定恢复撒克逊时代的传统,将民事法庭和教会法庭重新合为一体。[1]然而此项法令和亨利一世宪章中的条款一样,始终都未得到落实,可能是由于安瑟姆大主教的反对所致。

　　亨利一世刚登基时,曾经授予伦敦一部宪章,似乎已经朝着批准该城自治迈出了第一步。根据宪章规定,该城有权以三百镑一年的租价保有米德尔塞克斯农庄,有权自行选举地方治安官和法官,由他们审理刑事诉讼案件,并得以豁免税金、丹麦金,停止决斗式审判和对王室扈从的供给。以上条款,再加上确认伦敦拥有选举地方法院、召开区民大会、公共议事会等特权,以及在米德尔塞克斯和萨里狩猎的自由,便构成了这部宪章的主要内容。[2]

　　据说,[3]亨利一世出于对佃户的迁就,将王室领地的地租由实物改为货币,以便于向国库交纳。但由于硬币短缺,令这项改革难以实际推行;而与此同时,实物给养又无法实现长途运输。或许正是出于这种原因,古代英格兰君主才会经常变换驻跸地点,总是带领其宫廷从一处行宫转至另一处,以便就地消费各处王室领地缴纳的实物税赋。

---

①　Spellm. p. 30. Blackstone, vol. iii. p. 63. Coke, 2 Inst. 70.

②　Lambardi Archaionomia ex edit. Twisden Wilkins, p. 235.

③　Dial. de Scaccario, lib. 1. cap. 7.

第七章　斯蒂芬

斯蒂芬即位—与苏格兰之战—拥戴玛蒂尔达的叛乱—斯蒂
芬被俘—玛蒂尔达加冕—斯蒂芬获释—重登王位—内战持续—
国王与亨利王子和解—国王驾崩

公元
1135 年

在封建法的发展和确立过程中,采邑的继承权早期仅限于男
嗣,女嗣的继承权在一段时间之后才得到确认;起初,领主所赐之
地被视为一种军事俸饷而非财产,只授予那些有能力服军役,并
亲自履行采邑所附义务的人。不过,当这种领地继承权在一个家
族中连续传承若干代之后,最初的理念逐渐趋于模糊,女性后嗣
对封建领地的继承权遂逐渐得到了承认。而这种允许她们继承
私人领地的观念变革,自然而然地被援引至政权的传承方面。因
此,英格兰王国和诺曼底公国之主的男嗣断绝,王位继承权似乎毫
无争议地应当归于玛蒂尔达皇后;而且,亨利一世早已责成两地所
有封臣向玛蒂尔达宣誓效忠,依他揣测,这些臣子当不至于轻易

毁弃自己两度许下的誓言和承诺,背弃女主而剥夺其继承权。然
而,他从自己当初僭位得国的经历中深知,无论自己手下的诺曼
人还是英格兰臣民,均做不到对国家法度谨守不渝,每一次僭越
的先例似乎都使得新的篡夺逾发理直气壮;因此他有理由担心,

自己处心积虑地安排女儿掌定社稷大权,而这份权力到头来很可能会遭到他人的侵夺,阴谋者甚至就潜藏在王室内部。

当初,征服者威廉之女阿黛拉嫁与布卢瓦伯爵斯蒂芬,二人育有数子,其中以斯蒂芬和亨利年齿最幼。这两个年轻人应先王亨利之邀来到英格兰,饱享先王赐予的殊荣、财富和友爱恩宠——这位君王对待每一位有幸博得他好感的臣下,向来都恩煦有加。亨利选择投身于神职,被任命为格拉斯滕伯里(Glastenbury)修道院院长、温切斯特主教;上述衔位虽已相当尊荣显赫,然而他的兄弟斯蒂芬得益于舅父的慷慨,则获得了更实在、也更为持久的利益。[①] 国王安排斯蒂芬迎娶博洛涅伯爵尤斯塔斯的女儿暨女继承人玛蒂尔达,后者的嫁妆不仅包括其家族在法国的采邑,还有位于英格兰的大片地产,这是征服者威廉在奠定国本后论功行赏之际分封给博洛涅家族的。斯蒂芬与英格兰王室之间原本联络有亲,他的岳母玛丽与苏格兰现任国王大卫以及亨利的元配(即玛蒂尔达皇后之母玛蒂尔达)俱是一奶同胞的手足,这次联姻使得双方又多了一层亲戚关系。亨利国王此时还臆想着,提携斯蒂芬能够增进王室的利益,因此他乐呵呵地不断厚赐斯蒂芬,还把没收来的罗贝尔·马莱在英国的庞大地产和蒙田伯爵在诺曼底的地产统统转赐给斯蒂芬。斯蒂芬投桃报李,对舅舅表现出极深的感情,而且对玛蒂尔达继位一事显得极尽热诚,在贵族们向她宣誓效忠的仪典上,他还与国王的私生子格洛斯特伯爵罗贝尔

---

① Gul. Neubr. p. 360. Brompton, p. 1023.

争相率先向她宣誓。① 与此同时,他始终不懈地以各种手段收买 281
人心,笼络此邦人民。他似乎天生具备颇多优秀品质,对于实现
其野心大有裨益。他以勇武、活跃和胆识博得了贵族们的钦佩,
又以慷慨大方以及那个时代身居高位者所罕有的和蔼可亲之态,
赢得了普通民众尤其是伦敦百姓的爱戴。② 尽管他不敢更进一步
向着梦想中的高位靠拢,唯恐被明察秋毫的亨利国王看破而引来
猜疑,但是他仍然暗地企盼着通过积聚财富、扩大权力和博取民
望,待有朝一日时机来临时能够位登九五,一逞青云之志。

　　亨利国王刚刚咽下最后一口气,斯蒂芬不辞蹈险,立刻抛开
先前所有的感恩和忠诚之态,为实现其罪恶野心而放手一搏。他
深信,即便事先未经充分预谋,单凭着自己迅捷而大胆的行动,也
足以销殄英格兰民众和诺曼人对于法律及其君主的正当权利依
稀尚存的那一点点忠诚。斯蒂芬匆匆赶赴英伦,多佛尔和坎特伯
雷市民闻知其不轨之意,遂闭城以拒;尽管如此,当他一路马不停
蹄地抵达伦敦之时,这里的一部分下层民众受他派出的奸细怂恿
鼓动,又被他素日深得民心的好声望所打动,当即拥立他为王。
他的下一步棋是要博取教会人士的欢心。他确信,一旦举行过加
冕礼,占据了最高统治者的宝座,过后有谁再想把他赶下台便绝
非易事。他的弟弟温切斯特主教亨利在这些关键事务上对他助
力颇大:亨利先是把索尔兹伯里主教罗杰拉拢过来——后者尽管
深受先王恩遇,多蒙赏赐拔擢,对旧日王室却毫无感念之情,他与

---

① W. Malm. p. 192.
② Ibid. p. 179. Gest. Steph. p. 928.

亨利一道游说坎特伯雷大主教威廉，让他凭借其尊贵职份为斯蒂
芬涂油加冕。威廉大主教和其他所有人一样，都曾向玛蒂尔达宣
誓效忠，他起初拒绝主持这个典礼，不过斯蒂芬一党采取变通手
法化解了他的抵触，这一招说来与他们谋取大位所采取的其他手
段一样不光彩。王室总管休·比戈德（Hugh Bigod）来到大主教
面前，发誓证明先王临终确有遗命，对其女玛蒂尔达表示不满，并
指定博洛涅伯爵继承他的全部国土。① 威廉大主教相信或者假装
相信了比戈德的证词，遂为斯蒂芬行了涂油礼，亲手将王冠戴在 12 月 22 日
他的头上。凭着上述宗教仪式，一无血缘继承权、二未取得贵族
或民众赞同的斯蒂芬便堂而皇之地被容许行使王权了。出席加
冕礼的贵族寥寥无几，②但也并无一人站出来反对他的僭位之举，
无论这是何等不义、何等声名狼藉的行径。宗教情感一旦堕落成
为迷信，往往对强化世俗的社会责任感功效甚微。尽管全体贵族
曾经一再宣誓效忠玛蒂尔达，但是宗教情感的影响轻易压倒了世
俗的忠诚，并使人民驯顺臣服于这位获得教会支持、并由大主教
亲自涂油加冕的新王。③

　　斯蒂芬为了巩固自己动摇的王座，登基伊始便颁布了一份宪
章，向社会各阶层做出种种慷慨的承诺：对神职人员，他承诺尽快
填补所有空缺的圣职，圣职空缺期间不再擅取当地教区收入；对
贵族阶层，他承诺将王室森林缩至古代边界，匡正一切侵犯贵族

---

① 　Matth. Paris，p. 51. Diceto，p. 505. Chron. Dunst. p. 23.

② 　Brompton，p. 1023.

③ 　以前，加冕礼被赋予极重要的意义，修道院史家从不把未接受加冕的君主称
作国王，哪怕他久已据有王位，并实际行使了一切王权。

正当权益的行径；对于国内民众，他承诺取消丹麦金，恢复爱德华国王的律令。[①] 先王亨利设在温切斯特的金库积帑甚厚，为数多达十万镑，原本旨在光大和保护王室，然而斯蒂芬据有这笔财富之后，立即将它用于迫害亨利的家族。此乃聚敛财富政策的自然结果。僭主斯蒂芬用这笔钱收买了国内教会和贵族中的头面人物，虽然保证了他们的顺从，却未能使之死心塌地依附于己。他不敢依赖这种脆弱的安全，于是便在欧洲大陆、特别是在布列塔尼和佛兰德斯大肆招兵买马。当时欧洲各邦国普遍治理混乱、政局动荡，社会上到处游荡着无法无天的武装分子，斯蒂芬就把大批这样的亡命徒招至自己麾下。[②] 这支雇佣军以刀剑的煞气捍卫着他的宝座。为了镇服所有心存不满的人，斯蒂芬要在这一层军事恐怖之上更增添一份源自宗教的畏惧，于是他又请求罗马教廷签发一份教皇敕令，确认其王位的合法性。教皇考虑到斯蒂芬掌国已是既成事实，也乐于见他请求教廷权威介入世俗事务，遂欣然赐予他这份恩惠。[③]

公元
1136年 玛蒂尔达与其丈夫杰弗里在诺曼底的境遇也和在英格兰一样不走运。当地的诺曼贵族出于对安茹家族根深蒂固的敌意，先是投向斯蒂芬的长兄布卢瓦伯爵提奥巴尔德，寻求他的保护和支援；在闻知斯蒂芬登上英国王位后，他们当中的许多人又出于和先前一样的理由，希望保持与英国的联盟，于是转而效忠斯蒂芬，拥戴其成为诺曼底之主。时任法兰西国王路易七世（绰号"年轻

---

① W. Malmes. p. 179. Hoveden, p. 482.
② W. Malm. p. 179.
③ Hagulstad. p. 259, 313.

的路易")接受了斯蒂芬长子尤斯塔斯的效忠礼,承认其为诺曼底公爵。为了进一步巩固与英格兰新君及其家族的亲善关系,路易又把自己的妹妹康斯坦莎嫁给这位年轻的公爵。布卢瓦伯爵收回了自己对诺曼底公爵领的一切主张,从而获得一笔为数两千马克的年金作为补偿。杰弗里迫于形势,只得与斯蒂芬签订了一份为期两年的停战协议,在此期间斯蒂芬须向他支付五千马克的津贴。① 斯蒂芬莅临诺曼底,亲自打理完上述各宗交易之后,很快便还驾英格兰。

先王的私生子格洛斯特伯爵罗贝尔是一位正派而有才干的人,他忠实于姐姐玛蒂尔达的权益,热心维护一脉相承的君统;正因为此人在朝野上下串连、作梗,让斯蒂芬有理由担心发生政变,颠覆自己的统治。斯蒂芬即位时,罗贝尔身在诺曼底,他闻讯后,发现自己面临着一种令人措手不及的处境,不免左右为难。一方面,他不齿于向篡位者效忠、背叛对玛蒂尔达的誓言;而另一方面,拒绝向斯蒂芬效忠就意味着自我放逐,从此再难踏足英格兰,也就完全丧失了报效先王宗室、襄助复辟大业的行动能力。② 他对斯蒂芬提出,可以向其宣誓效忠,但需要附加若干书面条件,国王必须全部予以履行,保证永不侵犯罗贝尔的一切权利和尊严。这些保留条款是如此不同寻常,相对于罗贝尔身为臣属的义务显得格格不入;斯蒂芬虽然明知罗贝尔日后遇有机会必将发动叛乱,而这一条款的存在本身无非是给后者的叛乱提供了一个借

① M. Paris,p. 52.
② Malmes. p. 179.

口,但是由于忌惮罗贝尔的亲故、党羽众多,只得对他开出的条件照单全收。[1]当时,英国宗教界还不曾完全接纳斯蒂芬的统治,他们效法这一危险的先例,为其宣誓效忠附加了自己的前提条件:只有当国王捍卫教会的自由、支持教会的戒律时,他们的效忠誓言才具有约束力。[2] 国王直接敕封的贵族们提出的效忠条款更是对公众安宁和王权构成了莫大危害:他们中的很多人索求构筑城堡、进行军事设防的权利,国王发现自己根本无法拒绝这些逾分要求。[3]转眼间,整个英格兰就变得城堡林立,驻守其中的多为贵族的附庸,也有从四面八方汇聚到他们旗下的横行无忌的骄兵悍卒。他们对民众肆意掳掠,以供军需。私斗仇杀在英格兰向来是有法难禁的问题,到此时更呈燎原之势,贵族之间的战争在全国各地如火如荼,使得英格兰大地上满目暴力、生灵涂炭。贵族们甚至不顾国家禁令私铸钱币,又抛开法庭擅行一切司法审判权。[4]在这种君权颓弛的社会形势下,较低等级的绅士阶层和普通民众得不到法律的保护,为了保全身家性命,只得投靠附近的豪强大户,一方面忍受后者的欺压盘剥,另一方面也充当他们欺压他人的走卒。一座城堡建立起来,就成为周边更多人建造城堡的直接理由,即便没取得国王许可的人,也认为自己有权这么做:根据自守图存的大原则,他们必得保持足以与周边邻居相抗衡的军力,而这些邻居通常也就是他们的敌人和竞争对手。在封建制度下,

285

① Malmes. M. Paris,p. 51.

② W. Malm. p. 179.

③ Ibid. p. 180.

④ Trivet,p. 19. Gul. Neub. p. 372. Chron. Heming. p. 487. Brompton,p. 1035.

贵族势力通常都充满暴虐威压，这种情况于本朝更达到登峰造极的地步——僭主斯蒂芬得国不正，因而，他本人虽不乏勇武才干，也不得不容忍他人对王权的侵凌，因为他自己的统治便建立在同样的侵凌之上。

不过，以斯蒂芬的性情而言，他绝不会长久忍耐此等僭越行径而不图奋起，重新光大王权。当他发现王室传统上的法定特权遭到抵制和局限，自然会生出恢复独裁的欲望，也盘算着弃毁自己当日为取得王位而做出的所有让步，[①]同时废除臣民们所享的那些古老权利。他以雇佣兵作为维持王权的支柱，而这支军队已将王室财帑消耗殆尽，此时唯靠劫掠民众来供养他们。全国各地民怨沸腾，这些针对政府的抱怨无不有着充分的理由。格洛斯特伯爵和他的朋友们拟订好叛乱计划之后，他自己便退居海外，给英王发来一份挑战书，郑重宣布放弃对英王的效忠，并谴责后者违背了当初效忠誓言的附加条款。[②]　未几，苏格兰国王大卫亲率一支军队来犯，声称要捍卫侄女玛蒂尔达的继位权；苏格兰军深入约克郡，极其野蛮地大肆破坏。他们的疯狂屠杀和劫掠激怒了英格兰北方的贵族们，如若不然，这些贵族很可能会加入到苏格兰人一边。当地一批有实力的贵族包括阿尔伯马尔（Albemarle）伯爵威廉、罗贝尔·德·费勒斯（Robert de Ferrers）、威廉·皮尔西（William Piercy）、罗贝尔·德·布鲁斯（Robert de Brus）、罗杰·穆布雷（Roger Moubray）、伊尔伯特·莱西（Ilbert Lacy）、沃

公元
1137 年

公元
1138 年
与苏格
兰之战

---

①　W. Malm. p. 180. M. Paris, p. 51.

②　W. Malm. p. 180.

尔特·莱斯派克(Walter l'Espec)等人集结了一支部队,扎营于北
阿勒顿(North-Allerton),严阵以待。双方在此地展开了一场激
战,史称"军旗之战",因为英军在一辆货车上高竖十字架,随大军
而行,作为全军的旗帜。此战的结果,苏格兰国王大败,他和王子
亨利险些成为英军的俘虏。斯蒂芬此役得胜,大大震慑了英格兰
国内的反对派,假如他不曾得意忘形而斗胆与教会作对的话,他
的王位或许能够从此坐得安稳一些。在那个年代,教会的势力绝
对强于任何世俗君主。

　　尽管古代教会势力强大,足以削弱王权、干扰法律进程,然而
也有人提出:在那样暴力恣睢的时代,教会的影响力既可对君王、
贵族手中之剑形成某种制约,又能教化民众循规守矩、尊重他人
权利,亦不无补於世道。但最糟糕的是,高阶神职人员的行径有
时候完全无异于世俗贵族:他们豢养军队来对抗君主或与周边势
力抗衡,结果往往加剧了地方上的动荡,而未能按其职责绥靖一
方。索尔兹伯里主教效仿贵族们的做法,分别在舍伯恩
(Sherborne)和迪韦齐兹(Devizes)筑起两座坚固的城堡,又在马
姆斯伯里奠定了第三座城堡的地基。他的侄子林肯主教亚历山
大也在纽沃克(Newark)建了一座要塞。斯蒂芬由以往的经验中
深知,国中城堡林立必然带来怎样的恶果,现在他决心动手整治
这一局面,首先要拿神职人员修筑的城堡开刀,因为他们不同于
一般贵族,以教士身份建造此类军事设施,名不正亦言不顺。① 国
王借着索尔兹伯里主教和布列塔尼伯爵二人的随从在宫廷里斗

地名注释(左侧边注):8 月 22 日

286

公元
1139 年

———————————

① Gul. Neubr. p. 362.

殴一事,将索尔兹伯里主教和林肯主教二人抓捕入狱,以威胁手段逼迫他们交出刚刚竣工的城堡。[1]

国王的兄弟、温切斯特主教亨利倚仗自己被任命为教皇使节的身份,此时意气颇骄,自命为主宰一方的教会首脑,权威不逊于世俗君主。他不顾兄弟之情,决意挺身维护教会特权——据他声称,这种特权在英格兰遭到了公然侵犯。他在威斯敏斯特召集宗 8 月 30 日教大会,抗议斯蒂芬不待教会法庭裁处、自行对教会显达罔施暴力的不虔行径。他强调说,这些人即便行为不检、理应受到谴责或处罚,按律唯有教会法庭才有资格审判他们。[2]大会又向国王发出宣召令,命其到庭为自己辩护。[3]　斯蒂芬对这种有伤国君颜面的要求并不抵触,反而派出奥布里·德·维尔(Aubrey de Vere)赴会陈诉国王的理由。德·维尔指控两位被捕的主教谋逆叛乱,但是宗教会议仍然拒绝审理此案,也不肯审查两位主教的行为,除非国王先将被没收的城堡归还给他们。[4]索尔兹伯里主教宣称要向教皇申诉。若不是斯蒂芬及其党羽运用了威吓手段,甚至隐约透露出武装镇压之意,这场王冕与法冠之争大有迅速激化之势。[5]

由于这场争执,再加上此前的累累积怨,使得英格兰民众的不满情绪更趋高涨;玛蒂尔达皇后见有机可乘,又受到教皇特使

---

① Chron Sax. p. 238. W. Malmes. p. 181.
② W. Malm. p. 182.
③ W. Malm. p. 182. M. Paris, p. 53.
④ W. Malm. p. 183.
⑤ Ibid.

9月22日
拥戴玛蒂
尔达的
叛乱

本人的私下怂恿,遂由格洛斯特伯爵陪同,在一百四十名骑士的
卫护下登陆英格兰。她驻跸于阿伦代尔城堡,先王的遗孀、现已
改嫁萨塞克斯伯爵威廉·德·阿尔比尼(William de Albini)的阿
德莱为她敞开了大门。玛蒂尔达传令各郡的党羽拿起武器。阿
德莱本指望她的这位继女能够率领一支大军登陆,此番见她人马
甚少,内心不由得生出危机感。玛蒂尔达为了安抚她,先把大本
营迁至其兄罗贝尔的属地布里斯托尔,又从那里迁往格洛斯特;
当地贵族米洛素有勇武豪侠之名,拥戴她的事业,玛蒂尔达皇后
便在其保护之下长驻于格洛斯特。不久,杰弗里·塔尔博特
(Geoffrey Talbot)、威廉·莫恩(William Mohun)、拉尔夫·洛弗
尔(Ralph Lovel)、威廉·菲茨-约翰(William Fitz-John)、威廉·
菲茨-阿兰(William Fitz-Alan)、帕加内尔等一众男爵纷纷来投,
宣称效忠于她。玛蒂尔达一派原本就广得人心,如今势力一日强
似一日,节节进逼对手。

　　倘若我们把同时代人和权威史家们对当时所有军事行动的
记载都复述于此,那么本朝的叙事篇幅很容易过分膨胀;而那些
事件本身并无令人难忘之处,有关其时间、地点的记载亦颇混乱,
现代读者很难从中获得什么教益或乐趣。所以,这里只需笼统言
之:战火蔓延到王国的每个角落。那些狂暴不羁的贵族本已在很
大程度上甩脱了政权的约束,现在又以国家大计为借口,变本加
厉地蹂躏四野,彼此间无情报复,不遗余力地压迫普通百姓。贵
族的城堡变成了合法贼寇盘踞的巢穴,他们不分昼夜地发动劫
掠,袭击乡野、村庄,乃至城镇。他们绑架人质,折磨拷打,逼其交
出隐匿的财帛;他们把绑来的人质卖为奴隶;先抢光被害人家中

288

所有值钱的物品，继而一把火将房舍焚为平地。这些人禀性悍戾，一味恣睢逞凶，反而阻挠了自身贪婪目标的最终实现。通常情况下，教会的财产和神职人员都会得到高度尊重和保护，然而形势发展到最后，这些教产和人员也难免同遭涂炭。整个王国满目荒凉：田地无人耕作，农具多被毁弃，一场大饥荒接踵而来，此乃战乱频仍的自然结果。争夺王权的两派均身受其害，掠夺者和无助的百姓一样陷入饥寒交迫的困境。①

　　双方多番谈判无果，也签订过若干和平协议，但始终未能打破这种极具破坏性的敌对状态。直到最后，发生了一个事件，这个国家的苦难才隐约有了某种终结的苗头。玛蒂尔达一党的切斯特伯爵拉尔夫及其同母异父兄弟威廉·德·罗莫拉（William de Roumara）突袭占领了林肯城堡，而当地居民倾向于斯蒂芬，派人向他求援。斯蒂芬率军将城堡团团包围，指望不日力克此城，或者以绝粮战术困死对手。格洛斯特伯爵匆匆带兵前来解围，斯蒂芬闻讯后，即于旷野摆开阵势，决心与对手一决雌雄。一轮激烈的冲杀之后，王师的两翼均落败溃逃，斯蒂芬本人被敌军包围，虽然他英勇搏斗，终因寡不敌众而成了阶下囚。他被带到格洛斯特，起初受到人道的待遇，但是没过多久，胜利者怀疑他阴谋不轨，便将他投入牢狱，加了镣铐。公元
1140 年公元
1141 年
2 月 2 日斯蒂芬
被俘

289　　斯蒂芬被俘，他那一党群龙无首，顿时瓦解。贵族们纷纷从全国各地赶来向玛蒂尔达效忠，每日络绎不绝。这位女主喜见形势一派大好，但她心里明白，除非取得教会的支持，自己还不能说

---

　　①　Chron. Sax. p. 238. W. Malmes. p. 185. Gest. Steph. p. 961.

稳操胜券。教皇特使近来表现出的态度非常含糊不清,似乎更想羞辱他的哥哥,而无意于彻底毁掉他;玛蒂尔达见此情形,更是不遗余力地拉拢他。她在温切斯特附近的一处旷野与亨利主教会晤,对他起誓说,只要他接受她为王,承认她作为先王唯一继承人的身份,并且重申他自己及王国其他贵族当初对她发下的效忠誓言,就让他掌管王国的整个教会机构,特别是,所有主教教区和修道院的空缺职位全都听凭他一手安排。以上约定由玛蒂尔达的兄弟罗贝尔伯爵、布赖恩·菲茨-康特(Brian Fitz-Count)、格洛斯特的米洛等一班显贵充当保人,确保玛蒂尔达履行承诺。[①]亨利主教终于被说服效忠于她,但仍附有明示条件,即以玛蒂尔达履行其承诺为前提。随后,亨利主教引领玛蒂尔达进入温切斯特城,亲率游行队列来到温切斯特大教堂,在众多主教和修道院长面前无比庄严地向所有诅咒她的人发出诅咒,向所有祝福她的人给以祝福,宣布凡臣服于她的人将获赦罪,凡反叛她的人则被逐出教门。[②]不久,坎特伯雷大主教提奥巴尔德也来到宫廷,向玛蒂尔达皇后宣誓效忠。[③]

玛蒂尔达加冕　　玛蒂尔达为了进一步确保教会对她的拥戴,愿意接受神职人员为她加冕;她满足于教皇特使召集宗教大会,在会上确认她拥有王位继承权,而不是沿袭自古以来的制度(或未予明确规定的成例),通过召开全国大会予以确认。教皇特使在宗教大会上致辞,宣称当初玛蒂尔达不在国内时,他的哥哥斯蒂芬一度获准执

---

① Malm. p. 187.

② Chron. Sax. p. 242. Contin. Flor. Wig. p. 676.

③ W. Malmes. p. 187.

政,后者在登基之前,曾以众多漂亮的承诺引诱说服众位长老,包括尊重和光大教会、维护法律、革除一切弊政,等等。然而,他悲哀地看到,这位国王上台后在各个方面都远远未能履行自己做出的承诺。公众的安宁遭到破坏,罪案频发,罪犯大摇大摆不受惩罚;主教们锒铛入狱,被迫放弃自己的财产;修道院被出卖、教堂被劫掠,国家治理一团混乱。他本人身为教皇特使,为了匡正以上诸般弊端,曾经宣召国王到主教会议上听取意见,但是此举非但未能引导国王改邪归正,反而大大地激怒了国王。他又表示,斯蒂芬无论犯下多大的过失,终究是自己挚爱的兄弟;然而,对天父的爱必须重于手足之情。现在看来,上帝已经抛弃了斯蒂芬,使之落入其敌人之手。选择和任命国王的权力主要归于教会,此次宗教大会即是为此目的而召开的。此时此刻,在召唤神助之后,教皇特使无比郑重地宣告:先王亨利的唯一后嗣玛蒂尔达就任英格兰女王。与会者有的报以欢呼,有的保持沉默,表示拥护(或表面上拥护)新即位的女主。①

　　在这次决定王权归属的会议上,以俗界身份与会者只有伦敦人的代表,而且他们被告知不得发表意见,只能服从宗教大会的决定。尽管如此,伦敦人的代表并不肯轻易屈服,他们坚决要求释放自己推选的国王。但是教皇特使回答说,伦敦人向来被视作英格兰人中之杰,他们以如此高贵的身份,不宜与那些在战场上卑劣地弃主而逃、又曾无礼亵慢神圣教会的男爵们站在同一立

①　W. Malmes. p. 188. 这位作者是个有见识的人,他当时就在现场,并且自称对会上发生的一切非常留心。故而我们可以认为,关于上述发言的记载是完全可靠的。

场。①伦敦市民能够拥有如此之高的权威，内中自有道理：如果同
时代作家菲茨–斯蒂芬（Fitz-Stephen）所言不虚的话，当时伦敦城
所能提供的兵员数目应不少于八万。②

　　伦敦虽然实力雄厚，又对斯蒂芬恋恋不舍，但最终还是迫于 291
压力而向玛蒂尔达表示臣服。得益于罗贝尔伯爵明智的安排，女
王的统治似乎已在整个王国范围内立定了根基。不过，这种局势
并未保持太久。玛蒂尔达身为女主，君临如此狂暴好战的国民，
自有其不利的一面；此外，她个人的性情颇为暴躁专横，不懂得如
何以温煦之道化解冷硬的拒绝。斯蒂芬的王后曾在多位贵族附
议下，祈请恢复其夫的自由，并且提出，如蒙恩准，斯蒂芬将昭告
天下放弃王位，隐居于修道院。教皇特使也提出，可否让他的侄
子尤斯塔斯继承其父在博洛涅和其他地方的祖传采邑。③ 此外，
伦敦人请求恢复爱德华国王的律令，取缔亨利一世时代令人难以
忍受的苛法。④ 对于上述一切请求，女王均以傲慢专横的态度断
然予以拒绝。

　　教皇特使或许从来就不曾真心顺服于玛蒂尔达的统治，他利
用女王的专横行径所激起的怨望，暗中唆使伦敦人叛乱。叛乱者

---

　　①　W. Malmes. p. 188.

　　②　P. 4. 如果说以上记载真实可信，那么伦敦城当时的居民总数必定接近四十万
人，超过伊丽莎白女王去世时伦敦人口总数的两倍。不过，这种粗略的计算（或者毋宁
说是猜测）并没有多少可信度。另一位颇有见识的同时代作家布卢瓦的彼得（Peter of
Blois）记述道，当时伦敦城只有四万人口，这种说法更有可能是真的。参见 Epist. 151.
菲茨–斯蒂芬笔下的伦敦那种惊人的富庶、繁华和绮丽光景，只能证明当时王国版图内
其他城镇的赤贫状况——事实上当时整个欧洲北部都是如此。

　　③　Brompton，p. 1031.

　　④　Contin. Flor. Wig p. 677. Gervase，p. 1355.

密谋活捉玛蒂尔达,女王仓皇逃走,堪堪躲过危险。她逃到牛津,不久又前往温切斯特——教皇特使本人正退居于此,他之所以一直引而不发,一来是暂且不想撕破脸面,二来是静待时机、准备给予女王毁灭性的打击。待到他将所有的追随者集结完毕,便公然翻脸,与造反的伦敦人和斯蒂芬的雇佣军(他们此时尚未撤出英国)合兵一处,把玛蒂尔达包围在温切斯特城。由于城中粮秣不继,女王被迫弃城而逃,但她的兄弟罗贝尔伯爵在逃亡途中被敌军俘获。这位爵爷虽说身为女王的臣属,实际上却无异于玛蒂尔达一党的生命和灵魂,与斯蒂芬在其阵营中的地位相当。女王深知罗贝尔的价值和重要性,只得同意双方对等交换俘虏。自此内战烽烟再起,战势比以往更加白热化。 斯蒂芬
获释

罗贝尔伯爵见两方势均力敌,便渡海前往诺曼底,试图为己方增添获胜的砝码。在斯蒂芬被囚期间,诺曼底公国已然归入安茹伯爵杰弗里治下,在罗贝尔伯爵说服之下,杰弗里派其长子、前程远大的年轻王子亨利来到英格兰,成为女王驾前的领班重臣。不过,这一对策并未给他们这一方带来决定性的胜果。斯蒂芬率军长期围困牛津,最后攻克该城;但是他又在威尔顿被罗贝尔伯爵击败。女王陛下虽然颇具阳刚之气,还是被顺境和逆境的复杂变幻搅得身心俱疲,又时刻担心着自己和家人的安全,因此,她先是将儿子送往诺曼底,最后自己亦退居该地避乱。几乎与此同时,她的兄弟罗贝尔伯爵去世,这一事件几乎对女王的事业构成了致命的打击,不过斯蒂芬此时也面临着一些棘手的情况,令其不得高歌猛进。斯蒂芬发现,己方阵营的一些贵族在私自修筑城堡,大有不受羁束之态,这些军事建筑的危险性绝不亚于敌方盘

公元
1142年

公元
1143年

公元
1146年
内战持续

292

踞的城堡。于是他便采取措施，试图让他们交出城堡。然而这一
合理要求却让很多贵族疏远了他。他的弟弟曾经为他争取到教
会的强大支持，但是经过一段时间之后，教会也倒向了敌方阵营。
新任教皇尤金三世（Eugenius III.）收回了对温切斯特主教教皇特
使的任命，将其转授给坎特伯雷大主教提奥巴尔德——后者恰恰
是前教皇特使的对手和死敌。新任教皇还在香槟省（Champagne）
的兰斯召集了一次宗教大会，他没有按照惯例让英格兰教会行自
选派代表，而是直接提名五位英国主教，要求他们作为英格兰教
会的代表赴会。斯蒂芬尽管眼下困难重重，还是极力卫护其王
权，下令不准五位主教参会。[1]教皇心知和这样一位继位权存在争
议的君主相争，己方占据着优势地位，于是他采取报复手段，下令
对斯蒂芬的所有党羽处以禁罚[2]。[3]被抛入这一窘境的王党成员
牢骚满腹，眼看着玛蒂尔达一党乐享神圣典礼的一切益处，更觉
怨气冲天。最后，斯蒂芬被逼无奈，只好向罗马教廷做出适当的
服从姿态，以换得教皇对其手下的赦免。[4]

　　旷日持久的内战使对阵双方都疲累不堪，彼此虽恨意不减，
也只能心照不宣地暂歇兵戈。罗杰·德·穆布雷、威廉·德·瓦伦
纳等一大批贵族因在国内没有施展武才的机会，就报名参加了新
一轮十字军东征。在此前的若干年里，十字军运动陷入低迷，经
历了许多挫折，此时，在圣贝尔纳（St. Barnard）的号召下，十字军

公元
1147年

293

---

[1]　Epist. St. Thorn. p. 225.
[2]　教会惩戒的一种，停止受罚对象的圣事活动权。——译者
[3]　Chron. W. Thorn. p. 1807.
[4]　Epist. St. Thom. p. 226.

得以重振旗鼓,取得了惊人的成就。[1] 然而不久之后发生的一次事件,险些重新点燃英格兰的内战之火。亨利王子此时已经年满十六岁,热切盼望着自己的骑士授封礼。在那个时代,凡有身份的男子到了一定年龄,必须经过这样的仪式才能获准使用武器,即使至尊至贵的王子也不例外。王子想从他的舅公苏格兰国王大卫手中接受授封,为此,他率领庞大的扈从队伍穿越整个英格兰,他手下一批最重要的党羽也一路陪同。他在苏格兰国王身边逗留了一段时间,又率军入侵英格兰,锋芒小试;他在各种表现男子气概的活动中均显露出矫捷的身手、充沛的活力,他作战英勇,临事审慎有谋,这一切都令其党人心中倍添希望;他日后君临英格兰时所展现的雄才大略,在此时业已初现端倪。亨利王子回到 公元
1150年诺曼底不久,便经玛蒂尔达同意,正式接掌了诺曼底公国;第二年,其父杰弗里去世,他又继承了安茹和马恩两处领地,并且成了婚,这桩亲事令他实力大增,已经达到了令对手望而生畏的地步。他的新婚妻子名叫埃莉诺(Eleanor),是吉耶纳公爵兼普瓦图伯爵威廉的掌上明珠暨女继承人,她在十六岁上嫁给法兰西国王路易七世,并随同王驾参加了讨伐异教徒的十字军东征。在东方,埃莉诺失去了丈夫的欢心,甚至或多或少地被怀疑与某位英俊的撒拉逊人闹出一段风流韵事。路易七世过于敏感而疏于策略,随即与埃莉诺王后离婚,将作为其陪嫁而并入法国的那些富裕省份统统归还给她。年轻的亨利毫不顾忌二人悬殊的年龄差距,也不在 公元
1152年乎关于埃莉诺风流韵事的传闻,对她展开追求,并取得成功。在

---

[1]　Hagulst. p. 275,276.

埃莉诺离婚六个星期之后，亨利就与她成了亲，从而取得了新娘名下的所有领地。这次兼并令亨利的地位逾发显赫、前途一片光明，英格兰国内亦因之大受震动，当时斯蒂芬急于确保自己的儿子尤斯塔斯继承王位，要求坎特伯雷大主教为尤斯塔斯行涂油礼，正式立其为王储，然而大主教却拒绝从命，潜逃到海峡对岸，以躲避斯蒂芬狂怒的报复。

公元
1153年
　　亨利闻知英格兰民心倾向于己，遂挥师侵入英国。他的部队先是在马姆斯伯里小胜斯蒂芬，占据该地，继而又向被王军优势兵力团团围困的沃灵福德派出援军。一场大决战迫在眉睫，双方阵营的高爵显贵们担心发生更大规模的流血和混乱，遂积极从中斡旋，着手安排二主之间的谈判。就在谈判进行期间，传来斯蒂

国王与
亨利王
子和解
芬之子尤斯塔斯去世的消息，此事促使谈判很快有了结果。双方达成协议：斯蒂芬在其有生之年保有英国王位，王国境内一应执法行政均以斯蒂芬之名进行，即使那些已经臣属于亨利的省份也须如此；待斯蒂芬驾崩后，由亨利继承王位，斯蒂芬之子威廉则继承博洛涅和其他地方的祖传采邑。所有贵族齐齐发誓遵守上述条约，并向亨利行效忠礼，尊其为王储。随后，亨利率兵撤出英格

公元
1154年
10月25日
国王驾崩
兰。第二年，斯蒂芬病倒，未几晏驾，从而避免了如此微妙的局面之下很可能滋生的种种争执和猜忌。

　　斯蒂芬统治下的英格兰饱经祸乱。他僭居大位自是鲁莽、不义之举，然而就其个人品性而论，似乎并无特别令人反感之处。倘若他是一位合法的王位继承人，或许能够成为一个称职的国

295　王,从而大大增进子民的福祉,也未可知。[①]他是非常勤奋、活跃而勇敢的一个人,尽管欠缺明智的判断力,倒也不乏别样的才干。他是笼络人心的天才;虽常处险象环伺之境,却从未沉溺于暴力或报复行径。[②] 他登上王位,并未给自己带来安宁和快乐。尽管英格兰所处的地理位置防止了周边国家趁其内乱而攫取任何持久的利益,但是国内的乱局已然造成了极具毁灭性的后果。英国内战时期,罗马教廷也得以进一步扩张了其僭越的权力;英国法律历来严禁国人上诉于教皇,而今英格兰教会事务每遇争议便向教皇提起申诉,竟已成了司空见惯的情形。[③]

---

①　W. Malmes p. 180.

②　M. Paris, p. 51.　Hagul. p. 312.

③　H. Hunt. p. 395.

第八章　亨利二世(Ⅰ)

欧洲局势—法国局势—亨利登基之初的施政活动—政教之争—托马斯·贝克特就任坎特伯雷大主教—国王与贝克特斗法—《克拉伦登宪章》—贝克特流亡海外—国王与贝克特和解—托马斯·贝克特结束流亡归国—贝克特遇难—哀悼—国王屈服

公元
1154 年
欧洲
局势
今天,欧洲国家已经结成了广泛同盟,各国君主之间形成了一种合中有分、分中有合,联合与抗衡并存的关系。尽管这种同盟中哪怕燃起一星半点纷争的火花,都有迅速扩散至整体的倾向,但是它至少有一个好处,就是能防止个别国家发生暴力革命或者被他国征服。然而在古代,这样的同盟却是闻所未闻的。那时候各国的外交政策也远不如现今这样错综复杂、牵涉广泛。商业活动尚未将那些遥远的国度紧密联系到一起。整场战争的结局凭着一次战役或决战便能决定,远方国度有何动作几乎对此毫无影响。国与国之间信息交流不便,对彼此的状况所知甚少,因此多国协力完成一个方案或事业在彼时完全行不通。最重要的一点是,那些贵族和势力强大的封臣素性蛮野、桀骜不驯,令各国君主无暇他顾,只能把主要精力放在国内,自顾经营本身的政权体系,对邻邦的事务大体上漠然置之。能够吸引他们把目光投向海外的，唯有宗教而非政治原因：在这种情况下，他们要么定睛于圣城耶路撒冷，将征服与守卫圣城视为基督教世界共同的荣誉和利益所在，要么卷进与罗马教廷的明争暗斗——他们之前已经向教皇拱手献出了对宗教事务的操纵权，而后者则越发节节进逼，日渐侵蚀世俗君主不情愿渡让的某些权威领域。

在诺曼底公爵征服英格兰以前，这个岛国无论在地理上还是政治上都处于一种与世隔绝的状态。除了屡遭丹麦海盗的侵凌之外，英格兰人一直安享闭门自得的日子，在欧洲大陆上既未树敌亦无盟友。由于威廉在欧陆拥有众多领地，这就使得此岛人民与法兰西的国王和大诸侯之间形成了千丝万缕的联系。教皇和神圣罗马帝国皇帝争雄，令德国和意大利之间往来不绝；与此同时，英法两大君主国则在欧洲的另一边自成一系，彼此间或战或和，并不与他国相干。

随着加洛林王朝走向式微，法兰西各省的贵族势力趁王权衰 法国局势落之机得以壮大，又因各地领主必须依靠自身力量抵御北欧海盗的劫掠，所以在民政和军事两方面都取得了近乎独立自主的权力，国王的特权被挤压到极其有限的地步。雨果·卡佩（Hugh Capet）登上法国王位，其名下的大片采邑并入王室领地，令王家尊荣有所增长。不过，这些采邑虽然对于身为人臣者已经堪称可观，但是用于支撑大国君主的权威，却依然显得薄弱。当时的王室领地只有巴黎、奥尔良（Orleans）、埃斯唐普（Estampes）、贡比涅（Compiegne），以及零星散布于北方省份的几块采邑。在王国其他地域，君主的权力只是有名无实而已。领主们已经习惯——而且有权——不经国王许可便相互开战；如果他们自认为受到国王的侵害,甚至有权以武力对抗君上。

他们全权裁断佃户和下级领主的民事官司,无须向上移交。[298]
出于对王权共同的戒备心理,领主们很容易联合起来,抵制任何
旨在削弱其逾矩特权的尝试。由于其中一些人拥有的实力和权
威已经不亚于强势君主,因此这一群体中哪怕是最小的男爵也能
获得即时有效的保护。法国贵族中地位最显赫者,当属"法兰西
贵族团"的十二名成员,其中六名具有神职身份,他们掌握的巨大
权力,加上教会享有的其他豁免权,极大地挤压了一般执法活动
的空间;而另外六名属于世俗身份的"贵族团"成员则盘踞于勃艮
第、诺曼底、吉耶纳、佛兰德斯、图卢兹和香槟,形成了几个势力范
围极广、实力雄厚的独立王国。尽管在紧急情况下,所有这些诸
侯和贵族们集结起来能够聚成一股强大的合力,然而且不论推动
这架庞大的机器将是何等困难,首先一点,要让这架机器的各个
部分保持协调一致,就是一件几乎不可能的事。只有共同的利益
感才能暂时让他们集合在君主的指挥下,合力抗击共同之敌;但
是,假如君主试图举整体之力打击某个桀骜不驯的领主,上述的
共同利益感又会让其他领主们起而阻挠该意图的实现。前任法
兰西国王胖子路易一度率领二十万大军开赴边境迎击日耳曼人;
但在另一个时期,哪怕是科尔贝(Corbeil)、皮约塞(Puiset)和古奇
(Couci)之流的小领主也敢于挑战他的权威,并公然与他刀兵
相见。

相形之下,英国君主在国内的权威则要大得多,哪怕是最有
势力的诸侯也无法望其项背。相对于国土面积而言,英王室的领
地堪称规模庞大、收入丰厚。国王惯于随心所欲地搜刮民脂民

膏。国王法院的权威遍及王国的各个地区。他既可运用个人权力、也可借助司法判决（无论依据是否充足），打垮他所厌憎的贵族。虽说英国和其他国家一样实行封建制度，而这种制度本身具有抬高贵族、抑制君权的倾向，但是以英国当时的国情来看，领主们必须结成大联盟才有能力对抗其主君，迄今为止，这个国度还没有产生任何一位实力足够强大的贵族，能够以一己之力向国王宣战，并为较小的领主们提供庇护。

以上便是英法两国在国情上的差异，相形之下，英国享有很多优势。亨利二世是一位卓有才干的君主，又在欧洲大陆拥有大片富庶的领地。他登上英国王位，这一事件在法国国王眼里即便算不上致命的威胁，至少也是一个足以彻底打破两国均势的危险信号。亨利二世从父亲一方继承了安茹和土伦（Touraine）两省，从母亲一方继承了诺曼底和马恩，其新婚妻子又给他带来了吉耶纳、普瓦图、圣通日（Xaintonge）、奥弗涅（Auvergne）、佩里戈尔（Perigord）、昂古莱姆（Angoumois）和利穆赞（Limousin）地区。不久，亨利又将布列塔尼纳入治下，在周边地区势力大张，远远超乎当年"糊涂王"查理将诺曼底赐封给丹麦人罗洛时授予那个江洋大盗的辖管范围。亨利在欧洲大陆的全部领地，加起来占到法国国土面积的三分之一以上，而且就其面积和富庶程度来讲，要比法王的直辖领地条件优越得多。封臣的实力盖过了主君——雨果·卡佩本人正是这样把加洛林王朝的君主赶下台的，而今的状况似乎大有重蹈前朝覆辙之势，而且此番封臣一方占有更大的优势。看到英格兰陡然增添了这么多的省份，法国国王有理由感到忧虑，唯恐这种局面给他本人及其王室家族带来严重祸患。然而事实上，正是这种看似危乎殆哉的局面拯救了卡佩王朝，并将其推送至荣耀之巅，直至今日。

封建法对君主权力的制约，妨碍了英王充分获益于其治下众多领地所拥有的强大实力。而这些彼此不相毗邻的地域，名义上作为王国的组成部分，在法律、语言和风俗上均各行其是，从来不曾完全融合成为一个整体。这位亨利国王在他的法国臣民眼里，真正是"天高皇帝远"，与当地百姓在利益诉求上也不一致，所以他很快就被看成了"外人"；民众更自然地倾向于效忠那位更高一级的主君，[1]也是公认的法国最高统治者。后者永远近在咫尺，随时能侵入他们的家园；而他们那位直接领主却总是鞭长莫及，无法保护他们。在这些分散的领地上，无论何处发生任何动乱，情势总是于英王不利。法国王室治下的其他大领主眼看英国势力遭到驱逐只是幸灾乐祸，丝毫没有唇亡齿寒、同仇敌忾之意。如此一来，法王发现，夺取英国数目繁多的海外省份要比逐一征服诺曼底公爵领、吉耶纳公爵领、安茹伯爵领、马恩伯爵领或普瓦图伯爵领容易得多。这些幅员辽阔的英属省份在归入法王治下以后，立即与整个国家融为一体，此后法王再去兼并那些仍然保持独立的大领主的地盘，就会变得易如反掌。

但是，这些重要后果在当时并不是凡人的智慧所能预见的，故而，法国国王胆战心惊地注视着安茹王朝（也叫金雀花王朝）蓬勃兴起。为了阻滞其旺盛势头，他一直和斯蒂芬保持紧密的联盟，尽力支持那个胆大妄为的僭主保住摇摇欲坠的王位。然而，

300

---

[1]　因为亨利要为在法兰西拥有的领地向法国国王称臣。——译者

及至斯蒂芬去世之后，他再想用什么策略阻挠亨利即位，或者拦阻斯蒂芬当初经全国一致赞成而与继任者订立的条约生效，都已经来不及了。英国民众多年来饱尝内战之苦，早就厌倦了流血和破坏，他们现在根本无意违背自己的誓言，拒绝合法储君继承大统。[1] 英格兰的各大要塞，多处已被亨利一党所控制。全体国人之前均有机会见识过这位储君的金玉贵质，[2] 与天资平庸的斯蒂芬之子威廉形成了鲜明的对照；此外，他们也都了解亨利的实力不俗，很乐意看到英格兰王室获得如此之多的海外领地，所以从来不曾有过丝毫抗拒的念头。亨利心知当前的形势对自己大为有利，所以并不急于驾临英国；当斯蒂芬的死讯传来，他正忙于围攻诺曼底边界上的一座城堡，他决定不了结此战决不旁顾，因为在他心目中，这是一件荣誉攸关之事。待到拔下这座城堡，他才启程前往英国。亨利一踏上英格兰的土地，社会各等级欢呼雀跃、齐齐迎驾，满心喜悦地向新王宣誓效忠。

12月8日

亨利秉政之初的头一项举措，便印证了人们对其雄才大略的高度评价，也预示着这个国度即将迎来暌违已久的公正与和平。新君立即遣散了国内所有的雇佣军——他们是英国的动乱之源。他把这些人连同他们的首领、那个被斯蒂芬引为朋友和亲信的威廉·伊普尔（William of Ypres）统统送出国外。[3] 他撤销了前任国王做出的所有权利让渡，[4] 就连玛蒂尔达皇后出于情势所迫而

公元
1155年
亨利登基
之初的
施政活动

301

---

① Matth. Paris, p. 65.

② Gul. Neubr. p. 381.

③ Fitz-Steph. p. 13. M. Paris, p. 65. Neubr. p. 381. Chron. T Wykes, p. 30.

④ Neubr. p. 382.

授予一些人的若干特权也一并废除。玛蒂尔达之前已经为支持亨利而放弃了属于自己的权利,现在也并不反对上述对于增进王室威严极其必要的措施。他纠正了前朝货币大幅贬值的情况,又采取适当措施,以防乱象重演。[①]他执法甚严,坚决镇压盗抢和暴力犯罪,以期恢复法律的权威。他还颁旨拆除所有新建的城堡,这些据点很多都已沦为匪徒和反叛分子的庇护所。[②] 阿尔伯马尔伯爵休·莫蒂默(Hugh Mortimer)和格洛斯特的米洛之子罗杰有意抗拒上述与国有益的措施,然而国王随即亲率大军莅临其境,很快便迫使他们就范。

待国内诸事已定,局面完全恢复平靖之后,亨利便转战海外,去应对王弟杰弗里的进犯。后者趁亨利离开欧陆,率军侵入安茹和马恩,并提出对这两块领地享有一定权利。他的军队已然占据了上述两省的大片土地。[③] 此番王驾临到,民心随即回转,杰弗里也放弃了他的权利主张,并取得一千镑年金作为补偿。杰弗里撤出所占二省,转而占据了南特(Nantz)郡,当地居民此前驱逐了原领主霍伊伯爵(Hoei),并迎请杰弗里为主。亨利于次年返回英格兰。因威尔士人叩边犯境,亨利挥师反击,攻入威尔士境内。由于当地地势险峻,给王军造成了极大困难,甚至国王本人也曾身陷危境。一次,王军先头部队在通过一个狭窄的隘口时遭到袭击,以致溃不成军;世袭旗手亨利·德·埃塞克斯(Henry de

公元
1157 年

302

---

　　① Hoveden, p. 491.

　　② Hoveden, p. 491. Fitz-Steph. p. 13. M. Paris, p. 65. Neubr. p. 381. Brompton, p. 1043.

　　③ 参见第 I 卷卷末注释[N]。

Essex)惊惶失措,丢弃军旗而逃,口中大叫国王被杀了。若不是国王当即现身,带领军兵奋力冲杀,只怕要落得全军覆没的结局。[①]事后,埃塞克斯被罗贝尔·德·孟福尔(Robert de Montfort)指控犯有重罪,并在一对一的决斗中败于后者剑下。埃塞克斯的产业被没收,他本人则被强行送入修道院。[②]威尔士人最终俯首称臣,从而与英格兰达成了和解。

那个时代为君者普遍尚武,每有军事行动总是亲自挂帅,哪怕最无足轻重的战事也不例外。另一方面,君主的权威较弱,通常无法在必要时把最高指挥权交给将帅们。王弟杰弗里占据南特不久便去世了。他对南特其实并无真正的名分,只不过是当地居民在两年前自发地归顺于他,或者说选择了他来统管该地;尽管如此,亨利还是提出对南特的继承权,并且亲自挥师渡海,以武力支持自己的权利主张。布列塔尼公爵或伯爵(因为史家总是胡乱记述这些公侯的爵衔)柯南声称南特是新近从他的治下叛离出去的,因此这块土地理当属于他。杰弗里一死,他就派兵占领了争议地区。亨利为了防备法国插手争议,遂先行拜会法王路易,极尽殷勤笼络,与之结为同盟,更缔成英国王位继承人亨利与法兰西公主玛格丽特的婚约,尽管亨利王子当时年仅五岁,而法国公主尚在襁褓之中。扫清后顾之忧的亨利挥师挺进布列塔尼,柯南没有信心抵抗,遂拱手献出南特。亨利凭借其雄悍表现,还从这一事件中进一步斩获了更为重要的利益:柯南治下的臣民动辄

公元
1158 年

303

---

① Neubr. p. 383. Chron. W. Heming. p. 492.

② Paris,p. 70. Neubr. p. 383.

生乱,令其苦不堪言,他很想借助亨利这位强大君主的势力来安定厥邦,便将年幼的独女许婚给亨利的第三个儿子杰弗里,后者当时也还是个孩童。大约过了七年,布列塔尼公爵去世,亨利遂以中间领主及其儿子、儿媳自然监护人的身份,占据了布列塔尼,并暂时将其并入自己的广阔领地。

公元
1159 年

国王还期待着获取更多领地,他的性情绝不容许他放过此类机会。埃莉诺王后之母、吉耶纳公爵夫人菲利帕(Philippa)是图卢兹伯爵威廉四世的唯一后嗣,按理应当继承父亲的领地,然而那位伯爵希望把家族遗产保留在男性一脉,便与其弟雷蒙·德·圣吉尔(Raymond de St. Gilles)签订了一份买卖协议,将领地转到后者名下。在那个时代,这种协议普遍被视为虚假无效。如此一来,针对图卢兹的继承权,这个家族的男性和女性后嗣之间就形成了一场争议。究竟哪一方获胜,要看谁能得到机遇的青睐。当时实际控制该地的是雷蒙·德·圣吉尔之孙雷蒙。亨利重申妻子名下的权利时,雷蒙便向法国国王乞请保护,因为后者对于英王室的势力扩张总是千方百计地加以阻挠。当初路易未与埃莉诺离婚的时候,曾经宣称她的要求是合理的,并据此提出对图卢兹的领土主张;[①]然而,现在他的情感已经随着利益而转向,因此他决定以自己的权力和威望充当雷蒙的后盾。亨利发现,他必须坚持自己的主张、与强有力的对手争雄,而靠着辩论和宣言无法兑现的权利主张,只有凭借强大的军队才有可能实现。

在封建制下,由军事封臣构成的部队通常军纪涣散、难以指

---

① Neubr. p. 387. Chron. W. Heming p. 494.

挥,其原因一方面在于官兵性情豪纵、不受羁勒,另一方面在于各级军官既不是由君主拣选任用的,也不是凭借军事才能或作战经验实干出头的。每个领主都指挥着自己的封臣队伍,其地位高低与拥有的领地大小成正比,甚至君主之下的最高级指挥官也往往是根据出身来确定的。而且,按照军事封臣的法定义务,他们自费服役的期限只有四十天,因此,如果进行长途远征,君主的花销就十分可观,实际上无法从封臣的效劳中得到多少好处。亨利意识到这些不便之处,于是改向诺曼底和其他远离图卢兹地方的封臣征收一定数额的款项,以顶替兵役。由于英格兰的封臣们地处遥远,他们由这种代役制中受益更大。国王向手下骑士们收取十八万镑的兵役免除税,尽管这不属于寻常征税的范围,或许也是有史以来的头一次,[①]但是出于上述理由,那些军事封臣们仍然心甘情愿地缴纳了;国王用这笔钱款另外征募了一支军队,这些将士更听从指挥、服役期更久、状态也更稳定。亨利先期拉拢了巴塞罗那伯爵贝朗热(Berenger)和尼姆(Nismes)伯爵特林卡沃(Trincaval),并在这两位贵族的协助下侵入图卢兹,连取凡尔登(Verdun)、卡斯泰诺(Castlenau)等地,包围了图卢兹首府,眼看大功即将告成。这时,法王路易等不及主力部队到达,便急率小股增援部队赶来,要亲自守卫此城。一些大臣力劝亨利一举破城,俘虏法王路易,将不平等条约强加于他。不过,亨利并未采纳这个建议,要么是因为觉得维护封建纲常于己有利(他自己海外领地的安全端赖于此),要么是因为他对自己的主君怀有深深的敬

---

①　Madox, p. 435. Gervase, p. 1381. 参见第 I 卷卷末注释[O]。

意。他宣布：他绝不会攻打主君亲自守卫的地方，并且立即撤围而去；[1]他挥师进军诺曼底，去抗击法王路易之弟德勒（Dreux）伯爵的入侵——这次进犯也是法王唆使的结果。现在，两国君主公然开战了，但其间并无什么令人难忘的事件。双方很快停火，保持着和平局面，然而两位相互敌对的君主之间仍然毫无互信和亲善交流。当初英法议婚时双方曾有约定，日索尔（Gisors）城堡作为玛格丽特公主的嫁妆，先托付圣殿骑士团代管，待婚礼举行之后再交给亨利。亨利为了找借口立刻占据该地，下令马上为两个幼童举行隆重的婚礼。[2]据普遍猜测，圣殿骑士团的总团长被他以厚礼买通，任由他占领日索尔。[3] 路易对这种舞弊行为深恶痛绝，他驱逐了圣殿骑士团，作势要与英王开战，若非教皇亚历山大三世（Alexander III）从中调停、压服，战争恐怕真的要爆发了。亚历山大三世此前被敌对教皇维克多四世（Victor IV）赶出罗马，当时正滞留于法国。行文至此，或可略略插叙一年前英法两国君主在卢瓦尔河上的托尔西（Torci on the Loir）城堡恭迎教皇圣驾的盛况，我们从中大致能够领略到那个时代罗马教皇是何等天威煊赫。两位国王对教皇毕恭毕敬，一齐下马迎候，徒步走在教皇的坐骑两边，以极尽谦卑的姿态为其牵缰引路，一直迎入城堡。[4]此

公元
1160 年

公元
1161 年

305

---

① Fitz-Steph. p. 22. Diceto，p. 531.

② Hoveden，p. 492. Neubr. p. 400. Diceto，p. 532. Brompton，p. 1450.

③ 在本书出版之后，利特尔顿爵士（Lord Lyttelton）将亨利二世和路易七世之间的协议公开出版。我们从中看到，如果该协议不存在秘密条款，那么亨利的这次行动并不构成任何欺诈之罪。

④ Trivet，p. 48.

情此景曾让巴罗尼乌斯①为之欢喜赞叹曰：这等奇观，为上帝、众天使和世人所共睹，实为旷古未有之胜景！

在教皇的调解之下，亨利与路易达成和解，不久亨利便还驾英格兰。此后他所行的一件大事，尽管是明智的政策所需，其实施过程大体上也堪称审慎，却给他造成了极大的困扰，令其身陷险境，最终的结果亦多有损失和羞辱。公元
1162 年

教会对世俗权力的侵蚀，起初是以温和渐进的方式进行，到此时已呈突飞猛进、咄咄逼人之势，英格兰的君权与教权之争实已达到了一个关键的临界点。值此关头，必须做出抉择：主宰这一国的，究竟是国王还是神职人员（具体而言，就是坎特伯雷大主教)?②亨利是个雄心勃勃、富于攻击性的君主，常令周边邻国生畏，以他这种性情，不可能长久忍让臣属的僭越；再者，最能让人睁眼看清现实的东西莫过于利益，故而亨利绝无可能像他的臣民一样，深陷于卑屈的迷信而不能自拔。他自登基伊始，无论是对海外领地还是在英格兰本土实施的政策，都体现出一个坚定不移的目标——那就是抑制教会的僭权，捍卫自古相沿的王室特权。在亚历山大和维克多争夺教皇大位的派系斗争中，他有一段时间决意保持中立，当他得知鲁昂大主教和勒芒主教擅自承认亚历山大为合法教皇的消息时，不禁怒火中烧。他考虑到鲁昂大主教年纪老迈，对其免于处罚；但是当即颁旨查办勒芒主教和鲁昂的领政教之争

①　巴罗尼乌斯(Caesar Baronius，1538—1607)意大利枢机主教、历史学家，著有《教会编年史》(Annales Ecclesiastici)。——译者

②　Fitz-Stephen，p. 27.

班神父。① 他还规定,不经他(一般是参考王室顾问会的意见)的
审查批准,不允许那位教皇在英王治下的任何一处领地行使权
力。在英格兰,鉴于坎特伯雷大主教提奥巴尔德年事已高,又曾
坚拒为斯蒂芬之子尤斯塔斯加冕,有功于本朝,所以在这位教长
的有生之年,亨利一直保持隐忍,没有采取措施整治教会的多种
侵权行为。等到这位长老过世之后,国王便决计出手了。为了确
保政令畅行无阻,他把自己手下的御前大臣贝克特(Becket)推上
坎特伯雷大主教之位,坚信这位新任大主教一定会服从自己。

6月3日,
托马斯·贝
克特就任
坎特伯雷
大主教

　　托马斯·贝克特出身于声望良好的伦敦市民家庭,他是自诺
曼征服后整整一个世纪以来,英格兰土著升上政权高位的第一
人。此人天生勤勉又极富才干,早年间巧妙地赢得了提奥巴尔德
大主教的欢心,受到这位教长的多方提携。借着这层关系,他得
以前往意大利深造,在博洛尼亚(Bologna)研习罗马法和教会法;
学成归来之后,他在国人面前展示了渊博的学识,随即被其恩主
提拔为坎特伯雷会吏总,那是一个深得重用且进项颇丰的职位。³⁰⁷
后来,他被提奥巴尔德派往罗马处理一些事务,亦极其圆满地完
成了使命。在亨利登基之初,大主教又将他推荐给国王,认为此
人可堪重用。亨利知道贝克特曾经协助坎特伯雷大主教,为自己
登上英国王位出过大力,因此对他先存了一份好感,后来随着接
触增多,发现他的人品和才干都非常值得信赖,不久便委任他做
了御前大臣,成为国内品级最高的文职官员之一。在那个时代,
御前大臣除了保管御玺之外,还要兼管所有教职空缺的主教领和

――――――――――

　　①　参见第一卷卷末注释[P]。

修道院，并负责监护所有未成年的国王直属封臣，管理所有被王室罚没的贵族产业。他在王室顾问会占有一个席位，尽管并未特别蒙召。由于他还身兼国务大臣一职，更有权参与会签一切委任状、令状和特许状。实际上，他的角色类似于首相，凡国家大事无不经他参与筹谋。[1]除了以上种种显赫职位，承蒙国王或坎特伯雷大主教的厚爱，贝克特还被任命为贝弗利（Beverley）学校[2]的教务长、黑斯廷斯教长、伦敦塔卫戍长，同时获食于艾（Eye）和伯克汉姆（Berkham）这两大片被王室没收的贵族采邑。更加荣耀的是，他还受托掌管王长子暨储君亨利的教育。[3] 这位大臣车驾出行之排场、家居什物之考究、筵席美馔之奢侈、往来馈赠之丰厚，与其所蒙殊荣无不相符，超过英格兰历史上所有位极人臣者。他的秘书兼传记作者菲茨-斯蒂芬[4]详述道，贝克特家中冬季每日换铺干净的麦秸或干草，夏天则是绿色的灯芯草或枝叶，以免登门谒见的贵宾（由于访客太多，很多人是挤不上桌的）在肮脏的地面上玷污了华服。[5] 他的麾下豢养了大批骑士，高爵显贵们都以能参加他的宴会为荣，王公子弟纷纷来到他的府上受教，就连国王本人也经常驾临，参与他的游乐。他的生活方式精彩而奢华，各种娱

308

---

① Fitz-Steph. p. 13.

② 英格兰最古老的文法学校之一。——译者

③ Fitz-Steph. ，p. 15. Hist. Quad. p. 9，14.

④ Ibid. ，p. 15.

⑤ 约翰·鲍德温（John Baldwin）作为国王的封臣，以农役保有的方式领有艾尔斯伯里（Aylesbury）地方的奥特拉尔斯菲（Oterarsfee）庄园，他有义务为国王预备铺床的褥草：夏季采来青草或药草，冬季奉上稻草，此外他在夏季还需提供两只灰雁，到冬季换成三条鳗鱼。如果国王在一年中三次驾临艾尔斯伯里，他就需要按此标准纳贡三次。Madox，Bar. Anglica，p. 247.

乐消遣五光十色,带着一份自由自在的欢悦亮彩。因为他在教会中只是助祭身份,所以并不觉得这样寻欢作乐有何不妥之处。他在闲暇时常以打猎、放鹰、赌博和骑马来消磨时光。他也曾几度亲临战阵:[①]在图卢兹之战中,他自费率领七百名骑士扈从王驾出征;在随后的诺曼底边境战争中,他为一千二百名骑士及其四千名随从提供了四十天的给养。[②] 有一次,他奉命出使法国,随从阵容庞大,气派华贵,引得法兰西宫廷啧啧惊叹。

　　亨利国王不仅把重要国务统统放手交给贝克特,还备赐荣宠,视之为密友知交。国王陛下每次放松身心的嬉游,总会邀上这位心爱的御前大臣。[③]菲茨-斯蒂芬曾经提到一件轶事,足可说明这对君臣间的亲密程度——因为它反映了那个时代的风俗,所以在此讲述大概也不算失礼:有一天,国王和御前大臣并辔走过伦敦街头,只见一个乞丐在寒风中瑟瑟发抖。国王说,"这样天寒地冻的季节,若是赠给那可怜人一件温暖的袍子,算不算行善积德?"御前大臣回答:"当然啦,陛下能念及这一善举,真是仁慈啊。""好哇,那么现在就给他一件!"国王喊着,一把抓住御前大臣身上那件白鼬皮镶边的猩红色外袍下摆,用力往下扯。御前大臣抵抗了一阵子,两人撕扯着,几乎双双掉下马背,摔在当街。贝克特猛地一挣,皮袍从身上落下,国王立即扬手将袍子掷给乞丐。那乞丐并不知道二人的身份,被这从天而降的礼物惊得目瞪

---

①　Fitz-Steph. p. 23. Hist. Quad. p. 9.

②　Ibid. p. 19,20,22,23.

③　Ibid. p. 16. Hist. Quad. p. 8.

口呆。①

309　　贝克特以殷勤有礼、开朗随和的性情博得了国王的欢心，又以其勤奋和才干有用于主上，因此国王认定，让他填补提奥巴尔德去世后留下的职缺，应该最恰当不过。鉴于他充分了解国王的意图②——压缩或者说限制教会特权，将其重新纳入古代的边界——而且一向表现得乐于奉行上述方针，③所以亨利对他毫无防备之心，当即下旨选他为坎特伯雷大主教。但是这个决定与玛蒂尔达及众多大臣的意见相悖，④而且最终导致了极其不幸的后果。这位君主平素目光敏锐，堪称洞察秋毫，但是从这件事来看，他却完全没有摸透自己这位心腹大臣的心思和禀性。

　　贝克特当上了大主教，在整个王国内享有一人之下、万人之上的崇高地位；此时的他，内心生出了再进一步的念头，在态度和行为上变得和以往判若两人。他竭力将自己塑造成一副圣徒的形象——原来那个公务繁忙、生活铺张的他，在国人眼中自然算不上圣徒。他上任后，不与国王商量，立即辞去了御前大臣的职位，借口说自己从今往后必须远离世俗事务，专心于圣职。实际上，他是想与亨利断绝一切交情，从而让后者看到，自己作为英格兰的首席大主教，已经变成了一个全新的人。他的扈从仪仗仍然保持着过去的豪华排场，因为可以借此震慑平民百姓。但是，不变的仅此而已；在个人生活上，他变得极力克俭，奉行最严格的禁

---

① Fitz-Steph. p. 16.
② Ibid. p. 17.
③ Ibid. p. 23. Epist. St. Thom. p. 232.
④ Epist. St. Thom. p. 167.

欲苦修,他知道,这种方式也同样能震慑百姓的心灵,甚至可以起到更大的效果。他贴身穿着粗麻衣衫,似在小心隐藏,结果偏能引来举世瞩目。这件麻衣他极少换洗,上面满是尘垢和寄生虫。他的日常饮食仅有面包和清水而已,甚至在水中掺入药草,使味道更加难以下咽。他经常苦行,鞭笞自己的背部。他每日模仿耶稣基督,跪着为十三个乞丐洗脚,然后赠送礼物,打发他们离去。[①] 310
他时常向修道院和医院慷慨布施,赢得僧侣们的爱戴;每个担任圣职者都被允许上前与他交谈,这些人回去以后,无不极口称颂这位圣洁教长的谦卑、虔诚和苦行克己。他似乎无时无刻不在祷告和虔诚布道,要么就是在研读宗教典籍。他的外表显得严肃、若有所思,流露出隐秘虔修的痕迹。凡是明眼人都能清楚地看出,他的内心正在酝酿某种伟大的计划,他性格中固有的野心和虚荣心已经指向了一个新的、更加危险的目标。

公元
1163 年
国王与贝
克特斗法　　贝克特知道亨利国王早有削弱教权的计划,他并不被动地等待对方动手。他本身就惯于先发制人,要以积极大胆的行动对国王形成威慑。他召见克莱尔(Clare)伯爵,命其交还坦布里奇(Tunbridge)领地——这块地产自诺曼征服以来一直由克莱尔家族保有,但是鉴于它之前曾经是坎特伯雷教区领地的一部分,贝克特借口前几任大主教转让此处地产有违教规,现要求收回。这位克莱尔伯爵不仅门庭显赫、家财万贯,而且和国内各大豪门都联络一气。伯爵的妹子是位有名的美人,由此更增添了其兄长在贵族圈里的人气,据说就连国王也对这位美女青眼有加。贝克特

---

① Fitz-Steph. p. 25. Hist Quad. p. 19.

决心强势维护圣座的权利（无论是真实的、还是伪称的），选择了这样一个有权有势的宠臣作为攻击的靶子，确是再合适不过。[①]

威廉·德·因斯福德（William de Eynsford）是王室军事封臣，他从坎特伯雷大主教名下的一处庄园领取俸金；但是贝克特无视威廉的权利，寻了一个并不合法的新借口，就把庄园转给一个叫劳伦斯的人。因斯福德拒绝大主教的安排，强行将劳伦斯逐出领地。大主教按照教会法庭的一贯作风，既当法官又当原告，草草宣判将因斯福特革除教籍。因斯福德向国王提起申诉，称自己身为王室封臣，而宗教法庭不经国王同意，就给予他如此可怕的判罚，这种做法严重违背了自征服者威廉以降的历代君主所遗留的祖宗成法。[②] 亨利国王此时已经与贝克特断绝了私交，他派出信使，责令贝克特赦免因斯福德。但是贝克特回话说，国王无权指挥他应该赦免谁、或是将谁逐出教门。[③] 在国王一再的告诫和恫吓之下，贝克特才极其勉强地同意遵从王命。

亨利虽然发觉自己先前对这位钦命大主教的人品是大大地看走了眼，但是他打击教会僭权的既定方针仍然坚定不移。如今他已经完全主宰了这个广阔的王国，凭着明智审慎而又强有力的治国手段，以及迄今为止一帆风顺的煌煌功业，他的英名已经远远超乎英格兰历史上的各位先主。[④] 与此同时，整个欧洲范围内的教会陷入大分裂，因此罗马教廷的势力似有削弱。国王明智地

---

① Fitz-Steph. p. 28. Gervase, p. 1384.
② M. Paris, p. 7. Diceto, p. 536.
③ Fitz-Steph. p. 28.
④ Epist. St Thom. p. 130.

判断道:由于民众普遍迷信,如果自己错失当前的有利时机,王权就有完全受制于教权的危险。

在每一个文明政权之下,世俗权力和教权的联合都将极大地促进国家的和平与秩序,并能防止相互间的僭越——此种僭越常会带来极其危险的后果,这是因为,二者究竟孰高孰低并无终极裁决可言。无论集两方面大权于一身的最高统治者在名义上究竟是国王还是大主教,其实都无关紧要。凡夫俗子通常把现世利益置于属灵关怀之上,因此权力的天平一般会更多地倾向于世俗权力,从而得以适时地抑制招摇撞骗之风和囿于偏见的宗教迫害——在一切虚假的宗教当中,教会权威的主要基础就是由这两样构成的。然而,在教权步步侵凌世俗权力的过程中,由于世俗君主势必起而抗拒,自然会引发国家的动乱。故而,从国王的角度而言,捍卫自身和公众的利益,及时抵挡如此危险而狡猾的对手,乃为人君者义不容辞的责任。可惜无论是英国还是其他一些天主教国家的君主,一直以来都忽视了在这方面防微杜渐的工夫,以致事态最后似已发展到如此这般的危急关头:史上最有才能的一代英主面对一位自古以来最刚强无畏的大主教,彼此势不两立。双方似乎都已铆足了劲头,一旦冲突骤起,必定形成一场惊天动地的事变。

神职人员发明的取财之道不一而足,他们向民众反复灌输这样一种观念:世人为自己的过犯交纳赎罪金是极有必要的。教会引入这种以大笔献金抵赎罪愆的做法,便能从世人的过犯中坐收渔利。据国王估算,教会仅凭这一项发明从百姓身上榨取的真金白银，就已超过王室府库的全部进项和税金收入。[1] 国王宣称，要免除教会强加于人民头上的沉重负担，规定凡是教会法院审理案件，均须有国王指派的世俗官员到场监督；而且，今后凡被判定犯有属灵罪愆者与教会之间议定的一切赎罪方案，均须经国王亲自批复。

在那个时代，教会拒不承认地方法官对它拥有任何直接管辖权。他们公开声称，神职人员在涉及刑事案件时享有豁免权，可免于在世俗法庭受审；逐渐地，这一豁免权又扩展到民事方面。神职人员犯罪，只适用教会的属灵惩戒。由于英格兰神职人员数量激增，内中自然是鱼龙混杂，多有作奸犯科者；各种最卑劣的罪行——谋杀、抢劫、通奸、强奸——在他们身上层出不穷，而罪犯却总能逍遥法外。例如，调查发现，自亨利二世登基以来，神职人员涉罪的谋杀案总共不下百件，却没有一人受到应有的惩罚。[2] 圣职身份成了各种重罪的保护伞。当时有这么一桩案件：伍斯特郡有个教士，他先玷污了一位绅士女儿的清白，继而变本加厉，杀害了那位父亲。这件罪案激起滔天民愤，国王因此决定出手惩治如此明目张胆的犯罪行为，他颁旨将那个教士押上治安官法庭，明正典刑。[3] 但是贝克特却坚持教会的特权，他把罪犯关押在教会监狱里，以免被国王的治安官拘拿，并且一力主张对此人的惩罚应以降职为限。国王发话称，犯人在接受教会的降职处罚之后，应

313

---

① Fitz-Steph. p. 32.

② Neubr. p. 394.

③ Fitz-Steph. p. 33. Hist. Quad. p. 32,33,45. Hoveden, p. 492. M. Paris, p. 7. Diceto, p. 536,537. Brompton, p. 1058. Gervase, p. 1384. Epist. St. Thom. p. 208,209.

当立即转至世俗法庭受审,而大主教则宣称,对于同一个人的同一桩犯罪行为,以同一罪名进行两次审判是不公正的。[1]

亨利既已掌握了如此理直气壮的借口,决心借此契机给教会施压,从而全面打击教会漫无边际的特权;他要当即发动一场决战,解决世俗管辖权和教会管辖权之间旷日持久、累积厚重的冲突。国王召集英格兰全体主教,要他们回答一个简单而具有决定性意义的问题:他们究竟要不要遵守本王国自古相沿的法律和习俗?主教们众口一词地答道:愿意遵守,但须以不违背教规为前提。[2] 他们自以为可以凭借这个托词搪过国王的催逼,又为己方保留余地,以待时机有利再占回所有僭取的权利。国王看穿了他们的伎俩,不禁勃然大怒,拂袖而去。他命令大主教立即交还艾和伯克汉姆两处封地的爵位和城堡。主教们心惊胆战,预料此番触怒圣颜恐怕会有更严重的后果。当此之际,唯独贝克特面无惧色,绝不退让。教皇特使暨施赈官菲利普(Philip)唯恐在此紧要关头得罪这位强大的君主,亲自居中调停,这才劝得大主教同意撤回附加条件,做出了笼统而绝对的承诺,保证遵守古制。[3]

不过,亨利并不满足于这种笼统的声明。他决心趁热打铁,明确规定教会应当遵守哪些古代习俗,在教会的种种僭权扎稳根基、化身为可资援引的古代成例之前(现有教权就是以这种方式确定下来的),一举斩断它的宿根。教会的权力主张都是公开可

314

---

[1]　Fitz-Steph. p. 29. Hist. Quad. p. 33, 45. Hoveden, p. 492. M. Paris, p. 72. Diceto, p. 536, 537. Brompton, p. 1058. Gervase, p. 1384. Epist. St. Thom. p. 208, 209.

[2]　Fitz-Steph. p. 31. Hist. Quad. p. 34. Hoveden, p. 492.

[3]　Hist. Quad. p. 37. Hoveden, p. 493. Gervase, p. 1385.

见的,这种僭权在往昔的诸多世纪里经历了潜移默化的渐进过程,最后才通过几次大公会议终于撕下假面,以自命为不可更改、绝无谬误的典章形式对这些特权和豁免权给予明确界定,从而给世俗管辖权造成大面积的损害,表现出极大的危险性。有鉴于此,亨利认为有必要同样精确地界定世俗管辖权的边界,以世俗的法定惯例对抗教会律令,在两种对立的管辖权之间划定一条明确边界。为此,他在克拉伦登(Clarendon)召开了一次由全体贵族和主教参加的大会,向他们提出这一无比重要的大问题。

公元
1164 年
1 月 25 日

《克拉伦登宪章》

　　贵族们都站在国王一边,有的是因为信服他所力陈的道理,有的是服膺于他的至高权威;主教们则被众人团结一致反对他们的气势所慑服。在这次大会上,与会者一致表决通过了以下法令,一般称为《克拉伦登宪章》(Constitutions of Clarendon):[1]其中规定,所有涉及教会圣职举荐权的案件,一律由世俗法院审理。不经国王恩准,不得将王室采邑内的教堂永久赐予教会。若神职人员以任何罪名被控告,一律应在世俗法院受审。没有国王签发的许可令,任何人、特别是任何等级的神职人员均不得离开王国。不得要求被开除教籍者交付抵押金,作为继续居留于原地的担保。俗人不得在教会法院受审,除非有合法的、声誉良好的起诉人和证人参与庭审。未经国王同意,不得将王室主佃户开除教籍或将其土地列为禁治产。所有宗教案由的上诉应遵循由会吏总到主教、大主教再到国王逐级申诉的程序,不经国王许可,不得进一步上诉。如果俗人和神职人员之间发生涉及土地占有权的法

---

　　① Fitz-Steph. p. 33.

律诉讼,在暂时不能确定争议土地属于世俗封地还是教会属地
时,应首先听取与该俗人同一等级的十二名合法居民的裁决,若 [315]
争议土地经裁决属于世俗封地,本案最后应归世俗法院审理。封
地居民拒绝在宗教法庭出庭的,教会必须先与其居住地的首席地
方官协商,由地方官运用世俗权力迫使该人接受教会的要求;不
经此步骤,不得将该人开除教籍。大主教、主教和其他神职人员
被视同为王国贵族,享受贵族阶层的特权,并承担相应义务;他们
有义务出席国王的大谘议会,协助一切法庭审理,直至法庭做出
最终裁决,将罪犯判处死刑或断肢之刑。教会圣职出缺时,教区
收益归国王所有。牧师会或国王按自己的意愿召集的神职人员
会议,在选举结果得到国王首肯之前,与会者不得离开王室礼拜
堂;当选主教必须向国王宣誓效忠。如果任何贵族或王室主佃户
拒绝服从教会法庭,国王应当运用自身权威迫使其服从;如果上
述人员背弃对国王的效忠誓言,教会人士应辅弼国王,谴责和削
弱其势力。凡被罚没归国王所有的财物,不得在教堂或教堂墓地
获得庇护。因誓约或诺言而形成的债务,神职人员今后无权强制
执行;此类案件应与其他案件一样,由世俗法院负责审理。维兰的
子孙不经其领主许可不得被授予圣职。[①]

　　宪章条款总计十六条,其目的就在于防止教会事务中常见的
滥用权力现象,从而切实有效地制止教会僭权——此种僭越于潜
移默化中逐渐加强,已对世俗权力构成了莫大威胁,很可能令其

---

　　① Hist. Quadr. p. 163. M. Paris, p. 70,71. Spelm. Conc. vol. ii. p. 63. Gervase,
p. 1386,1387. Wilkins, p. 321.

毁于一旦。因此，亨利此番将英格兰王国的古代习俗落实于书面，编入典章，就是要极力预防未来的相关争议。而且，能在世俗的全国性会议上通过如此繁多的涉及教会的法令，这本身就完全确立了国家立法机构高于所有教皇敕令或教会律令的权威，是王权压服教权的一个重大胜利。然而他也知道，尽管主教们一时被王室和贵族结成的联盟所慑服，但他们肯定会抓住第一个有利时机来违抗促成此宪章的权威。他决定，所有主教都必须在宪章文本上用印，并保证照章执行。没有一个神职人员胆敢抗旨不遵，唯有贝克特强项，虽经国内贵族圈中最有威望的康沃尔伯爵和莱斯特伯爵再三敦劝，他仍然固执地拒绝表态。最后，英格兰圣殿骑士团最高长官理查·德·黑斯廷斯（Richard de Hastings）双膝跪倒在贝克特面前，泪流满面地哀求道，如果大主教对自身安危和教会的安危还有一丝顾念，就切勿以徒劳的对抗来激怒一位伟大的君主，国王的心意已决，有谁胆敢与他作对，必定引得天威震怒，招致全面的报复。[①] 贝克特发现所有的人都已弃他而去，就连教内的弟兄也改变了立场；迫不得已之下，他只好依从。大主教承诺"出于挚诚、毫无欺诈或保留地依法"[②]谨遵本宪章，并为此宣誓。[③] 国王认为这场伟大的战役进行至此，己方已经大获全胜，遂将宪章文本转给当时驻跸法国的教皇亚历山大三世，要求取得教皇的认可。亚历山大虽然欠着英王一个极大的人情，但是他分明看出，这份宪章的意图就是要使英格兰独立于罗马教廷的统治，

---

① Hist. Quad. p. 38. Hoveden, p. 493.

② Fitz-Steph. p. 35. Epist St. Thom. p. 25.

③ Fitz-Steph. p. 45. Hist. Quad. p. 39. Gervase, p. 1386.

使王权脱离教权的羁束。因此,他以最严厉的措辞谴责这份宪章的内容,敕令废止、撤销和抵制这些律令。最后,为了维持和平起见,他只认可了其中最无足轻重的六条。

贝克特一见自己的反抗有希望赢得后盾,便对自己当初的妥协表现出最深切的痛悔,并竭力联合其他主教,力保他们的共同权益和教会特权,他声称,神的利益和荣耀皆深系于此。他本人则变本加厉地苦修,以惩罚自己在《克拉伦登宪章》问题上未能坚守立场的罪过,还将所谓罪过的严重性折算成应受的挞楚而自加于身。他还完全放弃履行大主教的职责,直到教皇毫无困难地签发一纸赦令,送到他手上为止。亨利闻知大主教此时的倾向,决计报复这种悖逆之举。他试图假手于贝克特为之立下汗马功劳并因此常自矜诩的那股势力,使之反噬己身。他向教皇申请,将教廷派驻英格兰特使的职位授予约克大主教。不过,老谋深算的亚历山大虽然签发了委任状,却增补了一个附加条款,规定接受任命的教廷特使不得采取任何不利于坎特伯雷大主教的行动。[1]国王发现这份任命对自己毫无用处,遂打发那个递送委任状的信使将文件原样带回。[2]

大主教见国王对自己敌意如炽,曾经两度尝试潜逃出境,但苦于风向不利,不得不滞留于国内。亨利更加紧了行动节奏,要让对手尝尝执意抗上的苦果——在他心目中,此乃十恶不赦的大罪。他唆使王室金库的司库官约翰为佩吉汉姆(Pageham)庄园的

---

① Epist. St. Thom. p. 13,14.

② Hoveden,p. 493. Gervase,p. 1388.

一部分土地向大主教法院控告贝克特,并转而上诉于国王法院。①
在指定的开庭日,大主教派了四名骑士出庭陈述约翰的上诉有若
干不妥之处,他本人则托病未亲自到庭。这一轻微的冒犯(如果
称得上冒犯的话)被解读成严重藐视法庭的行为,那四名骑士被
指控向法庭提供假证,因而遭到威胁,险些被送进监狱。② 亨利已
经横下一条心,要把对贝克特的迫害推向极端。他在北安普顿召
集王国全体贵族参加的大谘议会,准备在会上打击报复冥顽不化
的大主教。

想当初,国王亲手将贝克特从寒微境地提拔到一人之下、万
人之上的显赫地位,友之爱之、恩煦有加,又在部署对抗教会的计
划时,对他委以重任,实指望他能成为自己的得力臂膀,却不料此
人顷刻间与自己反目成仇,当所有人都对自己唯唯诺诺之时,他
却一味死硬地顽强抵制。国王大失所望,怨极生怒,愤慨于如此
明目张胆的忘恩负义,在情绪冲动之下完全丧失了自制,他对大
主教施加的严酷迫害,内中情绪发泄的成分似乎多于追求公义以
及策略方面的考虑。③ 与会的贵族们在投票时自然唯国王之命是
从,主教们无疑在私下里同情贝克特,将他视为本阶层特权的捍
卫者,但是他们此时也伙同外人,一起逼迫自己的大主教。贝克
特在会上徒劳地辩白,说他的大主教法院在司库官一案的审理中
已在最大程度上遵章守法、保持公正,然而,郡长提供的证词却把

318

---

① Hoveden, p. 494. M. Paris, p. 72. Diceto, p. 537.
② 参见第一卷卷末注释[Q]。
③ Neubr. p. 394.

那场审判描述得毫无公义可言。大主教力陈,他本人对国王法院并无任何藐视,恰恰相反,他派了四位骑士到庭解释自己缺席的因由,实际上就等于承认法院的权威。他说,今天他应国王的传唤,亲自来到大谘议会面前,准备反驳司库官的指控,为自己辩护,并将自己的行为摊开在诸君面前,听凭大谘议会的质询和裁决。即使大谘议会认定他未到庭是有罪的,那么法律亦有规定,针对此种违法行为只须处以少量罚金即可。而且,由于他的大主教府邸位于肯特郡,他可以算是肯特居民,按律有权在罚金额度上获得更大的宽免。[1] 然而,大谘议会并不理会大主教的自我辩护,裁定他藐视国王法院的罪名成立,并且称其违背了对君主的效忠誓言。大主教名下的所有个人动产均被罚没。[2] 为了把这次对教会的胜利推向巅峰,法庭还不顾大主教的一再抗议,命令前朝红极一时的温切斯特主教亨利出面宣读对贝克特大主教的判决结果。[3] 大主教对此判决表示顺服。与会的主教均愿为他作保,唯有伦敦主教弗里奥特(Folliot)不肯出头,以此向国王邀宠献媚。[4] 值得注意的是,几位诺曼男爵在这次大谘议会上也参与了投票;我们或可由此得出结论,自诺曼征服以来,类似的情形可能在多次大谘议会上司空见惯,因为同时代史家为我们详尽描述了所发生的一切,却并未指出这种情形有何异常;[5]贝克特此后虽然

---

[1] Fitz-Steph. p. 37,42.

[2] Hist. Quad p. 47. Hoveden, p. 494. Gervase, p. 1389.

[3] Fitz-Steph. p. 37.

[4] Ibid.

[5] Ibid. p. 36.

多次对自己所受的严厉处置提出抗议，但他也从未质疑大会的议程不合规——尽管在我们看来，安排诺曼男爵参与投票属于明目张胆的不合规。可见那个时代的政府和规章制度是何等粗疏！

尽管上述判决已经极尽强横迫害之能事，但是国王仍然意犹未足。第二天，他下旨向贝克特追索三百镑，此乃贝克特掌管艾和伯克汉姆期间以这两处封邑作保而募集的款项。贝克特首先指出，传唤他来此的理由中并不包括这一项，因此自己没有义务做出回应；又说自己为了修缮两地的城堡和伦敦的王宫所花费的款项远远不止这个数目——尽管如此，他还是决定，绝不能为这样一笔小钱与主君争执。他同意支付这笔款项，并立即提供了保人。[①] 到了下一次开会的时候，国王又要求大主教偿还五百马克，他坚称，这是在图卢兹战争期间借给后者的；[②]此外，他还在大主教的担保之下借给某犹太人五百马克，这笔钱也须大主教负责偿还。在这两次索债之后，国王又步步进逼，提出了一个更为关系重大的要求：他要贝克特将自己担任御前大臣期间的账目交代清楚，补足其管理下所有主教教区、修道院和贵族领地的收入积欠。[③] 贝克特声称，鉴于上述要求完全在其意料之外，自己尚未准备好做出答复。他要求暂缓回应，并保证在一段时间之后交出满意的答卷。国王坚持要他具保，而贝克特则希望暂时告退，在如此重要的问题上他要首先听取诸位副主教的意见。[④]

① Fitz-Steph. p. 38.
② Hist. Quad. p. 47.
③ Hoveden, p. 494. Diceto, p. 537.
④ Fitz-Steph. p. 38.

以亨利的性格及其一向警觉的为政作风来看,他当初提拔贝克特担任坎特伯雷大主教,显然有着充分的依据;他对于这位钦点的当朝一品高官的政绩,是感到颇为称心的。再者,就算贝克特靡费无度,在任期间入不敷出,国王对他仍然很满意,因为钱款的去向无可指责,而且主要是用于侍奉国王了。[1] 在贝克特卸任后整整两年的时间里,国王并未追索任何亏空,直到关于教会特权的纷争乍起,国王这才开始秋后算账,突如其来地要求大主教把这些纷乱而且牵涉甚广的陈年旧账向特别法庭一一交代清楚。我们由此可以看出,国王彻底压制和打垮大主教的决心何其坚定。大主教面对国王的漫天要价(据国王方面估计,其总数高达四万四千马克[2]),实难觅到中保;他的副手们值此危急关头也都没了主张。贝克特在温切斯特主教的建议之下,提出支付两千马克,将此债务一笔勾销,但被国王拒绝。[3]一些主教奉劝他辞去坎特伯雷大主教的职务,以换取债务的宽免。还有人认为,他应当完全降顺,乞求国王恩赦。[4] 然而被逼到绝境的大主教拥有足够的勇气,绝不甘心俯首告饶。他决意勇敢地面对所有敌人,凭借圣洁的人格保卫自己,将个人事业与上帝和宗教事业紧密联结为一体,借以抵抗国王天威震怒所带来的最严厉打击。

经过几天的深思熟虑,贝克特来到教堂,进行弥撒布道。他

---

① Hoveden, p. 495.
② Epist. St. Thom. p. 315.
③ Fitz-Steph. p. 38.
④ Fitz-Steph. p. 39. Gervase, p. 1390.

事先吩咐，圣餐仪式前的进堂咏要以"虽有首领坐着妄论我"①作为首句。大主教在布道词中特别提到了圣斯提反的殉难事迹，暗指他自己为义受逼迫的情形。随后，他身着神圣的法衣，从教堂直接前往宫廷。一进宫门，他便将手握的十字架高高举起，作为护身法宝，如此昂首阔步地闯入国王的起居之所。②国王此时正在内室，被这场游行吓了一跳，觉得大主教似乎在威胁他和他的廷臣，要将他们逐出教门。国王派了几个主教去和大主教理论，抗议他这种无法无天的行径。这些主教对贝克特抱怨说，大主教本人签署了《克拉伦登宪章》，引得主教们跟从效仿，现在木已成舟，他又宣称要摆脱对世俗权威的顺服，岂非有心陷下属于不义——那份宪章的条款是经他们亲口同意、亲自签署而生效的，如今若有违反，势必构成犯罪。③贝克特回答道：他的确"出于挚诚、毫无欺诈或保留地依法签署了"《克拉伦登宪章》，但是上述声明事实上隐含着一个关于教会权益的保留条款，这些权益与上帝和祂的教会密不可分，永远不会因凡人的誓言和约定而让与他人。如果说他自己和其他人犯有过错，未能坚守教会的神圣权利，那么现在最好的赎罪方式莫过于撤销同意——在这种情形之下，他们先前的保证已经完全失去了约束力；大家应当遵从教皇陛下的权威，陛下早已郑重宣告《克拉伦登宪章》无效，也就解除了他们恪守誓约的义务。显然，国王已经下定决心迫害教会，这场风暴首

---

① 出自《圣经·诗篇》119:23。——译者
② Fitz-Steph. p. 40. Hist. Quad. p. 53. Hoveden, p. 404. Neubr. p. 394. Epist. St. Thom. p. 43.
③ Fitz-Steph. p. 35.

先席卷到他的头上；由于一点轻微的冒犯（这个罪名也属于强行构陷），他被专横地施以重罚，此后又面临着新一轮骇人听闻的勒索。他表示，他并不指望能得到公平对待。他清楚地知道，自己注定要成为牺牲者，而随着他的毁灭，下一步打击必将是废止一切教会豁免权。他在此严嘱手下的副主教们，不得参与此类庭审，不得认可世俗法院对他的任何判决。他会把自己和自己的圣职置于至高无上的教皇庇护之下，他要向教皇申诉，抗议这些不公正的法官裁赃于他的任何罪名。无论亨利这位权势熏天的君主抖起威风有多么可怕，然而他的宝剑也只能杀死肉体；而托付在大主教手上的教会之剑却有能力翦灭人的灵魂，将忤逆之徒打入万劫不复的地狱。①

《克拉伦登宪章》已经明令禁止向教皇提起申诉，即便是教会事务也不例外。因此，大主教的这一举动势必构成违法。不过，因世俗缘由（比如国王对贝克特的勒索）向教皇申诉，却是史无前例的一件新鲜事，此举的后果将直接指向颠覆现政权，如果要寻找可以为之开脱的借口，可能只有一条：那就是，亨利及其手下的大谘议会打着法律的幌子，行不法之实，显然已经铁了心要彻底摧毁顽强抗争的大主教。国王现在又得到了一个站得住脚的施暴借口，可以趁机把对大主教的迫害推向极致。然而贝克特并没给对手留下从容实施打击的时间，对于没有主教到场、只有贵族

322

---

① Fitz-Steph. p. 42, 44, 45, 46. Hist. Quad. p. 57. Hoveden, p. 495. M. Paris, p. 72. Epist. St. Thom. p. 45, 195.

和部分郡长和二等男爵①出席的法庭针对国王索赔案给予他的判
决,他连听都不听。他离开了王宫,并向亨利申请立刻离开北安 贝克特流
亡海外
普顿的许可。在遭到拒绝后,他秘密离开该地,在各地化装潜行
了一段时间,最后终于搭船安全抵达格拉沃利讷(Gravelines)。②

　　贝克特蒙受不公正的无情迫害,自然使公众的同情转到他这
一边,以致忽略了他此前对国王忘恩负义以及背约毁誓的行为,
也忘记了他声称捍卫的教会特权是何等猖獗无忌。此外,他之所
以能在外国得到支持和庇护,还有许多其他的原因。佛兰德斯伯
爵菲利普③和法王路易④对亨利的势力扩张充满戒备,因而乐于为
其统治加添一些搅扰,他们不顾世俗君王的共同利益,对流亡的
大主教做出极度同情的姿态。路易甚至邀请大主教访问苏瓦松
(Soissons),⑤并请他定居于此,以示荣宠。⑥ 教皇对贝克特的支
持则更直接地关乎其自身的利益,他对亨利派来告状的庞大使团
给予冷遇,而当贝克特亲赴桑斯(Sens)为自己申辩时,却受到了最
323 高规格的礼遇。亨利国王为了报复,查扣了坎特伯雷教区的收
入。他还将大主教的所有亲朋好友及家仆(总数达四百人之多)
一概驱逐出境,并强令他们在出国之前发誓,立即去投奔自己的

---

　　① Fitz-Steph. p. 46. 这位史家笔下的"二等男爵",所指的应当是大贵族门下比较
有身份的封臣,他们本无资格出席大谘议会,允许他们参与议事属于明显的违规行为。
然而,贝克特在所有抗辩书中都未坚称这一点。这也进一步证明了当时的政制是何等
不确定。

　　② 法国东北部敦刻尔克(Dunkirk)海滨古镇。——译者

　　③ Epist. St. Thom. p. 35.

　　④ Ibid. p. 36,37.

　　⑤ 位于法国东北部埃纳河(Rio Ene)畔,是法国最古老的市镇之一。——译者

　　⑥ Hist. Quad. p. 76.

主子——当时如果存在对王权的适当制约，这种行为足可被斥为专横霸道。亨利的用意是要在经济上把贝克特逼到山穷水尽，但他的计谋却落了空：这些人一踏上欧洲大陆，教皇就敕令解除了他们的誓言，并把他们分散安置在法国和佛兰德斯的各处修道院里。贝克特本人则被安顿在蓬蒂尼(Pontigny)修道院，他在那里一住数年，靠着该修道院赠予他的一笔津贴以及法国王室的汇款，尽享排场荣华。

公元
1165 年贝克特为了进一步迎合教皇，提出辞去坎特伯雷大主教的职务，声称自己担当这一圣职是出于国王的授权，而不是依照教规由教会推举的。亚历山大教皇则投桃报李，不仅重新授予他大主教的尊位，还下诏废除了英格兰大谘议会对他的判决。不久之后，由于形势大有好转，教皇返回罗马。亨利曾经试图在教皇动身之前与之会晤，但未能遂愿。于是乎，他采取种种预防措施，准备应对这个王国与教廷之间迫在眉睫的冲突所造成的不良后果。他下旨严禁国内的司法官员向教皇或大主教上诉，禁止任何人接受教皇或大主教的谕令，或者在任何情况下援引这两位教会首脑的权威，违者必严惩不贷。他宣布，任何人从教皇或大主教处带来针对英国的禁罚谕令，都将构成叛国罪，适用以下刑罚：对院外修士处以剜眼、去势之刑，对修道士砍去双足，对俗人处以死刑。对于胆敢服从此类禁令者，国王威胁要扣押和流放他们本人及其亲属。他还进一步责成全体臣民发誓对上述法令谨守不渝。[①]这些法令具有极端重大的意义，它们影响着王国全体臣民的生活和

---

① Hist. Quad. p. 88, 167. Hoveden, p. 496. M. Paris, p. 73.

财产状况,甚至在一段时间内切断了本国与罗马教廷的一切联
系,从而改变了国内宗教信仰的面貌。不过,这些法令均是出于
国王单方面的权威,完全源自他的个人意志和取向。

早期教会的精神力量在很大程度上有赖于世俗权力,随着岁
月荏苒,教会的势力渐渐增长,直至形成独立权威,与后者平起平
坐。这两种管辖权的边界尽管难以明确界定,但是只要双方均有
所节制,也可以做到各守其境、天下得治,只不过和一切人类制度
体系一样,有欠完美和稳定罢了。但是,由于时代的蒙昧,教会不
断地受到鼓励扩大其特权,甚至超出极限,达到与世俗权力无法
相容的地步。[①]亨利在掌权之后认定,已经到了结束教会僭越的
时候,于是他正式召集大谘议会,旨在明确执法机构应有的权力,
亦即他未来要坚定捍卫的权力。他的这种努力必然会导致传统
习俗的重建,这些习俗虽然古老,但是已经逐渐被与之相左的做
法所取代,更遭到那个时代主流观念和情感的强烈抵制。因此,
当下的局面是:原则在左、权力在右,假如英国人更多地受着良心
而非眼前利益的支配,他们很快就会普遍背弃其君主,使这场争
执以亨利的失败而告终。贝克特为了推动这一进程,到处宣传自
己遭受的残酷迫害。他自比为基督,被世俗法庭定罪,[②]在当前教
会被逼迫的背景之下再次被钉十架。他想当然地以为,自己的事

---

　　① 贝克特曾对国王说:*Quis dubitet, sacerdotes Christ regum et principum
omniumque fidelium patres et magistros censeri.*（此句大意为:有谁怀疑,基督的祭司
是天下虔信圣父与真道之人的君主与最高主宰呢? ——译者)Epist. St. Thom. p. 97,148.
　　② Epist. St. Thorn. p. 63,105,194.

业就是上帝的事业,并认定这一点无可辩驳。[1] 他自诩为神圣教
会遗产的捍卫者,声称自己是国王和全体英格兰人的精神父亲。[2]
他甚至告诉亨利,君王仅仅是通过教会的权威而实现其统治的。[3]
尽管他这一方的争权欲望表达得比国王更加赤裸裸,但是他似乎
仍然得到了教会的普遍支持,在争斗中占尽优势。亨利国王为了
充分运用手中现世权力的武器,冻结了献给教廷的彼得捐,与神
圣罗马帝国皇帝腓特烈·巴巴罗萨(Frederic Barbarossa)结盟的
事宜也有所进展——当时后者正与亚历山大教皇打得不可开交;
此外,他还透露出有意承认巴巴罗萨保护下的敌对教皇帕斯卡利
斯三世(Pascal III.)的消息。凭借上述权宜手段,亨利成功地吓
住了野心勃勃但又处事谨慎的亚历山大教皇,阻止了他进一步对
自己施以极端的打击。

公元
1166 年　　　然而,贝克特超乎争论性质所需的激烈举动,让两派纠纷无
法长久保持悬而未决的态势。这位大主教受着复仇欲望的撩拨,
又因目前的显赫声望而勇气倍增,他鼓动教廷颁布一纸惩戒令,
将英王手下的主要臣僚一一点名,革除教籍;所有支持或遵守《克
拉伦登宪章》的人也一并被逐出教门。他宣告该宪章条款作废,
并解除了所有人谨守宪章的誓言。对于英王本人,他决定暂缓宗
教惩戒的雷霆之威,只是希望那位君王能够及时悔改,从而免受

[1]　Ibid. p. 29,30,31,226.

[2]　Fitz-Steph. p. 46. Epist. St. Thom. p. 52,148.

[3]　Brady's Append. N° 56. Epist. St. Thom. p. 94,95,97,99,197. Hoveden, p. 497.

打击。[1]

　　亨利的处境极为不妙。他没有其他办法解救手下大臣免于上述严厉处罚，只有向教皇本人申诉，并诉诸于一个特别法庭的裁决，尽管该法庭的权威正是他在申诉事由中试图予以限制的，而且他也明知裁判官们与自己的对立面交情颇深。即使如此，这一权宜手段的效力仍然难以维持长久。贝克特从教皇那里谋得一个代表教廷出使英国的差使，凭借教皇特使金口玉言、不容申诉的权威身份，宣召伦敦、索尔兹伯里等教区的主教，以开除教籍相威胁，命令他们在两个月内全额归还自己账户上被查封的教产。不过，亨利国王派驻教廷的代表牛津的约翰（John of Oxford）设法取得了暂缓执行的圣谕，并让教皇萌生了极大希望，以为亨利国王和贝克特之间的矛盾能够很快达成和解；教皇甚至任命帕维亚的威廉（William of Pavia）和奥托（Otho）作为特使，前往亨利驻跸的诺曼底，努力谋求和解之道。然而双方的立场分歧过大，实难调和。国王要求《克拉伦登宪章》的所有条款得到认可；贝克特则坚持，进行任何谈判之前，必须归还他本人及其同党的财产。由于教皇特使无权对任何一方做出决定性的裁断，所以协商很快便告失败。帕维亚枢机主教对亨利十分欣赏，他着意延长谈判时间，又在给教皇的报告中详述英王的一举一动，以软化教皇的心，尽可能地为亨利争取罗马教廷的宽容。大约在此期间，亨利还为其三子杰弗里迎娶布列塔尼爵领的女继承人一事向

---

[1]　Fitz-Steph. p. 56. Hist. Quad. p. 93. M. Paris，p. 74. Beaulieu Vie de St Thom p. 213. Epist. Thom. p. 149，229. Hoveden，p. 499.

教廷申请特许令,获得批准。考虑到亨利之前对教会犯下的种种
过失,这一让步对于贝克特与其热忱的保护人法国国王来说,简
直堪称奇耻大辱。

公元
1167 年
　　在那个时代,复杂而纷乱的封建法原则常使领主和封臣之
间、不同领主之间的权力边界模糊不清,正如君权与神权之间的
分野尚不确定一样。由此而来的争议便是一切战争的源头。倘
若有一个仲裁机构有权强制执行自身下达的判决,所有的冲突只
要提交法庭便可解决,那么争执双方又何须刀兵相见?亨利与吉
耶纳公爵的封臣奥弗涅伯爵之间产生了一系列矛盾,为此,他率
军侵入那位贵族的领地。后者向自己的最高宗主法国国王请求
保护,进而引发了英法两国之间的战争。不过,和通常的情形一
样,这场战争的起因和争夺对象都微不足道,战事也并不激烈,经
过几番互攻、劫掠,[①]以及普瓦图和吉耶纳的若干贵族叛乱之后,
双方最终议和。停战协议的条款对亨利相当不利,说明他已然丧
失了向来对法国国王的优势,这是他与教会作对的结果。因此,
他寻求与教会弥合分歧的动机变得越发强烈了。

　　教皇和英王终于都开始认识到,在目前情况下,任何一方都　327
不能指望取得最后的、决定性的胜利。冲突如果继续拖延下去,
将给他们带来更多的恐惧而不是希望。尽管亨利依靠积极高效
的施政手段在全部国土上巩固了自己的权威,但是一旦被开除教
籍,他的王位也会因此而动摇。就算英格兰本土凭其孤悬海外的

---

　　① Hoveden,p. 517. M. Paris,p. 75. Diceto,p. 547. Gervase,p. 1402,1403.
Robert de Monte.

地利,比较易于封锁和防范迷信偏见的影响,但是他名下的法兰西诸省却与周边地域声气相通,至少在这些地方,大规模的革命与动乱将在所难免。[1]因此,他无法在理性范围内想象,始终对他采取坚决抵制态度的教皇怎么会正式认可《克拉伦登宪章》,这等于终结了教廷在英格兰的权力主张,同时又给其他邦国提供了一个先例,鼓励它们争取类似的独立地位。[2]另一方面,亚历山大教皇和腓特烈皇帝之间正陷于恶斗,教皇有充分的理由预见到,亨利非但不会放弃如此重要的权益,反而会与他的敌人结盟;此外,鉴于贝克特运用精神武器所发起的攻势迄今为止都未收到预期的成效,英国国内一直风平浪静,这位伟大君主倚仗其干才和警觉似乎无所不能。以上形势令双方心态均有所变化,因此相互间

公元
1168 年

频繁尝试达成妥协,只是彼此心里都清楚,矛盾的核心问题不可能当即得到解决,故而各自总是存着高度戒备之心,唯恐在谈判中失掉一星半点优势。教廷大使格雷西安(Gratian)和维维安(Vivian)携和谈使命赴诺曼底会晤英王,一切分歧似乎均已弥合,亨利提出签定条约,但要附加一个保障王室尊严的保留条款。但是贝克特对此极为不悦,以致会谈最终以流产告终。教廷随即重申了将英王臣属开除教籍的惩戒令。此后,双方在蒙米拉伊(Montmirail)再度会谈,法兰西国王和众位法国主教列席见证,贝克特表示愿意低头,前提是条约中必须附加一个保留条款,高扬上帝的荣耀和教会的自由。这回轮到国王大为不悦,会谈再次无

328

---

[1]　Epist. St. Thom. p. 230.

[2]　Ibid. p. 276.

果而散。第三次会谈同样在法国方面的斡旋下进行,由于贝克特坚持以类似的保留条款作为自己臣服的前提,谈判也不欢而散。直至第四次会谈,所有条件都已谈妥,按照仪规,大主教此时应被带到国王面前,接受国王的和平之吻——此礼在当时是君王惯常赐予臣下的,也被视为一种宽恕的保证。但是亨利拒不赏脸亲吻大主教,借口说自己曾在一气之下发誓永远不会这么做。在充满疑忌的氛围中,这一礼仪之争终使双方未能缔约。尽管教皇试图克服上述阻碍,赐下豁免令解除亨利的誓言束缚,怎奈英王只道为君者一言九鼎,不听劝说。

公元
1169年

在一次会谈中,亨利对在场的法兰西国王说:"英格兰有过许多国王,有一些比我更有权威,也有一些不及我。同样,坎特伯雷大主教也有过很多位,他们圣洁而良善,配得任何形式的尊重。倘若贝克特能待我以忠顺,像他的前辈当中最伟大的一位对待最不值一提的国王那样,我们之间就不会有争执。"路易闻言大受震动,又见亨利提出愿将此事交与法国主教们明断,所以他忍不住要谴责贝克特大主教,并一度收回了对后者的友谊。不过,由于这位君王惯于盲从,加上他和大主教都对亨利抱有敌意,所以二人不久便和好如初。

公元
1170年
7月20日

最后,双方终于协调处理好一切问题,国王准许贝克特回国,议定的条件可以说偏向于大主教的荣耀和利益。他无须放弃任何教会权利,或者撤回那些构成冲突诱因的权力主张。双方同意对所有争议略过不提。贝克特及其追随者不必再行臣服之礼,便恢复了所有个人财产;在坎特伯雷圣座下担任圣职者,凡在大主教去国期间得到任命的,此时均遭驱逐,贝克特有权随意填充空

国王与贝
克特和解

329

缺的圣职。① 凡此种种,都严重干犯了王权的荣耀和尊严,而亨利以这些让步换取的回报仅仅是教廷解除了对其手下大臣们开除教籍的惩戒令,原来准备在他回绝这些苛刻条件时动用的、针对其所有领地的进一步惩戒手段也被搁置起来。②一位如此心高气傲的君王,竟甘于接受这般羞辱的条件,只为免遭教廷的惩处,我们由此不难看出,这种打击令他畏惧到何等地步。亨利迫切地希求弥合所有分歧,与贝克特完全和好,他不惜采用一些非常过分的方式来承奉贝克特,甚至在那位神气活现的大主教上马时,屈尊为之扶镫。③

但是国王的指望仍然落了空,以上权宜之计连这点儿暂时的安宁也没换到。在与贝克特争得不可开交的时候,他每天都在担心教廷会对整个王国下达惩戒令,并将他本人罚出教门。出于未雨绸缪,他考虑让长子亨利王子与自己共享王位,并拟安排约克大主教罗杰为亨利加冕。通过这一预防性措施,一方面可以确保亨利王子日后顺利继位(鉴于英格兰王位传承在以往多有僭越不法之事,这让现任君主心里未免有些不踏实),另一方面,即便发生了最坏的情况——他被逐出教门,英国臣民拒绝继续向他效忠,那么他至少可以保证自己的家族仍然占据王位。虽说上述计划制定得隐秘而又迅速,但是贝克特仍然在它付诸实施之前就得到了情报。他对亨利所做的一切都欲加以阻挠而后快,此外也将

---

① 　Fitz-Steph. p. 68,69. Hoveden,p. 520.

② 　Hist. Quad. p. 104 . Brompton,p. 1062. Gervase,p. 1408. Epist. St. Thom. p. 704,705,706,707,792,793,794. Benedict. Abbas,p. 70.

③ 　Epist. 45. lib. 5.

其视为对他本人的一种冒犯:因为他认定自己作为坎特伯雷大主教,是唯一有权主持加冕礼的人。因此,他下令禁止任何英国教牧人员出席这个仪式,又取得教皇法旨,做出同样的限制;[1]他还挑唆法国国王,对亨利王子的加冕提出抗议,除非他的女儿玛格丽特公主也能同时接受王室涂油礼。那个时代盛行诸如此类的迷信观念,其中之一就是:在行使王权之前,必须接受涂油礼。[2]故而,法国国王出于对女儿前程的关心、贝克特出于维护自身尊严的考虑,不约而同地就这一关键问题向亨利提出要求,也是很自然的事情。亨利首先为忽略玛格丽特向路易致歉,并解释道,由于此事需要保密而且行动匆促,才会出现这样的疏漏;他保证为亨利王子和玛格丽特公主量身安排新的典礼程序。他又安抚贝克特说:罗杰和其他主教将为这种看似冒犯坎特伯雷圣座的行为而向他道歉,除此之外,大主教可以恢复主持这次加冕的权力,从而获得更大的安慰。然而,贝克特一向性情偏激,又自矜于教会的权势,以及在与主君的对抗中所取得的胜利,此时更加忘乎所以,他不满足于国王主动提出的补偿,而是以他自己号称的受迫害的前嫌作为口实,决心严厉报复所有的敌人。他一到英格兰,就接见了约克大主教及伦敦主教、索尔兹伯里主教,这三位正赶赴诺曼底,准备谒见国王。他宣布以下裁决:约克大主教已被停职,两位主教被革除教籍——这是教皇应贝克特的要求而颁布的法旨。当时,国王驾前的两位大臣雷金纳德·德·瓦伦纳和乔维

贝克特
结束流
亡归国

---

① Hist. Quad. p. 103. Epist. St. Thom. p. 682. Gervase, p. 1412.
② Epist. St. Thom. p. 708.

斯·德·康希尔（Gervase de Cornhill）恰在肯特处理公务,闻听他这种胆大妄为的做法,便质问道,他是不是想把火与剑带进王国?但是大主教完全不理会这一谴责,他一路招摇地继续前行,去接管自己的教区。在罗切斯特以及沿途的所有城镇,群众以欢呼喝彩来迎接他。当他抵达萨瑟克城外时,当地教俗两界、各个等级,不分男女老幼,纷纷涌出城外相迎,高唱欢乐的赞美诗,庆祝他凯旋而归。尽管驻跸于伍斯托克（Woodstoke）的亨利王子下达了命令,他不得不离开该地,返回自己的教区,但是他已发现,自己先前估计得一点不错,英国民众对他本人和他的圣职崇敬到无以复加的地步。于是,他越发有了底气,遂放手发出精神上的雷霆打击:他颁布惩戒令,将罗贝尔·德·布洛克（Robert de Broc）、奈杰尔·德·萨克维尔（Nigel de Sackville）等一干人开除教籍——这些人要么出席了亨利王子的加冕礼,要么曾经积极参与对他本人的迫害。大主教采取这一激烈举措,实质上等于向国王本人宣战,究其原因,一般认为是贝克特报复心切、性格专横霸道所致。然而,鉴于这位大主教也是个博学多才的人,我们似乎不宜将他对付敌人的这种极端手段单单归因于情绪冲动。不如说,他以睿智识破了亨利的所有企图,故而拟用这种大胆而出其不意的猛攻阻止其计划的实施。

亨利凭着自己对臣民性情的体会,此时已开始认识到,他此前确立《克拉伦登宪章》、界定王权的各个分支、逼迫英格兰教会和教皇明确地拱手让出这些有争议的特权,这一系列举动未免失之鲁莽。他也意识到,自己试图打垮或制服不肯退让的大主教,采取的手段过于粗暴,已经让对手抓住把柄,所以他也愿意取消这些措施。如果能在含糊中结束双方的争执,他感到很满意——在那个时代,世俗君主与罗马教廷发生抵牾,最好的结果不过如此。他对贝克特的迫害目前虽已告停,但是他还坚持声称,引发这场争执的《克拉伦登宪章》既是王国古代通例,也是英格兰的现行法律。他虽明知罗马教廷断言该宪章的内容冒渎神明,现任教皇也降旨予以废除,可是他却不顾这些叫嚣,稳步推行宪章的各项规定,[①]仰赖自己的能力和事态的自然演变,希望这项充满风险的事业终能取得成功。他指望贝克特能从六年的放逐生活中汲取教训,在恢复圣职、充分满足了自己的骄傲之后,不再那么强硬地与他对抗。或者,如果双方再发生什么争执,鉴于大主教已经恢复原职,[②]自己从此可以更加理直气壮,在捍卫无可置疑的王国古老习俗、抵制教会僭权的时候处于更有利的地位。然而贝克特已经下定决心,绝不姑息纵容对手、亦绝不出卖教会的特权。[③] 他担心如果听任这样一位韬略过人的君主为所欲为,到头来很可能让对方占到上风,因此,他决心利用当前的胜利带给己方的所有优势,以迅猛有力的行动打破国王的精心部署。[④] 他坚信能取得罗马方面的支持,也就毫不畏惧前路的一切危险——内心的勇气让他对此视若等闲,纵使最可怕的后果随之而来,也只会满足他的野心和对荣誉的渴望。[⑤]

332

---

①   Epist. St. Thom. p. 837,839.

②   Fitz-Steph p. 65.

③   Epist. St. Thom. p. 345.

④   Fitz-Steph. p. 74.

⑤   Epist. St. Thom p. 818,848.

被停职的约克大主教和两位被逐出教门的主教抵达王驾驻跸的巴约,向亨利国王控诉了贝克特的暴虐行为。国王立即看出此事的严重后果。他感到自己的整个行动计划都被颠覆了,并且预见到王权和教权之间的这场危险搏斗,必须当即做出干脆的了结——当初他自己率先挑起了这场争执,近段时间以来又多般妥协、退让,竭力予以平息,到现在已经计无所出,堪堪被逼到了绝地。这一切令他情绪失控,激动得无以复加。约克大主教说,只要贝克特活着,就别指望得到安宁。国王闻言怒火上腾,向侍从们大吼大叫,说他们缺乏忠心,一直任由那个忘恩负义、飞扬跋扈的教士欺凌自己的主君。[①] 负责守卫内廷的四位骑士雷金纳德·菲茨-乌尔斯(Reginald Fitz-Urse)、威廉·德·崔西(William de Tracy)、休·德·莫尔维尔(Hugh de Morville)和理查·勒·布莱顿(Richard le Breton)认为国王这些气恼之言是在暗示他们杀掉贝克特,当下相互商议,发誓要为主君报仇,随即悄然离开宫廷。[②] 他们临去时语带杀机,引起了旁人的怀疑,国王得知后,派出使者追赶他们,告诫他们不得加害大主教。[③] 只可惜这道命令来得太迟,没能制止他们杀人害命的行动。四个刺客分头取道前往英格兰,大约同时到达坎特伯雷附近的索尔特伍德(Saltwoode),在那里与几个助手会齐,便匆匆赶到大主教的住所。他们找到了大主教,后者完全仰赖自身圣洁的保护,身边只有寥寥几个护卫;尽管闯入者对他气势汹汹地抛出一堆威胁、指责,他

333

---

① Gervase, p. 1414. Parker, p. 207.

② M. Paris, p. 86. Brompton, p. 1065. Benedict. Abbas, p. 10.

③ Hist. Quad. p. 144. Trivet, p. 55.

12月29日
托马斯·贝
克特遇难

却毫无畏惧,不加任何防范地起身赴圣本尼迪克特教堂做晚祷。刺客们尾随而至,他们在圣坛前袭击大主教,连击多次,将他的头颅劈开,然后大摇大摆地离去,未遇任何阻拦。

　　这就是托马斯·贝克特的悲剧下场,这位大主教拥有一颗最崇高、最无畏、不屈不挠的心灵,他对世人——或许也对他自己——掩盖了骄傲和野心的作为,为其披上一层圣洁和赤诚维护教会权益的外衣。假设他能留在当初的职位,将那份火一样的激情倾注于维护法律和正义的事业中,而不是顺从时代的偏见,牺牲一切个人责任和公共关系,单单维护他想象或声称的高于一切世俗及政治因素的纽带,那么他必定能够成为一位杰出的人物。然而,任何一位参悟到当时时代精神的人都无法对大主教的真诚提出合理的质疑。由于迷信精神泛滥成灾,每一个粗心的思辨者都势必被这股潮流裹挟而去,更不必说那些投入全部兴趣、荣誉和野心来支持这种迷信的人了。当时那些成就低得可怜的著述,多半依附于迷信立场,常识的微光只能偶尔从蒙昧的厚重云霭中隐隐透出;更糟糕的情况是,被扭曲的科学以幻象完全挡住了阳光,遮蔽了自然的面貌。然而,即便那些未被普遍的迷信精神污染的人,也并不按照他们本该为之辩护的原则行动。如果说这些人还保有一点理解力,那多半要归因于他们完全没受过教育,而不是因为其知识渊博。所有的学校和教会都被愚蠢占据,愚蠢女[334]神的崇拜者身披哲学家的装束,戴有灵魂高尚的徽记。通读圣托马斯遗留于世的大批书信,我们发现那位雄心勃勃的大主教本人及其所有的忠实追随者都完全、绝对地确信己方站在真理和虔诚一边,并无限鄙夷他们的对手。他们彼此致信的文风充满伪善和做作的怪相,丝毫也不少于面向公众的宣传文稿。复仇、暴力和野心的精神切实伴随着他们的行为,而不是如同人们猜想的那样仅仅流于虚伪,这一点最可信服地说明了他们是笃诚拥护这项在极大程度上迎合了主流情感的事业。

亨利最初得知贝克特的狂骜举动,曾经有意逮捕他,并且已经做了一些布置,准备实施这个计划。但是,闻知贝克特被害的消息,国王顿时惊惶失措。他马上看出此事的危险后果——面对这等不虞之变,他当然有理由害怕。一位以圣洁闻名遐迩的大主教,由于热心维护教会权益,在履行圣职的过程中遇刺于圣坛前,必将享受殉道者的至高荣耀;而杀害他的凶手则会名登最凶残的暴君录,为此遭人憎恨、鄙弃,遗臭万年。教廷的惩戒令和开除教籍的绝罚本已威力无比,可以想见,当它们配合了这个如此恰到好处地挑动人类情感、特别适于通俗传道家和演说家施展辩才的理由,必将形成双倍的打击力。到那时,任凭他怎样辩称自己清白无辜、甚至对此事一无所知,全都无济于事。只要教会认为应当给他定罪,那么他就逃不脱这个罪名。他对贝克特之死所起的推波助澜的作用,此时正逐渐形成一种宗教定见;日后,世人定会把这个罪名连同其中所有的隐含意义——这是他们心中最根深蒂固的教义信条的一部分——都视为确凿无疑的事实。如此前思后想,让国王陷入实实在在的焦虑之中。而且,既然撇清一切嫌疑是他的利益所在,他也毫不掩饰自己内心深重的痛苦。[1] 他

哀悼

---

[1]　Ypod. Neust. p. 447. M. Paris, p. 87. Diceto, p. 556. Gervase, p. 1419.

把自己关在内室，谁都不见，三天三夜不吃不喝。^①　廷臣们怕他忧 335
伤过度会有危险，最后不得不破门而入。他们用尽一切安慰手
段，劝得国王进了少许膳食，并且抓紧时间准备应对大主教遇刺
所带来的后果——关于这些后果，他判断得分毫不差。

公元
1171年
国王屈服　　　亨利的当务之急是说服教皇，剖明自己的清白——或者毋宁
说要打动教皇，让他明白，罗马教廷可以从英格兰的臣服中获得
极大利益，比采取极端方式打击英国的好处更大。亨利派遣鲁昂
大主教、伍斯特主教和埃夫勒主教带领五名随员即刻赶赴罗马，^②
并严嘱他们一路快马加鞭。在那些地处欧洲偏远角落的蒙昧国
度，由于人们对罗马教廷的人与事全然不知，教廷的赫赫声威和
权柄令人闻之胆寒；然而在罗马本地，教皇受人敬畏的程度却大
打折扣。他的宿敌罗列，遍布罗马周边，甚至把持了教廷事务。
这几位来自僻远海岛的使者，带着当世最强君主那充满谦卑，甚
至可以说是卑躬屈节的顺服心意前来朝拜，却极难觅得路径觐见
教皇圣驾。经过商讨，他们决定派出理查·巴雷（Richard Barre）
打头阵，务必披荆斩棘，^③争取尽快面见教皇，以防不能及时取悦
于圣座，造成致命的后果。当他得近圣颜时，发现亚历山大三世
对亨利国王已是怒不可遏，贝克特的同党日日吁请采取报复行
动，法国国王也敦促他对英格兰下达最严厉的制裁；在罗马教廷，
只要一提起亨利的名字，就会激起一片痛恨和诅咒之声。此时已

---

① Hist. Quad. p. 143.
② Hoveden, p. 526. M. Paris, p. 87.
③ Hoveden, p. 526. Epist. St. Thom. p. 863.

经临近复活节前的星期四,①教皇循例要在这天向所有敌人发出
诅咒;鉴于此前已有的种种铺垫,各方都预计亨利国王将被正式
列入诅咒名单,遭到神圣炮火的猛轰。然而巴雷却想方设法安抚
了教皇且抑雷霆之威,因为打击一旦发出,倘不成功也无法再撤
回。结果,教皇的绝罚诅咒仅仅笼统地指向所有实施、协助及唆
使谋害贝克特的人。瓦拉斯(Valasse)修道院院长、索尔兹伯里和
利西厄(Lisieux)教会的两位会吏总以及亨利派来的其他几位大
臣随后抵达教廷,他们极力声言亨利国王清白无辜,并在教皇主
持的枢机主教元老院全体成员面前郑重发誓,说国王愿意听凭教
皇的圣裁,完全服从教廷的任何指令。一场可怕的打击就这样被
他们巧妙地闪避过去。教皇任命枢机主教阿尔伯特和特奥丁
(Theodin)作为特使,前往诺曼底调查此案。此时,尽管贝克特生
前最大的同党、教皇派驻法国的特使桑斯大主教已经对亨利的海
外领地下达了惩戒令,但是坊间普遍预测亨利国王能够轻松为自
己脱卸干系,因此大家纷纷采取观望态度,也就使得那道惩戒令
未能发挥出全部威力。

　　神职人员针对亨利国王的愤怒矛头虽然被巧妙转移开来,但
是在此期间,他们一刻也没偷闲,全力赞美贝克特的圣洁品格,颂
扬他以身殉教的无量功德,把他推崇为古往今来以鲜血凝固了神
殿根基的圣徒之首。别的圣徒只是为基督教教义受苦,显明神的
真道,然而贝克特却为捍卫教会权益而牺牲了生命,这一奇勋的

---

①　基督教纪念日,也叫"圣星期四"或"濯足节",纪念耶稣基督最后的晚餐,圣餐
礼的设立和基督为门徒濯足之事。——译者

创造者理应得到适当的追念。这个号召并没有落空：为贝克特颂德的文章连篇累牍、不计其数，他的遗物所引发的奇迹也层出不穷，其数量之多、内容之荒诞、证明之轻率都远远超乎其他圣徒和殉道者的传说。贝克特遇难两年之后，教皇亚历山大为他封圣，并为纪念他的圣德专设了隆重的禧年大庆。他的遗体被移入华丽的棺椁，装点着来自整个基督教世界的礼物。朝圣者蜂拥而至，以便求得大主教在天之灵的庇佑；据统计，每年来到坎特伯雷朝拜大主教墓地的朝圣者为数超过十万。有一件事实，令追逐荣 337 名者（他们的这点贪恋曾被贴切地称作"高贵心灵的最后一个弱点"）细想起来着实痛心：有史以来，无论是改变了世界面貌的最有智慧的立法者，还是启迪了人类心灵的伟大天才，他们获得的怀念和赞美都远远比不上那些装模作样的圣徒，尽管后者的行为很可能非常令人厌憎和鄙视，他们孜孜不倦追求的目标很可能对人类有害。唯有征服者才能享有同等的名望和光荣，而这等人物亦同样值得我们憎恨。

在关于托马斯·贝克特的话题结束之前，还应当提到，亨利国王在与贝克特斗法的过程中，每每比平时格外急于表现自己的宗教热忱，竭力避免在这方面显得亵慢不敬。他批准在全境征税，用于解救萨拉丁①大军威胁下的圣地。先是按照每镑纳税两便士的标准征收了一年，此后的四年又改为每镑征收一便士。②当时几乎所有的欧洲君主都在国内开征了类似的税项，人称"萨

① 萨拉丁(Saladine,1138—1193年)：埃及和阿尤布王朝苏丹，以抗击十字军而闻名。——译者

② Chron. Gervase, p. 1399. M. Paris, p. 74.

拉丁税"。在这一时期,大约有三十名异端分子从日耳曼地区来到英国,其中有男有女,为首的名叫杰拉德(Gerard)。他们都是单纯愚昧的人,不能阐释自己的信仰,但是声称愿为导师的教义受难。该团体在英格兰只发展了一名皈依者,一个和他们同样愚昧的妇人。然而,他们极大地触怒了神职人员,因此被移交给世俗执法机构,被罚在额上烙印,并沿街接受鞭刑。这些人在受刑时似乎无比喜乐,一路唱诵"为义受逼迫的人有福了①"。② 鞭笞之后,他们被赶到野外,当时正值严冬,而这些人几乎完全赤身露体,承受冻馁之苦,直至死亡。没有一个人敢于或者愿意给他们一点点救济。我们对这些人所持的信条一无所知,因为全盘接受神职人员的描述并不是一种严谨的态度。后者坚称,这些异端分子否认圣事的功效,反对教会的合一。依我之见,他们与正统教义的分歧有可能比这更微妙、更不值一提。这些人似乎是英格兰有史以来第一批以异端罪受难的人。

亨利一见梵蒂冈的雷霆打击暂时不会落到自己头上,便发动了策划已久的征服爱尔兰之战,希望借此重振虎威——一段时间以来,他与教廷所做的种种交易,已经或多或少地损害了他的荣名。

---

① 出自《圣经·马太福音》第5章。——译者

② Neubr. p. 391. M. Paris, p. 74. Heming. p. 494.

第九章　亨利二世(II)

爱尔兰局势—征服爱尔兰—国王与罗马教廷和解—亨利王
子率诸弟反叛—战争与叛乱—苏格兰战争—亨利国王为贝克特
之死忏悔—苏格兰国王威廉兵败被俘—国王与诸王子和解—国
王公平施政—十字军—理查王子叛乱—亨利二世驾崩—国王性
格点评—本朝花絮辑录

公元
1172年
爱尔兰
局势

爱尔兰岛上最初的居民有可能来自不列颠,正如不列颠岛民
最初是由高卢移居而来的;爱尔兰诸邦似乎都是凯尔特人的分
支,其上古源流远远早于史书和传统的记载,迄今已经泯然不可
考。爱尔兰人自古以来一直深陷于野蛮蒙昧之境。罗马大军从
未踏上或征服过这片土地,经他们之手播撒到整个西方世界的文
明火种也就无缘惠及爱尔兰岛,因此,这方岛民依旧处于最蛮野
的生存状态,极鲜明地显露出未经教化与法律羁束的人性绝难避
免的种种不良习性。岛上众多小邦分立,彼此间干戈不断,充满
了劫掠和暴力。各邦的王位承袭变数频生,屡屡酿成内乱。那些
小邦之主向来是靠着杀害先王而获得登上王位的资格。勇气和
力量哪怕被用于犯罪,也比和平的美德更受尊崇。岛民不谙生活
技艺,就连最简单的农耕之法也近乎一窍不通。他们也曾遭受丹

麦人和其他北方蛮族的侵袭——这些入侵在欧洲其他地区散播野蛮，却给爱尔兰带来了进步。爱尔兰岛上为数寥寥的市镇都分布在沿海地区，均是由挪威和丹麦海盗兴建的。岛上其他居民散居在开阔的原野，以放牧为生，遇有危险便躲进森林、沼泽藏身。各部落之间积怨刻骨，彼此视为寇仇，他们更热衷于同类相残，而不愿为了共同的利益携手合作——哪怕是为了满足私利，也不肯修睦。

　　亨利二世执掌英格兰期间，爱尔兰岛上除了众多小部落之外，共有五个主要邦国——芒斯特(Munster)、伦斯特(Leinster)、米斯(Meath)、阿尔斯特(Ulster)和康诺特(Connaught)。凡有战事，通常由其中某一国的国君充任盟主，此人便得以在一段时期内独领风骚，形同全岛之主。当时，康诺特国君罗德里克·奥康纳(Roderic O'Connor)势力鼎盛，称霸爱尔兰。[①]不过，他的统治并非强有力，即使在本国都做不到令行禁止，更无力凝聚民心以建立秩序或抵御外寇。野心勃勃的亨利二世自登基伊始便看准在爱尔兰有机可乘，内心跃跃欲试，只差一个借口去征服该岛——因为爱尔兰人历来与世无争地独处一隅，与任何邻邦均无嫌隙。亨利二世为了实现自己的非分之想，便求助于自称有权裁处普天下王国事务的罗马教廷；他当时并未料到，自己有朝一日会与教皇发生危险的争执，故而为图眼前的一点便宜——更确切地说，只是假想中的一点便宜——就认可了教廷的权利主张，助其势力扩张，以致今日对天下的世俗王权形成莫大威胁。当时在

---

①　Hoveden, p. 527.

位的教皇阿德里安四世（Adrian IV）本是英国人，很乐意施恩于英王，故而被后者轻松说服，顺势摆出一副世界之主的姿态，不冒半点风险且毫无代价地将一个大岛纳入自己的精神统治之下。爱尔兰人此前已经在不列颠传道人的引导下皈依了基督教信仰，唯欠完善而已；在教皇眼中，这种不完善的一大确据就是，该岛信众只知遵行最初的导师所传之教义，从未表态服从罗马教皇的权威。因此，阿德里安四世于公元 1156 年颁布了一道敕令，褒奖亨利二世。教皇首先盛赞英王满腔热忱地致力于扩张神在地上的教会、增加圣徒和天国选民的数目；在此前提下，他又把亨利征服爱尔兰的计划也说成是出自同样虔诚的动机；教皇认定，亨利事先征求教廷许可的这份殷勤小心，便是其征服大业必胜的保证。既已奠定了"一切基督教王国都从属于圣彼得的权柄"这样一个不争的结论，教皇又宣称，自己的职责就是在这些国度遍撒福音之种，以期在末日临到之际收获永恒救赎的果实。他敦促英王出征爱尔兰，根除当地土著的恶习和邪僻品行，强制每家每户向罗马教廷缴纳为数一便士的年贡。教皇授权英王全权统治爱尔兰岛，敕令该岛所有居民视之为君上，恭顺臣服；他又授权亨利二世在其认为适当的情况下，全权动用一切神权手段，襄助这一旨在光大圣教、拯救灵魂的事业。[①] 亨利二世虽已权柄在握，却并未立即执行其征服计划，而是滞留于欧陆，忙于自己更感兴趣的事务，同时耐心等待进军爱尔兰的有利时机。

伦斯特国王德莫特·麦克莫罗（Dermot Macmorrogh）暴虐

---

① M. Paris, p. 67. Girald. Cambr Spelm. Concil. vol. ii, p. 51. Rymer, vol. i, p. 15.

恣睢,早已闹得民怨沸腾、众叛亲离。逢到局势生变,该国民众立即抓住第一个机会,挣脱身负的痛苦和压迫之轭。麦克莫罗图谋霸占布莱弗尼(Breffny)国王奥罗里克(Ororic)之妻朵弗吉尔达(Dovergilda)。奥罗里克赴边地巡视,行前将王后安置在一处沼泽环抱的孤岛上,以策安全。他离开之后,麦克莫罗趁机突袭小岛,掳走朵弗吉尔达王后。[①] 此种行径在爱尔兰虽属常见,而且在很大程度上被视为风流勇武的证明,[②]但是那位受了侮辱的丈夫却愤愤难平,他召集人马,在康诺特国王罗德里克的支援下攻入伦斯特,将德莫特逐出王国。流亡的德莫特向驻跸吉耶纳的亨利二世乞援,许诺在复国后纳地为藩,效忠于英格兰王室。亨利二世早有吞并爱尔兰之志,自是称心如意地接受了德莫特的提议。不过,当时法兰西领地的叛乱正令他焦头烂额,与罗马教廷之间的未解纷争也让他无暇旁顾,所以他拒绝当即发兵,只给了德莫特一纸"王室制诰",授权御下一切臣民襄助这位爱尔兰君主的复国大业。[③] 德莫特手握授权书来到布里斯托尔,召募冒险家助其复国,经过百般努力和重重失望,最终与绰号"强弓"的斯特里古尔(Strigul)伯爵理查德达成了协议。这位伯爵出身于显赫的克莱尔家族,因纵情挥霍荡尽了家产,如今亟欲孤注一掷,险中求财。他答应帮助德莫特,条件是德莫特须将女儿伊娃(Eva)嫁给他,并且公开立他为自己全部领地的继承人。[④] 理查德开始招兵买马,

---

① Girald. Cambr. p. 760.

② Spencer, vol. vi.

③ Girald. Cambr. p. 760.

④ Ibid. p. 761.

德莫特又前往威尔士,会晤了阿伯提维(Abertivi)①治安官罗贝尔·菲茨-斯蒂芬斯(Robert Fitz-Stephens)和莫里斯·菲茨-杰拉德(Maurice Fitz-Gerald),把这二人也拉进己方阵营,取得了他们入侵爱尔兰的承诺。安排好援军之后,德莫特便潜回本国,藏身于由他捐建的芬斯(Fernes)修道院(不错,这个恶棍还热心于营建修道院),为迎接英国盟军做好万全准备。②

征服
爱尔兰

　　菲茨-斯蒂芬斯的队伍最先准备就绪。他率领三十名骑士、六十名候补骑士和三百名弓箭手登陆爱尔兰岛,队伍人数虽少,却个个悍勇,军纪严明,装备齐整——这在爱尔兰几乎是闻所未闻的情形,令野蛮岛民为之胆寒,仿佛天翻地覆的剧变临头一般。几乎与此同时,莫里斯·德·彭德盖尔(Maurice de Pendergail)也带领十名骑士和六十名弓箭手渡海而来,与菲茨-斯蒂芬斯会合,从而形成足够的实力,围攻丹麦人定居的城镇韦克斯福德(Wexford)。此役获胜后,菲茨-斯蒂芬斯便占据该城。③ 未几,菲茨-杰拉德率十名骑士、三十名候补骑士和一百名弓箭手赶到,④与前两位冒险家会师。三股军队合流,横扫爱尔兰,势不可当。爱尔兰岛内最强大的君主罗德里克在对战中屡屡受挫,奥索里(Ossory)国君被迫投降,献上人质,保证不再反抗。德莫特重登伦斯特王位尤嫌不足,更图谋废黜罗德里克,自立为爱尔兰唯一的霸主。

　　为实现上述目标,德莫特遣使拜见斯特里古尔伯爵理查德,

343

---

①　即卡迪根(Cardigan),在威尔士语中称作 Abertivi。——译者

②　Cirald. Cambr. p. 761.

③　Ibid. p. 761,762.

④　Ibid. p. 766.

敦促他履行诺言,并以利相诱,力陈此时此际伯爵率英格兰雄师开赴爱尔兰定会获益无穷。伯爵不满足于亨利二世针对全体臣民的一般性授权,特地跑到王驾驻跸的诺曼底去面君,在获得亨利二世冷淡而含混的许可之后,便回国备战。他先派遣麾下亲随雷蒙德率十名骑士、七十名弓箭手在沃德福德(Waterford)附近登陆,首战击败前来阻截的三千爱尔兰人。[①] 几天后,理查德本人率二百名骑兵和一支弓箭队渡海而来,与这批得胜的英军会合。他们占领了沃特福德,又进军都柏林(Dublin),强攻得手。罗德里克为了报复,将手中人质、德莫特的私生子斩首。理查德与伊娃完婚,不久之后德莫特身亡,他便登上了伦斯特的王位,并跃跃欲试,准备将其统治范围扩张到全爱尔兰。以罗德里克为首的爱尔兰岛内众君主警觉到危险,于是合兵一处,以三万大军围攻都柏林。理查德伯爵亲率九十名骑士及所属人马出其不意地突围而出,爱尔兰大军受到冲击,惊惧奔溃,英军追逐掩杀,爱尔兰人尸横遍野。自此之后,再无爱尔兰人胆敢挺身反抗英国的侵略。[②]

　　英王亨利不无妒忌地看着臣下在爱尔兰无往而不利,遂传旨召回所有英格兰人,同时筹备御驾亲征。[③] 不过,理查德等一干冒险家自有办法安抚其主上,他们无比谦卑地向他表示恭顺,又将新获疆土统统献为王室附庸领地。[④] 不久,亨利在五百名骑士和

① Cirald. Cambr. p. 767.

② Ibid. p. 733.

③ Ibid. p. 770.

④ Ibid. p. 775.

大批人马的簇拥下浩浩荡荡登陆爱尔兰。他发现,当地人在近来遭遇的打击之下已然全无斗志,王驾巡行全岛,除了接纳各地新臣民的效忠之外,根本无事可做。他恩准大部分爱尔兰部落首领和国王保有原先的领土,又将一部分土地赐给英格兰冒险家,封理查德伯爵为爱尔兰总督。王驾在爱尔兰逗留数月之后,便奏凯而归。这次出征本身并非值得一提的壮举,唯其结果堪称重大——爱尔兰从此臣服,被纳入英王治下。

在那个时代,由于工商业发展水平低下,为君者想要豢养一支常备军,在被征服的国家维持其统治,无异于天方夜谭。鉴于爱尔兰蛮荒赤贫,这笔军费开支更是无从筹集。要将征服成果长久维持下去,唯一的可行之道就是大量新增移民,把新占领的土地分配给他们,任命他们据有所有关键职位和权力,以期达到同化、改造原住民的目的。在历史上,远有北欧入侵者、近有诺曼底公爵,都是借助这一策略,在新征服的领土扎下根基、奠定国本,从而使江山稳固,代代相传。然而,爱尔兰的落后状况对英国人毫无吸引力可言,只有极少数沦落到穷途末路的人才会偶尔动心,想到那里去碰碰运气。[①] 这些人非但没能改造爱尔兰土著,带给他们文明教养,反倒逐渐被后者同化,丢弃了本国的固有习俗而沦入野蛮之境。此外,由于移民人数稀少,而周遭心怀敌意的土著则人多势众,故而有必要给予移民领袖极大的军权和专制权力,于是乎为时未久,那些新建的英国殖民点也变得和爱尔兰土著部落一样,再难寻觅法律和公正的踪迹。爱尔兰岛上建立起多

345

　　① Brompton,p. 1069. Neubrig. p. 403.

个惠泽新冒险家的王权领地,并被授予独立的权威;而本岛土著从未完全降服,他们内心对征服者的仇恨始终难以泯灭,这仇恨又招来新一轮伤害,冤冤相报无止无休。由于以上种种原因,爱尔兰人在此后的四个世纪里,始终保持着蛮野不驯的民风。直到伊丽莎白女王一朝末期,该岛人民才彻底归化。若说这个被征服的岛屿有望给英国带来什么实际利益,则要等到这位女王身后的下一个朝代了。

亨利国王之所以离开爱尔兰,一来是因为此方民众全无反抗即被轻易征服,令他在这里无事可做,二来是由于另一桩要务的催迫:此事大大关乎他的利益与安危,不可置之不理。两位教廷特使阿尔伯特和特奥丁受命调查国王在贝克特大主教遇刺案中的所作所为,他们抵达诺曼底后,不耐久等,接二连三地致信国王,满纸威胁之语,警告他不得继续延宕,对教廷特使避而不见。[①]因此,亨利只得匆匆赶往诺曼底,在萨维尼(Savigny)与两位特使会晤。由于对方提出的条件过于苛刻,国王一怒之下退出谈判,扬言要返回爱尔兰,听任教廷如何责罚!特使们看出,充分利用这一悲剧事件的最佳时机已过——假使当初趁热打铁,用停止圣事和开除教籍的惩戒打击亨利,必能让整个英格兰王国陷入动荡;然而,亨利已经成功地赢得了回旋的时间,做好了安抚人心的工作。现在,此事的影响已经不像最初那样令人震撼,而教会急于谋求与国王达成和解,亦不再拦阻国王的党羽竭力为他洗脱罪责,申说他在大主教遇刺一事上完全清白无辜、对几个刺客的预

---

① Girald. Cambr. p. 778.

国王与罗
马教廷
和解

谋毫不知情。在此情形下,两位教廷特使只得降低价码,于是亨
利得以轻松过关。国王面对圣髑郑重发誓,自己非但不曾下令杀
害大主教或是存过这份心思,反而在闻知大主教遇害时悲痛欲
绝。但是,鉴于自己在大主教的言行激惹之下大发雷霆,有可能
导致了悲剧的发生,因此他承诺做到下列几点,以赎己罪:第一,
保证赦免所有因支持贝克特而被流放的人,并返还其财产;第二,
恢复坎特伯雷圣座自古以来拥有的一切财产;第三,向圣殿骑士
团捐金,足够供养二百名骑士在圣地一年的用度;第四,国王本人
将于次年圣诞节加入十字军,如果教皇有令,他将赴西班牙或巴
勒斯坦参加打击异教徒的圣战,为期三年;第五,他保证不强制推
行自己在位期间引入的有损于教会特权的习惯法;第六,保证不
阻挠国内神职人员就教会事务向教皇提起申诉,只要获得足够的
安全保证,确认这些神职人员没有反对王权的企图,就允许他们
自由离境。[1] 亨利国王签署了这些让步条款之后,教廷特使宣布
赦免其罪,并重申了教皇阿德里安将爱尔兰赐封予他的敕令。[2]
亨利二世以微小的代价摆脱了如此困厄的处境,此事最有力地证
明了这位君王能力非凡。他一向坚称,《克拉伦登宪章》所规定的
各项律令只是英格兰王国的古代通例,其中并无新增的主张。如
今,尽管签署了上述让步条款,他仍可随心所欲地坚持自己的权
利主张。条约中确有准许国内神职人员向教皇申诉的规定,但是
也允许国王向申诉发起人索取合理的安全保证,那么他就可以凭

① M. Paris, p. 88. Benedict. Abb. p. 34. Hoveden, p. 529. Diceto, p. 560. Chron.
Gerv. p. 1422.

② Brompton, p. 1071. Liber. Nig. Scac. p. 47.

此漫无止境地向后者提出要求,实际上他完全可以控制局面,以防止教皇从这些表面的让步中获取任何好处。从总体上看,《克拉伦登宪章》依然保持着王国法律的地位。而教皇及其特使似乎均未想到要把亨利的王权纳入法律限制之下,他们满足于以条约形式令国王放弃了《宪章》中最重要的条款,并未要求英格兰召开全国大会来废止该宪章。

亨利二世摆脱了与教会及罗马圣座之间的危险纷争之后,无论政务家事一派顺遂,似乎已经攀上了人间荣耀与幸福的巅峰。国王膝下儿女成行,既为王室增添了荣光和威仪,更使继承权无可争议,压制了所有暗藏野心的贵族对王位的觊觎。国王亦深谋远虑,对宗室各支系早早做出安排,看似毫无纰漏,足可防止兄弟阋墙之患,永葆王室至尊地位。他指定王长子亨利继承英格兰王国以及诺曼底公爵领,外加安茹、马恩和都兰伯爵领,上述位于欧陆的领地彼此毗连,如遇内乱或外敌入侵,便于相互支援;吉耶纳公爵领和普瓦图伯爵领将由次子理查继承;三子杰弗里将凭借其妻的继承权,获得布列塔尼公爵领;新近吞并的爱尔兰则将归于四子约翰名下。他还为约翰议定了婚事,准备为其迎娶萨伏依(Savoy)与莫列讷(Maurienne)伯爵的独生女阿德莱,女方的嫁妆丰厚,包括位于皮埃蒙特(Piedmont)、萨伏依、布雷斯(Bresse)和多菲内(Dauphiny)的广大领地。[①]然而,亨利家族春风得意招来所有邻邦的忌妒,他们极尽挑拨离间之能事,务使几位王子与其父

---

① Ypod. Neust. p. 448. Bened. Abb. p. 38. Hoveden, p. 532. Diceto, p. 562. Brompton, p. 1081. Rymer, vol. i. p. 33.

为仇,以致一片苦心谋求子嗣福祉的亨利在有生之年因这几个儿子而备尝苦楚,家国不宁。

年轻的太子亨利渐渐长大成人,开始显露个性锋芒,亟欲独 ³⁴⁸ 立。太子生性勇敢、志向远大,为人慷慨又平易近人,这些性格特点令青春少年显得英姿勃发,昭示着他未来的光辉前程;然而,这种性格若不能在成年后羼入审慎予以中和,也容易变成大祸的肇因。① 据说,亨利太子在接受涂油礼时,他的父王为增添仪典的庄严,亲立于案前服侍,并对儿子说,此番典礼的服务规格之高,在古今王者当中可谓空前。"这不算什么,"年轻的亨利对一位廷臣说,"伯爵的儿子服侍国王的儿子,自是理所当然。"这句话或许只是无心的玩笑,甚至可能隐含着对父王的恭维之意,却被普遍解读为心性狂傲的表现,而太子的所作所为不久便证实了这一揣想。

公元
1173 年　　　　亨利二世遵照此前对教皇和法国国王的承诺,安排鲁昂大主教为太子亨利及太子妃玛格丽特公主重行加冕礼,②随后又准许太子赴巴黎谒见岳父。后者则不失时机地向年轻的太子灌输野心,而这类想法恰与太子的天性一拍即合。③ 虽说法国自卡佩王朝开创以来便有在任君主生前为太子加冕而不准其参与执政的传统,但是法王路易却成功说服了自己的女婿:鉴于加冕礼在时

---

① Chron. Gerv. p. 1463.

② Hoveden, p. 529. Diceto, p. 560. Brompton, p. 1080. Chron. Gerv. p. 1421. Trivet, p. 58. 据马多克斯(Madox)在《英格兰财政署的历史及古代规程》(*History of the Exchequer*)中所述,英格兰人自此开始穿着丝绸服装,王子夫妇的加冕礼服价值时帑 87 镑 10 先令 4 便令。

③ Girald. Cambr. p. 782.

人心目中如此重要，行过加冕礼之后，他便成了合法的君王，他的父王不肯立即把整个国家——至少是一部分领土——交给他，就是有失公道。出于这种非分之想，亨利太子回国后向父王提出，要么把英格兰王位交给他，要么让他统治诺曼底公国。上述要求被其父王一口拒绝，太子大为不满，口出悖逆之语。不久，他便在路易的协助下逃往巴黎，在那里得到了法国王室的庇护和支持。

亨利王子率诸弟反叛

　　此事令亨利国王极度震惊，也预见到前途险恶，钩心斗角和战争（无论最终胜败如何）不可避免，他为此深感忧虑和伤心，然而一波未平、一波又起，随即接到的不幸消息，无疑更让他痛彻心扉。埃莉诺王后曾因风流韵事而开罪于前夫，又因善妒遭到第二任丈夫厌弃。如此，她在人生的不同阶段，先后将女性的诸般弱点都发挥得淋漓尽致。她把对亨利的不满灌输给两个幼子杰弗里和理查，令他们相信，自己也有权立即拥有父王分派给他们的领地。她安排二子潜逃到法国宫廷，自己也考虑出逃，甚至已经为此乔装改扮，穿好了男装，不料在最后一刻被她丈夫下旨捉拿，关押起来。于是，整个欧洲瞠目结舌地看到，这位无比慈爱、万般娇宠儿女的父亲转而变成了全家的敌人。一代英主膝下三个乳臭未干的儿子竟然要求年富力强、荣名鼎盛的父王即刻让位，而一些欧洲君主则不顾廉耻地支持他们这种有悖常情的荒谬主张。

　　亨利身陷此种危险而令人不快的境地，寄希望于罗马教廷伸出援手。他虽明知宗教权威干预世俗纷争的危险性，仍然请求教皇以宗主的身份出面，将他的敌人开除教籍，以这样的惩戒迫使几个逆子顺服,因为他发现自己实在不愿以王者之剑惩治他们。[①]
他申诉的理由堂堂正正,亚历山大教皇非常乐于借这种事务来显
示权威,于是应英王之请签发了教令。但他们很快发现,这种精
神武器的威力并不像用于属灵争端的时候那么强大,教会人士怠
于执行一个对自身当前利益毫无裨益的判决。亨利国王这番卑
躬屈节的努力终究归于徒劳,最后只得诉诸武力,开始召募雇佣
军——此种手段一向为暴君所惯用,而像亨利这样明智而公正的 350
君主却极少采纳。

　　当时欧洲各国政府管辖普遍松懈,相邻的贵族间私斗频发,
各种法律根本无法全面推行,以致盗匪滋生:他们四处横行、破坏
治安、打劫行旅、为患乡村、无法无天,全不惧怕官府的追剿,就连
教会发出的绝罚令也不在话下。[②] 这类武装常为王公贵族们效力,
今日给这家当差、明日又转投另一家门下。他们有自己的首领,行
动独立不羁。由于匪帮猖狂劫掠,勤劳守业的和平居民被害得家徒
四壁、沦落无着,往往被迫加入盗匪行列。就这样,欧陆各邦国深陷
于无止无休的内斗,以致百姓生计凋零,有法难行。[③] 这些亡命之
徒有时被称为"布拉班松帮(Brabançions)"、有时被称为"鲁蒂耶
帮(Routiers)"或"短剑帮(Cottereaux)",关于这些名称的来由,史
界尚无定论。他们自成江湖,拥有自己的一套规矩,与人类社会

---

　　① Epist. Petri Bles. epist 136. 又载于 Biblioth. Patr. tom. xxiv p. 1048。原文为
*Vestrae jurisdictionis est regnum Angliae, et quantum ad feudatorii juris
obligationem, vobis duntaxat obnoxious teneor*。这篇奇文也见于 Rymer, vol. 1. p. 35,
以及 Trivet, vol. 1 p. 62。

　　② Neubbrig, p. 413.

　　③ Chron. Gerv. p. 1461.

的其他部分形成对峙。那些强大的君主也并不耻于间或借助这些匪类的力量。由于这些人习于征战和劫掠，经验丰富、英勇顽强，所以通常作为武装力量中最强大的一只铁拳，在君侯间的政治冲突当中发挥着决定性的作用。亨利二世的敌人也雇用了几支佣兵，[①]不过他凭着自己多年积聚的雄厚财力，得以将更多的佣兵招致麾下，此外，他当时的处境更使得他只能信赖这些雇佣军：他手下放纵的贵族们对于警醒明察的政府早已心生厌烦，盼着几位不谙政务的年轻王子上台执政，或能放松对他们的监管，赏赐也能更丰厚些。[②] 再者，国王已经承诺将把各处领地分别传给几个儿子，这些地方的贵族心知几位王子上台是迟早的事，就更无顾忌地追随未来的主子。出于上述动机，许多诺曼底贵族都弃老王而去，转而投奔了太子亨利。布列塔尼和加斯科涅的贵族们似乎同样赞成杰弗里王子和理查王子与父争权的主张。英格兰臣民中间也悄然出现了背叛的裂痕，特别是莱斯特伯爵和切斯特伯爵，这二人已经公开表态反对国王。因此，国王招募了两万雇佣兵，以充实他从爱尔兰带来的少量军队，再加上为数不多的几位久经考验、忠心耿耿的贵族，这就是他准备用来扫平叛逆的唯一力量。

路易为了进一步巩固反对英王的同盟，在巴黎召集王室主要封臣的大会，法国贵族们认可了主上采取的策略，又发誓拥护亨利太子的事业。作为回报，亨利太子也发誓永不背叛他的法国盟

---

① Petr. Bles. epist. 47.
② Diceto, p. 570.

友。他还新铸了一块御玺,将自己计划从父亲手中夺得的大片土地慷慨分赠给法国盟友们。佛兰德斯伯爵、博洛涅伯爵、布卢瓦伯爵、尤城伯爵也宣布支持亨利太子,一部分动机是和其他王侯一样,忌妒亨利国王的赫赫威势和野心,另一方面,他们也想利用这位年轻太子的轻率性情及当下的穷迫境遇为自己捞取利益。苏格兰国王威廉也加入了这个大联盟。他们制订了相互配合、全面进攻的计划,准备分头侵入英王名下广大而分裂的各处领地。

佛兰德斯伯爵和博洛涅伯爵率先在诺曼底边境挑起战事。他们围攻奥马勒,奥马勒伯爵主动投降当了俘虏,随后以筹措赎金为由,赚开另外几处城堡的大门,整个奥马勒沦陷。两位伯爵乘胜进军,包围并攻占了敦科特(Drincourt)。不过,博洛涅伯爵在攻城时受了致命伤,这一事件让佛兰德斯军队暂时止住了进攻的脚步。

在另一方向上,法王得到众位藩臣的有力配合,集结起一支
战争与叛乱
大军,共有七千骑士及其扈从,并按比例配备了足够的步兵。英国王太子亨利也随军征战。路易的军队包围了韦尔讷伊(Verneüil),此城总督休·德·莱西(Hugh de Lacy)和休·德·博尚(Hugh de Beauchamp)进行了顽强的抵抗。在长达一个月的围困之后,城中粮尽,守城部队只得答应有条件投降。双方约定,如果三天之内不能解围,守军就交出市镇,退入城堡。在约定期限的最后一天,英王亨利率军出现在俯瞰韦尔讷伊城的山顶之上。法王路易害怕遭受攻击,派出桑斯大主教和布卢瓦伯爵出使英军大营,表示希望在第二天举行会谈,以寻求全面和解,让亨利父子化干戈为玉帛。英王渴盼和解,并未疑心有诈,一口答应了这个

提议。然而次日清晨，路易却按照之前与守城部队的约定，要求他们投降。随后，法军纵火焚城，并开始撤退。亨利发现中计，勃然大怒，一阵穷追猛打，击溃法军后队，将所获俘虏处决一批、关押一批。而法军方面，由于各地封臣的服役期限已满，各自返乡，大军转眼星散。于是，亨利便腾出手来，转而以优势兵力去打击其他对手。

布列塔尼贵族在切斯特伯爵和拉尔夫·德·富热尔（Ralph de Fougeres）的煽动下，全都投入了武装叛乱。但是英王在路易撤军之后，向布列塔尼派出一支雇佣兵，遏制了叛乱的发展势头。两军在多尔附近交战，叛军大败，一千五百人殒命沙场，两位首领切斯特伯爵和富热尔被迫逃进多尔城暂且存身。亨利挥师急进，包围多尔城，发动猛攻，迫使当地总督和守军缴械乞降。英军打击有力、战绩辉煌，彻底平定了布列塔尼地区的叛乱。亨利国王在各个战场均处胜势的情况下，欣然同意与路易谈判；他希望自己的对手们看到大势已去，会接受适当合理的和谈条件，终止敌对行动。

两国君主的谈判地点位于特里（Trie）和日索尔之间。亨利眼见三个儿子随侍在自己的死敌左右，深感屈辱。鉴于路易对英开战的借口无非是支持三位王子的诉求，亨利为挽回父子之情，对儿子们做出了极大的让步，其慷慨宽宏足以让天下为人子女者羞愧难当，而这样的恩待，若不是出于一派舐犊之情，以及为眼前形势所迫，那是绝不可能的。[1] 亨利国王只坚持保留对所有领地的

---

① Hoveden，p. 539.

统治权,他同意太子享有英格兰岁入的一半,还把英格兰的几处地方交给他,作为日后践约的担保;国王表示,三位王子若对父王的让步条件觉得不满足,只消烦请出席谈判的两位教皇特使出面替他们提出要求,自己无不应允。[①] 莱斯特伯爵也在谈判现场,这位爵爷或许是因为性情暴躁,或许是蓄意破坏这场势必扰乱反叛同盟的会谈,他暴跳如雷地厉声斥责亨利国王,甚至以手按剑,作势欲击。他的狂暴举动令全场大哗,拟议中的和约就此夭折。[②]

此时,亨利国王的敌人似乎主要寄希望于英格兰局势的变化,因为亨利的王权在国内正面临迫在眉睫的危机。亨利太子与其外国盟友签订的条约中有一项内容,就是将肯特全境,包括多佛尔和其他要塞统统割让给佛兰德斯伯爵。[③] 然而,那些独立不羁的英格兰贵族全不念及民族大义,只顾扩张个人和本家族的势力,他们中的大部分人明知太子允诺的让步条款极其有害,势必导致覆国之祸,却仍然合谋叛乱,支持太子的觊觎主张。国王可资倚靠的主要力量是教会和主教们的支持——这些神职人员或许终究心存良善,耻于支持违背天伦的叛乱,抑或是完全满意于亨利为贝克特遇害和此前削夺教会豁免权之举而做出的赎罪表现,如今已经与亨利言归于好。不过话又说回来,亨利国王在与教会的妥协过程中,丝毫也没有放弃王室的核心权利。他仍然警觉地提防着罗马教廷,凡教廷特使赴英,必须首先宣誓不从事任何反对王室特权的活动,否则就得不到入境许可。他甚至强迫坎

----

①　Hoveden,p. 536. Brompton,p. 1088.

②　Hoveden,p. 536.

③　Hoveden,p. 533. Brompton,p. 1084. Neubr,p. 508.

特伯雷教会的僧众选举多佛尔修道院副住持罗杰(Roger)担任坎特伯雷大主教,以填补执拗不驯的贝克特身后留下的职缺。[①]

这时节,苏格兰国王侵入诺森伯兰,大肆破坏蹂躏。奉亨利之命镇守一方的理查·德·吕塞(Richard de Lucy)[②]领兵抗敌,迫使苏格兰人撤回本国,双方签定休战协议。德·吕塞趁此机会挥师南下,迎战莱斯特伯爵——后者已经率大股佛兰德斯军队侵入萨福克郡;休·比戈德起兵响应佛兰德斯人,并献出弗拉姆灵厄姆(Framlingham)城堡供其驻扎。叛军长驱直入,进军王国腹地,并指望莱斯特伯爵的附庸能在当地呼应起事。德·吕塞在治安官亨弗莱·博亨(Humphry Bohun)和阿伦代尔伯爵、格洛斯特伯爵及康沃尔伯爵的配合下,率领一支人马挺进至法纳姆,迎击叛军。德·吕塞的部下人数虽少,但将士个个骁勇。佛兰德斯部队则多半由织工和匠人组成(当时佛兰德斯的制造业已经开始有了一定基础),开战后一触即溃,丧生者多达万人。莱斯特伯爵被俘。残余的侵略军唯庆幸能与英军议和,以便安然撤回本土。

叛乱分子经此惨败之后并未死心,他们倚仗着诸多外国君侯作为后援,又得到几位王子的支持,便横下一条心,意欲反叛到底。费拉斯(Ferrars)伯爵、罗杰·德·穆布雷(Roger de Moubray)、阿凯蒂尔·德·马洛里(Archetil de Mallory)、理查·德·莫莱维尔(Richard de Moreville)和哈莫·德·马西(Hamo de Mascie)

苏格兰
战争

公元
1174 年

---

① Hoveden, p. 537.

② 理查·德·吕塞时任埃塞克斯郡长兼大法官。——译者

等人纠集莱斯特伯爵和切斯特伯爵的众多亲朋故旧，起而造反。克莱尔伯爵和格洛斯特伯爵的忠诚也受到怀疑。德·吕塞虽有林肯主教杰弗里（亨利国王与情妇"美丽的罗莎蒙德"的私生子）鼎力支持，却也无力招架来自方方面面的明枪暗箭。这时，休战协议期满，苏格兰国王率八万大军[①]再次侵入英格兰北方各郡，令局面更加混乱。这支军队不过是一群乱糟糟的乌合之众，毫无纪律约束，与其说适于执行任何军事行动，倒莫如说是从事劫掠的行家。尽管如此，对于眼下四分五裂、动荡不安的英格兰来说，他³⁵⁵们仍然构成了极大的危险。亨利国王在法国挫败了所有敌人、巩固了边境防务之后，转头发现英格兰形势危殆，于是决定亲自返国，以王威震慑反叛分子，或者凭铁拳和胆气征服他们。王军在南安普顿登陆后，亨利深知国人深受迷信的影响，于是匆匆赶赴坎特伯雷，去向托马斯·贝克特的骨灰赎罪，向已经死去的敌人屈膝称降。当坎特伯雷大教堂遥遥进入视野，国王便下马跣足而行，来到贝克特的圣骨匣前，匍匐下拜。他整整一天禁食祷告，当晚彻夜不眠守护圣髑。此时他虚伪敬奉的，原是与他势不两立的死敌，曾经在很长一段时间里以其偏执热狂和忘恩负义搅扰他的统治。如今他在此人灵前装腔作势表演一番还嫌不够，又采取了一种更奇特、更具羞辱性的苦行赎罪方式：他召集起一队僧侣，把鞭子交到每个人手上，然后自剥衣裳，赤裸脊背，承受鞭子的依次抽打。次日，国王获得赦免，随即启驾前往伦敦。不久便有好消息传来——王军将领对阵苏格兰人斩获大捷，据说，这次胜利恰

7月8日

亨利国王为贝克特之死忏悔

---

　　①　Heming. p. 501.

好发生在国王获得赦免的当日,人们遂将此视作国王与上天及托马斯·贝克特终于和好的确据。

苏格兰国王威廉进攻普鲁德豪(Prudhow)城堡和其他要塞的行动虽被打退,但其部下肆意劫掠,令英格兰北方各郡惨遭兵燹。及至赫赫有名的大法官拉尔夫·德·格兰维尔(Ralph de Glanville)在伯纳德·德·巴利奥(Bernard de Baliol)、罗贝尔·德·斯图特维尔(Robert de Stuteville)、奥多内尔·德·乌姆弗勒维尔(Odonel de Umfreville)及威廉·德·韦西(William de Vesci)等北方贵族的支援下,与英勇的林肯主教合兵一处,向敌师逼近之际,苏格兰王见势不妙,决定暂避英军锋芒,回缩至本国边境附近,在安尼克扎下营盘。随后,他派出多股武装劫掠四野,大大削弱了本部的作战实力。此时的他自以为安全,完全放松了戒备,万没料到会遭到袭击。然而,格兰维尔探知苏格兰军的状态后,急令部队强行军开赴纽卡斯尔,在那里略作休息即连夜开拔,杀向安尼克。英军夜行三十多英里,凌晨抵达安尼克,借着雾气的掩护,摸近苏格兰兵营。格兰维尔不顾敌军人多势众,率领麾下的小股精锐骑兵队发动进攻。懈怠无备的威廉起初还以为是出外劫掠的部队归营,直到发现来者的旗帜有异,才惊觉大事不好。威廉匆匆应战,从者不足百骑,他还指望着驻扎在四周的己方大军会迅速赶来救驾,不料在英军的第一轮冲击中就被打下马来,束手就擒。爱尔兰大军闻讯惊惶溃逃,在外打劫的小股部队也各自落荒而走,彼此间误会摩擦连连,甚至升级为自相残杀,结果死在自己人刀下者比丧命于敌手的还要多。

这一重大而辉煌的胜利最终决定了亨利国王的优势地位,彻

7月13日

356

苏格兰国王威廉兵败被俘

底打消了英国反叛者的斗志。原拟起兵的达勒姆主教见此情形赶紧向国王表示降顺;休·比戈德虽有佛兰德斯人的强大后援,也不得不交出全部城堡,乞求国王的宽宥。费拉斯伯爵和罗杰·德·穆布雷也找不到更好的出路,只能向国王低头。那些势力不及他们的叛乱分子纷纷步其后尘,整个英格兰在几个星期内重归平靖。此外,鉴于种种迹象表明国王蒙受上天恩佑,那么反对国王的行动便成为逆天之举。教会大力称颂贝克特的圣德及其在天之灵的庇佑之功,亨利非但不反对上述迷信,反要借助与这位圣徒之间新的融洽关系来渔利,故而推波助澜地宣扬这种于其自身利益大有裨益的观念。[①]

　　此时,亨利太子刚刚做好征战准备,正欲偕佛兰德斯伯爵率领一支大军从格拉沃利讷港启航,忽闻国内同党已经悉数被平定,只得放弃回国争权的企图,转投法王路易的大营。后者趁英王离开欧洲之机侵入诺曼底,包围了鲁昂城。[②]鲁昂居民坚守城池,奋勇抵抗。[③] 路易见硬攻不成,图谋智取。他所采用的手段,在那个迷信盛行的年代颇有些为人所不齿——他借口庆祝圣劳伦斯节,在己方营中宣布休战;鲁昂市民以为安全无虞,轻率地放松了警戒,孰料正中路易的圈套。幸好有几位神父单单出于好奇而爬上一座悬挂着警钟的尖塔,他们发现法军的动向,立刻敲钟示警。市民们冲向各自守卫的岗位。法军也听见警钟敲响,遂连忙发动攻击,并且已经在好几处地方登上了城头,但是被愤怒的

357

---

①　Hoveden, p. 539.

②　Brompton, p. 1096.

③　Diceto, p. 578.

市民打退，伤亡颇多。①次日，匆匆挥师保卫诺曼底领地的亨利国王赶到，就在法军眼前耀武扬威地穿过大桥进入鲁昂城。这座城市现在绝对安全了。英王为了挑战法王，下令拆除防护城门的壁垒，并准备凭借己方优势主动出击。路易为了摆脱危险处境，又诉诸诡计，其举动和上次一样有欠光明正大。他提议双方谈判，磋商全面和平的条件——他知道亨利是多么迫切地渴望和平。信以为真的英王等待他践约赴会，他却趁机带着队伍悄然溜之大吉。

　　不过，无论从哪一方的角度而言，两国确有和解的必要。长久以来，亨利眼睁睁看着自己的三个儿子被敌人操控，再也无法忍受这种煎心之痛；而路易眼见强大的英王在各处战场所向披靡、荣耀加身，牢牢控制着名下所有的领地，唯恐其记恨自己曾利用他与贝克特及诸王子间的不和，又凭借武力、更借助阴谋手段制造了种种危局和动乱，会向法国发动报复。双方协议休战之后，约定在图尔（Tours）附近举行和谈。在这次谈判中，亨利国王向几个儿子承诺的待遇较上一次大为减少，却照样换得了他们的臣服。这些让步条款的实质内容包括：保证付给他们一定数额的津贴；赐给他们一些城堡作为住处；赦免他们的所有追随者，归还其产业和爵位。②

　　如此一来，在几位王子悖逆行动的所有同党之中，唯有苏格

国王与诸王子和解

358

---

① Brompton，p. 1096. Neubrig. p. 411. Heming. p. 503.

② Rymer, vol. i. p. 35. Bened. Abb. p. 88. Hoveden, p. 540. Diceto，p. 583. Brompton，p. 1098. Heming. p. 505. Chron Dunst. p. 36.

兰国王威廉输得血本无归。亨利二世降旨开释了此前被俘的大约九百名骑士，未收任何赎金；然而苏格兰国王却牺牲了世代相沿的独立王国地位才换得自由之身。他以苏格兰及其名下的全部领地为封邑，向亨利二世宣誓效忠，并担保苏格兰王国的所有军事封臣和贵族都会步其后尘。他保证苏格兰的两位主教也将对英王宣誓效忠，倘若本国国君背叛英王，他们将支持后者而反对本国国君。此外，他还承诺将爱丁堡（Edinburgh）、斯特灵（Stirling）、贝里克（Berwic）、罗克斯堡（Roxborough）和杰得堡（Jedborough）几地的城堡移交给英王，直到条约付诸实施。[①] 上述严苛而带有羞辱性的条约最终落实得一丝不苟。威廉甫一获释，便召集本国所有的贵族封臣、主教和修道院院长，在约克大教堂向亨利二世行了效忠礼，奉亨利及其后各代英王为宗主。[②] 英王还变本加厉，迫使威廉和苏格兰全国大会同意向英格兰永久割让贝里克和罗克斯堡两地的要塞，有限期割让爱丁堡城堡。这是英格兰首次对苏格兰占得重大优势，事实上，也是两个王国之间签订的第一份重要协定。在刚刚结束的这场战争中，亨利国王的所有邻邦无缘无故地合力反对他，就连亲生骨肉亦对他反目成仇；苏格兰国王也轻率地卷入这场战争，结果兵败被俘，自取其辱——纵观史册，鲜有哪位君主能像亨利这般幸运地轻松制服相

公元
1175 年
8 月 10 日

---

① M. Paris, p. 91. Chron. Dunst. p. 36. Hoveden, p. 545. M. West p. 251. Diceto, p. 584. Brompton, p. 1103. Rymer, vol. i. p. 39. Liber Niger Scaccarii, p. 36.

② Bened. Abb. p. 113.

对软弱的邻邦,以极其有限的暴行和不义换得丰厚利益。[1]

359　　就这样,亨利国王出乎世人的意料,以荣耀的姿态摆脱了令其王位岌岌可危的困境。此后的若干年间,他全心致力于公平施政,贯彻法度,纠治此前的动荡局势及那个时代的政治制度势必造成的诸般弊端。他颁行了众多法律法规,显示出极其宏大的思维视野,堪称当之无愧的"立法者"。这些律令大多是既着眼于未来,又有利于王国当下的福祉。 国王公平
施政

　　国王颁行律令,严惩抢劫、谋杀、铸造伪币和纵火罪,规定砍去罪犯的右手、右脚。[2] 那种貌似慈悲的以罚金抵罪的做法,本已逐渐消亡,此时似乎因上述严厉法规的出台而完全废止了。迷信的水审神判法虽说遭到教会谴责,[3]却仍在持续,然而亨利国王下令,凡被本邑骑士[4]依法起誓控告犯有谋杀或其他十恶不赦重罪之人,既便经神判法裁定无罪,仍然必须"发誓弃绝"[5]王国。[6] 公元
1176 年

　　一切朝向理性和良好判断力的进步,都是缓慢而渐进的。亨利国王虽然明知决斗式审判荒谬绝伦,却并未贸然取缔这种形式。他只批准,任何一方涉案者均可要求将案件提交巡回审判庭

---

　　① 一些苏格兰史家称,威廉国王此外还支付了十万镑赎金,此说极其令人难以置信。后来的英王理查一世虽据有英格兰并在法兰西广据多处富庶领地,但他的赎身之价仅为十五万马克,英国政府千辛万苦才筹集到这笔钱。事实上,理查一世获释之际,英方只能交清赎金总数的三分之二。

　　② Bened. Abb. p. 132. Hoveden, p. 549.

　　③ Seld. Spicileg. ad Eadm, p. 204.

　　④ 这些骑士作为所属百户区和邑镇的代表出席庭审,他们有权提起团体控告。——译者

　　⑤ 即起誓离开英格兰,永不复返。——译者

　　⑥ Bened. Abb. p. 132.

或由十二名世袭地产保有人组成的陪审团作出裁决,以代替决斗式审判。[①] 这种裁断方式在英格兰似乎有着悠久的历史,并被纳入阿尔弗雷德法典而得以确定下来。然而由于时代风气崇尚野蛮和暴力,使得决斗式审判在这段时期有所抬头,成为裁决一切重大纠纷的通行手段。英格兰法律从来都不曾正式废除决斗式审判,近至伊丽莎白女王在位期间,还出现过一宗这样的案例。但是亨利国王重启古老的陪审制度,国人开始认识到该制度更为合理、更适合于文明开化的族类,因而逐渐以之取代了决斗式审判。

亨利国王在法律制度方面的另一重大举措,是将英格兰划分为四个大区,任命巡回法官在各区内主持巡回法庭,审理各邑发生的诉讼案件。巡回法院制度的直接影响是:仗势欺人的贵族阶层受到羁勒,下层士绅和普通民众的财产权利得到保护。[②] 担任巡回法官者要么是德高望重的教会长老,要么是身份显赫的大贵族,他们不仅执掌着国王亲授的权柄,还能以其自身的威望,增添法律在公众心目中的分量和信誉。

为了减轻执法当中遇到的阻力,国王保持着高度警觉的心态,他不准贵族再新建任何城堡,凡有新建者,无论在英格兰本土还是在海外领地,一概予以平毁。而且,他绝不允许任何城堡掌握在他认为有理由怀疑的人手中。[③]

不过,为了防止平毁城堡之举削弱王国的军事实力,亨利国王又颁布了《武备条例》,规定全体臣民必须时刻做好保家卫国的

360

---

① Glanv. lib. ii. cap. 7.

② Hoveden, p. 590.

③ Benedict. Abbas, p. 202. Diceto, p. 585.

准备。凡骑士采邑的拥有者，必须为每个采邑配齐锁子甲一套、头盔一顶、盾牌一张、长矛一支；凡家产价值达到十六马克的平民，也须按上述标准自备武装。凡家产价值达到十马克的平民，须备铁制颈甲一副、铁盔一顶、长矛一支。所有自治市居民，每人须备铁盔一顶、长矛一支、软甲一副（即以羊毛、麻纤维或类似材料缝制的防护衣具）。[①] 由此看来，后世英格兰人凭之闻名遐迩的弓箭在当时尚未得到广泛应用。时人作战的主要武器是长矛。

在那个时代，教俗两界的关系相当奇特，似乎与文明的政治体制——事实上，与任何一种政治体制都格格不入。假如神职人员犯了谋杀罪，对他的惩罚仅是革去圣职而已。倘若神职人员遭到杀害，杀人者所受的惩罚也无非是开除教籍及其他宗教惩戒而已，还可凭借屈膝悔过而获得赦免。[②] 故而，杀害托马斯·贝克特的几名凶手虽说犯下了最骇人听闻的罪行、绝对为时人的情感所不容，却仍能安然居住在自己家中，而未被亨利国王降旨追责——后者出于荣誉和利益两方面的动机，确实极度关切惩治此案的凶手，而且在一切场合下都表现出（或者伪装出）对这一暴行恨之入骨的样子。如此延宕了一段时间，直到凶手们发觉自己身负教廷绝罚，被周围所有人避之唯恐不及，这才接受劝导，前往罗马，匍匐于教皇脚前认罪，表示愿意按教廷指定的方式去赎还自己的罪愆。此后，他们依旧安然无虞地保持着原有的爵位和产业，公众对他们的支持和好感甚至也有所恢复。另一方面，鉴于

361

---

①　Bened. Abb. p. 305. Annal. Waverl. p. 161.

②　Petri Blessen. epist. 73. apud Bibl Patr. tom. xxiv. p. 992.

《克拉伦登宪章》(亨利国王始终都在极力维护该宪章的正统地位[①])明文规定,神职人员隶属世俗法院管辖,那么世俗权力也应给予他们相应的保护方为正理。基于上述考虑又出台了一项新规:凡杀害神职人员的案件,开庭审理时必须有主教或其指派的教会官员在场;对于此类案件的凶手,除了以普通谋杀罪按律判罚之外,还必须罚没其名下封地及全部动产。[②]

国王颁行了一部衡平法,规定不得查封附庸的财产用以抵偿领主的债务,除非该附庸曾为这笔债务提供过担保;附庸所缴地租须交予领主的放款人,而不是直接交给领主本人。值得一提的是,当时国王在韦尔讷伊召集了一次大会,与会的主教和贵族有的来自英格兰,有的来自诺曼底、普瓦图、安茹、马恩、都兰和布列塔尼。该法令在会上得到通过,此后在上述所有领地均获贯彻执行,[③]尽管这些领地彼此间完全不相毗连。[④] 此事足以说明古代封建制度下政府的执行力起伏无常,在某些时候,君主拥有近乎独裁的权力,而另一些时候他们则显得软弱无力。为君者若能像亨利二世那样深受臣民敬畏,那么在立法过程中,他只需赢得表面上的一致拥护,这部公平正义的法律就会即刻生效,得到所有臣

362

---

①　Chron Gervase,p. 1433.

②　Diceto,p. 592. Chron Gervase,p. 1433.

③　Bened Abb. p. 248.征服爱尔兰之后,英国历任国王也经常召集爱尔兰贵族和其他人等参与英格兰的重要会议,共商国是。参见 Molineux's case of Ireland,p. 64,65,66。

④　斯皮尔曼甚至怀疑,这部法令是否同样在英格兰得到实施。如果未曾实施,那么其原因只能是亨利二世有意为之。因为他在英格兰的权威远超过在海外领地的权威。

民的默许。反之,如果为君者遭到臣民的仇视和唾弃,如果支持他的贵族势力薄弱,或者人民在时代精神的影响下质疑其执政的正当性,那么,即便立法会议的代表性十足充分、无可置疑,其通过的法令依然毫无权威可言。在这种情形下,整个社会全然混乱无序,没有规范的宪政理念,强权和暴力决定着一切。

亨利在各个战场上所向披靡,让邻国心存忌惮,不敢轻易寻衅生事。一连数年,王国外交方面并无值得记述的大事。苏格兰被降为藩国之后,一直安分老实,保持着臣服状态。国王派四王子约翰前往爱尔兰,实指望他能深度征服该岛,但是这位王子志大才疏、鲁莽任性,触怒了众位爱尔兰首领,没过多久,国王只得将他召回国内。[①] 法王路易深陷于卑怯的迷信不能自拔——与亨利相比,他的虔诚倒是在更大程度上发自真心;他一腔诚意前来朝拜贝克特之墓,祈求圣徒在天之灵保佑王长子腓力(Philip)病体痊愈。他或许认为,自己当日与贝克特交情甚笃,因此有资格请求得到那位圣徒施恩;贝克特在世的时候受过他的庇护,如今在天堂得享尊荣,想必不会忘记他这位老朋友和旧恩人。僧侣们明白晓事,深知此事关系到圣徒的荣名,自是大力宣扬路易的祈祷已获回应,由于圣徒显灵,年轻的王子恢复了健康。此后不久,路易本人突患中风,变得神志不清,年仅十五岁的腓力临朝摄政。末几,路易驾崩,腓力登上王位。后来的事实证明,他是自查理曼以降最能干、最伟大的法国君主。不过,英王亨利毕竟年长而历练丰富,这不仅令他懂得收敛自己的野心,而且在能力上较腓力

---

① Bened. Abb. p. 437, &c.

充分占优,故而,在很长一段时间里,两国君主之间并未形成危险
的对峙。英王非但没有利用自己的优势地位向法王挑衅,反而施
展影响力,调停法兰西王室内部的纷争,成功地促使腓力与其母
亲和几位叔父言归于好。然而腓力却以怨报德,他刚一成年,便
开始煽风点火、挑拨英王室成员内斗,鼓励亨利的几个儿子对父
王不忠不孝的行为。

　　英国太子亨利迫不及待地渴望掌权,却又不具备运用权力的
才能。他再次要求父王把诺曼底交给自己掌管,遭到拒绝之后,
便携太子妃出逃,投奔法国宫廷。但他发现腓力此时无意替他出
头与英国开战,便转而接受父王提出的和解条件,再次选择臣服。
对于亨利二世来说,几个不肖之子让他备尝命运的苦涩:王子们
屡屡图谋不轨,令他日日煎心;此外,这几个兄弟之间亦多有纷
争,甚至反目成仇、屡生变乱,闹得国无宁日、家不安生。理查王
子听从父王安排执掌吉耶纳领地,镇压当地贵族的反叛,展现了
出众的勇气和军事才干。但他拒绝父王的指令,不肯以该领地向
其长兄效忠。于是,亨利太子联合三弟杰弗里兴师前往问罪,理
查则拥兵以拒。[1] 亨利国王好不容易平息了这场阋墙之患,但是
随即发现王太子参与谋逆,已经做好了武装暴动的准备。年轻的
太子因对父王不满,心怀怨恚退居蒂雷纳(Turenne),正在紧锣密
鼓策划叛乱之际,却突然发烧,病倒在该城附近的马特尔(Martel)
城堡。太子眼看死到临头,终于幡然省悟,深为自己先前的忤逆
不孝而痛悔。此时他们父子俩的驻地相隔不远,太子遣人往见父

公元
1183年

---

　　① Ypod. Neust. p. 451. Bened. Abb. p. 383. Diceto, p. 617.

王,述说自己无比愧悔的心声,乞请父王枉趾一顾,只盼得到父王的宽恕,方能死而瞑目。亨利国王屡次领教过太子的忘恩负义和凶狠,只道他是在装病,不敢以身涉险。然而,亨利太子的死讯不久传来,又有种种证据表明他死前确是真心忏悔;那位好国王顿时坠入痛苦的深渊,三次昏死过去。他责备自己狠心,竟然拒绝了儿子临终的恳求,又哀叹自己剥夺了太子最后的回转机会,以致儿子无法忏悔此生的过犯,不能与父亲和好,在慈父怀中倾吐衷曲。[①] 亨利太子辞世之时,年方二十八岁。

王太子已死,而亨利膝下其余诸子的所作所为并不能给予他丝毫的安慰。因太子身后无嗣,他名下的所有领地便由理查继承。国王有意把吉耶纳转封给最得他欢心的幼子约翰,但是此前业已在该领地经营多时的理查拒不接受这个安排。理查王子逃到吉耶纳,拥兵自重,甚至做好准备,要与父王和现踞布列塔尼的杰弗里王子开战。亨利国王派遣埃莉诺王后以吉耶纳女继承人的身份前往该公爵领,要求理查把封地交给她。理查或许是害怕支持埃莉诺王后的加斯科涅人叛乱,或许是内心还对母后存有一丝敬重,遂极爽快地交还了封地,和平返回父王的宫廷。此次纠纷刚刚平息,杰弗里王子又起兵造反——在亨利充满不幸的家庭里,这位王子大概是心性最毒辣的一位成员,他要求将安茹并入自己名下的布列塔尼,遭到拒绝后便逃到法兰西宫廷,在那里召聚兵马,与父王对抗。[②] 后来,杰弗里在巴黎的一次比武大会上被

---

① Bened. Abb. p. 393. Hoveden,p. 621. Trivet,vol. 1. p. 84.
② Neubrig,p. 422.

364

6 月 11 日 亨利太子 去世

公元 1185 年

杀,①亨利国王由此得以避开了又一波险情。杰弗里死后不久,其新寡的王妃诞下一子,取名阿瑟(Athur),获封布列塔尼公爵领,由其祖父亨利国王担任监护人——亨利既为现任诺曼底公爵,也是布列塔尼公爵领的宗主。法王腓力凭借最高宗主的身份,一度对亨利的监护权提出质疑,但是布列塔尼民众更乐于接受亨利的统治,法王最后亦不得不依从民意。

十字军　　　然而,一股光复圣地、驱逐撒拉逊人的激情值此之际正席卷欧洲,强大的君主们彼此间的争竞,以及他们所有的相形之下尽显渺小的利益,此时似乎都已让位于这桩伟业。那些异教徒虽在第一次十字军东征的洪流冲击下暂时退却,然而避过风头之后,他们又鼓起勇气卷土重来,从四面八方攻击欧洲人的定居点;十字军冒险家们陷入严重困境,不得不再度向西方求援。神圣罗马帝国皇帝康拉德(Conrade)与法兰西国王路易七世联合统率下的第二次十字军东征,虽然付出了折损二十万兵力的代价,也只是暂时缓解了危局而已。两位君王损兵折将,眼见本国的贵族之花一个个在自己身边凋落,最终垂头丧气地班师回朝,毫无荣耀可言。一次次的打击,令西方世界的人力物力消耗殆尽,然而所有这些不幸却并不足以治愈人们追求精神冒险的热狂症。很快,一个新的事件重新点燃了拉丁基督教世界对于宗教和军事冒险的熊熊热忱。此时,有一位英勇、恢宏、大有作为的伟大君主登上埃及的王座,挥剑征服东方——这便是赫赫有名的萨拉丁(Saladin)。他发现巴勒斯坦地区的基督徒据点坚如磐石,挡住他

365

---

① Bened Abb. p. 451. Chron. Gervase, p. 1480.

麾下大军的去路，便拿出全副勇力和谋略，决计征服那一小片战略地位极其重要的不毛之地。他利用十字军内部无孔不入的纷争，暗地里拉拢了十字军统帅的黎波里（Tripoli）伯爵，随即又亲率大军汹汹来犯。有了那位伯爵充当内应，萨拉丁在提庇利亚（Tiberiade）大胜十字军，已经日趋衰弱的耶路撒冷王国全军覆没。圣城在微弱的抵抗之后也沦入敌手。安条克王国也几乎完全陷落。近百年前倾尽全欧洲之力所取得的、令基督徒引以为豪的征服成果，现今除了几个滨海小镇之外，几乎被横扫一空。①

公元
1187 年

　　西方基督教世界闻此噩耗，震惊不已。据称教皇乌尔班三世为此伤心致死。继任教皇格列高利八世在位时间不长，他倾尽心力号召所有承认其权威的基督徒拿起武器、加入光复圣地之战。当时流行的舆论称：作为基督徒，若不能从异教徒手中夺回上帝在地上的产业、从奴役中解救那片被救世主的脚踪祝圣过的国土，就不配享受天国的产业。提尔（Tyre）大主教威廉设法促成英法两国国王在日索尔附近会晤，大主教十席间强调阐明了上述所有论点，并以感伤的语气描述了东方基督徒的悲惨境遇，用尽种种手段激发那个时代的主导激情——迷信和军事荣誉感。②

公元
1188 年
1 月 21 日

　　两位君主当即肩负起十架的责任，他们驾前多位最显赫的封臣也效法主君做出了同样的决定。③ 随着神圣罗马帝国皇帝腓特烈一世（Frederic I）加入到联盟中来，期待中的胜利变得更有把握了；人们自以为是地认定，十字军事业遭遇此前的挫折，是由于众

①　M. Paris, p. 100.
②　Bened. Abb. p. 531.
③　Neubrig. p. 435. Heming. p. 512.

多首领各自为战或者为首的君主有失审慎，如今这几位如此强大有能的君主联合出马，必能大获全胜。

英、法两国国王分别向留守国内的臣民们加征了捐税，数额高达各人名下不动产总值的十分之一。[1]不过，鉴于大多数戒律教士[2]被免于这项赋税，世俗教士们也希望得到豁免。他们宣称，自身的职责仅仅是用祷告襄助十字军大业。朝廷费了九牛二虎之力，好不容易止住来自这一群体的反对声浪——他们身为上述神圣伟业的主要倡导者，在实际行动中却带着天大的抵触。[3]教士阶层的逡巡表现或许是一种征兆，让我们看到，十字军运动初期攫住人心的那种热忱，此时已被时间和失利的结果消磨大半，如今支撑着这股狂热情绪的，主要是各国君主的尚武精神和对荣耀的渴求。

然而，在庞大的战争机器开动之前，还须克服重重阻碍。法王腓力因妒忌亨利二世强势，遂暗中勾结年轻的理查王子，煽动后者的野心和急躁性情，又劝他不要去支持、光大自己有朝一日将会继承的王业，反要加以扰乱和削弱，以谋求个人当下的权势和独立地位。为了挑起两国争端，理查王子派兵侵入图卢兹伯爵雷蒙德的领地，后者当即向其最高宗主法兰西国王提出申诉。腓力向亨利二世表示抗议，收到的答复如下：理查王子已经向都柏林大主教忏悔，称其对雷蒙德的侵略行动乃是出于腓力的亲自唆

367

---

① Bened. Abb. p. 498.
② 指属于教团、在修道院内避世苦修的修道士，与之相对应的是"世俗教士"。——译者
③ Petri Blessen. epist. 112.

使,并且事先得到了腓力的首肯。法王见阴谋败露,想必又羞又窘,但是他仍按既定方案而行,借口为图卢兹伯爵复仇,进犯贝里(Berri)和奥弗涅两省。[1]亨利二世以牙还牙,入侵法兰西边境,火烧德勒城。这场干戈使得计划中的十字军东征失去了成功的指望,激起舆论哗然,两国君主只好又在日索尔和特里之间的老地方安排会晤,以期调和彼此间的分歧。结果,双方不欢而散,关系较以前变得更僵。腓力为了发泄满腔怒火,下令将荫蔽着会晤地点的一棵大榆树伐倒,[2]仿佛已经放弃了一切和好的指望,决心与英王战斗到底。不过,他驾前的臣僚们却不肯追随他继续这场令人反感的战争,[3]法王只得与亨利重启谈判,并提出和解条件。这些条件让英王彻底擦亮了眼睛,确定无疑地认清了儿子背叛自己、勾结腓力的行径。在此之前,他还只是抱着一丝怀疑而已。法王提出的条件包括:理查应在其父王生前加冕为英格兰国王,受封全部海外领地,并立即迎娶已经与他订婚并被接到英格兰的腓力之妹爱丽丝公主。[4] 亨利国王早在已故太子亨利的身上领教过此类安排的致命后果,无论是提前为儿子加冕还是让他与法国王室联姻,都曾让他追悔莫及,因此他断然拒绝了法王提出的和谈条件。理查王子与腓力已经订有密约,此时当即反叛父王,[5]以亨利在海外的所有领地向法王效忠,并获法王授封,直如已然合

---

① Bened. Abb. p. 508.

② Ibid. p. 517,532.

③ Ibid. p. 519.

④ Bened Abb. p. 521. Hoveden,p. 652.

⑤ Brompton,p. 1149. Neubrig. p. 437.

法据有上述领地一般。有些史家声称，亨利本人倾心于年轻的爱
丽丝，他拒绝法王提出的和解条件，亦有这方面的原因。不过，亨 368
利国王的举动既已拥有那么多公道正当的理由，倘若再附加给他
这样一个莫须有的动机，无乃画蛇添足之举——这位君主一向精
明审慎，加之年事已高，实在未必有上述私念。

　　上述妨碍十字军东征的因素不断加增，令教皇特使阿尔巴诺
（Albano）枢机主教大为不满，他将理查罚出教门，因为他是挑起
所有不和的祸根。在那个时代，此种绝罚惩戒倘若筹备周密，并
得到教士阶层的热烈支持，往往具有极大的杀伤力，然而，这一
回的打击却完全未见效力。普瓦图、吉耶纳、诺曼底、安茹等地的
主要军事封臣都依附于年轻的王子，又见他已得到了最高宗主的
授封，便纷纷宣布拥戴王子，并派兵侵犯那些仍然忠于老国王的
地区。亨利国王日日听闻乱臣贼子发动叛乱，不免寝食难安，担
心民心汹汹闹出更大的乱子，于是再次求助于教皇的权威。继任
教皇特使阿纳尼（Anagni）枢机主教应英王之请，向腓力发出威
胁，欲对其所有领地发出惩戒令。但是雄才大略的腓力根本不把
上述威胁放在眼里，他正告阿纳尼，教皇无权插手各国君主之间
的世俗纠纷，更无权干涉他和手下悖逆封臣之间的争端。他甚至
放胆谴责教皇偏袒英王，收受后者的贿赂。[1] 理查更是肆无忌惮，
竟然对教皇特使拔剑相向，幸而被同伴拦住，才未酿成暴力
伤害。[2]

---

[1]　M. Paris, p. 104. Bened. Abb. p. 542. Hoveden, p. 652.

[2]　M. Paris, p. 104.

事到如今,英王别无选择,唯有以武力捍卫自己的领地,在局面颇为不利的情况下对战法兰西国王和悍勇的理查王子——这是他在世的儿子当中年龄居长的一个。战事一起,贝尔纳堡(Ferté-Bernard)①最先沦入敌手;接着,勒芒被攻陷,亨利国王本人当时就在城中,险些未及脱身。②法王腓力和理查王子的大军剑指之处,昂布瓦斯(Amboise)、肖蒙(Chaumont)、卢瓦尔堡(Chateau de Loire)相继开门请降。图尔岌岌可危。亨利国王退守索米尔(Saumur),日日听闻各地总督怯战或投敌的消息,已然预见到了最凄惨的结局。正在国王意气消沉之际,勃艮第公爵、佛兰德斯伯爵和兰斯大主教出面斡旋;此时又传来图尔陷落的消息,国王心知局面已无可挽回,心灰意冷之下,索性全盘接受了所有强加给他的苛刻条款。他同意理查王子迎娶爱丽丝公主;同意理查接受英格兰和海外领地所有臣民的宣誓效忠;同意向法兰西国王支付两万马克的战争赔款;同意由手下封臣强制监督自己执行条约,若有违约,这些臣属有义务襄助腓力和理查王子反对英王;同意赦免所有与理查王子同谋的臣属。③

亨利国王一世英豪,在各种谈判当中习惯居于主宰地位,此次接受城下之盟,自然感到莫大的屈辱。然而更沉重的打击还在后面——他向对手索要一份与理查有勾结的贵族名单,以便发布赦免令,结果震惊地发现,在这份名单上,赫然列于首位的竟是他

①　原文 Ferté-Barnard,应为 Ferté-Bernard 之讹。——译者
②　M. Paris,p. 105. Bened. Abb. p. 543. Hoveden,p. 652.
③　M. Paris,p. 106. Bened. Abb. p. 545. Hoveden,p. 653.

的小儿子约翰![1] 他一直那么宠爱这个孩子,殷殷关切他的利益,甚至时常因为这偏爱而惹得理查妒忌不已。[2] 这位不幸的父亲本已不胜忧虑和痛苦,此时又惊觉亲情的彻底破灭,伤心已极,他无比绝望地呼天吁地,诅咒自己这条惨命降临人世的日子,又诅咒几个忘恩负义的逆子,而且始终拒绝收回这一诅咒,无论旁人怎样劝说都归于无效。[3] 他的心越是向往友谊和温情,就越是憎恨自己的四个儿子,他们一个接一个地以如此残忍的行径回报他的拳拳父爱;这最后一击剥夺了他生命中的最后一点慰藉,使他的精神为之崩溃,以致连日发烧不退,病死于索尔米附近的奇农(Chinon)城堡。在国王的众子当中,唯有私生子杰弗里始终对他保持忠顺;国王驾崩后,遂由杰弗里护送遗体至丰特弗洛(Fontervrault)女修道院,停灵于修院教堂之内。次日,理查王子前来拜谒父王的遗体,他虽犯下悖逆之罪,但是高贵的品性尚未完全泯灭,一见父王的遗体,惊骇痛悔之情油然而生。据当日在场的仆从们所言,就在那一刻,一股鲜血自死者的口鼻涌出,[4]王子喊道,是他杀害了父亲(按照流行的迷信说法,此乃死者显灵,控诉弑父罪行),并深深懊悔(虽说为时已晚),自己不该做下如此忤逆不孝之事,害得父王过早殡天。[5]

7月6日
亨利二世
驾崩

370

　　亨利二世卒年五十有八,总计在位三十五年。他是那个时代

---

① Hoveden,p. 654.
② Bened. Abb. p. 541.
③ Hoveden,p. 654.
④ Bened. Abb. p. 547. Brompton,p. 1151.
⑤ M. Paris,p. 107.

最伟大的君主,其智慧、德行和才干堪称无与伦比,他所统治的疆对亨利二世的性格评价域之广亦为历代英格兰先王所不及。无论在公私领域当中,他的品行几乎毫无瑕疵,身心各个方面的素养都达到了极高的造诣,足以博得世人的钦佩和爱戴。国王身量中等,体格强健,比例匀称,面部表情生动且有吸引力,言语之间态度蔼然,又善雅谑,令人如沐春风。他的演说风格从容平易,颇能打动人心,有一种恒在的权威感。他爱好和平,但是在战争中亦英勇善战、指挥有方。他行为审慎,但不怯懦;执法严格,但不苛暴;适度节制,但绝不过分。他一直保持着健康的体魄,虽然一度有发福的趋势,但随即靠着节制饮食和经常性的锻炼(特别是打猎),恢复了精壮的身材。每有闲暇,他总是以读书消遣,或与博学之人畅谈。他凭着孜孜不倦的学习发展自身的各样天赋,比同时代的任何君王都更勤奋。他心中的爱与恨同样热烈而持久;虽然长期被忘恩负义、不忠不信之人所伤,却仍能保持一颗真纯易感的心,去拥抱友谊、热情地与人交往。曾经有多位同时代的作家描述过他的性格,[1]这些作品流传至今,让我们了解到,这位国王性格中的一些主要特点酷肖其外祖父亨利一世,唯一的不同在于,他们性格中的主宰激情——也就是野心——在亨利一世身上找不到让人无可非371　议的施展机会,结果驱使他犯下篡权夺位的罪行,继而一错再错、以更多的罪行来掩盖前罪;而亨利二世则幸运地避免了这种宿命。

　　亨利二世在位时,与诺曼世系除斯蒂芬以外的大多数先王一本朝花絮辑录

---

　　[1]　Petri Bles. epist. 46, 47, in Bibliotheca Patrum, vol. xxiv. p. 985, 986, &c. Girald Camb. p. 783, &c.

样，多半时间不在本岛，而是居留于欧陆。他在欧陆时，总有众多英国士绅和贵族环侍左右，而每当他还驾英格兰，又有大批法兰西士绅和贵族随驾而至。无论英裔法裔，出官入仕均无差别对待，很多情况下在立法上亦无区分。由于国王和本朝所有贵族都是法兰西血统，所以法国风尚大行其道，举国上下无不效法。欧陆在文学、礼仪、法律、艺术等方面的一切优秀成果，似乎已在很大程度上被移植引入英格兰，岛内一切时尚雅韵较之任何欧陆邻邦都毫不逊色。撒克逊人那种朴实无华然而合情合理的行为方式和原则已显得不合时宜，取而代之的是故作姿态的骑士精神和讲求精微的经院哲学。世俗政治上的封建观念以及宗教方面对罗马教廷的依附之情，双双在民众心中占据了支配地位。由于前者的影响，贵族对君主的驯服之心或多或少地有所削弱；而后一种观念则大大助长了岛内神职人员对教廷权威的忠顺之情。在这一时期，当年以征服者身份进入英格兰的诺曼人和其他外来家族均已在这片土地上深深扎下根脉，与起初被其压迫和蔑视的本岛土著融为一体，他们乐享自己名下的产业，不再觉得必须倚赖王室的保护，也不再担心产业不能长保。起初，在战争和残酷征服的环境下，出于情势之所须，他们不得不容忍君权坐大；现在时过境迁，他们也渴望和欧陆的同宗们享有同等的自由和独立，期盼约束君主骄横恣肆的特权和专横行径。英格兰土著仍然记得撒克逊君主那种较为公平的统治方式，这种影响进一步扩散了自由精神，使得贵族阶层既渴求自身的独立，也愿意给予人民更多的自主权。不久，这场人心深处隐秘的革命就引发了一场激烈的国内变乱，继而使英格兰的政制准则发生了显著的改变。

　　诺曼征服以来,英格兰历代君主治下的历史昭然证明了封建制度下社会何其动荡不安。贵族封臣们无法无天,顽梗反抗君主和法律,彼此间亦视若寇仇。海外领地的贵族们更是肆无忌惮地屡生事端。再看法兰西的历史,多少个世代以来一直充斥着此类变乱。在暴力横生的政治制度下,城镇的数量和人口规模都不可能充分发展。有大量事例表明,这些城镇虽然常常是法律和自由落脚的首善之地,然而这些地方的治安大体说来总是流于松懈而无一定之规,和全国各地一样充满骚乱。伦敦城里惯有成群结伙的暴徒,数目动辄多达百人或更多,说来都是有身份人家的子弟和族人;他们啸聚为寇,打劫富户、抢劫杀害过往行旅、制造各种事端,为害一方而不受惩罚。由于盗匪成患,市民晚间不敢在街头行走,只要太阳一落山,家家闭门不出,情况比遭到外敌入侵还要肃杀。费拉斯伯爵的亲弟弟就死在这样一伙夜间出没的暴徒手上。由于受害者地位显赫,其影响力超过成千上万的平民百姓之死,国王闻讯震怒,发誓要向盗匪们复仇。自此以后,国王就越发以铁腕严格执法。①

　　史料中还记载了另一个案例,足见当时匪患之严重、匪徒行凶作案之明目张胆:一伙劫匪强攻一个富裕市民的家宅,意欲打劫;他们用铁锤和楔子凿穿了一堵石墙,持剑闯了进去。宅主全副武装,率领几个忠仆在走廊内迎战。他一剑斩断率先闯入的匪徒的右手,又顽强抵抗了好一阵子,直到左邻右舍的援军赶到。那个断手的劫匪被捉拿归案之后,官府许以从宽待遇,诱他供出

---

①　Bened. Abb. p. 196.

同伙。结果发现,他所供出的名单上,有个名叫约翰·森纳士(John Senex)的人,竟然出自伦敦城内最富有、门第最光鲜的家庭。经过神判法裁决,森纳士被判有罪。尽管他愿意出五百马克赎命,但是国王拒收这笔钱,降旨将他绞死。[①]我们从爱德华一世颁布的一条法令中可以看出,直到那一朝代,社会骚乱状态仍未得到纠正。该法令规定,凡是过了宵禁时间上街、夜间携带武器外出、不持火把或提灯外出者,均应获刑。[②] 该法令的前言中写道,无论白天黑夜,伦敦街头不断有斗殴发生。

亨利国王倾注大量心血来加强执法,声望卓著,就连远方和外国的君主都请他充当仲裁者,呈上各自的纠纷事由,听凭他的裁断。纳瓦拉(Navarre)国王桑切斯(Sanchez)与卡斯蒂尔(Castile)国王阿方索(Alfonso)发生争执,虽说阿方索是亨利的女婿,但双方一致同意由亨利居间仲裁。二人还约定,各自划出三座城堡,交由中立方保管,作为保证遵守裁决的抵押品。亨利将纠纷事由提交给大谘议会审理,随后做出裁决,双方均点头称服。当时,两位西班牙国王还各派了一位勇士来到英国法庭,以备万一亨利选择决斗式审判,就让他们以武力捍卫本国君王的立场。[③]

亨利二世还废除了野蛮而荒谬的近岸失事船只抄没制度,规定只要难船上有一条性命(无论人或动物)幸存,船只及所载货物就应物归原主。[④]

---

① Bened. Abb. p. 197,198.

② *Observations on the ancient Statutes*,p. 216。

③ Rymer,vol. iv. p. 43. Bened. Abb. p. 172. Diceto,p. 597. Brompton,p. 1120.

④ Rymer,vol. i. p. 36.

亨利二世在位时期,还有一桩值得瞩目的革新,此项做法在之后几个朝代得到进一步发扬,产生了极其重要的结果。这位国王对封建制度下的军队建构十分反感,这种方式不仅给臣民造成沉重负担,对君主也不堪大用。那些贵族或曰军事封臣在战场上总是姗姗来迟,而且规定的服役期只有四十天。在一切行动中,这些部队既无军事素养又无军纪。贵族们平时在自己的领地上惯于自行其是,也常常把这种我行我素的倔强派头带进军营。于是,亨利国王开始推行以钱代役的做法,向各个男爵领和骑士采邑征收"免服兵役税"①,不再要求封臣们亲自上阵。《英格兰财政署的历史》一书中提到,本朝分别于亨利登基第二年、第五年和第十八年三次征收此税。② 其他几位史家的著述中记载了另外三次征收此税的情况。③国王通过征税募得钱财,便与当时欧陆盛产的冒险家们签订雇佣合同,由后者再去召聚一批同样习于冒险的兵士,在约定期限内为国王所用。这样招募的部队人数虽少,却比由王室军事封臣组成的浩浩大军更敷其用。封建体系自此开始纲纪松弛。王室对钱财的胃口越来越大,因为他们的权力完全建筑在金钱的基础之上。贵族们穷于应付这无尽的需索,起而捍卫自身的财产权。在欧洲其他国家,同样的原因亦产生了近乎同样的结果。各国王室与贵族之间角力的胜负程度各有不同,其结果是,有的大权旁落,有的王室权威得以加强。

亨利二世还率先对全体臣民开征动产税或称个人财产税,无

374

---

① 俗称"盾牌钱"。——译者
② Madox,p. 435,436,437,438.
③ Tyrrel,vol. ii. p. 466,from the records.

论贵族、平民均在纳税之列。人民出于支持圣战的热忱而甘心服从国王的革新措施,结果此例一开,遂被频频援照而成定制,到了其后几个朝代,该税种已经成为供应王室所需的一个常规财源。此外,本朝正式废除了被国人深恶痛绝的丹麦金。

历代英格兰国王有一个习惯做法,于每年的三个主要节日期间召集全国大会,重行加冕礼。亨利二世只在登基的最初几年循例而行,后来觉得此举过于靡费且无用处,便再未举行。以后各朝代君主亦从未予以恢复。亨利二世缓和了《森林法》的严苛程度,对违法者不再处以死刑,而代之以罚款、监禁其他较为温和的处罚方式。上述种种,均被视为这位君主在位期间了不起的仁政。

本节所辑录的是一些能够体现那个时代的神魂风貌,但是难以纳入本书总体叙事的零散花絮,既然如此,那么我们不妨略提及约克大主教罗杰(Roger)和坎特伯雷大主教理查德之间的争执。可以看到,连神职人员都粗野到如此登峰造极的地步,那么行伍之人和在俗者的凶横狂暴便更加可想而知。1176年,豪格松(Haguezun)枢机主教以教皇特使的身份莅临不列颠,在伦敦召开神职人员大会。前面提到的两位大主教都声称自己有权坐在教皇特使的右边,[①]二人为座次问题争执不休。理查德大主教一方的修道士和随从们扑向罗杰,当着枢机主教和全体与会者的面,把罗杰大主教掀翻在地,拳打脚踢,打得半死,周围的人好不容易才拦住他们,救下了罗杰大主教的性命。后来,坎特伯雷大主教不得不使了大笔银子打点教皇特使,以便平息这次暴行所招来的

———————————

　① 　西式礼仪,主位右手位置较左手为尊。——译者

汹汹物议。①

威尔士史家吉拉德(Gyraldus Cambrensis)曾经记述道，有一天，圣斯威辛修道院的副住持带着几个僧侣前来见驾，他们扑倒在亨利脚前的泥坑里，泣泪交流，哀哀申诉温切斯特主教(也是他们的修道院院长)虐待下属，从他们的餐桌上裁减了三道菜。国王问："他给你们剩下多少？""只剩十道了，"僧侣们愁眉苦脸地回答。国王大叫："寡人每餐从不超过三道菜！朕要吩咐你们的主教，给你们减到同样水平。"②

亨利二世身后只留下两个合法子嗣，其中理查继承了王位，约翰却未得到任何领地，尽管老国王生前总想从自己的广阔疆土中划出一份留给这个幼子。约翰由此得了个绰号，叫作"无地王(Lackland)"。亨利二世有三个婚生女儿：长公主莫德(Maud)生于1156年，嫁给萨克森(Saxony)公爵亨利；二公主埃莉诺生于1162年，嫁给卡斯蒂尔国王阿方索；三公主琼(Joan)生于1165年，嫁给西西里国王威廉。③

376　　不只一位古代史家称亨利在世时风流成性，他们提到，国王和克利福德(Clifford)勋爵之女罗莎蒙德育有两个私生子：年长的理查绰号"长剑"(因他惯佩一柄长剑)，后来与索尔兹伯里伯爵的女儿暨女继承人埃拉(Ela)成婚；次子杰弗里先是担任林肯主教，后来升为约克大主教。除此以外，坊间流传的关于那位夫人的其他轶闻，似乎均属无稽之谈，并不足信。

①　Bened. Abb. p. 138, 139. Brompton, p. 1109. Chron Gerv. p. 1433. Neubrig. p. 413.

②　Gir Camb. cap. 5, in Anglia Sacra, vol. ii.

③　Diceto, p. 616.

第十章　理查一世

国王筹备圣战—国王出征—西西里纠纷—国王抵达巴勒斯坦—巴勒斯坦局势—英格兰国内动乱—国王在巴勒斯坦的英雄业绩—国王踏上归途—被囚日耳曼—英法之战—国王获释—国王返回英格兰—英法之战—国王驾崩—理查一世的性格—本朝花絮辑录

公元
1189 年 　理查为自己的不孝深感内疚，这份悔恨之情经久不散，也影响到他即位后对臣工、侍从的拣选和任命。那些当初支持、拥戴他反叛的人，非但没能收获期望中的宠信和荣耀，反而惊讶地发现，新君竟对自己冷眼相待，处处表现出厌憎。而那些曾经极力反对诸王子叛乱、力保先王的忠臣则得到新君的热情赏识，稳享先王赐封的高官显爵。[1] 这种稳健的做法有可能源自深思熟虑，不过，鉴于理查是如此这般地惯受激情左右而不讲究策略，人们普遍认为他的举动是出于一种更高尚、也更值得称道的原则。

理查想在母亲身上尽孝，以此弥补对父王的歉疚；出于这种心理，他当即下旨释放了久被幽禁的太后，并托付她在自己归国

---

[1]　Hoveden，p. 655. Bened. Abb. p. 547. M. Paris，p. 107.

之前代管英格兰。他对王弟约翰的封赏极为慷慨而轻率：他遵照先王的意旨，将诺曼底的蒙田郡赏给约翰，赐予他四千马克年金，并安排他迎娶格洛斯特伯爵之女阿维莎（Avisa），从而继承了那个富裕家族的全部产业。不仅如此，他还大大加增了封赏和让与的幅度，把原属威廉·佩弗莱利（William Pevereli）、后被收归王室所有的地产全部转赐给约翰，又将八座城堡连同附属的森林和爵衔统统赏给他，还让给他不下六个伯爵领——分别是康沃尔、德文、索默塞特、诺丁汉、多塞特、兰开斯特和德比。国王向其性情阴鸷的兄弟不吝施恩，希望能换得后者矢志忠诚，然而由于他过分慷慨，反致约翰势力坐大，超出控制，足可随时背叛他的这份恩典。

国王内心对军事荣誉的热爱远远胜过迷信的影响，在这份激情推动下，他似乎从登基之日起就把解救圣地、从撒拉逊人手里夺回耶路撒冷当成了自己执政的唯一目标。这种反对异教徒的热忱在其臣民间广为扩散，竟在国王加冕当日的伦敦城酿成一次大爆发：人们发现了一种不那么危险的"圣战"方式，而且还能当即得利。那个时代的人出于偏见，将任何放贷取息的行为都斥为高利贷；然而迫于实际需要，这种深受厌弃的活动却始终持续着，结果这种生意在各地多半都落入犹太人手里——他们由于宗教信仰的缘故早已身负恶名，无论从事何种行业都谈不上"有辱名节"了，而且，既已从事这个不名誉的行当，他们便索性一不做、二不休，逾发放胆使出了各种苛刻手段，有时甚至诉诸明抢和敲诈勒索。犹太民族天性克勤克俭，而英格兰人和欧洲其他民族则多半懒散、不善于精打细算，这样一来，社会上流通的货币大都汇聚到了犹太人手里，他们便得以靠着放贷来谋取不公平的暴利。

国王筹备圣战

先王亨利曾经用心保护这个异教民族免受各种伤害和侮辱，在修道院史家笔下，此举在睿智而公正的亨利二世治国功劳簿上，毋宁是一个极大的污点。理查即位以后，新君的宗教热忱为公众提供了一个向犹太人发泄憎恨的借口。理查国王颁布谕旨，不准犹太人出现在他的加冕礼上。但是，有一些犹太人从本国给他带来大批厚礼，他们自以为国王看在礼物的分上，总归会给他们一点面子，便大胆地接近国王的宴会厅，结果被人发现，受到旁观人群的侮辱。他们仓皇逃跑，群众紧追不舍。随即流言四起，风传国王有旨，要将犹太人统统杀光。这种指令与民间的群氓心理一拍即合，当下便得到执行，一批落到暴民手上的犹太人被尽数处决。那些躲在家里的犹太人也同样性命难保，暴民们在贪婪和狂热驱使下，强行闯入犹太人的住宅，杀害屋主、大肆劫掠。有的犹太人封堵屋门，奋力自卫，暴民们就纵火烧房，踏着火焰冲进屋内抢劫和施暴。伦敦人向来无法无天，就连王权都很难予以节制，而今情势下越发肆意奔突，侵害范围持续扩大。继而，一些富裕的基督徒市民的家宅也遭到攻击和洗劫。直到暴徒们身体困乏、贪欲得到餍足，骚乱才渐渐止息。然而，当国王授权法官格兰维尔调查凶案时，却发现涉案者当中包括众多身份显赫的市民，法院出于审慎起见，只好把案子压下。这场暴行中的罪魁祸首只有极少数受到了惩处。然而，骚乱不止发生于伦敦一地。英格兰其他城市听闻伦敦屠杀犹太人的消息，纷纷起而效尤：在约克城，五百名犹太人躲进城堡避难，发现无法坚守，遂于绝望之下杀死自己的妻儿，将尸体隔墙抛向暴民头上，随后纵火烧房，葬身于烈焰之中。那一带的士绅都从犹太人手里借过债，他们跑到保存借据的大教堂,在圣坛前隆重地燃起篝火,将所有借据一焚了之。威弗利(Waverley)编年史的编纂者在述及这些事件时,赞美全能的上帝如此这般地毁灭了那个不虔的族类。[1]

380　　　古代英格兰民间几无脂膏,公共信贷缺如。社会状况如此,为君者根本无力承受长期战争的开销——就连本国边境战争都军费不敷,更找不到持续财源来支撑一场奔赴巴勒斯坦的远征。说来这场十字军圣战更多地源自举国泛滥的热狂症,而非冷静思考或缜密谋划的结果。理查国王深知,必须在出发前募足东征所需的全部资金,否则关山迢迢,加之贫穷的英格兰不具备后续的供应能力,无法为这样一场充满艰险、步步危机的战争提供必不可少的稳定补给。先王留下的资财超过十万马克,理查国王一心惦记着圣战大计,顾不得其他,想方设法增添手中钱款的数目,并不在乎这些敛财手段会对国民造成多大损害、又会置王室权威于何等危险的地步。他出售王室的岁入和庄园,又卖官鬻爵,将政府中最有实权和蒙受信任的官职待价而沽,就连古代被视为要职的林务官和郡长等官位[2]也在捐纳之列。主掌王国全部执法大权的大法官一职作价一千马克,被达勒姆主教休·德·帕扎斯(Hugh de Puzas)收入囊中;这位主教还买下了诺森伯兰伯爵领的终身用益权。[3]许多十字军战士后悔当初发下的誓言,甘愿花钱购买违誓的自由;理查此时缺钱不缺兵,便以这个条件免去了上述

---

① Gale's Collect. vol. iii. p. 165.

② 古代的郡长既主掌一郡执法,又负责为国王征收辖地岁赋的事宜。参见 Hale of Sheriffs Accounts.

③ M. Paris, p. 109.

人等的从军义务。在那个时代,唯有讨伐异教徒才能赢得至高荣誉,别的战争都在其次,理查醉心于梦想中的荣耀,把其他一切都置之度外;当一些明智的大臣对上述虚耗国库、削弱王权的做法提出异议时,国王答道:但凡能找到买主,他情愿将伦敦也作价出售。① 他为了圣战全然不顾王国未来利益,最能说明这一点的,莫过于他对苏格兰主权的处置了:他以区区一万马克的价钱,出售了对苏格兰的宗主权连同罗克斯堡和贝里克两处要塞——这些乃是先王称雄一世所获的最大战利品;此外,他还接受了苏格兰王威廉仅为其在英格兰据有的领地向他所行的常规效忠礼。② 英格兰人无论等级高低、身份贵贱,都受到苛捐杂税的压榨。良民和罪犯统统遭到威胁,目的就是榨取钱财。国王找不到借口伸手向富人要钱的时候,就运用君主的权威胁迫他们借钱给他,其实他心里明白,这些借款自己永远都无力偿还。

　　尽管理查国王为了圣战成功不惜牺牲一切,但其个人行止却远远谈不上圣洁。纳伊(Neuilly)副牧师富尔克凭着狂热鼓吹圣战的功劳,博得了在国王面前直言不讳的特权,他劝谏理查改掉那些声名狼藉的坏毛病,特别是骄傲、贪财和纵欲——他把这三种恶习比喻为国王的三个爱女。理查答道:"你的意见很好。我特此宣布,把第一个爱女送给圣殿骑士团,第二个送给本笃会,③第三个送给我的教会长老们。"

---

　　① 　W. Heming, p. 519. Knyghton, p. 2402.

　　② 　Hoveden, p. 662. Rymer, vol. i. p. 64. M. West. p. 257.

　　③ 　又称"本尼狄克派",最早的天主教隐修会,公元 6 世纪由意大利人圣本笃(St. Benedict)创立。——译者

　　理查担心自己离国之后有人趁机作乱,特命约翰亲王和他的私生兄弟、约克大主教杰弗里宣誓,保证不在国王出征期间踏入英格兰王国。事后他又觉得不妥,遂于临行前撤销了以上禁令。他任命达勒姆主教休和伊利主教朗尚(Longchamp)为御前大臣、司职监国,于王驾离国期间主掌王国政务。朗尚是法国人,平民出身,性情凶暴;他以逢迎手段博得了国王的欢心,理查任命他为御前大臣,还疏通教皇为其谋得教廷特使的职位,国王希望此人集各方面大权于一身,从而更好地发挥稳定国内局面的作用。海内外所有尚武之士都已聚集到国王麾下,急欲开赴亚洲与异教徒作战,为自己争得荣耀。国王本人的追求和他自诩肩负的义务也同样指向东方,此刻又逢法王来信催动,理查因此加紧厉兵秣马,做好了出征准备。

　　雄才大略的腓特烈皇帝[①]已经先期率领来自日耳曼和北方诸382 邦的 15 万大军踏上征程,剑指巴勒斯坦。一路上,大军克服了诡诈的希腊人和强大的异教徒制造的重重险阻,挺进到叙利亚边境地区。然而就在那里,皇帝在炎炎酷暑中下到水凉刺骨的西纳斯(Cydnus)河中游泳,突感不适,随即丧生,他那孟浪的远征大业亦就此告终。[②]东征大军在腓特烈之子康拉德统率之下抵达巴勒斯坦,然而这支部队的实力已经在疲劳、饥饿、疫病和刀剑的交相摧

----

　　①　这段历史时期神圣罗马帝国处于霍亨斯陶芬(Hohenstaufen)王朝治下。霍亨斯陶芬家族来自现今德意志南部的士瓦本(Swabia)地区,先后出过康拉德三世(Konrad III)、腓特烈一世、亨利六世、腓特烈二世(Friedrich II)、亨利七世(Henry VII)、康拉德四世(Konrad IV)等六位神圣罗马帝国皇帝。腓特烈一世绰号"巴巴罗萨(Barbarossa)",即"红胡子"之意。——译者

　　②　Bened. Abb. p. 556.

残下大打折扣,兵员总数勉强能凑足八千人,根本斗不过强大、勇武、指挥有方的萨拉丁。这一路十字军沿途历尽磨难,让英、法两国君主意识到,必须另觅道路前往圣地;他们决定改走海路,行前带足给养,并借助强大的海上实力,与本国以及西欧地区保持通畅的联络。两位君主约定的会合地点是勃艮第边境的韦兹莱(Vezelay)平原。[1] 腓力和理查抵达该地后,发现双方兵力相加足有十万之众。[2] 这样一支强大的军队,为荣誉感和宗教信仰所激励,由两位勇武的君王所指挥,又有这两大王国倾举国之力备足的给养,俨然气吞万里、无往而不胜,除非自身行动失当,或者遭遇不可抗的自然力作梗,否则断不至于失败。

公元
1190 年
6 月 29 日

国王出征

在会师地,英、法两国君主重申了彼此间诚挚友爱的承诺,指天立誓在十字军东征期间互不侵犯疆土,并代表双方贵族和教会长老交换同样的誓言,其誓曰:吾二人在此当众庄严立约,如有违反,甘愿领受教廷惩戒、身被绝罚。随后,二人分道而行:腓力前往热那亚(Genoa),理查前往马赛(Marseilles),与分别等候在两处港口的舰队会合。两只舰队启航后,由于天气不利,几乎同时转往墨西拿(Messina)避风,整个冬天都滞留在那里。这一计划外的变故,迫使英、法两国君主密切共处,仇隙遂由此而生,后来成了倾覆圣战大业的因由。

7 月 14 日

理查和腓力治下的两个王国跨海相对、国土面积相当,二人因此成为势均力敌的对手;而双方的年龄和性情又使他们成为争

① Hoveden, p. 660.
② Vinisauf. p. 305.

夺荣誉的劲敌。这些促使二人争胜的因素，倘若作用于同仇敌忾的沙场，或能激励他们竞相建功立业，然而在当前悠闲无事的状态下，很快就使两位性如烈火的君王爆发了激烈的争执。双方如出一辙地心高气傲、野心勃勃、英勇强悍、极端固执，只要见到丝毫被辱慢的迹象就会暴跳如雷，又不懂得通过妥协互谅的方式解决相处中难免出现的矛盾纠葛。理查生性坦率、真诚，没有心机，不懂策略，而且脾气暴躁；菲利普则是极富远虑、深晓利害、诡计多端，所以双方每次交锋，理查都会落入对手设下的圈套，总是被腓力占尽便宜。就这样，两位君主的性格中的相似点和差异都使他们难以保持一团和气，然而圣战大业的成功却端赖两位君主的和衷共济。

西西里和那不勒斯王国前任国王威廉二世（William II）娶理查之姊琼为王后。他无嗣而终，留下遗嘱传位给姑母康斯坦莎（Constantia），后者是西西里开国之君罗杰（Roger）唯一在世的合法后嗣，她在继承王国以前，嫁给了神圣罗马帝国现任皇帝亨利六世（Henry VI）。[①] 但是，她的私生兄弟唐克雷德（Tancred）设法勾结国内贵族，凭借近水楼台之利篡夺了西西里王位，并以武力捍卫自己的统治权，抗拒日耳曼人夺回王位的一切努力。[②] 十字军的到来自然让他心中惴惴，唯恐大位不保。他还看不清，在英、法两国君主当中，自己究竟应该更怕谁：腓力和他的对头亨利皇帝是亲密盟友，而理查对他深恶痛绝，因为他将力阻自己即位的

西西里
纠纷

①　Bened. Abb. p. 580.
②　Hoveden, p. 663.

先王遗孀囚禁于巴勒莫（Palermo）。唐克雷德明白当前局势紧迫，遂决定同时讨好这两位强大的君主，他的努力也并非全无效果。他成功地说服腓力，如果为了反对一个基督教王国而中断打击异教徒的大业，可谓大大地不妥；他释放了王后琼，甚至想方设法和理查攀上姻亲，将自己的女儿嫁给了理查的侄儿、年轻的布列塔尼公爵阿瑟。[①] 但在上述友好关系得以确定之前，理查出于对唐克雷德本人和对墨西拿人的猜忌，把自己的大营扎在城外，占据了控制海港的一个小要塞，时刻提高警惕，防备他们的构害。理查的态度触怒了墨西拿人，市民和英军之间多有相互冒犯和冲突的情形。驻扎在城内的腓力竭力劝和，为此与理查安排会晤。两位君主在一处开阔地相见，正在商谈之际，只见一队西西里人似乎正往这边移动；理查命部队向前推进，意欲探明这一异常动向的原因。[②] 自恃强大的英军耀武扬威，又因之前的摩擦而恼火，正愁没有借口教训这些墨西拿人，于是一番穷追猛打，把他们逐出战场，并一直追进城内。理查国王运用权威拦住手下士兵，告诫他们不得劫掠、屠杀手无寸铁的城中百姓；同时他又下令将英格兰旗帜插上城头，作为胜利的标志。然而腓力将该城视作自己的大营，因此强烈抗议这一冒犯，命令己方部队拔除英国旗帜。理查遣使正告腓力，他可以主动拿掉这面构成冒犯的旗帜，却绝不容许旁人动手这样做。法王倘若试图将这种侮辱强加于他，若不杀个血流成渠就休想得逞。腓力对这一高傲的顺服姿态表示

右上页码标记：384

---

① Hoveden. p. 676,677. Bened. Abb. p. 615.
② Bened. Abb. p. 608.

满意,遂收回前旨。① 这次分歧虽然在表面上得以消弭,却在两位君王心里留下了挥之不去的敌意和猜忌。

385　　唐克雷德为了自保,故意在英、法两国君王之间煽风点火,挑拨他们自相残杀。他把一封署名腓力的信拿给理查看,说此信是勃艮第公爵转交给他的,信中要求唐克雷德攻打英军大营,并允诺与他联手除掉英国人。缺乏警觉的理查轻信了挑拨,但是由于他的性情过于爽直,掩藏不住内心的恼怒,被腓力觉察出来。腓力断然否认写过这样的信,他指责唐克雷德伪造书信、谎言欺诈,理查的怒气方才平息——或者只是假作平息。②

为了避免两位君主之间继续滋生此类猜忌和不满,经提议,双方拟郑重签约,规避未来的一切分歧,调和日后有可能引发矛盾的所有因素。然而这一权宜之计却又引发了新的争议,事实证明,它比之前的任何冲突都更加危险,而且深深关乎法国王室的荣誉。理查当年与已故的父王相争,他在所签的每个条约中都力争与法兰西的爱丽丝公主联姻,其实这不过是一个向其父王寻衅的借口而已,他根本无意迎娶那位据疑与他父王有染的公主。因此,他在荣登大位之后,就绝口不提这份婚约了。他甚至向纳瓦拉国王桑切斯之女贝伦加丽亚(Berengaria)提了亲——两人是在王驾驻跸吉耶纳期间坠入爱河的。③ 此时,他正在墨西拿每日望眼欲穿地盼望着埃莉诺太后与那位公主的到来。④ 故尔,当腓力

---

① Hoveden, p. 674.
② Ibid. p. 688. Bened Abb. p. 649, 643. Brompton, p. 1195.
③ Vinisauf. p. 316.
④ M. Paris, p. 112. Trivet, p. 102. W. Heming, p. 519.

重提他与爱丽丝公主联姻一事的时候,当即被理查一口回绝。据豪登(Hoveden)和其他几位史家称,[①]理查掌握着爱丽丝不贞的确证,甚至包括她与先王亨利育有一子的证据。因此,腓力只得收回履行婚约之议,选择了以沉默和遗忘掩盖家门之耻。从存留至今的条约内容可以看出,[②]不管腓力出于何种动机,他终归是同意了理查迎娶贝伦加丽亚。双方就其他有争议的问题取得共识之后,法王立即启航,开赴圣地。理查则为了等候太后和新娘的到来,在原地滞留了一段时间。待她们抵达之后,理查把麾下舰船分为两个编队,登上征程。埃莉诺太后独自返回英国;而贝伦加丽亚则与西西里先王的遗孀、理查之姊琼一道,陪同王驾踏上了东征之路。[③]

4月12日　　英国舰队一出墨西拿港便遇上一场可怕的大风暴,两位王室女眷所在的编队随风漂流到塞浦路斯沿海,一些船只在该岛的利马索尔(Limisso)附近失事。塞浦路斯僭主艾萨克(Isaac)劫掠了搁浅船只,并把船上水手和乘客关进监狱;在风暴肆虐的危急关头,他甚至阻拦准王后和王姊搭乘的船只进入利马索尔港避险。然而,理查随即赶到,狠狠地报复了艾萨克。他挥师登陆,打败前来阻击的艾萨克,以罡风卷地之势杀进利马索尔,次日又斩获大捷,逼得艾萨克无条件投降。理查占领塞浦路斯,设立总督治理该岛。艾萨克落得个镣铐加身,银铛入狱的下场。他抱怨所受的待遇与其君王身份不符,于是理查命人专门为他打造了一副银制

386

---

①　Hoveden, p. 688.

②　Rymer, vol. i. p. 69. Chron de Dunst. p. 44.

③　Bened. Abb. p. 644.

脚镣,那位落魄君王获得这种区别待遇感到满意,对征服者的宽宏大量表示感谢。[①]理查与贝伦加丽亚在塞浦路斯完婚,随即扬帆驶向巴勒斯坦。塞浦路斯前国王之女此行随侍在王后身边——她将成为王后的一个危险情敌,据信此女后来引诱了国王,备受恩宠。当时圣战英雄们的品性、行为就是如此放荡不羁! 12月9日

　　英军抵达巴勒斯坦,刚好来得及分享攻克阿卡城(Acre)——也叫多利买(Ptolemais)——的光荣。在之前长达两年多的时间里,巴勒斯坦的所有基督徒联军合力围攻此城,而萨拉丁和撒拉逊人则竭尽全力顽强坚守。由于腓特烈皇帝麾下的日耳曼大军余部和西欧冒险家自组的东征团体源源不断地云集至此,耶路撒冷国王这才有实力组织发动了这次重大的军事行动。[②] 但是萨拉丁派遣悍将卡拉喀斯(Caracos)率领一支铁军驻守此城,又凭借自身高超的用兵才能,指挥己方部队不断地突袭、出击,骚扰围城部队,令攻方旷日无功,兵力损耗严重。英、法两国君主率生力军到来,令基督徒们为之精神大振。参战的各国君王步调一致,在每一次战斗中同享光荣、并肩蹈险,令人满怀期望,憧憬着抗击异教徒的最终胜利。他们商定了如下作战方案:当法王率军攻城时,由英王负责守卫战壕;第二天,由英军发动攻城,法军则接手防卫任务。两位国王和双方将士在好胜心的驱使下奋勇争先,涌现出诸多可歌可泣的英雄壮举。特别是英王理查,他的性情比腓力更加豪迈勇猛,也更符合那个时代所崇尚的浪漫精神,因而成为众 国王抵达
巴勒斯坦

387

---

①　Bened. Abb. p. 650. Ann. Waverl. p. 164. Vinisauf. p. 328. W. Heming. p. 523.

②　Vinisauf. p. 269,271,279.

所瞩目的人物,博得了赫赫荣名。不过,他们之间的融洽关系只是昙花一现,这两位心性高傲而又善于猜忌的君主之间很快又发生了纷争。

巴勒斯坦
局势

　　耶路撒冷王国的首任君主出自布永家族。英王亨利二世的祖父、安茹伯爵富尔克与布永家族的最后一位女继承人联姻,将耶路撒冷王国的继承权传诸子孙。安茹家族的最后一位继承人也是女性,名叫西比拉,她嫁给了居伊·德·路西安(Guy de Lusignan),路西安因而享有耶路撒冷王国的继承权。尽管耶路撒冷已经由于萨拉丁的入侵而覆国,但是整个基督教世界依然尊他为耶路撒冷国王。^① 就在阿卡之围期间,西比拉去世,身后无嗣,她的妹妹伊莎贝拉(Isabella)便提出继承要求,要路西安将耶路撒冷国王的空衔移交给她的丈夫蒙特塞拉(Montserrat)侯爵康拉德。路西安坚称王位不可让渡、不可剥夺,又投靠理查寻求庇护:他在理查离开塞浦路斯之前即到驾前趋奉,取得了英王支持他的允诺。^② 仅此情形便足以将腓力推到康拉德一边,无须其他任何理由。两大国君针锋相对,给十字军阵营带来分裂和歧见,拖累了他们的一切活动。圣殿骑士团、热那亚人和日耳曼各部公开支持腓力和康拉德;佛兰德斯人、比萨人和耶路撒冷圣约翰医院骑士团则支持理查和路西安。尽管基督徒之间发生了分歧,但是阿卡城内的撒拉逊守军在长期围困之下已经衰弱到极点,遂自缚请降。他们只求保全性命,情愿向基督徒做出极大的让步,包括释

7月12日

388

---

　　① 　Vinisauf. p. 281.

　　② 　Trivet, p. 104. Vinisauf. p. 342. W. Heming. p. 524.

放被囚的基督徒、归还耶稣受难十字架的残片,等等。[1] 令整个欧亚久久为之瞩目的伟大圣战,在牺牲了三十万条性命之后,至此终于画上了一个圆满的句点。

然而,法王腓力此时并无意于乘胜扩大战果、从奴役下光复圣城。他讨厌理查那副大出风头、洋洋自得的架式,又惦记着自己此时际返回欧洲必能收获的种种利益,遂宣布还驾法国,以本人身体状况不佳为由,掩饰其背弃共同事业之实。不过,他留下一万法军,由勃艮第公爵统领,听凭理查调遣。他还重温了誓言,承诺绝不趁英王出征在外之机侵犯其领土。然而,他甫一抵达意大利,便向教皇切莱斯廷三世(Celestine III)提出豁免申请,要求取消这一承诺。请求被驳回后,他仍未停止活动,只是换成了一种较为隐蔽的方式。以英格兰当时的局势来看,他的计划显得格外诱人,也极大地煽起了他心中的积怨和野心。

理查国王刚刚离开英格兰,踏上奔赴圣地的征程,奉钦命监国的两位教会长老就反目成仇,整个国家被抛入动荡的旋涡。朗尚本是个狂妄之徒,得蒙圣宠之后便越发目中无人,又自矜于教廷特使的身份,根本瞧不起达勒姆主教,认为后者不配跟自己平起平坐。他甚至拘捕了这位同僚,逼迫其放弃诺森伯兰伯爵领和其他一些封衔,以换取人身自由。[2] 国王闻知这些纠纷后,从马赛致信国内,诏令恢复达勒姆主教的职位。然而胆大包天的朗尚借

英格兰国内动乱

389

---

　　① 这块"真十字架"残片被十字军带到意大利,在提比利安战役(Tiberlade)中丢失。当时一位名叫里戈尔(Rigord)的史家称,在这一不幸事件之后,基督教世界出生的所有孩子就只能长出二十或二十二颗牙齿了,以前人们的牙齿总数为三十或三十二颗(p.14)。

　　② Hoveden, p. 665. Knyghton, p. 2403.

口自己更了解国王秘而不宣的心意,拒绝从命。[①] 他继续专横地统治着整个王国,以倨傲态度对待所有贵族,令人反感地大肆炫耀手中的权势和财富。他每次出行,必有一千五百名彪悍的外籍卫士前呼后拥,这些人统统是从当时遍地恣行的雇佣兵当中选拔出来的高手。贵族和骑士们都以获准随侍朗尚为荣,他的扈从队列富丽堂皇,堪比王家仪仗。据说他巡视全国的时候,无论下榻在哪一座修道院,其随从人员一夕之用度便需耗费修道院几年的岁入。[②] 国王滞留于欧洲,时间之长远远超出这位傲慢主教的预期,但是就连国王也听说了后者铺张无度的作派——其程度已经远远超出时人惯于对神职人员所能容忍的极限,并了解到他对臣僚们专横跋扈的举动,认为有必要加以节制。国王颁下新旨,任命鲁昂大主教沃尔特、斯特里古尔伯爵威廉·马雷莎尔(William Mareshal)、杰弗里·菲茨-皮特(Geoffrey Fitz-Peter)、威廉·布里威尔(William Briewere)和休·巴道尔夫(Hugh Bardolf)组成顾问团辅弼朗尚,命令朗尚凡有重要举措,务必与顾问团磋商并取得后者批准,方可推行。然而,朗尚的淫威如日中天,以至于鲁昂大主教和斯特里古尔伯爵甚至不敢出示国王的授权令。朗尚在国内依旧只手遮天、为所欲为;然而此人专横已甚,破坏教权,将反对他的约克大主教杰弗里投入监牢,激起举国上下物议汹汹。约翰亲王本来就不满自己在国家事务中权柄太小,加之受过朗尚的冒犯,遂挺身出头在里丁召集全国贵族和教会长老举行大

---

① Heming. p. 528.

② Hoveden, p. 680. Bened. Abb. p. 626, 700. Brompton, p. 1193.

谘议会,传唤朗尚到会听审。朗尚畏惧被交到这些人手上,遂躲
入伦敦塔,据险自守,但是不久他便被迫放弃城堡,换上妇人衣装
₃₉₀逃往海外。他的御前大臣和大法官职位均被剥夺,由审慎温和的
鲁昂大主教接任大法官。不过,朗尚仍然是切莱斯廷三世钦命的
教皇特使,他本人虽然流亡海外,但在国内依然拥有极大的权威,
足以扰乱现政权,充当腓力的传声筒——后者时刻都在寻找机会
给理查制造麻烦。腓力起初试图公开侵犯诺曼底,但是法兰西贵 ^{公元}
族们不愿违背前誓随他进犯该地,教皇也以圣战参与国全体君主 ^{1192 年}
总监护人的身份,用宗教惩戒相威胁,于是他放弃了上述计划,改
用隐蔽的阴谋手段来对付英国。他诱使约翰亲王背叛其兄,提出
把爱丽丝公主嫁给约翰,并许诺将理查在欧陆的所有封邑都转到
约翰名下。若不是慑于埃莉诺太后的权威和英国谘议会的威胁,
那位心存不轨的亲王恐怕早已渡海赴欧,将他的谋反方案付诸实
施了。

理查在东方战场勇冠三军,赢得赫赫荣名。消息传来,时刻 ^{国王在巴}
撩起腓力的妒意。他本人半途退出圣战大业的行径,尤如一种反 ^{勒斯坦的}
衬,越发令对手显得光彩照人。他在忌妒心的驱使下,极力抹黑 ^{英雄业迹}
那份己所不及的荣名。他从不放过任何一个机会,以最荒谬的说
辞对英格兰国王极尽诽谤中伤之能事。当时亚洲地区有位小国
君主,人称"山中老人",他统治着一帮狂热子民,对其顶礼膜拜、
唯命是从。他们坚信,国君下达的暗杀指令带有祝圣神力,执行
暗杀任务是一件功德无量的大事;因此,他们在奉命实施暗杀的
时候总能奋不顾身、视死如归,想象自己为国君牺牲生命,死后必

享天堂极乐,作为忠心顺服的回报。^① 每当这位国君认为有人冒
犯了他,总是秘密派遣一批下属去刺杀冒犯者,在激励他们完成
复仇的使命的同时,还向他们传授各种巧妙的伪装手法。这些狡 391
猾而且横下了一条心的暴徒无孔不入,任何人若是被他们盯上,
任你如何权势遮天、戒备森严,也难保万全。这位"暗杀之王"令
世上最强大的君主都为之胆寒——他的国名"阿萨辛"(assassin)
后来被引入大多数欧洲语言,成为"杀手"的同义词。蒙特塞拉侯
爵康拉德极不明智地冒犯和侮慢了这位可怕人物。事情的起因
是,康拉德治下的提尔城居民处死了几个阿萨辛人,"山中老人"
向康拉德索取赔偿——他一向以"人不犯我、我不犯人"自诩,^②所
以也有常规的索赔程序。康拉德轻慢地对待阿萨辛使者,被激怒
的"山中老人"遂下达了暗杀指令。两名刺客乔装改扮混入康拉
德的卫队,就在光天化日之下的西顿(Sidon)街头将康拉德刺成致
命伤。刺客们被捕之后遭到最残酷的折磨,但他们却以一种得胜
的心态承受所有痛苦,满心欢喜地认定自己为如此正义而功德无
量的事业受苦,死后必能升入天堂。

　　在巴勒斯坦,人人都知道此案的幕后主使是谁。理查完全不
在被怀疑之列。虽然他以前站在路西安一边反对康拉德,但是他
已经看出了卷入纠纷的不良后果,因而主动向路西安提出,只要
后者放弃争夺耶路撒冷王位,就以塞浦路斯王国相赠。^③ 康拉德

---

① 　W. Heming. p. 532. Brompton,p. 1243.

② 　Rymer. vol. i, p. 71.

③ 　Vinisauf. p. 391.

本人也在临终时叮嘱妻子，让她寻求理查的保护。[①]"山中老人"也面向欧洲正式宣布对此次行动负责。[②]然而，法王不顾上述种种，仍然厚颜编造最离谱的谎言，将蒙特塞拉侯爵遇刺事件归罪于英王理查，只因理查曾经公开反对侯爵对耶路撒冷王位的要求。他在全欧洲范围内大肆鼓动声讨这桩罪行，还在自己驾前专设了一名防刺客的卫士。[③]他极力用这些肤浅的骗术蒙蔽世人，掩盖自己的可耻行为——在这场被公认为基督教世界共同事业的战争中，理查浴血奋战，博得无上的光荣，而他自己不但弃友而去，还大挖十字军的墙角，侵略理查的国土。

392　　　　然而，理查在巴勒斯坦的英雄壮举就是他最好的自辩状。在开战之初，他麾下的基督教冒险家们决定围攻亚实基伦（Ascalon），为收复耶路撒冷开辟道路。为此，部队沿海岸线向前开进。萨拉丁率领三十万大军，准备在半路阻截。那个时代规模最大、也是最著名的一场战役就此爆发——双方统帅的军事才干、参战部队的人数和勇气，以及作战过程中云谲波诡的诸多跌宕曲折，都堪称壮观。当天一早，基督徒阵营由达韦讷（d'Avesnes）指挥的右翼和勃艮第公爵统率的左翼均被冲散、击溃；当此危急关头，理查镇定无畏，亲率中军杀向敌阵——他不仅是神机妙算的统帅，更是身先士卒的勇士——此举为己方两翼赢得喘息之机，使之得以重整阵形投入战斗，一举扭转战局，完胜撒拉逊人，据说此役毙敌达

---

①　Brompton，p. 1243.

②　Rymer，vol. i. p. 71. Trivet，p. 124. W. Heming. p. 544. Diceto，p. 680.

③　W. Heming. p. 532. Brompton，p. 1245.

四万之众。① 亚实基伦未几落入基督徒手中。另外几场攻城战役也同样战果赫赫。理查的大军继续挺进,东征的终极目的地耶路撒冷已经遥遥在望——然而这时他却窘迫地发现,必须放弃一切速胜的指望,中止自己凯歌高奏的圣战大业。起初,十字军勇士在圣战热忱的鼓舞之下,为实现神圣的目标将个人的安危利害完全置之度外,他们一心仰赖上帝的直接恩助,眼中只有此世的光荣、胜利和彼世的荣耀冠冕,此外一切都不在话下。然而,随着他们离家日久,思乡之情愈浓,再加上疲惫、疾病、物资匮乏,以及战争环境下各种自然而然的伴随状况的影响,当初那股锐不可当的斗志逐渐消磨殆尽;除了英格兰国王之外,人人都表示期望尽快返回欧洲。日耳曼人和意大利人宣布他们决定退出;法国人更是执意要撤军。勃艮第公爵为了讨好腓力,从不放过任何一个羞辱和对抗理查的机会。②看来,十字军此时绝对有必要暂且搁置进一步征服的指望,与萨拉丁和谈,以期巩固现有成果。因此,理查与萨拉丁签定了休战协议,规定阿卡、约帕(Joppa)等巴勒斯坦沿海城市继续保留在基督徒手中,基督徒有权不受干扰地赴耶路撒冷自由朝圣。约定的停战期限为三年又三个月三星期三天零三小时——这个魔力数字大约是由欧洲人提出的,它所源自的迷信观念与整场战争的宗旨极尽相符。

对于萨拉丁而言,允许基督徒赴耶路撒冷朝圣只是一点微不

393

---

① Hoveden,p. 698. Bened. Abb. p. 677. Diceto,p. 662. Brompton,p. 1214.
② Vinisauf. p. 380.

足道的牺牲;而他之所以兴兵保卫犹底亚(Judea)①的不毛之地,与十字军浴血奋战,也是出于现实的政策需要,而不是像欧洲冒险家那样,被盲目的信仰所驱使。事实上,当时撒拉逊人的科学发展水平远高于欧洲,也更加仁柔和人道。勇武的萨拉丁王在这场战争中表现出博大的气魄和雅量,就连气量狭隘的对手也不得不为之称道和钦佩。理查虽说同样骁勇善战,但是天性中保留了更多的蛮野成分,而且有过许多残忍行径,给他那备受称颂的胜利留下了一大污点。阿卡之战期间,因萨拉丁未批准守城部队与十字军签署的投降协议,英王便下令将手上的五千名俘虏屠杀净尽;被逼到墙角的撒拉逊人对基督徒实施了以牙还牙的报复。②萨拉丁与十字军诸王签定休战协议后不久,就在大马士革(Damascus)去世。令人难忘的是,他在临终时下令,将他的裹尸布绑在旗杆上,走遍大马士革的大街小巷,由报丧人在前引路,大声宣告:东方的征服者、伟大的萨拉丁遗留于世者,唯此而已!萨拉丁在遗嘱中吩咐广散布施,周济穷苦人,不分犹太人、基督徒还是穆斯林。

394　　　休战之后,在巴勒斯坦已经没有什么要务需要理查滞留下去,又有消息传来,说王弟约翰与法王密谋不轨,这让他意识到,自己必须还驾欧洲了。他不敢横穿法国,便取道亚得里亚海绕行,但是航船行到阿奎莱亚(Aquileia)近海沉没了,理查遂化装成 国王踏上归途

---

① 不同于历史上的"犹大国"(Judah),泛指以耶路撒冷为中心的巴勒斯坦中南部丘陵与旷野沙漠地带,也译为"犹太地区"或"犹大地区"。——译者

② Hoveden, p. 697. Bened. Abb. p. 673. M. Paris, p. 115. Vinisauf. p. 346. W. Heming. p. 531.

普通朝圣者，计划秘密穿越日耳曼地区。为了甩开伊斯特拉
(Istria)总督的追逐，[①]理查被迫放弃直通英格兰的大路，绕道维也
纳。在这座城市，他的阔绰和慷慨暴露了朝圣者衣装掩盖下的君

12 月 20 日　　王身份。他被奥地利公爵利奥波德（Leopold）下令逮捕。围攻阿
卡期间，利奥波德曾在理查麾下作战，因被高傲的理查冒犯而怀
恨在心；此人心胸狭隘，当即抓住眼前的机会来满足自己的贪欲

公元　　和复仇心。他把英王关进监狱。神圣罗马帝国皇帝亨利六世恼
1193 年　　恨理查与西西里国王唐克雷德结盟，也将其视为仇敌，他遣使与
奥地利公爵交涉，要求公爵将被俘的国王移交给他，并许诺支付

被囚　　一大笔酬金。就这样，名满天下的英格兰国王在国事危急关头，
日耳曼　　却发现自己镣铐加身，被囚禁于日耳曼腹地的一间地牢内，[②]完全
听凭自己的敌人——一伙最卑鄙龌龊的人渣来摆布。

　　英国谘议会惊愕地获悉这一灾难性的消息，并且预见到此事
必将导致的一切危险后果。埃莉诺太后一再致信切莱斯廷教皇，
抗议儿子所遭受的伤害。她指出：在高擎基督大旗奔赴圣地的诸
王当中，当数理查最为勋业昭彰，拘禁理查就是对上帝不恭。她
要求罗马教廷出面保护英王，即便身份最卑微的十字军战士也有
权要求这样的保护。她还责备教皇，在这一严重关乎正义、宗教
和教会尊严的事件当中，后者身为教廷首脑，本当亲赴日耳曼地
区进行援救，然而实际上，教廷方面始终引而不发，迟迟不对那一　395

---

　　①　阿奎莱亚位于意大利东北角、亚得里亚海北端，在罗马帝国时代是一座举世
闻名的重要城市。伊斯特拉半岛位于巴尔干半岛西北部亚得里亚海沿岸。——译者
　　②　Chron. T. Wykes, p. 35.

伙当受天谴的渎神者施以精神上的雷霆打击。[1] 切莱斯廷教皇淡然以对,他并不像身为人母的王太后那样焦急。英格兰的摄政班子在很长时间里只得孤军奋战,应对国内外所有的敌人。

法兰西国王很快就接到亨利六世的密信,得知理查被囚的消息。[2] 他摩拳擦掌,要从这一事件中渔利。腓力软硬兼施,诉诸强权和诡计、战争和交涉,穷尽一切手段打击困厄中的对手,危害其领土和人身安全。他再度散播理查暗害蒙特塞拉侯爵的流言,又以这个荒谬的借口,劝诱手下贵族毁弃前誓——他们在十字军起兵前曾经共同盟誓,在圣战期间,无论在任何情况下绝不攻击英格兰国王的领土。腓力向亨利六世许以最丰厚的报偿,要后者将那位被囚的王者移交给他,或者至少让其终生不见天日。他甚至和丹麦国王联姻,希望借此转承古代丹麦王室对于英格兰王位的继承资格,并且要求丹麦方面出动舰队支持他。不过,腓力最成功的交涉莫过于赢取了约翰亲王的合作。后者不顾对兄长、君王兼恩主应有的情分和义务,一心想从国难中为自己捞取好处。这个背信弃义的人一接到法国宫廷的邀请,就急急忙忙渡海去见腓力,签下了一份旨在永远毁灭其不幸兄长的条约。他在条约中承诺,将诺曼底的大部分土地交给腓力;[3] 作为回馈,腓力将理查的所有海外领地封授予他。还有几位史家记载道,约翰甚至为英格兰王位向法王行了效忠礼。

英法之战

---

① Rymer, vol. i. p. 72, 73, 74, 75, 76, &c.

② Rymer, vol. i. p. 70.

③ Ibid. p. 85

腓力依据上述条约,兴兵进犯诺曼底。有约翰的密使充当内应,腓力顺利进占讷沙泰勒(Neuf-chatel)、诺夫勒(Neaufle)、日索尔、帕塞(Pacey)、伊夫里埃(Ivreé)等多处要塞,未遇任何抵抗。尤城和奥马勒望风而降,腓力的大军进而包围了鲁昂城,威胁市民若敢抵抗,便以屠城报复。在此存亡关头,幸亏莱斯特伯爵罗贝尔及时赶到,肩起鲁昂城防指挥的重任。这位勇敢的贵族曾在十字军中赢得赫赫荣名,其返乡之旅比主君更顺利一些。他竭尽所能,以言语和榜样的力量激励守城军民,让恐慌的诺曼底人重拾勇气。腓力屡次攻城均被击退,他手下封臣的服役期也将届满,因此,腓力只得与英格兰摄政班子签定了休战协议。英方承诺向腓力支付两万马克撤军费,并向他移交四座城堡,作为支付担保。[1]

约翰亲王重返英格兰,意图进一步搅扰政局,加剧普遍的混乱局面。不过他在国内的努力较之海外收效更差。他只占据了温莎和沃灵福德这两处城堡,当他抵达伦敦,诡称收到理查已死的确切消息,并要求继承其兄王位之时,遭到全体贵族的抵制。贵族们多方采取措施,抗击和制服约翰。[2] 众位法官凭借民众的普遍拥护,妥善部署,王国守备固若金汤,约翰屡攻无果,只得协议休战。休战期届满时,约翰谨慎地返回法国,在那里公开宣布与腓力结盟。[3]

在此期间,心气高傲的理查在日耳曼受尽形形色色的伤害和

① Hoveden, p. 730, 731. Rymer, vol. i. p. 81.

② Hoveden, p. 724.

③ W. Heming. p. 536.

侮辱。法国大使代表法王以宗主之名宣布，剥夺理查法兰西王室
封臣的资格，没收他名下的全部封邑。亨利六世为了促使理查急
切乞求自由，逼他答应支付高额赎金，故意给予他极其恶劣的待
遇，一代英主竟被作践得连最低贱的罪犯都不如。亨利甚至下令
将他带到沃尔姆斯(Worms)，在帝国议会面前指控他犯下大大小
小的多项罪行，其中包括：与西西里僭主唐克雷德结盟；以十字军
的力量攻击基督教君主，征服塞浦路斯；在阿卡城下公开侮辱奥
地利公爵；与法兰西国王相争，阻碍圣战大业；刺杀蒙特塞拉侯爵
康拉德；与萨拉丁协议休战，坐视圣城耶路撒冷留在那位撒拉逊
君主手中。①　理查虽然历尽磨难，却勇气不减，这些琐屑或诬蔑不
实的罪名反而激起了他的斗志。他首先指出，自己以王者之尊，
只服从神的审判，除此之外，对于任何审判都不必出庭应诉。然
而，为了捍卫自身名誉，他破例同意向大议会证明自己的行为无
罪。理查陈述道：唐克雷德登上王位与自己毫无干系，自己不过
是与一个已然在位的国王签订一份条约而已。前塞浦路斯国王
(或者不如说是僭主)以最无善意、最不公正的行径激起他的满腔
义愤，自己虽然严惩了这个挑衅者，但东征大计并未因此而耽搁
分毫。即便他曾经在任何时候冒犯过奥地利公爵，事到如今他已
经为一时的感情冲动付出了足够的代价；男子汉大丈夫，当初既
为了如此神圣的事业携手出征，理当宽恕彼此的弱点，而不应执
着于睚眦之隙，施以如此无情的报复。至于自己和法国国王之间
究竟谁更热心于光复圣地，谁能为圣战大业不计个人恩仇，事实

————————————

　　①　M. Paris, p. 121. W. Heming. p. 536

已经明显地摆在眼前，毋庸多言。说到暗杀，如果以他平生的行为取向尚不足以洗清敌人对他的污蔑、不能证明他不至于下作到采取卑鄙的暗杀手段，那么，此时此刻无论他怎样为自己辩护、或者提出多少无可辩驳的证据，也将归于徒然。关于和萨拉丁签订停战协议一事，理查坦承自己心中或有遗憾，但从来不曾感到羞耻，反而相当引以为荣；当整个世界弃他而去，他只能依靠自己的勇气和本国军队的少许余部与东方世界有史以来最强大、最英勇善战的君主对峙，能够在谈判中不输气势，取得这样的成果，他感到十分自豪。理查如此这般地屈尊为自己的行为做出辩护，随后语气一转，义愤填膺地控诉自己受到的非人虐待。他痛心疾首地说，自己身为十架战士，至今仍佩戴着圣战的荣耀徽记，为了基督教世界的共同事业不惜抛头颅、洒热血，大笔贡献国民财富，岂料竟在归国途中遭到若干基督教君主的拦截，被投入地牢，镣铐加身，又被迫抛弃人君的尊严，像普通罪犯一样为自己的清白辩护！更让他引以为恨的是，自己如今身陷缧绁，无法按照原来的设想，为新一轮十字军东征做准备，无法在停战协定期满后再度挥师东进，夺回久被异教徒亵渎的圣墓！理查的精神力量和气势如虹的自辩令在座的日耳曼王公深受触动，他们高声抗议亨利六世的行径，教皇亦于此时发出威胁，要让后者逐出教门。亨利六世此前虽然听取了法王和约翰亲王的提议，但是事到如今却发现无法实现他们共商的卑鄙目的，也不可能继续羁押英格兰国王了。因此，他与理查达成协议，同意英王以十五万马克（约合今天的三十万镑）赎金换取自由——其中十万马克须在获释前预付，并交付

398

国王获释

六十七名人质,作为后续付款的保证。① 亨利六世出于文过饰非的考虑,将阿尔(Arles)王国赠与理查——其辖地包括普罗旺斯(Provence)、多菲内、纳博讷(Narbonne)等几郡,神圣罗马帝国对这些地方保有某种古老的主权要求。理查国王明智地拒绝了这份馈赠。

封建法明确规定,宗主被俘,封臣负有援救义务。因此,英王下属的所有封臣均须为筹措赎金出一份力。王室向英格兰境内的每个骑士领摊派二十先令,但是集齐这笔款项耗时太久,亦不敷所需,广大民众遂自发地热忱捐献,以期尽早补足差额。各地教会和修道院熔化贵重盘盏,凑成三万马克;主教、修道院长和贵族们捐出自身年收益的四分之一;教区牧师们也捐出什一税收入的十分之一。就这样凑足了必须的数目,于是埃莉诺太后与鲁昂大主教沃尔特携款前往日耳曼,在门茨(Mentz)向亨利六世和奥地利公爵交付了赎金,并交付了充作抵押的人质。理查恢复了自由。他随后的脱身过程极其惊险。亨利六世曾经派人暗杀列日(Liege)主教,又暗杀鲁汶(Louvaine)公爵未遂,这两件阴谋败露之后,日耳曼诸侯对他的恶劣行径深恶痛绝。所以,他决定转而与法兰西国王结盟,以寻求后者的支持。他的如意算盘是:永久扣留法王的敌人理查,一方面鲸吞已经到手的赎金,另一方面向腓力和约翰亲王索要更多钱款,他们已经对他提出了极其慷慨的开价。于是他下令追捕理查,然而刚刚脱离樊笼的英王一路疾行,及至亨利六使的信使抵达安特卫普(Antwerp)之时,他已经在

公元
1194 年
2 月 4 日

399

---

① Rymer, vol. i. p. 84.

斯海尔德(Schelde)河口登舟启航,消失在茫茫海天之间。

国王返回英格兰 3月20日

英格兰人迎接王驾,举国欢喜若狂。他们的君主历尽磨难,亦赢得了崇高的荣誉,把英格兰的威名播散至迢邈的东方,自古以来,他们的名声从来不曾传抵如此遥远的地界。理查归国不久,就给臣民提供了一个欢腾雀跃的机会:他下旨在温切斯特重行加冕礼,似乎意欲借此重申王权,一洗先前的牢狱之耻。尽管国王公开宣布,要恢复所有那些不在法律规定范围之内的捐税——就是这次东征前夕出于筹措军费之需而加征的各种赋税,但是国内民心依然昂扬。继而,王国全体贵族召开大谘议会,以叛国的罪名,决定罚没约翰亲王在英格兰的所有财产。他们辅助国王,攻克了仍在约翰亲王党羽控制下的各处要塞。[1] 国内局面已定,理查便挥师挺进诺曼底,迫不及待地要和腓力开战,报复那位国王对他的诸般伤害。[2] 话说当初腓力一接到理查获释的消息,马上捎信告知其同伙约翰亲王,信中写道:"妥自珍重:恶魔已经出笼。"[3]

英法之战

依我们想来,两位如此强大而善战的君王,在同样骄傲和好 400
勇斗狠的性情煽动下,因个人积怨和相互间的伤害各自怒火中烧,又被争胜之心和利益对抗的因素所驱使,自然会展开一场持久而激烈的争战,天知道会发生多少惊心动魄的鏖战,又将以何等灾难性的结局收场。然而令人意想不到的是,与这般强烈的嫉愤之情相伴相随的行动却是如此微不足道,以至于几乎没有史家

① Hoveden, p. 737. Ann. Waverl. p. 165. W. Heming. p. 540.

② Ibid. p. 740.

③ Ibid. p. 739.

有兴致描摹其军事活动的细节。这一点足可确切地说明，那个时代君主的权柄十分软弱，他们面对难驾驭的封臣唯有徒唤奈何！双方的战绩加在一起，无非是攻占了某座城堡、袭击了掉队的小股敌军，或是经历了一场骑兵遭遇战，其过程更像是一场骚乱而不类战斗之态。理查迫使腓力放弃了对韦尔讷伊的围攻，随后夺取了安茹境内的小城洛什（Loches）；他还占领了博蒙（Beaumont）及其他几处不甚重要的地点。经过上述几场微不足道的对阵，两位国王已经开始议和了。腓力坚持要求，若要缔结全面和约，必须规定今后双方的贵族彼此间不得私下开战。对此理查答复道：此乃他驾下封臣自己的权利，他无法阻止。双方谈判无果，英法骑兵继而在弗莱特沃尔（Fretteval）交战，法军大溃，就连通常由法王随身携带的契册和档案也落入英军手中。不过这场胜利并未给英方带来什么重大利益，最后，由于双方力量均成强弩之末，只好签下为期一年的休战协议。

战争期间，约翰亲王离开腓力，转投于兄长脚下，乞求恕罪；经埃莉诺太后求情，理查宽恕了他。国王表示："我宽恕他。但愿我能轻易淡忘他带给我的伤害，像他忘记我的宽谅那么容易！"约翰即便是改过自新，也必出之以卑劣的手段。他在脱离腓力的阵营之前，设宴邀请所有驻守埃夫勒要塞的法国军官，在席间将来宾尽数杀害；又在市民们协助下，向卫戍部队开火，将他们全部杀光，随即向王兄理查献城。

理查最忌恨和仇视的对象是法国国王。至于约翰、亨利六世和奥地利公爵，他们已经由于各自的卑劣行径遭到普天下的唾弃和谴责，令理查觉得自己已然充分地报仇雪恨了，他似乎从未打算向其中任何一个发起报复行动。大约在此时,奥地利公爵在一次比武大会上因坐骑跌倒,一条腿被压坏,随即发起高烧。临终之时,他忏悔自己对理查行下不公不义之事,便在遗嘱中下令无条件释放手上的全部英国人质,豁免英方尚未付清的赎金。公爵之子似乎不愿遵命,但在本邦神职人员的约束下,也只得付诸执

公元
1195 年

行。① 亨利六世也向理查示好,主动提出全额免除英方尚欠的赎金,只要理查与他订立同盟,共同反对法王。这个提议正中理查下怀,他当即欣然表示接受。和亨利六世的盟约并未发生什么实际效力,却刺激了英法两国在休战期届满之前重燃战火。接下来的战事和之前一样,没有值得一提的事件。两军蹂躏对方不设防的乡野,相互攻占了几座不太重要的城堡,随后,两位国王在卢维埃(Louviers)议和,交换了若干被占领土。② 之所以媾和,是因为

公元
1196 年

双方均已精疲力竭,战事无法进行下去了;而停战不到两个月,他们又受着仇恨的驱使而重启战端。此番理查与法王的一批重要封臣结成同盟,包括佛兰德斯伯爵、图卢兹伯爵、布洛涅伯爵、香槟伯爵等人,③令他自以为有机会占据重大优势。然而,他很快就尝到了那些王公们虚伪背信的苦果,亦丝毫未能撼动那位活力充沛的能主腓力治下的法兰西。这场战争中最引人注目的事件是: ⁴⁰² 法国王室近亲、出身于德勒家族的博韦(Beauvais)主教在战场上被英军俘虏——这位主教虽然身为神职人员,却醉心于戎事。理查出于憎恨,将博韦主教投入监牢,锁以镣铐。教皇出面请理查

---

① Rymer, vol. i. p. 88, 102.

② Rymer, vol. i. p. 91.

③ W. Heming. p. 549. Brompton, p. 1273. Rymer, vol. i. p. 94.

放人，他把那位主教称作"吾儿"，理查遂将博韦主教临阵披戴的血迹斑斑的盔甲呈送给教皇，仅以《圣经》中雅各的众子回禀老父的原话来答复教皇："我们捡了这个。请认一认是你儿子的外衣不是？"①英法之间仇恨高涨，两位国王经常下令将俘虏处以剜眼之刑，尽管如此，这场战事很快又平息下来，双方签署了为期五年的停战协定。条约刚刚生效，两位国王之间再启衅端，眼看又要生变，幸有教皇特使圣玛丽(St. Mary)枢机主教从中斡旋，方使得分歧得以化解。② 枢机主教甚至说动了两位国王筹备签署为期更久的和约，不意理查国王之死打断了这一谈判进程。

利摩日(Limoges)子爵维多马尔(Vidomar)发现了一笔财宝，公元 1199年 作为英王的封臣，他将部分财宝当作礼物献给理查。然而理查凭着宗主身份要求得到全部。他率领一支雇佣军，把子爵包围在利摩日附近的查洛斯(Chalus)城堡，逼其就范。③ 守军请降，但是国王答道，既然他已经不辞劳苦御驾亲征，并包围了此地，就必以武力克之，把其中的每个人都绞死。当日，国王在雇佣兵首领马尔卡代(Marcadée)的陪同下来到城堡附近观察敌情，这时，守军中一个名叫贝特朗·德·古尔东(Bertrand de Gourdon)的弓箭手瞄准他放了一箭。羽箭射入国王的肩部。国王带伤发布攻击令，3月28日 英军攻克城堡，把所有守军绞死，只余古尔东一人，准备以更残酷的、匠心独运的方式处决他。④

---

① 《圣经·创世记》37：32。M. Paris, p. 128. Brompton, p. 1273.

② Rymer, vol. i. p. 109, 110.

③ Hoveden, p. 791. Knyghton, p. 2413.

④ Ibid.

　　国王的箭伤本身并不凶险,然而外科医生的处置不当却要了他的性命:医生拔除箭头时造成伤口化脓,继而形成了坏疽。国王心知自己命不久矣,他命人把古尔东带到面前,责问道:"混蛋, [403] 我对你做了什么,你竟要取我的性命?""你对我做了什么?"囚徒冷冷地说,"你亲手杀了我的父亲,还有我的两个兄弟,又要绞死我本人。如今我落在你手上,要杀要剐随你的便,但是无论身受什么酷刑,我都能愉快地承受:只要想到自己为世界除了一害,我就会感到莫大的幸福。"[①]理查被这番理直气壮的答复所打动,又因死亡的迫近而变得谦卑,遂下令释放古尔东,又送他一笔钱。但是马尔卡代对此懵然不知,他抓住这个不走运的弓箭手,将其活活剖腹,再送上绞架。理查临朝十年而终,卒年四十二岁,身后无嗣。

4月8日
国王驾崩

理查一世
的性格　　这位国王身上最闪亮的一面是他的军事天才。即使在那个传奇的时代,也没有人能像他那样,把个人的勇武和大无畏气概发扬到极致,这种品质为他赢得了"狮心"(coeur de lion)之名。他热衷于追求荣誉,主要是军事荣誉;他的指挥才能毫不逊于勇气,在战场上建功立业所需的种种才干,他似乎无不兼备。理查其人意气用事、动辄恚怒,骄傲到无可救药的地步,因此,无论是本国臣民还是外邦人都有理由担心,长此以往,他这一朝会陷入无休无止的流血和暴力。他拥有一颗冲动鲁莽、充满激情的心灵,这种性格所有的优缺点都无比鲜明地体现在他身上:他为人坦荡、率直、慷慨、忠诚、勇敢,但也有着睚眦必报、专横跋扈、野心勃勃、骄矜自大、野蛮残忍的一面,因此,这样一个人更适于以其辉煌伟

---

　　① Hoveden. p. 791. Brompton, p. 1277. Knyghton, p. 2413.

业令世人赞羡崇拜,而不是凭借合理有序的施政方针增进臣民的福祉、光大自己的荣名。鉴于赫赫武威更容易打动人心,所以理查一世似乎深受英国臣民爱戴,被认为是第一位真正心系英格兰人的诺曼国王。可惜他自从登基后,仅在国内呆了四个月,继而投身十字军征战近三年,被羁囚笼约一年零两个月,余下的时间不是在对法作战,便是在筹备对法作战。他醉心于自己远征东方的光荣,决心无视以往的种种厄运,变本加厉地倾尽国力,自甘蹈险,准备发动另一场打击异教徒的远征。

　　国王武才矫猛,荣名赫赫,令英格兰人深感自豪;尽管如此,本朝统治却极具压迫性,带有几分专制色彩:国王对百姓横征暴敛,时常不经全国大会或大谘议会同意就擅立名目增加赋税。理查在位第九年,颁旨每海德土地征税五先令,因神职人员拒不缴纳,他便宣布这个阶层不再受法律保护,诏令世俗法庭对神职人员的索债官司不得做出赔付判决。[①] 他在位期间,曾经两次下令重颁所有王室特许状,被授权人须支付更新手续费。[②] 据说,他的大法官休伯特(Hubert)在两年间除了供应英格兰政府的一应开支之外,还给身在法国的国王送去了不下一百一十万马克巨款。不过,以上说法令人颇难置信,除非我们假定理查已将王室领地的油水榨干荡尽——然而,鉴于他此前恢复了所有名目的捐税,这种做法不太可能再给他带来什么收益。他若真有如此丰厚的岁入,就不至于因为交不出亨利六世索要的十五万马克赎金而身

----

①　Hoveden, p. 743. Tyrrel, vol. ii, p. 563.

②　Prynne's Chronol. Vindictom. i, p. 1133.

陷缧绁长达十四个月,最终不得不以人质抵押所欠的三分之一赎金。理查在位时期的物价水准也足以证明,政府绝无可能从民间征得这样一笔巨款。以当时的货币计,一海德土地(约合一百二十英亩)的年租价通常为二十先令。已知英格兰土地面积共计二十三万三千六百海德,那么我们很容易计算出王国地租的总数。当时,一头公牛通常定价四先令,一匹役马的价钱与此相同;母猪一先令,细毛羊十便士,粗毛羊六便士。[①] 这些商品的价格自诺曼征服以来似乎均未上涨,[②]较之我们当前的物价水平要便宜十倍。

　　理查一世循其曾祖父时代的旧制,对侵渔王室森林的罪犯处以阉割或剜眼的重刑。他又立法统一了全国的度量衡标准。[③] 这个有益的制度,本是他未来的继任者出于贪财的禀性和实际需求劝他下旨设立的,旨在便于征敛资财。

　　由于管辖不力,伦敦的治安状况一向较差,在本朝更是达到登峰造极的地步。到了公元 1196 年,数不胜数的歹徒似乎已经聚众成势,令这座城市滑向毁灭的边缘。有个名叫威廉·菲茨-奥斯伯特(William Fitz-Osbert)的律师,人称"长胡子",在底层市民当中极受欢迎,他处处为穷人辩护,以此收买人心,被誉为穷人的辩护士和救星。他运用自己的威望,伤害、凌辱家道殷实的市民,时时与他们为敌,以致富人们每时每刻都暴露于"长胡子"及其暗藏的走卒肆无忌惮的暴力威胁之下。伦敦街头日日凶案横生,匪徒们在光天化日之下打家劫舍。据传,参加"长胡子"团伙的匪徒

　　①　Hoveden,p. 745.
　　②　参见本卷卷末注释[R]。
　　③　M. Paris,p. 109,134. Trivet,p. 127. Ann. Waverl. p. 165. Hoveden,p. 774.

不下五万两千人,他们对这个危险的暴徒唯命是从。时任首席政法官的休伯特大主教传唤菲茨-奥斯伯特到王室顾问会面前受审,然而他出庭时众多手下前呼后拥、八面威风,吓得无人敢于指控他,或者提交对他不利的证据。大主教备感法律的无能为力,只得满足于要求市民交付质押,以担保其行为良好。不过,大主教始终监视着菲茨-奥斯伯特的一举一动,并抓住一个适当的机会,准备拘捕他。然而该犯杀害了一名治安官,带着情妇逃入圣玛丽-勒-波(St. Mary le Bow)教堂,在那里武装抵抗。最后,他被逼出了避难所,在群众的一片惋惜声中受审定罪,被执行死刑。民众深深怀念"长胡子",以致盗走他伏法的绞架,像对待基督的十字架一样虔心参拜,还满腔热忱地到处宣讲和证明它所创造的奇迹。[①]该迷信派别遭到司法当局的惩处,[②]也得不到正统教会的支持——因为教会财产也受到这种蛊惑行为的威胁;于是,这种迷信旋起旋灭,迅速化为乌有。

十字军时代,使用纹章的风俗首次出现于欧洲。骑士们在战场上全身披戴甲胄,无法辨别身份,遂在盾牌上饰以图案标记。他们的子孙和族人为先辈的虔诚和功业而自豪,纹章的使用便逐渐蔚然成风。

理查一世热爱诗歌,他创作的一些诗篇甚至遗存至今,其成就足以跻身于诸位普罗旺斯诗人或称吟游诗人之列,他们乃是现代欧洲诗家的鼻祖。

---

① Hoveden, p. 765. Diceto, p. 691 Neubrig. p. 492, 493.

② Gervase, p. 1551.

第十一章　约翰王

约翰王登基—国王的婚事—对法战争—布列塔尼公爵阿瑟遇
害—英王丧失全部在法领地—与罗马教廷的争端—枢机主教朗顿
被任命为坎特伯雷大主教—王国遭受禁罚—国王被处绝罚—国王
向教皇屈服—贵族心怀怨望—贵族叛乱—《大宪章》—内战重启—
法国太子应邀出征英格兰—约翰王驾崩—约翰王性格点评

公元
1199 年
约翰王
登基　　古人出于高贵而自由的心性，向来将个人乾纲独断的统治视
为某种形式的暴政和僭权，他们亦未形成任何正规合法的君主制
的概念，因此，长子继承制和代位继承制在他们是完全闻所未闻
的。而这两样发明对于保障王权的有序传承、避免内乱和篡国之
祸，以及通过赋予在位君主安全感而促使其统治趋于温和节制，
都是极其必要的。它们的源头都来自封建法：是封建法率先引入
了长子继承权，厘定长幼家系的名分和权利分野，规定长孙对祖
父的继承权优于其叔父，尽管后者与先王的关系更近。上述观念
的发展虽说自然，却经过了一个渐进的过程。在我们此时述及的
时代，代位继承制有则有矣，但尚未完全确立；时人的观念在相互
矛盾的原则之间摇摆不定。理查一世在动身参加圣战之时，曾经
宣布立其侄布列塔尼公爵阿瑟（Arthur）为继承人，并以正式契约

取消了王弟约翰的王位继承权,盖因后者论齿序排于阿瑟之父杰弗里之后。[1]约翰绝不甘心接受这样的命运,因此他一旦大权在手,足以支配朝政时,便放逐了御前大臣兼大法官朗尚,并迫使全体英国贵族发誓捍卫他的继承权;理查一世归国后,亦未采取任何措施恢复或确保自己先前拟定的王位继承次序。他临终之际甚至特意在遗嘱中宣布,由王弟约翰继承自己的全部领地;[2]或许,此时理查考虑到阿瑟年仅十二岁,无力与约翰一党抗衡而保住王位,又或许是由于埃莉诺太后的影响所致——后者仇视年轻的阿瑟公爵之母康斯坦莎(Constantia),唯恐阿瑟一朝登基,他的母亲顺势揽权上位。在那个时代,遗嘱极具权威,即便事关国统也不例外。约翰有理由期待,自己可以凭借这一良机——以及在其他方面的一些貌似合理的权利——而继承大统。不过,此时代位继承的观念在法兰西较之在英国本土更加深入人心,理查驾崩后,安茹、马恩和都兰等海外诸省的贵族立即宣布支持拥立阿瑟,并向最高宗主法兰西国王求助。腓力正愁找不到机会给约翰添麻烦,进而肢解其领土,遂一口答应支持年轻的布列塔尼公爵,将其纳入自己的庇护之下,随即又送他到巴黎,和自己的儿子路易一起接受教育。[3]值此危急关头,约翰手忙脚乱地在构成王业础柱的几大领地奠定自身的权威。他先是烦劳埃莉诺太后前往普瓦图和吉耶纳掌控局面,她对这些地方的主权是无可置疑的,接

---

[1] Hoveden, p. 677. M. Paris, p. 112. Chron. de Dunst. p. 43. Rymer, vol. i, p. 66, 68. Bened. Abb. p. 619.

[2] Hoveden, p. 791. Trivet, p. 138.

[3] Hoveden, p. 792. M. Paris, p. 137. M. West. p. 263. Knyghton, p. 2414.

收过程一帆风顺；他本人又匆匆赶赴鲁昂，接收诺曼底公爵领，随 ₄₀₉
后丝毫不敢耽搁，立即渡海返回英格兰。先王的三大宠臣坎特伯
雷大主教休伯特、斯特里古尔伯爵［亦称彭布罗克(Pembroke)伯
爵］威廉·马雷沙尔以及大法官杰弗里·菲茨-皮特早已被约翰
争取过来；[①]其他贵族不是顺从就是保持缄默，于是，约翰顺利登
上王位，不曾遇到阻力。

　　不久，国王返回法国，欲与腓力开战，从侄儿阿瑟手中夺回叛
乱省份。当初理查国王曾与佛兰德斯伯爵[②]等几位法兰西大诸侯
结成同盟，该盟约此时虽无甚大用，但是仍未解体，约翰据此便足
以抵御敌方的一切攻势。在法军和佛兰德斯部队的一次对战当
中，康布雷(Cambray)主教当选人被法军俘获，教皇特使卡普亚
(Capua)枢机主教出面请腓力释放此人，但腓力拒不从命，还指责
这位枢机主教当初不肯出力营救同样是阵前被俘的博韦主教。
教皇特使为了表示不偏不倚，宣称欲对法兰西王国和诺曼底公爵
领双双处以禁罚，英法两位国王在不得已之下，安排交换了这两
位好战的主教。

　　这场战争以令英方满意的结局收场，对此贡献最大的莫过于
法王腓力那自私、诡诈的性格，他在叛乱诸省的行动虽然名义上
是为了阿瑟，实际上却毫不顾及后者的利益。康丝坦莎极度怀疑
他有意夺取他们母子名下的全部领地，[③]因而寻机带着儿子秘密
离开了巴黎。她把小公爵交到他的叔叔手上，宣称追随其反叛的

---

①　　Hoveden, p. 793.　M. Paris, p. 137.

②　　Rymer, vol. i. p. 114.　Hoveden, p. 794.　M. Paris, p. 138.

③　　Hoveden, p. 795.

欧陆诸省重新投靠英王,并让阿瑟为布列塔尼公爵领(它本来就是诺曼底公爵领的下级采邑)向约翰行效忠礼。腓力由此看出,此时已无法进一步打击约翰了,另外,他当时正因违规与丹麦公主英格尔伯伽(Ingelburga)离婚而面临教廷的禁罚威胁,所以急盼与英格兰和解。经过几番无果的会谈,双方最终议定了和平条款。两位君主似乎不仅要终止当前的争端,还着意消解未来一切不睦的根由,预防此后可能发生的一切矛盾。他们全面调整了边境地界,相互保证彼此封臣的利益;为了保障联盟持久稳固,约翰将侄女卡斯蒂尔的布兰奇(Blanche of Castile)许配给腓力的长子路易王子,将伊苏顿(Issoudun)和格雷塞(Graçai)男爵领连同贝里地方的另外几处采邑作为新娘的陪嫁。英、法双方各出九名贵族为条约作保,他们齐齐发誓,如果自己的主上违背上述条约中的任何条款,他们就会公开反对其主,支持利益被侵害的对方君主。[①]

此时,约翰自以为法国方面已经安全无虞,转而以全副热情去追求昂古莱姆(Angouleme)伯爵艾马尔·塔耶费尔(Aymar Tailleffer)之女暨继承人伊莎贝拉,这位贵族小姐让她倾心已久。本来,约翰的王后是格洛斯特家族的女继承人,此时仍然在世;而伊莎贝拉原已许配德·拉·马契伯爵(count de la Marche),并且被委托给那位贵族照管,只是由于她尚未成年,两人没有正式完婚。约翰被爱欲驱使,无视任何障碍。他说服昂古莱姆伯爵将女

国王的
婚事

---

① Norman. Duchesnii, p. 1055. Rymer, vol. i. p. 117,118,119. Hoveden, p. 814. Chron. Dunst. vol. i. p. 47.

儿从其名义上的丈夫身边带离,又找借口与自己的妻子离婚,随即迎娶了伊莎贝拉,全不理会教皇的反对,也无视德·拉·马契伯爵的愤恨。教皇公开谴责上述种种逾矩行径,并威胁要加以惩治;而那位衔恨的伯爵则很快想出了办法惩罚这位强横无耻的对手。

约翰不善于巧施恩威以羁控手下封臣。德·拉·马契伯爵及其兄弟尤城伯爵(count d'Eu)利用人们对他的普遍不满,在普瓦图和诺曼底煽动骚乱,国王只得诉诸武力,镇压叛乱封臣。他召集英格兰贵族,要求他们随驾渡海平叛,结果却发现,自己在国内的权威也同在海外领地一样低迷不振。国内贵族们异口同声地答复,他们不会随驾出征,除非国王答应恢复和保障他们的特权。[①] 此乃贵族们形成正规联盟、筹谋争取自由的最初迹象! 不过,此际形势尚未完全成熟,剧变还只是朦胧的远景而已。约翰以威胁手段击破了贵族们的团结,迫使其中许多人跟随他出征诺曼底,留在国内的贵族也不得不向国王上缴每个骑士采邑二马克的盾牌税,作为豁免兵役的抵偿。

约翰从英格兰带去的部队会合了诺曼底本地武装,军力强大,对叛乱贵族形成压倒性优势。加上法王腓力似乎决心要维持稳定的英法联盟,不肯公开支持叛乱者,情况对叛军更为不利。然而英王意气骄矜,仗势提出一些得寸进尺的要求,从而激起了封臣们的普遍戒心,导致不满情绪扩散逾广。按照当时的法律,领主法庭主要以决斗式审判的方式断案,因此,国王随身带着几名

---

① Annal. Burton, p. 2621.

勇士,以便在与贵族发生争讼时充作决斗选手。^① 以德·拉·马契
伯爵为首的一些贵族认为此举是对他们的侮慢和伤害,宣称他们
绝不对这种下等人抽出宝剑。国王威胁施以报复,实质上却是色
厉内荏,他既不敢动用手中军队来强推自己这种有失公正的做
法,也不敢彻底镇压持反对立场的贵族。

　　约翰的统治既软弱又横暴,在受欺压的贵族心中催生了进一对法战争
步反抗的勇气和意愿。他们向法王腓力投诉约翰的法庭不公不
义,要求法王以宗主的身份予以匡正,并恳求他动用自身权威,拯
救他们免遭压迫与毁灭。腓力看出形势有利可图,有心大干一
场,遂代表法兰西贵族出面干预,以高高在上的威吓架势向英王
发话。约翰无法否认腓力的权威,便回复说,他有权先在自己的
法庭上对贵族们施以同侪审判,只有在他未能履行上述义务的情
况下,他才有责任前往法王主持的最高法庭去面对同侪审判。^②
他还承诺,将以公正衡平的执法让自己的下属封臣们满意。贵族
们基于以上承诺,要求约翰发放安全通行证,以便到庭参加审判,
约翰一开始予以拒绝,腓力再次发出威胁,约翰才答应满足贵族
们的要求,随即他又自食其言;在腓力新一轮施压之下,约翰勉强
承诺将蒂利耶(Tillieres)和布达旺(Boutavant)要塞交与腓力,作
为履行承诺的质押,但是这一次他又毁约了。对手们看透了他的
懦弱无信,团结得更加紧密,决意将其逼入绝境。不久,他们又迎
来一位强大的新盟友,大家越发斗志昂扬,要打击这个令人不齿

---

① Annal. Burton, p. 2621.
② Philipp. lib. 6.

的可憎政权。

　　年轻的布列塔尼公爵如今已经长大成人,他看出叔父为人险恶,为保自身安全和锦绣前程,遂决心与腓力及叛乱贵族们结盟。此时法军已经开始对英军发动攻势,阿瑟公爵加入到法军阵营。腓力对阿瑟青睐有加,亲自授封他为骑士,又把自己的女儿玛丽许配给他,不仅让他领有布列塔尼公国,还把从前割让给其叔父的安茹和马恩两个伯爵领一并授封给他。[①] 反英同盟战无不胜,势如破竹。腓力轻取蒂利耶和布达旺,守军抵抗甚弱。莫蒂默(Mortimar)和里昂更是几乎未作抵抗便落入腓力手中。接着,法王剑指古尔奈(Gournai)。该城邻湖,腓力下令开启水闸,放水淹城,守军弃城而逃,法军兵不血刃占据了这处重要堡垒。法军进展神速,有望获得丰硕战果,远远超出那个时代战争的常规情况。约翰再三求和,腓力则始终坚持一个条件,要求约翰将全部海外领地割让给侄儿阿瑟,只保留英格兰王国,如能得到满足,双方即可从此相安无事。恰在此时,发生了一件大事,局势似乎因此而逆转,令约翰占据了决定性优势。

413

　　阿瑟年轻贪功,亲率小股部队突入普瓦图,途径米雷博(Mirebeau)时,有消息说,他的祖母、一向与他作对的埃莉诺太后就驻扎于此城,而且守军疲弱、工事残破。[②] 他当即决定围攻要塞、活捉老太后。然而此番危局却使约翰从怠惰中惊起,他召集起一彪由英格兰人和雇佣军组成的人马,从诺曼底一路急行军赶

---

①　Trivet,p. 142.
②　Ann. Waverl. p. 167. M. West. p. 264.

去解救太后。阿瑟尚未察觉危险迫近，就被英军端了大营，以致全军溃散，他本人连同德·拉·马契伯爵、杰弗里·德·吕西尼昂（Geoffrey de Lusignan），以及最主要的几个叛乱贵族统统做了俘虏。约翰王奏凯而还，回师诺曼底。[①]　腓力正在围攻诺曼底的阿尔克（Arques），见约翰逼近，即撤围而去。[②]　约翰将大部分俘虏 8月1日送回英格兰，但是将阿瑟关押在法莱斯城堡。

在这里，约翰国王与侄儿会谈，指出阿瑟的权利主张乃愚妄之念，要求他弃绝与法王腓力的联盟——正是由于后者的鼓励，才令他与本家族的所有亲人为敌。然而这位勇敢而冒失的年轻人面对命运的挫折却变得越发高傲，他宣称自己的事业是正义的，不仅坚持对法兰西诸领地的主权要求，还进而要求英格兰的王位。他凭着约翰兄长之子的身份，反过来要求约翰归还其应得的遗产。[③]约翰王见他斗志昂扬的样子，心知这位年轻的王子虽然现在身为囚徒，今后却大有可能成为一个危险的劲敌，于是他暗下决心，一定要除掉这个侄子，以绝后患。阿瑟自此便神秘地销声匿迹了。毫无疑问，这种阴暗勾当的内情必定经过凶手精心掩 布列塔尼公爵阿瑟遇害盖，各路史家的描述也不尽相同。不过，可能性最大的说法是这样的：据说，国王最先向近卫侍从威廉·德·拉·布赖叶（Wilham de la Braye）授意除掉阿瑟，但是威廉回答说，他是个绅士，不是刽子手，断然拒绝了王命。国王又找了一个听命的工具，派其携旨前往法莱斯。但是宫廷大臣兼城堡卫戍长休伯特·德·博格

414

---

①　Ann. Marg. p. 213.　M. West. p. 264.

②　M. West. p. 264.

③　Ibid.

(Hubert de Bourg)假托要亲自执行王命,将刺客打发走,随后四处传播小王子已死的消息,并公开为其举行了葬礼。然而,当他看到布列塔尼人发誓复仇,叛乱贵族们的反叛意志因此变得更加坚决,他觉得比较明智的选择是揭开秘密,告诉世人布列塔尼公爵还活着,此刻正处在他的监护之下。真相大白,然而这恰恰成了年轻公爵的催命符。约翰先把阿瑟转移到鲁昂城堡,随后,他自己趁着夜色乘小船抵达关押地点,吩咐手下将阿瑟带到他面前。小王子意识到大祸临头,此时此刻,面对接连不断的打击和死亡的逼迫,他的意志已经支撑不住,双膝跪倒在叔父面前,乞请开恩。但那凶残的暴君未作回答,他亲手刺死侄儿,又命人把尸体系上石头,扔进了塞纳河。

这一泯灭人性的暴行令举世为之震惊。从这一刻起,这位遭到臣民厌憎的君主据以统治国内民众和贵族的权威就变得摇摇欲坠。布列塔尼人因憧憬破灭而怒不可遏,不依不饶地向他挑战;他们一边着手安排好公国继承事宜,一边厉兵秣马,剑指英伦,欲为主君复仇。此时,约翰控制了他的侄女即阿瑟之妹、人称"布列塔尼少女"(the damsel of Britanny)的埃莉诺,把她带回英格兰,自此扣押终生。[1] 布列塔尼人见无望迎回公主,便改立康斯坦莎与第二任丈夫居伊·德·图瓦尔(Gui de Thouars)所生的小女儿爱丽丝为主君,委托图瓦尔摄理公国政务。与此同时,他们以布列塔尼公国的名义向宗主腓力控诉,要求他为约翰残酷杀害阿瑟一事伸张正义——尽管布列塔尼是诺曼底公爵领的下级采

---

[1]　Travet, p. 145.　T. Wykes, p. 36.　Ypod. Neust. p. 459.

415　邑,但是若论血统阿瑟乃法国宗室近亲,向来被视为法兰西王室的重要封臣。腓力乐得接纳这一申诉,于是传唤约翰到他面前受审,开庭之日约翰未到,法庭遂缺席判决他犯有重罪和弑亲罪,宣布罚没其在法领地和采邑,统统收归最高宗主所有。[①]

　　在此之前,法兰西国王的野心和干劲受制于亨利二世的明智策略和理查一世的天纵武略,一直未得施展,如今他终于觅得良机,可以借着反对约翰这个卑鄙可憎的君主,谋求将英国人——更确切地说是英国国王——赶出法兰西,从而夺回历朝历代自法王治下分裂出去的多处重要领地。其他大诸侯本来有可能出于忌妒而从中阻挠,令上述方案难以实现,但是他们当中的许多人目前处境不佳,无力干预此事,余者要么漠然作壁上观,要么襄助自己的最高宗主进行危险的扩张:佛兰德斯伯爵和布卢瓦伯爵双双投身于圣战;香槟伯爵尚处稚龄,由腓力监护;布列塔尼公国因主君被害而悲愤不已,极力拥护法王的一切行动;约翰原来的封臣大面积倒戈,致使反对他的举措无不亨通顺遂。腓力攻取卢瓦尔河对岸的多处城堡和要塞,有的分兵驻守,有的则加以平毁;随后,阿朗松(Alençon)伯爵抛弃约翰而归向腓力,将所辖全地献予法王。受降礼过后,腓力解散了大营,让部队略做休整,以解除连日作战的劳顿。不料约翰集结部分兵马,突然包围了阿朗松。腓力一时间难以重新召聚部队赶往救援,眼看就要耻辱地坐视自己的朋友和盟军蒙受劫难。不过,他那灵活而聪慧的头脑转念便想出了一个拯救危局的权宜之计:恰在此时,加蒂努瓦(Gatinois)的

英王丧失全部在法领地

---

① 　W. Heming. p. 455. M. West. p. 264. Knyghton, p. 2420.

莫雷(Moret)地方正在举行比武大会,全法国和周边各国的贵族精英都汇集于此,准备一展各自的勇武风度。腓力现身于比武大⁴¹⁶会,恳请武士们扶危济困,他指出,阿朗松平原就是最光荣的竞技场,可供诸位展示自己的侠义和尚武精神。豪迈的骑士们发誓,这等卑劣的弑亲罪行玷污了骑士纹章和骑士精神,他们决意要伸张正义,为死者复仇。于是,骑士们率全体扈从投到腓力的帅旗之下,即刻奔赴战场,去解阿朗松之围。约翰闻知敌方援军抵近,连忙撤退,仓促中丢弃了所有帐篷、军械和辎重,这些物资统统落入敌手。

　　此番软弱无力的行动,即是那位怠惰而胆怯的君王为守护其领地所做的最后一次努力。此后他一直龟缩在鲁昂,完全无所作为,径自与他的年轻妻子寻欢作乐,浑似家国太平、王业兴盛一般。难得偶尔提及战事,他也只是一味地自吹自擂,令自己在天下人眼里显得越发可笑可鄙。"随法国人去吧,"他吹嘘道,"他们花一年时间攻占的地盘,我只消一天就能夺回来!"①他的愚蠢、怠惰表现得如此异乎寻常,令国人迷惑不解,他们极力向巫术中寻求答案,认为他是中了某种魔咒或邪术之蛊而陷于痴钝状态。众位英格兰贵族发现他们的时间被无端虚耗,自己不能挺身抗敌、唯有饱受耻辱地坐视法军节节挺进,因此纷纷退出王军,悄然返回本乡。②谁也不愿捍卫一个已然自暴自弃的人。值此危急关头,

---

① 　M. Paris,p. 146. M. West. p. 266.
② 　Ibid. p. 264.

臣民们看到约翰本人已经完全放弃了抗争，便也同样对他的命运漠然置之。

约翰对国内可资依凭的力量一概视而不见，反而卑怯到一味向国外势力摇尾乞怜、寻求保护：他向教皇英诺森三世（Innocent III）提出申诉，恳求教皇运用权威干预他和法国君主之间的纠纷。英诺森三世乐于抓住任何机会宣示其至尊地位，遂诏令腓力停止进军，与英王讲和。但是法国贵族们对此谕令义愤填膺，拒不接受教皇对世俗权力的僭越。他们发誓竭尽全力襄助自己的国君对抗一切敌人。腓力支持臣民的热忱，他无视教皇特使的命令，继续挥师挺进，围攻盖亚尔城堡（Chateau Gaillard）——这座城堡守卫着诺曼底的门户，是英军手中剩下的最重要的一座要塞。

盖亚尔城堡半踞于塞纳河中小岛，半踞于小岛对岸的孤崖之上，占尽地利和人工所能赋予的防御优势。当初，先王理查见此地形易守难攻，便不惜血本和人力，把堡垒打造得坚不可摧。城堡当前的守将是坚定果敢的切斯特治安官罗杰·德·莱西（Roger de Laci），统御人马众多。腓力见强攻不成，便计划长期围城，把守军困死、饿死。为了切断城堡与周边地区的联系，他在塞纳河上架起一座桥，亲率大军封锁了桥头通路。英国宫廷中最勇武能干的彭布罗克伯爵制定了一个突破法军工事、救援守军的计划。他带领四千步兵和三千骑兵，趁夜奇袭腓力的大营，成功地打了法军一个猝不及防。此前他已命令一支由七十艘平底船组成的船队溯塞纳河而上，约定与突袭部队同时抵达，发起夺桥之战。不料，由于风向和水流不利，船队行进迟缓，直到清晨时分才赶到,以致打乱了行动计划。船队抵达时,彭布罗克已经由胜转败,被法军击退,伤亡极大。法王因而有暇布置防守,击退了新的一拨进攻者。这次落败之后,约翰再也不曾进一步尝试救援盖亚尔城堡;腓力得以从从容容地调兵遣将,完成了围困。罗杰·德·莱西以超人的顽强兀自坚守了十二个月之久,英勇地击退了法军的每一次进攻,坚忍地苦耐着饥饿的折磨,最终被法军乘夜突袭得手,与手下将士们一起沦为战俘。[①]腓力知道如何尊重勇武的品质——即便是敌人身上的英勇,他对德·莱西以礼相待,把拘禁他的范围设定为整个巴黎城。

　　盖亚尔这个防御重镇一破,诺曼底门户洞开,任由腓力侵凌。英王已经彻底丧失了防守的信心。他秘密备好船只,打算可耻地逃跑;他心知诺曼底人已经看清他抛弃他们的决心,遂公然下令拆毁蓬德拉尔克(Pont de l'Arche)、穆利诺(Moulineaux)和蒙福尔-阿莫里(Monfort l'Amauri)等地的军事工事。国王认定手下的贵族们都串通一气反对他,故而不敢信任其中的任何人,遂将公爵领的政务托付给阿恰斯·马丁(Archas Martin)和卢皮凯尔(Lupicaire)这两个被他留用的雇佣兵头目。腓力站稳了脚跟,又向意气消沉的诺曼底人节节进逼,一路势如破竹。法莱斯最先被包围。这座要塞虽固若金汤,但城堡指挥官卢皮凯尔献城降敌,随后又率领手下人马加入腓力的部队,对旧主反戈一击。卡昂、库唐斯、斯姿、埃夫勒、巴约等地相继落入法王手中,整个下诺曼底全部沦陷。居伊·德·图瓦尔为了扩张势力,率布列塔尼军队

418

---

　　①　Trivet·p. 144. Gul. Britto·lib. 7. Ann. Waverl. p. 168.

侵入诺曼底边境,占领了圣米歇尔山、阿夫朗什(Avranches)及周边各处要塞。诺曼底人对法王的统治深恶痛绝,但凡本国君主能够出头担当,他们必将抵抗到底;然而,此时约翰已对诺曼底弃之不顾,当地人无计自保,只得降顺法军。腓力的旌麾所到之处,各城无不开门纳降。唯有鲁昂、阿尔克和韦尔讷伊决心捍卫自由,结成了互助防御同盟。腓力开始围攻鲁昂。鲁昂市民对法国恨之入骨,腓力大军一到城下,他们就满城搜捕法国人,把他们从家里揪出,统统处死。不过,当他们看到腓力的军事攻势连连克捷,部分外围城防已被法军攻破,无奈之下,只得请求有条件投降:请法王允其三十天的宽限期,向本国君主告急求救。如果宽限期满而救援不至,就打开城门向腓力投降。[①] 此例一出,整个诺曼底的各城各镇纷纷效法,先后倒向胜利者一边。如此,在"糊涂王"查理将这片土地赐予首任诺曼底公爵罗洛三百年后,这块重要领土终于被重新纳入法王治下。诺曼底人预感到这次征服恐怕是永久的,遂请求不受法兰西法律管辖的特权,腓力仅对诺曼底古代成法略作几处修改,便爽快地应允了他们的要求。然而,这位极富野心和才干的法兰西君主胃口颇大,并不满足于目前已经取得的成就。他指挥胜利之师侵入西部各省份,很快征服了安茹、马恩、都兰和普瓦图的部分地区。[②] 就这样,在一位能干而活跃的君主治下,法国王室赢得了通常情况下需要若干世代的努力方能博取的权力和荣耀。

右侧旁注:公元 1205 年

右侧旁注:6 月 1 日

左侧页码:419

---

① Trivet,p. 147. Ypod. Neust. p. 459.

② Trivet,p 149.

　　约翰为了掩饰自己的可耻行为,甫一回到英格兰便大张旗鼓地斥责随驾出征的贵族们,说他们在诺曼底弃君而逃。他专横地下旨征收他们所有动产的七分之一,作为对上述罪过的惩罚。[①]不久,他又强迫他们为出征诺曼底缴纳盾牌税,每个骑士采邑需交两个半马克;其实他并无渡海作战之意,只是打着这个幌子敛财罢了。第二年,他召集全国所有贵族随驾出征,又从各港口募集船只,但是在一些大臣的反对下,他放弃了出征计划,遣散了部队和舰队。过后他又开始痛骂贵族们抛弃他。接下来,他率领一支小股部队扬帆出海,于是英国臣民们相信,这一回国王是下定决心,甘冒莫大风险去保卫和收复自己的疆土了。不料没过几天,他们就惊讶地发现,国王的舰队又回到本国港口,没有任何作为。下一个季节,他终于有勇气把对敌行动推进一步:布列塔尼的摄政者居伊·德·图瓦尔因忌妒法国盟友迅速高歌猛进,承诺以全部军力襄助英王;于是约翰率领一支大军横渡海峡,在罗谢尔(Rochelle)登陆,随即进军昂热(Angers),占领并焚毁了该城。但是,当腓力的部队抵近之际,约翰便陷入惊慌,立即提出议和。双方约定了会谈地点,然而他并未赴约,而是带着队伍悄悄溜走,在罗谢尔登舟启航,满载着新的耻辱返回英格兰。最后,由教皇从中斡旋,帮助他与法王达成了为期两年的停战协定。[②]他的海外领地几乎被剥夺净尽;而他治下的英国贵族们则看到,自己虽然忍受着苛捐重税的盘剥、为毫无斩获的海外战争承担了兵役之

公元
1206 年

420

---

① M. Paris, p. 146. M. West, p. 265.
② Rymer, vol. i. p. 141.

苦,然而在每一次行动中,他们个人和国家都饱受挫折和侮辱。

在那个将个人勇武视作至尊品格的时代,像约翰这样一再丢人现眼的行径无疑会招致世人的极度蔑视,自那以后,他的权威必然变得岌岌可危,再难驾驭手下桀骜不驯的封臣们。然而,历代诺曼君主的统治已经把王权抬升到无比崇高的地位,远远超出封建制下常规的程度,因此,新的打击和侮辱尽管理所当然地会贬损他的权威,但其手下贵族尚未萌生串通一气来反对他、削夺王室特权的念头。当时的教会永远在伺机与最强大、最积极有为的世俗君主争权夺利,此时一见约翰如此无能,便不失时机地趁火打劫,以极度傲慢和轻蔑的态度将他置于自己的控制之下。

在位教皇英诺森三世年方三十七岁便登上尊位,此人猖傲自负、具有强烈的进取心,他极力放纵自己的野心,可以说较其所有前任都更加明目张胆,试图将虚享的尊荣化作实际统治权,从而真正凌驾于欧洲世俗诸王之上。罗马教廷庇翼下的主教团早已实现了对世俗权力的高度僭越,然而为了进一步扩充这种僭权,使之真正为罗马教廷所用,就必须把教会本身纳入绝对专制之下,使神职人员完全从属于其精神领袖。为达到上述目的,英诺森三世首先尝试着对教牧人员随心所欲地课税;随后,在进入新世纪的第一年,他又趁圣战热忱普遍高涨之机,向整个欧洲派遣征税官,凭借教皇的权威向各地教会征敛其岁入的四十分之一,用于光复圣地;同时收取平信徒的自愿捐献,数额与前者基本持平。[1] 同年,英国坎特伯雷大主教休伯特又做出一个有利于教会

公元
1207年

与罗马教廷的争端

421

----

① Rymer, vol. i. p. 119.

和教廷权力的新尝试：他趁着国王不在，不顾大法官杰弗里·菲茨-皮特的阻拦，以教皇特使的权威召集全英格兰宗教大会，这是一种侵犯王权的行径，在英格兰属于首开先例，然而此举从未受到适当的谴责。此后不久，又发生了一件有利于教会的事件，令雄心勃勃的英诺森三世得以进一步扩大其僭权，欺凌人所不齿的约翰王。

　　公元 1205 年，休伯特大主教去世。按照教规，坎特伯雷教省的僧侣和教士有权自主选举大主教，蓄谋已久的一伙少壮派僧侣在休伯特去世的当晚秘密集会，在未取得国王准许状的情况下①，选举他们的修道院副院长雷金纳德为继任大主教，并在午夜之前完成了大主教升座仪式。他们随即把雷金纳德送往罗马，请求教皇确认选举结果，又在临行前叮嘱他一定要严守秘密。② 然而，雷金纳德的虚荣心压倒了谨慎心理，他刚到佛兰德斯就向所有人透露了此行的目的，而这个消息随即便传回了英格兰。③ 这一标新立异的鲁莽尝试激怒了国王：他们竟敢一不告知、二不征求他的同意，就擅自决定如此重要的圣职人选！

　　坎特伯雷教区的几位副主教向来在选举牧首一事上享有话语权，这次选举竟然把他们排除在外，所以他们也同样感到不满。低阶僧侣们不合常规的做法也伤害了修道院高阶僧侣们的感情。

---

　　① 一般情况下，教会高级职务选举须按"教会法规定的适当方式"进行。但神职人员持有来自世俗君主的封地时，该教会职务的选举便需经过后者的批准。世俗君主会在"准许状"（称为 congé d'elire）中将自己属意的人选告知参与选举的教会长老。——译者

　　② M Paris, p. 148. M. West. p. 266.

　　③ Ibid.

低阶僧侣们自己亦觉有愧,他们厌恶雷金纳德言而无信的轻浮品性,愿意撤销这次选举结果。[①] 所有人一致同意纠正之前的错误做法。但是约翰深知,此事需经教廷高级法院详加审议,而后者对于王权干预圣职叙任权的做法极为反感,该法庭历来最听信修道院方的意见,就连副主教们提出的理由也不及僧侣们的立场那样受重视。他决心让新选举完全无懈可击。他同意这次选举的一切事宜完全遵循教规而行,为此他不再坚持历代英王在此事上的权力主张,只限于私下告知各位选举人,他们若能选举诺里奇主教约翰·德·格雷(John de Gray)担任坎特伯雷大主教,即是给国王送了个极大的人情。[②] 结果,诺里奇主教以全票当选。国王为了排除一切争议,极力劝说副主教们别再坚持参与选举,但是后者不肯放弃自身的权利,他们派出一位使者去向英诺森三世申诉。同时,国王和坎特伯雷修道院方面也派遣十二名高阶僧侣赴罗马教廷,请求教皇确认诺里奇主教的当选。

于是,三份出自不同立场的申诉状同时呈送到教皇面前,各方一致拥护教皇行使最高裁断权。鉴于副主教们的要求与教廷的常规准则大相抵触,很快即遭驳回;雷金纳德的当选明显存在欺诈且不合规范,因此绝无可能获得教廷的支持。不过,英诺森三世坚称,尽管前次选举无效,僧侣们亦须等待教皇宣布其无效之后,方能举行新的选举,故而诺里奇主教的当选也和前者一样不合教规。[③] 于是乎,教廷利用这一微妙局势树立了一个先例,自

---

① M. West, p. 266.

② M. Paris, p. 149. M. West. p. 266.

③ M. Paris, p. 155. Chron. de Mailr. p. 182.

此以后,坎特伯雷圣座这个地位仅次于教皇的要缺,便由罗马教廷把持了叙任权。

　　教皇与世俗君主争夺叙任权、势欲排除俗人在圣俸授予事务上的一切发言权,在为此发生的多番激烈较量中,他始终得到全体神职人员的一致支持——他们紧紧团结在教皇的神圣旗帜下,以野心赋予他们的全部激情和迷信生发的全部热忱,为梦想中的独立而战。然而,在令世人付出血流成河、邦国动乱的代价,从而在一定程度上达成了这一目标之后,那位得胜的领袖却未能免俗地把矛头转向己方阵营,寻求将所有权力系于自己一身。教皇发明了圣职预备、委任和圣俸代领等一系列手段,逐渐把持了空缺圣职的叙任权。由于教皇权力恣肆,不受任何制约,他所任命的人选常有斑斑劣迹。规范选举的教会章程被有意搞得错综复杂,候选人之间争执百出,各种申诉如雪片般飞向罗马,教廷除了从中捞取金钱上的好处之外,还经常打着平息争端的旗号,凭借自身权威驳回争执双方的要求,又指定双方都比较容易接受的第三人来填补职缺。

　　目前坎特伯雷圣座的选举纠纷为英诺森三世提供了一个争夺叙任权的良机,后者则敏锐把握并充分利用了这一优势。他召见坎特伯雷修道院派来为诺里奇主教争位的十二名僧侣,以开除教籍的绝罚相威胁,命令他们推举枢机主教朗顿(Langton)主掌坎特伯雷圣座——此人生在英格兰,但在法国接受教育,无论从利益还是情感而言均与罗马教廷关系密切。[①] 僧侣们提出异议:

423

枢机主教朗顿被任命为坎特伯雷大主教

────────────

① 　M. Paris,p. 155. Ann Waverl. p. 169. W. Heming. p. 553. Knyghton,p. 2415.

其一,他们未获本修道院的授权,而且事先未取得国王的诏令,这样的选举是严重不合规范的;其二,他们本是代表另一个人而来,现在既无权力也无借口置其权利于不顾。然而上述辩解统统是白费口舌,除了伊莱亚斯·德·布兰特菲尔德(Elias de Brantefield)以外,没有一个僧侣胆敢坚持异议。这十一名僧侣慑于教皇的权威和恐吓,只得选择屈服,按其旨意进行了选举。

英诺森三世心知这一明目张胆的僭权行径势必招致英国王室的强烈反感,便写信给约翰加以抚慰,赠给他四枚黄金嵌宝戒指,又极力渲染其中的神秘,以增添这份礼物的价值。他请约翰用心默想礼物的形状、数目、质地和色彩,领会其中的意蕴:戒指的环形代表永恒,无始亦无终;约翰理应从中领悟自己的责任,从贪恋凡尘转向追求天国,把眼光从现世的过眼云烟转向永恒。戒指共有四枚,构成一个正方形,这象征着心灵稳健,无论顺境、逆境都坚如磐石,植根于四大枢德①的稳固基础之上。黄金乃至为珍贵的金属,它象征着智慧,人类所有造诣中最有价值者莫过于此;当年所罗门王无视财富、权力及一切外在成就,唯求上帝赐予智慧,正是这个道理。另外,4枚宝石呈蓝、绿、红、黄四色,分别象征着信、望、爱和善工。② 教皇从约翰手中夺取了一项最重要的王室特权,又试图用这些虚泛之物来加以抵偿——或许他自己也很看重这些吧。因为人们(特别是野蛮时代的人)非常容易集高超的营治才能和对文学艺术的怪诞品位于一身。

---

① 天主教神学认为智德(prudence)、义德(justice)、节德(temperance)、勇德(fortitude)这四种基本美德是人类一切德行的枢纽,故称"四枢德"。——译者

② Rymer. vol. i. p. 139. M. Paris,p. 155.

约翰闻知罗马教廷的上述做法,气得暴跳如雷。[1] 他发现坎特伯雷修道院的僧侣们有意支持同工们在罗马的选举结果,即随把怒火发泄到他们身上。他从扈从骑士当中选派性情暴躁、举止粗鲁的富尔克·德·坎特卢普(Fulk de Cantelupe)和亨利·德·柯恩胡尔(Henry de Cornhulle)把僧侣们逐出修道院,将其收入据为己有。这二人闯入修道院,拔剑在手,命令修道院院长和僧侣们离开英国,还威胁道,若敢不从,就立刻把他们连同这修道院一起烧成灰烬。[2] 英诺森三世从上述激烈而鲁莽的举动中预见到,在这场争斗中约翰必定落败,因此他越发起劲地坚持自己的主张,告诫英王不得继续与上帝和教会作对,不得迫害圣教事业——圣托马斯就是为之殉难、并因之跻身于天国最高等级圣徒之列的。[3] 此话分明是暗示约翰,要他汲取父王的前车之鉴,别忘了英国臣民心目中的偏见和教条观念已根深蒂固,他们深深崇拜那位殉道者,因其美好的德范而备感荣耀和喜悦。

英诺森三世见约翰仍不肯服软,便委派伦敦主教、伊利主教和伍斯特主教向英王传话,如果他坚持抗拒,将迫使教廷对整个王国处以禁罚。[4] 其他的教会长老们统统跪倒在国王面前,含泪恳求他速速向"属灵的父亲"[5]低头,接受其授意选出的大主教,恢复坎特伯雷修道院僧侣的一切权利和财产,以免遭惩戒之耻。国

---

① Rymer. vol. i. p. 143.
② M. Paris, p. 156. Trivet, p. 151. Ann. Waverl. p. 169.
③ M. Paris, p. 157.
④ Ibid.
⑤ 指教皇。——译者

王对教会长老们破口大骂，他凭着上帝的牙齿发誓（这是他骂人的口头禅），如果教皇胆敢对他的王国处以禁罚，他就要把全英格兰的主教和教士统统送回罗马去，没收这些人的全部产业；他还宣称，从此以后，倘有罗马人踏入他的王国，被他抓到就要剜其眼、割其鼻，给他们留下记号，跟其他国家的来访者区别开来。①除了以上种种空洞无益的暴力表示之外，约翰却始终没有胆量召集全国大会，只因他和贵族们的关系过于恶劣：如果换成别的君主，贵族们肯定会为了这样一宗正义的事业团结在他周围，鼎力支持他抗拒罗马教廷的僭权、为国家争自由。英诺森三世由此更觑破了他的虚弱本相，在威胁了一段时间之后，终以雷霆之威对英格兰下达了禁罚令。②

在那个时代，禁罚惩戒是罗马教廷推行策略、实施报复的一大利器，经常被用以对付世俗君主哪怕最轻微的冒犯。它能使一人的过犯株连到千百万人，甚至殃及他们的灵魂和永福。这种惩戒以不可抗拒的力量作用于时人迷信的头脑，旨在最严厉地打击人的意志。突然之间，整个王国被剥夺了其宗教信仰的一切外在活动：各处祭坛被剥除了装饰；十字架、圣物、圣像和圣徒塑像被置于地上；教士们小心翼翼地把它们覆盖起来，就连他们自己也不敢接触和敬拜——仿佛连空气本身都变得不洁，会玷污这些神圣之物。所有的教堂都不再敲钟。钟楼顶上的大钟被卸下来，和其他圣器一起躺在地上。教堂关起门来做弥撒，只有神职人员才

（边注：王国遭受禁罚）

---

① M. Paris, p. 157.

② Ibid. Trivet, p. 152. Ann Waverl. p. 170. M. West. p. 268.

能参加这一神圣祭礼。除了新生儿洗礼和临终领圣体之外,平信徒不得参加任何宗教仪式。死者不得葬入经过祝圣的墓园,而是被抛入沟渠,或者埋在普通的田地里,葬礼上没有祷告,没有任何神圣的宗教仪式。婚礼也只能在教堂院落里举行。[1]　这种糟糕的状况在日常生活的各个方面都留下印痕:人们不得食用肉类,如同大斋期和最高级别的苦修忏悔时一样;一切娱乐消遣都遭到禁止;人们甚至不可以彼此行礼问候、不得剃须、不得修饰打扮。在这个国度里,时时处处都流露出无比深切的痛苦,最直接地品尝到神圣教会的复仇和愤怒的滋味。

国王为了以手中的世俗暴力对抗教廷的精神暴力,当即下旨,对于凡是遵行禁罚令的教士一概罚没产业,[2]他驱逐高阶教士,把僧侣们关在修道院内,只从修道院自己的领地内拨给他们极微薄的生活费,仅够吃穿而已。他极度严苛地对待朗顿的追随者,以及所有表现出丝毫服从罗马教廷意旨的人。为了打击教士们最敏感的弱点,同时令其备受耻辱和嘲笑,他把这些人的情妇统统投进监牢,要求他们支付高额罚金来赎人。[3]

当年由于安瑟姆大主教的热心推动,圣职者独身制被纳入教规,在英格兰执行得尤为严格;结果,教士蓄养情妇几乎成了普遍而公开的情形。罗马教廷对此睁一只眼闭一只眼,因为禁绝此事对他们无利可图。这种风气举世皆然,以至于在宗教改革之前,瑞士有一些州的法律不仅允许、而且责成年轻教士蓄养情妇,以

427

---

[1]　Chron. Dunst. vol. i. p. 51.

[2]　Ann. Waverl. p. 170.

[3]　M. Paris. p. 158. Ann. Waverl. p. 170.

避免他们闹出丑闻；[1]无论在哪里，神职人员一般可以向教区长提出申请，获得正式批准，从而享有这种放纵的自由。主教通常要留心看管，不让这种自由堕落成为淫乱。他会约束手下教士们每人只能有一个情妇，并且要经常与之发生关系，还要求他们为情妇及其子女提供生活所需。教士与情妇所生的孩子虽然在法律上得不到承认，但这种关系实际上已经构成一种低等的婚姻形式，和德国贵族中间至今尚存的情形相仿；坦率地讲，这种现象或可说是对专横的世俗与宗教律令的一种控诉，它吁求着回归本无过错而相对良性的自然法则。

英王与罗马教廷之争持续了若干年，尽管许多教士因畏惧惩罚而服从了约翰的命令，继续主持各种宗教仪式，但是他们在内心里极度不情愿，深深地自责，亦被民众视为背叛原则、为现世的考虑和利益出卖良心的人。在此严峻形势之下，国王为了给自己的统治增添一丝光彩，试图进行军事扩张，去征伐苏格兰、爱尔兰及威尔士。[2]他之所以取得胜果，一般而言只是缘于对手软弱，实非自身英武有为之故。与此同时，由于教会方面的不满时刻威胁着他的统治，更助长了他天性中的专横倾向；更有甚者，他似乎是在恶意挑衅国内各等级成员，尤其是手下的贵族，虽然按理说来，他所能指望的唯有这些人的支持和帮助。他风流成性，令众多贵族世家蒙羞；他发布敕令，禁止狩猎禽鸟，剥夺了贵族们最钟爱的

---

① Padre Paolo, Hist. Conc. Trid. lib. 1.

② W. Heming. p. 556. Ypod. Neust. p. 460. Knyghton, p. 2420.

一项日常消遣；[①]他下令拆毁王室森林附近的所有树篱围栏，以方便他的鹿只出入田野吃草；他还不断随心所欲地加征税赋，加重国民负担。国王心知自己广遭恨恶，遂要求手下贵族交付人质，作为效忠的保证。贵族们只得将自己的子侄近亲交在他手里。当国王的使者来到威廉·德·布里奥斯（William de Braouse）的城堡，向这位名望卓著的贵族索取人质时，布里奥斯夫人答道，她绝不会把自己的儿子交给一个杀害被其羁押的亲侄儿的凶手。她的丈夫斥责她出言过激，但他觉察到危险，当即携妻儿逃往爱尔兰，设法在那里隐匿下来。然而，国王找到了这家人的藏身之处，捉拿了布里奥斯夫人和她的儿子，将这对母子活活饿死在监牢中。威廉·德·布里奥斯本人侥幸脱身，逃往法兰西。

　　罗马教廷精心设计了分级式的惩戒制度，既能令冒犯者为之战兢，又给其机会及时降顺，以免于进一步的责罚；如果冒犯者顽梗到底，教廷将以新的天谴和报复打击他们，重新唤起民众对他们的厌憎之情。由于之前的禁罚令并未在约翰身上发生预期的效力，英国百姓虽说怨声载道，但是迄今为止尚在王权约束之下，并未揭竿而起，因此，这位君王不久就将招来进一步的绝罚。约翰有理由担心，尽管他采取了种种防范措施，但是最危险的后果很可能接踵而至。他亲眼目睹欧洲大陆此时正在上演的一幕幕活剧，活脱脱地体现了罗马教皇不受制约的无限权力。教廷和英王之间的争执远不足以让英诺森三世感到焦虑，他锋芒不减，对

公元
1208 年

公元
1209 年

428

---

① M. West. p. 268.

约翰的侄子、神圣罗马帝国皇帝奥托四世（Otto IV）处以绝罚，[1]很快就迫使那位强大而高傲的皇帝屈膝告饶。他又宣布发动十字军，讨伐法国南部一伙称为"阿尔比派（Albigenses）"的宗教狂热分子。他此前已将这些人定性为异端，因为他们像其他狂热信徒一样，无视教会的传统仪式，反对教会的权势和影响力。人们被迷信、被追求战争和冒险的热狂所驱使，从欧洲的四面八方汇聚到教皇的圣战旗帜下。十字军首领西蒙·德·孟福尔（Simon de Montfort）为自己谋得了对上述地区的统治权，曾经庇护阿尔比派——或许只是容忍其存在——的图卢兹伯爵则被剥夺了领地。而该教派分子，尽管是人类当中最无辜且无害的一群，则被斩尽杀绝，其手段花样百出、极端野蛮残暴。如此这般，教廷手中已是兵将俱全，这支军队狂热而勇猛，令人胆寒，足可用来讨伐约翰。英诺森三世对约翰的绝罚惩戒蓄威已久，却一直引而不发，至此他终于授权伦敦主教、伊利主教和伍斯特主教，公开宣布这一霹雳打击。[2] 几位主教遵从上命，不过其同工们并未按教皇的要求在各自教区的教堂内公开宣布上述判决。

国王遭受绝罚的消息一经传出，效果可谓立竿见影。诺里奇教区会吏总杰弗里在财政署法院身兼要职，闻知此讯之时他正在庭上审理案件，遂对同僚表示，服事一位被逐出教门的国王无异于招祸，并当即起身离席，退出法庭。约翰下旨捉拿杰弗里，将其投入监狱，并当头扣以一顶铅制的大斗篷。杰弗里不堪诸如此类

国王被处绝罚

---

[1]　M. Paris, p. 160. Trivet, 154. M. West. p. 269.

[2]　M. Paris, p. 159. M. West. p. 270.

的折磨,不久便一命呜呼。① 若拿杰弗里与贝克特相比,他除了身份地位不及后者高贵之外,在其他各方面均毫不逊色,足以在天国与那位举世闻名的伟大殉道者平起平坐。时值林肯主教之位出缺,御前大臣休·德·韦尔斯(Hugh de Wells)经国王钦点获此职位,他请求出国接受鲁昂大主教的祝圣;然而他一到法国便匆匆赶往朗顿大主教驻跸的蓬蒂尼,向其输诚效忠。英格兰的主教们发现自己处境堪忧,不是遭国王猜忌,就是被民众憎恨,于是一个接一个地潜逃出境。到头来,全国只剩了三位主教在坚持职守。②许多贵族畏惧约翰的暴政,或出于种种原因遭受国王的白眼,也效法主教们弃国而逃。留在国内的大多数贵族也并非无端地被怀疑暗中串连、阴谋反对国王。③ 面对如此危局,约翰惊惶不已。当初他若有足够的审慎和勇气,能够取得民众的广泛支持,也不至于落到今日之窘境;但事已至此,任何美德或才干均不足以挽回局面。他提出在多佛尔与朗顿会晤,表示愿意承认朗顿为大主教,服从教皇权威,迎回流亡的神职人员,甚至可以支付少许钱款,赔偿他们被罚没地产的租金损失。但是朗顿看出己方居于优势,不满足于国王的上述让步。他要求国王必须全额赔付和补偿全体神职人员的损失。他的索价过高,国王或许无力满足,并且预计到损失估值很可能是一个天文数字,因此突然中止了谈判。④

430

---

① 　M. Paris, p. 159.

② 　Ann. Waverl. p. 170. Ann. Marg. p. 14.

③ 　M. Paris, p. 162. M. West. p. 270,271.

④ 　Ann. Waverl. p. 171

教廷的惩戒再度升级,下一步就是解除约翰治下子民对其效
忠和臣服的誓言,宣布凡与约翰发生接触的人将统统面临绝
罚——不论在公共场合还是私人交往中,任何与之共餐者、为其
出谋划策者均在受罚之列,就连与其私下交谈者也不例外。^① 上
述判罚无比庄严地宣布之后,约翰却顽梗依旧,于是教廷只有祭
出最后一招:废黜他的君权。废黜令虽说与绝罚令密切相关,但
是教廷出于老谋深算的设计,将二者区别开来。英诺森三世此时
决意向那执拗的王者抛出终极雷霆打击。不过,鉴于该判罚需要
依赖一支武装力量来执行,教皇环顾周遭,最后定睛于法王腓力:
教皇属灵权威所掌握的终极武器,如若交到后者那强有力的手
中,应当是最妥洽的选择。教皇不但赦免了腓力的所有罪过、赐
予他灵里的无限福祉,还把英格兰王国的产业和主权加赐予他,
以奖掖其劳绩。^②

431　　普天下的为君者本应共同关切、一致反对罗马教廷的上述嚣
张僭权之举,因为这将意味着他们自己也成了教皇属下的藩臣,
必须完全从属于教廷的权威。然而,就连腓力这位当时最具雄才
大略的君主也被眼前利益诱惑,贪图英格兰这块眼看到嘴的肥
肉,接受了教皇的慷慨出价,从而正式认可了后者的权威;殊不知
从此以后,他自己一旦触犯教廷那不受制约的僭得之权,便有可能
在一夜之间被拉下宝座。腓力召集起一支大军,通令所有王室封臣
到鲁昂集结,又征募了大小舰船一千七百艘,停泊于诺曼底和庇卡

---

①　M. Paris,p. 161. M. West. p. 270.

②　Ibid. p. 271.

底各处海港。一部分是拜时代热忱所赐，也由于法王个人的广泛
人望，他所筹备的这支军力甚是壮观，与其宏伟目标颇为相配。
另一方面，英王也发布令状，要求全体军事封臣齐聚多佛尔勤王，
甚至命令国内所有身体健全的男子都挺身而出，保卫祖国，挽狂
澜于既倒。号令即下，应征者云集，国王从中捡选了六万精兵。
假如将士齐心爱戴自己的君王，兼以同等高昂的保家卫国的热
忱，这样一支强大的部队必定无往而不胜。[①] 然而，迷信的影响已
令民心动摇，国人以疑怖的目光看待这个身遭教廷绝罚的国王；
贵族们除了囿于同样的宗教偏见，又无不憎恨他的暴政，他们当
中的许多人都涉嫌与敌方暗中勾连。此外，国王本人懦弱无能，
拙于应对当前的危难时局，令人预感到这场法国入侵的后果不
妙，前景实在堪忧。

　　教皇钦命潘道尔夫（Pandolf）为特使，兼任这场大战的总指
挥。后者在离开罗马前求见其主，问计曰：倘若英王在走投无路
之下情愿向教廷屈服，教会方面可否不经腓利同意，径自与英王
议和？[②] 英诺森三世认定，倘若与人品卑劣、身处绝境的英王和
解，较之与实力强悍、旗开得胜的法王结盟更有利，因为后者一旦
兼并了英格兰的广大国土，恐怕会变得更加趾高气扬，不服教廷
的精神驾驭。于是，教皇向潘道尔夫密授机宜，讲明与英王议和
的条件。因此，教皇特使一到法国北部，就派遣两位圣殿骑士渡
海赴英，请求在多佛尔与约翰一晤。约翰欣然应允。会见当中，

432

---

① M. Paris, p. 163. M. West. p. 271.
② M. Paris, p. 162.

潘道尔夫咄咄逼人、实据确凿地向约翰明言：当前英国百姓对他离心离德，封臣贵族秘密串通谋反，强大的法军势不可当，战事一起，英王必败。约翰招架不住，甘愿无条件降服，[1]全盘接受潘道尔夫开出的谈判价码。除了其他条款之外，他还承诺完全遵从教皇的圣裁；接受朗顿为大主教；凡因这次政教之争而流亡海外的教俗两界人士都要恢复原职，发还财产、补偿他们的一切损失，并马上拨付八千英镑作为先期赔款；凡因追随教皇而遭放逐或被捕入狱者，都要立即平反、予以重用。[2] 四位贵族与国王一道发誓遵守这份不光彩的条约。[3]

5月13日 国王向教宗屈服

然而，国王蒙受的羞辱还未达到顶峰。潘道尔夫要求他将王国的主权让予教会，作为检验其顺服与否的第一个考验。他劝说约翰，当此关头，要想有效挫败法军入侵，除了投靠教廷的直接庇护之外，已别无他法。约翰见大祸临头，于极度恐惧之下一口应允了上述要求。他签署了一份确认状，宣称自己未受任何胁迫、完全出于自由意志，在全体贵族一致建议和赞同之下，将英格兰和爱尔兰奉献给上帝、圣彼得和圣保罗、教皇英诺森三世及其后继者，用以赎还自身及其家族之罪孽。他同意作为罗马教廷的封臣领有上述封地，每年为英格兰向教廷纳贡七百马克，为爱尔兰纳贡三百马克，总计一千马克。他还保证：无论何时，倘若他本人或其继承人胆敢废除或违背本状，除非在警告之下当即悔改，否

---

① M. West. p. 271.

② Rymer，vol. i. p. 166. M. Paris，p. 163. Annal. Burt. p. 268.

③ Rymer，vol. i. p. 170. M. Paris，p. 163.

则将丧失对上述领地的一切权利。①

　　由于这份协议，约翰须按封建法的要求，以封臣对宗主的全 ⁴³³

5月15日
套效忠仪式，低首下心地对教皇特使潘道尔夫行礼。教皇特使高
踞宝座，解除了武装的约翰恭顺如仪地上前觐见。他双膝跪倒在
教皇特使面前，合拢双手，置于后者掌中，向教皇宣誓效忠，奉上
他的王国作为圣彼得遗产所应缴纳的部分贡金。那位特使大人
目睹僧侣神权大获全胜，不禁流露出得意忘形之态：他践踏了脚
前的贡金、这个王国臣服的保证。尽管这是对全体英国人的侮
慢，在场者却个个噤若寒蝉，只有都柏林大主教敢于出言抗议。
潘道尔夫已经迫使英王接受了如此奴颜婢膝的条件，却仍不肯解
除之前的绝罚和禁罚令，执意要等到神职人员的一切损失估价完
毕、得到全额赔付和补偿之后，方可考虑此事。

　　约翰在外来强权逼迫下表现得如此孱弱可鄙，但是对国内臣
民却不改其暴君本色，而他身遭的一切祸事，首要肇因正在于此。
当时有一位隐士，人称"庞弗雷特的彼得"（Peter of Pomfret），此
人曾经预言国王将在这一年失去王冠，并因这鲁莽的预言而被收
监于科夫堡（Corfe-castle）。现在，约翰决意治他以招摇撞骗之
罪；此人辩称，自己的预言已经应验，因为国王已不复为独立自主
的一国之君。然而这一自辩反令他罪加一等，被判处死刑：他被
系于马尾，拖曳至沃汉姆（Warham）镇，在那里和他的儿子一起被
吊上绞架。②

---

①　Rymer, vol. i, p. 176. M. Paris, p. 165.

②　M. Paris, p. 165. Chron. Dunst. vol. i. p. 56.

潘道尔夫接受约翰的效忠礼之后,还驾法兰西。他一见腓利,便祝贺其虔诚事业大功告成,并告诉腓利,约翰慑于法兰西大军武威,现已正确地认识到自己的罪过,回归正道,重新臣服于教廷权威,甚至甘愿向教皇纳地称臣,从而使其王国变成了圣彼得遗产的一部分。从今往后,任何基督教君主均不得侵犯其境,否则便是明目张胆地冒渎上帝。[1]　腓力闻言大怒,喊道:是教皇鼓动他发动这次讨伐,至此已经花费六万多镑,眼看胜利在望,却又突然被叫停,简直岂有此理! 他抱怨一切开销都由自己承担,而所有好处都被英诺森占尽。他威胁说,从此再不受这种虚伪幌子愚弄,充当冤大头。他召集麾下封臣,历数自己遭受的欺凌,揭露教皇一心图谋私利的欺诈行径,吁请臣僚襄助自己完成讨英大业——他表示,尽管教皇特使再三阻挠和威胁,自己却下定了决心,不达目的绝不罢休! 那个时代的法兰西贵族,论愚昧迷信绝不亚于其英国同侪,然而,即使宗教信条的影响也会被人们当下的倾向性所左右! 贵族们齐齐发誓,追随主君完成预定的讨伐大业,绝不放弃他们企盼已久的光荣和财富。只有佛兰德斯伯爵表示反对,他此前曾与约翰签有秘密协议,遂称这场讨伐有违公义、不敬神明,随即率部离去。[2]　腓力唯恐在后方留下危险的隐患,于是调转矛头,先行攻打佛兰德斯。此时,英国方面已经集结起一支舰队,由国王的同父异母兄弟索尔兹伯里伯爵统领,受命对停泊在各个港口的法军舰船发动攻击。英国海军以少胜多,打了个

---

[1]　Trivet, p. 160.

[2]　M. Paris, p. 166.

漂亮仗,俘获敌船三百,摧毁百余艘。[1] 腓力无法招架,为了防止更多舰船落入敌手,只好主动放火一烧了之,如此一来,他的征英大业便成了泡影。

约翰暂得安全,欢欣鼓舞。这场胜利令他洋洋自得,忘记了先前的耻辱败绩,开始惦记反攻法国,收复所有被腓力大军夺去的省份。他向集结起来准备保家卫国的贵族们提出侵法的计划,[435] 然而贵族们对自己的君王充满憎恨和鄙夷,对他统帅的任何事业都不抱成功的指望。他们借口自己的服役期限将满,粮草也堪堪耗尽,拒绝随驾出征。[2] 但是国王却铁了心,率领为数不多的追随者扬帆启航,向泽西(Jersey)出发。他愚蠢地指望,贵族们最终会被羞愧感驱使,追随他而来。[3] 可是他发现自己不过是在做梦,遂返回英格兰,召集起一批军队,扬言要对背弃主君、抗命不从的贵族们施以报复。坎特伯雷大主教原是与贵族们一党的,此时出面干预,严命国王休要做这等尝试。他威胁说,如果约翰胆敢在王国解除禁罚之前对任何臣下发动讨伐,就将二度被逐出教门。[4]

和当初对约翰施加惩戒的时候一样,教会解除这些责罚的过程也是循序渐进的。通过接受其效忠、将其纳入封臣之列,实质上已经解除了对他的废黜令,英国臣民重又受到忠君誓言的约束。以朗顿为首的流亡主教们意气风发地凯旋,国王闻讯,趋前

---

① M. Paris,p. 166. Chron. Dunst. vol. i, p. 59. Trivet,p. 157.

② M. Paris,p. 166.

③ Ibid.

④ Ibid. p. 167.

迎迓,他匍匐在地,含泪乞求他们垂怜他本人和英格兰王国。[1] 大主教眼见国王上述真诚痛悔的表现,遂将其引至温切斯特教堂会议厅,在那里主持宣誓礼。国王在典礼上再度发誓效忠和服从英^{7月20日}诺森三世教皇及其继任者,热爱、供养和保卫神圣教会与圣职人员,并承诺恢复历代先王、特别是信士爱德华国王治下之良法,废除恶法。他还表示,决心在治下所有领土上捍卫公义。[2] 接着,大主教按照规定仪式为国王赦罪,并准其与自己同桌共餐,举国为之欢腾雀跃。尽管如此,教廷对整个王国的禁罚令至此仍未解除。新任教皇特使弗拉斯卡蒂(Frescati)主教尼古拉斯(Nicholas)莅临英格兰,接替了潘道尔夫的职务。他宣称,教皇决意永不解除禁罚,除非神职人员被掠夺的一切被全额归还,他们蒙受的所有损害得到充分补偿。教皇特使只允许神职人员在教堂内低声主持弥撒,直到对上述掠夺和损害的估价取得令各方满意的结果。约翰指派几位贵族受理索赔,结果教士们上报的损失数目之庞大令他吃惊不小。单单坎特伯雷修道院的索赔数额就高达两万多马克,林肯教区则索赔两万三千马克。国王无法接受无止境的漫天要价,向教皇特使提出总价十万马克的最终清偿方案,被后者轻蔑地驳回。然而教皇见这位新封臣热忱效忠,恭敬小心地按时向罗马纳贡,便吩咐特使接受四万马克的清偿方案,以示恩宠。总地看来,主教和地位显赫的修道院院长们所获之赔偿远远超出其应得数目,而品级较低的教士们所得甚微,也只能

---

[1]　M. Paris, p. 166. Ann. Waverl. p. 178.

[2]　M. Paris, p. 166.

忍气吞声。教廷正式撤销禁罚令之后，国王再次庄严设誓，签署了一份新的确认状，并加盖黄金封印，向罗马教廷表示忠顺。

公元
1214 年
　　这件麻烦事终于了结，国王似乎再无牵念，一心一意地向往着征服和胜利。他渡海前往仍然认他为主的普瓦图，①把战争推进到腓力统治的疆域之内。英军包围了安吉尔（Angiers）附近的一座城堡；然而，当腓力之子路易挥师抵近，约翰不得不仓皇撤围而去，丢弃了所有营帐、军械和辎重，灰溜溜地返回英国。大约在同一时间，约翰获悉，法王在布汶（Bovines）对阵率十五万日耳曼大军侵法的奥托四世，取得决定性大捷，这场胜利奠定了腓力的荣名，令法兰西王国从此四境无虞。约翰自此只得收拢野心，唯求国内统治安稳罢了。而且，不出他所料，不惜一切代价与教皇保持亲善关系，对于稳固王权确乎提供了莫大的助益。然而对他来说，命运最惨痛的最终打击还在后头，这位君王注定要承受一系列莫大的羞辱，这是任何为人君者均未尝经历的。

437

贵族心
怀怨望
　　征服者威廉将封建法引入英格兰，极大地破坏了盎格鲁-撒克逊古代政制赋予人民的自由（尽管这种自由并非完美），将全体国民降格为国王或王室封臣的附庸，其中很大一部分人甚至成了不折不扣的奴隶。再者，为了对所征服的国度维持军事统治，君主有必要大权独揽，因此，与其他封建国家的同侪们相比，诺曼贵族在更大程度上臣服于国王严格而绝对的特权。王权一旦被抬举到崇高地位，便再难加以削弱。凡一百五十年间，整个国家处于强大的威权统治之下，这等状况未见于此前由北方征服者建立

---

　　①　埃莉诺太后已于 1203 年或 1204 年去世。

的任何一个王国。亨利一世为了拉拢民心，拒长兄罗贝尔于国门之外，曾经签署了一份宪章，在许多具体条款上惠及国民自由；斯蒂芬重申了这些授权，亨利二世也曾对此予以确认。然而，以上所有君主的让步表示均为口惠而实不至。他们本人及其继承者所履行的权力一如既往地不受制约、至少是不合规范的。唯一值得庆幸的是，贵族和民众手中的武器尚未被剥夺，全体国民仍可结成广泛联盟，以维护自身的自由。而当今这位主上的人品、行为和时运都如此糟糕，以致形成这种反抗联盟的可能性已经大到无以复加。无论在公共领域还是私人生活中，国王都表现得同样可憎、可鄙：其态度傲慢，公然冒犯了手下贵族；其为人风流成性，屡屡玷污这些贵族门庭；其统治专横跋扈，令贵族们激愤不已；他还无休止地强征滥取，令国内各阶层怨声载道。[1] 这些无法无天的行径已然显露出极其恶劣的影响，因而贵族阶层普遍要求恢复往昔的特权。国王牺牲王国独立换取与教皇的和解，令全体臣民深为不齿，继而一致认定他们可以不失安全与体面地坚持自己的权利主张。

　　来自坎特伯雷大主教朗顿的支助对于促成上述联盟当居首功。这位大主教虽然是罗马教廷强行指派给英国的，但仍然值得英国人民永远尊敬。他或许是出于高贵的天性，热衷于促进公共福祉，抑或是对约翰长期阻挠其任职一事始终耿耿于怀，又或许考虑到人民获得自由将有助于增进和维护教会特权——总之，他拟订了一个改革政制的方案，并在主持仪式撤销对国王的绝罚之

---

① Chron. Mailr. p. 188. T. Wykes, p. 36. Ann. Waverl. p. 181. W. Heming. p. 557.

前,在国王的誓词中添加了前文提到的那些非同寻常的条款。不久,他在伦敦私下会晤贵族中的部分首脑人物,向他们出示了亨利一世宪章的一份抄本,并说这是他本人在一所修道院中偶然发现的。他激励贵族们坚持要求国王重申并遵循这份宪章。贵族们立下誓言,宁死捍卫这一无比正当的要求。① 至此,抗争的同盟

11月 开始发展壮大,所有英格兰贵族几乎都加入进来。朗顿又借着宗教的名义,在圣埃德蒙兹伯里(St. Edmondsbury)召集了一次规模更大的会议。在会上,他又出示了亨利一世签署的那份旧宪章,再次勉励与会者团结一致、拿出一往无前的勇气,追求自己的目标。他绘声绘色地历数他们长期以来被迫忍受的虐政,号召大家义无反顾地起来解放自己、解放子孙后代。② 这番滔滔雄辩煽起

439 了贵族们的激情,久积于他们心中的怨愤骤然奔泻,此时又见己方人多势众,更加信心饱满,于是大家在高高的圣坛前郑重宣誓:团结一心、不离不弃,坚持自己的要求,倘若国王拒绝让步就与之斗争到底。③ 与会者约定,待圣诞节后共同向国王发起请愿;又在散会前约好,在此期间各自招兵买马、于城堡内备足粮秣,做好防御准备。

公元 　　贵族们在约定之日齐聚伦敦,要求国王按照他自己在大主教
1215年 面前立下的誓约,尊重他们的正当权利,公开重申亨利一世宪章,
1月6日 确认圣爱德华法典的效力。国王震惊于贵族们表现出的热诚、团结和力量,请求他们宽限些时日,他承诺:到复活节时一定对请愿

---

①　M. Paris, p. 167.

②　Ibid. p. 175.

③　Ibid. p. 176.

做出正面答复。他还安排坎特伯雷大主教、伊利主教和彭布罗克伯爵马雷沙尔充当保证人，确保国王践约不爽。[①] 贵族们接受了国王提出的条件，和平撤回各自的城堡。

约翰趁此间歇极力讨好教会，因为他从自己稍早的挫折中已经深刻体验到后者手中那生杀予夺的权势。他希望倚仗教会势力，拆散或压垮手下贵族的联盟。他签署宪章，永远向教会让渡了他的父王和历代先王曾经极力捍卫的一项重要特权：教会可通过自由选举填充一切空缺圣职，国王只保留事前签发"准许状"和事后确认的权利。即使这两样中缺少其一，选举结果仍将被视同合法有效。[②] 他发誓要率部奔赴巴勒斯坦抗击异教徒，并报名加入十字军，希望获得教会的庇护——任何人投身于这项神圣而功德无量的事业，均能获得此种好处。[③] 国王派遣威廉·德·莫克莱尔（William de Mauclerc）为特使，赴罗马向教皇求援，控诉手下贵族恃强犯上，请求教廷倚其强势做出对他有利的裁决。[④] 与此同时，英国贵族也没忘记争取教皇的支持：他们派了尤斯塔斯·德·维西（Eustace de Vescie）赴罗马，将此案呈至宗主英诺森三世面前，请求后者对国王施加影响，责成其恢复和确认贵族们正当且不容置疑的特权。[⑤]

英诺森三世遗憾地目睹英格兰骚乱涌动，他强烈倾向于偏袒

1月15日

440

---

① M. Paris，p. 176. M. West. p. 273.

② Rymer，vol. i. p. 197.

③ Ibid. vol. i. p. 200. Trivet，p. 162. T. Wykes，p. 37. M. West. p. 273.

④ Rymer，vol. i. p. 184.

⑤ Ibid.

约翰的立场。因为他唯有支持这样一位卑劣堕落、情愿不惜一切代价换得眼前安稳的君主，否则就没有希望保持和扩大自己新近获得的对这个国度的支配权。他也预见到，假如政权落到这些豪气干云的贵族手里，他们恐怕会像今天捍卫自身权利一样，以同样的热忱来捍卫国家的荣誉、自由和独立。因此，教皇分别致信英国众位教会长老、贵族和国王本人。他责成教会长老们出面调和双方的矛盾，争取化干戈为玉帛。在写给贵族们的信中，他表示不赞成他们以武力向国王发难、欲胁迫其勉强就范。最后，在致约翰国王的信中，他规劝后者以恩惠宽仁对待手下贵族，满足他们公正合理的要求。①

　　贵族们从这几封信的语气中很容易觉察到，他们的前景只能是同时与教皇和国王为敌。但事到如今，他们已经走得太远，无法回头；而此时他们心中抗争的激情高涨，就连迷信的力量也无法压制了。他们也看出，罗马教廷的制裁如果得不到英国本土教会的配合，所造成的威胁就会小得多；而英国教会的头面人物和全体普通教士无不力挺他们的事业，这些人也被举国上下追求法律和自由的热忱所感召，期待着分享其中的福利——以上诸般因素的合力足以形成十分强大的动机，削弱他们对罗马教廷的忠顺依附。在罗马教廷近期的僭权行动中，英格兰教会打着教皇的旗帜，自担风险与世俗权力作战，取得了全面的胜利；而教皇似乎只想独吞全部胜果。教皇以其专制威权凌驾于所有教会之上，完全不尊重各地教会的独特习俗、特权和豁免权，甚至运用手中的特

441

---

　　① Rymer, vol. i. p. 196, 197.

赦权废除大谘议会通过的法规。教会的管理权完全集中在罗马教廷手中，一切职务晋升也自然是经同一渠道处理。因此，身处外省的神职人员看出——至少是感觉到——有必要限制教廷的权力扩张。英格兰蒙受禁罚长达六年，造成圣职空缺无数，教皇特使尼古拉斯在任命接掌这些圣职的人选时，极其独断专行，完全无视候选者的德望、品级、选举人的意向，以及这个国家的本土习俗，引起英国教会的普遍反感。朗顿本人虽说是倚靠教廷的干预才当选大主教的，但是他刚一站稳脚跟，就开始对罗马心存猜忌，唯恐丧失附属于自身崇高职位的特权，于是反而与其治下的英国人建立起息息相通的联系。上述种种因素渐渐开启了国民的眼睛，其过程尽管缓慢，却产生了实实在在的影响，从而制约了教廷的僭权。教权的扩张势头先是被遏制，随后局面反转，开始变得不利于教皇。如若不然，我们真的很难想象，那个如此迷信、如此愚昧无知——或者更确切地说是如此执迷于假学识的时代，英格兰何以竟不曾落入罗马教廷完全、绝对的奴役之下。

　　教皇的书信抵达英国时，复活节已经临近，国王与请愿者们 _{贵族叛乱}约定的答复期限快到了，心怀不满的贵族们按约在斯坦福德（Stamford）会聚，并集结了一支武装力量，包括两千多名骑士，以及他们的随从和奴仆人等，数目未计。他们人多势壮、士气高昂 _{4月27日}齐齐向布莱克利（Brackley）进军，此地距国王驻跸的牛津只有不到十五英里。国王派坎特伯雷大主教和彭布罗克伯爵传话，询问他们如此狂热地催请自己的主上提供哪些自由？贵族们请两位信使转交一份文件，内中列举了他们要求的主要条款；国王阅毕，当即勃然大怒，质问道：这些贵族为什么不连他的王国也一起拿去？他指天发誓，绝不给他们这样的自由，因为这势必令他自己沦落为奴。①

联手举事的贵族们甫一得知约翰的答复，立刻推举罗伯特·菲茨–沃尔特为总指挥，号称"上帝与神圣教会军大元帅"。他们省去了向国王宣战的程序，直接进军，包围北安普顿城堡达十五天，但终未克捷。② 贝德福德（Bedford）城堡之主威廉·博尚（William Beauchamp）主动向起义军敞开大门。部队继续向伦敦进发，行抵韦尔（Ware）地方，与伦敦的头面人物举行了一次会谈，约定和平入城。举事者见己方势力壮大，明显占据优势，遂发布公告，要求全体贵族加入其阵营，并威胁道，如有拒绝或延宕不至者，必捣毁其宅邸、产业。③ 为了炫示军威，他们从伦敦出击，将几处御苑和王宫夷为荒场。于是，那些迄今为止还在表面上支持王室的贵族很高兴地得到一个借口，公开加入自己内心一直暗暗支持的事业。国王众叛亲离，困居萨里郡的奥迪厄姆（Odiham），身边只剩下七名扈从骑士。他试图借助种种权宜之计逃避打击，提出将双方所有分歧呈交教皇圣裁，或者交托八位贵族裁断，其中四位由他指定、另外四位由贵族联盟指定。④ 然而这一切努力均未奏效，国王发现自己最终只得无条件屈服。

国王与造反贵族的谈判在温莎（Windsor）和斯坦斯（Staines）之间的兰尼米德（Runnemede）举行，从此令该地变得举世闻名。

左栏批注：

5 月 24 日

《大宪章》

6 月 15 日

---

① M. Paris，p. 176.

② Ibid. p. 177. Chron. Dunst. vol. i. p. 71.

③ M. Paris，p. 177.

④ Rymer，vol. i. p. 200.

双方相对扎营,形同公开的敌人。经过几天的交涉,国王以稍许令人生疑的随和姿态、按照对方的要求签署了一份宪章,并加盖御玺。这份著名的文件通常被称作《大宪章》,它分别赋予或保障了王国各个等级——神职人员、贵族和民众——多项极重要的自由和基本权利。

〔6月19日〕

宪章承诺保证教会的选举自由。国王此前签署的那份宪章被重申有效,从而废除了选举前须取得御颁"准许状"和事后须经国王确认的要求。由于宪章保证臣民可自由离开王国,神职人员向罗马教廷上诉从此不受任何限制。宪章还规定,神职人员犯罪时,只针对其在俗资产按比例课以罚金,圣俸所得概不计入。

宪章向贵族们承诺的特权,其要旨不外乎减轻封建法的严苛度,或是针对封建法未立规矩或在实践中变得随意、模糊之处做出明确规定。关于军事采邑的继承贡金,宪章做出了具体规定:伯爵和男爵采邑的继承人须缴纳一百马克;骑士采邑继承人须缴纳一百先令。未成年的采邑继承人可在成年之际立即接管采邑,无须缴纳继承贡金。国王不得出售监护权,对于其监护下的领地,只能在合理范围内取利,不得浪费或损毁产业资财;作为监护人,国王应负责修缮所监护领地内的城堡、房屋、磨坊、苑囿和池塘;国王如将领地监护权委托给郡长或其他人等,应首先要求受托者具保承诺履行上述义务。贵族所欠犹太人之债务,如债务人尚未成年,其名下采邑尚处于监护之下、不归本人支配,则不得负有利息。国王对于受监护继承人的婚嫁安排不得贬抑其身份,且应在成婚之前通报其近亲。贵族的未亡人有权于丈夫亡故后立即取得原陪嫁资产,无须为此支付任何继承贡金;该项资产不计

入其亡夫佃产范围。未亡人自愿保持孀居者,不得强迫其改嫁;
其本人只需保证未获宗主同意之前不再婚。任何未成年人倘以
军役保有权领有某领主之采地,国王不得借口其同时以农役保有
权或其他类型的土地保有权领有国王名下土地这一事实,要求获
得该未成年人的监护权。盾牌金之征收额度应以亨利一世时期
为准;只有在国王被俘、王长子封骑士及长公主出嫁这三种封建
法规定之重大情形下,方可经王国大谘议会批准征收盾牌金或贡
金。国王召集大谘议会,应分别签发令状致送教会长老、伯爵和
重要男爵,邀其参会,并通过郡守对较低等级贵族下达普遍召集 ₄₄₄
令。当欠下王室债务的贵族名下动产足以抵偿其债务时,国王不
得没收其领地以偿付此债。不得强迫采邑保有人在其规定义务
之外服役。任何骑士如果愿意亲自执行城堡卫戍任务,或以其他
合格丁男代役,城堡总督或卫戍长不得强迫其缴纳城堡防务费;
倘若骑士本人奉王命出征在外,此类的其他役务应一概予以免
除。封臣不得大量出售领有之土地,以致无力承担对其宗主的
役务。

　　上述重要条款均着眼于维护贵族阶层的利益。如果宪章的
内容只限于此,也就谈不上什么提升国民幸福和自由,因为它只
能增加一个社会阶层的权力和独立性,而该阶层的势力本来已经
过分强大,如此这般,他们强加于民众的压迫之轭很可能比独裁
君主带来的压迫更沉重。这份值得铭记的宪章虽然是贵族阶层
独力起草并强加于国王的,然而他们亦有必要在其中加入其他一
些性质更为宽泛、更有益的条款,如果在维护自身利益的同时不
能兼顾到较低等级的利益,他们就不能指望赢得广大民众的支

持。贵族们出于自身利益而制定的、为确保自由公正的司法所必须的一切条款，无不直接倾向于提高全体民众的福祉。这里将属于此类性质的主要条款列举如下：

宪章规定，上述所有保护贵族免遭国王侵渔的特权和豁免权，皆应延伸适用于保护这些贵族的下级封臣免受其宗主迫害。国王承诺，除了前文提到的三种情形之外，不再颁发任何令状授权其直接封臣向下属附庸征收贡金。规定在全国确立统一的度量衡制度。从商者皆可免除苛捐杂税，自由从事一切交易；凡商人与自由民都有权随意出入王国。伦敦及国内所有城市、自治城镇俱应保持其自古以来享有的自由、豁免权和关税自主权。若无大谘议会批准，不得向各城征收贡金。除非基于习惯法，不得强制任何城镇或个人修建桥梁或捐资帮助建桥。任何自由民都有权按其自身意愿处置本人名下财产；自由民未立遗嘱而亡，由其继承人继承其遗产。不经物主同意，王室官员不得擅自征用车辆、马匹、木材等物。国王法院应常驻一地，不再追随国王四处巡行。法院应对所有人开放，不得出售、拒绝或耽延司法公正。每年应定期召开巡回法庭受理案件。凡下级法庭、郡法庭、郡长讯问、民事法庭，均应于指定的日期、地点开庭审案。郡长无资格受理王室诉讼，亦不得在无可靠证人的情况下仅凭流言或怀疑起诉任何人。未经同侪合法审判或经国法审判，任何自由民均不得被逮捕、监禁、剥夺财产及自由权利、剥夺法律保护、流放或被施以任何形式的损害或伤害，凡在本朝或之前两朝遭受此类侵害者，其权利及财产均应予以恢复。自由人犯轻罪者，应视情节轻重课以罚金，罚金数目应以不致其倾家荡产为度；即使针对佃奴或农夫的课罚，也不得没收其车、犁、农具——宪章中旨在保护农民利益的条款仅此一条，而在当时的英格兰王国，农民可能是人数最多的一个群体。

必须承认，《大宪章》前半部分的条款含有许多为封建法开脱和解释的内容，称其为合理而公正的；而后半部分内容则包含了法治政府的全部基本纲要，规定了平等分配正义、自由享有财产的原则——这是人类最初缔造政治社会的宏旨所在，人民拥有永恒的、不可剥夺的权利去重新校准这个目标，无论是时间、先例、法律法规还是现实制度，都不应妨碍该目标永远在他们的思想和注意力中占据至高无上的地位。尽管该宪章条款拘于那个时代的传统，未免失之过简、严重缺乏细节，无力抵挡倚仗暴力强权的讼师们的刀笔之术，难以确保各项规定的真正落实，然而随着时间的流逝，其中所有的含混表述都逐渐显现出真意。当日那些慷慨恢宏、迫使国王做出如此让步的贵族，此后仍然刀剑在手，倘若有人胆敢以任何借口背离宪章的原意和要旨，他们仍有能力以武力相抗。我们今天可以从这部宪章的行文中推测出《爱德华法典》的原貌——恢复和坚立这部古代良法，乃是英格兰人世世代代坚定而恒久的渴望——其主要内容大体上囊括于《大宪章》后半部分的条款当中。贵族们在起义之初要求恢复撒克逊时代之良法，他们无疑认为，为民众争得这一让步，达成其久久渴盼的主要目标，便足以令后者心满意足。不过，最值得我们钦佩的一点，则是这些生性高傲的贵族虽因身受伤害而义愤填膺，因敌意冲突而怒火熊熊，又因对主君大获全胜而欢欣鼓舞，却仍能表现出审慎和节制的态度。即便己方势力如日中天，他们亦仅仅满足于从

亨利一世宪章的部分条款出发,以此作为自身要求的基础,特别
是从废除监护权入手,这对他们是一件至关重要的大事。而且,
他们似乎非常小心,并不想过分削弱王权和王室收入。因此,如
果说他们的其他一些要求似有过分之嫌,其原因只能归咎于国王
本人不讲信义、专横跋扈的性格,贵族们对此早有体验,从而预见
到,倘不设置进一步的保障,这个暴君很快就会侵犯他们新获的
自由,收回他自己承诺的让步。仅仅出于上述原因,方催生了宪
章中其他那些貌似过分的条款,这部分内容的加入,构成了一道
保障《大宪章》不受侵犯的安全壁垒。

　　贵族们迫使国王同意,迄至 8 月 15 日,或《大宪章》的若干条
款得以实施之前,伦敦城应掌握在他们手中,伦敦塔应托付大主
教代管。[1] 为了进一步确保同一目的,国王允许贵族们由己方阵
营中推举二十五名成员,充当公共自由的监督人。上述监督人的
职权范围和任期不受任何限制。如有任何指控国王、执法官员、
郡长或林务官违背宪章的情形,上述二十五位监督人当中的任意
四人可联名向国王提出劝诫,责成其予以匡正。如未获得满意解
决,这四人可以召集二十五位监督人的全体会议,该会议有权与
大谘议会共同向国王施加压力,迫使其遵照宪章行事;如遇抵制,
监督人会议暨大谘议会有权向国王开战,攻打其城堡、采取任何
暴力手段逼其就范,唯不得侵犯国王本人及其王后、子女之人身
安全。王国内所有人等均须发誓遵从上述二十五位贵族之命,违
者罚没财产。各郡之世袭地产保有人均应推选十二名骑士,负责

447

---

[1]　Rymer, vol. i. p. 201. Chron. Dunst. vol. i. p. 73.

上报依据《大宪章》精神应予匡正的陋习。[1] 这二十五名监督人包括：克莱尔伯爵、阿尔伯马尔伯爵、格洛斯特伯爵、温切斯特伯爵、赫里福德伯爵、诺福克伯爵罗歇·比戈德、牛津伯爵罗贝尔·德·维尔、小威廉·马雷莎尔、罗伯特·菲茨-沃尔特、吉尔伯特·德·克莱尔(Gilbert de Clare)、尤斯塔斯·德·维西、吉尔伯特·德拉瓦尔(Gilbert Delaval)、威廉·德·穆布雷、杰弗里·德·萨伊(Geoffrey de Say)、罗杰·德·蒙比松(Roger de Mombezon)、威廉·德·亨廷菲尔德(William de Huntingfield)、罗贝尔·德·罗斯(Robert de Ros)、切斯特郡治安官、[2] 威廉·德·奥比涅(William de Aubenie)、理查·德·珀西(Richard de Perci)、威廉·马莱特(William Malet)、约翰·菲茨-罗伯特(John Fitz-Robert)、威廉·德·兰瓦雷(William de Lanvalay)、休·德·比戈德、罗杰·德·蒙菲赫特(Roger de Montfichet)。[3] 按此契约，王国的统治权实际上被托付给了这些人，他们执掌的行政权力与国王相当，甚至凌驾于国王之上。鉴于政府事务在任何情况下都直接或间接地牵涉到遵守《大宪章》的问题，所以几乎根本不存在监督人无权进行合法干预的情形。

约翰表面上顺从地接受了上述所有规定，无论它们对王权有多大损害。他向所有郡长颁布令状，命其责成每一个人宣誓服从

---

[1] 这似乎是个极有力的证据，足以说明下议院在当时尚未出现。否则，来自各郡的骑士和议员完全可以向贵族院提交反映民间苦情的清单，而无须进行如此不同寻常的选举。

[2] 此人为林肯伯爵暨霍尔顿(Holton)男爵约翰·德·莱西(John de Lacy)。——译者

[3] M. Paris，p. 181.

这二十五位贵族。① 他全部遣散了手下的外国雇佣军。似乎从此便要改弦更张,在更大程度上放任人民的自由和独立。然而这一切不过是伪装而已,他在等待一个卷土重来的有利时机,收回自己之前做出的所有让步。教皇和法国国王曾经给予他莫大的伤害和屈辱,然而那些都来自于与其平级或地位较高的对手,故而留下的伤痕似乎并不很深;然而如此永远而彻底地降服于自己驾下的叛乱封臣,这种痛苦滋味却在他心底留下了深深的创伤。他决心不惜任何代价,一定要摆脱这奇耻大辱。② 他变得阴郁、沉默而冷淡,回避御前的廷臣和贵族,前往怀特岛隐居,似乎想要隐藏自己羞愧而迷乱的心情。但是,离群索居的他在静静沉思,欲对所有敌人施以最致命的报复。③ 他暗地派遣密使到国外征募佣兵,收罗贪婪成性的布拉班松匪帮为其效力,许之以分肥得利的前景——不只是掠自英格兰的战利品,还有将被抄没的大批富裕贵族的家产,后者公然以武力对抗主上,自当被扣上叛乱的罪名。④ 他还派出一名信使赴罗马,将自己被迫签署的《大宪章》呈至教皇面前,申诉他所遭受的暴力胁迫,吁求教皇圣裁。⑤

英诺森三世站在英格兰王国宗主的角度,对贵族们的蛮鲁举动深感气愤,后者虽曾装腔作势地恳请教皇为他们做主,却根本不等他批准,便胆大包天地将上述条款强加于他们的君王,而这

---

① M. Paris. p. 182.

② Ibid. p. 183.

③ Ibid.

④ M. Paris, p. 183. Chron. Dunst. vol. i. p. 72. Chron. Mailr. p. 188.

⑤ M. Paris, p. 183. Chron. Dunst. vol. i. p. 73.

位约翰王此前已将自己的王权和王国独立拱手献予教皇,成了罗马教廷直接庇护的臣属。于是,英诺森三世签发了一份训令,依据教皇的至高权力以及上帝赋予他的栽种和芟除天下王国的权柄,宣布撤销和废止《大宪章》的全部条款,因其本身有失公正,兼以胁迫手段强行达成,严重有损于教廷圣座的尊严。教皇禁止贵族们坚持要求国人遵守《大宪章》,甚至禁止国王本人对《大宪章》给予任何重视。他解除了英王及其臣属关于遵行《大宪章》的一切誓言,又诏告天下,任何人如若坚持此种悖逆邪恶之主张,将被处以绝罚。[①]

内战重启　　国王一见教皇训令与自己招募的外国雇佣军同时抵达英伦,便撕下了假面具,以教皇法旨为依据,宣布收回之前许给臣民、他自己亦郑重发誓予以尊重的所有自由权利。然而事实证明,教廷的精神武器此番却并未显出多大威力,其效力远不如国王根据自身经历所预计的那么可怕。大主教拒绝遵照教皇之命宣布对反叛贵族的绝罚令;尽管他被召至罗马,参加在那里举行的教廷议事大会,并被控以不服从教皇和秘密与国王的敌人串连这两项罪名而遭到停职处罚,[②]但是他始终不肯低头。虽说教廷又特地宣布了一道新的惩戒令,指名道姓地将闹事的贵族首领一一逐出教门,[③]但是约翰仍然发现,自己手下的贵族和民众乃至神职人员都坚持捍卫自由的立场,忠于反对王权的联盟。他赖以恢复自身权威的可靠力量,只剩下手上这支外国雇佣军了。

---

① Rymer,vol. i. p. 203,204,205,208. M. Paris,p. 184,185,187.

② M. Paris,p. 189.

③ Rymer,vol. i. p. 211. M. Paris,p. 192.

　　贵族们争取到《大宪章》之后,似乎遭到麻痹而陷入一种致命的安全幻觉,并未采取适当措施重新集结部队,防范国王引狼入室。因此,王军从一开始便在战场上所向披靡。他们迅速包围了罗切斯特城堡,威廉·德·奥比涅率领麾下一百四十名骑士及其家臣顽强拒守,但最终败于饥饿。约翰恼恨其坚决抵抗,欲将奥比涅连同所有守军将士一并绞死,但经威廉·德·莫雷昂(William de Mauleon)出面解劝,提醒他敌方报复的危险性,国王这才满足于仅以这种残忍的方式处决那些身份低微的俘虏。[①]威廉·德·奥布雷是贵族联盟中最出色的战将,他的被俘对己方事业构成了无可弥补的损失。自此之后,王军节节推进,贵族联盟方面完全没有像样的抵抗。贪婪、野蛮的雇佣军在一位残暴而愤怒的君主唆使下,恣意践踏贵族们的采邑、佃客、庄园、宅邸和苑囿,将毁灭播散至整个王国。英格兰大地满目凄凉,只见处处村落、城堡在熊熊烈焰中化为灰烬;乡民父老惊惧伤恸,切齿摧心;兵匪们对居民百般折磨,逼迫他们吐出藏匿的财物。而贵族一党对王室领地和保王派名下采邑施展的报复也同样野蛮之至。王军铁蹄纵向踏过英格兰全境,从南部的多佛尔直至北方的贝里克,一路扫荡两侧地区,所过之处尽成荒场;只要不是王室的直属产业,均被约翰视作敌产及军事行动的目标。北方贵族们当初在争取自由一事上态度最为激进,对于《大宪章》规定的让步条款犹感不足,还曾单独结成同盟表达这种不满。他们自知不能指望国王开恩豁免,便在王军到达之前携家带眷出逃,向年轻的苏格兰

11 月 30 日

450

─────────────

① M. Paris,p. 187.

王亚历山大效忠，从而博取了他的友谊。

　　穷途末路的贵族们眼看其自由、财产和生命都危在旦夕，遂
铤而走险，采取了一个同样令人绝望的补救之策。他们向法兰西
宫廷求援，提出愿尊腓力的长子路易为王，只要他能保护他们免
受愤怒的约翰国王戕害。尽管根据人类共有的、唯一绝对不可剥
夺的权利，他们提出废黜国王的要求可谓正当，但是他们并未在
腓力面前坚持自己那种通常被君主视为讨嫌的、在后者听来极为
刺耳的权利主张。他们坚称约翰无权继承英国王位，因为其兄长
理查国王生前已经下诏褫夺了他的继承权——实际上这份诏令
后来已被撤销，理查国王甚至在其临终遗嘱当中宣布约翰为继承
人。贵族们又声称，约翰谋害亲侄，已经在法兰西贵族的同侪审
判中被合法废黜君位，而事实上，该判决针对的仅仅是约翰以法
兰西封臣身份所领有的海外领地而已。他们提出的另一个理由
相对充分的依据是，约翰向教皇宣誓效忠，改变了其君权的性质，
将一个独立自主的王国拱手献与外国势力掌控下的教廷，这就等
于剥夺了自己的王位。路易之妻、法兰西太子妃卡斯蒂尔的布兰
奇乃亨利二世的外孙女，尽管其继承顺位排在多位英王室成员之
后，但英国贵族们坚持推举她的丈夫路易太子为王，并据此坚称
自己并未背弃英国王室。

　　面对如此丰厚的一份大礼，腓力不禁垂涎欲滴。教皇特使以 ₄₅₁
禁罚和绝罚相威胁，命其不得侵犯圣彼得的遗产、攻击圣座直接
庇护下的君主。[①]然而，腓力蛮有把握地知道驾下封臣不会背叛自

---

　　① 　M. Paris，p. 194. M. West. p. 275.

己;他奉行的原则也随着时势而改变,他过去对罗马教廷装得多
么毕恭毕敬,此时对于它所发出的一切惩戒就有多么藐视。他主
要顾虑的是,英国贵族们有可能不守信义,背弃这份新的契约;他
还担心,若将自己的儿子和继承人交在这些人手中,他们会不会
出于反复无常的禀性或因情势所需,不惜牺牲这个宝贵的抵押
品,从而与本国君主握手言和? 因此,他要求英国贵族交出二十
五名人质,而且这些人质必须来自王国内血统最高贵的家族。[①]
取得这一安全保证之后,他首先派出一支小股部队前去援救贵族
联盟成员,随后又命路易太子亲率大军跨海征英。

年轻的路易太子驾临英格兰,所带来的第一个影响就是:约
翰麾下的雇佣军纷纷散去。这些军人大多来自佛兰德斯和其他
一些法西兰省份,他们拒绝与本国储君为敌。[②] 仍然忠于约翰的
只有加斯科涅人和普瓦图人,因为他们仍系约翰治下的子民。然
而,剩余的王军实力大减,再也无法保持原来对贵族联盟的优势。
许多地位显要的贵族也弃约翰而去,其中包括索尔兹伯里伯爵、阿
伦代尔伯爵、瓦伦纳伯爵、牛津伯爵、阿尔伯马尔伯爵和小威廉·马
雷莎尔。日日闻报王军控制的城堡落入敌手。只有多佛尔一地
在英勇而忠诚的要塞司令胡伯特·德·伯勒(Hubert de Burgh)
指挥下顽强抵抗,阻挡着路易大军的挺进。[③] 至此,贵族们原本期
望的目标已经如同镜花水月;他们企图把自己和国家置于外国统
治者的轭下,以逃避本国君主的暴政,也同样是前景堪忧。不过,

---

① M. Paris,p. 193. Chron. Dunst. vol. i, p. 74.

② M. Paris,p. 195.

③ M. Paris,p. 198. Chron. Dunst. vol. i, p. 75,76.

英法贵族之间的联盟并没有维持多久。由于路易太子行事不够审慎，处处明显地偏袒法国人，从而加重了英国贵族在当前局面下自然会产生的疑虑。[1] 此外，据说太子驾前的侍臣默伦（Melun）子爵在伦敦病至垂危之际，曾唤来几位和他交厚的英国贵族，警告他们要当心大难临头：他披露说，路易怀着秘而不宣的打算，要以乱臣贼子的罪名把他们连同其家族一起连根铲除，并收回其封地、爵衔，赏赐给自己更信任的法国臣僚。[2] 无论这种说法是否空穴来风，总之它已经广泛流传、被信以为真，又兼以其他一些情况，更增添了其可信度，使得英格兰人对路易的事业满腹狐疑、畏忌重重。以索尔兹伯里伯爵为首的一批贵族抛弃路易，重返约翰的阵营。[3] 在内战中，尤其是当各方力量的结合不是源于人民的见解和好恶，只以世袭权利和独立的权威作为基础之时，人们朝秦暮楚乃是常例。故而，法王有理由担心时运会突然逆转。此时，英王正在集结大军，意欲展开一场捍卫王权的大决战。但是，他没有选好进军时间，部队行至林恩（Lynne）和林肯郡之间沿海岸线延伸的大路上，恰逢海水暴涨，将他的车辆、财宝、行李和印信尽数卷走，国王虽然逃得性命，却是狼狈万分。这场灾难，加上此前重重噩运的打击，令他痛心疾首，病上添忧，勉强支撑到了纽沃克城堡，就再也无力前行，不久便在那里郁郁而终。约翰国王终年四十九岁，在位十八年。他的死令英国得以解脱——倘若这位国王继续活下去，无论其事业成败与否，这个国家都将面临同

10 月 17 日
约翰王
驾崩

---

① W. Heming. p. 559.

② M. Paris, p. 199. M. West. p. 277

③ Chron. Dunst. vol. i. p. 78.

等的危难。

这位国王的性格综合了各种卑鄙可憎的恶劣品质,给他自己和治下臣民都带来了毁灭性的损害。懦弱、怠惰、愚蠢、轻浮、放肆、忘恩、背信、专横、残忍——这一切性格特点,在他的平生际遇中体现得清清楚楚,我们根本无法怀疑古代史家们是否出于偏见而放大了他的缺点。我们很难说得清,在他对待父亲、兄长、侄子和臣民的恶劣行径当中,究竟哪一件更应受到谴责,也不知道他在与法王、教皇和贵族们的交易中所表现出的奴性是否比上述各桩罪行更令人深恶痛绝。他的兄长在去世之际传给他的欧陆领地,较之历代英国君主统治的版图更广阔,然而他先是因个人行为失当丢掉了家族世代相承的祖业、富庶的法兰西领地,随后又把英格兰王国卑躬屈膝地献在罗马教廷面前,从此甘为封臣。他在有生之年亲眼目睹了王室特权被法律削弱,更因派系斗争而趋向衰微。正当他堪堪被外国势力彻底驱逐之际,终于一死了之,从而避免了要么在囹圄中悲惨死去、要么以流亡者的身份寄人篱下的结局。

世人对这位国王抱有极强烈的偏见,甚至认为他曾遣使去见摩洛哥皇帝,寻求后者的保护,为此甘愿叛教改宗,成为穆斯林。尽管这种说法出自权威史家马修·帕里斯(Matthew Paris)笔下,[1]然而就其本身而言却是绝无可能的,它只反映了一个事实:在时人心目中,以约翰的愚蠢和邪恶,任何不可思议的事情他都能做得出。

---

[1] P. 169.

约翰王
性格点评

　　修道院史家们极力谴责约翰的不虔,甚至说他根本不信神。他们记载了这样一个事例:有一天,国王捕获了一头肥壮的雄鹿,他便叫道,"这畜生真是膘肥体壮! 但是我敢肯定,它从来都没有听过弥撒!"[1]这句脱口而出的俏皮话,意在讽刺当时的教士们大多体形肥硕,结果被后者引为证据,指其为无神论者;相形之下,他所犯下的其他诸般大罪倒被他们看轻了。

　　约翰身后遗有两名合法子嗣:长子亨利生于 1207 年 10 月 1 日,时年九岁;次子理查生于 1209 年 6 月 6 日。他还有三个女儿,简后来嫁给苏格兰国王亚历山大;埃莉诺结婚两次,第一任丈夫是彭布罗克伯爵小威廉·马雷莎尔,第二任丈夫是莱斯特伯爵西蒙·孟福尔;伊莎贝拉嫁给神圣罗马帝国皇帝腓特烈二世(Frederic II)。他们都是约翰的第二任王后昂古莱姆的伊莎贝拉所出。此外,约翰的私生子女不计其数,但是其中并无一人出类拔萃。

　　约翰在位第九年,首次向伦敦市颁授特许状,允许市民每年自主选举市长,此前该职位一直是终身制。国王还授权伦敦市民随时自由选举和罢黜本城治安官,每年选举市府政务议事厅议员。伦敦桥是在约翰一朝竣工的,以前这里曾有一座木桥。最早在英格兰修建石桥的人是莫德皇后[2]。

　　　　454

---

[1]　Paris, p. 170.

[2]　即亨利一世之女玛蒂尔达,她嫁与神圣罗马帝国皇帝亨利五世,故称皇后。——译者

附录二 封建制及盎格鲁-诺曼政制与习俗

封建法的起源—封建法的发展历程—英格兰的封建政体—封建议会—平民—司法权—王室岁入—商业状况—教会—民事法规—习俗

诺曼人在英格兰建立的政体和法律制度,均以封建法作为主要基础。所以,治史者唯有正确认识封建法,方能解释这个王国以及欧洲其他所有王国的状况——在那个时代,欧洲各王国实行的制度均与此相类。我意识到,自己的写作难免在许多地方重复他人的说法和见解,[①]然而正如一位伟大的史家所言,[②]每一部著述都应尽可能地自成一体,不得套用其他作品的实质性内容,故而,我们有必要在此约略陈述这部历史的大框:英格兰的这段历史在其绵延几个世纪的进程中,如此独特地糅和了自由与压迫、秩序与混乱、安定与革命的诸般杂色,这在其他任何时代、任何地方均见所未见。

---

① L'Esprit de Loix. Dr. Robertson's History of Scotland.

② Padre Paolo Hist. Conc. Trid.

封建法的
起源

　　北方蛮族在征服罗马帝国各省份之后,诚有必要建立一套行政体系,用以保护征服成果,镇压各省境内众多前朝遗民的反抗,防备其他部落接踵而来、劫走其刚刚斩获的战利品。由于情势巨变,他们脱离了过去生活在日耳曼森林时代普遍遵行的那套规矩;另一方面,在新的定居生活中,那些与新处境相符的古老习俗尽可能多地被保持下来,这也实属自然。

　　日耳曼人的政制在更大程度上是一种独立武士联盟,而非民事隶属关系。其力量主要来自诸多自愿结盟的次级联合体,这种小群体以特定的首领或酋长为中心,凝聚众多个体成员,他们以绝对效忠首领作为至高荣誉。而一个首领的荣耀则体现在手下部众良多,个个骁勇善战、对其赤胆忠心。部落成员的义务包括:追随首领投身于一切战事和危险,战斗到底,不离不弃;把首领的声望和青睐视作自己竭诚尽忠的充分回报。[1] 国君本身无非是个大首领,因其勇武过人或品质高贵,由众首领中被推举出来。他的权力来自其他首领的自愿加盟或依附。

　　一个部落在上述观念和原则的统辖、驱动之下征服了大片领土,此后则发现,虽然仍有必要随时保持战备,但是大部队不宜长期集结一处,也不能分营驻守;他们碍于固有的习俗和制度,不会选择文明国家在类似情况下显然会采取的各种便宜措施。他们不谙理财之道,或许残酷的征服不可避免地造成民生萧条,以致不可能靠征税养活数量庞大的军队。日耳曼人天性自由,眷恋乡土之乐,厌恶隶属于人,如果在和平时期久羁军营要塞,对他们来

457

---

[1]   Tacit. de Mor. Germ.

说将是一种难以忍受的折磨。于是,他们便视自身所需将若干被征服土地据为己有,从中划出一部分用于维持王室和政府的开销,而将其他土地作为采邑分封给下属众位首领,首领们又将所得土地再次分封,赏给自己的附庸。上述所有封赏的明确前提是:分封出去的采邑可以任意收回;采邑的保有者只要享受土地权益,就须随时准备披挂上阵,保卫国家。征服者们当即四散,各自享受新获的封土,然而他们的尚武本色不改,随时踊跃地履行自己的义务。只要征召号令一出,他们立即闻声集结,以一贯的忠诚听凭首领调遣。就这样,他们保持了一支正规军事力量,尽管潜于民间,却是常备不懈,随时准备着应对急难,保卫本部落的利益和荣誉。

我们不应想当然地认定,被征服领土全部被北方蛮族所占据,也不要以为被占据的土地全部被封作军事采邑。欧陆各国的历史均已表明,这种认识是错误的。即便是罗马史家笔下的日耳曼习俗也能让我们确信,这个悍勇的族类绝不甘于接受如此不稳定的供养——凭着阵前卖命获得一点封地,却难保日后不会失去君恩而遭到褫夺。我们看到,北方蛮族的首领们从国王或统帅手中获封采邑,作为他们提供军事服务的某种报偿,这些采邑有可能被随意收回;但与此同时,他们还据有一些世袭的独立地产,从而得以保持与生俱来的自由,不必向上邀宠,便能维持其荣耀地位,身家俱泰。

然而,现金形式的军饷和分封军事采邑的结果却有着天壤之别。前者无论按周、按月或按年发放,总是迹近于君主自愿打赏,让战士们想起自己为君效命的服役期限并不确定。但是,一块固定的土地会自然而然地带来一种归属感,逐渐形成某种类似于产

封建法的
发展

458

权的观念,使封臣忘记了自己的附庸地位,以及起初授地时附加给他的前提条件。一个人在一块土地上开垦播种,秋后享受收成,显得天经地义。因此,采邑的授封很快从最初的全无定法演变为一年一度。而一个人若在建筑、林木或其他方面进行了投资改造,便会期望收获自己付出劳力或金钱所取得的成果;有鉴于此,他会在其后一些年里继续获封原来的采邑。如果封臣一贯按照当初分封采邑时规定的条款履行己方义务,上级领主却要把他逐离自己的家园,就恐怕难逃苛虐之恶名。因此,又过了一段时候,受封的首领们开始自认为有资格终身享受封邑。人们还发现,如果向将士保证,他们的家人能在其身故后继承这些产业,而不致沦于衣食无着的境地,他们在战场上便更能舍命冲杀。出于以上原因,军事采邑开始在封臣家族内部有了继承权,最初一段时期只能传给儿子,继而发展到允许传给孙辈,再后来便可传给弟兄,渐渐地又惠及更远的亲属。[1] 军事采邑作为产业的观念于不知不觉中逐渐压倒了从军领饷的观念。随着时间的流逝,采邑终身保有权也越发稳固,每个世纪都明显地有所强化。

在权利的持续扩张过程中,各位首领得到手下附庸的大力支持。这些人本来就和首领关系密切,又时时得到后者的关照,双方比邻相依,交情愈发深厚,因此他们甘愿追随自己的首领抗击一切外敌,而当首领与他人发生私人纠纷之时,他们也愿意拿出战场上同仇敌忾的劲头,全力听从首领调遣。当首领与其上级领主争取采邑保有权的斗争不断取得进展,身为附庸的他们也企盼

---

[1]　Lib. Feud. lib. 1. tit. 1.

着获得同样的好处,稳固自己手中的下级采邑保有权。他们强烈
反对更换领主,因为新领主完全有权、也大有可能夺走他们的土
地,转授给自己的亲信和家臣。如此,君主的权威日渐衰落;贵族
们在忠心耿耿的封臣拥戴下,在各自的地盘上拥兵自重,就连君
王之命也撼动不了他们。大势所趋,终使这种僭取的权利得到了
法律的保障。

　　在这种君权飘摇的局面之下,封建军事采邑和自由保有地的
处境顿时显出了差别。后者虽然起初被认为更可取,但是人们很
快发现,随着公、私法律内容的不断变化,前者反而占据更大的优
势。军事采邑的保有者固定地从属于一位首领,彼此之间素有袍
泽之谊,大家团结对外,排挤后一种类型的土地保有者,其优势不
亚于以一支训练有素的军队攻击一盘散沙的群众,因此得以肆无
忌惮地以各种形式伤害这些无助的邻人。于是,人人都迫不及待
地寻求这种被认为如此必不可少的保护。自由土地保有人要么
把自己的地产献给国王,要么献给某个势力强大或勇武过人、素
孚名望的贵族,然后再以封建服役为条件,重新获封这片土地。[①]
此举带来的负担虽然有些沉重,却能换来充分的回报,他从此便
与周边其他业主连络一体,并被纳入一位强大首领的保护之下。
如此,政府权力衰弱必然导致封建诸侯的权力扩张。欧洲诸王国
均分裂为多个爵领,每个爵领又分为更多的下级采邑。封臣对领
主的依附关系起初就是日耳曼习俗中一个必不可少的要件,至此
仍然被同样的原因支撑着——那就是首领和部落成员之间相互

---

① Marculf. Form. 47. apud Lindenbr. p. 1238.

保护的必要性，以及持续交换各种利益和服务的需求。

　　另一种情况越发强化了这种封建依附关系，令封臣和宗主之间的纽带牢不可破。这些北方征服者和早期的希腊人、罗马人一样，奉行一种文明程度较低的邦国均无可避免的政策：他们的民事管辖权和军事权力时时处处都合而为一。法律在其初萌阶段并非一种复杂的科学，支配它的主要是凭常识一望而知的公平原则，而不是为数众多的微妙法理，以类推法加以玄奥论证，再应用于各种各样的案件。一位军官虽说平生大部分时间是在战场上度过，却能裁断自己领地内发生的所有法律纠纷，而且当事人大有可能迅速而且甘心乐意地服从他的判决，因为这些人尊敬他本人，惯于听命于他。罚金是当时主要的责罚方式，司法长官从中有利可图，这也是他寻求执掌司法权的另一重原因。当他名下的采邑变为世袭产业，这份权威亦作为其中的一个重要部分传诸其子孙。一些仅仅执掌行政权力的伯爵及地方长官也跃跃欲试，意图效仿封建领主的榜样（二者本来就在许多方面极其相似），将自己的权位尊荣长长久久地传诸后嗣。在王权衰微的大背景下，他们轻而易举地兑现了自己的主张。如此这般，封建依附关系的大网变得越发结实而全面，无论在哪里，都成为政治制度中一种不可或缺的基本成分。那些追随威廉征服英格兰的诺曼及其他族裔的男爵们已经完全习惯于这种制度，他们根本想象不出其他形式的世俗政权。[①]

---

　　① 在那个时代，封建制观念可谓根深蒂固，就连律师们也对其他形式的政体全无概念。*Regnum*（Bracton, lib. 9 cap 34.）*quod ex comitabus & baronibus dictur esse constitutum.*

撒克逊人当初征服英格兰、灭绝原住民之后,自恃有大海围护,新的入侵者难以阑入,便觉似无必要时刻蓄势待战。被征服鲸吞的大量土地在他们眼里似乎价值不高,因此在相当长的时间里一直保持着原始状态,总是由当权者兴之所至随意打赏给亲信。相比之下,诺曼贵族们原来在本国便享有更独立的产业和司法管辖权,自然不肯像这样任人随意摆布。征服者威廉在重新分封土地时,只好照搬欧洲大陆上已经普遍实行的土地保有权制461 度。于是,英格兰突然间变成了封建王国,①既享受到此类政体的所有优势,也承受了它的所有问题。

根据封建法原则,国王是王国一切地产的最高宗主。所有土 英格兰的
封建政体
地保有者享受任何一部分土地产出或收益的特权,均直接或间接地来自国王;他们的财产权在某种程度上可以说是有条件的。②封地仍然被视为一种俸饷,这正是封建采邑的原始概念;作为回报,封臣必须为宗主效劳,而宗主本身作为国王的封臣,也须为自己名下的封地向国王效劳。封臣有义务在战争中保卫宗主,宗主们则有义务率领各自的封臣为国王和国家而战。封臣须尽的兵役义务都是临时性的,但是除此之外,他们还要承担其他一些民事性质的役使,这些负担就更为频繁和持久。

在北欧各古老族裔的观念中,任何一个以荣誉原则培养长大、久经沙扬兵戈磨砺的男子汉,绝不能不经本人同意而臣服于他人的绝对意志,司法行政也绝对不可不经集议,任由哪一位长

---

① Coke Comm. on Lit. p. 1, 2, ad sect. 1.

② Somner of Gavelk. p. 109. Smith de Rep. lib. 3. cap. 10.

官独断专行,因为众人有可能出于自身利益考虑,共同遏制长官做出武断和不公正的决定。因此,每当国王需要手下的直接封臣或者叫总佃户为其提供某种超出封臣义务的服务时,他就得召集贵族议事会,征求他们的同意。每逢有必要裁决封臣之间发生的争议,则务必把问题提交到全体男爵面前,根据他们的意见或忠告做出裁定。古代男爵们的民事义务主要是在上述两种情况下给出赞同意见或者提出忠告,政府的所有重要事务也无非如此。男爵们一面把出席议事会看作自身的主要特权,一面将其视为一种沉重的负累。任何重大事项若无贵族议事会的首肯或建议均不得实施,从普遍意义上讲,这对于贵族的财产和尊荣是莫大的安全保障,但是,贵族们服务于宫廷非但得不到什么立竿见影的利益,而且他们远离自己的领地,还要承受极大的不便和开销,所以他们个个巴不得逃脱具体的权力行使机会,如果被宣召的次数较少,或者由别人代行其责,他们就会感到很高兴。另一方面,国王出于多种原因,通常十分热切地期望全体贵族都来参会,不论是定期会议还是临时会议。因为出席议事会是贵族们服膺王权的主要标志,而且能减轻他们在自己的城堡和庄园唯我独尊而容易养成的独立性。而当出席议事会的人数寥寥,其决议的权威性便大打折扣,也难以得到全体贵族的欣然景从。

国王主持的全国最高议事会是这种情况,由领主们自己主持的法院也同样如此。领主必须召集手下的全体附庸,投票决定关于领地事务的所有问题。凡在领地司法管辖权限之内的案件,无论民事审判或刑事审判,均由众附庸与领主共同列席审理。他们有义务在法庭上扈从领主、为其效力。由于他们以军役换得采邑保有权,地位荣耀,因此被领主的社交圈所接纳,得享他的友谊。如此,整个王国可被视为一片大的领地,而一处贵族领地则形同一个小型王国。男爵们在全国议事会上人人平等,在某种程度上都是国王的亲随;而他们的附庸在领主法庭上同样地位平等,也都是领主的亲随。①

尽管存在上述的相似性,然而在封建政体的自然发展进程中,却出现了一个普遍现象,即贵族的附庸们对各自宗主的依附关系变得更加紧密,远远超出贵族对君主的依附程度。这种政体演进,必然而且无可避免地趋向于导致贵族的势力坐大。大领主们远驻于自己的乡村领地,通常还能获准修筑城堡、加强防卫,这样他们与国王的联系和交往便大为减少,而对领地附庸的权威则日复一日地增强。附庸们接受领主提供的各种军事训练;也承蒙领主的好客邀请,流连于他那富丽堂皇的客厅,同享社交之乐;他们有大量的闲暇时间,总能随侍在领主身边,参与他的各种户外活动和娱乐。他们实现自身抱负的唯一途径,就是在领主的随从当中崭露头角。领主的青睐和赞许是他们最大的荣耀。如果触怒领主,他们就注定被人轻践、蒙受耻辱。他们时刻感到需要领主的保护,不管是和其他附庸发生纷争的时候,还是当他们面临更实质性的威胁之际——周边的其他领主无日不以强势侵凌弱小。当全面战争爆发之际,一国之君作为全军统帅和邦国的伟大保护者,总要加强自己在太平时期丧失的权威;然而封建制度特

---

① Du Cange Gloss. in verb. Par Cujac. Commun. in Lib. Feud. lib. 1. tit. p. 18. Spelm. Gloss. in verb.

有的控制力松弛问题却挥之不去，以致国家高层内部始终彼此暗藏敌意。而下级附庸们无力招架不断袭来的伤害，唯有更紧密地依附于自己的领主，成为卑躬屈膝的隶属者。

即便是对军事封臣而言，封建政制也丝毫无益于他们真正的自由，而对于其他一些我们可以适当地称之为"人民"的国家成员来说，则对其独立和安宁形成了更严重的威胁。他们当中很大一部分是农奴，也称维兰，处于绝对被奴役的境地。国内其他居民则以形形色色的役务来支付地租，这些役务在很大程度上是出于领主的蛮横需索；他们遭到侵害时，根本不能指望领主法庭还自己一个公道，因为执法者正是那些自认为有权压迫和奴役他们的人。各个城镇均位于王室领地或者大贵族的辖地之内，几乎完全卑服于其主人的绝对意志。由于商贸不兴，城镇居民生活陷于贫贱困顿，而这一国的政治体制就是刻意要让他们的困顿景况永远延续下去。中上阶层的贵族士绅们在乡间生活富足，宾朋燕集，却并不赞助艺术发展，对于较精密的制造工艺也没有需求。万般皆下品，唯勇力行武之道独得推崇。如果有哪个商人或制造业者凭着勤劳节俭达到一定的富裕程度，则会发现自己成为军事贵族们眼红的对象，更容易沦为其俎上鱼肉。464

以上各种因素的交织作用，令封建政制强烈趋向于贵族制，以致所有欧洲国家的王权均已极度衰微，我们不必担心君主集权，反而不难预见到各王国走向分崩离析，大贵族割据自雄，原来将他们凝聚在一起的政治联盟将不复存在。选举君主制下实际发生的情形通常与上述预见相符：每一次王位空缺，贵族势力就会趁机高涨，以致与王权形同比肩，王室权利和民众自由都成了他们僭权的牺牲品。而继承君主制秉承其固有的权威法则，相对而言不容易被颠覆。此外还有几方面因素，让君主可恃以保持一定的影响力。

大贵族们不可能对封建制原则完全视而不见（这种原则约束他们以封臣的身份服从并效忠于国王），其原因在于，他们必须时刻援引这些原则，责成其附庸服从并效忠于自己。中小贵族们则发现，如果王权覆灭，自己便失去保护，不免遭受强邻侵凌，所以他们自然会拥戴国王，支持普遍公平执法。普通百姓出于更强烈的利益诉求，也期望王权光大。国王身为王国的合法执政者，国内的任何动乱或压迫都会给其王权带来不利影响，他通常以万千子民的监护人或保护者的有益形象示人，而将大贵族视为其直接对手。国王除了拥有法律赋予他的诸般特权之外，还拥有大片王室领地和无数家臣，可以说，他是王国内最大的贵族。只要他本人足够勇武干练（其地位亦要求他具备这些优秀品质），通常就有能力保持自身权威，维护他作为一国之主、法律与正义之源的地位。

第一代诺曼君主还拥有另一个优势，足以防止手下贵族逾矩僭权：他们都是指挥千军万马的侵略军统帅。这样一支军队有必要随时保持戒备，严格服从将令，以便压制财产和权利均被剥夺净尽的大批本土民众揭竿而起。尽管这种情况力撑征服者威廉以及紧随其后的几位继承人把持了绝对权力，然而一旦诺曼贵族们开始与本土人群相融合，并获得了财产安全，牢牢地控制了自己的封臣、佃户和奴隶，那么君主的绝对威权便不复存在。征服者威廉当初对手下大将不吝封赏，这些巨额财富也支持他们崛然独立,对君权构成了莫大威胁。

　　例如,他把整个切斯特郡赏给自己的外甥休·德·阿布林西斯(Hugh de Abrincis),建立巴拉丁伯爵领,[①]恩准后者基本上独立于王权行事;[②]蒙田伯爵罗贝尔获赐九百七十三处庄园和领地;布列塔尼和里奇蒙德伯爵阿兰获赐四百四十二处庄园及领地;巴约主教奥多得到四百三十九处;[③]库唐斯主教杰弗里得到二百八十处;[④]白金汉伯爵沃尔特·吉法尔一百零七处;瓦伦纳伯爵威廉二百九十八处,外加约克郡的二十八座市镇村庄;图丹讷(Todenei)八十一处;罗歇·比戈德一百二十三处;尤城伯爵罗贝尔一百一十九处;罗杰·莫蒂默一百三十二处,外加几座村庄;罗贝尔·德·斯塔福德一百三十处;索尔兹伯里伯爵沃尔特·德·尤吕斯(Walter de Eurus)四十六处;杰弗里·德·曼德维尔(Geoffrey de Mandeville)一百一十八处;理查·德·克莱尔一百七十一处;休·德·博尚一百四十七处;鲍德温·德·里弗斯(Baldwin de Ridvers)一百六十四处;亨利·德·费勒斯二百二十二处;威廉·德·珀西一百一十九处;[⑤]诺曼·达西(Norman d'Arcy)三十三处。[⑥]据亨利·斯皮尔曼爵士统计,在征服者威廉

---

　　① Palatinate,由王权伯爵据有的领地。——译者

　　② Cambd. in Chesh. Spel. Gloss. *Comes Palatinut* 词条。

　　③ Brady's Hist p. 198,200.

　　④ Order. Vital.

　　⑤ Dugdale's Baronage,引自《末日审判书》vol. i. p. 60,74,111,112,132,136,138,156,174,200,207,223,254,257,269。

　　⑥ Ibid. p. 369.值得一提的是,在追随征服者威廉征服英格兰的军事贵族当中,达西家族似乎是硕果仅存的一脉(以男性继承人而论)。当今的霍尔德内斯(Holdernesse)勋爵便是该家族的继承人。

时代,偌大一个诺福克郡的领地数目总计不超过六十六处。① 这些人岁入丰厚、辖域辽阔,形同君侯,怎甘长久雌伏于人下? 后来某一朝代,有人质疑势力强大的瓦伦纳伯爵凭什么据有如此广大的领地,伯爵拔剑道,就凭这把剑。他又说,那个私生子威廉岂是单枪匹马征服英格兰的? 还不是靠着包括他祖先在内的众男爵舍生忘死,方才合力打下这片江山?②

英格兰最高立法权执掌在国王和大谘议会(亦即议会的前身)手中。各位大主教、主教和最有身份的修道院住持,无疑是该组织的必要成员。他们以双重资格参与议事:首先是惯例使然,自本岛皈依基督教以来,在整个撒克逊时代里,高级神职人员始终享有这一特权;其次,他们享有贵族身份,作为王室的直属封臣从军效命。教会高层这双重身份从未得到明确划分,及至教会僭权达到高峰之时,主教们以超然于俗权自居,认为出席议会有损其宗教尊荣,而国王坚称他们作为王室封臣,根据封建法的一般原则,有义务出席议会奉驾。③ 然而在实践中仍然遗留着一些做法,假定神职人员的权利仅仅源自古代遗制:当选主教自动获得议会席位,除非国王撤销其教会职务;如有圣职出缺,则由该教会的监事奉召与其他主教一起出席议会。

国家大谘议会的另一必要组成部分是众位男爵。他们凭军事保有权直接从君主手中获封采邑,是王国最荣耀的成员,有权

----

① Spel. Gloss. *Domesday* 词条。

② Dug. Bar. vol. i. p. 79. Ibid. Origines Juridicales, p. 13.

③ Spel. Gloss. *Baro* 词条。

协商审议所有公共事宜。他们是王室直接封臣,到宫廷陪侍最高宗主是其应尽的义务。任何决定如若不经他们同意,大抵难以执行。关于任何事由或贵族内部争议的裁决,如果与男爵们的投票和意见不符,均属无效。伯爵封号既是地方政务官职,也是世袭身份。鉴于所有伯爵都是由国王直接敕封领地的贵族,他们均被视为王室军事封臣,因而有资格出席大谘议会,构成其中最煊赫也最强大的一股势力。

　　另一个阶层也以军事保有权直接从君主手中获封采邑,其人数并不少于男爵,或许更多。他们凭骑士役成为王室的直属佃户,尽管其势力、财产都远逊于男爵,但是他们的土地保有资格也同样享有头等荣耀。一个男爵领通常由若干骑士采邑构成,爵领面积虽无定规,但一般不小于五十海德。① 不过,一个人即便只从国王处领有一、两个骑士采邑,他仍然属于王室直接封臣之列,从而有权在大谘议会中占据一席之地。鉴于列席议会通常被视为一种负担,财力微薄者做不到经常参与,因此,对骑士的要求很可能较为宽松:如果他们愿意前往,便有资格出席;如若不能定期参会,也不要求他们同男爵一样缴纳罚款。在末日审判书编定的时代,王室直接军事封臣的总数不超过七百位。由于这些成员总是寻求任何借口推脱参会,所以为处理公共事务而召开的大谘议会永远不至于人满为患。

① 一个骑士采邑占地四海德。男爵领的继承贡金标准十二倍于骑士领,我们由此可以推测其一般价值。见 Spelm. Gloss. *Feodum* 词条。英格兰境内共有二十四万三千六百海德土地,六千二百一十五个骑士采邑。由此明显可知,每个骑士采邑的面积应为四海德略多一点。

关于大谘议会亦即古代议会的性质，现今已经明确无疑，也 ^{平民}
不存在任何争议。唯一的问题似与下议院或者说各郡及市民代
表有关——在较早的时期，他们是否也同样是议会的必要组成部
分？在英国，各派曾经为此唇枪舌剑，争得不可开交。然而终究
是时间和证据的力量强大，有时竟可胜过党派歧见。如今这个问
题似乎终于有了定论，与执政党的见解相左；此说得到各方一致
首肯，甚至执政党内部人士也予以认同。普遍认为，在诺曼征服
后的若干世代中，王国大谘议会并不包含下议院；大谘议会作为
王国最高立法会议，仅由王室军事封臣构成。

468　　封建领主的附庸从领主处取得土地保有权，由此直接依附于
前者，他们有义务列席领主法院，并通过领主间接向国王尽一切义
务——因众位领主所享的土地保有权亦要求他们依附于其君王和
最高宗主。附庸的领地包含于各爵领之内，按照封建法的假定，以
领主作为直接保有人，因此在议会中由领主出面代表，若额外赋予
这部分地产更多的代表权，将被视为不合理。所有附庸在领主面前
的地位，与各位领主在国王面前的地位相当：前一群体在领地层面
上互为同侪，后一群体在王国层面上互为同侪。附庸构成本地社会
的臣属阶层，领主则在大谘议会中享有尊荣。附庸是领主的居家亲
随，而领主们在宫廷中充当国王的亲随。如果设想国王会向身份如
此低微的等级征求意见或赞同，分明是对一切封建理念和作为上述
古代制度核心的层级式依附关系构成莫大的侮辱——在附庸和国
王之间还隔着一层中间领主，附庸只能直接对中间领主尽义务。^①

---

① Spelm. Gloss. *Baro* 词条。

各位领主的附庸虽然以高贵而荣耀的军事保有资格获封领地,但是,若说他们可以蒙召在全国大谘议会上抒发见解,却是超乎常情。如果连他们都没有资格出席议会,则更难以设想,地位更为卑微的商人和市民能够获得这种特权。据末日审判书显示,诺曼征服时期英格兰最大的市镇并不比乡村市集强多少;市镇居民完全依附于国王或大贵族为生,形同奴仆一般。[①]当时他们还是一盘散沙,没有形成一个共同体,也不被视作一个政治实体。他们实际上只是一群松散聚居于某地的商人,身份卑微、依附于人,彼此之间并无任何特殊的民事关系纽带。他们没有能力在王国议事场合取得发言权。即便在艺术和文明发展步伐快得多的法国,也是在诺曼底公爵征服英国六十年之后才出现了第一个自治市,这是"胖子路易"国王的发明,旨在从贵族领主的奴役下解放人民,给予他们某些特权和独立的司法管辖权,为其提供保护。[②] 有位法国古代作家曾经将这称为邪恶的新招术——它让奴隶获得自由,鼓励他们脱离主人的支配。[③] 那份征服者威廉授予伦敦城的著名宪章,虽说在当时做足宽仁温和的姿态,实质上无非是一份保护承诺,宣示此城居民不会被当作奴隶对待而已。[④] 英格兰封建法规定,宗主不得将其监护下的女性嫁与市民和维兰[⑤]——可见这两个等级在人们心目中的地位相当接近,远远逊

469

---

① "自由人(Liber homo)"在古代指绅士,因为此外极少有人拥有完全的自由。Spelm. Gloss. in verbo.

② Du Cange's Gloss. *commune*, *communitas* 词条。

③ Guibertus, de vita sua, lib. 3. cap. 7.

④ Stat. of Merton, 1235. cap. 6.

⑤ Holingshed, vol. iii. p. 15.

于贵族和绅士。贵族和绅士阶层除了在出身、财产、民事权利和特权方面占据优越地位，还独享佩带武器的权利。那是一个独尊武道的时代，且法治不张，以致暴力横行，一切争执纠纷全凭武力解决。在这种背景之下，佩带武器的特权自然赋予了他们极大的优势。[①]

凡是略通古代史的人都知道，欧洲各国的封建政制彼此极为相似。在英国以外的所有国家，人们对此问题[②]的讨论从未受到党派之争的影响，因而国外博古界都一致认为，直到相当晚近的时期，平民才获准分享立法权。尤其是在诺曼底，该公国的制度体系很可能就是征服者威廉在英国新创政制的范本，在这套体系中，公国议事会完全由高级神职人员和贵族构成，诺曼底境内最早的两个自治市为鲁昂和法莱斯，是在 1027 年经法王腓力授权确定的。[③] 所有古代英国史家在提及全国大谘议会时，均称之为男爵、贵族或要人的会议，存留至今的相关文献多达数百个段落，除非极力曲解、穿凿附会，否则根本找不到一处表述确认平民是国家议会的必要组成部分。[④] 从诺曼征服直至亨利三世末年，时间

470

---

① Madox's Baron. Angl. p. 19.

② 指下议院发展史的问题。——译者

③ Norman. Du Chesnii, p. 1066. Du Cange Gloss. *commune* 词条。

④ 古代史家有时提到 populus（可理解为"民众"）是议会的构成部分，但这个词总是用来指称与神职人员相对的俗众。有时还可见到 communitas（"共同体"之意）一词，但它指的永远是 communitas baronagii（"贵族共同体"）。布莱迪博士对此已有清楚论证。此外还有一些地方提到，在某些格外令人感兴趣的场合，大谘议会中挤满熙熙攘攘的人群（crowd）或群众（multitude），然而，文献中从未提到来自市镇的代表，这便确切而无可辩驳地证明了，当时并不存在这样的代表。假如平民代表确系立法机构的正式成员，那么他们必定能分配到固定的席位，而不至于挤作一团。爱德华一世时期召开大谘议会，接到国王宣召令状的自治市镇共有 130 个。Gesta Reg. Steph p. 932 中明确写道，平民百姓（vulgus）涌进大谘议会现场的情形时常发生，他们只是充当普通看客，满足一下好奇心而已。

跨度长达二百年，其间充斥着形形色色的党争、革命和社会动乱，然而从未见下议院做出一个足够重要的立法举动，可以让其时为数众多的史家当中的某一位在其著作中略提一笔，由此可见，平民在当时必定是完全无足轻重。如果是这样，我们何以确认他们曾经应召参与议政呢？可否假设，如此卑微渺小的一群人居然有能力与国王和贵族们唱反调？而纵观此后的历史篇章，每一页上都留下了他们的印痕，尽管这些历史记载并不比之前的叙事更精细，实际上笔触反而更粗率些。约翰王颁布的《大宪章》规定，不经大谘议会批准，不得向各处领地或市镇征收盾牌金或贡金。为寻求进一步的安全保障，《大宪章》还扩增了有资格出席大谘议会的人员，包括高级神职人员和王室直接封臣，但并无一字提到平民。其中的授权内容如此完备、确切、清晰，除非是出于党争的热狂，否则没有任何因素能够促使人们得出相反的假定。

也许英国人是鉴于法国贵族的榜样，方才鼓起勇气，向本国君主争取更大的独立。英格兰设立自治市镇也可能是效法了法国的做法。因此，如果假定英格兰贵族的各项主要特权和人民的自由最初都是在那个国家萌生根芽继而舶来英伦，也并非没有可能。 471

古时候，人们并不热衷于在立法会议上占据一席之地，反而把赴会视为一种负担，因为他们要为此承担种种麻烦和花销，在利益或荣誉上却得不到相应的回报。设立这种公共议事会的唯一理由，从臣属的角度而言，是由于期待一定的安全保障，以便抵御专制强权的侵凌；从君主角度而言，是因为他面对富于独立精神的臣民，深知不取得他们的支持与合作，便无法维持自己的统治。但是平民或自治市镇的居民尚未取得如此重要的身份,他们需要保障自身安全,抵御君主的强权。即便真的作为一个代议群体蒙召列席议会,他们也无法想象,以自身的能力或地位足以履行代议职责。他们所期待的安全保障,只限于维护自己免遭身边其他市民的暴力和侵夺。为求得一个安全处境,他们各自把目光转向法院,或者根据法律或自身选择投靠某个大领主的权威庇护。另一方面,君主心里有把握,只要获得贵族的赞成,就能保证整个王国臣服于自己,完全不必担心国内哪个等级有能力对抗他和贵族们联手形成的威势。次级军事封臣绝对无心同时与国王和自己的直接宗主作对,市民和商人更不可能产生这种想法。由此可见,即使历史文献并无记载,我们亦有理由根据已知的当时社会状况得出结论:在那个时代,平民从未获准成为立法机构的一份子。

　　盎格鲁-诺曼政府的行政权掌握在国王手中。除了在每年的圣诞节、复活节和圣灵降临周这三大节日定期召集议会之外,[1]每当遇到紧急情况,国王也惯于召集贵族大会。他可以随意命令手下的男爵及其附庸前来面君护驾,王国的军事力量就在于此。男爵们的服役期为四十天,在此期间国王有权驱使他们抵御外敌入侵,或者镇压国内叛乱。特别重要的是,王国的全部司法权最终都汇聚到国王手中,由他指派官员和大臣们具体行使。

　　盎格鲁-诺曼政府的总体架构是:领主法院受命审理本爵领 ^{司法权}内附庸或百姓之间的纠纷;自撒克逊时代沿袭下来的百户邑法庭

---

　　① Dugd. Orig. Jurid. p. 15. Spelm. Gloss. *parliamentum* 词条。

和郡法庭依然保持着旧制,^①审理不同爵领臣民之间的纠纷。^② 而国王法院或称 curia Regis 则负责裁断男爵之间的官司。^③ 这种架构尽管简单,但也伴随着一些特殊情况,它们源自征服者威廉僭取的广泛权力,有助于加强王室特权;只要国家未遭兵戈之乱,就能将各等级臣民持续地抑制于某种依附和从属的地位。

　　国王法院总是追随王驾巡行各地,国王经常御驾亲临开庭现场,^④亲自聆诉和断案。^⑤ 虽然他也听取庭上其他人员的意见,但是很难想象任何有违其旨意或倾向的裁决能够轻易出笼。国王缺席时,由首席政法官主持开庭,后者身居王国行政官员之首,形同国王的代表,打理国内一应政务。^⑥ 参与国王法院开庭的,还有国王驾前的其他主要官员,包括城堡卫戍长、王室骑兵队长、王室总管、宫务大臣、王室司库、御前大臣,^⑦以及其他拥有列席资格的

473

---

①　Ang. Sacra, vol. 1. p. 334, &c. Dugd Orig. Jurid. p. 27, 29. Madox Hist. of Exch. p. 75, 76. Spelm Gloss. *hundred* 词条。

②　欧洲其他国家的封建政体中均不存在郡法庭这种机构,这是虎威凛凛的征服者威廉从撒克逊习俗中保留下来的部分内容。郡法庭开庭时,本郡全体世袭地产保有人均须出席,连地位显赫的贵族也不例外,他们有义务会同郡长执法断案。上述人等以这种方式收到频繁而明智的告诫,提醒其从属于国王或曰最高执法者的身份。他们也和同侪贵族及世袭地产保有人结成了某种共同体。这些人各自据有一片领地,有如坐拥独立王国,此乃封建制度下的特有现象;此举经常将他们从领地召离,使之成为一个政治实体的成员。或许,郡法庭制度对英格兰政制的影响远高于历史学家所阐明的程度,亦大大超出了博古家们追溯的范围。在亨利三世时代以前,贵族们始终未能摆脱列席郡法庭和巡回法庭的义务。

③　Brady Pref. p. 143.

④　Madox Hist. of Exch. p. 103.

⑤　Bracton, lib. 3. cap. 9. § I. cap. 10. § I.

⑥　Spelm. Gloss. *justiciarii* 词条。

⑦　Madox Hist. Exch. p. 27, 29, 33, 38, 41, 54. 诺曼人引入了在特许状上用玺的做法,御前大臣的职责即掌管御玺。Ingulph. Dudg. p. 33, 34.

王室封臣,还有效力于财政署的贵族——财政署的职位起初均由国王指定的王室封臣担任。[①] 国王法院有时亦称财政署法院。它受理一切民事和刑事诉讼,涵盖了现今分别由衡平法院、王座法院、民事法院和财务大臣法院受理的全部案件。[②]

如此这般的权力集聚,本身就能衍生出极大的权威,从而令全体臣民对国王法院的司法权敬畏有加。而继诺曼征服之后不久的司法审判改革越发增进了法院权威,加添了王室的特权。征服者威廉强力推行各种激进变革,其中一项就是将诺曼法引入英格兰;[③]他下令所有诉状必须以诺曼语言书写,并且融合了英格兰原有的审判规程与诺曼法的要理与原则,也就是文明程度较高、性喜争讼的诺曼人在寻求司法公正的过程中惯于恪守的那一套原则。法律在此时变成了一门科学,起初完全由诺曼人掌握,后来虽然也有英格兰人进入此行,终究因其要求大量研习与实际操练,令那个蒙昧时代的普通人难以登堂入室。于是,法律的奥妙几乎完全被神职人员、特别是僧侣们所垄断。[④] 国王驾下的达官显贵都是行伍出身,他们发现自己根本不适于钻研繁琐晦涩的法律条文,这些人尽管有权列席最高法院的审理,但在法庭上还是由首席政法官和一批由国王任命、唯王命是从的法务贵族操纵一切。[⑤] 案件数量的激增亦加剧了上述的自然趋势,国王法院源源

---

① Madox Hist. of the Exch. p. 134,135. Gerv. Dorob. p. 1387.

② Madox Hist. of the Exch. p. 56,70.

③ Dial. de Scac. p. 30. apud Madox Hist. of the Exchequer.

④ Malmes. lib. 4. p. 123.

⑤ Dugd. Orig. Jurid. p. 25.

不断地接到各地下级法院呈来的上诉案,数量日益累增。

　　在撒克逊时代,国王的法院只接受下级法院拒绝受理或耽延 474
审理的案子,这一做法在欧洲大多数封建王国至今通行。然而征
服者威廉凭借其强势,甫一占据英格兰便树立起极高的权威,相
比之下,法兰西王室直到二百年后圣路易(St. Lewis)[①]临朝的时
代仍然无法企及。征服者威廉授权国王法院同时受理来自领主
法院和郡法院的上诉,从而将最高司法管辖权收归国王手中。[②]此
外,他又设立巡回法官,巡行王国各地审理各种诉讼,以免诉讼者
因承受不起相关开销和旅途劳顿而无法上诉到国王法院,无奈默
认下级法院的裁决。[③] 这项措施的推行,使得领主法院对上级法
院保持敬畏;如果说国王手下留情,让领主法院保持一定的影响
力,那也只是因为考虑到附庸们有可能心怀不轨,以对领主法院
的裁决提起上诉的方式与自己的宗主作对。而郡法院的声望则
一落千丈。人们发现世袭地产保有人根本不了解新法律错综复
杂的原则和形式,于是讼师们逐渐将所有案件呈至国王的法官面
前,抛弃了简单而通俗的古代司法体例。人们由此发现,诺曼法
规定的那一套司法程式尽管显得枯燥繁琐,却是一切君主制政权

---

　　① 即路易九世,1226—1270 年在位。——译者

　　② Madox Hist. of the Exch. p. 65. Glanv. lib. 12. cap. 1. 7. LL. Hen. I. § 31. apud
Willins, p. 248. Fitz Stephens, p. 36. Coke's Comment. on the Statute of Mulbridge, cap. 20.

　　③ Madox Hist. of the Exch. p. 83, 84, 100. Gerv. Dorob. p. 1410. 盎格鲁—诺曼贵
族之所以乐于将呈至领主法院的诉讼上交到国王的财政署法院,是因为他们在诺曼底
时已经习惯于由该公国的财政署法院受理此类诉讼。参见吉尔伯特(Gilbert)著《财政
署历史》(*History of the Exchequer*),p. 1, 2;不过这位作者也不能确定诺曼法庭是否
效仿了英格兰法庭,p. 6。

下必不可少的支撑自由的力量，在英格兰，起初是由于多种有利
于强化王权的因素综合发生作用，方令这一点得到了证明。

　　诺曼君主的权力在很大程度上也得到其庞大岁入的支撑。_{王室岁入}
这种收入是固定的、永久的，不以臣民的意志为转移。平民百姓
不谙武事，无力监察国王，也无法常规性地保障行政司法妥善尽
475　职。在那个暴力恣行的年代，许多压迫行径先是被忽略而未受追
究，随后就被公然引为先例，任何争辩或抵制均成了非法行为。
君主和大臣们愚昧无知，他们自己都不知道衡平执法的好处；也
不存在什么委员会或集议机制，可以为人民提供保护，并以缩减
供应的方式，和平且经常性地提醒国王履行其职责，确保法律的
执行。

　　王室定期收入的第一个来源是王室领地，这些领地范围广
袤、类型多样，除了大量的庄园之外，王国的大多数主要城市也归
国王所有。法律规定，国王不得将任何王室领地转让他人，如果
发生此类转让，他或他的继承人有权随时取消让与。[①]　不过，这条
法律事实上从未得到严格执行，幸而如此，因为这适时地令王室
的依赖性有所增加。人们通常把王室领地的租金视为一笔极大
的财富，其实它也是权力之源：国王对其佃户和名下市镇居民的
影响力可以增进他的权力。此外，他还拥有数不清的其他收入来
源，这些财源除了充实王室府库之外，由于其本质使然，也极大地
扩张了国王的专制权威，支持了王室特权，以下便枚举几例：

　　国王从不满足于收取规定的租金，总是恣意对王室领地内的

---

　　① 　Fleta, lib. 1. cap. 8. § 17. lib 3. cap. 6. § 3. Bracton, lib. 2. cap. 5.

城乡居民课以重税。为了防盗,所有交易活动只限在自治市镇和
公共市场内进行,[1]国王自命有权对上述地方买卖的所有货物抽
税。[2] 每艘进口葡萄酒的船只,均须将桅杆前、后的两大桶酒交给
国王充税。所有货物都须按自身价值向国王交纳一定比例的关
税。[3] 他还在桥梁、津渡等行人往来要道随意设卡抽取通行税。[4]
尽管各自治市镇逐步通过包税方式获得了自由,然而这种交易也
增加了王室的收入,国王常借着更新和确认包税特许状来索取更
多钱财,[5]从而使民众长久受制于他。

476

　　王室领地居民的生活境况就是如此。而那些世袭地产保有
人即军事采邑保有者尽管在法律上得到更大程度的保护,又有佩
带武器的特权,却因其土地保有权的性质而更易遭受王权侵凌,
以当今的眼光来看,他们拥有的安全保障并不是很牢靠。征服者
威廉下旨云,除了在国王作战被俘、王长子封骑士及长公主出嫁
这三种情况下的合理赞助之外,男爵们不必提供任何超乎其规定
役务的服务。[6]然而,在这些情况之下,怎样才算是"合理"的赞助,
却没有明确标准。迄至此时,王室的需索仍是从心所欲。

　　国王有权在战时要求其封臣亲自随驾出征,可以说,王国境
内几乎所有的地产保有者均在此列。他们如果不愿出征,就得以

---

① LL. Will. I. cap. 61.

② Madox,p. 530.

③ Madox,p. 529. 该作者称纳税比例为十五分之一,但此说很难与其他权威说法达成
一致。

④ Ibid. p. 529.

⑤ Madox's Hist. of the Exch. p. 275,276,277,&c.

⑥ LL. Will. Conq. § 55.

现金形式向国王缴纳一笔免服兵役税,时称盾牌金。在有些朝代,这笔税金的具体数目并无定准,全凭国王随意指定。有时候,国王会强制征收现金,不准封臣们以役抵税。[①] 假借征伐之名向军事封臣们索取盾牌金也是国王的惯用伎俩。丹麦金是早期诺曼诸王治下另一种名目的土地税,其征收亦是随心所欲,有违于征服者威廉的律令。[②]诺曼王朝的前两任君主还征收同一性质的普通土地税,称作"常规税(moneyage)",规定各家各户每三年缴纳一先令,换得国王不使用其降低币值的特权;此税在亨利一世的宪章中被废止。[③] 事实上,我们可以从该宪章中看出,尽管征服者威廉下旨免除了王室军事封臣名下的各种赋税和地租,但是他和他的儿子威廉二世从来都不认为自己有责任遵行此规,而是对王国境内所有地产随意征收各种苛捐杂税。亨利一世做出的最大让步,是保证军事封臣自己耕种的田地可免征赋税,但是他保留了对普通农民的征税权。而众所周知,亨利一世的宪章连一条都不曾得到实际执行,因此我们可以确信,这位国王及其几位后任就连这一小小的让步也收回了,他们照旧对全体臣民的土地恣意征税。有时候民众承担的税负十分沉重,据马姆斯伯里记载,在红发威廉一朝,农民苦于苛税而将田地抛荒,从而造成了一场大饥荒。[④]

王室权力和收入的另外一大来源是充公产业,在诺曼征服后

---

① Gervase de Tilbury,p. 25.
② Madox's Hist. of the Exch. p. 475.
③ Matth. Paris,p. 38.
④ Chron. Abb. St. Petri de Burgo,p. 55. Knyghton,p. 2366 亦有记载。

的最初几朝尤其如此。第一代男爵若无后嗣,其名下封地即转归王室,王室财产由此而持续增加。根据法律,国王有权转让这些充公产业,而他又可借此让其朋友亲随发财致富,从而壮大自己的权威。他有时会自己保留这些产业,它们逐渐与王室领地融合,直至难以区别。或许正是由于这种混淆,才使国王获得了出让王室领地的权利。

不过,除了绝嗣充公这一制度之外,在古时候,对宗主犯罪或不履行应尽义务者也常被抄没家产。附庸被传召出席宗主的法庭却报以怠慢抗拒、未能尽其效忠职守,如此凡三次者,将被罚没其名下的全部封地。① 附庸否认受封或拒绝尽其封臣义务者,也将遭到同样惩处。② 附庸未经宗主许可而出售领地,③或出售的名义与自身所享土地保有权、爵衔不符者,也将丧失对领地的一切权利。④ 附庸背主投敌者、⑤临阵弃主脱逃者、⑥出卖宗主机密者、⑦勾引宗主之妻或近亲⑧乃至与其淫乱不轨者,⑨都将被罚没领地。强奸、抢劫、杀人、纵火等更为严重的罪行称为"重罪",附庸倘若犯下重罪,可以阐释为对宗主缺乏忠诚,因此也将被褫夺

---

① Hottom. de Feud. Disp. cap. 38. col. 886.
② Lib. Feud,lib. 3. tit. 1,lib. 4. tit. 21. 39.
③ Lib Feud. lib. 1. tit. 21.
④ Lib Feud. lib. 4. tit. 44.
⑤ Id. lib. 3. tit. 1.
⑥ Id. lib. 4. tit. 14. 21.
⑦ Id. lib. 4. tit. 14.
⑧ Id. lib. 1. tit. 14. 21.
⑨ Id. lib. 1. tit. 1.

封地。① 即便犯下重罪者是某位男爵名下的附庸，其封地充公后应当转归其直接宗主名下，然而国王依然有权将此封地扣留 12 个月，除非直接宗主支付合理的和解费，否则国王有权蹂躏破坏该封地。② 我们在此并未一一罗列各项重罪以及所有按律应罚没领地的罪行，但以上叙述已经足以证明，古时候封建地产的保有权是有欠稳固的，它从未失去其最初作为军事采邑或俸饷的意义。

　　男爵一旦去世，其名下领地立即被国王接管；该男爵的继承人必须向王室提出申请，表达为此领地向国王效忠的强烈意愿，并缴纳一笔领地继承贡金，才能取回领地。起初，法律对领地继承贡金的数额并无明文规定，至少在实践中是如此：国王总是漫天要价，将领地扣留在自己手中，直到继承人满足他的要求为止。

　　倘若继承人年幼，国王将保留领地的全部收益，直至该继承人成年；他可以按自己认为合理的标准，向未成年继承人拨付教育费和生活费。这种做法同样是基于以采邑为俸饷的概念——当封臣不具备履行军事役务的能力时，采邑收入便上交给宗主，供其雇用他人来代役。显然，通过这种手段，国王必定能将很大一部分土地持续把持在自己手上，从而使所有贵族家族永久地依附于他。国王若是把某个富裕继承人的监护权转交给什么人，那么这就是一个笼络人心的机会，可以让他的某位宠嬖或大臣借此发财。如果他把监护权转手卖掉，也能收益不菲。例如，西蒙·德·孟福尔(Simon de Mountfort)曾向亨利三世支付了一万马克——这在当

---

① Spelm. Gloss. *Felonia* 词条。
② Spelm Gloss. *Felonia* 词条。Glanville, lib. 7. cap. 17.

时是一笔巨款——用于购买对吉尔伯特·德·乌姆弗勒维尔
(Gilbert de Umfreville)的监护权。[1] 杰弗里·德·曼德维尔也向
亨利三世支付了两万马克,以便迎娶格洛斯特伯爵夫人伊莎贝
尔,并占有她名下的全部土地和骑士领。这个数目相当于今天的
三十万镑,或许可达四十万镑。[2]

　　如果该继承人是女性,那么国王有权将她嫁给任何一位他认
为适当的人选,只要门当户对即可。她若拒不从命,便会被罚没
领地。即使男性继承人未获国王许可也不得成婚,他们常须支付
大笔钱款,来换取按自己心意结婚的自由。[3] 不经宗主批准,附庸
无权处置自己名下的领地,无论是出售还是遗赠。领地保有者从
来不被视作享有完全所有权的业主:他仍然是某种受俸者,如果
他有意招纳的任何附庸被宗主认为不妥,那么他就无权迫使宗主
接受此事。

　　各种形式的罚金是王权和王室岁入的另一重要来源。存留
至今的财政署旧档中记录了当时种类繁多的罚金项目,[4]令人不
禁诧谔——他们为了从黎民百姓身上勒索钱财,竟然发明了如此
花样百出的奇特名目!

　　在我们看来,古代英格兰的国王们似乎是在亦步亦趋地效仿
那些野蛮的东方君主:他们收受贿赂,任何人不奉上礼品就休想
获得面君的机会;他们卖官鬻爵,把官府的肥缺都用来换钱;他们

---

[1]　Madox's Hist. of the Exch. p. 223.
[2]　Id. p. 322.
[3]　Madox's Hist. of the Exch. p. 320.
[4]　Id. p. 272.

事事插手,寻找各种借口勒索钱财。就连公道也被明目张胆地买卖;国王法院本身虽然是王国的最高司法机构,却也变成了"有理无钱莫进来"的地方,不向国王送礼就得不到法院理睬。这一笔笔贿赂,有的是为了加快审理,有的是为了延迟开庭,[①]还有的是为了中止庭审,无疑还有谋求颠倒黑白、枉法裁断的,它们均被纳入记载王室岁入的公开登记簿中,如同一座座纪念碑,恒久昭示着那个时代的不公和暴政。例如,财政署的老爷们身为王国最早的贵族,竟毫不惭愧地在其记录中列入以下项目:诺福克郡支付现金若干,请求公平审理;[②]雅茅斯自治市,请求授予该市诸般特权的国王特许状得到遵行;[③]吉尔伯特之子理查,请求国王帮助他向犹太人索回债款;[④]特拉瓦斯顿之子塞洛,请求一旦被控杀人之时能为自己辩护;[⑤]沃尔特・德・伯顿,请求一旦被控伤人之时能获免费审理;[⑥]罗贝尔・德・伊萨特,请求查询屠夫罗杰、韦斯和亨弗雷是否出于嫉妒和恶意以抢劫、盗窃的罪名对他提起指控;[⑦]威廉・布赫斯特,请求查询自己因一个名叫戈德温的人之死被送上法庭的案由是恶意杀人还是正当防卫。[⑧] 上述几个例子是笔者从马多克斯的大量类似记载当中选择出来的,而马多克斯的这些

---

① Madox's Hist. of Exch. p. 274,309.

② Madox's Hist. of the Exch. p. 295.

③ Id. Ibid.

④ Id. p. 296. 他付了二百马克,在当时可谓一笔巨款。

⑤ Id. p. 296.

⑥ Id. Ibid.

⑦ Id. p. 298.

⑧ Id. p. 302.

记载,则摘自财政署古代文献中存留下来的更多实例。①

　　诉讼当事人有时会将债款的一部分——二分之一、三分之一 ⁴⁸⁰
或四分之一——献给国王,请求后者以执法者的身份出面帮其收
回债权。② 提奥法尼娅·德·韦斯特兰诉詹姆斯·德·富勒斯顿
欠她二百一十二马克,她提出只要能追回这笔欠账,愿将其中半
数孝敬国王。③ 犹太人所罗门向休·德·拉·霍斯追讨债务,愿将
追回钱款的七分之一献予国王;④尼古拉斯·莫雷尔愿出六十镑献
金,请求扣押佛兰德斯伯爵的财产以抵偿其拖欠的三百四十三镑债
务,并许诺一旦拿到伯爵的首笔还款,便向国王支付这笔献金。⑤

　　由于国王号称全权控制商贸经营,因此臣民从事任何种类的
工商业经营都须向国王缴费,以获得许可。⑥ 休·奥伊塞尔支付
四百马克,换取在英格兰境内自由经商的许可;⑦奈杰尔·德·哈
维涅支付五十马克,取得与杰维斯·德·汉顿合伙经营的许可;⑧
伍斯特郡民众支付一百先令,换取像以往一样买卖染色布匹的自
由;⑨还有其他一些城镇也通过缴纳费用换得了类似的自由。⑩ 实
际上,整个王国的贸易极度受制于国王,他随心所欲地设立行会、

---

① Chap. xii.
② Madox's, Hist. of Exch, p. 311.
③ Ibid.
④ Madox's Hist. of Exch. p. 79,312.
⑤ Id. p. 312.
⑥ Id. p. 323.
⑦ Id. ibid.
⑧ Id. ibid.
⑨ Id. p. 324.
⑩ Id. ibid.

商会和专营机构,凭借这些专属特权捞取大笔收益。①

　　国王贪得无厌,就连芥子大小的微利也不放过。阿瑟之子亨利献上十条狗,从而击败卡普兰伯爵夫人,确认了他对一块骑士领的保有权;②尼古拉斯之子罗杰献上二十条七鳃鳗、二十条鲥鱼,请求查实阿留雷德之子吉尔伯特究竟是主动送给罗杰二百头绵羊,换取到他对某块地权的确认,还是罗杰使用暴力抢走这群羊的;③首席政法官杰弗里·菲茨-皮埃尔奉献两只上好的挪威隼,以换取批准沃尔特·勒·马汀向境外出口一英担奶酪。④

　　看看国王不时插手哪些稀奇古怪的事务倒也饶有趣味,而他做这些事从来都是要收礼的。休·德·奈维尔之妻献给国王二百只母鸡,换得与丈夫一夜春宵;⑤她还带了两位保人,每人担保一百只母鸡。她丈夫有可能在狱中服刑,造成夫妻无法相见。卢克福德修道院院长支付十马克,请求批准暂离职守,回到自己在韦尔杭附近的领地建筑房舍,并在那里布置看林人,以防林木被盗;⑥韦尔斯地方的会吏长休献酒一桶,获准从该地携带六百萨默斯⑦谷物至其出行目的地;⑧彼得·德·佩拉里斯支付二十马克,获准按彼得·舍瓦利埃之旧例,请假去腌制咸鱼。⑨

---

①　Id. p. 232,233,&c.

②　Id. p. 298.

③　Id. p. 305.

④　Madox's, Hist. of Exch. p. 325.

⑤　Id. p. 326.

⑥　Id. ibid.

⑦　英国古代谷物重量单位,相当于一夸脱。——译者

⑧　Madox's, Hist. of Exch. p. 320.

⑨　Id. p. 326.

　　臣民亦经常支付高额罚金来赢得国王的好感，或者让国王息怒。亨利二世在位时，弗格斯之子吉尔伯特缴纳一百九十一镑九先令罚金，向国王邀宠；威廉·德·沙泰涅缴纳一千马克罚金，以求平息国王的不满。亨利三世在位时，伦敦城为了同样的原因而缴纳的罚款总计不下二万镑。①

　　国王的庇护以及任何形式的斡旋都需要以真金白银交换。罗伯特·格雷斯利花了二十个银马克，换得国王支持他针对蒙泰涅伯爵提起的某个抗辩；②罗伯特·德·孔代献上三十个银马克，请国王居间调停，帮助他与林肯主教言归于好；③拉尔夫·德·布莱克汉姆献鹰一只，请求国王的保护；④当时为此向国王献金者极为常见。奥德伽之子约翰献挪威隼一只，请国王要求挪威国王批准他获取其兄戈达得名下之动产。⑤理查·德·奈维尔献驯马二十四，请国王代为说合，让伊索尔达·贝塞特接受他的求婚。⑥罗杰·菲茨-沃尔特献上三匹驯马，请国王致信罗杰·伯特拉姆的母亲，劝其与之成婚；⑦教长艾林支付一百马克，使他的情妇及子女获得保释；⑧温切斯特主教因忘记遵照君命将一条腰带送给阿尔伯马尔伯爵夫人，遂献给国王一桶好酒抵罪；⑨罗伯特·德·沃

①　Id. p. 327, 329.

②　Id. p. 329.

③　Id. p. 330.

④　Madox's, Hist. of Exch. p. 332.

⑤　Id. ibid.

⑥　Id. p. 333.

⑦　Id. ibid.

⑧　Id. p. 342. *Pro habenda amica sua* &*filiis*, &*c.*

⑨　Id. p. 352.

献给国王五匹上等驯马,请求国王不要传讲亨利·皮奈尔妻子的
482　隐私。[1] 财政署旧档中记载了许多诸如此类的奇特例子。[2] 不过,
公平地讲,当时的诺曼底乃至欧洲所有国家均是如此,充满类似
的荒谬行径和危险的滥用职权现象。[3] 在这方面,英格兰并不比
它的左邻右舍更野蛮。

　　诺曼诸王邪恶不公的行径已为天下所共知。亨利二世可谓
诸王当中最良善公正的一位,他在位时,贵族休·比戈德去世,其
寡妻和长子来到宫廷,各自向国王献上厚礼,谋求继承亡者富庶
的领地。国王不偏不倚,降旨将此事交由大谘议会裁断。而与此
同时,他不失时机地霸占了死者名下的全部资财。[4] 当时有位史

---

[1]　Id. ibid. *Ut rex taceret de uxore Henrici Pinel*.

[2]　为满足读者的好奇心,这里不妨再从马多克斯《财政署的历史》第 332 页摘录
几例:休·瓦索须向国王馈赠两件色彩佳美的绿色长袍,以取得御准公文,要求佛兰德
斯当地商人补偿他在该处ä失的一千马克。海德修道院院长支付三十马克,请国王指
示坎特伯雷大主教开除几个与其作对的僧侣。罗杰·德·特里汉登支付二十马克及
一匹驯马,请国王吩咐理查·德·乌姆弗勒维尔把妹妹嫁给他,并让那位小姐接受他
的求婚;威廉·德·谢弗林沃斯支付五马克,请国王致信佩弗尔修道院院长,让他一如
既往地安然保有他在教会中的受俸职位;教士马修·德·赫里福德支付十马克,请
王致函兰达夫主教,让他不受干扰地继续主持金恩弗里兹教区;安德鲁·纽伦献上三
顶佛兰德斯帽子,请国王责成切克桑德履行先前与他的约定;亨利·德·芳提布斯献
上一匹贵重的伦巴第马,请国王吩咐亨利·菲茨-赫维把自己的女儿嫁给他;尼古拉斯
之子罗杰承诺把自己所能得到的驯马都献给国王,请国王要求威廉·马雷沙尔伯爵把
弗姆地方的兰弗德庄园赐给他;格洛斯特自治市的市民承诺献上三百匹驯马,请求国
王不要扣押他们的财物以迫使他们为普瓦图俘房提供生活必需品,除非他们自愿如
此。Id. p. 352. 雷金纳德之子乔丹承诺支付二十马克,请国王要求威廉·佩尼尔把米
尔·尼日纽特名下的封地转赐给他,并充当其继承人的监护人;乔丹若能如愿以偿地
得到上述好处,就按约支付这笔献金,否则就不会支付。Id. p. 333.

[3]　Madox's Hist. of Exch. p. 359.

[4]　Bened. Abb. p. 180, 181.

家名叫布卢瓦的彼得,笔下颇有见地,甚至当得起"高雅"二字,他
曾以充满慨叹的笔触描述了官吏贪赃枉法、欺压穷人的种种情
状,并毫无顾忌地向国王当面直斥这些弊端。[①] 所谓"好国王"治 483
下尚且如此,可以想见,那些更黑暗的朝代又该是何等不堪!
1170 年,亨利二世下旨调查各郡长官的不法行为,从查证规章中可
以看出,这些官员实在是大权在握、无法无天。[②]

　　针对各种犯罪和过失的罚金构成了王室岁入的另一重要来
源。[③] 大多数罪行都以罚金形式抵偿;罚金数额并无规则或法令
限制,即使最轻微的过犯也常致当事人倾家荡产。尤以森林法给
国人造成的压迫更甚。国王拥有六十八森林、十三处猎场、七百
八十一处苑囿,遍布英格兰各地;[④]鉴于英格兰人和诺曼人都酷爱
打猎,这些林地的存在无异于诱人入彀,而一旦他们在诱惑下侵
犯了王室森林,便会受到专横苛酷的法律惩处。国王认为这是自
己应有的权力。

　　当时王国内的犹太人承受着最露骨的暴政和压迫,他们游离
于法律的保护之外,因世人的偏见而遭到极度憎恶,完全暴露在
国王及其大臣们贪得无厌的强取豪夺之下。他们一直以来遭受
着各种各样的侮辱,有一次全体犹太人都被抓进监狱,不得不交
纳六万六千马克来换取自由;[⑤]另一次,仅犹太人艾萨克一个人就

---

① 　Petri Bles. Epist 95. apud Bibl Patrum,tom 24. p. 2014.
② 　Hoveden,Chron. Gerv. p. 1410.
③ 　Madox,chap. xiv.
④ 　Spelm. Gloss. Foresta 词条。
⑤ 　Madox's Hist. of the Exch. p. 151. 此事发生在约翰王治下。

被勒索五千一百马克；①布伦交纳了三千马克；②儒尔内，二千马克；贝奈特，五百马克。还有一次，家住牛津的犹太人大卫的寡妇丽科瑞卡被强索六千马克，后由六名全英格兰最富有且行为审慎的犹太人具保而获释，这笔钱将由上述六人负责筹募。③ 亨利三世曾向康沃尔伯爵借款五千马克，并将英格兰境内所有犹太人的管理权移交给后者作为抵偿。④ 王室从犹太人身上榨取到丰厚的油水，财政署还设置了一个专门法庭来管理这方面的事务。⑤

犹太人尽管深受压迫，却仍有余力在英国人中间从事商贸、借贷生意，我们由此可以推断，当时的英国商业不兴。另一方面，由于贵族占有巨额财富、时局动荡不安、封建土地保有权缺乏保障等原因，农业进步也受到制约。在当时的英格兰王国，似乎没有任何一种工业能够获得立锥之地。⑥ _{商业状况}

哈里·斯皮尔曼爵士（Sir Harry Spellman）⑦曾经不容置疑地断言，⑧在第一代诺曼君主统治下，凡经御前会议通过的国王谕

---

① Id. p. 151.

② Id. p. 153.

③ Id. p. 168.

④ Id. p. 156.

⑤ Id. chap. vii.

⑥ 布莱迪在他关于自治市镇的专著中摘引《末日审判书》的部分内容，我们从中了解到，英格兰境内几乎所有的自治市镇均在诺曼征服中受到极大冲击，自信士爱德华国王去世到《末日审判书》编写完成的这段时期，各自治市镇均已严重衰败。

⑦ 此处似为"亨利·斯皮尔曼（Henry Spellman）"之讹。——译者

⑧ 见 Gloss. judicium Dei 词条。《正义之镜》（Miroir des justices）的作者（Andrew Horn，约1275—1328——译者）曾经抱怨，所有法律条文都是由国王及其手下的文书人员拟定的，外邦人和其他人不敢违逆上意，只能挖空心思地讨好国王。他从而得出结论，法律在更多情况下是君主以一己的意志强加于人，而非建立在权利基础之上。

旨都具有法律的全部效力。不过贵族们肯定不会如此驯服地任由国王独断专行。看来我们只能得出以下结论：此时的国家基本法度尚未对王权设定任何精确边界；传统上认为国王有权在任何突发情况下颁布诏令，强制全民服从，这一向被视为国王固有的权力，很难与立法权相区别；鉴于古代法律极不完善，政局动荡，事变频仍，因此君主不得不经常借助特权的力量来平息事端；在许多特定情况下，民众的默许自然会使国王得寸进尺地僭称拥有某种他早前已通过法规、宪章或让步条款声明放弃了的、在总体上与国家法度的一般精神背道而驰的权威；王国内全体臣民的生命、个人自由和财产安全更多地有赖于他们个人的独立势力和私人关系，而不是依靠法律的保护来抵御专制王权的侵凌。我们从《大宪章》的内容本身便可看出，这一阶段的英国君主均习惯于乾纲独断，不经法律裁定，径自对王国的自由人处以监禁、流放和抄没家产的处罚：专横的约翰王如是，狂暴的理查一世如是，就连他们的父王、在位时期最少被质疑滥权的亨利二世亦不脱此例。

485

　　古时候，大领主们以领地内的君主自居，大批门客、附庸簇拥在其身边，趋奉火热，这种密切的依附关系，远远超出一般大臣、高官对国王的依附。大领主的驾前也设有政法官、城堡卫戍长、骑兵队长、内府大臣、大总管、掌印官等官职，整套班子配备齐全、各自执掌一方权力，其势壮大，常常堪比国王的宫廷。他们常常极其勤勉地行使手中的司法权，乐于显示君主般的威仪，以致人们发现有必要立法限制其活动，不准领主法庭过于频繁地开庭。[①]

---

① Dugd. Jurid. Orig. p. 26.

无疑,他们会忠实效法国王做出的榜样,唯利是图、敲诈勒索。无论施加正面或负面的影响、主持公道还是枉法裁断,一概被用作交易的筹码。只要征得国王的许可,领主甚至可以向领地内的自由民强行征税。领主们开销巨大,以致越发需索无餍;因此他们的威权通常比国王的统治更具压迫性和暴政色彩。[1] 他们与周边领主之间因家族夙怨、个人仇隙或党同伐异之故,争斗无止无休。他们经常为形形色色的亡命徒和罪犯提供庇护,希图多多招揽为其卖命的打手。时局宁靖之时,一个大领主就有能力在自己的领地内阻挠执法;几个心怀怨望、位高权重的大领主串连起来,就有本事把整个国家抛入动荡。总体而言,尽管王权受到制约,而且往往被局限在相对狭小的范围内,但是这种制约力的作用不规律,经常引起大规模动乱;而且,这种制约力也并非来自人民的自由,而是源于众多小暴君的军事力量——他们联合在一起,上对君主构成威胁,下对黎民百姓欺压凌虐。

教会的势力是抵御王权扩张的另一道壁垒,然而它也是诸多　教会
祸事和麻烦的根源。身份高贵、道貌岸然的圣职人士或许不像男爵们那样动辄剑拔弩张,然而,由于他们自诩拥有完全不受世俗国家约束的自主权,又总能托庇于敬虔的表象,因而从某个角度讲,他们实际上对王国安定和正常执法构成了妨碍。征服者威廉针对教会的政策格外容易招人非议。他增强了英王国对罗马教廷的迷信崇拜,而那个时代本来就强烈地倾向于此;他扯断了撒克逊时代连结教俗两界的关系纽带;他禁止主教列席郡法庭,规

---

① 　Madox Hist. of Exch p. 520.

定宗教事务仅限于在教会法庭审理;^①此外,他还大力增进教会的势力,他把英格兰划分为六万零二百一十五个骑士领,其中授予教会的就不下两万八千零一十五个。^②

民事法规　　　　长子继承权是随封建法而引入英格兰的。这一制度造成并保障了私人财产继承上的不平等分割,会给人带来伤害;但是另一方面,它的好处在于,使民众习惯于长子的优先权,从而防止了王位传承中出现裂国而治的情况以及其他纠纷。姓氏的使用也是由诺曼人引入英伦的,这种规范有助于明确个人的家族和谱系源流。征服者并未废止旧时荒谬的神裁式审判法,如"十架裁决法",或经水、火考验的"神判法",反而在荒谬之上又添荒谬,增加了一对一的决斗式审判法。^③ 此法被纳入常规审判规程,在执行中极尽秩序性、条理性、虔敬感和庄严隆重的仪式感。^④ 骑士道精神似乎也是由诺曼人带来的异域观念:这种极富梦幻色彩的观念

习俗在平实质朴的撒克逊人身上并无丝毫体现。是封建制度把军事封臣提高到近似王者的尊荣地位,使个人力量和勇气变得必不可少,使每个骑士和男爵都成为自己的保护者和复仇者,在他们心目中孕育武士的骄傲和荣誉感,这种情感经由那个时代的诗人和浪漫作家精心培育和修饰,遂形成了骑士道精神。高尚的骑士不

---

① Char. Will. apud Wilkins,p. 230. Spel. Conc. vol. ii. p. 14.

② Spel. Gloss. manus mortua 词条。我们不应像有些人那样,误以为这么大面积的土地都归教会所有,这只是神职人员及其附庸名下的封地相对于王国骑士领总数的比例而已。

③ LL. Will. cap. 68.

④ Spel Gloss. campus 词条。最后一次决斗式审判发生在伊丽莎白女王在位第15 年。这种荒谬做法此后便不复存在。

487 仅为个人纠纷而战,还需挺身捍卫无辜者、无助者,更要以自己的坚强臂膀永远充当美人的卫护者。另有一等不遵礼义的骑士,踞城堡之险,打劫行旅、对良家妇女施暴,他们是正义骑士的死敌。正义的骑士只要路见不平,便可毫无顾忌地当场对这等凶徒格杀勿论。人的高度独立性使得个人荣誉感和忠诚的品质成为人与人之间最重要的关系纽带,也是每个真正骑士(或曰骑士道的真诚奉行者)的首要美德。一对一决斗既有法律赋予的庄严仪式感,故而双方交战绝无不公平或不平等之说,而且决斗双方一直保持彬彬有礼的举止,直到拔剑相向的一瞬。由于那个时代特有的轻信,在此基础上又诞生了关于巨人、巫师、恶龙、咒语①以及各种千奇百怪的观念,到了十字军时代,这些观念更是大幅繁衍——从遥远地域归来的人们,对轻信的听众们信口开河,编造出形形色色的奇闻怪谈。在此后的若干年代里,这种骑士道观念持续影响着人们的写作、言谈和行为方式,即使经过文艺复兴,上述古老观念在很大程度上趋于消散之后,其流韵遗风却仍然显现在现代的绅士风度和个人荣誉观当中,凡此种种,可谓古代精神的真正传承。

《大宪章》的订立,或者毋宁说是该宪章地位的充分确立(因为这二者之间尚间隔了很长一段时间),导致一种新的政体逐步形成,并将一定程度的秩序和公平引入王国的管理。因此,我们这部史书接下来呈现的场景,便与之前有了某些不同。然而,《大

---

① 在所有合法的一对一决斗中,对战双方的誓言均包括以下内容:不携带任何助其取胜的药草、符咒或以妖术作法之物。Dugd Orig. Jurid. p. 82.

宪章》并未设立新的法庭、法官或议会机构，亦未废除其旧制。它不曾引入新的国家权力分配机制，也未就王国政治或公法推出任何创新。它仅仅是以文字条款对那些有悖于文明政制的暴政加以防范，而此类暴政如果形成常态，与任何形式的政制都无法兼容。自此以后，国王（或许还包括贵族）的野蛮恣虐在某种程度上受到了更多制约，人们对自身财产和自由的安全要求也略有提升。政府也略微贴近了其本身设立的初衷，即分配正义、给予公民一视同仁的保护。王室的暴行和不公不义，从前仅被视为针对个人的侵害，对其危害性的判定主要视被侵害人的数量、权势和尊荣而定，但现在这种行径却在一定程度上被视作对公众的侵害，它触犯了旨在维护普遍安全的宪章。如此，《大宪章》的确立，表面上虽然不曾包含任何政治权力分配的创新，实质上却成为宪制历程中一个具有某种划时代意义的事件。

第一卷注释

（本注释所标页码为原书页码，见本书边码）

注释[A]，p. 12

在这个问题上，苏格兰和爱尔兰的考古学者们争得热火朝天，甚至不乏尖酸刻薄之词，直如面对双方家国荣辱系之的大事。但是对于如此乏味的一个课题，我们在此不拟详加讨论，只用寥寥数语，简单阐明笔者的观点。从语言和风俗的相类来判断，不列颠岛最早的居民（或征服者）大有可能是来自高卢的移民，而爱尔兰人则由不列颠岛移居而来。它们的地理位置非常接近，也为此论提供了支持。此外，和平移居或以武力征服了爱尔兰的高卢人或凯尔特人，极可能来自不列颠西北部。以上猜想（如果只能严谨定位于此，我们就姑且这样讲吧）基于两个依据：首先，爱尔兰语和威尔士方言及不列颠南部地区的古代方言差异极为悬殊；其次，不列颠岛上的兰开夏（Lancashire）、坎伯兰、盖勒韦（Galloway）和阿盖尔（Argyleshire）诸郡距爱尔兰只有一箭之遥。鉴于上古诸事远在有史记载以先，因此只有诉诸于合理推断，面对此种情况，即便是恺撒、塔西佗，也会满足于类似的推断，更不消说其他一众希、罗史家了。除了这些隐现于远古微茫烟涛之中的简单事实，我们还有一个确定无疑的佐证，那就是：在东罗马帝国时代，

罗马不列颠行省屡遭强贼海盗骚扰，当时的不列颠人称其为
"Scots"或"Scuits"，这或许是一种贬称，那些盗匪自己并不接受。
我们可以查阅古代史家的著述，其中克劳狄安（Claudian）的书中
有两段，奥罗修斯和伊西多尔（Isidore）的书中各有一段，均提到当
时这些匪患主要来自爱尔兰。另外，比德言之凿凿地称，这些爱
尔兰强贼中有一部分人迁回了不列颠岛西北部，就是其先祖更早
以前迁出的地方；吉尔达斯对此亦有暗示。应该承认，无论比德
还是吉尔达斯，其史学成就都无法与恺撒和塔西佗比肩，然而即
便如此，在这个问题上他们却提供了唯一的见证，因此，在缺乏更
可靠证据的情况下，我们只能予以采信。可巧这个问题十分微不
足道，官方史籍的说法也不太能站得住脚。更不消说，记述蛮荒
时代民族状况的传统史籍，如果说有哪个部分可信的话，恐怕只
是其族系乃至（某些情况下）某些家族谱系的沿革记录而已。如
果有人提出高地人①的勇猛善战与古代爱尔兰人的柔弱性情反差
太大，并据此来反驳上述的说法，恐怕只会是白费气力。这种论
点比官方史籍更不足信。在这方面，民族性的变迁可能非常之
快。例如，不列颠人抵不过皮克特人和苏格兰人的侵袭，只好请
来撒克逊武士为其镇守边关，击退入侵之敌；然而，同样是这个不
列颠民族，他们不仅在长达一百五十年的时间里英勇抗击乘胜进
击的撒克逊人，还抵挡了从四面八方涌入此岛的众多其他寇略
者。又比如，罗伯特·布鲁斯（Robert Bruce）与英格兰人反复缠
斗，一次次打击后者的气焰，终于在 1322 年迫使他们承认了苏格

490

————————————

①　指高地苏格兰人。——译者

兰的独立地位；然而此后不到十年，苏格兰便被一小股仅由几个贵族率队、私自出征的英格兰人彻底征服。像这样的例子，在历史上不胜枚举。被称为"Scots"的爱尔兰强贼在此后二三百年间，能找到足够的时间和机会在不列颠北部定居，尽管我们对这一巨变发生的时段和原因均无法确定。他们那种野蛮的生活方式，令其比罗马人更适于征服那片山地的原住民。简而言之，从苏格兰高地居民和爱尔兰人的语言来看，两者应属同一民族，其中一群应是另一群人的移民群落。有直接证据表明（尽管以中立眼光来看，这个证据还算不得最理想），前者是在公元三世纪或四世纪时由后者分化而来的。同时我们完全没有证据说明后者来源于前者。笔者在此还要补充一句，低地苏格兰人把高地苏格兰语称作"Erse"或"Irish"，这也是个可靠的证据，说明当地人辈辈相传的习惯看法，认为高地苏格兰人来自爱尔兰。

注释[B]，p. 96

关于埃德威和埃尔吉娃的故事，古代史家们的记述多有分歧。他们一致同意，国王和埃尔吉娃是第二代或第三代的堂兄妹，国王狂热地爱着这位堂妹，并不顾教规禁止，和她结了婚。所有史家也都记载了，国王于加冕当日被拽离一位女士的怀抱，后来那位女士如文中所述的那样遭到残害。各家的分歧在于，马姆斯伯里称其为王后，奥斯本（Osberne）和另外几位史家则说，那并不是王后，而是国王的情妇。不过，这一分歧也很容易弥合：因为假如埃德威甘冒天下之大不韪，违反教规娶了埃尔吉娃，那么当时的僧侣们必定不会承认这个王后，而是把她称作国王的情妇。

因此,从总体上判断,我们大致可以认为故事的这一版本是可信的,至少大有可能。如果埃德威仅仅是蓄养了一个情妇,众所周知,他有种种方法可以与教会达成妥协,不至于招致僧侣们的极度憎恨和迫害。反之,正因为他违反教规的婚姻冒犯了教会僧侣的权威,这才激起了他们最极端的狂怒。

注释[C],p.97

491

许多英国史家大大夸张了埃德伽时代海军的舰船数目,称其达到三千或三千六百艘之多——参见豪登(Hoveden, p. 426①)、伍斯特的弗洛伦斯(Flor. Wigorn, p. 607)和里沃修道院院长(Abbas Rieval, p. 360)的相关著述;布朗普顿(Brompton, p. 869)则写道,埃德伽拥有四千艘战舰。如果参照阿尔弗雷德时代海军的发展状况,以上数字显得不太可能。据索恩(W. Thorne)描述,埃德伽时代英国海军总共只有三百艘船只,这倒更加可信一些。埃德伽之子埃塞雷德手上的海军舰只也不足千艘,却被《撒克逊编年史》(p.137)称为英格兰有史以来最强大的海军。

注释[D],p.116

几乎所有的古代史志都声称,针对丹麦人的大屠杀是全国性的,凡在英格兰的丹麦人被屠戮净尽。不过,鉴于诺森伯兰和东盎格利亚地区的居民几乎完全是丹麦裔,墨西亚地区的丹麦人口也非常多,把他们全部杀光是绝对不可能的。倘若开展了如此大

---

① 作者在注释中采用的引文出处皆按原格式译出。——译者

规模的屠杀，必定在上述地区激起丹麦人的强烈反抗，引发残酷的战争，而事实上并不曾发生这种事。所以，我们认为沃灵福德的描述虽为孤证，但应该是唯一真实的解说：他在书中告诉我们，"Lurdane"即"Lord Dane"一词（指无所事事、靠别人养活的懒汉），溯其源头，原是用来形容那些被杀的丹麦人。而英格兰历代君主只供养过一个丹麦军团。因此，看来一个很大的可能是，只有该军团中的丹麦人遭到屠杀。

注释[E]，p. 136

《大英名人传》（*Biographia Britannica*）的天才作者[1]在"戈德温"一篇中极力为这位贵族洗脱身后污名，其根据是以下假说：在诺曼征服后，所有的英格兰编年史均遭到诺曼史官的篡改。但是，我们看到几乎所有史家都对戈德温之子哈罗德评价甚高，而从诺曼人的角度，抹黑后者应当对他们更有利。由此看来，上述假说的理由并不充分。

注释[F]，p. 145

关于爱德华、哈罗德和诺曼底公爵之间这段公案的全貌，不同古代史家的记述出入极大，以至于纵观英国历史上的重要段落，很难找到比这更含糊不清的。我选择了自己认为纰漏矛盾最少、也最有可能的一个版本。爱德华似乎不太可能立下有利于诺

---

[1] 这部长达六卷的皇皇巨著问世于 1747—1766 年，由 William Oldys 编撰。——译者

曼底公爵的遗嘱,更不可能如一些史家所称,经由全国大会正式
确认这个遗嘱。倘若果真如此,那么这份遗嘱必定会公之于世,
也会被公爵引为堂堂正正的继位理由。然而,后者每每提及这份
遗嘱,那种不甚确定、模棱两可的语气就足以证明,他只能依凭爱
德华对他那种众所周知的偏爱,故意把这称作先王的遗愿。希克 492
斯博士的著作中(vol. i.)确实载有一份征服者威廉签署的特许
状,其中签署人自称为"*rex hereditarius*",意即根据先王遗嘱合
法继位之君。然而,作为一位权势熏天、功业彪炳的帝王,他想要
什么样的称号还不是唾手可得? 因此,只要根据史家众口纷纭的
情况,便足以对上述称号证伪,依据只有一条,即:假如它是真的,
那么所有史家必定对此异口同声,全无异议。

　　此外,以马姆斯伯里和威斯敏斯特的马修(Matthew of
Westminster)为代表的一些史家,断定哈罗德原本无意渡海去诺
曼底,只是乘船在近海兜风,偶遇恶劣天气,漂流到蓬蒂约伯爵居
伊的领地。不过这种说法本身就不合情理,遭到大多数古代史家
的质疑;此外,近期发现的一份极为精巧且真实可靠的文物,也提
供了反证。这是一件挂毯,现存于鲁昂公爵的宫廷,此毯据称是
奉玛蒂尔达王后之命织成,至少可以确定其年代极为久远。画面
中表现了哈罗德告别爱德华国王,带着大批扈从登舟而行,要去
执行某种使命。他的任务极有可能是去赎回被扣为人质的兄弟
和侄儿,此事在厄德麦[①]、豪登、布朗普顿、达勒姆的西蒙(Simeon

---

　　① 厄德麦(Eadmer,约 1055—1124)本笃会修士,神学家、历史学家。著有《新英
国史》(*Historia novorum in Anglia*)、《安瑟姆传》(*Vita Anselmi*)。

of Durham)等多位史家的著述中均有提及。关于此挂毯的详细
介绍,参见 *Histoire de l'Academie de Litterature*,tom. ix. 第 535 页。

注释[G],p. 163

参考撒克逊编年史和法律的古译本、阿尔弗雷德大王翻译的
比德作品,以及所有古代史家的著作,似乎可以看出,拉丁语中的
"comes(伯爵)"、撒克逊语中的"alderman(郡长)"和丹麦-撒克逊
语中的"earl(伯爵)"这三个词基本同义。只是,阿瑟尔斯坦国王
时期有个法律条文(见 Spelm. Conc p. 406),似乎显示"伯爵"的地
位高于"郡长",令一些考古学家迷惑不解。该条款规定,一位伯
爵的命价为一万五千特里姆斯,与大主教相等;而主教和郡长的
命价只有八千特里姆斯。要解开这个疑点,我们必须求助于谢尔
顿(Selden) 的推测(参见其《荣衔制度考》[Titles of Honour,
chap. v. p. 603,64]):他认为,在阿瑟尔斯坦时代,"伯爵"一词刚
刚开始在英格兰使用,当时只用于指称王子、宗室子弟或王位继
承人。他引证了克努特法典(§55)中的一条,以支持自己的观点:
其中,王子与大主教被置于同等地位。同样在阿瑟尔斯坦国王统
治时期,另一部法律中规定,王子或宗室子弟的命价为一万五千
特里姆斯(参见 Wilkins,p. 71)。因此,这里提到的"王子"与前一
部法律中的"伯爵"同义。

注释[H],p. 203

有一篇关于谢伯恩(Sharneborne)家族的文献,伪称这一撒克
逊世家以及其他一些处境相同的撒克逊望族在自证清白后逃过

此劫,家业得以复兴。这份文献尽管骗过了斯皮尔曼(参见 ⁴⁹³
Gloss. "Drenges"词条)、道格代尔(参见 Baron. vol. 1,p118.)①等
文史大家,然而经布莱迪博士考证(参见 Answ. to Petyt,p. 11,
12),此卷实系伪造,泰瑞尔(Tyrrel)虽然坚定捍卫自身的党派之
见,但也认同此说(参见其著作 hist. vol ii. introd. p. 51,73)。因
古尔夫(Ingulf,p. 70)讲道,赫里沃德在诺曼征服之时虽不在英格
兰,但也早早被剥夺了名下的全部产业,不予匡正。威廉甚至对
修道院也大加掠夺。参见 Flor. Wigorn. p. 636. Chron Abb. St
Petri de Burgo,p. 48. M. Paris,p. 5. Sim. Dun. p. 200. Diceto,
p. 482. Brompton,p. 967. Knyghton,p. 2344. Alur. Beverl. p. 130。
因古尔夫告诉我们,克洛兰修道院的大部分土地都被诺曼大贵族
艾弗・德・塔耶布瓦(Ivo de Taillebois)强占,得不到任何赔偿。

注释[I],p. 203

要求全体居民在规定时刻闻钟(宵禁钟声称作 courfeu)熄灯,
普利多尔・维吉尔(Polydore Virgil,lib 9.)②将此称为英国人遭
受奴役的标志。不过,征服者威廉先前在诺曼底已经立下了这条
治安法规,参见穆兰(du Moulin)著《诺曼底史》(hist. de

---

① 威廉・道格代尔爵士(Sir William Dugdale,1605—1686),英国文物学家,在中
古历史研究领域造诣精深,著有《英国修院史》(*Monasticon Anglicanum*)、《沃里克郡文
物》(*Antiquities of Warwickshire*)、《司法起源考》(*Origines Juridiciales*)、《英格兰贵
族制度》(*Baronage of England*)等。他还重新编纂了斯皮尔曼的 *Glossarium
Archaiologicum* 和 *Concilia Ecclesiastica Orbis Britannici*。——译者
② 15世纪末至16世纪中期意大利史家,著有《英国史》(*Anglica historia*,1532),
以夹叙夹议的写作风格闻名。——译者

Normandie，p. 160）。苏格兰也实行了同样的法律，见 LL. Burgor，cap. 86. 。

注释［J］，p. 209

英格兰人在长达一个半世纪里，历经几代君主的统治，始终念念不忘恢复信士爱德华国王的良法，至于爱德华律令的具体内容是什么，考古学界却争议极大；后世对这些法律的无知，似已成为英国古代史上最大的缺憾之一。威尔金斯书中引用的那部汇编抄本，[①]虽名为爱德华国王所颁，却显然是后世的无知之作。因古尔夫所引的确系真本，但是内容残缺不全，其中没有几条于民有利，我们看不出英格兰人何以如此满腔激情地为之力争。或许英格兰人向往的乃是爱德华一朝通行的律令，我们可以揣知，与诺曼法律制度相比，前者对国民自由更为宽容，其中的实质性条款后来大部分被纳入《大宪章》之中。

注释［K］，p. 227

Ingulf，p. 70. H. Hunt. p. 370，372. M West. p 225. Gul. Neub. p. 357. Alured. Beverl. p 124. De gest. Angl. p. 333. M. Paris. p 4. Sim. Dun. p. 206. Brompton，p. 962，980，1161. Gervase Tilb lib. 1. cap. 16 Textus Roffensis apud Seld. Spicileg. ad Eadm. p. 197. Gul. Pict. p. 206. Ordericus Vitalis，p. 521，666，

---

① 《盎格鲁-撒克逊法律汇编》（*Leges Anglo-Saxonicae*），1721 年编著。——译者

853. Epist. St. Thom. p. 801. Gul. Malmes. p. 52,57. Knyghton,
p. 2354. Edmer, p. 110. Thom. Rudborne in Ang. Sacra, vol. i. p.
248. Monach. Roff. in Ang. Sacra, vol. ii. p. 276. Girald. Camb in
eadem, vol. ii. p. 413. Hist. Elyensis, p. 516. 这里提到的最后一位
史家生活年代距今十分古远，其文字可圈可点，值得抄录于此： 494

*Rex itaque factus Willielmus, quid in principes Anglorum, qui
tantae cladi superesse poterant, fecerit, dicere, cum nihil
prosit, omitto. Quid enim prodesset, si nec unum in toto regno de
illis dicerem pristina potestate uti permissum, sed omnes aut in
gravem paupertatis aerumnam detrusos, aut exhaeredatos,
patria pulsos, aut effossis oculis, vel caeteris amputatis membris,
opprobrium hominum factos, aut certe miserrime afflictos, vita
privatos. Simili modo utilitate carere existimo dicere quid in
minorem populum, non solum ab eo, sed a suis actum sit, cum id dictu
sciamus difficile, et ob immanem crudelitatem fortassis incredibile.* [1]

注释[L], p. 272

　　依照封建惯例，亨利有权在长女出嫁之际向臣民征税，他规
定英格兰全境每海德土地为此纳税三先令。见 H. Hunt. p. 379。

---

　　① 此段大意为：这位君主以"征服者威廉"之名主宰英格兰之后，如何对待劫后
孑存的本土人，恕我在此不忍涉笔。的确，如果不驱逐前朝统治者，将他们每个人剥夺
净尽，征服者又能获得什么好处呢？这些人或被驱离家园、或被褫夺继承权、或流亡国
外、或被处以剜眼断肢之刑，遭受形形色色的人格羞辱，至少个人生活备尝艰辛。我推
测，这也正是征服者掠夺小国的方式。由征服者威廉的为人乃至其所作所为来看，上
述的一切让人颇难理解，如此极端的残暴亦或许令人感到不可思议。——译者

一些史家(Brady,p. 270. Tyrrel,vol ii,p. 182.)欠考虑地估计这笔
款项的总数约合今天的八十万镑以上。然而这个数字绝无可能
超过十三万五千镑。当时一个骑士领面积约五海德,有时更小,
英格兰境内共有六万个骑士领,因而总面积应当接近三十万海
德,按照每海德三先令的税率计算,纳税总额应为四万五千镑,约合
现在的十三万五千镑。参见 Rudburne,p. 257。在撒克逊时代,全
英格兰的土地总面积仅为二十四万三千六百海德。

注释[M],p. 276

被尊称为"*legate a latere*"的教皇特使是教皇本人派出的代
表,他们在派驻地区享有教皇的全部权力,并且忙于实施和扩张
这种权力。他们任命出缺圣职的继任人选,召集宗教大会,热衷
于维护教会特权,而教会特权的充分伸张无不以侵犯世俗权力作
为代价。只要遇到任何竞存或抵制的情形,人们总是认为世俗权
力需要让步。任何一种契约,但凡含有一点点信仰内容,比如婚
姻、遗嘱、誓约,都要听凭宗教法庭裁决,不能讼至民事审判官面
前。这些均为教会成法;直接由罗马派出的教皇特使无论走到哪
里,都会不遗余力地捍卫教廷的权利主张。不过,坎特伯雷大主
教被委任为教皇特使则对英王有利,因为大主教与本王国关系密
切,处理事务自能手下留情。

注释[N],p. 301

纽堡的威廉(William of Newbridge,p. 383.)声称,杰弗里对

安茹和马恩拥有某种名分（这种说法被后世的一些史家因袭）：他的父亲杰弗里伯爵曾经留下秘密遗嘱，把这两省传给他，并且吩咐说，在亨利发誓遵行遗嘱之前，自己的遗体不得下葬，而亨利在不了解遗嘱内容的情况下，经不住劝诱而发了誓。这个故事本身的可信度不高，充满修院史家杜撰的味道，此外，上述情节未见于其他任何古代作家笔下，还有一些人的记述与此形成抵触，尤其是那位马尔穆蒂耶（Marmoutier）修道院的僧侣，[①]此人比纽堡的威廉更有机会了解事实真相。参见 Vita Gauf. Duc. Norman. p. 103。

　　注释［O］，p. 304

　　此处数字看来颇不足信，因为这比当时英格兰全部土地租金的半数还高出许多。乔维斯（Gervase）[②]确系同时代作者，然而教会人士常在这方面犯下奇怪的错误，他们通常对公共岁入所知甚少。这个数目约合今天的五十四万镑。《诺曼编年史》（Norman Chronicle, p. 995）中写道，亨利向海外领地的每个骑士领收取六十安茹先令，仅为乔维斯所记英格兰税收标准的四分之一。如此不公平是绝无可能的。如果渐进式地增加税赋，一个国家可以承受每镑纳税十五先令的税收水平，但是若无明显的必要便突如其来地随意加税，幅度绝不可能这么大，在那个尚未形成纳税习惯

495

----

　　①　Gaunilo of Marmoutiers. ——译者
　　②　Gervase Of Canterbury，12 世纪后半叶至 13 世纪初修院史家，著有《年代纪》(*Chronica*)，记述自斯蒂芬一朝迄至约翰王在位前十年的史事。他的另一部著作《诸王史》(*Gesta regum*)概述了公元前 1 世纪至 13 世纪初的不列颠政治和军事史。——译者

的时代尤其如此。在之后的几朝,每个骑士领的租金标准为每年四镑。当时英格兰共有六万个骑士领。

注释[P],p.306

Fitz-Stephen,p.18.此举看似粗暴专横,却十分符合当时统治者的行事风格。亨利的父亲杰弗里伯爵虽然素有宽仁之名,实际上却是一个更为野蛮的榜样。杰弗里伯爵主掌诺曼底时,因斯姿教区未经其批准自行选举主教,便下令阉割所有参与选举者,把割下的睾丸放在一个大盘里呈至他的面前。Fitz-Steph p.44.在图卢兹战争中,亨利曾对治下的所有教会横征暴敛,逼其缴纳重税。参见 Epist. St. Thom. p.232。

注释[Q],p.317

在这里,我采信了贝克特秘书菲茨-斯蒂芬斯(Fitz-Stephens)的说法,尽管他必定难逃袒护其恩主的嫌疑。利特尔顿男爵①则选择采信伦敦主教弗里奥特写给贝克特本人的亲笔信或曰宣言书手稿,当时这位主教正向教皇上诉,抗议贝克特大主教下令将他逐出教门。我更倾向于相信菲茨-斯蒂芬斯的理由如下:

(1)如果说菲茨-斯蒂芬斯与贝克特交情深厚,以至在其恩主死后仍然有所偏袒,那么伦敦主教在贝克特生前便与之公然为敌,此时此际的立场岂不更为偏颇?

---

① 利特尔顿(George Lyttelton,1709—1773),著有《亨利二世传》(*The history of the life of King Henry the Second*),1768 年首次出版。——译者

（2）伦敦主教出于私利及敌意的驱使,对贝克特多有诬蔑之辞。他需要为自己辩解,以求免受绝罚,这种惩戒令所有人都望而生畏,更是高阶神职人员的大忌。为此,最有效的手段就是把一切罪名都加诸于对手身上。

（3）那封信中明显包含诽谤之语。在此仅举几例:弗里奥特 496 声称,贝克特在签署《克拉伦登宪章》时,曾经对英格兰的全体主教直言:"我暂且顺从主上意愿发此伪誓,但已暗下决心,日后必尽我所能弃约、悔过。"无论那个时代何等野蛮、也无论那些虔诚的教士多么无视道德,像贝克特这样一位见识出众、素有圣洁之名的大主教绝不可能当着手下的全体司铎说出这种话。他或许能做出此等行为,但绝对不会公开承认。弗里奥特还说,全体主教都决心坚持抵制《克拉伦登宪章》,但是大主教本人却出于怯懦而背叛了他们,带头签字认可了这份宪章。这种说法与所有史家的证言相悖,亦完全有违于贝克特的性格,这位大主教绝不缺乏勇气和热忱捍卫教会的豁免权。

（4）菲茨-斯蒂芬斯笔下亨利二世的横行无道与这位国王对贝克特的其他迫害举动是一致的。贝克特卸任御前大臣整整两年之久,国王始终未对其在任期间的账目提出任何异议,随后突然袭击式地要求他补齐高达四万四千马克的亏空(折合现今的近百万马克),不给他留一点筹款时间。如果国王在一件事上如此明目张胆地暴虐欺人,那么在其他事情上想必也不脱此例。

（5）弗里奥特的信(毋宁说是宣言书)尽管是写给贝克特本人的,但其可信度并不能因此而有所增强。我们不知道贝克特对此信作何回复。刊载此信的那部书信集内容不够完整。从此书的总体语调来看，编纂者（无论他是什么人）并不十分偏袒贝克特，因为书中有很多不利于这位大主教的段落，尤有甚者，该书的编辑（布鲁塞尔的一位耶稣会士）对书稿内容——特别是弗里奥特的这封信——大加删节，认为以此种面貌出版比较适当。也许贝克特根本不曾回复此信，因为他不屑于屈尊写信给一个被逐出教门者，和这种人有任何接触都会玷污自己的身份。而伦敦主教摸透了大主教的自傲心理，便更加肆无忌惮地在信中诋毁他。

（6）尽管大谘议会对贝克特做出的裁决指其藐视王室法院、拒绝出庭应诉，但是这也不足以支持弗里奥特的说法。因为，如果贝克特提出的理由被法庭认为琐屑不实而遭到驳回，也将被视同于未应诉。贝克特对法庭没收其动产的判决表示顺服，并已觅人担保，足以证明他当时无意挑战王室法院的权威。

（7）值得一提的是，《四传记》（Historia quadraparrita）的作者①和乔维斯等同时代的史家所述都与菲茨-斯蒂芬斯的记载一致。而乔维斯对贝克特通常并不十分袒护。所有古代史家的说法在此都是一致的。

注释［R］，p. 404
马多克斯在《英国男爵领概述》（Baronia Anglica，cap. 14）中告诉我们，亨利二世在位第三十年时，三十二头母牛外加两头公牛以当时的货币只值八镑七先令；五百只羊时价二十二镑十先

---

① 又名 Quadrilogus 或 Quadripartite，收录四篇同时代作者撰写的贝克特传记，于 1495 年首次出版。——译者

令,合每只十便士三法寻;①六十六头公牛时价十八镑三先令;十 497
五匹种用母马,二镑十二先令六便士;二十二头猪,一镑二先令。
那个时代的物价水平似乎仅为现在的十分之一,唯有羊价例外,
或许是由于羊毛的价值较高。该作者又在《英格兰古代契约》
(Formulare Anglicanum, p. 17)中写道,理查一世在位第十年时,
借贷利率通常为百分之十,但犹太人索取的利息往往比这高出
许多。

---

① farthing,英国旧制铜币,价值四分之一便士。——译者

第一卷索引

（本索引所标注页码为原书页码，即本书边码）

---

*　原文误为墨西亚国王。——译者

* 原文误为97页。——译者

---

*　原文误为"墨西亚"。——译者

---

* 原文误为"斯蒂芬"。——译者

---

[*] 原文误为"英格兰"。——译者

---

* 原文误为 324 页。——译者

---

* 原文误为 SIGBERT。——译者

译 者 的 话

　　我是十年前与休谟《英国史》翻译工作结缘的。当时被一股热情驱使，并未顾忌许多，真正着手翻译之后，逐渐品出个中三昧，才开始有所敬畏也有点惶惶然，唯恐贻笑大方，更怕糟蹋了原著，梦里被二百年前的先哲嘲骂。我给自己定下几条翻译原则：首先务必小心求真，每处细节都扎扎实实查考资料，不可含混；其次，在风格上尽可能贴近原作，追求庄雅、朴素、自然、节制、严谨，一忌小女子腔调，二忌口语化痕迹过重，三忌矫揉造作掉书袋（实际操作效果如何，相信读者诸君看罢自有定论）；第三，不懂就问，放下面子，多方寻求高人指点。如此翻译，进度必定缓慢，好在商务印书馆的领导和编辑老师并不催促，以极大的包容和耐心陪我慢慢"绣花"，令我深感重任在肩，不努力工作真的对不起他们。如今前四卷付梓在即，译者的兴奋、惶恐自不待言，同时这个进展又如同一针强心剂，鼓舞着我加力译好后续两卷内容。

　　大卫·休谟是 18 世纪苏格兰启蒙运动的代表人物之一，今人多看重他的哲学思想，但他生前却以史家身份闻名于世。休谟的《英国史》计 210 万字，记述从恺撒征服不列颠到 1688 年光荣革命近 1800 年的历史。自 1752 年动笔，到 1762 年全六卷完工，休谟在这部著作中投入了巨大的心血和最好的年华,此后又多番修改润色,不断完善,直到生命的尽头。这部中文译稿就是基于作者生前最终修订、于他身后出版的 1778 年版本译出,并参考了 1983 年 Liberty*Classics* 的整理本。译稿之所以定名为《英国史》而没有直译为《英格兰史》,乃是考虑到整部著作既涉及了英格兰历史,也涉及了威尔士、苏格兰、爱尔兰的历史,如果译成《英格兰史》,从学术角度有欠严谨,恐有以偏概全之嫌。而且在中国人的习惯中,"英国"一词既是历史上"英格兰王国"的简称,也用来指称 1707 年联合法案颁布后的"大不列颠王国"(1707—1801 年)、大不列颠及爱尔兰联合王国(1801—1922 年)以及现在的"大不列颠及北爱尔兰联合王国",与本书的时空定位相符。于是,在征求几位学界大家的意见之后,书名就这样定了下来。

休谟《英国史》最初的出版次序如下:第一卷于 1754 年出版,从詹姆斯一世写起,讲述斯图亚特王朝早期历史;第二卷从 1660 年王政复辟写到 1688 年革命,于 1757 年出版;第三、四两卷于 1759 年出版,回头叙述都铎王朝的历史;最后于 1762 年出版的第五、六两卷包括了从罗马入侵到亨利七世继位这段时期。之所以选择从斯图亚特王朝写起,再掉头回溯更早的历史时期,并非故弄玄虚,乃因这位哲人看待历史的独特视角所致。这部作品"不仅仅是一部战争年代记和帝王世系,而是有更丰富内容的东西"(见 J. W. 汤普森,《历史著作史》)。作为思想者的休谟在这部书中没有为我们总结什么"历史发展的一般规律",也不津津乐道于什么英雄伟业或政治权谋,而是更多地关注战争、阴谋、派系和革命过程中透射出的"人性的永恒和普遍原则",并且以不偏不倚的立场,饶有兴致地考察、记述自由的孕育和萌生过程,特别是英国政制从君主意志独大到法治政府的演变过程。他在致亚当·斯密的一封信中曾经这样写道:"在詹姆斯的统治下,下院首次开始抬头,接着就发生了议会特权与君权之争。政府摆脱了强大王权的控制,显示了它的才能,而当时出现的派系,对我们当前的事务有影响,形成我们历史中最奇特、最有趣和最有教益的部分。"①所以我们大概可以理解,他为什么从詹姆斯一世时代写起,也足能想象同时代的各党各派如何被休谟的一支笔触痛,以致对他发起如潮攻讦。后来作者又按时序重新安排了各卷次序,据我冒昧揣想,也许是为了照顾史书读者的阅读习惯吧。

　　时隔二百年后,激辩的硝烟散尽,我们揽读此书,或许欣赏和沉思的成分更多,也必能体会到这部作品的价值历经时间的考验始终坚立。

　　这部译稿在翻译、修改过程中,先后得到多位专家学者和热心朋友的指点、帮助:感谢彭小瑜教授对涉及宗教内容的部分提出宝贵意见,感谢贾红雨教授帮助校阅书中大段的拉丁文内容,感谢孙宏友教授帮助校阅第一卷中关于大宪章的章节,假如没有他们的援手,这项工程大有可能由于我的才疏学浅而半途搁浅。感谢商务印书馆总编辑陈小文先生的信任和鼓励,感谢各位编辑老师的大力支持和辛勤工作,感谢时时关注翻译项目进展的朋友

---

① 欧内斯特·英斯纳,伊恩·辛普森·罗斯编:《亚当·斯密通信集》,林国夫等译,商务印书馆1992年版,第30页。

们,也感谢我的老父亲——我译出每一章稿子,他都是第一位读者,来自他的肯定对我非常重要! 在此特向以上诸位致以深深的敬意和感恩!

石小竹

2022 年 8 月 4 日

图书在版编目(CIP)数据

英国史:从尤利乌斯·恺撒入侵到 1688 年革命.第一卷/(英)休谟著;石小竹译.—北京:商务印书馆,2023
ISBN 978 - 7 - 100 - 22237 - 2

Ⅰ.①英⋯ Ⅱ.①休⋯②石⋯ Ⅲ.①英国—历史 Ⅳ.①K561.0

中国国家版本馆 CIP 数据核字(2023)第 057676 号

英 国 史

从尤利乌斯·恺撒入侵到 1688 年革命
第 一 卷

〔英〕休谟 著

石小竹 译

商 务 印 书 馆 出 版
(北京王府井大街 36 号 邮政编码 100710)
商 务 印 书 馆 发 行
北京市白帆印务有限公司印刷
ISBN 978 - 7 - 100 - 22237 - 2

2023 年 8 月第 1 版 开本 880×1230 1/32
2023 年 8 月北京第 1 次印刷 印张 20¾
定价:132.00 元